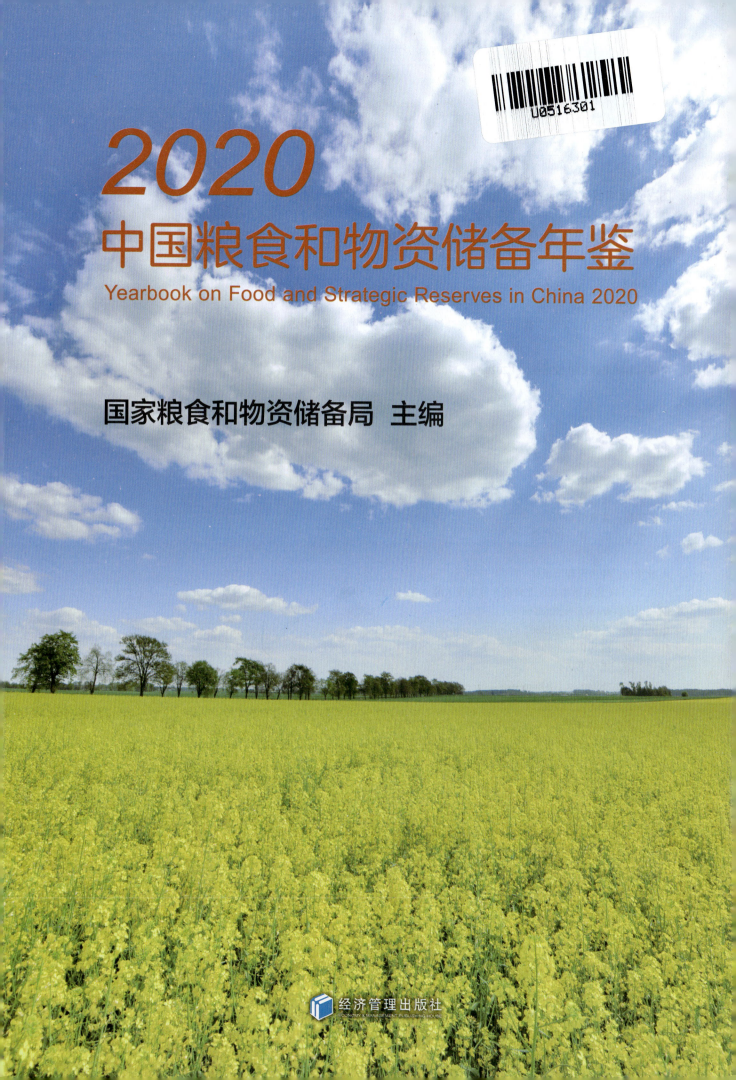

2020
中国粮食和物资储备年鉴
Yearbook on Food and Strategic Reserves in China 2020

国家粮食和物资储备局　主编

经济管理出版社

图书在版编目（CIP）数据

2020 中国粮食和物资储备年鉴 / 国家粮食和物资储备局主编 . — 北京：经济管理出版社，2020.10

ISBN 978-7-5096-7594-6

Ⅰ . ① 2… Ⅱ . ①国… Ⅲ . ①国家物资储备—研究报告—中国—2020 Ⅳ . ① F259. 21

中国版本图书馆 CIP 数据核字（2020）第 175529 号

组稿编辑：张　艳
责任编辑：张　艳　张广花
责任印制：黄章平
责任校对：陈　颖　董杉珊

出版发行：经济管理出版社
　　　　　（北京市海淀区北蜂窝 8 号中雅大厦 A 座 11 层　100038）
网　　址：www.E-mp.com.cn
电　　话：（010）51915602
印　　刷：廊坊市海玉印刷有限公司
经　　销：新华书店
开　　本：889mm×1194mm/16
印　　张：48.5
字　　数：1235 千字
版　　次：2020 年 10 月第 1 版　2020 年 10 月第 1 次印刷
书　　号：ISBN 978-7-5096-7594-6
定　　价：380.00 元

2019 年 4 月 22 日，国家发展和改革委员会党组成员，国家粮食和物资储备局党组书记、局长张务锋带队督导巡查黑龙江、辽宁两省政策性粮食库存大清查工作。

国家粮食和物资储备局各垂管局陆续挂牌。2019 年 9 月 29 日，国家发展和改革委员会党组成员，国家粮食和物资储备局党组书记、局长张务锋出席河北局挂牌仪式。

2019 年 6 月 18～19 日，国家粮食和物资储备局党组成员、副局长曾丽瑛在福建省调研粮食和物资储备工作。

2019 年 7 月 26 日，国家粮食和物资储备局党组成员、副局长卢景波在江苏省督导调研夏粮收购等工作。

2019年12月8~11日，国家粮食和物资储备局党组成员、副局长黄炜带队赴黑龙江省牡丹江、鸡西、七台河、佳木斯等地督导调研秋粮收购等工作。

2019 年 10 月 17 日，国家粮食和物资储备局党组成员、副局长韩卫江出席在安徽省合肥市举办的全国性粮农类社会组织产业扶贫对接活动暨第十七届中国国际粮油产品及设备技术展示交易会。

2019 年 8 月 13 日，国家粮食和物资储备局党组成员、副局长梁彦赴中央救灾物资北京储备库实地察看中央救灾物资调运情况。

编 委 会

主 任

张务锋

副主任

曾丽瑛　　卢景波　　黄　炜　　韩卫江　　梁　彦　　贾　骞

宋红旭　　翟江临　　颜　波　　李成毅

编 委
（按姓氏笔画为序）

卜轶彪	于　衡	于明海	于莲华	万士其	万忠兵	王云龙	王文南	王世海
王正友	王伟华	王来保	王　宏	王纯禄	王建军	王莉蓉	王耀鹏	牛国荣
方　进	邓燕红	甘　军	白向东	刘　伟	刘维东	刘嘉礼	关路林	孙　彪
孙建平	李　强	李　丹	李国强	李福君	杨　刚	杨永宁	杨洲群	肖春阳
肖晓光	时汉成	吴　晓	吴永顺	吴宇雄	何贤雄	邹　皓	宋念柏	张　凯
张天喜	张伟生	张宇松	张丽萍	张依涛	张映芳	张继祥	陈　宙	陈玉中
陈冬贵	陈军生	林明亮	周冠华	周维亮	孟令兴	赵　川	赵广美	赵永勃
苟　旭	胡新明	柯永果	钟海涛	段昌盛	姜在君	姜雷光	秦玉云	袁昌模
热甫卡提·努热合曼	夏春胜	顾艳华	钱　毅	徐　海	徐高鹏	殷　欧	郭景平
海文达	黄玉涛	曹颖君	阎会力	彭显华	董建国	韩继志	喻志勇	程行云
裴建军	谭本刚	潘一闽	潘文博	戴文辉				

编　辑

刘珊珊　高丹桂　张慧杰　胡耀芳　崔菲菲

编写说明

　　《中国粮食和物资储备年鉴》是国家粮食和物资储备局主编，经国家新闻出版管理部门批准出版，逐年编撰，连续出版的资料性年刊，主要汇集粮食和物资储备系统重要时事、文献和统计资料，全面客观记述年度工作，完整记录中国粮食和物资储备发展历史足迹，为科学决策和理论研究提供参考，为社会了解粮食和物资储备发展状况提供帮助。

　　《2020 中国粮食和物资储备年鉴》由综述、专文、全国粮食和物资储备工作、各地粮食和物资储备工作、各垂直管理局工作、政策与法规文件、附录七部分组成，记录了全国与地方粮食和物资储备工作及各垂直管理局相关工作。收集的数据和资料未包括我国香港特别行政区、澳门特别行政区和台湾地区。各省（自治区、直辖市）的排列顺序，按照全国行政区划的统一规定排列。

　　本期年鉴在编辑出版过程中得到了国家发展和改革委员会、农业农村部、国家统计局以及国家粮食和物资储备局各司局单位、各垂直管理局，各省、自治区、直辖市、计划单列市及新疆生产建设兵团粮食和物资储备局（粮食局）等部门单位的大力支持，在此，我们表示衷心的感谢！不足和疏漏之处，敬请读者批评指正。

《中国粮食和物资储备年鉴》编辑部
中国粮食研究培训中心
2020 年 10 月 16 日

目　录

第三篇　全国粮食和物资储备工作　　54

第六篇　政策与法规文件　　　　482

1

第一篇

综 述

2019 年全国粮食和物资储备工作综述

2019 年，在以习近平同志为核心的党中央坚强领导下，在国家发展和改革委员会（以下简称"国家发展改革委"）的指导支持下，全国粮食和物资储备系统以习近平新时代中国特色社会主义思想为指导，深入贯彻党的十九大和十九届二中、三中、四中全会精神，坚决落实习近平总书记关于国家粮食和物资储备安全的重要指示，按照国家粮食和物资储备局党组"两决定一意见"和"五句话"总体要求，抓改革、促转型、强监管、守底线，着力推进粮食和物资储备改革发展，各项工作取得积极成效。

一 大力推动重点领域改革，管粮管储制度机制更加完善

按照中央全面深化改革领导小组办公室（以下简称"中央深改办"）部署，国家发展改革委、国家粮食和物资储备局会同有关部门，认真研究起草《关于改革完善体制机制加强粮食储备安全管理的若干意见》，经中央全面深化改革委员会第八次会议审议通过后印发，进一步完善与我国经济体制相适应的现代粮食储备制度框架。认真落实中央关于党和国家机构改革的有关规定，按照中央机构编制委员会办公室（以下简称"中央编办"）批复的机构设置方案，顺利完成垂管局更名挂牌、人员调整、职责承接等工作，赋予垂管单位中央储备粮食和物资监管及应急物资保障职能，初步形成了在地监管执法体制。不断强化粮食安全省长责任制考核的常考常新、日常监督、问题整改等机制，进一步压实地方政府主体责任，调动各地重农抓粮积极性。顺利实施中央事权粮食政策执行和中央储备粮管理首次考核，有力促进承储企业主体责任落实。粮食安全保障立法修规取得阶段性成果，《粮食安全保障法（送审稿）》已经起草，领导小组第三次会议审议并原则通过，《粮食流通管理条例（修订草案）》立法审查进展顺利。

二 守住管好"天下粮仓"和战略储备物资，防风险保安全的物质基础更加坚实

扎实开展全国政策性粮食库存数量和质量大清查，共抽调 1.3 万名检查人员，清查 2.1 万个库点，全面摸清查实库存"家底"，建立完善分区域、分性质、分品种、分库点、分货位的库存数据库，向党中央、国务院交上了一本"明白账"。创新完善粮食监管方式，不断提高信用监管和信息化监管水平，12325 全国粮食流通监管热线累计接收投诉举报近 2 万件。稳妥实施重要战略物资收储核销安全，顺利完成原油出入库、中央储备成品油质量升级、储备棉轮出等工作，实现了大规模收储轮换作业和安全综合整治改造同步平稳运行。顺利承接中央防汛抗旱物资管理职责，印发突发事件总体应急预案，全年调运 11 批次 21 万件中央应急救灾物资，保障了灾区群众基本生活和生命财产安全。

三　认真落实"六稳"要求，粮食市场运行平稳有序

国家发展改革委、国家粮食和物资储备局会同 12 个部门单位，认真编制《中国的粮食安全》白皮书，经党中央、国务院领导同志批准后，国务院新闻办公室正式发表，发挥了展示成就、宣示主张、引导预期、塑造形象的良好效应。加强市场监测和精准调控，抓好"北粮南运"产销衔接，粮食流通顺畅有序，粮油市场运行总体平稳。统筹抓好政策性收购和市场化收购，全年累计收购粮食 7900 亿斤，其中最低收购价粮食 750 亿斤，没有出现大范围"卖粮难"。以稻谷为重点加快消化政策性粮食不合理库存，全年销售成交 855 亿斤。做好中美经贸摩擦背景下大豆保供稳市转储工作。同联合国世界粮食计划署、非盟签署谅解备忘录，拓展了粮食安全领域的"南南合作"和中非合作。

四　积极推进高质量发展，粮食产业强国建设加力提效

国家发展改革委、国家粮食和物资储备局制定出台《关于坚持以高质量发展为目标加快建设现代化粮食产业体系的指导意见》，在河南省召开加快推进粮食产业经济发展第三次现场经验交流会，推动延伸产业链、提升价值链、打造供应链，支持骨干企业做强做优做大，促进特色园区集聚集约发展，彰显区域品牌带动效应，粮食产业保持稳中向好发展态势。财政部、国家粮食和物资储备局出台《关于深入实施"优质粮食工程"的意见》等"1+3"指导文件，大力实施优质粮食工程，累计投入中央财政资金近 200 亿元，带动地方和社会投资 550 多亿元；各地建成粮食产后服务中心 3000 多个，发展"中国好粮油"示范市县 396 个。成功举办第二届中国粮食交易大会，参展产品规模比上届翻了一番，成交量增长 50%，影响力和带动力显著提高；举办全国公益性饲料粮专场交易会，有效促进了"北粮南运"产销衔接。

五　更加注重谋长远打基础，改革发展后劲不断增强

顺利完成粮食和物资储备"十三五"规划中期评估，积极开展"十四五"前期课题和"大粮食""大储备"问题研究，形成了一批有价值的研究成果。国家发展改革委、国家粮食和物资储备局出台《关于创新完善粮食"产购储加销"体系确保国家粮食安全的实施意见》，全链条防范应对粮食领域重大风险隐患。扎实推进粮食安全保障调控和应急设施专项、国家储备仓库安全综合整治提升三年行动和成品油储备能力建设；完成石油储备基地二期 3 个项目建设并投入试运行。加力提速粮食和物资储备信息化建设，在安徽省召开现场经验交流会，印发指导意见；互联互通和融合应用成效明显，粮库智能化升级改造完工率近 60%，国家平台与 23 个省（区、市）实现数据对接。印发改革粮食和物资储备标准化工作的意见，发布 37 项粮食行业标准和 3 项国际标准。举办全国粮食科技活动周活动，加强粮食行业技术创新中心、科技创新联盟建设，促进产学研融合发展。

六　不断加强党对粮食和物资储备工作的全面领导，党的建设质量明显提高

以深入学习贯彻习近平新时代中国特色社会主义思想为主线，在全系统扎实开展"不忘初心、

牢记使命"主题教育,强化理论武装,锤炼忠诚品格,激发担当精神,增强宗旨意识,深化正风肃纪,为改革发展注入了强大动力。认真贯彻党的十九届四中全会精神,通过举行中心组集体学习、收看宣讲报告会、举办专题辅导报告、印发实施意见,将全会精神贯穿到粮食和物资储备改革发展全过程。出台贯彻执行《党中央领导经济工作规定》实施办法,印发《关于进一步做好习近平总书记等党中央、国务院领导同志重要批示件办理工作的意见》。围绕落实习近平总书记在省部级主要领导干部专题研讨班等重要讲话和考察江西、河南等地重要指示,出台牢记初心使命推动改革发展、加强党组自身建设、机关党建等措施文件,并跟进抓好落实。全系统深入学习贯彻国家粮食和物资储备局党组《关于深化改革转型发展的决定》《关于加强安全稳定廉政工作的决定》和《关于进一步激励广大干部新时代新担当新作为的实施意见》,评选先进集体、先进工作者(劳动模范)和干事创业好团队、担当作为好干部;组织60多万人次参与知识竞赛,组织演讲比赛获奖选手在全国各地巡讲30余场,讲好粮食和储备故事,传播正能量,提振精气神。严格落实新时期好干部标准,配强配好26个垂管局领导班子,加大干部选拔和轮岗交流力度,优化了队伍结构,促进了深度融合。健全廉政风险防控机制,对5个垂管局分党组和2个直属事业单位党组织开展巡视,持续保持惩治腐败高压态势。

(撰稿单位:国家粮食和物资储备局办公室;撰稿人:张亚龙;审稿人:方进)

《中国的粮食安全》白皮书发表

1996 年，我国发布《中国的粮食问题》白皮书，回答了"谁来养活中国"的问题。党的十八大以来，我国在确保国家粮食安全和维护世界粮食安全方面取得了巨大成就，探索出了一条中国特色粮食安全之路。2018 年下半年，国际国内形势更加复杂，社会各方对粮食安全问题高度关注。9 月，国家发展改革委提出"发布《中国的粮食安全》白皮书"等应对措施建议，国务院领导同志圈阅同意。10 月，国家粮食和物资储备局向中共中央宣传部（以下简称"中宣部"）提出编制《中国的粮食安全》白皮书的立项申请。11 月，中宣部正式批复立项，同意以国务院新闻办公室名义编制发表《中国的粮食安全》白皮书。

2019 年 10 月 14 日，国务院新闻办公室召开新闻发布会，发表《中国的粮食安全》白皮书。发布会由国务院新闻办公室新闻发言人胡凯红（左一）主持，国家发展和改革委员会党组成员、国家粮食和物资储备局党组书记、局长张务锋（左二），国家发展和改革委员会副秘书长苏伟（右二），国家粮食和物资储备局党组成员、副局长黄炜（右一）出席发布会，介绍和解读白皮书的内容并回答记者的提问。

国家粮食和物资储备局会同国家发展改革委、科技部、财政部、自然资源部、水利部、农业农村部、商务部、卫生健康委员会、海关总署、统计局、国际发展合作署等部门，组织编制了《中国的粮食安全》白皮书（以下简称"白皮书"）。2019 年 10 月 14 日，国务院新闻办公室召开新闻发布会，公开发布白皮书。发布会由国务院新闻办公室新闻发言人胡凯红主持，国家发展改革委党组成员、国家粮食和物资储备局党组书记、局长张务锋，国家发展改革委副秘书长苏伟，国家粮食和物资储备局党组成员、副局长黄炜出席，介绍和解读白皮书内容并回答记者提问。

白皮书全文约1.2万字，分为前言、中国粮食安全成就、中国特色粮食安全之路、对外开放与国际合作、未来展望与政策主张、结束语六部分。白皮书突出强调了国家粮食安全是头等大事的战略定位，体现了以人民为中心的发展思想；集中展现了保障国家粮食安全的伟大成就，彰显在中国共产党领导下依靠自身力量端好自身饭碗的战略自信；系统阐述了中国特色粮食安全之路，向国际社会贡献了保障粮食安全的中国方案；介绍了国际粮食合作的丰硕成果，表明积极维护世界粮食安全的大国担当；展望了未来粮食安全政策举措，为各方提供持续稳定的粮食安全发展预期。白皮书以中、英、法、俄、德、西、阿、日8个语种发表，由人民出版社、外文出版社分别出版。

《中国的粮食安全》白皮书以中、英、法、俄、德、西、阿、日8个语种发布，图为白皮书中文版、英文版。

白皮书发布后，在国内外引起强烈反响，获得舆论广泛关注和充分肯定。国内外媒体围绕"中国的粮食安全取得了巨大成就""中国粮食安全保障制度体系基本成型""中国是维护世界粮食安全的积极力量"等主题，以多种形式从不同角度进行评论、解读和宣传。《人民日报》发表国家粮食和物资储备局"解决好吃饭问题始终是治国理政的头等大事"的署名文章；中央电视台《焦点访谈》栏目推出对张务锋、张晓强、黄炜、姜长云等领导和专家的专题访谈；农业农村频道《乡村振兴面对面》专访张务锋局长；新华网对国家粮食安全政策专家咨询委员会主任委员张晓强进行专访；《经济日报》以专刊刊登李国祥、姜长云、姚惠源、李广禄、丁文禄、王伟华、赖应辉7位专家的解读文章。同时，通过微信、微博、客户端、公众号等各类新媒体制作发布新媒体产品进行解读和宣传。白皮书在中华人民共和国成立 70 周年、第 39 个世界粮食日前夕的特殊时间节点有效地发挥了凝心聚力、振奋精神、释疑解惑的正面宣传效果；国际社会对我国依靠自身力量确保粮食供应，为维护世界粮食安全做出巨大贡献普遍表示赞赏，认为我国为解决世界粮食安全问题和减少全球饥饿人口提供了"中国智慧"和"中国方案"，树立了大国形象，彰显了大国担当。

（撰稿单位：中国粮食研究培训中心；撰稿人：刘珊珊、张慧杰；审稿人：颜波、王世海）

庆祝中华人民共和国成立 70 周年系列活动

2019 年是中华人民共和国成立 70 周年。中共中央、国务院印发《关于庆祝中华人民共和国成立 70 周年活动的通知》，国家粮食和物资储备局高度重视、精心谋划，全国粮食和物资储备系统坚持把庆祝中华人民共和国成立 70 周年与学习宣传贯彻习近平新时代中国特色社会主义思想和党的十九大精神结合起来，与"不忘初心、牢记使命"主题教育结合起来，与贯彻落实"两决定一意见"结合起来，策划举办了一系列丰富多彩的庆祝活动。

一　认真做好大型成就展相关布展工作

全力配合国家发展改革委办好"伟大历程　辉煌成就——庆祝中华人民共和国成立 70 周年大型成就展"。按照展览要求，细化责任分工、调度各方资源，圆满完成 8 个历史成就条目的设计策划、资料收集、模型制作、解说词撰写以及实地布展等任务。组织机关及事业单位党员干部，赴北京市展览馆参观成就展，现场感受中华人民共和国成立 70 周年波澜壮阔的发展历程、感天动地的辉煌成就和弥足珍贵的经验启示，加强爱国主义教育，激发爱国热情，巩固放大"不忘初心、牢记使命"主题教育成果。

二　举办庆祝中华人民共和国成立 70 周年图片展

举办全国粮食和物资储备系统庆祝中华人民共和国成立 70 周年图片展，集中展出中华人民共和国成立以来粮食和物资储备领域图片 500 余张、粮票 200 余张，生动展示了党和国家领导人关于粮食和物资储备的重要论述、粮食流通体制改革发展历程、国家粮食和物资储备机构历史沿革，以及 70 年来国家粮食和物资储备在服务宏观调控、基础设施建设、法制建设、科技创新、人才培养、文化建设、国际交流等方面取得的巨大成就，在服务"三农"、服务国防、应急保供、支援重大工程建设等方面发挥的重要作用，进一步提升广大干部职工对粮食和物资储备事业的荣誉感，激发新时代干事创业热情。

三　举办"我和我的祖国"主题书画展

举办以"我和我的祖国"为主题的全国粮食和物资储备系统干部职工庆祝中华人民共和国成立 70 周年书画展，共展出 150 余幅优秀作品。参展作品紧密联系工作和生活实际，描绘中华人民共和国 70 年翻天覆地变化和全系统 70 年辉煌成就，抒写时代变迁和爱党爱国爱民情怀，展现了粮食和物资储备系统深厚文化底蕴和优良传统作风，表达了广大干部职工坚决扛稳国家粮食和战略物资储备安全重任的政治担当、历史担当、责任担当。

四　举行"迎国庆、升国旗、唱国歌"仪式

举行"迎国庆、升国旗、唱国歌"仪式，广大党员干部受到了一次生动深刻的爱国主义教育，进一步激发了爱国报国情怀，提升了干事创业的精神状态，激励和鞭策大家更加紧密地团结在以习近平同志为核心的党中央周围，以实际行动为国旗增辉、为事业添彩，推动粮食和物资储备改革发展，为保障国家粮食安全和战略应急物资储备安全做出新的更大贡献。

五　开展走访慰问活动

在中华人民共和国成立 70 周年之际，张务锋局长、曾丽瑛副局长分别看望慰问了部分离休老干部，为他们颁发中共中央、国务院、中央军委制作的"庆祝中华人民共和国成立 70 周年纪念章"，赠送国家粮食和物资储备局制作的《我们不会忘记》离休干部纪念册，对老同志们为粮食和物资储备工作做出的历史贡献表达崇高敬意和衷心感谢。组织对离休干部进行走访慰问，各垂管局主要负责同志及有关人员走访慰问了本部门所属的离休干部。

六　开展学习模范典型活动

深入挖掘中华人民共和国成立以来全国粮食和物资储备系统典型代表集体和个人先进事迹，加强宣传推广，进一步激励广大干部职工不忘初心、牢记使命，立足岗位、担当作为。印发《关于深入学习张富清、尚金锁同志先进事迹　牢记初心使命加快改革发展的决定》，号召全系统广大干部职工深入学习张富清、尚金锁同志先进事迹，鼓足干劲、振奋精神，加快推动改革发展。举办向"身边的榜样"学习宣讲汇报会，邀请 6 名来自基层的先进集体和个人代表，讲述所在单位或个人干事创业谋发展、立足岗位做贡献的先进典型事迹，引导全系统广大党员干部职工积极向"身边的榜样"学习，以优异成绩迎接中华人民共和国成立 70 周年。

七　举办网上知识竞赛和演讲比赛

在全国粮食和物资储备系统开展"牢记初心使命、推动改革发展"网上知识竞赛，共 2.9 万余人注册参赛，60 余万人次在线答题，评出优秀组织奖 20 个，个人一等奖 50 名、二等奖 100 名、三等奖 200 名、幸运奖 500 名。组织主题演讲比赛，各地各单位共 78 名选手参加演讲比赛分区初赛，20 名选手进入决赛获得优胜，组织巡回演讲团赴 29 个省（自治区、直辖市）演讲 31 场，有力宣传了新时代粮食和物资储备系统干部职工牢记初心使命、勇于担当奉献、锐意改革进取的良好形象，达到了以赛促学、以学促用，比学赶超、融合共进的目的，持续营造了庆祝中华人民共和国成立 70 周年的良好氛围。

国庆前后，各省（自治区、直辖市）粮食和物资储备局（粮食局）、各垂直管理局认真贯彻党中

央决策部署，按照国家粮食和物资储备局《庆祝中华人民共和国成立 70 周年活动工作方案》要求，结合各自实际，分别开展了一系列丰富多彩的庆祝活动，进一步激发广大干部职工的爱国热情，营造干事创业、担当作为的浓厚氛围。同时，按照国家粮食和物资储备局有关要求，做好国庆期间各地粮油市场保障工作，牢牢守住安全稳定廉政"三条底线"，确保了国庆期间全系统安全稳定。

（撰稿单位：国家粮食和物资储备局办公室；撰稿人：宋彦龙、敖晓文；审稿人：方进、周海扬）

2

第二篇

专文

认真学习贯彻习近平总书记重要论述
坚决扛稳粮食安全重任　加快建设粮食产业强国
——在《中央和国家机关党课文选》第 6 期（总第 25 期）发表的党课讲稿

国家发展和改革委员会党组成员
国家粮食和物资储备局党组书记、局长　张务锋

粮食安全是国家安全的重要内容，是关系国计民生的全局性、战略性问题。党的十八大以来，以习近平同志为核心的党中央着眼全局、审时度势，确立了"以我为主、立足国内、确保产能、适度进口、科技支撑"的国家粮食安全战略，为新时代粮食领域改革发展指明了正确方向、提供了根本遵循。面对百年未有之大变局，面对不断增多的风险挑战，要切实提高政治站位，坚决扛稳粮食安全重任、加快建设粮食产业强国，以实际行动践行初心与使命。

一　放眼全球，纵观历史，在构建人类命运共同体大格局中，中国的粮食安全怎么看、怎么办

第一，回顾总结我国历史发展的经验，粮食安全是国之大计、存亡之道。俗话说"民以食为天"。自古以来，粮食就被看作"政之本务"，粮食储备被认为是"天下之大命"。《礼记》中就提出了"三年耕，必有一年之食"的思想；《管子》一书从战略高度强调粮食生产和储备的重要性，提出"不生粟之国亡，粟生而死者霸，粟生而不死者王"。此类论述不胜枚举，表明古人对粮食问题在国家兴亡中的重要作用早就有深刻认识。我国历史上王朝盛世的出现，都与粮食生产发展、产量大幅提高有密切关系。

中华人民共和国成立后特别是改革开放以来，中国人民经过艰苦卓绝的努力，用全球 10% 的耕地、6% 的淡水资源生产的粮食，养活了近 20% 的人口；实现了从温饱不足到全面小康的历史性跨越。这是一个了不起的成就，对世界也是一个巨大贡献。当然也要清醒地看到，中国的粮食安全基础仍不稳固，不容掉以轻心，什么时候都不能轻言粮食过关了。在粮食问题上，绝不能侥幸。习近平总书记强调，对粮食问题，要善于透过现象看本质。在我国这样一个 14 亿人口的大国，粮食多了是问题，少了也是问题，但这是两种不同性质的问题。多了是库存压力，是财政压力；少了是社会压力，是整个大局的压力。对粮食问题，要从战略上看，看得深一点、远一点。因此，我们要以史为鉴、保持警醒，不断增强粮食安全保障能力，牢牢掌握主动权。

第二，面对世界百年未有之大变局，粮食问题是国家博弈的重要筹码和焦点议题。粮食安全与能源安全、金融安全并称为三大经济安全，是国家安全的重要基础。袁隆平院士说过："一粒粮食能救一个国家，也可以绊倒一个国家，这就是粮食的重要性。"当今国际社会，一些西方发达国家把粮

食作为战略手段，用于维护全球霸权；而且与金融、贸易、援助等交织在一起，以更加隐蔽的方式出现，致使他国陷入了困局。这充分表明：靠别人解决吃饭问题是靠不住的，一个国家只有实现粮食基本自给，才有能力掌控和维护好经济社会发展大局。

综上所述，我们务必牢记三点：①不论从全球发展格局看，还是从我国历史经验看，不论是着眼担当国际社会责任，还是立足应对外部风险挑战，14 亿人的吃饭问题始终都是"头等大事"。②粮食安全是实现经济发展、社会稳定、国家安全的重要基础，中国人吃饱饭是改革开放以来特别是近些年的事情；粮食方面的问题，我们绝不能等闲视之，切不可"好了伤疤忘了疼"。③面对复杂严峻的国际形势，只有做到"手中有粮"，才能确保"心中不慌"，应对各种挑战才有定力和底气。

> **二**　在实现中华民族伟大复兴的征程上，对习近平总书记关于国家粮食安全的重要论述，应当怎样理解把握、学思践悟

党的十八大以来，习近平总书记就国家粮食安全发表了一系列重要论述，高屋建瓴、系统科学、内涵丰富、思想深邃，引领推动了粮食安全理论创新、制度创新和实践创新，是党的十八大以来粮食工作取得辉煌成就的根本保证，是应对现阶段粮食领域问题挑战的思想武器，是新时代保障国家粮食安全的行动指南。中央印发的《习近平关于"三农"工作论述摘编》，对"确保国家粮食安全，把中国人的饭碗牢牢端在自己手中"单列一个专题，为我们提供了重要的学习教材。学习领会习近平总书记的相关重要论述，必须坚持问题导向，结合实际加深理解和认识。

第一，粮食连年丰收、库存高企，是不是可以高枕无忧了？习近平总书记对国情粮情有着准确把握和清醒判断，2013 年明确指出，虽然我国粮食生产连年丰收，但这就是一个紧平衡，而且紧平衡很可能是我国粮食安全的长期态势。"紧平衡"面临多重压力，主要体现在四个方面：一是需求增长的压力。根据《国家人口发展规划（2016—2030 年）》，2020 年我国人口预计将达到 14.2 亿左右，2030 年前后达到 14.5 亿左右。随着居民膳食结构升级，饲料消费需求增加，粮食消费量可能进一步增长。预计 2020 年达到 1.4 万亿斤，2030 年达到 1.6 万亿斤。二是资源约束的压力。我国人多地少水缺，人均耕地和淡水资源分别仅为世界平均水平的 40% 和 25%。随着工业化、城镇化推进，耕地面积还可能会有所减少，农业用水还将被挤压，这对提高粮食供给能力将带来较大影响。三是结构性矛盾的压力。小麦生产消费基本保持平衡，稻谷连续多年产大于需，玉米当年产需出现缺口，大豆对外依存度较高；粮食生产向主产区集中，主销区产需缺口加大。四是应对风险的压力。现在不仅城镇居民和加工企业普遍不存粮，农民存粮也不多。如果市场上一有"风吹草动"，几亿居民、数量众多的加工企业多买一点，供求形势就会发生很大变化，若调运再不及时，就可能引发局部短缺，价格急剧上涨。面对各方面压力，我们要始终绷紧粮食安全这根弦，不因形势向好而沾沾自喜，不因连年丰收而放松警惕。

第二，14 亿人要吃饭，资源约束趋紧，国家粮食安全如何保障？就整体而言，要坚持立足国内，"确保国家粮食安全，把中国人的饭碗牢牢端在自己手中"。粮食安全是买不来的。全球粮食贸易量不到我国粮食消费量的一半，即便把国际市场上的谷物都买过来，也不够我们吃半年的。不仅如此，如果粮食依赖进口，就可能被别人牵着鼻子走；一旦出现极端情况，手里有钱未必能买得到粮食。2007 年至 2008 年世界粮食危机时，一些欧盟国家和俄罗斯、乌克兰、哈萨克斯坦、阿根廷、越南、

印度尼西亚等就曾一度实施粮食出口限制。世界上真正强大的国家、没有软肋的国家，都有能力解决自己的吃饭问题。因此，我们要端牢中国人的饭碗，必须坚持以我为主、立足国内和适度进口。

分品种来看，要有保有压、有取有舍，集中力量先把最基本最重要的保住。2013年12月，习近平总书记主持召开中央财经工作领导小组第四次会议，提出了"确保谷物基本自给、口粮绝对安全"的新粮食安全观。这意味着，从过去要求"保全部"改为强调"保口粮"，从战略层面界定了粮食安全的底线。面对人多地少的客观条件，必须突出重点，大米、小麦作为我国的基本口粮品种，要优先保障；玉米是重要的饲料粮和工业用粮，也要保持基本稳定。

就质量而言，要实现"既要保数量，更要重质量"以及"从源头上确保农产品质量安全"的目标。习近平总书记强调，"要坚持数量质量并重，在保障数量供给的同时，更加注重农产品质量和食品安全，注重生产源头治理和产销全程监管，让人民吃得饱、吃得好、吃得放心"。粮食是食品加工的基本原料，粮食质量安全是食品安全的源头和基础。要坚持源头治理、标本兼治，用最严谨的标准、最严格的监管、最严厉的处罚、最严肃的问责，确保人民群众"舌尖上的安全"。

第三，作为发展中的大国，新时代实现高质量发展，国家粮食安全之路怎么走好？围绕实施国家粮食安全战略，党中央、国务院先后推出了一系列重大政策举措。

一是认真落实"藏粮于地、藏粮于技"战略。确保重要农产品特别是粮食供给，是实施乡村振兴战略的首要任务。一方面，守住耕地这个命根子。这是国家粮食安全的命脉所系。2019年中央一号文件明确要求："严守18亿亩耕地红线，全面落实永久基本农田特殊保护制度，确保永久基本农田保持在15.46亿亩以上"，"到2020年确保建成8亿亩高标准农田。"另一方面，紧紧依靠科技挖掘粮食增产潜力。这是实现粮食持续增产的根本出路。"一粒种子可以改变一个世界，一项技术能够创造一个奇迹"。进一步发挥好科技增产的优势，着力抓好新品种、新技术、新机具的推广应用，坚持走依靠科技、提高单产的内涵式发展道路。

二是在农业供给侧结构性改革中做好做活粮食这篇大文章。当前，我国粮食库存充裕，供应充足，市场稳定，部分品种阶段性过剩，为推进农业供给侧结构性改革、在更高层次上实现粮食供需动态平衡提供了有利条件和相对宽松环境。随着玉米价格形成机制的理顺，市场流通更趋顺畅，玉米加工业全面激活，达到了"一招活、满盘皆活"的效果。要坚持由增产导向转向提质导向，深化粮食收储制度改革，在"巩固、增强、提升、畅通"上下功夫，发挥流通对粮食生产的反馈激励作用，加快绿色化、优质化、特色化、品牌化的步伐。

三是切实加强"三大能力"建设。相对于许多国家通常只强调粮食生产的做法，我国统筹加强粮食生产、储备、流通三大能力建设，这是保障大国粮食安全的创新性举措。在储备能力方面，历经数次大规模建设，我国粮食仓储条件大为改善，储备规模保持高位，储备管理水平明显提高。中华人民共和国成立初期，全国只有粮食仓容550万吨，大部分是由祠堂庙宇改造而成；经过70年的努力，目前各类涉粮企业标准仓容已达到6.7亿吨；仓储设施条件发生了翻天覆地的变化，环流熏蒸技术、粮情测控技术、气调和准低温储粮技术广泛采用。当然，也还存在一些"短板"。比如，粮食物流集约化、规模化程度较低，粮食物流园区和关键节点布局不尽合理、标准不统一，影响了各种运输方式之间的衔接。因此，在"十四五"期间，我们要优化大型粮食物流园区布局，构建一批粮食物流进出口通道和重要节点，大力发展散装、散运、散卸、散存"四散"运输和多式联运，切实提高粮食流通现代化水平。

四是必须用好"两种资源、两个市场"。在立足国内保吃饭的前提下，适当增加进口，有利于弥补部分国内粮油产品供求缺口，为耕地、水资源等休养生息腾出空间，但要把握好度，拿捏好分寸。以大豆为例，我国 2018 年进口数量多达 8800 万吨；如果按全部由我国生产测算，则需要 7 亿多亩耕地。除直接进口之外，还要借鉴国际大粮商的做法，积极参与国际粮食产业分工，实现互利共赢。我国国内市场具有良好的产业基础和发展环境，要放大自身优势，培育我国的国际大粮商。

综上所述，我们要务必牢记三点：①我国粮食安全的长期态势是"紧平衡"，粮食安全这根弦一刻都不能放松。②我们的着眼点、立足点是绝不能买饭吃、讨饭吃，中国人的饭碗必须牢牢端在自己手中，而且要更多地装自己生产的粮食。③粮食安全涉及多领域、多方面，要强化战略思维、底线思维、辩证思维，切实把握好"多"与"少"、"质"与"量"、生产与流通、当前与长远、政府与市场、国内与国外"六种关系"，全面提高国家粮食安全保障能力。

三　认真实施国家粮食安全战略，加快建设粮食产业强国，如何守好初心牢记使命，有新担当新作为

中央全面深化改革委员会第八次会议明确要求："加快构建更高层次、更高质量、更有效率、更可持续的国家粮食安全保障体系。"这是以习近平同志为核心的党中央关于国家粮食安全的最新要求，为做好新时代粮食安全工作提供了行动指南。我们要认真学习领会，敢于担当、善谋实干，深化改革、多措并举，统筹推进粮食安全保障立法修规、储备管理体制机制改革、政策性粮食库存大清查、粮食执法监管、粮食安全省长责任制考核和中央储备粮管理考核，加快实现粮食安全治理能力和治理体系现代化。

（一）积极推动粮食安全保障立法修规

"小智办事、大智用人、睿智立法"。2018 年和 2019 年连续两年中央一号文件，都明确提出加快粮食安全保障立法进程。十三届全国人大常委会将《粮食安全保障法》列入立法规划一类项目。这次立法，从加强国家安全法治保障出发，将《粮食法》调整为《粮食安全保障法》，在立法宗旨上进一步向保障国家粮食安全聚焦，拟确立粮食生产能力、储备能力、流通能力、调控与应急、质量安全等保障制度。同时，加快推动修订出台《粮食流通管理条例》，组织起草《粮食储备安全管理条例》，形成国家粮食安全保障法律法规体系。

（二）改革完善粮食储备管理体制机制

粮食储备是保障国家粮食安全的重要物质基础。从古代的常平仓、义仓，到中华人民共和国成立之初的周转储备、"甲字粮"，再到现行的中央和地方粮食储备，我国的粮食储备管理体制机制在探索中不断完善。今年 5 月 29 日，习近平总书记主持召开中央深改委会议审议通过了《关于改革完善体制机制加强粮食储备安全管理的若干意见》（以下简称《意见》）。《意见》有很大突破性和创新性，对一直以来在粮食储备管理中反映较为集中的问题都进行了回应，具有管根本和管长远的作用。要强化政府储备公共产品属性，厘清承储主体职能定位，压实承储企业主体责任和各方监管责任，建立政府储备规模动态调整机制和粮食储备联动机制，完善储备轮换机制，确保国家储备粮数量实、质量好、调得动、用得上。

（三）扎实开展全国政策性粮食库存大清查

这是党中央、国务院做出的重大决策部署，是继2001年、2009年后开展的第三次全国粮食库存清查。大清查近十年一次，与以往相比，此次具有意义特别重大、任务特别繁重、关注度高特别敏感、各级党政机关特别重视四个鲜明特点。要在完成企业自查、省市普查和部门联合抽查的基础上，建立全覆盖、一体化的普查数据库，确保各项结果真实准确，向党中央、国务院交上一本实实在在的"明白账"。针对大清查发现的问题，要督促企业彻底整改，该问责的要严肃问责，并举一反三、建章立制、完善长效机制，坚决堵塞漏洞。

（四）创新方式强化粮食执法监管督查

在2013年12月召开的中央农村工作会议上，习近平总书记深刻指出，要管好用好储备粮，这是保百姓饭碗的粮食，不能平时老说库盈囤满，真到急用时却拿不出来。古今中外这方面教训多得很！《诗经》中就有"硕鼠硕鼠，无食我黍"的句子。当前，政策性粮食库存保持高位，点多面广量大、企业情况和仓型复杂，管理水平参差不齐，违规违法案件易发多发。粮食监管执法在面对这些困难挑战的同时，更具备不少优势条件。随着法律法规逐步完善、储备改革逐步到位、大清查摸清实底，为强化监管执法提供了强力支撑；国家粮食和物资储备局各垂管局承担起监管职能，建立中央储备粮在地监管体制；在跨省交叉执法检查、"大快严"集中行动中，积累了经验、锻炼了队伍；12325全国粮食流通监管热线开通，信息智能化和信用监管逐步推行，监管执法效能大幅提高。要抢抓机遇，创新方式，强化监管执法，坚决守住管好"天下粮仓"。

（五）认真实施粮食安全省长责任制考核和中央事权粮食政策执行情况考核

一是粮食安全省长责任制考核。习近平总书记指出，各级地方政府要树立大局意识，增加粮食生产投入，自觉承担维护国家粮食安全责任，不能把担子全部压到中央身上。实施粮食安全省长责任制，是保障国家粮食安全的一项重要制度安排。经过三个年度的考核，各级粮食安全责任意识普遍增强，主产区、主销区和产销平衡区的责任进一步压实，政策支持和财政投入力度明显加大，考核效果一年比一年好。二是中央事权粮食政策执行和中央储备粮棉管理情况考核。这是党中央、国务院赋予国家粮食和物资储备局的重要职责，是防范化解风险、彻底消除隐患的现实需要，是强化内控管理、构建长效机制的有效举措，是对中储粮系统的"业务体检"。"两项考核"互为补充，构成完善的责任考核体系，在实施国家粮食安全战略中发挥着重要的"指挥棒"作用。

（六）着力构建粮食"产购储加销"体系

维护国家粮食安全涉及生产、收购、储存、加工、销售等多个环节。当前，各环节发展不平衡不充分不协同等问题比较突出，制约了粮食安全保障能力持续提升。初步考虑，健全"三个机制"，即粮食产购储加销协同机制、粮食产销合作机制、粮食安全决策咨询机制；实施"六大重点项目"，包括优质粮食工程、粮食应急保障工程、粮食现代物流工程、粮食智能化管理提升行动、粮机装备提升行动等，全面增强防范化解重大风险的能力。

（七）加快建设粮食产业强国

习近平总书记2016年在黑龙江省考察时指出，要以"粮头食尾"和"农头工尾"为抓手，推动粮食精深加工，做强绿色食品加工业；在2019年全国"两会"期间参加河南代表团审议时要求，"抓住粮食这个核心竞争力，延伸粮食产业链、提升价值链、打造供应链，不断提高农业质量效益和竞争力"。李克强总理就发展粮食产业经济作出重要批示，提出了加快推动我国从粮食生产大国向粮食产业强国迈进的奋斗目标，强调了粮食产业强国建设在提升粮食安全保障能力、促进农业提质增效、推动乡村振兴中的重要意义。认真贯彻落实习近平总书记重要指示和李克强总理重要批示，因地制宜，创新实践，先后三次召开现场经验交流会，重点推介山东省滨州市做好"全、增、新、强、优"文章，黑龙江省五常市抓源头、抓营销、抓产业和农民增收、企业增效、税源增加、消费增信、品牌增值"三抓五增"，河南省漯河市招大育强、产业谋划、创新引领、融合发展"四个注重"的经验做法，"连抓三年、紧抓三年"，加快构建现代化粮食产业体系。下一步，要聚焦实现高质量发展、建设粮食产业强国"一个目标"，围绕国家粮食安全和乡村振兴"两大战略"，突出产业链、价值链、供应链"三链协同"，建设优质粮食工程、示范市县、特色园区、骨干企业"四大载体"，推动产购储加销"五优联动"，强化"绿色、优质、特色、品牌"引领，加快粮食产业高质量发展，不断增强人民群众获得感、幸福感和满意度。

在"不忘初心、牢记使命"主题教育总结大会上的讲话

国家发展和改革委员会党组成员
国家粮食和物资储备局党组书记、局长　张务锋

今天这次会议，主要是深入贯彻习近平总书记关于"不忘初心、牢记使命"的重要论述精神，认真总结国家粮食和物资储备局与全系统主题教育开展情况，部署深化整改落实、巩固拓展主题教育成果的各项任务，凝聚共识行动，激励担当作为，奋力推动粮食和物资储备改革发展。

大家知道，党中央对主题教育做出全面部署。习近平总书记发表重要讲话，在中央政治局第十五次集体学习、中央和国家机关党的建设工作会议、深化党和国家机构改革总结会议上专门强调，先后到江西、内蒙古、甘肃等地调研并提出重要指导意见，为我们扎实开展主题教育指明了正确方向、提供了根本遵循。中央第二十指导组高度重视国家粮食和物资储备局与全系统主题教育，多次调研指导和过程评估，专门听取汇报，出席会议活动，对方案制订和组织实施特别是动员部署、主题党课、调研成果交流、民主生活会等，精心把关、精准指导，提出了重要意见和明确要求，对我们及时准确领会党中央精神，扎实有效推进主题教育起到了至关重要作用。各位领导同志对党忠诚的政治品格、高度负责的担当精神、求真务实的工作作风，让我们深感钦佩、备受教育。

刚才通报了专题民主生活会和专项整治情况，杨志今副组长还将代表中央指导组发表重要讲话。我们要认真学习领会、抓好贯彻落实。下面，根据国家粮食和物资储备局党组研究的意见，我讲三个方面。

一　主题教育进展有序、扎实深入，取得预期良好效果

我们按照"守初心、担使命，找差距、抓落实"的总要求，注重"四个到位"，突出融会贯通，统筹抓好学习教育、调查研究、检视问题、整改落实，顺利完成了主题教育各项目标任务。

一是强化了理论武装。在主题教育中，我们注重突出主线。紧紧围绕学习贯彻习近平新时代中国特色社会主义思想，深入学习了党的十九大报告和党章党规，认真学习了《论述摘编》和《学习纲要》，跟进学习了习近平总书记最新重要讲话文章和指示精神，原原本本学、全面系统学，进一步增强"四个意识"、坚定"四个自信"、做到"两个维护"。在主题教育中，我们注重以上率下。国家粮食和物资储备局党组中心组聚焦增强党性修养、对党绝对忠诚、推动改革发展等专题，先后进行了12次集体学习研讨；党组同志就坚决扛稳粮食安全重任、加快建设粮食产业强国等主题，带头讲好党课。在主题教育中，我们注重联系实际。党组同志牵头分赴江西、陕西、江苏、浙江、河南、四川、黑龙江、河北等地，边学习、边调研、边体悟，使理论学习往深里走、往心里走、往实里走。安徽局、贵州局、云南局、宁夏局、山西局、天津办着眼履行新职能，深入学习严格执法、强化监管、防范风险相关理论和专业知识。在主题教育中，我们注重丰富载体。举办专题报告会、青年干部研讨会、

调研成果交流会，成立青年理论学习小组，督学促学、带动自学。广西局到革命前辈家中"上门听党课"，陕西局上好警示教育和传统教育"两堂课"，增强了理论学习的吸引力和实效性。各司局单位组织集体学习近 500 次，司级干部讲党课 86 人次；各垂管局开展学习研讨 152 次，分党组成员讲党课 106 人次。

二是锤炼了忠诚品格。在党性教育中夯实忠诚基础。我们扎实进行革命传统教育，认真执行"三会一课"制度，举行重温入党誓词、过"政治生日"等活动。江西局、湖南局、广东局、上海办、浙江办、甘肃局、黑龙江局用好红色资源，分别到井冈山、"一大"会址、嘉兴南湖、腊子口、大庆油田等地进行主题党日活动。在自我革命中擦亮忠诚底色。按照"四个对照"和"四个找一找"要求，刀刃向内、检视剖析，深入开展批评和自我批评，红脸出汗、排毒治病，各级领导班子发现和解决自身问题能力明显提高。许多同志表示，专题民主生活会是一次全面"政治体检"，扫除了思想上和政治上的灰尘，增强了"心中有党、心中有民、心中有责、心中有戒"的意识。在对标对表中体现忠诚自觉。国家粮食和物资储备局党组出台《关于进一步做好习近平总书记等党中央、国务院领导同志重要批示件办理工作的意见》，各司局单位和垂管局逐级压实责任，加强指导督促，坚决落实到位。

三是激发了担当精神。结合学习宣传贯彻国家粮食和物资储备局党组关于深化改革转型发展的决定、关于加强安全稳定廉政的决定和关于激励干部新时代新担当新作为的意见即"两决定一意见"，选树了一批先进单位和先进个人，举行"向身边的榜样学习"宣讲汇报会，开展了"牢记初心使命、推动改革发展"主题演讲比赛和网上知识竞赛，提振精气神、激发正能量。湖北局评选"鄂储先锋"，河南局深化党员先锋岗创建，发挥示范作用。各司局单位以主题教育为动力，全力落实党组部署，攻坚克难、干事创业。着力推动重点难点工作，中央事权粮食政策执行情况"首考"正式启动，国家储备仓库安全综合整治提升三年行动加快实施；着力创新思路举措，粮食产业高质量发展在河南打出了"组合拳"，建设"产购储加销"体系谋划了路径载体，"十四五"规划编制前期工作和《中国粮食安全》白皮书起草拟定进展顺利；着力完善体制机制，粮食储备安全管理体制改革、垂管局机构改革有了新进展，立法修规、省长责任制考核稳步推进。在大清查、有关专项工作、防汛救灾等急难险重任务中，不少地方组织党员干部成立突击队，亮身份、冲在前、做表率，涌现出一批迎难而上、甘于奉献的好典型。

四是增强了宗旨意识。我们坚持走好新时代群众路线。主题教育期间国家粮食和物资储备局党组、各司局单位和各垂管局分党组开展调查研究 340 余次，多种渠道收集意见建议 600 余条，了解群众所思所盼，增进同人民群众的感情，自觉同人民想在一起、干在一起。吉林局机关支部与基层单位党组织结对子，新疆局积极参加民族团结一家亲活动，河北局开展"双报到"，深入驻地街道社区开展为民服务。我们坚持以人民为中心的发展理念。顺应种粮农民、涉粮企业和广大消费者的新期待，完善出台优质粮食工程"1+3"意见方案，落细落实、好事办好；在粮食收购中，积极创新方式、提高效率，努力让群众看到变化、得到实惠、感到满意。我们坚持解难题办实事求实效。各垂管局分党组深入 189 个基层库点，征求意见建议，解决实际问题，职工群众的获得感和归属感进一步增强。

五是深化了正风肃纪。严格对照党章党规找差距，针对"十八个是否"逐一自我检查，切实增强党的意识、党章意识和纪律规矩意识。国家局党组带头自我检视，明确了五个方面 30 个问题，制定了 116 条整改措施，各司局单位和垂管局也及时列清单、抓整改。通过深入开展专项整治，下大气力解决违反中央八项规定精神、形式主义和官僚主义等方面的突出问题。认真修订国家粮食和物资储备局和党组工作规则，累计制修订 66 项规章制度，靠制度管人管事。各垂管局分党组落实党风廉政建设主体责任，持续纠四风、转作风。青海局解决"浮推拖松隐"等问题，内蒙古局召开廉政形势分析会，辽宁局、山东局、四川局赴廉政教育基地进行警示教育，引导广大党员干部知敬畏、存戒惧、守底线。

总的来看，国家粮食和物资储备局和全系统主题教育取得了丰硕成果。这根本上得益于以习近平同志为核心的党中央坚强领导和习近平新时代中国特色社会主义思想科学指引；得益于中央主题教育领导小组和中央指导组的周密部署、指导帮助；得益于国家发展改革委党组和驻委纪检监察组的高度重视、有力支持；得益于全系统各级党组织、六个巡回指导组和广大党员干部的共同努力、积极参与。在此，我代表国家粮食和物资储备局党组，向关心支持国家粮食和物资储备局工作的各位领导、有关部门表示真诚的感谢！向全系统广大党员干部职工致以崇高的敬意！

二　把握主题教育凝聚的高度共识，进一步形成推动改革发展的强大动力

在党的创新理论引领下，我们进一步加深了对重大问题的领悟认识。要总结运用好这些共识，让思想自觉引导行动自觉、让行动自觉深化思想自觉。

（一）必须坚持用习近平新时代中国特色社会主义思想武装头脑、指导实践、推动工作

习近平新时代中国特色社会主义思想是做好新时代粮食和物资储备工作的强大思想武器。我们担当国家储备安全核心职能，就要认真领会"八个明确"和"十四个坚持"，紧扣新时代"两步走"战略安排，从大局出发提高站位、找准定位；面对全系统"深化改革、转型发展"时代主题，就要深入学习领会习近平总书记关于国家粮食安全和能源资源安全的重要论述，向改革要动力，向转型要活力；坚守安全稳定廉政"三条底线"，就要直面问题、增强忧患意识，将稳中求进总基调贯彻落实到各项工作中。

（二）必须坚持旗帜鲜明讲政治，自觉在思想上政治上行动上同以习近平同志为核心的党中央保持高度一致

"事在四方，要在中央"。形势越是复杂严峻，任务越是艰巨繁重，越要把思想行动高度统一到习近平总书记重要指示精神和中央决策部署上来。要牢固树立政治机关的意识，按照"三个表率"要求，努力建设模范机关。要把带头做到"两个维护"作为最高政治原则和根本政治规矩，自觉锤炼忠诚干净担当的政治品格，不断增强"两个维护"的定力和能力。要严格遵守纪律规矩，遵从组织原则，执行组织决定，保持政令畅通、令行禁止。

（三）必须坚持目标引领和问题导向，持续从严从实抓好作风建设

目标是奋斗方向，问题是时代声音。当前和今后一个时期，处在粮食和战略物资储备防风险重要性的凸显期、全系统"深化改革、转型发展"的攻坚期、构建统一的国家物资储备体系的关键期、国家储备应对重大突发事件能力的提升期。在这样一个滚石上山、爬坡过坎的进程中，那些惯性思维、路径依赖、故步自封、"等靠要"的思想，都是不合时宜的；那些"树叶落下来怕砸头"、"多一事不如少一事"、"新官不理旧账"，只愿唱"红脸"、不愿唱"黑脸"，不敢斗争、畏难发愁等状态，都是极不适应的；那些干事"慢半拍"、不推不动，满足于"一般化""能交差"的做法，都是不容许的。

务必大力弘扬优良传统，始终坚持严实标准，一以贯之抓细节重实效，化风成俗、成为常态，同心同德、团结一致，攻坚克难、开拓创新。

（四）必须坚持以人民为中心的发展思想，自觉践行全心全意为人民服务的根本宗旨

群众路线是我们党始终坚持的根本工作方法。要牢记人民对美好生活的向往就是我们的奋斗目标，全力抓好兴粮之策、惠农之道、利民之举，推动"为耕者谋利、为食者造福、为业者护航"走深走实。要大兴调查研究之风，主动问需于民、问计于民，从基层实践中找到解决问题的金钥匙，促进各项工作创新发展、取得突破。要树立"群众利益无小事"观念，关心基层干部职工，积极创造条件帮助他们解难题办实事。

（五）必须坚持"两手抓、两促进"，推动党的建设和改革发展深度融合并不断开创新局面

推动党建和业务深度融合，是党的十八大以来中央和国家机关党的建设重要经验之一。这次主题教育与重点工作互促共进，再次印证了这一点。要坚持围绕中心抓党建、抓好党建促业务，一起谋划、一起部署、一起落实、一起督查，坚决防止"两张皮"倾向。要牢固树立"抓好党建是最大政绩"的理念，以政治建设为统领，抓机关带系统，提高党建工作质量和水平。要立足岗位尽职责、抓重点、出亮点。

三　牢记初心使命、推动改革发展，不断巩固和放大主题教育成效

开展主题教育有期限，守初心担使命无止境。当前，全系统广大党员干部在思想、政治、作风、能力、廉政等方面，完善提升的空间还很大。针对主题教育中检视的问题，特别是在全面系统理解把握习近平总书记关于国家粮食安全和能源安全重要指示、深化改革实现深度融合、强化监管守好"天下粮仓"、推动粮食产业高质量发展、党员干部思想观念担当作为斗争精神等方面的差距，要从速认真整改，盯紧抓牢，落实到位；要久久为功、持续发力，以更高的标准、更实的作风推动粮食和物资储备改革发展。

第一，持续加强思想理论武装，学懂弄通做实习近平新时代中国特色社会主义思想。全系统广大党员干部要把"不忘初心、牢记使命"作为终身课题，坚持不懈读原著、学原文、悟原理，养成读《人民日报》时政报道和重要评论、看中央电视台《新闻联播》、读《求是》杂志的习惯，多思多想、学深悟透，不断提高党性修养和理论素养。要加快建设学习型机关，构建党建工作交流、专业能力提升、重点业务研究"三个平台"，切实增强学习效果。要坚持学而信、学而行，把学习成果落实到干好本职工作、推动改革发展上。

第二，持续提高政治站位，加强党对粮食和物资储备工作的全面领导。要大力加强对党忠诚教育，提高政治建设质量，从政治上认识和把握粮食和物资储备改革发展大局。要树立大抓基层、大抓支部的鲜明导向，开展党支部标准化、规范化建设试点，积极创建"四强"党支部，实现基层党组织全面进步、全面过硬。要发挥政治巡视"利剑"作用，适时启动国家粮食和物资储备局党组对所属单位党组织的巡视，扎实开展垂管局分党组巡察工作，达到"发现问题、形成震慑、推动改革、促进发展"的效果。

第三，持续锻造过硬作风，切实强化担当作为，增强斗争本领。要以浓厚氛围激励担当作为。制定全系统表彰奖励管理办法，集中表彰一批"担当作为好干部""干事创业好团队"；组织先进典

型巡回报告，举办演讲比赛总决赛，持续开展知识竞赛，引导广大党员干部比学赶超、"四比四看"。要以正确导向引领担当作为。认真落实好干部标准，选拔使用一批敢于担当、善谋实干、实绩突出的干部，有针对性地把优秀干部放到吃劲岗位接受磨炼。要以专项整治保障担当作为。积极倡导"大学习、深调研、真落实"，坚决反对形式主义和官僚主义，及时解决倾向性、苗头性问题，营造风清气正的政治生态。

第四，持续扛稳粮食安全和物资储备安全重任，不断提高为党分忧、为民服务水平。围绕深化改革，着力抓好重点工作。一是按照8月2日全国各垂管局长座谈会部署，积极稳妥做好垂管局机构改革。二是认真落实粮食储备安全管理改革若干意见，加快推动20项重点任务落地见效。三是抓紧研究提出改革完善战略物资储备安全管理体制机制的建议方案，积极汇报争取，完善顶层设计、强化高位推动。四是加快推动国家局直属事业单位深化改革、转型发展，增强围绕中心、服务大局的功能和动力活力。围绕转型发展，着力抓好大事要事。拓宽视野思路，观大势谋大事，高起点、高标准做好"十四五"相关规划编制工作。抓紧出台粮食"产购储加销"体系建设实施意见和完善现代化粮食产业体系的指导意见。适时召开"优质粮食工程"现场经验交流会。加快推动粮食安全保障立法修规进程，扎实开展大清查和"两项考核"，创新粮食监管执法方式，切实守住管好"天下粮仓"。坚决落实"六稳"要求，保障粮食市场供应和价格稳定。

第五，持续加强安全稳定廉政，营造改革发展良好环境。要大力实施战略物资储备仓库安全综合整治提升，尽快固底板、补短板、强弱项、打基础；按照"安全第一、万无一失"的要求，持续抓好有关专项工作；全面排查治理隐患，即查即改、立行立改；暂不具备整改条件的也要严格落实管控措施，确保不出问题。对各垂管局反映的机构编制和干部人事、规划建设项目、财务资产资金等方面存在的各类问题，按照"突出重点、先急后缓"原则，由国家粮食和物资储备局相关司局牵头，抓紧梳理协调；国家粮食和物资储备局与各垂管局，要分门别类、分工负责，积极创造条件，逐步加以解决。尽快出台关于加强国有资产对外投资和出租管理的意见，压实垂管局主体责任，规范决策程序，强化内部控制，提高规范化管理水平和使用效益，严防国有资产流失等问题。要积极推动垂管单位纪检监察体制改革试点，认真落实中央八项规定及其实施细则精神，完善廉政风险防控机制，严肃查处违纪违法案件，推动全面从严治党向纵深发展。

同志们，不忘初心，鞭策我们永不懈怠；牢记使命，激励我们一往无前。让我们更加紧密地团结在以习近平同志为核心的党中央周围，奋发有为、真抓实干，不断开创粮食和物资储备改革发展新局面，以实际行动和优异成绩庆祝中华人民共和国成立70周年！

牢记初心使命　提高党建质量
建设忠诚干净担当的粮食和物资储备铁军
——在"不忘初心、牢记使命"主题教育党课上的讲稿

国家粮食和物资储备局党组成员、副局长　曾丽瑛

同志们：

根据局党组"不忘初心、牢记使命"主题教育实施方案部署，下面，我结合近段时间个人学习、调查研究、检视问题的情况，为大家讲专题党课，和大家交流共勉。

一　准确把握守初心、担使命的科学内涵，切实增强思想自觉和行动自觉

为中国人民谋幸福，为中华民族谋复兴，是中国共产党人的初心和使命，是激励一代代中国共产党人前赴后继、英勇奋斗的根本动力。具体到粮食和物资储备系统的党员干部，就是要结合岗位本职，把初心使命细化落实为担当作为、干事创业，切实保障国家粮食安全和战略物资储备安全的实际行动。

（一）牢记初心使命，必须旗帜鲜明讲政治，切实学会从政治上思考谋划工作

习近平总书记指出，"讲政治，是我们党补钙壮骨、强身健体的根本保证，是我们党培养自我革命勇气、增强自我净化能力、提高排毒杀菌政治免疫力的根本途径"。践行初心使命，首先就要坚决落实党的理论和路线方针政策，坚决落实党中央决策部署，坚决落实习近平总书记重要指示批示和讲话精神，树牢"四个意识"、坚定"四个自信"、做到"两个维护"，始终在思想上政治上行动上同以习近平同志为核心的党中央保持高度一致。

国家粮食和物资储备局首先是政治机关，所做的每一项工作都包含有政治。习近平总书记多次强调，在粮食问题上，要从战略上看，看得深一点、远一点；不能算小账，要算好大账；不能只算经济账，更要算好政治账和社会稳定账；国家对战略物资储备的功能定位是"服务国防建设、应对突发事件、参与宏观调控、维护国家安全"，客观上要求我们要以更高标准学会从政治上思考谋划工作。要提高站位、准确定位，自觉接受党中央集中统一领导，始终在党的领导下履行职责、开展工作；要立足总体国家安全大局，增强政治敏锐性，眼睛亮、见事早、行动快，不断强化国家储备物资的战略功能、战备功能、应急功能。当前，要特别关注国家粮食安全、战略物资储备安全面临的挑战，加强分析研判，下好先手棋、打好主动仗，发挥好国家储备的"稳定器"和"压舱石"作用。

（二）牢记初心使命，必须坚定理想信念，切实做到对党绝对忠诚

习近平总书记指出，一个政党有了远大理想和崇高追求，就会坚强有力，无坚不摧、无往不胜，就能经受一次次挫折而又一次次奋起；一名干部有了坚定理想信念，站位就高了，心胸就开阔了，就能坚持正确的政治方向，做到"风雨不动安如山"。张富清说："我当年身体其实很瘦弱，可为什么

打仗比较勇敢、回回都主动要求参加突击队？就是因为我是共产党员。共产党员就应冲锋在前、不怕牺牲。战场上，一个人心中有信仰，就有气场。"

忠诚干净担当，忠诚始终是第一位的。牢记初心使命，必须做到对党绝对忠诚。对党绝对忠诚，核心要义在于"绝对"两个字，就是要唯一的、彻底的、无条件的、不掺任何杂质的、没有任何水分的忠诚；就是要发自内心、坚定不移，任何时候任何情况下都站得稳、靠得住，绝不打折扣、做选择、搞变通，搞"伪忠诚"、当"两面派"。

信念坚定、对党忠诚是粮食和物资储备系统的优良传统。我们有的老同志多次主动缴纳特殊党费，却一再表示只是尽了一个老党员本分，不愿多做宣传；有的同志80多岁高龄，依然申请入党，希望在有生之年成为党组织中的一员；有的多年义务为居民理发；有的利用自身所长，积极为社区居民普及宣传法律知识，以实际行动为我们践行初心使命树立了可学可鉴的榜样。

（三）牢记初心使命，必须立足岗位本职，切实履行党中央赋予的神圣职责

初心使命不是抽象的、空洞的，而是实践的、具体的。对粮食和物资储备部门的党员干部来说，就是要立足岗位本职，认真履行新职责新使命，加快构建统一的国家物资储备体系，提升应对突发事件能力，切实保障国家粮食安全和战略应急物资储备安全。

立足本职兢兢业业、崇严尚实干事创业是行业系统党员干部的优良作风。60多年前，余杭粮库干部职工不怕苦、不怕脏、不怕累，以高度的责任心使命感和工作热情，创建了全国第一批"无虫"粮仓和"四无"粮仓，形成了以创业、创新、节俭、奉献为基本内容的"四无粮仓"精神；玉田粮库"十八位闯将"，在72间破旧当铺的基础上，白手起家、艰苦奋斗，以艰苦创业"十个一"精神狠抓粮库建设，划时代地提出和实践了"宁流千滴汗、不坏一粒粮"的响亮口号，为我国粮食事业发展树立了创业标杆。

推动粮食和物资储备事业在新时代实现新跨越新发展，同样需要真务实、奋发作为的作风状态。上半年，我们聚焦国家储备安全核心职责，突出"深化改革、转型发展"年度主题，坚守安全稳定廉政"三条底线"，粮食和物资储备改革发展亮点纷呈，取得了良好成绩。深化改革取得重大突破，《关于改革完善体制机制加强粮食储备安全管理的若干意见》已经中央深改委第八次会议审议通过，垂管系统机构改革加快推进；立法修规进展顺利，《粮食安全保障法》写入中央一号文件、列入十三届全国人大常委会立法规划一类项目，《粮食流通管理条例》列入国务院2019年立法工作计划；粮食产业强国建设成果丰硕，河南粮食产业高质量发展系列活动得到各方普遍好评，"优质粮食工程"建设持续深入推进；中央储备粮棉监管得到切实加强，在地监管体制全面建立，12325全国粮食流通监管热线作用进一步凸显，政策性粮食库存大清查取得阶段性成果，以粮食安全省长责任制考核、中央事权粮食政策执行和中央储备粮棉管理情况考核为基本内容的国家粮食安全战略责任考核体系初步建立；安全稳定廉政工作总体平稳，成品油等重要战略物资收储轮换有序推进，储备基础设施安全综合整治全面启动，党员干部纪律规矩意识进一步增强。下一步，要以深入开展主题教育为契机，继续紧盯重点任务落实，推动各项工作再上新台阶。

（四）牢记初心使命，必须始终坚定为民情怀，认真践行全心全意为人民服务的根本宗旨

同人民风雨同舟、血脉相通、生死与共，是党战胜一切困难和风险的保证。牢记初心使命，就是要牢固树立以人民为中心的发展理念，始终把人民放在心中最高位置，任何时候都不能忘记为了谁、依靠谁、我是谁，以为民谋利、为民尽责的实际成效取信于民。

上个月，我们在河南郑州举办了庆祝中华人民共和国成立 70 周年粮食和物资储备成就展，全面回顾了中华人民共和国成立以来的粮食流通体制改革历程。坚持市场化改革取向、发挥市场在资源配置中的决定性作用和调动农民种粮积极性、切实维护种粮农民利益是贯穿改革全程的两条鲜明红线。最低收购价、临时收储等政策，着眼点和落脚点都是维护农民利益，让种粮农民不吃亏、有收益。当前，粮食库存持续高企，国家采取渐进式改革思路，仍然保留最低收购价政策框架，完善稻谷和小麦最低收购价政策，这也是坚持群众观点、群众意识的具体体现。

当前，粮食行业发展的主要矛盾和矛盾的主要方面，正在由解决产量问题向推动结构优化转变，由满足城乡居民"吃得饱"向"吃得好"转变。我们践行初心使命，更好地"为耕者谋利、为食者造福、为业者护航"，就是要聚焦人民群众新需求，采取有力措施做好做活粮食产业高质量发展这篇大文章。要按照局党组部署，聚焦建设粮食产业强国"一个目标"，围绕国家粮食安全和乡村振兴"两大战略"，突出产业链、价值链、供应链"三链协同"，建设优质粮食工程、示范市县、特色园区、骨干企业"四大载体"，推动产购储加销"五优联动"，积极推动粮食产业发展提质增效，使农民从产业发展中获得更多收益，实现产业发展和农民增收的良性循环。

（五）牢记初心使命，必须不触底线红线，切实增强纪律规矩意识

习近平总书记强调，一个人廉洁自律不过关，做人就没有骨气。共产党人践行初心使命，最基本的要求就是坚守纪律规矩底线、保持为民务实清廉的政治本色。

守纪律讲规矩是做好工作、干好事业的前提和基础，是对党员干部党性的重要考验，是党员干部从政做人的底线和践行初心使命的最基本要求。对全党来说，如果纪律松弛，就会有令不行、有禁不止，政令不畅，阻碍党的团结统一，阻碍党中央决策部署的贯彻落实；对单位来说，如果纪律散漫，就会松松垮垮，"一盘散沙"，缺乏凝聚向心力战斗力，不但不能干事，而且还可能问题丛生、贻误大事；对党员干部来说，如果敬畏戒惧意识不强，就难免"踩雷""触电""越界""犯规"，甚至滑向违法犯罪深渊。无数案例表明，很多违法犯罪的干部，最开始往往都是从吃了不该吃的一顿饭、拿了不该拿的一点礼品，最终酿成大错、后悔莫及。

国家粮食和物资储备局管理对象既包括自身也包括垂管系统，既有机关司局，也有企事业单位，管理机制、运行机制各不相同；人员类别包括机关公务员、事业编、专业技术人员、企业员工和工勤人员等，身份复杂、诉求不一，进行有针对性的分类监管难度大；加之近年来，随着党中央、国务院对粮食和战略应急物资储备投入逐年加大，涉粮涉储项目越来越多，廉政风险更加不容忽视。所有这些，客观上要求我们必须一刻不停加强党性修养锻炼，从思想深处筑牢拒腐防变的坚固根基。要自觉克服权力小、风险低等错误认识，始终牢记清廉是福、贪欲是祸的道理，正确处理公私、义利、是非、情法、亲清、俭奢、苦乐、得失的关系，积极推动建立清清爽爽的同志关系、规规矩矩的上下级关系、干干净净的政商关系，不断增强政治定力、纪律定力、道德定力、拒腐定力。

二　统筹推进主题教育各项措施任务，进一步提高我局党的建设质量

2019 年初，中央印发了《关于加强中央和国家机关党的建设的意见》（以下简称《意见》），7 月 9 日，在党的历史上首次召开中央和国家机关党的建设工作会议，习近平总书记出席会议并发表重要讲话，对全面提高中央和国家机关党建质量做了周密安排。要以深入开展主题教育为契机，认真落

实习近平总书记重要讲话精神，采取更加有力举措加强党的建设，提高党建工作质量。

（一）旗帜鲜明讲政治，把党的政治建设摆在首位，永葆政治机关鲜明本色

一要带头做到"两个维护"。把学习和遵守党章作为基础性、经常性工作来抓，深学细照笃行。加强政治纪律和政治规矩学习教育，强化教育警示和自我约束。认真落实总体国家安全观和国家粮食安全战略，推动落实局党组"两决定一意见"，抓改革促转型谋发展、抓安全保稳定促廉政、强担当善作为提效能，以实际行动把党中央、国务院关于粮食和物资储备的各项决策部署不折不扣落到实处。

二要努力建设"模范机关"。把学习贯彻落实习近平总书记在中央和国家机关党的建设工作会议上的重要讲话精神和中央《意见》作为主题教育的重要内容，认真贯彻新时代党的建设总要求和新时代党的组织路线，发挥政治建设统领作用，努力践行"一个带头、三个表率"，积极争创"让党中央放心、让人民群众满意"的模范机关。

三要提高党内政治生活质量。认真执行《关于新形势下党内政治生活若干准则》和《中国共产党纪律处分条例》《中国共产党党组工作条例》《中国共产党党员教育管理工作条例》等党规党纪，严格落实民主集中制等党内政治生活要求，不断提高党内政治生活的政治性、时代性、原则性、战斗性。

（二）高举思想旗帜，学懂弄通做实习近平新时代中国特色社会主义思想，始终保持机关党建的正确方向

一是突出学习重点。习近平新时代中国特色社会主义思想是党和国家必须长期坚持的指导思想。要把深学细悟习近平新时代中国特色社会主义思想作为学习教育和理论武装重中之重的任务，把系统掌握马克思主义理论作为看家本领，推动党员干部在学习贯彻上取得新收获、达到新高度。

二是建设学习型机关。着力打造若干理论学习平台和学习品牌，认真组织粮食和物资储备改革发展论坛、青年干部论坛，用好"学习强国""支部工作"APP和"国储党建"微信公众号等信息化手段，增强学习实效性和吸引力。针对青年干部政治理论学习存在的短板弱项，成立青年理论学习小组，加强交流研讨，推动学习贯彻往心里走、往深里走、往实里走。

三是增强主动学习意识。强化个人自学，教育党员干部潜心精读深研，真正静下心、坐下来读原著学原文悟原理。认真组织党组中心组学习，年初制定学习计划，明确学习重点，年底及时总结报告学习情况，强化党组中心组领学示范作用。发挥党小组、党支部主体作用，督促抓紧抓实日常学习，推动"两学一做"学习教育常态化制度化。

（三）坚持不懈抓基层打基础，全面加强基层党组织建设，切实发挥基层党组织战斗堡垒作用

一要大抓基层、大抓支部。认真贯彻《中国共产党支部工作条例（试行）》和《中央和国家机关党小组工作规则》，严格执行按期换届、"三会一课"、民主生活会、组织生活会等制度，积极推进党支部标准化规范化建设。针对局机关、垂管局和企事业单位的不同性质，加强分类指导，注重精准施策。进一步完善党建带群建工作机制，推动群团组织创造性开展工作、发挥作用，营造团结和谐、严肃活泼、积极向上的机关氛围。

二要营造担当作为的良好氛围。制定我局表彰奖励管理办法，建立正向激励和容错纠错机制，完善年度考核奖励加分和负面减分清单。对敢抓敢管、真抓实干、勇于担当的干部，旗帜鲜明加油鼓劲、撑腰壮胆，为担当者担当、为负责者负责，让实干者实惠；对敷衍塞责、光说不练、热衷于对

实干者评头论足甚至诬告陷害的，严肃批评、严格问责，形成以担当作为为荣、以消极无为为耻的浓厚氛围。

三要强化党员日常教育管理服务。做好耐心细致的思想政治工作，加强思想动态分析，强化正面宣传引导，更好地统一思想、凝聚共识、激发干劲。加强意识形态阵地管理，强化舆情监测和分析研判，引导党员干部明辨政治是非，敢于发声亮剑，坚决反对抵制各种错误思潮、负面言论。用好第五批全国干部学习培训教材，加强日常教育，提高能力素质。落实党内激励关怀帮扶制度，做好对青年党员、离退休党员的服务。

（四）坚持全面从严，持之以恒正风肃纪反腐，推动党风廉政建设向纵深发展

一要持续反对"四风"。把力戒形式主义、官僚主义作为重要的政治任务，严格执行中央八项规定及其实施细则精神和局党组实施办法，认真落实《关于解决形式主义突出问题为基层减负的通知》，紧盯突出问题和现象，强化自查整改。强化反面典型警示作用，紧盯隐形变异"四风"问题，加强督促检查，对顶风违纪行为严肃查处、通报曝光；发挥正面典型激励作用，积极弘扬"三严三实"优良作风，大力传承行业系统优良传统，营造真抓实干、埋头苦干的良好风尚。

二要把纪律挺在前面。严格执行《中国共产党党内监督条例》，加强对党员领导干部特别是"一把手"的监督。发挥党支部、党小组和纪检干部作用，强化日常监督。加强经常性纪律教育，深化运用监督执纪"四种形态"，抓早抓小、防微杜渐，使铁的纪律成为广大党员干部的日常习惯和自觉遵循。坚决防止和纠正纪律处分决定执行不到位的问题。精准执行问责条例，严格落实"一案双查"。

三要深化"三不"一体推进反腐败斗争。坚持标本兼治，强化不敢腐的震慑，扎牢不能腐的笼子，增强不想腐的自觉。结合深化机构改革，盯紧重大工程、重点领域、关键岗位，健全完善廉政风险防控体系，强化对权力集中、资金密集单位和岗位的监督。加强日常分析研判，及时掌握和预警干预各类苗头性倾向性问题。正确处理干净和担当的关系，决不把反腐败当成不担当、不作为的借口，把干净和担当、勤政和廉政统一起来，坚决不做昏官、懒官、庸官、贪官。

（五）围绕中心服务大局，正确处理党建和业务的关系，切实做到两结合、两促进

一是找准党建工作切入点。从新职责新使命切入，紧紧围绕主责主业，加强机关党的建设，做到目标同向、部署同步、工作同力，找准工作突破口，促进本单位各项任务的完成。统筹党务业务队伍建设，抓班子带队伍、管思想抓作风，教育引导党员干部真正把精力心思用到履职尽责、干事创业上来，用到奋发作为、推动解决突出问题上来，以党建工作成效保障党中央决策部署落实。

二是明确党建工作发力点。从改革发展关键环节入手，围绕储备改革、立法修规、粮食产业强国建设以及"两项考核"等重大任务，确定党建工作目标、设计党建工作载体，发挥基层党组织政治核心作用；从队伍建设薄弱环节发力，紧盯党员干部思想作风、担当作为等方面的突出问题，严管厚爱结合、激励约束并重，引导党员干部在大清查、火炸药和成品油收储轮换等实战硬仗中锤炼党性、锻造作风，实现机关党建高质量发展。

三是统筹党建业务考核。完善党建述职评议考核办法，科学设计考核指标和评分标准，加强对党组书记履行第一责任人职责和班子成员履行"一岗双责"情况的考核。强化党建考核结果应用，加大抓党建在领导班子和领导干部年度考核中的权重，对党组织负责人履行党建责任情况形成评价意见，作为确定考核等次的重要依据，切实发挥好考核导向作用。

三 聚焦主题教育根本任务，努力建设忠诚干净担当的高素质专业化干部队伍

习近平总书记强调，"新时代，我们党要团结带领人民实现'两个一百年'奋斗目标、实现中华民族伟大复兴的中国梦，必须贯彻新时代党的组织路线，努力造就一支忠诚干净担当的高素质干部队伍"，下面，我从学习教育、调查研究、检视问题、整改落实等主题教育具体措施切入，就进一步加强机关和系统党员干部队伍建设，谈一些认识和思考。

（一）认真组织学习教育，不断提高党员干部政治业务素质

思想建设是党的基础性建设。这次主题教育打头的目标任务是实现理论学习有收获，不断加深对习近平新时代中国特色社会主义思想和党中央大政方针的理解，学深悟透、融会贯通，切实增强贯彻落实的自觉性和坚定性。

从客观方面讲，机构改革后，我局职能范围大大拓展，涵盖了粮棉糖、战略物资、石油和应急物资等多个领域，应急和抗旱物资储备管理、中央储备粮年度考核等工作都是首次开展，经验不足。垂管局承接中央储备粮油和战略应急储备物资监管职责后，在人员、能力等方面存在明显"短板"。加之多年来行业系统相对封闭，受计划经济影响深，干部职工平均年龄偏大、知识水平较低，推动工作有一定的思维惯性和路径依赖，应对新形势新挑战能力不足。从主观方面看，党员干部加强政治理论学习的思想自觉还有待加强，主动学习意识不强，有的党员干部聚焦主责主业不够，政治站位不够高，理解党中央决策部署不深不透，不能很好地从政治高度、全局角度思考谋划工作。

要组织党员干部认真学习《中国共产党章程》和《选编》《纲要》，深入学习习近平总书记关于粮食和物资储备的重要论述，不断提高政治本领和专业素质；要强化实践锻炼，在工作实战中加深对政策理论的理性认同、情感认同。要大力发现培养选拔政治素质过硬、业务能力突出的优秀干部，树立正确选人用人导向，引导党员干部不断提高学习能力。

（二）深入开展调查研究，不断提高谋事干事成事本领

习近平总书记指出，调查研究不仅是一种工作方法，而且是关系党和人民事业得失成败的大问题；调查研究是做好领导工作的一项基本功，调查研究能力是领导干部整体素质和能力的一个重要组成部分。这次主题教育要求结合党中央部署正在做的事情，着眼解决实际问题，组织各级领导干部深入开展调研，沉下去了解民情、掌握实情，拿出破解难题的实招硬招。

局党组高度重视调查研究，制定印发了局党组关于深化调查研究的意见措施，明确年度重点调研课题，大力倡导大学习、深调研、真落实，取得了明显成效。比如，我们认真落实习近平总书记关于"农头工尾""粮头食尾"和2019年两会期间在河南代表团时的重要讲话精神，对黑龙江、河南两个产粮大省的粮食产业经济发展状况进行蹲点调研、解剖麻雀。关于推动黑龙江粮食产业高质量发展的调研报告得到国务院领导同志的批示，河南调研报告也得到有关专家和各方面的高度肯定。

但同时，我们也应清醒看到，当前在局机关和系统仍然不同程度存在不愿、不会、不善调研的问题。有的借口工作任务忙，把眼睛只盯在具体事务上，忙于开会发文，没有时间搞调研，以看材料、听汇报代替深入基层一线；有的认为信息社会通过网络或其他途径，也可以发现问题，深入基层一线不够积极主动；有的认为自己工作多年，调不调研都熟悉情况，对新形势新问题反应不够敏锐，不能很好地适应粮食和物资储备新时代高质量发展新要求；有的调研满足于听听、转转、看看，走马观花，

蜻蜓点水、浅尝辄止，没有真正把情况摸准吃透等。

对这些问题，我们认真落实"深、实、细、准、效"五字要求，全面提高调研工作质量。"深"就是深入群众，深入基层，到仓储库点和田间地头去了解情况、解决问题；"实"，就是轻车简从、简化接待，听实话、摸实情、办实事；"细"，就是认真听取各方面意见，深入分析存在的问题，了解掌握全面情况；"准"，就是善于分析矛盾、发现问题，透过现象看本质，把握规律性东西；"效"，就是要提出切实可行的解决问题思路办法和政策措施，使调查研究真正成为联系群众的过程、推动工作的过程、自我学习的过程和科学决策的过程。上周，我带队到江西围绕"加强基层组织建设、提高党建工作质量"进行了调研，挖掘总结了一些典型经验做法，深受启发。近期，还要召开调查研究成果汇报会，加强调研成果交流和实践运用。

（三）深入检视反思问题，不断提高发现和解决问题的能力水平

敢于直面问题、勇于修正错误是党的显著特点和优势。强化问题意识、坚持问题导向是以习近平同志为核心的党中央治国理政的鲜明特色。不忘初心、牢记使命，关键要有正视问题的自觉和刀刃向内的勇气。领导干部敏于发现问题，敢于触碰问题，善于解决问题，是对能力素质的挑战，更是对责任担当的考验。一名党员干部如果缺乏问题意识，应该发现问题而看不到问题，或发现问题而不愿解决、不会解决，就难以称为合格的领导干部。

党的十八大以来，经过历次集中学习教育，发现解决了一批突出问题，党风政风明显好转。但也必须清醒看到，当前还远未到大功告成的时候，必须始终坚持永远在路上的执着，做到力度不减、尺度不松。一方面，一些需要持续整改的问题整改还没有到位，需要绵绵用力、久久为功；另一方面，随着形势任务变化，出现了一些新问题。比如，有的党员干部干事创业精神不振、担当劲头不足、斗争意识不强；有的安于现状、贪图安逸，不求有功、但求无过，缺乏敢闯敢试、敢为人先的勇气；有的推动工作标准要求不高，满足于"一般化""能交差"，缺乏精益求精、永争一流的态度等。

要按照"四个对照""四个找一找"要求，深入查找在政治意识、纪律观念、群众观点以及思想觉悟、能力素质、道德修养、作风形象等方面的差距；要实事求是查摆问题，坚决防止大而空、小而碎，坚决防止隔靴搔痒，避重就轻、避实就虚，坚决防止以上级指出的问题代替自身查找问题、以班子问题代替个人问题、以他人问题代替自身问题、以工作业务问题代替思想政治问题、以旧问题代替新问题。要把调查研究作为发现和解决问题的重要途径，认真听取各方面意见建议。要把党纪党规作为检视问题的标尺依据，深入剖析问题原因，切实做到真刀真枪解决问题。

（四）深入整改落实，不断提高担当作为狠抓执行的能力水平

抓落实、求实效，是党治国理政一以贯之的理念与行动，也是衡量主题教育成效的重要标尺。开展主题教育，最终要把教育成果转化为推动改革发展稳定和党的建设的实际行动，把初心使命变成党员领导干部锐意进取、开拓创新的精气神和埋头苦干、真抓实干的自觉行动，使党员领导干部焕发出来的热情转化为攻坚克难、干事创业的实际成效。

从总体看，我局抓落实情况是好的。但在一些单位和党员干部中，也还不同程度存在抓而不紧、抓而不实，对安排的工作虎头蛇尾、盯得不紧的现象。有的把说了当做了，把做了当做好了，工作标准不高，对落实进度、成果成效心中无数；有的以形式主义抓落实，雷声大雨点小，空喊口号不见行动等；有的以会议落实会议、以文件落实文件，"最后一公里"问题还不同程度存在。

为此，必须把抓落实放到更加突出的位置，从对党绝对忠诚和带头践行"两个维护"的高度，

深刻认识狠抓落实的重要意义，推动建立抓落实长效机制，确保落到实处、取得实效。要认真抓好专项整治，深入整改打白条、压级压价、克扣斤两等损害种粮农民利益的问题和"转圈粮""以陈顶新"等损害国家利益的问题。要坚决防止整改落实中的形式主义，把雷厉风行和久久为功有机结合起来，以钉钉子精神做实做细各项工作，确保问题整改取得扎实成效。

在全国政策性粮食库存数量和质量大清查动员视频会议上关于政策性粮食库存数量和质量大清查有关情况的通报

国家粮食和物资储备局党组成员、副局长　卢景波

同志们：

　　今年 2 月，全国政策性粮食库存数量和质量大清查动员电视电话会议后，各地认真贯彻韩正副总理重要讲话精神，进一步提高站位，压实责任，统筹推动，大清查各项工作有序开展。现将有关情况通报如下：

一　高位推动，大清查取得阶段性成效

（一）部际协调机制统筹协调推进各项工作

　　一是加强工作指导。部际协调机制成员单位联合印发了《全国政策性粮食库存数量和质量大清查实施方案》，以及粮食数量清查、质量清查、账务核查 3 个检查方法和 6 个重点工作指引。召开两次部际协调机制会议，10 次跨工作组协调会，研究解决重点难点问题。二是紧抓关键环节。组织编发培训教材、常用法规政策汇编各 10 多万册，国家层面培训大清查骨干师资 1200 余人次。开发完善大清查应用软件，编印使用手册 10 余万份。制定大清查经费使用管理办法，及时预拨大清查经费。制定舆情应对预案，加强正面宣传，维护社会稳定大局。三是聚焦突出问题。发挥 12325 全国粮食流通监管热线作用，认真排查举报线索，坚决查处重大涉粮案件，倒逼各地严肃认真做好大清查工作。四是加强情况调度。及时研判各地大清查存在的趋势性、苗头性问题，经部际协调机制同意，制定出台了《关于政策性粮食库存检查发现涉嫌犯罪等案件移送工作的指导意见》《关于认真落实全国政策性粮食库存数量和质量大清查责任的指导意见》，强化顶层制度设计和工作指导。五是开展督导巡查。按照部际协调机制会议部署安排，4 月中下旬，由国家粮食和物资储备局领导同志带队，先行对清查任务艰巨、工作相对滞后的 6 个省份，实地进行了督导巡查。5 月上中旬各地普查开始后，还将由部际协调机制成员单位领导同志带队，结合粮食安全省长责任制考核的部门抽查，对大清查工作进行督导巡查。

（二）省区市党委政府高起点高站位部署

　　各地高度重视大清查工作，特别是全国动员电视电话会议后，各省区市领导同志通过批示、听取专题汇报、主持召开动员会议等多种方式，认真落实韩正副总理的重要讲话精神，截至目前，20 个省区市党委或政府主要负责同志对大清查作出批示，强化组织领导。黑龙江省委书记张庆伟批示要求："边查边改，以问题为导向，解决问题，不得虚假整改，隐瞒问题。"安徽省委副书记、省长李国英批示要求："认真贯彻落实全国大清查动员电视电话会议精神，高质量、严要求完成大清查任务，坚决守住管好'江淮粮仓'。"山东省委副书记、省长龚正批示要求："全面落实从严从实要求，深入查清政策性粮食库存实底，切实守住库存粮食数量真实、质量良好、储存安全的底线。"

（三）大清查前期准备充分扎实

省、市级大清查协调机制基本建立并有效运转，除一些清查任务少不需要成立协调机制的行政区外，基本做到了应成立尽成立。31 个省份积极落实地方清查经费，为清查工作提供经费保障。截至目前，各省级大清查协调机制办公室累计培训 1.6 万余人次。各地还及时购置了大清查相关硬件设备。总体看，各地基本做到人员、装备、经费"三落实"。

（四）库存统计数据分解登统和企业自查工作已经完成

在前期以 1 月、2 月库存数据进行预分解登统演练的基础上，31 个省份和中储粮等央企圆满完成 3 月末库存数据分解登统，形成全国政策性粮食承储企业名录和分仓位的统计库存数据库。截至 3 月 31 日 24 时，全国政策性粮食库点共 2.2 万个，到 4 月底已全部完成了 26 万多个仓房（货位）的企业自查。

（五）质量清查的扦样工作进展较为顺利

31 个省份全部印发质量清查具体操作方案，并按要求公示承检机构 245 个。目前，已按实施方案要求启动质量扦样工作，已扦样库点 10781 个，仓房（货位）84724 个，样品 99429 份。

（六）加强宣传引导和舆情监测

部际协调机制办公室印发大清查宣传海报 2 万余份，指导各地开展大清查宣传工作；于 3 月 31 日大清查工作启动之日，在《人民日报》《经济日报》等主流媒体刊登大清查工作宣传广告。截至 4 月末，各省级大清查协调机制办公室印发大清查简报 1300 余期，印制宣传材料 15 万余份。

二　压实责任，打好普查的关键之战

目前，大清查已经进入全面普查阶段。为确保普查效果，各地要聚焦突出问题，压实工作责任，重点关注以下四个方面问题。

（一）要扎实做好普查的组织工作

各省级大清查协调机制办公室要严格执行全国粮食库存大清查实施方案、检查方法、重点工作指引等有关文件规定，切实做好普查的组织工作。无论由中储粮牵头还是地方牵头的普查组，都必须混合编组、综合交叉。地方加入中储粮牵头的普查组，或者中储粮加入地方牵头的普查组，牵头一方负主要责任，加入一方负次要责任和监督责任，绝不允许出现一个普查组中只有地方粮食系统人员或只有中储粮系统人员的情况。地方大清查协调机制要认真负起牵头责任，无论是中储粮分公司检查直属库、分库和租赁点，还是地方粮食部门和有关部门检查地方企业或其他央企，一个重要的前提就是要在地方政府的统一领导和协调下进行，严禁各自为政，自行其是。

（二）要切实增强数量和质量检查的针对性

普查中，要高度关注承储企业是否通过在粮堆底部、中部铺垫或掺入稻壳、瘪稻、杂质等非法手段，掺杂使假、少收多报，掩盖亏库；是否预埋样品或者在检查人员扦样时，故意切断电源、烧毁扦样设备；是否以熏蒸为名，逃避检查等。要严格执行《关于切实做好政策性粮食库存数量和质量大清查有关工作的补充通知》的有关规定，对纳入清查范围的所有仓房货位进行逐仓实测，测准粮堆真实高度，确认仓房货位底部是否存在异物垫高仓房地坪掩盖亏库。同时，增强质量清查的针对性。尽管省级大清查协调机制统一组织扦样，但在普查人员分组中还应安排必要的质量检查人员，高度关注储粮库点是否存在填充杂质抵顶库存问题，是否存在粮食发霉变质等异常情况。

（三）要高度关注民营承储企业这个薄弱环节

从 3 月末登统情况看，民营库点达 2000 多个，占全部承储库点的 10% 左右。从前期核查的一些涉粮案件来看，民营租赁库点成为大清查必须重点关注的风险点。结合近两年执法督查工作综合分析，稻谷产区的湖北、湖南、安徽、江西等省，玉米产区的内蒙古、黑龙江等省区，小麦产区的河南等省，存在问题隐患的可能性较大，要务必引起高度重视。

（四）要认真排查政策性粮食库存监管发现的常见问题隐患

对中央储备粮，要认真排查是否存在擅自动用、未轮报轮、转圈轮换、超过架空期轮换等问题；对最低收购价和临储粮，要认真排查是否存在动用盗卖、转圈粮、虚报收购数量，以及以次充好等问题；对地方储备粮，要认真排查是否存在销售不减账、以动态储备之名搞假储备、储备粮"空库"有账无物、执行轮换计划不规范等问题。此外，各地普查中还要密切关注异地储备和在途粮食的真实性问题。

针对以上情况，大清查部际协调机制办公室还将抓紧印发《关于认真落实国务院领导同志重要批示精神扎实做好全国政策性粮食库存数量和质量大清查工作的通知》，对做好省市普查工作提出明确要求，希望各地认真贯彻执行。

正确定位 突出导向 加快推进粮食安全保障立法
——在 2019 年全国粮食和物资储备局长座谈会上的通报

国家粮食和物资储备局党组成员、副局长 黄炜

根据会议安排，我在这里就《粮食安全保障法》立法有关情况向同志们作简要通报：

一 立法背景

制定一部《粮食安全保障法》，把国家粮食安全问题全面纳入法制轨道，实现粮食安全保障法治化，是几代粮食人的夙愿。经过十几年的共同努力，粮食安全保障立法已经具备了很好的基础和条件。

（一）粮食安全保障立法面临十分难得的历史机遇和最好的窗口期

经过长期的实践探索和经验积累，粮食领域改革政策更加成熟，管理制度体系更加定型，社会各界更加重视粮食安全，粮食安全保障立法面临十分难得的历史机遇和最好的窗口期。

从工作定位看。党的十八大以来，以习近平同志为核心的党中央把粮食安全作为治国理政的头等大事，提出了"确保谷物基本自给、口粮绝对安全"的新粮食安全观，确立了以我为主、立足国内、确保产能、适度进口、科技支撑的国家粮食安全战略。习近平总书记多次强调粮食安全工作的极端重要性，反复告诫我们，要确保国家粮食安全，把中国人的饭碗牢牢端在自己手中，为国家粮食安全提供法制保障的工作定位为我们做好立法工作提供了根本遵循。

从工作基础看。经过多年实践探索，我们立足国情、粮情，实施新的国家粮食安全战略，走出了一条中国特色的粮食安全之路。围绕粮食生产、储备、流通能力建设以及粮食质量和应急管理、粮食产业发展等形成了一整套比较成熟的政策、制度和监管办法。以此为基础，国务院出台了《粮食流通管理条例》和《中央储备粮管理条例》。广东、贵州、浙江、宁夏、福建等地也出台了专门的地方立法。所有这些，都为粮食安全保障立法提供了重要的经验和制度借鉴。

从体制保障看。深化党和国家机构改革是推进国家治理体系和治理能力现代化的一场深刻变革，在这次改革中，中央明确了粮食安全保障管理体制，组建成立国家粮食和物资储备局，明确要求聚焦国家储备核心职能，承担粮食和物资储备的监督和管理职责。特别明确了国家粮食和物资储备局依法对中储粮总公司承储的中央事权粮食政策执行情况和中央储备粮管理情况实施监督检查和年度考核；垂管局负责监管辖区内中央储备粮管理情况，会同地方有关部门监督检查中央事权粮食政策执行情况。这为粮食安全保障立法提供了重要体制支撑。

从舆论环境看。全社会对粮食工作高度关注，特别是 10 月 14 日《中国的粮食安全》白皮书正式发布，《人民日报》、新华社、中央广播电视总台、《经济日报》等权威主流媒体在核心重点栏目进行了全面报道，引发全社会广泛关注，宣传效果正面积极，为粮食安全保障立法营造了良好的社会和舆论环境。

（二）粮食安全保障立法思路取得了高度共识

粮食立法经历了从《粮食法》到《粮食安全保障法》的过程。在《粮食法》草案稿征求意见过程中，有关意见和建议主要有两个方面，第一是时机问题，认为很多改革还在进行中，制度还没有完全定型；第二是定位问题，如何更好地处理与其他法律的关系存在不同看法。这两个方面的问题归根结底是如何把握粮食立法的定位问题。国家粮食和物资储备局党组对此高度重视，与相关部门进行了反复会商沟通，并于2017年9月在江苏省苏州市召开座谈会听取地方意见建议，一致认为从粮食安全保障的角度定位粮食立法更加符合实际，也更好归纳立法的主线、安排主要制度内容、处理与其他法律的关系。粮食安全保障的立法思路在系统内形成共识后，张务锋局长带队到全国人大农委、全国人大常委会法工委进行汇报会商，提出了将《粮食法》调整为《粮食安全保障法》的建议，明确了"安全保障"的立法定位。全国人大农委、全国人大常委会法工委领导对此高度认同，认为从安全保障的角度定位粮食立法，比较科学、准确，并形象地称有"拨云见日"的感觉，为粮食立法多年来的困境找到了出路。

（三）加快推动粮食安全保障立法比任何时候都更加紧迫和必要

党中央、全国人大、国务院高度重视粮食安全立法工作。党的十九大以后连续两年的中央一号文件都对粮食安全保障立法工作提出了专门要求，2019年的一号文件更是强调要"加快推进粮食安全保障立法进程"。2018年8月，经党中央批准的十三届全国人大常委会五年立法规划将《粮食安全保障法》列入一类项目，即条件比较成熟，任期内拟提请审议的法律草案。2019年9月，中共中央办公厅、国务院办公厅印发的《关于改革完善体制机制加强粮食储备安全管理的若干意见》将《粮食安全保障法》作为粮食储备体制改革的配套工作任务做了专门安排，特别提出了两年内完成的明确要求。加快推进粮食安全保障立法，既是我们粮食和物资储备系统广大干部的热切期盼，更是我们肩上一份沉重责任。

特别需要指出的是，即将召开的党的十九届四中全会将要研究坚持和完善中国特色社会主义制度、推进国家治理体系和治理能力现代化若干重大问题。依法治国是国家走向现代化的重要标志，更是中国共产党领导人民治理国家的基本方略。因此，加快推动粮食安全保障立法比任何时候都更加紧迫和必要。

二　立法进展

为完成好中央确定的《粮食安全保障法》立法任务，按照全国人大常委会关于"任务、时间、组织、责任"四落实要求，成立了由国家发展改革委主要负责同志为组长的《粮食安全保障法》起草领导小组，成员单位由中央农办、全国人大农委、财政部等15个相关职能部门组成。领导小组在立法进展的不同阶段，根据工作需要适时召开会议，明确阶段性目标，提出落实工作的责任要求。同时，在领导小组下面成立专责起草工作组，由国家粮食和物资储备局牵头负责，全力推进《粮食安全保障法》立法进程。主要做了以下工作：

一是抓政策研究。起草工作组认真学习领会习近平总书记关于总体国家安全观和国家粮食安全战略等系列重要讲话精神，全面系统地梳理学习党中央、国务院关于粮食工作的方针政策、工作部署和重要文件。同时专门组织相关领域专家学者对粮食安全保障的重要制度进行研究，有针对性地收集整理国外粮食立法资料。

二是抓立法调研。分赴粮食主产区、主销区、产销平衡区开展专题调研，摸清粮食安全现状，找出、找准存在的突出问题，研究提出切实管用的制度安排建议。

三是抓论证起草。围绕保障国家粮食安全的立法定位，在前期研究调研的基础上，形成立法思路、框架结构和主要制度安排，研究起草草案稿。

四是抓意见协调。认真学习贯彻习近平总书记关于立法要敢于在矛盾焦点问题上"切一刀"，不能因个别意见不一致导致立法项目久拖不决等重要讲话精神，充分利用起草工作组平台，通过组织召开会议、书面征求意见、主动上门沟通等多种形式研究协调重大问题和不同意见，进一步凝聚共识。

从立法工作的进展情况看，主要经历了两个阶段：第一阶段是形成征求意见稿阶段。在广泛征求意见、反复研究论证、多次修改完善的基础上，确定立法思路，形成了征求意见稿，并以国家发展改革委、国家粮食和物资储备局名义征求了中央、国家有关部门单位、省级人民政府、部分央企的意见。第二阶段是形成送审稿阶段。在各地、各部门意见反馈后，组织力量对反馈意见进行系统梳理、分类归纳和研究分析，对每条意见都提出了采纳处理的意见和建议，以此为基础，进一步对征求意见稿进行修改完善，修改形成报送国务院的送审稿。目前，这阶段的工作正在进行中。

三　起草思路

基于保障国家粮食安全的立法定位，《粮食安全保障法（送审稿）》的起草思路是：认真落实习近平总书记关于粮食安全的一系列重要讲话指示精神，深入贯彻总体国家安全观和国家粮食安全战略，全面落实党中央、国务院关于保障国家粮食安全的决策部署，立足国家粮食安全保障，坚持从我国国情、粮情出发，以粮食生产、储备、流通、产业、应急、质量保障为基础，统筹国内国外两个市场、两种资源，构建具有中国特色的国家粮食安全保障制度体系，推进国家粮食安全治理能力现代化，为实现国家粮食安全提供法治保障。起草工作坚持了如下原则：

（一）立足安全目标，明确保障国家粮食安全的立法定位

《粮食安全保障法》的立法目的是保障国家粮食安全，属于国家安全范畴的法律，是《国家安全法》的配套法律，重要制度安排和设计应当聚焦防风险、化隐患、保基本的突出问题，而不是面面俱到的规定粮食经济和行政管理的所有问题，以提高国家粮食安全风险防控应对能力，切实把中国人的饭碗牢牢端在自己手中。

（二）立足问题导向，解决影响粮食安全的主要问题

遵循保障粮食安全的内在逻辑，围绕粮食数量、质量、产业安全的核心目标，按照粮食生产、储备、流通"三个能力"建设的要求，着力解决粮食生产能力保障、粮食储备能力保障、粮食流通能力保障、粮食产业安全保障、粮食应急保障、粮食质量安全保障等方面存在的突出问题，建立有针对性的制度规范。

（三）立足有效衔接，协调处理与其他法律的关系

注重协调处理与现有涉粮法律的关系，原则上不重复规定现行法律已有规定的内容；确有必要的，通过衔接性和实施性安排的方式处理。对现行法律没有规定，但行政法规或者国家政策有专门安排，并且经过实践证明行之有效的主要制度和经验则上升为法律规范。对现行法律虽有规定，但不能完

全解决粮食安全保障工作的突出问题，或者粮食安全保障方面有特殊要求的内容进行重点规范。

（四）立足基本法位阶，合理安排可以由配套法规规章规范的内容

《粮食安全保障法》作为保障国家粮食安全的综合性、基础性法律，主要确立保障国家粮食安全的重大原则、基本制度和成型体制，具体工作需要的实施性、操作性、一般性的规定，由下位的行政法规和部门规章进行规范。

按照上述原则，立法中主要体现了以下三个导向：

一是更好体现国家安全导向。要站在国家顶层制度设计的层次，从《国家安全法》配套法律的立法定位出发，从维护国家整体和全局利益出发，用总体国家安全观和新时代粮食安全战略的要求做好立法工作。立法要从实际出发，考虑实践中的条件和制约因素，也要有改革的精神，敢于打破长期以来制约粮食安全的体制、机制和制度因素，下决心把符合规律、符合方向的基础性制度安排好，真正为国家粮食安全提供强有力的法律保障。

二是更好体现重大问题导向。要深入分析粮食安全风险突出问题，找到、找准需要通过立法解决的关键、重大问题。要从研究回答"现在温饱问题已解决，为什么还有不安全担心"的问题出发，研究解决粮食安全保障的基础性、长期性问题：怎样有效处理经济建设需要和资源保护的突出矛盾，在耕地和水资源保护中体现粮食优先原则，夯实粮食生产能力基础；如何正确认识粮食生产比较效益低，对经济社会全局影响大的特殊性，通过预期明确有力有效的财政政策、产业政策、金融政策等支持措施，切实保护好种粮农民和其他粮食生产者的积极性；如何妥善处理我国粮食安全面临的结构性问题，平衡产区与销区，自主与进口的利益关系和政策协调；如何改革完善储备管理体制，完善储备运行机制，特别注重国家应急体系建设的协同和协调，确保储备数量实、质量好、调得动、用得上。

三是更好体现制度创新导向。立法工作要尊重实践，善于把实践中好的经验和做法上升为法律制度，更要善于在把握实践逻辑、尊重事物规律的基础上大胆进行制度创新，用创新的思维和方法破解粮食安全保障的深层次矛盾和问题。在制度创新的问题上，需要特别重视的是，除了计划和行政的手段与方法，更要善于运用市场的方法和法治的手段，在法治框架内，通过利益引导的机制、权力制约的机制、监管执法的机制、法律责任的机制等体系化制度安排，为解决粮食安全保障的重大现实问题提供重要法律保障。

四   制度框架

按照上述立法思路和工作导向，建议在《粮食安全保障法（送审稿）》中确立以下制度内容：

一是生产能力保障制度。保障粮食安全首要任务是保障粮食生产能力，确保粮食产出数量。影响和制约粮食生产能力的要素主要包括耕地、灌溉用水等粮食生产条件，以及粮食生产组织方式和粮食生产者积极性保护两个方面。为落实"藏粮于地、藏粮于技"战略要求，《粮食安全保障法（送审稿）》从粮食生产能力的内在逻辑出发，从确保有地种粮和有人种粮两个方面，系统安排粮食生产能力保障制度。主要制度内容包括：耕地保护制度、种植结构和面积、耕地质量保护、水土资源合理利用、种业保障、科学生产与机械化、灾害防治、粮食生产支持、种粮积极性保护、适度规模经营、政府责任等。

二是储备能力保障制度。立足于夯实国家粮食宏观调控和粮食危机应对的物质基础，增强国家

储备保障能力，确立了储备能力保障制度。主要制度内容包括：政府粮食储备体系、政府粮食储备管理原则、政府粮食储备能力建设、政府粮食储备企业义务、储备企业内部控制和合规管理制度、政府粮食储备轮换交易和动用、粮食企业社会责任储备等。

三是流通能力保障制度。粮食生产和需求在时间和空间上存在结构性矛盾，必须加强粮食流通能力保障。同时，为保护种粮农民利益、稳定粮食市场和价格、解决市场机制局部失灵和盲目性、自发性、滞后性的弊端，必须进一步完善粮食宏观调控。针对粮食流通中的突出问题，确立了粮食流通保障制度。主要制度内容包括：市场体系、收购保障、监管信息报告、信息监测与服务、最低最高库存、调控措施、风险基金、流通基础设施建设、仓储物流设施备案与保护、国际粮食合作等。

四是产业安全保障制度。为推动粮食产业高质量发展，增强保障国家粮食安全的产业基础和能力，根据习近平总书记"以'粮头食尾'和'农头工尾'为抓手，推动粮食精深加工，做强绿色食品加工业""深入推进优质粮食工程""做好粮食市场和流通的文章"，以及李克强总理关于"加快推动我国从粮食生产大国向粮食产业强国迈进"等重要指示要求，建立粮食产业安全保障制度。主要制度内容包括：产业支持、市场主体、全产业链发展、优质粮食工程、产销合作、粮食加工支持、加工能力布局、加工标准监管等。

五是应急保障制度。为预防和有效应对粮食突发事件，提高粮食应急处置能力，控制、减轻和消除社会危害程度，确保储备和应急粮油拿得出、调得快、用得上，建立国家粮食应急保障制度，防范和化解粮食安全风险。主要制度内容包括：粮食应急管理体制、应急预警、应急措施、应急保障定点和政策支持、应急人员征调、应急义务、应急能力恢复及建设等。

六是质量安全保障制度。考虑到《农产品质量安全法》和《食品安全法》对包括粮食在内的农产品和食品安全已有一般规定。《粮食安全保障法（送审稿）》主要立足粮食质量安全保障的特殊问题和专门要求，做出有针对性的制度安排。主要制度内容包括：粮食质量安全义务、粮食质量安全风险监测、地方政府粮食质量安全责任、不符合食品安全标准粮食处理等。

在第二届中国粮食交易大会组委会会议上的讲话

国家粮食和物资储备局党组成员、副局长　韩卫江

同志们：

举办第二届中国粮食交易大会是国家粮食和物资储备局党组确定的今年全局重点工作之一。按照粮交大会总体工作安排，今天我们齐聚郑州召开第一次组委会会议，主要目的是为了进一步统一思想、提高认识，通报前期筹备工作进展，研究部署落实下步重点任务，扎实推进各项筹备工作。

本届粮交大会在河南郑州举办，3月8日，习近平同志在参加十三届全国人大二次会议河南代表团审议时明确指出"发挥自身优势，抓住粮食这个核心竞争力，延伸粮食产业链、提升价值链、打造供应链，不断提高农业质量效益和竞争力，实现粮食安全和现代高效农业相统一"，这为我们办好本届粮交大会提供了根本遵循。国家粮食和物资储备局党组高度重视粮交大会系列活动的举办，张务锋局长特别强调：第二届交易大会系列活动要坚决贯彻落实习近平总书记指示要求，结合河南实际，突出主题、放大效果，要一届比一届办得好。

今天上午，河南省粮食和物资储备局张宇松局长发表了讲话，对如何全力办好本届粮交大会提出了重要意见，交易中心陈军生主任对本届粮交大会的筹备方案及有关工作安排进行了说明，各省（区、市）和有关中央企业的同志也都就如何办好本省本企业筹备工作开展了交流，提出了很多宝贵的建议和意见。下面，我就做好本届粮交大会筹备工作谈几点意见。

一　充分认识举办粮交大会的重大意义

举办中国粮食交易大会是深入学习贯彻习近平新时代中国特色社会主义思想，落实中央经济工作会议、中央农村工作会议和全国粮食和物资储备工作会议精神的一次重要实践，是深入实施国家粮食安全战略，加强粮食产销合作，推动粮食产业高质量发展，切实增强国家粮食安全保障能力的重大举措，是我们粮食和物资储备系统的一次盛会，也是展示行业改革发展成果和干部职工精神风貌的重要契机，尤其是本届粮交大会适逢中华人民共和国成立70周年，作为推动全国性粮食产销衔接的重要平台，具有展示成就、引领产业、促进贸易、提升消费的重要功能，努力将本届大会办出特色、办出亮点，对粮食行业和储备系统改革发展，对更好地履行党中央赋予我们的职能，具有重要而深远的意义。

（一）拓展渠道，实现畅通，有利于深化农业供给侧结构性改革

中央经济工作会议指出，我国经济运行必须坚持以供给侧结构性改革为主线不动摇，在"巩固、增强、提升、畅通"八个字上下功夫。2019年中央一号文件提出围绕"八字方针"深化农业供给侧结构性改革。在贯彻落实习近平新时代中国特色社会主义思想和党的十九大精神，加快推进农业供给侧结构性改革的关键时期，举办第二届中国粮食交易大会，是融合粮食全产业链、实现良性畅通循环、促进粮食供需平衡的重大举措，有利于拓展产销合作渠道，活跃粮食交易，巩固粮食"去库存"

成果，促进库存尽快回归合理水平；有利于增强粮食企业主体活力，发挥主观能动性，打造更多优质企业；有利于提升粮食产业链水平，注重利用技术创新和规模效应，形成新的竞争优势；有利于畅通粮食经济循环，引导粮食行业与金融、物流、信息等相关服务体系加强融合，不断培育和发展粮食新业态。

（二）创新驱动，优化升级，有利于推动粮食产业高质量发展

实现创新驱动是转变发展方式、优化产业结构、引领转型升级的根本抓手，是推动粮食产业高质量发展的根本动力。当前，我国粮食供求形势发生深刻变化，要着力增加优质、绿色、安全的粮油产品供给，加快由增产导向转向提质导向，优化粮食供给结构，更好地践行以人民为中心的发展理念，不断满足日益增长的多元化、个性化、定制化消费需求。举办粮交大会等系列活动，总体目标就是实现粮食产业高质量发展，就是要进一步丰富调控载体、拓展交易平台、优化购销方式，通过搭建优质粮油产品展示平台，以供给侧结构性改革引领粮食消费需求升级，以"粮头食尾"和"农头工尾"为抓手，加快实施以"优粮优产、优粮优购、优粮优储、优粮优加、优粮优销"为内涵的"五优联动"，促进绿色化、优质化、特色化、品牌化，推动粮食产业创新发展、转型升级、提质增效。

（三）促进融合，提升服务，有利于打造现代粮食产销体系

在继续促进区域产销合作的同时，组织开展全国性、高规格、大规模的粮食交易活动，既是创新完善宏观调控的客观要求，也是粮食产区和销区的迫切愿望。粮交大会通过拓展营销渠道、打造地域特色、实现优势互补等方式，做好区域对接、品种对接、专场对接的文章，有利于构建和完善全国性粮食产销合作平台。同时，粮交大会以国家粮食交易中心、国家粮食电子交易平台为依托，提供粮食交易线上线下服务，促进粮食产业与金融融合，粮食产业与科技创新、对外交流等对接，能够大大拓展和提升交易服务内容和质量，逐步建成全产业链、全方位的交易服务体系。

二　把握重点，突出特色，扎实做好筹备工作

首届粮交大会在哈尔滨举办，专业观众过万人，粮油展参展企业逾千家，展览面积 3 万平方米，电商创新交流会和粮油形势分析会各报名参会 3000 人以上，对促进粮食流通，提高粮食购销市场化程度，增强粮食产业竞争力，实现粮食产业高质量发展产生了积极的作用。本届粮交大会以"新机遇、大融合、聚优势、谋共赢"为主题，旨在适应当前我国正处在全面深化改革、加快转型发展的重要战略机遇期的形势，随着粮食和物资储备系统机构改革的顺利进行，粮食行业也迎来了发展的新机遇，我们要紧紧抓住这一新机遇，通过组织粮交大会，不断创新载体搭建平台，推进传统的粮食产业与第二产业、第三产业向更深度融合，推进各类优势资源向更广度融合，集合行业优质企业、优秀品牌，集合地方优势项目和条件进行集中展示和推介，助力粮食企业不断激活新动能，激发新方式，助力产销衔接和项目对接，实现互利共赢。本届粮交大会要把握重点、突出特色，力争实现比首届粮交大会"规模更大、内容更广、质量更高、创新更强"。

（一）在扩大粮交大会规模上下功夫

本届粮交大会举办地河南省是农业大省、产粮大省、第一口粮大省，郑州市是中国中部地区重要的中心城市、特大城市、国家重要的综合交通枢纽、商贸物流中心。郑州国际会展中心展览展示面积约 6 万平方米，粮农的独特优势、有利的地理位置和优越的办会条件为本届粮交大会扩大规模

提供了保证。本届大会预计参展企业规模上千家，专业观众人数 2 万多人，整体规模达到上届的 2 倍以上。规模的扩大要求我们各省份特装展位面积同比上年也要相应扩大，这就对大会的组织工作提出了挑战，为向参会人员提供更加满意周到的服务，需要我们做好统筹策划、展区布置、议程安排、会务接待等各项筹备工作，同时我们将积极争取河南省政府的大力支持，通过招募志愿者等措施，确保组织更加周密，服务更加到位。

（二）在丰富粮交大会内容上做文章

在继续保留上届粮交大会社会反响良好的粮油政策及求形势分析会、供应链创新论坛等相关活动基础上，展览会将增设中华人民共和国成立 70 周年粮食和物资储备系统成就展、粮食企业"走出去"成果展、粮食科技成果展、粮油营养健康消费品鉴等一系列新的展区。同期，还将举办粮食产业经济发展现场经验交流会、推进粮食产业高质量发展报告会和专家论证会等一系列活动。这次系列活动比较多，我们要力争把每项活动办成精品。同时，这些活动涉及的单位多，很多活动需要各方面支持配合，各项活动之间也要充分对接，因此，要抓好统筹规划，强化总体设计，注重合理布局，保证各项活动衔接顺畅，协调相宜。

（三）在提升粮交大会质量上重实效

努力提升大会办会质量，特别是对同期举办的优质粮油产品暨技术设备展览会要有新举措：一是提高名、特、优、新产品参展比例。各省要多组织那些质量可靠、营养健康的产品参展，多组织政府行业支持鼓励类的产品参展，参展产品要更多地代表行业未来发展趋势，充分发挥展会对产业转型发展的引领带动作用。二是进一步突出展会的全产业链特色。各省要积极组织粮食生产、流通、科技、金融以及粮机设备等各类有代表性的企业参展，要把展会办成展示全产业链条的盛会，不断提升粮交大会的质量水平。三是吸引更多的专业观众参会。各省要积极邀请本地区成品粮批发市场、大型超市、电商平台、连锁店、大专院校采购方代表组团参会、洽谈、采购。要加大对欠发达地区的优质、特色粮油和相关产品采购力度，支持欠发达地区发展。要进一步扩大展会专业观众的数量，提高展品和组织布展质量，提升参展经济和社会效益，实现展会的可持续发展。

（四）在增强粮交大会创新上求突破

本届大会活动在理念、组织和服务上要有创新和突破。一是办会理念要有创新。大会要紧紧围绕实现粮食产业高质量发展这个总体目标，切实增强国家粮食安全保障能力为主线，以提升品牌和促进产销衔接为重点，不断创新展出项目。同时，要通过大会聚集更多、更丰富的资源，更加准确地抓住当前粮食工作重点，满足实际需求，注重办会实效。二是活动组织要有创新。各地要采用各种方式，让更多的市场主体有机会深入参与到粮交大会中来，广泛邀请政府相关领导、国内外知名的企业负责人、行业专家参会，努力提升大会专业化、国际化、社会化水平。三是会议服务要有创新。首届粮交大会上，吉林和山西两省在山西小米、吉林大米两大品牌的基础上，打出"吉晋产好米、大小两相宜"的联合品牌，通过共建市场、共享资源促进两省间深化合作，实现共赢的模式非常值得提倡和推荐。要充分发挥各地区及市场主体的产品、信息、技术、服务等优势，不断创新营销推介方式，开拓新的服务品种，更新服务方式，提升服务水平，更加注重实际体验和参与感，千方百计满足参会者和参加者的消费需求。

三　统筹谋划，精心组织，确保大会圆满成功

现在距离粮交大会开幕还有 3 个月的时间，筹备工作到了最重要最关键的时刻，时间紧、任务重、压力大，组委会办公室要对交易大会整体活动安排加强统筹和协调，加强调度和配合，加强督导和推进。各省要主动作为，切实把本届粮交大会的筹备工作部署好、落实好。

（一）加强领导，明确责任

进一步统一思想，加强组织领导，明确责任分工。组委会办公室负责制定粮交大会总体方案，并组织、指导各省局开展活动。系列活动各牵头单位要加强谋划，善于创新，做好内容设计、嘉宾邀请、场地安排、会务服务等工作，确保各项活动取得实效。各省局制定本地区参会实施方案，成立省级筹备工作组，做好组织协调工作，负责本地区的组团、组展、布展，同时负责招商引资和产销衔接的项目推荐、签约等相关活动。河南省局与组委会一起制定粮交大会总体方案，争取河南省政府支持共同做好粮交大会接待服务、开幕式和同期活动等相关工作，与郑州市政府一起积极争取省内相关部门的支持与配合，负责与当地政府部门、会展中心沟通，避免出现食宿接待能力不足、服务不到位，展馆布展施工时间仓促、收费不合理等关乎参会企业切身利益的问题。郑州市政府负责大会公安、消防、安保、交通等后勤保障工作。本届大会规模大，参展、参会人员多，要确保大会安全有序、活动精彩圆满。

（二）加大宣传，扩大影响

会前的宣传推广工作重点将要围绕大会召开背景、重要意义和主要活动三个方面进行，组委会主要负责安排中央主流网络媒体（人民网、光明网、新华网、央视网等）、国家粮食和物资储备局政府网站和政务微博微信、大会门户网站实时发布相关新闻，并通过中国粮食经济、中国粮油网、粮油市场报等开设专栏进行宣传推广；各省要积极沟通省内媒体做好宣传，充分利用报纸、杂志和网络"微信微博"等新媒体，多形式、多角度、全方位开展宣传，积极招揽企业参展参会，尤其是河南省更要加大社会宣传力度，进一步扩大宣传覆盖面，提升大会知名度和影响力，吸引广大市民参观展会。

（三）细化方案，抓好落实

这次会议结束后，各省要按照筹备方案规定的时间抓紧组织落实，及时上报本地区参会实施方案，确保筹备工作做到时间、内容、人员"三落实"。各省要统筹规划各项工作，早谋划早打算，并采取有效措施推进落实；要做好协同配合工作，主动加强与组委会的沟通联络，服从组委会统一安排；要坚持问题导向、目标导向，明确任务，排出进度，落实责任，对筹备过程中可能出现的问题提早进行防范化解；要严格落实中央八项规定精神，切实强化廉政风险防控，坚决杜绝奢靡浪费。

（四）强化措施，确保安全

安全工作是重中之重，是大会成功的基本前提。2019 年是中华人民共和国成立 70 周年，各地各类活动较多，各方面要十分重视安全工作，安全责任重于泰山。组委会和各省务必要高度重视，按照守住底线、突出重点、完善制度的思路，深入细致做好安全工作，防患未然，切不可有丝毫的麻痹和松懈。为了确保活动安全，组委会与各方面要各司其职，严格落实安全责任。展会上，各省要管好自己的责任区域，安排专人现场值守，对可能出现的展会秩序、食品安全、消防等安全隐患进行排查，落实相关责任，确保展区万无一失、平安有序。同期活动方面，各省对所推荐企业和人员要严格审查把关，坚决杜绝不符合参会条件的企业和人员进场，确保同期活动安全。对各省参加活

动的人员，省局要有专人负责安全工作，制定管理措施和预案，确保与会者人身和财产安全。郑州市政府要对大会开幕式等重大活动制定切实可行的安全防范措施和预案，必要时提前进行演练，防范于未然。

同志们，粮交大会筹备时间紧、任务重、环节多，大家要根据总体要求，紧盯核心任务，聚焦关键环节，齐心协力、密切配合、积极行动，努力把本届粮交大会办出特色、办出亮点，以优异的成绩向中华人民共和国成立 70 周年献礼。

谢谢大家！

聚焦储备安全核心职能　推动仓储管理改革发展
——在 2019 年仓储管理交流现场会上的讲话

国家粮食和物资储备局党组成员、副局长　梁彦

大家上午好，今天我们齐聚一堂，召开新一轮党和国家机构改革后，也是国家粮食和物资储备局组建后，仓储战线第一次全国性会议。选择在杭州召开现场会，一则早在 65 年前这里诞生了以余杭仓前"四无粮仓"（无害虫、无变质、无鼠雀、无事故）为代表的粮食仓储老典型，开启了我国粮食仓储事业艰苦奋斗、创新奉献的历程；二则如今这里又在进行"四化粮库"（仓廪现代化、储粮绿色化、信息智慧化、管理精细化）的新探索，积极推进绿色储粮，创建适应高质量发展要求的大国粮仓。多年来，在"四无粮仓"精神的激励下，广大粮食仓储工作者发扬"宁流千滴汗、不坏一粒粮"的优良传统，为推动粮食仓储管理工作不断迈上新台阶、端牢中国人的饭碗做出了贡献。进入新时代，国家将粮食储备、能源储备、战略物资储备、应急物资储备等储备职能整合，形成了"大储备"的格局。国家粮食和物资储备局党组高度重视仓储工作，强化安全仓储科技职能，成立专门司局；各省局、垂管局改革后也都相应成立了安全仓储与科技处或进一步强化仓储管理职能，我们的事业站在了新的历史起点。今天参加会议的都是负责大国粮仓仓储管理的局长、处长，承担着储好、管好我国粮食和保障粮食安全的重任。因此，我们要全面落实习近平总书记"扛稳粮食安全这个重任"的指示精神，聚焦储备安全核心职能，不忘初心、牢记使命，围绕新时代、新任务、新要求，扎实做好本职工作，合力推动仓储管理深化改革、转型发展，夯实各类储备安全基础，切实提高仓储管理工作水平。按照会议安排，下面我主要讲三点：

一　我国粮食储存状况总体良好，仓储管理工作成效明显

近年来，在党中央、国务院高度重视和坚强领导下，我国粮食连年增产，国家政策性收储持续实施，粮食库存持续高企。仓储管理工作从构建安全责任体系、夯实管理基础、强化制度执行、提升一线人员专业能力、加强督促检查等方面持续发力，在粮食库存屡创历史新高的背景下，牢牢守住了储粮安全和生产安全底线，全国库存粮情总体平稳向好，这与广大粮食仓储工作者的努力密不可分，也充分体现了仓储管理工作在确保库存粮食数量真实、质量良好、储存安全方面的重要作用，为端牢中国人的饭碗、保障国家粮食安全奠定了坚实基础。

（一）着力构建完善仓储管理制度体系，储粮安全责任得到全面落实

历经多年积累和发展，粮食仓储管理逐步构建起以《粮油仓储管理办法》《粮油储藏技术规范》20 余个技术规程为基本作业规范的制度体系。仓储管理更加专业化、规范化，靠制度、标准管仓储不断强化。在此基础上，为适应粮食流通形势变化和管理需要，近年还制定出台了《国有仓储物流设施保护办法》、修订发布了《中央储备粮代储资格管理办法》，以及以"一规定两守则"（《粮油储存安全责任暂行规定》《粮油安全储存守则》《粮库安全生产守则》）为代表的规范性文件等，仓储管

理制度进一步健全完善。

各地注重抓制度建设，狠抓责任全面落实，结合实际情况制定仓储规范管理办法、实施方案等，通过加强对相关制度和规范的培训，通过绩效考核、知识技能竞赛等多种形式提高从业人员应知应会水平和规范操作能力，为确保储粮安全提供了有力保障，为提升仓储规范化、精细化管理水平打下基础。

（二）着力强化储粮安全督查，春秋粮油安全大检查长效机制作用显现

自 2017 年起，我们抓住粮油安全储存保管的关键时点和重点部位，部署各地开展春季、秋季粮油安全大检查工作，并将储粮安全有关检查内容纳入全国粮食库存检查、中储粮考核的范围。督促各地区、各单位全面排查储粮安全隐患，强力推进隐患整治，及时采取针对性措施，把储粮安全风险隐患消灭在萌芽状态。通过近几年的持续努力，已逐步形成了国家粮食和物资储备局、省、市、县四级粮食行政管理部门协调联动的检查局面，储粮安全检查长效机制初步建立。

到 2019 年，各地区各单位持续常态化开展春、秋两季或春、秋、冬三季粮油安全大检查及各类专项督查，加强巡查监督，对有关涉粮企业进行不定期抽查，针对"两个安全"查漏补缺、落实责任、挂牌整改，检查长效机制作用明显，进一步巩固了储粮安全平稳态势。

（三）着力推动仓储管理上台阶，储粮新技术应用成效显著

各地在保安全、守底线的基础上，努力推动仓储管理规范化、精细化、智能化，仓储管理水平整体不断提升。如浙江、安徽两省推动"星级粮库"创建工作，提升企业规范化管理水平；中储粮集团以"标准仓、规范库"建设为抓手，将标准化建设细化到具体作业单元；陕西省、广东省实行"红旗仓""等级仓"考核，提升粮库精细化管理水平；四川省实施"仓储管理能力提升行动"，推动仓储企业提质增效、转型发展。各地还依托信息化、智能化平台建设，将信息技术深入应用到仓储管理各业务环节，提升仓储管理精细度；物资储备系统持续推进"三化一提升"工作，推动储备物资仓库转型发展、不断提升管理水平。

各地还因地制宜采用低温和恒准低温、内环流控温、气调、惰性粉害虫防治等先进储粮技术，不断提升储粮品质，降低粮油损失损耗，不断加大科技储粮、绿色储粮工作力度。例如，浙江省在大力改造提升仓房气密保温隔热性能的基础上，采用氮气气调、生物防治害虫等技术，使粮食品质指标宜存率达 100%；四川省加大财政资金投入，利用风冷、地冷、蒸发冷等多种冷源和先进技术实现了储备粮全部低温储存。四川省介绍某库点采取低温技术储存保管了 3 年的稻谷，销售出库时价格比常规储存时高出 100 元 / 吨，熬制的米粥色香味俱佳，与新米已无明显差异，取得了良好的经济效益和社会效益。

二　新机构新职能，对做好仓储管理工作提出了新要求、新挑战

习近平总书记提到，这次机构改革，为大家干事创业搭建了新舞台，要准确把握新机构新职能提出的新要求，全面提高干事创业敢担当的本领和水平。国家粮食和物资储备局按照党中央和国务院要求，准确把握我国粮食和战略应急物资储备发展形势和规律，适时印发"两决定一意见"，对全系统深化改革转型发展、加强安全稳定廉政工作和激励担当作为做出了全面部署，为我们聚焦储备核心职能、进一步做好仓储管理工作指明了方向。

（一）新机构新职能，要求我们必须转变观念，树立"大储备""大仓储"意识

机构改革后，国家粮食和物资储备局负责管理的对象包括粮食、战略物资、棉花、食糖、中央应急救灾物资、中央防汛抗旱物资、原油、成品油等，物资品类繁多、管理方式各异，保障国家粮食安全、能源安全、战略物资和应急储备物资安全的要求也越来越高，对我们仓储管理工作提出了新的任务和挑战。各类物资的管理既有相通之处，又因品类专业性不同而有所区别。粮食仓储有悠久历史和深厚传统，有着较高的仓储管理和储粮技术应用水平。战略物资、应急物资、棉糖等储备物资的仓储管理与粮食有一些互通互鉴之处，都要确保数量真实、质量良好、储存安全，但因历史上分属不同部门管理，在管理理念、管理体制、习惯做法等方面存在明显差异。另外，根据新的职能，各垂管局不仅负责储备物资仓库管理，也将负责中央储备粮棉糖的在地监管，有新的不熟悉的领域，需要尽快熟悉。因此，大家必须树立"大储备""大仓储"的观念，在继续发挥各自行业领域专业优势的同时，注意加强学习，加强沟通合作、互相支持，互相借鉴好的经验做法，推动粮食和物资储备融合高效发展，展示出高水准的国家储备库管理水平。

（二）新形势新任务，要求我们必须改革创新，统筹推进"大仓储"融合发展

我们强调统筹融合，就是要实现在"大储备"格局下，仓储设施的集约、高效、合理利用，这也是此次机构改革建立统一的国家储备体系要求在仓储工作中的具体体现。几大类物资仓储设施的集约高效利用实际上是一项非常重要和具有挑战性的任务，绝非易事，因此在工作中要善于抓主要矛盾和矛盾的主要方面。储备品种不同，物理、化学甚至生物特性不同，仓储的管理和技术要求不同，管理体制和发展历史也不同。现在对不同种类物资仓储管理专业化程度的要求越来越高，这是讲统筹融合时必须正视的差别。不能机械理解融合，模糊了差异性，简单追求不同品类物资仓储设施在时空上的借鉴互用。但又都是以仓储形式存在的物资储备，统筹融合是为优化仓储设施利用，避免仓库的空置和浪费，是将有限的设施资源使用效率最大化，用在更需要的地方。统筹储备仓储设施，是构建统一的物资储备体系的基础，要改革创新、规划先行，做好顶层设计，结合现有储备库存物资调整和各类仓库建设布局优化调整，实现单一化任务向多元化任务转变，进而提升储备设施综合利用水平和效能。

（三）新目标新思路，要求我们必须担当作为，不断推进仓储管理深化改革、转型升级

按照优化机构设置和职能配置的改革要求，坚持一类事项原则上由一个部门统筹，一件事情原则上由一个部门负责，国家粮食和物资储备局突出了"储备"职能，也强化了"安全"要求，这是党中央、国务院赋予粮食和储备部门的核心职责。仓储是储备的基本形态，是流通的重要环节。仓储管理的目的，就是把储备品种的实物在仓库里储存好，保证管得住、调得出、用得上。在全系统"深化改革、转型发展"的大背景下，储备管理对于优化结构、提升质量方面有什么要求，仓储管理就要与之适应、随之调整，做到"以储定仓、以仓适储"，更好地实现"仓""储"结合。尤其是《关于改革完善体制机制　加强粮食储备安全管理的若干意见》中，对严格政府储备安全管理制度、实行政府储备承储库点分类管理提出了明确要求，仓储管理工作必须以实际行动认真贯彻落实文件精神。

（四）新机遇新挑战，要求我们必须聚焦主业，补短板强弱项

当前，粮食收储制度改革、粮食储备管理体制机制改革正在进行，粮食立法修规、库存清查、中储粮两项考核扎实推进，为我们做好仓储管理工作提供了机遇和条件，但也还存在一些不容忽视的问题和矛盾。一是仓储设施条件有待提高。部分基层单位和企业库区规划、设施建设等标准较低，仓储条件难以满足储备安全需要，有的甚至存在安全隐患，功能适配上与粮食流通现代化的要求相比还有差距。二是仓储管理科学化、精细化发展不平衡。储粮技术、信息技术的应用存在较大地区差异，发展不平衡。部分地区处于起步阶段，实现绿色储粮、科学储粮仍然存在技术"短板"。另外，加快科研创新成果转化，为科学、绿色储粮和精细管理提供强有力的科技支撑还需进一步加强。三是仓储升级高质量发展急需的专业人才。仓储管理工作急需中高级专业技术人才，特别是信息化技术人才支撑。目前各地仓储队伍在知识结构、年龄结构、能力素质等方面差距较大，受工作环境、人才激励机制等影响，后备力量明显不足，仓储管理高质量发展面临严重的人员制约。对此，我们要树立目标导向和问题导向，抓住当前主要矛盾，借力改革推动转型创新，努力补齐短板、强化弱项。

三　仓储管理改革创新、转型升级新路径

（一）加强顶层设计

仓储是储备工作的基础，打好基础既要立足当前又要着眼长远，既要聚焦主责主业盘活存量，又要适应防范化解风险的新要求，谋划好增量，促进仓储管理高质量发展。首要是做好顶层设计，加强立法修规，严格落实四中全会对强化制度建设的要求，在中央已出台粮食储备体制机制改革的文件精神指导下，完善仓储管理有关规章制度、标准规范，使之更加符合储备管理的各项要求。国家粮食和物资储备局正在组织起草物资储备体制机制改革的文件。对于改革的新要求、发展的新情况，尤其是新时期强调的绿色、规范、精细、融合、安全等内涵，都要体现到新的制度标准中去，这关乎未来仓储管理整体水平，必须谋划设计好。也希望各地能够在这方面尽快拿出成型、成熟的实践做法或研究成果。

（二）推动绿色发展

绿色是新发展理念的重要内容，进入高质量发展阶段，人民对美好生活的向往很多方面也体现在绿色理念上，需要将绿色发展理念深入落实下去。我们所说的绿色发展主要是对粮食仓储而言，粮食储备升级和粮食产业发展，都需要绿色仓储。什么是绿色仓储，学术上尚无定论，但从实践和当前技术可实现的角度可提炼出一些共识。例如灭虫防虫化学药剂使用减量增效，北方一些地区和南方气调储粮的企业，在储存期间可做到免熏蒸；例如低温或恒准低温储粮，粮食可实现更长、更好的保鲜，并且仓内环境也更好；再如仓储作业环境优化，尤其是降低进出仓粉尘污染，等等。国家粮食和物资储备局在倡导绿色储粮的同时，将鼓励支持立足"四合一"技术和标准仓房，进行气密和保温隔热性能改造，先进性与适用性并重，因地制宜选配内环流（三北地区）、低温气调（长江流域及华南）、空调控温（中原等中间地带）等技术，提质增效。绿色发展的背后是储粮科技的进步和应用，储备仓库的转型升级同样离不开科技支持。希望大家能够在绿色储粮上多做文章、多思考、献计献策，我们下一步也将重点推动相关的工作。

（三）促进融合发展

机构改革储备职能的整合，形成了"大仓储""大储备"的格局，"大仓储"是为"大储备"服务的，促进融合发展可以说是构建统一物资储备体系的基础。"融合"既涉及存量的优化整合，又涉及增量的协同配合，结合"十四五"规划编制，要从融合发展的角度谋划一批对未来国家粮食安全

发展起重要影响作用的大项目或大工程。融合发展还要在专业化基础上，围绕储备所需，实现流通的兼容并蓄，统筹协调使仓储资源的利用更有质量和效能，更好地让"仓"为"储"所用，"以储定仓、以仓适储"。同类仓储资源在不同区域间的协调平衡、储备仓库间以及和粮食仓储物流园区的对接联通、同一个大型综合性储备基地支持多样化任务等，都是融合重点，可通过储备任务和建设规划调整来实现。融合发展要聚焦主责主业，以确保国家储备物资、粮食储备安全为前提，统筹利用好各类仓储设施，避免浪费、重复，使各类仓储设施效益最大化；专业化程度高、适配效果好的仓储设施，应优先满足其目标储备的承储任务，发挥专业优势，确保储备质量，使这部分仓储设施得到最有效的利用。另外，不同仓储在管理方式方法上互鉴互促也是融合发展的重要方面。

（四）提升规范发展

一般来说，行业或系统、企业或单位的规范化程度越高，往往管理水平也越高，并且规范化发展很多时候还体现在适应现代化技术水平的程度上。粮食和物资的仓储管理总体比较粗放，主要表现是管理的过程和方式比较简单，与其他工商企业相比，现代管理理念和方法运用不足，相对封闭，市场化程度不高，经营效益比较低，依赖于政策储备性业务。过去粮食高仓满储的情况较多，储粮形态复杂，不同程度存在"萝卜快了不洗泥"的问题；其他储备仓库情况尽管有所不同，但在管理上有类似问题。现阶段适应国家粮食和物资储备局构建统一、高质量、高层次的物资储备体系要求，我们在规范发展方面需要下更大的功夫，在规范管理方面应该体现出国家储备库的统一标准、规范、技术等，以及更好的管理理念和更高的管理水平。我们看到一些地方和单位主动作为，在规范化管理方面取得很好的成效。各类仓库管理、各类物资的规范化、标准化管理，是仓储管理的重要内容，是建设高质量、高层次、高效率的物资储备体系的基础性工作，一定要高度重视并做好。

（五）着力精细发展

仓储的精细发展重在精细化管理方面。由于物资种类多，专业特性不一样，储好管好就是要区分特性、精细精准管理，最大限度避免毁损，最大程度保质保量。今后要把精细化进一步充实到制度标准中，体现到科技应用的具体实践中，将规范化、精细化管理落地、落实、落细。例如粮食，之前政策性收储比重大，多层次、个性化的粮食仓储需求被掩盖了，企业普遍对改进管理、创新技术应用缺少兴趣和动力。成本控制、低水平保管的仓储模式，不利于向市场提供多样化的仓储服务和原粮供给，整体效益低下，财政负担也不堪其重。今后，通过政府引导、产销衔接、市场需求牵引等多重作用，粮食仓储要趋向于更加灵活的业态，更好适应精细化需要，确保"优粮优储"。同时，在仓房选择和仓储技术应用上也要精细化，不是一种仓型包打天下、一种技术原样照搬，一定要因地（企）制宜，要重视数据积累和实践分析，使仓房和技术的功效最优化。

（六）坚持安全发展

安全在任何时候都是底线，谋发展必须保安全，发展绝不能以牺牲安全为代价。局党组高度重视安全工作，张务锋局长多次提到要抓安全。保安全是仓储管理的前提，要切实抓好仓储环节安全管理的基层工作和基础工作，切实保障安全储存和安全生产。仓储管理上水平，一定要将安全放在首位，而更好的仓储管理也有利于在更高水平上实现安全。

（七）实现高质量发展

随着国家经济进入高质量发展阶段，我们的仓储管理工作也要适应发展要求，在实现高质量发展、提供更优质的仓储管理服务方面下功夫。"仓储高质量发展"的文章如何做？大家要多提好的意见建议。尤其是在粮食领域，更好地满足人民群众对优质粮油的需求，实现高质量发展极为重要，现阶段推进的"优质粮食工程"是推进粮食高质量发展的重要载体和抓手，粮食产业强国的建设也是推进粮食高质量发展的重要方面。在这些方面大家责任重大，要积极探索，担当作为，为仓储管理高质量发展做出应有的努力。

同志们，仓储管理工作意义重大、使命光荣。守住管好"天下粮仓"，更好地保障国家粮食安全、储备物资安全，仓储工作者负有义不容辞的责任。希望大家继续发扬"宁流千滴汗、不坏一粒粮"的优良传统，恪尽职守、创新担当，不断完善储备体制机制、加强储备安全管理，树立"大仓储"视野，强化"大储备"格局，密切横向、纵向的工作联系，进一步推动仓储管理深化改革、转型发展，为保障国家粮食和物资储备安全做出新的贡献。

3

第三篇

全国粮食和物资储备工作

粮油生产

2019 年，各级农业农村部门认真学习贯彻习近平总书记关于"三农"工作重要论述，全面落实党中央、国务院决策部署，以实施乡村振兴战略为总抓手，紧紧围绕农业供给侧结构性改革主线，千方百计稳定粮食生产，多措并举调整优化结构，创新机制推动绿色发展，持续推进种植业转型升级和提质增效。

一　粮食生产

（一）粮食生产概述

1. 面积总体稳定。2019 年粮食播种面积 11606.4 万公顷，比上年减少 97.5 万公顷，减幅 0.8%。

2. 单产稳中略增。2019 年粮食平均单产每公顷 5719.6 公斤，比上年增加 98.4 公斤，增幅 1.8%。

3. 总产十六连丰。2019 年粮食总产 66383.5 万吨，比上年增加 594.3 万吨，增幅 0.9%，粮食产量连续 5 年稳定在 65000 万吨以上。

（二）粮食生产品种结构

1. 三季粮食产量两增一减。夏粮面积略减、产量略增：2019 年夏粮播种面积 2635.4 万公顷，比上年减少 34.9 万公顷，减幅 1.3%；总产 14160.2 万吨，比上年增加 279.2 万吨，增幅 2.0%；单产每公顷 5373.1 公斤，比上年增加 174.8 公斤，增幅 3.4%。

早稻面积、产量均略减：2019 年早稻播种面积 445.0 万公顷，比上年减少 34.1 万公顷，减幅 7.1%；总产 2626.5 万吨，比上年减少 232.5 万吨，减幅 8.1%；单产每公顷 5902.3 公斤，比上年减少 64.8 公斤，减幅 1.1%。

秋粮面积减少、产量略增：2019 年秋粮播种面积 8525.9 万公顷，比上年减少 28.4 万公顷，减幅 0.3%；总产 49596.7 万吨，比上年增加 54.8 万吨，增幅 1.1%；单产每公顷 5817.2 公斤，比上年增加 83.4 公斤，增幅 1.5%。

2. 主要粮食品种产量"三增一减"。稻谷面积、产量均略减：2019 年稻谷播种面积 2969.3 万公顷，比上年减少 49.6 万公顷，减幅 1.6%；总产 20960.9 万吨，比上年减少 252.0 万吨，减幅 1.2%；单产每公顷 7059.1 公斤，比上年增加 32.5 公斤，增幅 0.5%。

小麦面积略减、产量略增：2019 年小麦播种面积 2372.6 万公顷，比上年减少 53.9 万公顷，减幅 2.2%；总产 13359.6 万吨，比上年增加 215.3 万吨，增幅 1.6%；单产每公顷 5630.5 公斤，比上年增加 213.9 公斤，增幅 3.9%。

玉米面积继续调减、产量略增：2019 年玉米播种面积 4128.4 万公顷，比上年减少 84.5 万公顷，减幅 2.0%；总产 26076.8 万吨，比上年增加 359.5 万吨，增幅 1.4%；单产每公顷 6316.4 公斤，比上年增加 212.1 公斤，增幅 3.5%。

大豆大幅增产：2019 年大豆播种面积 933.3 万公顷，比上年增加 92.1 万公顷，增幅 10.9%；总产 1809.7 万吨，比上年增加 213.0 万吨，增幅 13.3%；单产每公顷 1938.9 公斤，比上年增加 40.9 公斤，增幅 2.2%。

（撰稿单位：农业农村部种植业管理司；撰稿人：项宇、冯宇鹏；审稿人：潘文博）

二　绿色高质高效行动

（一）集成"全环节"绿色高效技术

各地集成整地、播种、管理、收获等各环节绿色节本高效技术，每个示范县总结出了 1~2 套高质高效、资源节约、生态环保的标准化绿色高效技术模式。大力推行绿色生产方式，留住干净的水源、肥沃的耕地、美丽的田园，为乡村振兴战略实施创造良好空间。天津市蓟县在创建区内示范推广麦稻轮作技术新模式 2000 亩，集成一套适合天津乃至华北地区的麦稻轮作技术新模式，推广测土配方施肥、商品有机肥、水肥一体化、病虫害统防统治、水稻基质育秧等关键技术措施，带动蓟州区麦稻轮作面积达到 1 万亩。河北省迁安市示范推广"高油酸花生品种＋培创高产土体＋适期适量播种＋减少化肥使用量＋科学浇水＋化学调控控旺＋全程病虫害绿色防控＋集成组装"绿色技术模式及共性技术"瓶颈"公关，平均亩节本增效 181.8 元。

（二）构建"全过程"社会化服务体系

各地创新社会服务方式，继续深化推进社会化服务体系构建。推行统一种植品种、统一肥水管理、统一病虫防控、统一技术指导、统一机械作业，探索应用"互联网＋"现代农业技术。四川省安州区在油菜项目区组建立专业化病虫草害综合防治队伍，对病虫草害采取统防统治，选用高效低毒低残留农药，精确用药剂量和用药安全，达到防治效果，确保农产品质量安全。组织专业化测土配方施肥队伍，对项目区分区测土配肥，按配方施肥，提高肥料使用效果，降低生产成本。广西壮族自治区永福县通过实施全县沙糖橘高质高效行动，衍生出从事沙糖橘产业社会化服务组织 1000 多个，其中生产性服务组织 550 多个、加工流通性服务组织 150 个、市场营销性服务组织 300 个，社会化服务组织与农民之间构建了稳定的利益分销机制及运行保障机制。

（三）打造"全链条"产业融合模式

各省大力推行"龙头企业＋核心区""合作社＋核心区"等经营模式，示范县树立品牌意识，突出特色、优质，打造地方知名品牌和地理标志农产品。推进订单种植和产销衔接，拓展农业观光旅游、农事活动体验、农耕文化传承等多种功能，增加农田附加值提升产业融合水平，促进一二三产业融合发展。黑龙江省鹤山农场大力推行"龙头企业＋创建区"经营模式，推进订单种植和产销衔接，积极推广大豆优质专用品种种植。2019 年初农场与北大荒粮食集团黑龙江有机农业发展有限责任公司、大连兴龙垦有机粮油有限公司等多家龙头企业签订大豆种植订单，示范区内大豆实现订单种植全覆盖。贵州省水城县立足山地特色，因地制宜，把生产"绿色安全、优质健康"猕猴桃果品为宗旨，以中国科学院武汉植物园、中国农业科学院郑州果树所、贵州大学、贵州省农业科学院、贵州科学院等科研教学单位为技术支撑，积极开展技术创新，在生态种植、养分调控、病虫害绿色防控等多方面取得了较好成绩，同时与多家企业合作，提升商品化程度，实现优质果率达 85.6%，亩均单产达 1128 公斤，较全县亩均 965.2 公斤提高 16.87%，商品果率达到 91.6%。

（四）引领"全县域"农业绿色发展

各地围绕"控肥增效、控药减害、控水降耗、控膜减污"，在创建区全面推行节肥节药节水节膜技术，示范带动全县种植业转型升级和可持续发展。河北省藁城区强筋小麦示范区运用"不浇越冬水＋测土配方施肥＋推迟春一水氮肥后移＋灌浆期节水灌溉＋全程绿色防控"技术带动全区 33.8 万亩强筋优质小麦推广优质节水模式，实现全区小麦少浇一水，节约水资源 2000 多万立方米，全区小麦绿色防控面积 30 万亩，测土配方施肥全覆盖，全区实现了小麦生产呈现绿色高质高效可持续发展。项目区运用规范化生产技术收获的优质专用小麦更受用粮企业的欢迎，收购价格较高。

（撰稿单位：农业农村部种植业管理司；撰稿人：刘武、刘效谦；审稿人：潘文博）

三 基层农技推广体系改革与建设

（一）激发活力效能，推进农技推广体系改革创新

推动建立公益性与经营性农技推广融合发展机制。支持农技人员提供增值技术服务合理取酬，引导农业科研院校开展农技推广工作，鼓励农业科研教学人员以兼职、合作、交流等多种形式开展农技推广服务；通过公开招标、定向委托等方式，支持社会化服务组织开展产前、产中、产后全程农业技术服务，提供个性化、精准化和全方位指导服务。安徽省宿州市埇桥区农技人员与服务对象双向选择，派出单位、农技人员、新型经营主体签订三方协议，社会化服务组织服务面积达 43 万亩，经营收入增加 15% 以上，服务田块亩均节本增效 130 元以上。继续完善农业重大技术协同推广计划工作机制。构建科技推广的需求关联机制和利益联结机制，让产业急需的引领性技术"补"起来，让成果转化应用"快"起来，让推广服务力量"合"起来，让科技推广新动能"放"出来，把科技优势更好地转化为产业优势和经济优势。江西省的协同团队根据农事季节和产业布局，制定巡回指导计划，深入田间地头、生产一线开展技术指导和培训累计 216 期，培训指导农民和技术人员 25530 人次，制定印发各类技术资料 7.25 万份，制定生产操作技术规程 20 个，重点推广了 27 项农业重大技术。

（二）加强农技推广队伍建设，提升业务能力和服务水平

加大培训力度，完善农技人员分级分类培训机制，采取异地研修、集中办班、现场实训、网络培训等方式，提升基层农技推广队伍知识技能，全年培训基层农技推广人员 19 万人，遴选 4.7 万名业务能力较强、带动影响力较大的基层农技推广骨干人才，由省级农业农村部门统一组织培训。鼓励各地创造条件出台"定向招生、定向培养、定向就业"的"三定向"政策，提升基层农技推广队伍学历层次，补齐专业知识短板。湖南省首次开展了基层农技人员定向培养工作，585 名定向培养生覆盖 89 个县市区，涵盖本、专科两个层次，涉及种植业、养殖业、农机等行业的 7 个专业。

（三）强化技术示范推广，促进先进适用技术落实落地

遴选推介了 72 项符合绿色增产、资源节约、质量安全等要求的农业农村部 2019 年主推技术。在技术适用范围采取基地示范展示、编印技术明白纸、农技人员精准服务等措施，多途径多形式推进技术进村入户到企。加强重大引领性技术集成示范，委托第三方对 2018 年重大引领性技术进行绩

效考评，组织开展遴选征集，确定北斗导航支持下的智慧麦作、全生物降解地膜替代等 10 项作为 2019 年农业农村部重大引领性技术，通过组建优势专家团队，打造示范展示样板、广泛宣传发送，发挥了良好的引领带动效应。全年农业农村主推技术到位率超过 95%。

（四）不断优化功能，提升农技服务信息化水平

全面推进农技推广信息化建设工作，发挥信息化和互联网便捷高效的优势，建设 APP、Web 端、公众号三位一体、运行高效、功能完善的中国农技推广信息平台，6000 多名专家、36 万名多农技人员线上解答疑难问题、进行指导服务、提供远程诊断等，全年在中国农技推广 APP 上发布 18497 项主推技术，面向 275677 个基地和主体推广。开展"互联网＋农技推广"服务之星遴选推介活动，通过电视、报纸、网站、简报等渠道，多形式全方位多角度开展宣传，强化典型示范引领作用，为农技推广队伍建设营造良好氛围。

（撰稿单位：农业农村部种植业管理司；撰稿人：付长亮；审稿人：潘文博）

四　农机购置补贴政策实施

（一）开拓创新，充分发挥政策引领作用

全年落实中央财政补贴资金 184 亿元，扶持 185 万农户和农业经营组织购置机具 217 万台（套），带动投入 461 亿元，推动了农机装备总量的增长和作业水平的提升。全国农作物耕种收综合机械化率超过 70%，小麦、玉米、水稻三大粮食作物基本实现机械化，提前一年实现"十三五"目标。围绕畜禽粪污资源化利用、生猪生产和农业绿色发展等方面的装备需求，及时调整优化补贴机具种类范围，对重点机具实行优先补贴。其中，生猪生产所需装备使用补贴资金 1.8 亿元，支持 7.2 万养猪场（户）购置机具 7.6 万台（套）。开展植保无人飞机、山地轨道运输机、果园作业平台、畜禽精准化饲养设备、有机废弃物干式厌氧发酵装置、废弃物料烘干机等 40 余种农机新产品购置补贴试点，满足农户对创新产品的需求，支持引导农机企业技术创新，全年共使用补贴资金 4.3 亿元，扶持 1.4 万农民购置机具 3.2 万台（套）。探索开展标准化设施大棚骨架补贴试点，引导农户建设安全性能高、适宜农机操作的标准化大棚。在江西、北京、上海三省（市）启动农机购置综合补贴试点，在四川省部署农机化发展综合奖补试点，为农户提供购置补贴、贷款贴息、融资租赁承租补助、作业补贴等多元化扶持措施，进一步探索发挥政策支持引领作用的实现方式。

（二）便民利民，持续提升政策实施满意度

一是让"信息多跑路、群众少跑腿"。启用全国农机试验鉴定管理服务信息化平台，建立通过试验鉴定（质量认证）具备参与补贴资质的机具信息数据库，并与各地农机购置补贴投档平台和辅助管理系统互联互通，实现农机化管理部门网上自动抓取补贴机具信息，免除企业分省报送纸质材料负担，企业满意度大幅度提高。大力推广使用手机 APP 办理补贴，农民可随时随地申请补贴。二是实行信息全面公开。在省级农业农村部门网站实时公开资金使用进度和受益农户信息，在县级政务网站集中公开全年补贴明细情况，在乡村公开栏张贴补贴政策宣传挂图 11 万张，使政策实施工作在阳光下运行。三是优化申领补贴机具核验。制定印发《农机购置补贴机具核验工作要点（试行）》，明确农户申请补贴的具体流程及资料清单。推行农机安全监理信息与补贴辅助管理系统衔接，对拖

拉机、收割机等实行牌证管理的机具信息网上审核，购机者免于再次现场实物核验。对资料审核中的问题一次性告知，并实行限时办结，推进补贴办理"最多跑一次"。

（三）强化监管，有力保障补贴资金安全

农业农村部、财政部联合印发《关于进一步加强农机购置补贴政策监管强化纪律约束的通知》，部署各地落实政策实施风险防控属地管理责任，切实强化农机生产企业守法依规参与补贴实施工作的主体责任，对严重违规企业实行"一个产品违规、全部产品受限，一地违规、全国联动处理"的顶格处罚。认真受理群众举报投诉，加大违规行为查处力度，全国共发布违规处理通知 171 件，有力震慑了违规产销企业。引入第三方监督机制，委托社会检测机构，对已经办理补贴的重点机具购置使用情况开展实地核查，加强事后监管。组织部分省市开展了补贴机具信息化监管试点，综合运用物联网技术，打通补贴申请、机具识别、作业轨迹监测等方面的数据通道，探索更加安全、高效、便民的补贴机具核验与补贴资金申领模式。

（撰稿单位：农业农村部种植业管理司；撰稿人：李伟；审稿人：潘文博）

五　化肥减量增效

（一）工作成效

2019 年是开展化肥使用量零增长行动的第 5 年，各级农业农村部门在总结经验的基础上，聚焦重点，加大力度，持续推进化肥减量增效，取得了明显成效。农用化肥用量连续 3 年负增长。据国家统计局统计，2018 年，全国农用化肥使用量 5653.4 万吨（折纯），比 2017 年减少 206 万吨、降幅达 3.5%，自 2016 年以来连续 3 年负增长，提前 3 年完成到 2020 年实现化肥使用量零增长的目标。化肥利用率明显提高。2019 年我国水稻、玉米、小麦三大粮食作物化肥利用率为 39.2%，比 2017 年提高 1.4 个百分点、比 2015 年提高 4 个百分点。据专家测算，化肥利用率提高 1.4 个百分点，相当于减少尿素用量 70 万吨（实物量），减少生产投入约 14 亿元。

一是科学施肥用药理念深入人心。经过几年的实施，化肥减量增效已成为各级政府推进绿色发展的重要内容，减量增效理念深入人心，得到了社会各界普遍认同。二是绿色生产方式加快形成。各地坚持问题导向，加快集成推广化肥减量增效的绿色高效技术模式，测土配方施肥、水肥一体化、机械深施、有机肥替代等节肥技术大面积推广应用。全国测土配方施肥技术应用面积 19.3 亿亩次，技术覆盖率达到 89.3%。三是高效服务模式初步构建。化肥使用量零增长行动，带动了社会化服务组织配置专业施肥机械，统配统施等专业化服务快速发展，测土配方施肥智能化配肥服务网点达 3000余个。大力推进农企合作，农业农村部门与中化化肥、金正大等龙头企业合作，建立化肥减量技术服务示范基地、农业服务平台等，为农民提供科学施肥技术服务。同时，化肥减量增效也促进了化肥工业的供给侧结构性改革，绿色产品加快创新研发和推广应用。据统计，全国缓释肥、水溶肥等新型肥料的推广应用面积达到 2.45 亿亩次，有机肥施用面积超过 5.5 亿亩次，比 2017 年增加 5000万亩次。

（二）主要做法

化肥使用量零增长行动是一项促进农业绿色发展的基础性、长期性工作，试点工作开展以来，

各级农业农村部门加强统筹协调，强化指导服务，扎实推进化肥减量增效工作落地落实。一是创新服务推进减量增效。各地采取政府购买服务的方式，大力发展和培育专业化服务组织，开展统测、统配、统供、统施"四统一"服务。二是技术指导推进减量增效。各地组织成立科学施肥专家组，在关键农时深入生产一线巡回开展技术指导服务，因地制宜制定科学施肥技术方案，发布区域施肥配方，充分发挥技术支撑作用。河北省印发主要粮食作物水肥一体化操作技术规程和相关科学施肥技术地方标准，对于指导科学施肥起到了重要作用。三是信息引导推进减量增效。各地充分利用测土配方施肥项目积累的海量数据，应用互联网、物联网、手机等开展土壤养分、施肥方案、肥料价格等信息查询。安徽省通过更新、完善"县域测土配方施肥专家系统"，开通手机短信平台，为农民提供测土配方施肥信息服务。四是农企合作推进减量增效。各地通过农企合作，在推动配方肥下地，有机肥施用等方面成效显著。内蒙古自治区指导各旗县确定了配方肥供肥企业，并根据不同作物、不同区域定制生产不同比例的配方肥，通过订单生产、定点供应、定向服务模式，切实加大了配方肥的推广力度，全区推广配方肥95.5万吨，配方肥施用面积6840万亩。海南省等地联手中化农业等骨干肥料企业，生产推广应用有机肥，开展化肥减量增效联合行动，促进化肥减量增效。

（撰稿单位：农业农村部种植业管理司；撰稿人：徐晶莹、张振；审稿人：潘文博）

六　病虫害绿色防控

（一）切实加强病虫监测预警

组织1030个全国农作物重大病虫测报区域站，加强迁飞性、流行性、暴发性重大病虫定点系统监测和大面积普查，累计上报监测报表25.8万张。全年组织会商活动8次，发布病虫情报33期，通过CCTV-1发布病虫预警5期，并通过广播、微信、网络同步发布。特别是草地贪夜蛾、小麦赤霉病、稻飞虱等重大病虫监测及时、预报准确、指导科学，有效保障了农业生产丰收。组织科研教学单位和基层植保机构，对农作物病虫测报物联网、害虫性诱实时预警系统、农作物病害实时预报器、病虫害田间移动智能采集器和高空测报灯五大类新型测报工具进行试验、示范。全年共举办监测预警培训班4期，培训基层测报人员近400人次，共1万学时。

（二）大力推进专业化统防统治

在小麦、水稻、玉米等重大病虫害重发区组织开展"统防统治百县"创建活动，首批确定22个省份的77个县（市、区）入选"统防统治百县"创建县。开展统防统治星级服务组织认定工作，引领专业化防治组织不断提升规范化管理水平、高效植保机械装备水平、病虫害承包防治服务水平，促进统防统治与绿色防控融合，2019年共认定专业化统防统治星级服务组织299个。分片区举办专业化防治组织管理人员培训班，印发《农作物病虫害专业化统防统治指南（第二版）》8000册，提高防治组织管理水平、服务能力，引导植保社会化服务健康发展。组织开发了"专业化防治组织信息管理系统"，有针对性地提供指导服务平台。据统计，全国专业化服务组织数量9.8万个，备案的"五有"规范组织达到4.3万个，从业人员141.5万人，拥有大中型药械63.4万台，日作业能力达到11098万亩。三大粮食作物实施专业化统防统治面积达到15.7亿亩次，专业化统防统治覆盖率达到40.1%。

（三）大力推进病虫害绿色防控

按照绿色兴农、质量兴农要求，全面推进绿色防控技术集成示范与推广工作。组织创建首批 94 个绿色防控示范县，推动整县推进绿色防控。新建全程绿色防控技术模式集成应用示范区 20 个，示范面积 260 万亩，示范区平均减少化学农药使用量 30% 以上，进一步促进病虫害防控方式向环境友好方向发展。继续在 150 个县深入开展果菜茶全程绿色防控示范、在 600 个基地开展绿色防控与统防统治融合推进、在 5 个省开展蜜蜂授粉与绿色防控技术集成示范，新建全程绿色防控技术示范区 20 个，示范面积 260 万亩。召开系列农作物病虫害绿色防控现场会和培训班。组织农作物病虫害绿色防控覆盖率测算及结果分析。果菜茶全程绿色防控试点、绿色防控与统防统治融合示范、蜜蜂授粉与绿色防控技术集成示范效果明显，带动全国各省共建立各类绿色防控示范区 11360 个，辐射带动示范面积 5563 万亩，推动主要农作物绿色防控实施面积超过 8 亿亩，绿色防控覆盖率达到 37%，同比提高 7.8 个百分点。

（四）组织开展科学安全用药

开展高效低毒低风险农药品种替代老旧农药品种试验示范，加大生物农药、植物免疫诱导剂、植物健康产品、农药喷雾助剂、纳米农药的筛选试验，促进农药使用量减少。针对突发草地贪夜蛾虫情，组织专家研究提出草地贪夜蛾应急防控用药名单、用药原则与措施，并印发了安全合理用药指导性意见。在 25 个省（自治区、直辖市）的 100 个抗药性监测点系统开展 33 种重大病虫草（害虫 12 种、病害 5 种、杂草 16 种）对 53 种常用农药品种的抗性监测，分析抗药性的水平、分布区域、动态变化情况。举办抗药性监测技术培训班，召开抗药性风险评估与治理对策交流会。据统计，全年共开展培训 34356 场，培训人员 126.4 万人次。编辑并印发《科学安全使用农药挂图》30 万份。在黑龙江、江苏、河南、山东、四川 5 省的 10 个县开展农药包装废弃物回收试点。在 31 个省（自治区、直辖市）的 443 个县组织开展农药使用量调查监测，调查样点（农户或大户）数量从 2018 年的 14798 个增加到 20089 个，增幅 35.8%；调查样点的耕地面积从 2018 年的 241.83 万亩增加到 261.24 万亩，增幅 8%。

（五）实施植保工程建设项目

按照《全国动植物保护能力提升工程建设规划（2017—2025 年）》的建设重点和布局，启动新一轮植物保护能力提升工程项目建设。下达 2019 年植保工程项目资金 9350 万元，在 8 个省新建、10 个省续建省级中心田间监测点，积极推进重大病虫疫情田间监测网点、信息化处理系统平台建设。申报 2020 年植保工程项目，在 18 省新建、11 省续建省级中心田间监测点，申请中央资金 3.48 亿元，计划下达 2.6 亿元。在中国热带农业科学院及 3 省建设 4 个天敌繁育基地，申请中央资金 2800 万元，计划下达 1800 万元。

2019 年农作物重大病虫草鼠害总体为中等偏重发生，长江中下游、江淮麦区赤霉病偏重流行，江南和长江中游大部稻区二化螟中等偏重发生，稻飞虱在华南、江南早稻和单季稻偏重发生，稻纵卷叶螟中等发生。由于预防控制措施到位，全年病虫防控成效显著，较好实现了"虫口夺粮"保丰收，有力保障了国家粮食安全和农业生产稳定发展。据初步统计，2019 年全国农作物病虫草鼠害发生面积 4.01 亿公顷次，同比减少 3.6%；全年累计防治面积 5 亿公顷次，同比减少 3.1%。通过防治挽回粮食损失 834.74 亿公斤，挽回棉花损失 9.23 亿公斤，挽回油料损失 33.51 亿公斤，减少蔬菜、果树茶等其他经济作物产量损失 733.02 亿公斤。

（撰稿单位：农业农村部种植业管理司；撰稿人：常雪艳；审稿人：潘文博）

七   农业防灾减灾

（一）灾情及影响

2019 年农业气象灾害总体偏轻，局部旱涝和台风灾害较重，给农业生产造成一定影响。据农业农村部和应急管理部会商核定，2019 年全国农作物受灾 2.89 亿亩，比上年减少 2330 多万亩，其中成灾 1.19 亿亩、减少 3980 多万亩，绝收 4203 多万亩、增加 320 多万亩。受灾面积近十年次低值（仅高于 2017 年），成灾面积近十年最低值，绝收面积居近十年第 6 位。

一是干旱总体轻于常年，但局地偏重，长江中下游地区出现较重夏秋连旱。全国农作物因旱受灾 1.18 亿亩、同比增加 180 多万亩，其中成灾 4990 多万亩、增加 1060 多万亩，绝收 1670 多万亩、增加 280 多万亩。受灾、成灾面积为近 10 年次低值（略重于 2018 年）。东北地区旱情明显偏轻，虽然在 4 月底至 5 月局部遭遇春旱，但 5 月 12 日以后连续出现几次透雨，利于作物播种出苗，东北地区春播玉米、大豆苗全苗齐苗壮，是近十年来春季"抓苗"最好的一年，实现了粮食丰收。长江中下游局地旱情较重。7~10 月，长江中下游降雨偏少、气温偏高，局地出现夏秋连旱。此次干旱持续时间长，多发生在非传统旱区，农业抗旱物资缺乏，经验不足，对农业生产造成一定影响，安徽、福建、江西、湖北和湖南等省农作物因旱受灾 4230 多万亩。此外，云南、山东等省部分地区旱情偏重发生。

二是降雨北多南少，洪涝灾害重于上年，东北和江南灾情集中。2019 年降雨北方偏多，南方偏少，全国农作物因洪涝受灾 1 亿亩，较上年增加 4090 多万亩，其中成灾 3910 多万亩、增加 100 万亩，绝收 1980 多万亩、增加 1000 多万亩，受灾、成灾和绝收面积重于近 5 年平均值，轻于近 10 年平均值。东北洪涝灾情偏重。8 月中旬至 9 月上旬，东北地区出现强降雨和持续阴雨寡照天气，给局地农业生产带来不利影响。据调度，东北四省区农作物因洪涝受灾 3800 多万亩。从实地调查和专家分析看，洪涝虽然造成东北局地农作物受灾较重，但对粮食生产影响有限。南方灾情比较集中。6 月至 7 月上中旬，湖南、江西 2 省局地发生较重洪涝灾害，造成江西、湖北、湖南 3 省水稻、蔬菜等作物受灾 2100 多万亩。特别是湘江干堤和支流多处垮塌，造成农田受淹。

三是台风登陆时间偏晚，个数偏少，影响总体偏轻，超强台风"利奇马"致灾程度重。2019 年台风造成农作物受灾 2880 多万亩、减少 2110 多万亩，其中成灾 1180 多万亩、减少 1780 多万亩，绝收 240 万亩、减少 290 多万亩。第 9 号超强台风"利奇马"影响较重，造成作物受灾 2280 多万亩（占全年农作物因台风受灾面积的 81%），其中成灾 1030 多万亩、绝收 330 万亩，设施蔬菜大棚损毁 50 万亩，农田损毁 4.8 万亩，此外还造成部分地区畜牧、渔业以及农业基础设施受灾较重。

四是风雹灾情轻于上年，轻于常年。全国农作物因风雹受灾 3340 多万亩，同比减少 260 多万亩，其中成灾 1460 多万亩、减少 850 多万亩，绝收 250 多万亩、减少 40 万亩，受灾、成灾和绝收面积均为十年最低值。

五是低温冻害明显轻于上年，轻于常年。全国农作物因低温冻害受灾 870 多万亩，同比减少 4240 多万亩。其中成灾 300 万亩、减少 2500 万亩，绝收 50 多万亩、减少 630 万亩，低温冻害受灾面积为近十年次低值（略重于 2017 年），成灾、绝收面积为近十年最低值。

（二）防灾减灾措施

一是及早动员部署。提早制定预案。2019 年初与中国气象局开展会商，研判全年农业气象年景和关键农时气象条件，预测灾害发生趋势，提出应对措施，制定《科学应对厄尔尼诺全力防灾减灾夺丰收预案》。强化责任落实。3月下旬，根据机构改革、职能调整和人员变动情况，及时调整充实部防汛抗旱领导小组成员，将责任细化到司局、落实到处室，及早安排部署。4月上旬，组织召开部防汛抗旱领导小组会议，学习贯彻落实习近平总书记重要指示和李克强总理重要批示精神，传达落实全国森林草原防灭火和防汛抗旱工作电视电话会议精神，部署安排农业防灾减灾工作。5月8日和10月31日，先后召开东北、江淮、江南受旱地区视频会商会，对抗旱保种工作进行安排部署。组织汛前检查。6月，张桃林副部长带队深入安徽开展农业防汛抗旱检查，要求各地各级农业农村部门坚决贯彻落实中央部署，切实增强防汛抗旱责任感和紧迫感，主动担当作为，确保实现全年粮食生产稳定发展的目标。组织部防汛抗旱领导小组成员单位，派出9个工作组，深入江苏、宁夏等地开展农业防汛抗旱检查。

二是及时调度反映。强化监测预警。密切关注重大天气变化，多次与中国气象局会商，及时发布预警，先后就洪涝、干热风和台风等下发10个紧急通知，灾害预警信息80多期，指导各地及早落实灾害防御措施。强化灾情调度，每一次重大天气过程发生时第一时间调度灾情及影响。特别是在东北春旱、江淮江南夏秋连旱、台风重发期，实行灾情日报制度，及时掌握雨情、墒情、灾情。每月与气象、水利、应急等部门会商灾情，分析灾害影响。强化信息报送，2019年编发反映农业灾情和抗灾救灾情况的农业农村部信息、值班信息、快报89期，要情43期，反映农业抗灾救灾情况。

三是推进科学抗灾。加强指导服务。针对东北春季干旱、汛期阴雨寡照以及超强台风"利奇马"、江淮江南夏秋连旱等重大灾害，派出近20个工作组分赴重灾区开展工作督导和技术指导。组织农业农村部小麦、油菜、水稻、玉米、蔬菜、水果、茶叶等专家组分作物制定抗灾救灾技术指导意见45个，防灾减灾专家指导组开展救灾技术指导，落实灾后生产恢复措施。落实救灾资金。分5批下拨15.04亿元农业生产救灾资金，用于灾区开展抗灾救灾和灾后生产恢复。调剂调运救灾种子，2019年黑龙江省、江西省、青海省及黑龙江垦区等地共调用水稻、大豆、马铃薯、油菜、青稞等作物救灾备荒储备种子104万公斤，救灾面积近17万亩，挽回经济损失近8000万元。国家有关部门完善保险制度，各受灾地区均通过安排救灾资金、物资、保险理赔等多种方式支持尽快恢复生产。在13个粮食主产省的200个产粮大县推出大灾保险。开展三大粮食作物完全成本保险和收入保险试点工作，推动6省24个产粮大县农业保险从保成本向保收入升级。稳定发展渔业互助保险。

（撰稿单位：农业农村部种植业管理司；撰稿人：秦兴国、陈明权；审稿人：潘文博）

粮食生产扶持政策

一   加强粮食生产能力建设

（一）完成"两区"划定任务

深入实施藏粮于地、藏粮于技战略，落实最严格的耕地保护制度。在严守 18 亿亩耕地红线、划定永久基本农田的基础上，按照《国务院关于建立粮食生产功能区和重要农产品生产保护区的指导意见》的部署，强化组织领导，健全"两区"划定标准规范，全面完成"两区"划定任务。截至 2019 年底，全国共划定"两区"地块面积 10.88 亿亩，超过 10.58 亿亩的划定任务，水稻、小麦、玉米、大豆、棉花、油菜籽、糖料蔗、天然橡胶等 9 个品种均已完成划定任务。

（二）持续加强农田水利建设

优先在"两区"地块建设高标准农田，着力提升粮食综合生产能力，重点加强以灌排渠道为主的小型农田水利、机耕路等基础设施建设。初步统计，全年累计安排中央预算内投资 315 亿元左右，主要包括高标准农田建设、大型灌区续建配套和节水改造、新建大型灌区建设、大型灌排泵站更新改造等。其中，中央预算内投资共安排 165 亿元，支持建设高产稳产粮田 1600 万亩；大型灌区续建配套和节水改造、新建大型灌区和大型灌排泵站更新改造投资约 150 亿元；此外，财政部继续安排中央财政资金支持 6400 万亩高标准农田建设。2019 年全年共建成高标准农田 8000 万亩左右，改善了农田灌排条件，形成了一批集中连片、高产稳产、旱涝保收、生态友好的高标准农田，提升了粮食综合生产能力，夯实了保障国家粮食安全和重要农产品有效供给的基础，推动了农业提质增效和农民持续增收。

（三）加强粮食生产科技创新

安排中央预算内投资约 15 亿元，继续实施现代种业提升工程、动植物保护能力提升工程建设。着力改善种质资源开发利用、品种改良中心、良种繁育基地和病虫害监测、预警和防控等基础设施条件，促进粮食作物优良品种研发和推广，增强粮食生产抗灾减灾能力，提升粮食生产科技水平。

二   开展耕地轮作休耕试点

2019 年，中央财政继续支持开展耕地轮作休耕制度试点，试点面积 3000 万亩，比上年增加 600 万亩。其中，轮作试点 2500 万亩，每亩补助 150 元，主要包括东北冷凉区、北方农牧交错区、长江流域和黄淮海地区的油菜、大豆产区等。休耕试点 500 万亩，每亩补助 500~800 元，主要包括地下水超采区、重金属污染区、西南石漠化区、西北生态严重退化地区等。通过开展耕地轮作休耕试点，保护和提升了耕地地力，改善了生态环境，提升了农业绿色化发展水平。

三　粮食生产补贴和价格政策

（一）耕地地力保护补贴

补贴对象为拥有耕地承包权的种地农民，享受补贴的农民须保证耕地不撂荒、地力不下降。补贴资金重点向种粮大户、家庭农场、农民合作社、农业社会化服务组织等新型经营主体倾斜，支持粮食适度规模经营，体现谁多种粮食、优先支持谁的政策导向。

（二）农机购置补贴

补贴对象为直接从事农业生产的个人和农业生产经营组织，补贴机具为11个大类40多个小类130多个品目，各省可结合实际确定具体补贴机具种类，补贴标准由省级农机化主管部门按规定确定，优先保证粮食等主要农产品生产所需机具和深松整地、免耕播种、高效植保、节水灌溉、高效施肥、秸秆还田离田、残膜回收、畜禽粪污资源化利用、病死畜禽无害化处理等支持农业绿色发展机具的补贴需要。一般机具单机补贴额不超过5万元，挤奶机械、烘干机械单机补贴额不超过12万元，大型联合收割机、拖拉机、甘蔗收获机、棉花采摘机等单机补贴额15万～60万元。同时，继续在全国范围内开展农机报废更新补贴试点，加快淘汰老旧农机，促进节能减排和安全生产。

（三）产粮大县奖励

改善和增强产粮大县财力状况，对近五年平均粮食产量或商品量位于全国前100名的产粮大县，作为超级产粮大县给予重点奖励。常规产粮大县奖励资金为700万～9000万元，由县级人民政府统筹用于扶持粮食生产和产业发展，调动地方政府重农抓粮的积极性。

（四）玉米和大豆生产者补贴

在东北地区继续实行"市场化收购"加"补贴"机制，玉米和大豆价格由市场形成，生产者随行就市出售，各类市场主体自主入市收购，供求关系靠市场调节。同时，为保护农民种植积极性，综合考虑市场价格、农民种植基本收益、供需平衡等因素，国家对东北四省区实行大豆和玉米生产者补贴，中央财政将补贴资金拨付到省，由地方确定当地大豆和玉米具体补贴标准，促进东北大豆生产，推动种植结构调整优化。

（五）小麦、稻谷最低收购价政策

2019年，国家继续在小麦主产区实行最低收购价政策。同时，为完善小麦最低收购价政策，保护农民种粮积极性，稳定小麦生产，发挥价格调节信号作用，鼓励发展优质小麦生产，综合考虑小麦生产成本、市场供求、比较效益、国际市场价格和粮食产业发展等各方面因素，2019年生产的小麦（国标三等）最低收购价为每斤1.12元，比上年下调3分。稻谷方面，2019年，国家继续在稻谷主产区实行最低收购价政策。综合考虑粮食生产成本、市场供求、国外市场价格和产业发展等因素，2019年稻谷最低收购价以稳为主，生产的早籼稻（三等）、中晚籼稻和粳稻最低收购价分别为每斤1.20元、1.26元和1.30元，保持2018年水平不变。

（撰稿单位：国家发展改革委农村经济司；撰稿人：陈曦；审稿人：吴晓）

粮食流通

一　粮食收购与销售

（一）粮食收购进展总体顺利

2019 年，粮食收储制度改革深入推进，各类主体积极入市，收购工作进展顺利，市场化收购占主导地位，价格总体平稳，市场秩序良好。入统粮食企业全年收购粮食 40100.5 万吨（原粮，下同），其中小麦 11278 万吨，稻谷 11159 万吨，玉米 16597.5 万吨，大豆 603.5 万吨；国有粮食企业收购粮食 14872 万吨。

（二）国有粮食企业销售量保持高位

2019 年，国有粮食企业销售粮食 35121 万吨，比上年减少 5062 万吨。分品种看，小麦销售 6695 万吨，同比增加 7 万吨；稻谷 8555 万吨，同比增加 691 万吨；玉米 14674 万吨，同比减少 6281 万吨；大豆 4783 万吨，同比增加 637 万吨。2019 年国家政策性粮食销售出库 4587 万吨，同比减少 8248 万吨。玉米库存下降幅度收窄，稻谷销售力度进一步加大，市场供应充裕；小麦库存消化节奏合理，总体满足企业用粮需求。

（三）各类企业粮食库存继续回落

2019 年末粮食库存继续回落，库存结构持续改善。分性质看，中央和地方储备粮基本持平，国家政策性粮食库存连续 3 年下降，企业自营商品库存有所下降。分品种看，小麦、大豆库存有所增加，稻谷库存略有减少，玉米库存减少较多。分储存年限看，2013 年及以前年度库存大幅减少，粮食品质结构日趋合理。从地区分布看，主产区、主销区、平衡区库存均有所降低。

（撰稿单位：国家粮食和物资储备局粮食储备司；

撰稿人：袁海波、邢文熙、董琦琦、沈洁；审稿人：秦玉云、唐成）

二　粮油竞价交易

（一）精心组织粮食竞价交易，发挥粮食去库存主渠道作用

1. 国家政策性粮食交易情况。2019 年，国家粮食和物资储备局会同有关部门积极采取措施，加大库存粮食消化力度，合理优化库存粮食结构，全年通过国家粮食电子交易平台共组织国家政策性粮油竞价及挂牌交易会 435 场次，累计成交各类粮油 4276.4 万吨，成交金额 758.9 亿元，成交量同比上年减少 8278.2 万吨。分品种看，成交玉米 2213.0 万吨，同比减少 7800.1 万吨；成交小麦 361.8 万吨，同比减少 704.8 万吨；成交稻谷 1628.2 万吨，同比增加 395.7 万吨；成交大豆 58.1 万吨，同比减少 142.6 万吨；成交油脂 15.5 万吨，同比减少 26.3 万吨。主要特点：一是成交总量同比上年减少较多，主要原因是玉米收储制度改革以来，多元化市场主体收购、大规模市场化交易逐渐成为玉米市场购

销的新常态，政策性收购量与投放量明显下降，且受环保措施等影响，饲用玉米需求大幅降低。二是稻谷作为 2019 年"去库存"重点，国家有关部门加大政策性稻谷拍卖投放力度，科学制定销售底价，合理安排销售计划，成交量增加明显，较上年同期增加 32.1%。三是受粮食市场价格及其他因素影响，协调出库难度明显加大，有关部门积极协同配合，规范政策性粮食出库协调管理，强化服务，尽力消除化解矛盾，全年政策性粮食实际履约出库率 94.2%。

2. 地方政策性粮食交易情况。为贯彻落实粮食安全省长责任制，各级地方政府积极组织地方政策性粮食上网交易，全年组织地方储备粮油竞价销售和采购专场 5401 场，成交 1629.3 万吨，成交金额 375.7 亿元；与上年相比，成交量增加 561.3 万吨，增幅 52.6%。地方政策性粮食通过网络平台公开、公平、公正地进行交易，有利于增强政府粮食宏观调控的前瞻性、精准性和有效性，更好地维护粮食市场流通秩序。

3. 社会贸易粮交易情况。全年成交社会贸易粮 835.9 万吨，同比增加 138.2 万吨，增幅 19.8%。随着交易平台品类逐渐丰富，积极向成品粮、杂粮、特色优质粮等品类拓展，将更加适应市场细分化要求，更加满足会员个性化需求。

（二）健全国家粮食交易中心体系，形成完善的市场服务网络

1. 粮食交易中心体系初步形成。国家粮食交易中心已与 30 家省级交易中心组成国家粮食交易中心体系，通过国家粮食电子交易平台实现互联互通、信息共享，共同组织开展粮食竞价交易工作，服务网络覆盖全国。黑龙江、山东、江西、河北等省级交易中心还延伸设立了市县分中心或服务网点近 100 家。

2. 粮食交易中心体系管理逐渐规范。持续规范国家粮食交易平台体系管理，制修订《国家粮食交易平台体系管理暂行办法》《粮食交易委托工作管理办法》等相关文件，统一国家粮食交易中心组织机构命名，明确各自职责分工，努力促进粮食交易事业健康发展。

（三）拓展国家粮食电子交易平台功能，不断提升服务水平

1. 创新交易模式，打造粮食产业链全链条交易平台。拓展原粮、成品粮线上交易范围，不断丰富交易品种，适应市场细分化要求；关注"从田间到餐桌"粮食流通全过程，探索开展粮食产业上下游产品交易模式，打造粮食产业链全链条交易平台。

2. 创新融资服务模式，推动解决企业粮食购销"融资难""融资贵"问题。突破传统贷款模式，引入多家银行和保险等金融机构，为会员提供合同履约贷款、订单融资、货权质押融资、票据贴现融资等多种产品，推行贷款全线上操作，全力打造供应链线上融资平台，全年累计发放融资贷款超过 100 亿元，同比增加 43%。新增认定 119 家交收库，交收库数量已达 170 家。

3. 挖掘平台数据资源，强化信息服务。建立粮食交易异常监测分析工作机制，采用"人防""技术防"双重举措，准确查找分析交易异常线索，为打击违规违法行为提供依据。利用平台集中交易的优势，建立完善粮食交易数据库，编制粮食交易价格指数，完成了试算工作，为提升平台价格影响力奠定基础。

4. 围绕动态融资物流产品在途监管，努力搭建多式联运物流和监管体系。搭建多式联运物流系统板块，累计运输粮食货值近 2.6 亿元，未发生粮源丢失、损毁、超量损耗问题，动态融资产品全程物流和监管体系已经建成。积极推动与铁路部门合作开展中转交收库试点工作，已在绥化、安达等地粮库依托铁路专用线组建集装箱装卸场站。

三　2019 年第二届中国粮食交易大会

　　2019 年 6 月 21 日至 23 日，国家粮食和物资储备局、河南省人民政府在郑州市共同举办第二届中国粮食交易大会。此次交易大会以"新机遇、大融合、聚优势、谋共赢——创新转型增活力、提升产业促发展"为主题，举办优质产品暨技术设备展览会、特色产品和品牌推介、项目投资推介和签约、粮食电子交易、供应链创新论坛、供求形势分析会等多项活动。大会主题鲜明、内容丰富、交易活跃、成果丰硕，大会规模、参展数量、活动场次、交易数量和成交金额等比上届均有大幅增加，市场影响力和社会关注度显著提升。

2019 年 6 月 21 日，第二届中国粮食交易大会在郑州开幕。河南省委书记王国生（中），河南省委副书记、省长陈润儿（左），国家发展和改革委员会党组成员、国家粮食和物资储备局党组书记、局长张务锋（右）出席开幕式，共同为交易大会启动开幕。

（一）主题突出，牢记嘱托，扛稳重任，打造优势平台

　　深入贯彻落实习近平总书记"两会"期间参加河南代表团审议时的重要指示精神和李克强总理的批示要求，聚焦扛稳粮食安全重任、推动高质量发展，着力打造全国性粮食产销合作、供需衔接优势平台。来自 31 个省（自治区、直辖市）的 2200 多家企业参展，较上届增加约 130%；签署省际产销合作协议 24 份；成交各类粮油 1520 多万吨，金额 417 亿元，增长约 50%；现场销售及意向签约各类粮油机械设备 1806 台（套），金额 5.9 亿元。同时，以图片展示中华人民共和国成立 70 年来特别是党的十八大以来，粮食和物资储备的发展历程和成就，激励广大干部职工不忘初心、牢记使命、砥砺奋进、再创佳绩。

（二）导向鲜明，聚集名优特产品，助推高质量发展

各省（自治区、直辖市）围绕"吃得好"和"吃得安全"，聚焦优质导向，打造推出了一批区域公共品牌，展示了优质、特色粮油产品，集中展现了近年来深入推进农业供给侧结构性改革、大力实施"优质粮食工程"所取得的成果。参展省份和企业交流互鉴、共赢合作，推动"三产融合、三链协同"，促进优粮优产、优粮优购、优粮优储、优粮优加、优粮优销。

（三）精准发力，发挥平台独特优势，助力落后地区产业发展

认真落实党中央、国务院决策部署，发挥粮食行业独特优势和交易大会平台优势，同期举办了首届全国贫困地区优质特色粮油产品展销会，一大批绿色特色产品集体亮相，知名度和关注度得到了提升。

2019年6月21日，第二届中国粮食交易大会成功举办。河南省委书记王国生（前排左二），国家发展和改革委员会党组成员、国家粮食和物资储备局党组书记、局长张务锋（前排左四）与参展企业交流。

（四）媒体关注，社会反响热烈，市场影响力显著提升

中央及地方的100多家媒体、近300名记者到会采访；《新闻联播》节目对大会盛况进行了播报；央广网对开幕式进行了网络直播，并对各省份粮油产品推介和消费扶贫进行了专题采访。短短两天的展销，吸引了超过12万人，许多市民慕名前来"扫货"，现场展示产品销售一空。经过两年的努力，中国粮食交易大会不仅成为粮油领域的专业盛会和宣传政策、引导预期的发布会，也逐渐成为普通消费者心目中一年一度集中展示全国"名优特"产品的博览会，在粮油行业及广大消费者中的影响力显著提升。

（撰稿单位：国家粮食交易协调中心；撰稿人：姜青志、陈鹏；审稿人：陈军生）

粮食流通体制改革

一　改革进展总体情况

（一）全面部署粮食流通改革工作

2019 年 1 月，全国粮食和物资储备工作会议在北京召开。会议要求，全国粮食和物资储备系统要以习近平新时代中国特色社会主义思想为指导，坚持稳中求进工作总基调，坚持新发展理念，坚持以供给侧结构性改革为主线，落实高质量发展要求，以"加快推进深化改革转型发展年"为主题，抓重点、补"短板"、强基础，着力构建高效的现代粮食流通体系，全面提高国家粮食安全保障能力。

（二）扎实推进粮食流通各项改革

在机构改革方面，按照党和国家机构改革总体部署，根据中央编办批复的方案，物资储备系统实现重构性改革，承担中央储备监管职能，成为机构改革后首个在垂管单位全面设定分党组的系统。各垂管局扎实做好"三定"制定、更名挂牌、人员调整等机构改革相关工作，迅速完成职能转变，履行监管职责，实现了机构改革和业务工作"两不误、两促进"。

在加强粮食储备安全管理改革方面，坚持以服务宏观调控、调节稳定市场、应对突发事件和提升国家安全能力为目标，科学确定粮食储备功能和规模，改革完善粮食储备管理体制，健全粮食储备运行机制，强化内控管理和外部监督，加快构建更高层次、更高质量、更有效率、更可持续的粮食安全保障体系。2019 年 5 月 29 日，习近平总书记主持召开中央全面深化改革委员会第八次会议，审议通过《关于改革完善体制机制加强粮食储备安全管理的若干意见》（以下简称《若干意见》）。《若干意见》出台后，国家发展改革委、国家粮食和物资储备局建立协同联动机制，集中推出十项关键举措，迅速抓好落地见效。各省（自治区、直辖市）认真传达贯彻文件精神，加快推动出台实施意见。《粮食安全保障法》已形成送审稿，经起草领导小组审议并原则通过，《粮食流通管理条例（修订草案）》立法审查顺利进行。各地加大立法修规力度，福建省出台粮食安全保障办法，江苏省粮食流通条例提交省人大常委会审议。

在粮食收储制度改革方面，完善稻谷、小麦最低收购价政策，统筹抓好政策性收购和市场化收购，持续深化粮食收储制度改革，切实保护种粮农民利益。江苏、安徽、黑龙江等省份及时启动预案，严格执行最低收购价政策，牢牢守住了"种粮卖得出"的底线。坚持市场化改革取向，江苏、安徽、河南等省建立了粮食收购贷款信用保证基金制度，为市场化收购资金提供保障。

在推动粮食产业高质量发展方面，粮食产业经济稳中向好，优质粮食工程成效明显，发展质量持续提升。国家粮食和物资储备局会同国家发展改革委，研究制定坚持以高质量发展为目标加快建设现代化粮食产业体系的指导意见和创新完善粮食"产购储加销"体系确保国家粮食安全的实施意见，在河南省召开全国加快推进粮食产业经济发展第三次现场经验交流会。探索形成"一二三四五"思路举措，"三链协同"趋势明显，"五优联动"亮点频出，"优质粮食工程"深入实施，产销衔接关系巩固提升。

在深化粮食流通监管改革方面，理顺完善监管体制机制，探索实行分类分级监管，着力压实企业主体责任、部门行政监管责任和地方政府属地管理责任。如期完成全国政策性粮食库存数量和质量大清查，顺利实施中央事权粮食政策执行和中央储备粮管理"首考"，进一步完善粮食安全省长责任制考核机制，全面推行"双随机一公开"和信用监管。

（撰稿单位：国家粮食和物资储备局法规体改司；撰稿人：张亚奇、王镭、彭双五；审稿人：周海佳）

二　粮食安全省长责任制考核

（一）圆满完成2018年度考核

2019年，国家粮食安全省长责任制考核工作组各成员单位按照第四次联席会议部署，切实加强组织领导，密切沟通配合，认真做好2018年度考核工作，指导各地开展自评，组织开展部门评审和部门抽查，进行综合评价。考核结果经国务院审定后，考核工作组向各省级人民政府发出通报，对落实粮食安全省长责任制工作成绩突出的省份给予表扬，并分省下发重点问题清单，压实责任，督促整改，力求实效。

（二）扎实开展2019年度考核工作

2019年6月，国家考核工作组成员单位联合向各省级人民政府印发了《关于认真开展2019年度粮食安全省长责任制考核工作的通知》，在总结借鉴往年考核工作经验的基础上，2019年度考核结合粮食安全形势和任务，强化对发改粮食〔2019〕201号文件确定的六个方面重点任务的考核，进一步突出考核重点、强化考核导向。针对各地省情、粮情和区域特点，充分考虑地方实际，体现差异化要求，对不同区域考核更加注重体现区域特色亮点，避免"一刀切"。同时为进一步体现考核公平性，对有些省份没有的考核事项，避免出现"自动得分"情形，另行设置引导性考核内容，鼓励地方结合实际开展创新性工作，力求与各省实际情况结合更紧密，做到年度考核与工作实绩挂钩；倒扣分项增多、力度加大，进一步体现从严考核的要求。各地按照考核工作组的部署要求，扎实开展相关工作。

1. 主体责任进一步压实。大多数省份将粮食安全任务写入政府工作报告，27个省份考核工作组组长由政府领导同志担任，9个省份将粮食安全责任落实情况纳入综合考核事项一体推动。各地以"国考"带动"省考""市考"，逐级压实主体责任，将考核"指挥棒"指向突出问题，着力补"短板"、强弱项，实现了粮食安全"稳"，保障能力"进"。

2. 日常监督考核强化。各地按照国家考核工作组的部署，逐步完善粮食安全省长责任制落实台账制度，及时调度年度考核重点任务完成情况。对于工作进度慢、工作质量不高、重点任务落实不力的，立即进行督导。国家考核办对各地省级领导抓粮食安全工作的情况、考核工作中的典型做法，以及落实省长责任制的突出成效，及时编印简报进行宣传，营造齐抓共管、共同推进省长责任制落实的良好氛围。

3. 考核自评开展更加认真。及时制定考核工作方案，梳理和分解考核事项，明确责任部门和具体要求，确保自评工作扎实有序推进。

（三）考核落实效果一年比一年好

严格督促省级人民政府落实粮食安全责任，粮食生产、储备和流通能力得到巩固和提升；有力推动全国政策性粮食库存数量和质量大清查、政策性粮食不合理库存有序消化等全局性重点工作，为改革完善粮食流通和储备管理体制机制创造有利条件；统筹细化粮食安全省长责任制工作目标，逐项确定牵头和配合部门，推动各地踊跃落实、各领域协同发力，形成了中央和地方齐抓共管、上下联动、共同负责国家粮食安全的良好局面，考核"指挥棒"作用更加凸显，各方面工作取得较好成效。总体看，考核取得了明显落实效果，且"一年比一年好"，必须坚定不移地持续开展、久久为功。

（撰稿单位：国家粮食和物资储备局执法督查局；撰稿人：李尚、张军杰；审稿人：钟海涛、唐茂）

三   粮食收储制度改革

一是经国务院批准，国家有关部门公布了 2020 年小麦最低收购价格，保持 2019 年价格水平不变；印发《关于完善小麦最低收购价有关政策的通知》，2020 年对最低收购价小麦实行限量收购，召开完善最低收购价政策座谈会，向相关省份通报有关情况并作出具体安排。

二是继续巩固和放大玉米、大豆改革成果，进一步强化形势研判和市场监测，充分发挥中央企业和地方大型骨干企业引领带动作用，鼓励和引导多元主体积极入市开展市场化收购。

三是积极指导新疆维吾尔自治区粮食和物资储备局巩固小麦收储制度改革成果，充分发挥市场机制作用，实现农民、政府、各类市场主体多方共赢。目前新疆小麦市场购销活跃，优质优价特征明显，供求关系逐步改善。

（撰稿单位：国家粮食和物资储备局粮食储备司；撰稿人：李洵、耿晓頔、
纪展、赵泽林、刘妍杉、白新园、孟凡璠；审稿人：秦玉云、唐成）

四   国有粮食企业经营管理情况

（一）基本情况

企业户数和人员继续精简，结构进一步优化。2019 年末，纳入汇总范围的国有粮食企业 1.2 万户，从业人员 35.8 万人。随着国有粮食企业改革的深入推进，企业结构不断优化，改革发展质量效率不断提升。职工收入连年增加，切身利益得到保障。国有粮食企业职工年平均工资收入 8.2 万元，增幅 17.6%，超过全国平均水平 7.9 个百分点。绝大部分职工都参加了基本养老保险、基本医疗保险等，职工切身利益得到较好保障。

（二）资产情况

一是总资产和净资产"双增长"，资产质量不断提高。截至 2019 年末，全国国有粮食企业资产总额 2.4 万亿元；净资产 0.3 万亿元，同比增长 5%。二是仓储物流设施等固定资产和土地资产"双增加"，保障国家粮食安全的能力持续增强。自实施"优质粮食工程"以及粮食安全保障调控和应急设施专项等行业重大项目建设以来，国家和地方及粮食企业进一步加大投资力度，国有粮食企业 2019

年末固定资产净额和在建工程之和达到 2867.3 亿元，增幅 2.15%。固定资产中，2019 年末土地、房屋及构筑物等合计 2411.5 亿元，国有粮食企业通过土地从划拨变出让等方式，增加企业有效资产，进一步提高了融资能力。

（三）经营情况

实现连续 13 年统算盈利，继续保持良好发展态势。2019 年，全国国有粮食企业主营业务收入 7962.3 亿元，实现利润总额 131.7 亿元，连续 13 年统算盈利。分地区看，23 个省（自治区、直辖市）实现统算盈利，其中广东、黑龙江、北京、上海、安徽、江苏、山东、天津、浙江、云南、广西、陕西、福建 13 个省（自治区、直辖市）盈利超亿元。

（撰稿单位：国家粮食和物资储备局财务审计司；撰稿人：张雷、闫文婕；审稿人：王耀鹏）

粮食流通监管

一 粮食流通监督检查

（一）完善粮食行政执法制度，积极推动"三项制度"建设

认真落实《国务院办公厅关于全面推行行政执法公示制度执法全过程记录制度重大执法决定法制审核制度的指导意见》要求，2019 年 4 月印发《国家粮食和物资储备局办公室关于全面推行行政执法公示制度执法全过程记录制度重大执法决定法制审核制度的实施方案》，共安排了三大类共 18 项具体工作，其中需长期执行的 5 项、制度建设 12 项、硬件建设 1 项。11 月，完成起草《国家粮食和物资储备局粮食行政执法"双随机"抽查事项清单》等 6 项制度，着力推进粮食流通执法透明、规范、合法、公正，推动形成权责统一、权威高效的粮食流通行政执法体系，努力确保国家粮食和物资储备局依法履行法定职责，切实维护人民群众合法权益。

（二）创新监管方式，着力提升信息化监管效能

一是启动中央储备粮库存动态监管系统建设。编制系统建设方案，为顺利启动项目建设，实现监管关口从事后查处向事中防控和事前预警前移奠定基础。二是逐步推进信用监管，起草《粮食企业信用监管和联合惩戒办法（试行）》和《粮食企业严重违法失信名单管理办法（试行）》等制度办法，拟定粮食企业信用监管体系建设初步方案，为推动系统建设奠定基础。三是按照国务院关于推广随机抽查规范事中事后监管要求，开发粮食行业"双随机"抽查应用系统，指导各地做好系统上线运行准备，于 2019 年 12 月正式上线运行并投入使用。

（三）强化粮食收购监管，确保政策性粮食收购平稳有序

适应粮食收购市场化、监管主体多元化、监管对象急剧增加的新形势，2019 年 5 月、11 月先后印发《国家粮食和物资储备局关于加强 2019 年夏季粮油收购监管工作的通知》和《国家粮食和物资储备局关于做好 2019 年秋粮收购监督检查工作的通知》，要求各地突出抓好国家粮食收购政策执行情况的监督检查，强化粮食市场化收购的监督检查，同时开展监管政策宣传解读。收购期间强化督导调度，共派出 10 个督导组，分赴粮食收购重点省份，督促指导各地主动适应粮食收储制度改革新形势，保护种粮农民利益，压实监管责任，保障国家粮食收购政策落实到位。根据督导情况形成综合督导报告，呈报国务院领导同志参阅。总体看，未发生区域性"卖粮难"等问题，收购工作总体平稳有序。

（四）加强政策性粮食销售出库监管，保障粮食库存消化顺利实施

加强对库存消化形势的研判，对粮食销售中出现的趋势性问题、个别地区存在的普遍性问题予以重点关注，提出有针对性的完善政策和管理措施意见。国家有关部门印发《关于做好政策性粮食销售出库监管工作的通知》，对不同方式销售的粮食实施分类监管、全过程封闭监管，进一步分清、压实各方责任。督促指导地方粮食和储备部门狠抓落实，积极作为，采取有力措施，切实加强销售

出库监管，妥善化解矛盾纠纷，严肃查处掺杂使假、拖延阻挠出库等违法违规行为，依法治理各种形式的"出库难"。总体来看，各地切实加强组织领导，落实责任分工，认真处理纠纷，为合理消化粮食库存创造了良好的市场环境，确保政策实施达到预期效果。

（五）坚持查处和预防并重，积极发挥重大涉粮案件警示震慑作用

一是强化案件查办制度建设。印发《关于印发政策性粮食库存检查发现涉嫌犯罪等案件移送工作指导意见的通知》，指导涉粮重大违法违规犯罪案件移送，建立涉粮案件线索查处、移送督办机制，加大对涉粮违法违规行为的打击力度。二是指导各地粮食和物资储备部门对执法督查监管中发现的违法违规问题，综合运用行政强制、行政处罚、联合惩戒、移送司法机关处理等手段，依法依规进行惩处。

（六）加强 12325 全国粮食流通监管热线运行管理，有效提升工作效率

12325 全国粮食流通监管热线（以下简称"热线"）制度机制不断健全，运行平稳顺畅，在强化粮食监管、维护粮食安全方面发挥了积极作用，成为粮食领域密切联系群众，特别是涉粮企业和广大农民的桥梁和纽带。一是进一步健全了热线管理制度。针对热线运行中存在的问题，印发《关于加强 12325 热线管理进一步提高线索核查效率和质量的通知》《12325 全国粮食流通监管热线线索核查情况报告基本规范（试行）》；明确了办理案件程序和实体要求，对核查中存在的个别敷衍应付现象，坚决退回整改；将投诉举报核查情况纳入粮食安全省长责任制年度考核，压实核查责任，提升热线公信力。二是进一步完善工作机制。在统一受理、分级负责的热线工作处理机制基础上，扩展延伸系统平台功能，将信访、纪检监察、"局长信箱"等其他渠道接收的涉粮问题线索统一纳入系统平台进行处理。问题线索通过系统平台进行分办、转办、督办、反馈等流程，做到无缝衔接，实现办理过程电子化留痕。根据国务院部署要求，与国家"互联网＋监管"系统有效对接，定期报送相关数据，实现信息共享。三是进一步加大有关人员的培训力度。组织对热线话务人员进行来电接听及粮食业务培训，提高接线服务水平；对全国 344 个地市的近 6000 名系统管理员进行热线管理制度和工作规则培训，确保每名管理员都能熟练掌握热线系统的操作使用。不断加大热线宣传力度，各级粮食和物资储备部门结合粮食科技活动周、世界粮食日等活动，通过政府网站、公众号以及光明网等主流媒体加强宣传，有效扩大了热线在售粮农民和涉粮企业中的知晓度，热线"热度"不断上升。

（七）积极发挥 12325 热线在粮食流通领域的监督作用，切实维护涉粮企业和农民合法权益

从案件数据上看，全年接收投诉举报上万次，有效投诉举报同比增长 3.7%，受理同比增长 13.6%。按地域划分，主产区被投诉举报占 79.76%，主销区占 14.76%，产销平衡区占 5.48%。按接收渠道划分，电话投诉举报占 64.76%，网络平台占 22.62%，微信占 4.29%，由国家粮食和物资储备局"局长信箱"、信访办、机关纪委等转来的信访占 8.33%。按投诉举报类型划分，粮食收购占 48.57%，粮食销售占 25.48%，粮食储存占 6.43%，储备粮管理占 9.28%，补贴管理占 3.10%，贷款管理占 0.95%，其他占 6.19%。在各级粮食和储备行政管理部门与有关单位共同努力下，案件办结率达到 100%。通过线索核查，共兑现拖欠农民售粮款近 6 千万元，协调履约粮食出库约 37 万吨。从成效上看，通过设立专门版块，在全国政策性粮食库存数量和质量大清查期间，确保相关线索第一时间分办至相关省级大清查协调机制办公室进行核查，为大清查等重点任务顺利完成提供有力支撑。通过线索核查，有效发挥粮食流通监管"前哨"作用，严厉打击粮食流通违法犯罪行为，维护粮食流通秩序，切实维护了涉粮企业和农民合法权益。通过聚焦案件暴露出的薄弱环节，找准问题、精

准施策，不断完善监管措施，加大监管力度，将问题解决在萌芽状态，收到了"靶向打击"效果。通过及时准确反馈核查结果，群众满意度不断提高，密切联系涉粮企业和广大农民，使热线成为企业的"传声筒"、农民的"连心线"。

（撰稿单位：国家粮食和物资储备局执法督查局；撰稿人：李阳、孙志军；审稿人：钟海涛、朱之光）

二 中央事权粮食政策执行和中央储备粮管理考核

（一）国家粮食和物资储备局认真研究制定考核方案，动员部署考核各项工作

2019 年 5 月，国家粮食和物资储备局成立年度考核工作组，认真研究制定中储粮 2018 年度考核方案，开展中央事权粮食政策执行和中央储备粮棉管理情况年度考核。5 月 30 日，印发了考核方案，并认真组织实施，确保"首考"取得实效。6 月 14 日，国家粮食和物资储备局组织召开考核动员视频会议，全面部署 2018 年度考核工作。

2019 年 6 月 14 日，国家发展和改革委员会党组成员，国家粮食和物资储备局党组书记、局长张务锋（主席台中）主持召开中央事权粮食政策执行和中央储备粮棉管理情况 2018 年度考核动员部署视频会议。

（二）考核工作组统筹调度，扎实推进考核各项工作

考核工作组成员单位认真落实国家粮食和物资储备局党组部署要求，全力推动考核各阶段工作。6 月，督促中储粮集团公司及时下发考核政策文件，确保基层企业"动起来"，按时完成企业自评工作。7 月，在吉林省长春市组织垂管局近 500 人进行了业务技能培训；抽调地方粮食系统骨干 20 多名，

对河北、黑龙江等 5 个考核任务较重的垂管局进行重点支持；及时梳理全国政策性粮食库存大清查及近年库存检查发现问题，以及 12325 热线案件线索，供各垂管局实地核查使用。8 月，组织 6 个督导组对内蒙古局、吉林局、安徽局、河南局、湖北局、陕西局实地考核进行督导。9 月，召开垂管局考核工作座谈会，调研调度实地考核情况，为国家粮食和物资储备局随机重点抽查做好准备。

（三）垂管局迎难而上，按期完成实地考核工作任务

各垂管局高度重视"首考"工作，将考核作为一项重要政治任务抓好抓实，山西、黑龙江、山东等垂管局做到"一把手"直接抓、全程抓，举全局之力投入考核，在 8 月底如期完成实地考核工作。据统计，25 个垂管局抽调近 500 名人员，组成 54 个考核组，实地考核中储粮直属库 200 多个，部分垂管局做到了直属库考核全覆盖。实地考核人员按照考核评价细则逐项对照检查；对照大清查及近年库存检查问题清单，从分（子）公司层面逐项核实；对各级各有关部门查实的问题开展"回头看"；对交办的疑似问题或案件线索进行深入核查。实地考核取得良好成效，锻炼了监管队伍，为稳步推进中央储备粮在地日常监管打下良好的基础。

（四）随机重点抽查工作有的放矢，全面检视考核各阶段工作

9 月，国家粮食和物资储备局进行了随机重点抽查，综合考虑中储粮各分公司管理状况、库存规模、库存检查发现问题，以及各垂直管理局实地考核等因素，组成 7 个工作组对 7 个中储粮分公司进行重点抽查。实地了解评估中储粮系统开展年度考核自评成效，及对自评发现问题采取的整改措施；抽查重点地区重点企业执行中央事权粮食政策情况和中央储备粮管理情况；对大清查、日常监管检查、案件核查整改处理问责情况"回头看"；了解各垂管局实地考核实施情况。随机重点抽查点上发力、点面结合，全面检视了考核工作整体情况。

（五）考核工作组办公室认真汇总梳理考核评价情况，撰写考核结果报告

10 月，考核工作组办公室坚持问题导向、结果导向，认真汇总梳理各阶段考核评价成果，以实地考核、随机重点抽查结果及有关司局单位考核意见、查处案件情况为主，充分运用大清查相关数据，结合企业自评情况，形成综合考评结果呈报国务院审阅后，将考核结果及时通报中储粮集团公司，要求认真做好问题整改工作，进一步压实主体责任。

（六）认真总结"首考"经验，坚决维护"大国粮仓"安全

从 2018 年度考核看，中储粮系统部分直属企业责任落实不到位、内控机制不健全、隐患排查不及时，仍存在发生涉粮案件的风险。实践证明，通过年度考核，全面检视了中央事权粮食和中央储备粮管理情况，既有力推动了中储粮系统防范风险、消除隐患、强化内控，又有效增强了基层承储企业守规章、抓管理、保安全的主动性。党中央、国务院做出的这项重要制度安排，进一步压实了中央储备管理"两个责任"，与粮食安全省长责任制考核共同构成国家粮食储备责任体系的完整闭环，强力推动中央储备在地监管改革举措落地，有效发挥了粮食储备应对国内外风险挑战的"压舱石"作用。各地一致认为，这项考核应当持续开展、久久为功。

（撰稿单位：国家粮食和物资储备局执法督查局；
撰稿人：于永越、易文杰、王福东、杨乔伟；审稿人：钟海涛）

三　全国政策性粮食库存数量和质量大清查

（一）高位推动，保障大清查顺利实施

自 2018 年 7 月国务院办公厅印发《关于开展全国政策性粮食库存数量和质量大清查的通知》以来，各级政府和有关部门按照国务院统一部署和部际协调机制统筹协调，始终坚持问题导向、结果导向，从严从实开展大清查。国家发展改革委、国家粮食和物资储备局牵头，会同有关部门单位建立大清查部际协调机制，认真贯彻落实党中央、国务院决策部署，统筹谋划推动大清查各项工作。召开 2 次全国视频会议、3 次全体成员会议，及时传达宣贯政策精神；编印教材资料 45 万册，培训检查人员 7.9 万人次，统一清查内容、标准、程序；积极组织政策解读，加强舆论引导，及时回应社会关切。31 个省（自治区、直辖市）、345 个市（地、州、盟）、2181 个县（市、区）均成立了以政府负责同志为召集人的大清查工作领导机构，履职尽责，担当作为，结合实际细化实施方案，组织人员培训，统筹调配力量。中央和地方财政积极落实经费，为清查顺利开展提供了有力保障。

（二）压茬推进，确保大清查取得实效

2019 年 4 月，2.2 万家企业认真开展自查；地方各级政府派出 9000 余人，对企业自查实现督导全覆盖。5 月，各省级大清查协调机制抽调 1.3 万余名检查人员，组成 1300 多个普查组，对纳入清查范围的政策性粮食收储库点逐仓逐货位进行全面普查。6 月，国家有关部门派出 25 个联合抽查组和 3 个随机流动检查组，对黑龙江等 17 个重点省份进行抽查。开发应用大清查软件，实现大清查检查数据和过程全程留痕，进行信息化数据统计、分析、汇总。对清查过程中发现的突出问题，坚持边查边改，立行立改，对不能立即整改的，形成问题清单，建立整改台账，限期整改。通过各地各部门挂图作战、打表推进、统筹安排，确保了各阶段检查工作环环相扣、协调一致、取得实效。

（三）成效显著，为党和国家交上一本明白账

清查结果表明，全国政策性粮食库存账实基本相符，质量总体良好，储存较为安全，结构布局逐步改善。此次大清查首次建立了分区域、分性质、分品种、分库点、分货位的全国政策性粮食库存数量和质量数据库。通过清查摸清了政策性粮食库存实底，排查整治了存在的风险隐患，为确保国家粮食安全奠定了坚实基础，向党和国家交上了一本实实在在的"明白账"，同时为下步完善粮食宏观调控，加快改革完善粮食储备安全管理体制，强化政策性粮食库存监管提供了有力支撑。

（撰稿单位：国家粮食和物资储备局执法督查局；撰稿人：安佳宁；审稿人：钟海涛、朱之光）

四　粮食质量安全监管

（一）强化目标导向，坚持上下联动，粮食质量安全检验监测能力显著提升

1. 深入推进实施"优质粮食工程"，不断推动粮食质量安全检验监测体系建设。2019 年，各地加大粮食质量安全检验监测体系建设力度，加强组织协调、高位指导，规范项目管理，狠抓重点环节，加大培训力度，取得显著成效。截至 2019 年底，全国粮食检验监测机构达到 959 个，其中省级 32 个，地市级 285 个，县级 642 个，拥有检验仪器设备近 7 万台（套），办公及实验室面积 71 万平方米。粮食检验机构人员共有 6 千余名，具有高级、中级技术职称的占 3%；其中专业检验人员 4 千余名，

行业整体检验监测能力得到显著提升。

2.积极探索粮食质检机构运行新机制，推动粮食质检体系深化改革转型发展。深入研究质检体系发展定位，探索通过强化政策性粮食外部监管、拓展质检技术服务等方式，建立适应深化改革、转型发展新形势新要求的机构运行机制。地方粮食部门积极适应事业单位改革、检验检测资源整合等新形势，探索与当地中心粮库、加工厂、职业学院实行"站库合一""政企合建""站院融合"等多种方式联建共建，资源共享、人员共用、优势互补、合作共赢，提升利用效果和服务水平。湖北省粮油食品质量监督检测中心拓展业务范围，取得食糖和猪肉的检测资质。安徽省阜阳市对各县级站统筹管理，仪器设备、检验人员和检验业务由市站统一调配使用，有效利用了检验资源。河南省开封市、辉县，云南省昆明市、文山市，贵州省贵阳市等市县级检验机构，积极探索拓展服务市场，主动对接市场监管、农业、畜牧等部门，为粮油批发市场、饲料产品、校园食堂、餐饮业以及各类粮食经营主体和用粮单位提供检验技术服务，规范完善检验经费保障渠道，为粮食质检体系转型发展提供了有益经验。黑龙江省双鸭山市、鹤岗市将粮食质检机构性质变更为国有企业，保证机构独立性和政策性粮食检验业务，探索深化质检体系改革。

（二）强化担当意识，坚持主动作为，粮食质量安全监管工作稳步推进

1.如期完成全国政策性粮食库存质量大清查，全面摸清查实库存家底。研究制定《全国政策性粮食库存质量大清查实施方案》《粮食库存质量检查方法》《质量检查工作指引》《质量检查政策解读》《国家抽查质量检查工作实施方法》《主要粮食品种质量检验实施细则》等文件，培训全国和重点省份师资600余人，开发质量大清查数据分析软件，随机抽取4700份普查样品进行复核，对9万条数据进行了校验。全国质量大清查共检查样品17.3万份，获得检验数据163.2万个，构建了分区域、分性质、分品种、分库点、分货位的全国政策性粮食质量档案。据不完全统计，全国质量大清查共组织扦样人员3200多人，检验人员超过2000名；累计扦样工作超过10万人次·天，检验工作超过6万人次·天。黑龙江省扦取大清查检验样品2.7万份，河南省、安徽省样品量逾1万份，高质量地完成了质量大清查工作。

2.改进粮食质量安全监测方式，提高数据时效性和准确性。2019年，在20个省份开展国家级新收获粮食质量调查，共采集监测样品8465份。其中，小麦1998份、早籼稻600份、中晚籼稻1824份、粳稻1010份、玉米2541份、大豆270份、油菜籽222份。按照粮食的收获季节，完成油菜籽、小麦、早籼稻、中晚籼稻、粳稻、大豆、玉米主产区的质量集中会检工作，基本掌握了全年新收获粮食质量总体情况。14个省（自治区、直辖市）粮食行政管理部门组织开展了品质测报工作，共采集样品8500余份，扦样范围累计覆盖150个市700多个县（区），获得检验数据13万个。及时反馈和发布粮食质量和品质信息，为完善粮食收购政策、加强食品安全监管、优化种植结构、帮助农民增产增收、促进粮食产销衔接提供了技术支撑，发挥了重要作用。

（三）注重法规建设，加强宣传引导，粮食质量安全管理水平不断提升

1.夯实粮食质量安全监管法制基础。坚持问题导向和底线思维，不断健全完善粮食质量安全管理各项制度。贯彻落实党中央、国务院《关于深化改革加强食品安全工作的意见》《关于改革完善体制机制加强粮食储备安全管理的若干意见》要求，研究起草配套文件，构建粮食质量管理制度框架。各地出台地方法规、管理制度等管理办法，为依法开展监管、规范粮食经营活动提供了制度保障。绝大多数省份以省政府或部门联合文件形式出台了当地超标粮食处置办法、制定了当地粮食出入库

必检项目。

2. 持续开展粮食质量安全宣传。按照国务院食安委统一部署，国家粮食和物资储备局会同内蒙古自治区人民政府在呼和浩特市举办了2019年"全国食品安全宣传周·粮食质量安全宣传日"主会场活动。各地粮食和储备部门组织专家编印专题科普宣传册，通过发放宣传资料、播放科普视频、布置宣传展板、悬挂宣传横幅等方式，宣传普及食品安全和粮食质量安全知识，介绍各级粮食和储备部门近年来开展粮食质量安全工作的情况，收到了良好效果。各地结合工作实际，强化专业技术和业务培训，开展粮食标准化工作和粮食检验技术培训班，统一检验操作方法和判定尺度，不断提升行业标准化和检验技术人才队伍业务素质。

五　主要粮食品种收获质量与品质状况分析

（一）早籼稻

安徽、江西、湖北、湖南、广东、广西6省（自治区）共采集检验早籼稻样品600份，样品覆盖57市，全部为农户样品。从会检结果看，2019年6省（自治区）早籼稻整体质量状况为正常水平。安徽省早籼稻整体质量较好，江西、湖北、广东、广西4省（自治区）早籼稻整体质量为正常年景水平，湖南省早籼稻整体质量较正常年景略有下降。出糙率及一等、三等以上比例较上年略有下降，整精米率较上年有所提高，不完善粒率为近年来较低水平。6省（自治区）全部样品检测结果为：出糙率平均值78.3%，较上年下降0.2个百分点。一等至五等比例分别为42.5%、36.2%、15.7%、3.3%、1.7%，等外品为0.6%；其中，一等比例较上年下降1.1个百分点；三等以上的占94.4%，较上年下降2.2个百分点。整精米率平均值为53.6%，较上年增加0.6个百分点；其中，达到三等以上要求（44%）的占88.3%，较上年增加3.5个百分点；达到一等要求（50%）的占70.8%，较上年增加3.7个百分点。不完善粒含量平均值4.3%，较上年增加0.9个百分点。

（二）中晚籼稻

安徽、江西、河南、湖北、湖南、广东、广西、四川8省（自治区）共采集检验早籼稻样品1824份，样品覆盖102个市，全部为农户样品。从会检结果看，2019年8省（自治区）中晚籼稻整体质量状况为正常年景水平；其中，河南、广东2省整体质量较好，安徽、江西、湖北、湖南、广西、四川6省（自治区）整体质量为正常年景水平。中晚籼稻出糙率、整精米率、一等品比例略低于上年，三等以上比例略高于上年。8省全部样品检测结果为：出糙率平均值77.8%，较上年提高0.1个百分点；一等至五等稻谷比例分别为23.9%、49.6%、21.6%、3.7%、0.9%，等外品为0.3%；一等品比例较上年下降3.0个百分点；三等以上的（出糙率在75%以上）占95.0%，较上年增加2.0个百分点。整精米率平均值57.8%，较上年下降1.0个百分点；其中，高于50%（一等）的比例为81.6%，较上年下降3.2个百分点。谷外糙米含量平均值0.6%；超标（大于2.0%）比例3.3%，较上年下降0.1个百分点。

（三）粳稻

辽宁、吉林、黑龙江、江苏、安徽5省共采集检验粳稻样品1010份，样品覆盖涉及49个市，全部为农户样品。从会检结果看，2019年粳稻整体质量为正常年景水平，但不如上年；其中，辽宁、吉林、江苏、安徽4省整体质量为正常年景水平，黑龙江省整体质量下降较多。粳稻出糙率、整精米率、一等品比例、三等以上比例均低于上年。5省全部样品检测结果为：出糙率平均值80.7%，较上年下降1.2个百分点。一等至五等稻谷比例分别为50.5%、29.9%、13.2%、4.3%、1.3%，等外品0.8%；一等比例较上年下降27.9个百分点；三等以上的占93.6%，较上年下降4.3个百分点。整精米率平均值67.3%，较上年下降2.4个百分点；其中，高于61%（一等）的比例为88.7%，较上年下降2.5个百分点。谷外糙米平均值为1.1%，超标（大于2.0%）比例13.3%，较上年下降1.8个百分点。

（四）小麦

河北、山西、江苏、安徽、山东、河南、湖北、四川、陕西9省共采集小麦样品1999份，样品覆盖91市，全部为农户样品。从会检结果看，2019年小麦主产省整体质量状况良好，部分省为近年来最好。其中，一等和三等以上比例较上年明显上升；容重、降落数值明显好于上年，不完善粒率较上年略有降低；安徽、河南、陕西3省小麦整体质量为近年来最好，河北、山西、江苏、山东、湖北5省小麦整体质量为正常年景水平。9省全部样品检测结果为：容重平均值793g/L，较上年增加17g/L，变幅682g/L~841g/L。一等至五等小麦比例分别为64.1%、23.2%、8.7%、2.6%、1.0%，等外品为0.4%，三等以上的占96.0%。与上年相比，一等比例增加31.5个百分点，三等以上比例增加10.4个百分点。千粒重平均值43.1g，较上年增加2.3g，变幅23.6g~55.1g。不完善粒率平均值3.9%，较上年降低3.7个百分点；其中，符合国标要求（≤8%）的比例为94.5%。硬度指数平均值63.7，较上年下降0.3，变幅35.0~79.5。降落数值平均值339秒（降落数值越小，表示发芽情况越严重；国家标准要求不低于300秒），较上年增加80秒，变幅60~493秒。

（五）玉米

河北、山西、内蒙古、辽宁、吉林、黑龙江、山东、河南、陕西9省（自治区）共采集玉米样品2583份，样品覆盖9省（自治区）110个市（州、盟），全部为农户样品。从会检结果看，2019年9省（自治区）新收获玉米整体质量为正常年景水平，但不如上年好。其中，内蒙古、河南等省（自治区）玉米整体质量好于上年；辽宁省玉米整体质量基本与上年持平；河北、山西、吉林、黑龙江、山东、陕西等省玉米整体质量不如上年。9省（自治区）全部样品检测结果为：容重平均值737.5g/L，较上年下降6g/L；一等至四等玉米比例为79.2%、15.8%、4.1%、0.9%，无五等及等外品，一等品率较上年下降7.2个百分点。不完善粒含量平均值3.0%，较上年下降0.1个百分点；霉变粒含量平均值为0.1%，达标比例（≤2.0%）为99.4%。

（六）大豆

内蒙古、吉林、黑龙江3省（自治区）共采集大豆样品270份，样品覆盖17个市，全部为农户样品。从会检结果看，2019年3省（自治区）大豆整体质量为正常年景水平。内蒙古自治区大豆整体质量不如上年，吉林省大豆整体质量好于上年，黑龙江省大豆整体质量为正常年景水平。一等品率、高油大豆比例较上年有所增加，三等以上比例、高蛋白大豆比例较上年有所下降。3省（自治区）全部样品检测结果为：大豆粗蛋白质含量平均值40.1%，较上年下降0.3个百分点，变幅36.7%~44.0%；符合高蛋白大豆标准的比例为52.2%，较上年下降7.8个百分点。粗脂肪含量平均值20.1%，与上年持平，变幅17.9%~22.4%；符合高油大豆标准的比例为54.4%，较上年增加7.9个百分点。

（七）油菜籽

江苏、安徽、江西、河南、湖北、湖南、四川7省共采集油菜籽样品222份，样品覆盖7省44市，全部为农户样品。从会检数据看，2019年大部分主产省在油菜籽生长收获期间，气候适宜、雨水较少，油菜籽整体质量较好。其中，三等以上比例明显好于上年；未熟粒、生芽粒较上年略有增加，生霉粒、热损伤粒较上年略有下降。7 省全部样品检测结果为：含油量平均值 39.2%，较上年增加 0.9 个百分点，变幅 28.1%~45.5%。一等至五等油菜籽比例分别为 13.5%、30.2%、25.7%、19.8%、7.2%，等外为 3.6%；三等以上的占 69.4%，较上年增加 12.7 个百分点。未熟粒平均值 0.5%，最大值为 8.0%，全部符合标准要求（≤ 15.0%）。生芽粒平均值 1.0%，最大值为 50.0%，符合标准要求（≤ 2.0%）比例为 94.6%。生霉粒平均值 0.6%，最大值为 18.0%，符合标准要求（≤ 2.0%）比例为 96.4%。热损伤粒平均值 0.0%，最大值为 1.4%，全部符合标准要求（≤ 2.0%）。脂肪酸组成检测结果表明，样品中芥酸含量的平均值 14.5%，变幅 0.0%~55.6%；含量不超过 3.0%（低芥酸）比例为 37.4%，较上年增加 8.4 个百分点。

六　粮食标准化

截至 2019 年底，国家粮食和物资储备局负责管理的标准共 660 项，包括粮食国家标准 359 项、行业标准 301 项，已形成包括产品标准、检验方法标准、储藏、物流、信息、加工机械设备和检验仪器标准、行业管理技术规范标准等在内的比较完整的粮食标准体系，基本覆盖了粮食生产、收购、储存、加工、运输和销售等各个环节。

（一）出台粮食和物资储备标准化改革发展意见

2019 年 9 月 24 日，国家粮食和物资储备局、国家标准化管理委员会（以下简称"国家标准委"）联合印发《关于改革粮食和物资储备标准化工作　推动高质量发展的意见》（以下简称《意见》），对粮食标准化工作深化改革、转型发展作出部署。这是国家粮食和物资储备局机构改革后坚持标准化引领，以高标准推动粮食高质量发展的一项重要工作举措。《意见》明确提出了粮食和物资储备标准化建设的工作目标：到 2025 年，着力构建全要素、全链条、多层次的现代粮食全产业链标准体系，基本建成结构合理、衔接配套、适应高质量发展要求的物资储备标准体系。标准化管理体制机制进一步健全，标准制修订管理更加规范、科学、高效。标准得到广泛普及应用，标准对粮食和物资储备高质量发展引领作用充分发挥。标准化国际合作交流更加深入，中国粮食标准国际影响力进一步提升。《意见》着眼于解决当前粮食和物资储备标准"短板"、弱项、缺失等问题，提出六项重点任务：一是大力推进强制性标准修订和转化，二是着力提高重点领域标准制修订水平，三是增加标准有效供给，四是完善标准化管理体制机制，五是提高粮食和物资储备标准国际化水平，六是提升标准化基础能力水平。

（二）推进粮食标准制修订工作

一是抓强制性国家标准整合精简后续工作，在发布《玉米》标准的基础上，积极推进修订小麦、稻谷、大豆等主粮强制性国家标准，完成《大豆》标准征求意见稿和《稻谷》标准的修订立项，《小麦》标准已公开征求意见。二是抓与群众生活密切相关的《小麦粉》《食用调和油》等推荐性国家标准的制修订工作，完成《食用调和油》《小麦粉》征求意见稿。三是抓粮食行业标准体系完善工作，满足行业急需，《富硒大米》《多杀霉素防治储粮害虫技术规程》等 69 项粮食行业标准纳入制修订计划，《食用植物油销售包装》等 26 项国家标准申请立项，《粮油储藏　植物油库安全生产操作规程》等 21 项国家标准报批，42 项标准上网公开征求意见。发布《油用牡丹籽》等 37 项行业标准和《粮食物流名词术语》等 27 项国家标准，审定 51 项粮油行业标准。

（三）完成全国粮油标准化技术委员会换届

2019 年 2 月，全国粮油标准化技术委员会启动换届工作。11 月 20 日，国家标准委正式批复第三届粮油标准化技术委员会委员名单。第三届粮标委委员名单总计 65 人，由国家粮食和物资储备局副局长黄炜任主任委员，陈坚、孙宝国、沈建忠三位委员为院士。

（四）开展粮食和物资储备标准化培训

2019 年 10 月 30 日至 11 月 1 日，粮食和物资储备标准化工作培训班在山东青岛举办，各地粮食和物资储备局及各垂直管理局近 140 位学员参加培训。通过认真学习标准化法、标准制修订程序和标准编写规则，学员了解到标准研制的全过程，以及标准制修订的技术指标和经验方法，掌握了标准制修订的基本程序，为粮食和物资储备标准的制修订打下良好基础。

（五）抓好粮食国际标准化工作

1. 认真履行 ISO 谷物与豆类分委员会秘书处职责。作为 ISO 谷物与豆类分委员会（ISO/TC34/SC4）秘书处承担单位，2019 年共发布工作文件 42 项，组织 23 项投票，发布国际标准 3 项：《谷物中容重测定——第 2 部分：通过参比国际标准仪器对测量仪器进行量值溯源的方法》《谷物中容重测定——第 3 部分：常规方法》《谷物磨粉产品——脂肪酸值的测定》。2019 年 5 月，组织在德国召开 ISO 谷物与豆类分委员会（ISO/TC34/SC4）第 40 次会议，加拿大、中国、法国、德国、斯里兰卡、瑞典、坦桑尼亚 7 个国家的 20 位代表参加，会议重点讨论了《稻米规格》等国际标准项目的关键技术问题，确保标准的科学性和合理性。

2. 持续推进中国标准转化为国际标准。作为 ISO/TC34/SC4 国内技术对口单位，积极推进我国优势粮食技术转化为国际标准。组织 3 个国家的 19 家实验室完成《谷物中镉含量测定》项目协同验证。提出两种检测方案，解决《高粱中单宁含量测定》项目原标准中试剂毒性大、方法特异性差的问题。在 ISO/TC34/SC4 第 40 次会议上，提出《大米粒型测定——图像法》《谷物和油料——转基因含量分析——动态抽样》2 项新工作项目提案，以及承担《谷物和豆类储存的一般建议》《谷物与豆类隐蔽性昆虫感染的测定——第 4 部分：快速方法》2 项标准修订提案。

3. 提升油脂国际标准化工作参与度。组建具有广泛代表性的油脂国际标准化工作专家队伍，成员来自科研院所、高校、海关、央企、外企等有关单位。向国际油脂法典委员会和 ISO 动植物油脂分委员会，提交《特定植物油标准》等 36 项标准文件的投票意见，参与《氯丙醇酯和缩水甘油酯的测定》等 4 项国际标准协同验证实验，提升我国对油脂国际标准化工作的参与度和贡献度。

4. 加快标准"引进来"和"走出去"步伐。按照国家标准委统一安排，完成粮油国际标准转化情况调研报告，根据国内发展现状，提出近三年急需转化 ISO 标准目录，推动粮食行业更大范围采用国际标准，促进国内外粮油标准体系兼容。根据粮食国际贸易需求和粮食加工机械出口需求，承担《大米》等 18 项粮油国家标准外文版翻译，提高粮油标准外文版水平，促进贸易合作交流。

（撰稿单位：国家粮食和物资储备局标准质量中心；撰稿人：陈寅、
袁强、尹诗文、祁潇哲；审稿人：徐广超、张庆娥、张艳）

粮食流通体系建设

一　"优质粮食工程"

2017 年以来，财政部、国家粮食和物资储备局实施优质粮食工程，安排中央财政奖励资金近 200 亿元，带动地方各级财政和社会投资 560 多亿元，建设粮食产后服务体系、粮食质量安全检验监测体系和"中国好粮油"行动 3 个子项，增加优质粮油产品供给，促进农民增收，带动粮油消费升级，提高粮食产业发展质量和效益。各省（自治区、直辖市）成立由政府分管负责同志牵头的领导小组，各级粮食和物资储备、财政部门制定三年实施方案，推动项目落地和资金落实，工程整体加快推进。截至 2019 年底，各地共实施项目 4500 多个，完成 3800 多个，培育壮大出一批发展起点高、创新能力强、产业融合好、经济社会效益优、辐射带动范围广的龙头骨干示范企业。2019 年，全国粮食产业实现工业总产值 3.2 万亿元，利税总额 3006 亿元。

（撰稿单位：国家粮食和物资储备局规划建设司；撰稿人：樊利楠、陈冀、崔素芬；审稿人：钱毅、刘翔宜、晁铭波）

2019 年 6 月，国家粮食和物资储备局召开优质粮食工程新闻发布会，有关负责同志解读《关于深入实施"优质粮食工程"的意见》。

（一）粮食产后服务体系建设

2019 年 6 月 5 日，财政部、国家粮食和物资储备局印发《关于深入实施"优质粮食工程"的意见》，进一步加强指导，突出需求导向，优化粮食产后服务体系布局和功能。2019 年 6 月 13 日，印发《国家粮食和物资储备局关于印发"优质粮食工程"各子项实施指南的通知》，聚焦建设目标，发展完善"粮食产后服务体系全国产粮大县全覆盖"的内涵，支持农民专业合作社等新型农业经营主体、收储企业、加工企业、基层供销社等各类主体公平参与建设，鼓励开展多种形式的合作。同时，在服务功能上，鼓励因地制宜、按需而建，可开展"一卖到位"等便捷服务，也可开展"五代"服务，有条件的还可提供技术指导、市场信息等服务。2000 多个粮食产后服务中心、50 万套农户科学储粮仓已陆续发挥作用。安徽省粮食产后服务中心累计清理、干燥 400 万吨粮食。浙江、云南等省产后服务中心延伸提供售粮"一条龙"服务，可为农户节省烘干到入仓一半以上的费用。2019 年 9 月，在江苏南京举办"全国粮食产后服务体系建设现场培训班"，总结建设成效，部署下步工作，解读政策文件，学习烘干清洁能源替代技术，开展典型经验交流，参观南京、安徽等地的项目实施现场。2019 年 1 月、7 月、12 月，分别在北京、吉林、黑龙江组织召开了 3 次烘干专题研讨会，在粮食烘干环保能源改造现场研讨各类烘干能源的特点及改燃发展方向，指导各地选择适宜的烘干热源和改造方式。

（撰稿单位：国家粮食和物资储备局安全仓储与科技司；撰稿人：夏丹萍；审稿人：王旭）

（二）粮食质量安全检验监测体系建设

2019 年，财政部、国家粮食和物资储备局出台《粮食检验监测体系建设实施指南》，在湖北召开"粮食质量安全检验监测体系建设经验现场会"。各地大力推进质检体系建设，取得显著成效，实现了跨越式发展。一是硬件条件得到改善，检验能力大幅提升。据初步统计，全国预计增加检验参数 2.9 万个，月均检验样品数量增加 2.6 万个，实验室用房建筑面积增加 22.4 万平方米，配置仪器设备 3.5 万台套。青岛市站实验室面积从不足百平方米发展到 2700 平方米，检验仪器设备从 10 余台增加到近 200 台（套），检验参数从百项扩充至 2200 余项。二是功能作用更加健全，质量监管能力增强。圆满地完成了质量大清查工作任务，大范围看展新收获的小麦、稻谷、玉米、大豆、油菜籽等品种的质量指标和食品安全指标进行了会检，全面发挥防控粮油质量安全风险、及时处置不合格粮食、防止超标粮食流入口粮市场等方面作用。三是质检机构改革深化，服务意识得到强化。在做好项目建设的同时，因地制宜，不断完善运行机制，充分发挥服务作用。湖北省监测中心积极开展粮食质量品质测报，推动全省优质稻种植比例由原来的不足 40% 提高到 80% 以上。山东省青岛市综合批发交易市场供应全市 2/3 的成品粮油，粮油质量安全检测任务全部由青岛市质检站承担。云南省文山州质检站将检验服务延伸到学校、海关，守护边疆群众"饭碗"安全。贵阳市质检站创新机构运行模式，建立竞争上岗制度，制定了《奖励性绩效考核管理办法》。江苏、四川省检测中心组织研究制定本地区好粮油团体标准，推动优质粮食工程"三位一体"协同发展。

（撰稿单位：国家粮食和物资储备局标准质量中心；撰稿人：陈寅、
袁强、尹诗文、祁潇哲；审稿人：徐广超、张庆娥、张艳）

（三）"中国好粮油"行动计划

"中国好粮油"行动计划以"增加优质粮食供给，促进农民增收、企业增效"为目标，深入推进优粮优产、优购、优储、优加、优销"五优联动"，引导优质粮油产品消费，发挥示范引领作用，形成了一批好经验好典型，有效地激发了市场活力、壮大了粮食企业、提升了产业效益、优化了产品结构、促进了农民增收。一是引导农民种好粮、卖好粮，增加农民种粮收入。江西省示范企业根据不同品种优质稻，加价 20%~100% 订单收购，2018 年助农增收 2.5 亿元，2019 年达到近 5 亿元。国家级贫困县安徽阜南县引入中化农业、中粮贸易两家企业，2019 年优质小麦种植面积从上年 1.5 万亩扩大到 30 万亩。湖南省南县 2019 年种养虾稻 55 万亩，年产优质稻米 27 万吨、小龙虾 9 万吨，亩均纯收益超过 3000 元。二是创新发展推动产业升级、企业增效，惠及更多的消费者。山西省小米产业联盟制定了高于国家标准的产品质量团体标准，绿色有机小米销量超过 1 亿斤，年销售额突破 10 亿元。四川省做大做强当地油菜特色产业，建立菜油标准体系，搭建产学研合作平台，生产加工的菜油占据全国市场 30% 的份额，不仅销路好，价格也高于其他产品，全省产值上亿的油脂加工企业达到 20 个。山东省粮油加工行业年研发投入超过 20 亿元，全省粮食深加工产值和产品产量分别占全国的 31% 和 28%，本省粮食企业中裕集团建立了国内最长、最完整的小麦闭合循环产业链，"吃干榨净"每一粒小麦，年营业额突破 60 亿元。三是突出品牌提升，推动粮食产购储加销"五优联动"和企业经营模式创新。各地相继推出地域特色鲜明的公共品牌，其中"吉林大米""苏米""荆楚大地""山西小米""齐鲁粮油""广西香米""天府菜油"等市场知名度和美誉度大幅提升，在品牌营销带动下，采取"企业＋合作社＋基地＋农户"等模式结成利益共同体，实行优质优价，引导种植优质品种，从源头上保证粮油品质，通过线上线下平台扩大市场销售，满足老百姓从"吃得饱"到"吃得好"的

2019 年 11 月 5 日至 6 日，"中国好粮油"行动计划典型经验现场交流会在山东临沂召开。

消费升级需求。江苏省"苏米"品牌 30 家核心企业，2019 年通过基地和订单种植的优质水稻面积超过 1100 万亩，比上年增加 10% 以上，占全省水稻种植面积的近 1/3。

（撰稿单位：国家粮食和物资储备局科学研究院；撰稿人：欧阳姝虹、刘洁；审稿人：周明慧）

二　"粮安工程"建设

一是在粮油仓储设施建设方面，2013~2019 年，累计安排中央预算内投资近 200 亿元，安排粮食仓储设施建设任务 1800 多亿斤，粮食收储能力大幅提升，布局不断优化，为粮食收储奠定了坚实的物质基础。同时，2013~2017 年，中央财政累计补助 100 多亿元用于"危仓老库"粮库维修改造和粮库智能化升级改造，极大改善了粮食仓储设施条件，提高了粮食行业信息化管理水平，有效保障了粮食收储安全。

二是在粮食物流通道建设方面，2013~2019 年，累计安排中央预算内投资 80 多亿元，建设和配置了一大批散粮设施，八大跨省粮食物流通道更加完善，"两横六纵"八条重点线路更加顺畅，在重要枢纽节点布局建设了一批集粮食仓储、物流、加工、交易等功能于一体的粮食物流园区，辐射带动和调拨集散能力明显提升，散粮运输比例稳步提升，粮食物流效率明显提升。

三是在应急供应体系建设方面，2017 年，国家发展改革委、原国家粮食局联合印发《粮食安全保障调控和应急设施中央预算内投资专项管理办法》，将粮食应急体系建设项目纳入中央预算内投资支持范围。截至 2019 年底，全国共确定应急供应网点 44601 个、应急加工企业 5388 个、应急配送中心 3170 个、应急储运企业 3454 个，涵盖加工、配送、储运、供应的粮油应急供应体系进一步完善。

四是在粮油质量安全能力建设方面，2013~2016 年，累计安排中央预算内投资 6 亿多元用于粮食质量安全检验监测能力建设；2017 年起，财政部与国家粮食和物资储备局启动实施优质粮食工程，其中对粮食质量安全检验监测体系建设给予中央财政支持。通过财政支持，计划到 2020 年末，形成由 6 个国家级、32 个省级、305 个市级、960 个县级粮食质检机构构成的粮食质量安全检验监测体系。

五是在粮食节约减损方面，2013 年以来，粮食储存、物流、加工、消费等各环节的节约减损工作不断推进。2013~2016 年，累计安排中央预算内投资约 9 亿元，为 400 多万农户配置科学储粮装具，使农户存粮环节损失浪费有效减少。2017 年起，通过优质粮食工程，对粮食产后服务体系建设给予中央财政支持，为种粮农民提供"代清理、代干燥、代储存、代加工、代销售""五代"服务，并同步实施农户科学储粮建设。随着现代粮食仓储物流体系的不断完善，粮食储存、运输环节的损耗明显降低，品质保障能力不断提高。同时，积极引导粮油加工企业节粮减损，持续推进爱粮节粮宣传活动，对促进全社会节粮减损、反对浪费发挥了重要作用。

（撰稿单位：国家粮食和物资储备局规划建设司；撰稿人：樊利楠、
展圣洁、常世超；审稿人：钱毅、刘翔宜、晁铭波）

三 粮食仓储管理

（一）紧扣改革发展，加强基础研究，完善仓储管理制度体系

一是开展《粮仓分类分级研究》。以"粮仓"为研究对象，既立足当前技术发展水平，又兼顾技术引领方向，从储粮效果维度进行分类，从仓储设施本身和储粮工艺配备的技术条件维度进行分级，凸显不同仓房层次，促进规范使用和精细管理，以提高用仓质量和效能，解决功能用途错配等问题，同时为仓容能力及水平评价构建新的方法体系，服务储备安全，促进优粮优储。2019 年基本完成研究并就主要成果在部分省（自治区、直辖市）和单位试点，验证基本逻辑和内容框架可行，为下步转化为政策制度等奠定良好基础。二是开展《粮食仓储管理规范化研究》。2019 年，赴四川、安徽、湖北、福建、浙江等地调研，对十年来各地粮食仓储管理规范化实践经验进行提取、归纳，突出储备安全，加强指导和评价，研究在改革形势要求和新的技术条件下，如何重塑仓储业务、再造管理流程，兼顾内部优化和外部衔接，规范粮库仓储管理活动。三是开展《粮食储备承储安全管理研究》。贯彻落实粮食储备体制机制改革精神，聚焦储备安全核心职能，对储备粮承储企业的条件、管理过程及行为规范等进行研究，加强政府储备承储库点管理，完善政府储备安全管理制度。三项研究分别从"仓""储""管理"三个维度立意，以体现仓储管理提质增效发展的最新要求，不断完善仓储管理政策制度体系。

（二）聚焦发展方向，搭建交流平台，加强仓储业务指导和交流

调研和梳理各地储粮技术应用实践经验，以"横向通风""内环流控温""气调储粮""低温储粮"4项重点技术为突破口，制作储粮技术短片，提供行业交流学习，促进绿色储粮应用；邀请业内顶尖专家就粮食储藏关键环节及要点等进行讲解，制作"储粮专家微课"，利用"互联网+"进行仓储保管科学储粮知识培训；以全国第五届粮食行业职业技能竞赛举办为契机，制作"仓储保管规范操作示范片"，拓展技能竞赛成果，供一线仓储保管人员观摩学习，促进规范作业。2019 年 12 月 4 日至 6日，在浙江杭州召开了机构改革后第一次全国"仓储管理交流现场会"。与会代表围绕仓储管理规范化、绿色储粮技术应用等进行了交流和座谈，并赴浙江省粮食和物资储备局直属粮油储备库现场观摩，会议取得了预期成效，各方反响良好。

（三）贯彻改革精神，主动识变应变，确保改革过渡期平稳有序

深入贯彻党中央、国务院"放管服"改革精神，落实粮食储备管理体制机制改革要求，结合近年中央储备粮代储及资格认定工作实践，发布 2019 年第 2 号公告，从工作层面暂停中央储备粮代储资格认定。同时，做好相关政策变化解释，配合做好下步中央储备粮管理方式调整、中央储备粮油轮换等工作。压实中国储备粮管理集团有限公司主体责任，确保改革过渡期内中央储备粮储存安全。

（四）积极主动配合，发挥专业优势，支持做好年度重点工作

发挥粮食仓储管理基础性、专业性较强的优势，支持做好《粮食安全保障法》《粮食流通管理条例》《粮食储备安全管理条例》等立法修规工作，开展"仓储管理"专题研究；积极参与全国粮食库存大清查、粮食安全省长责任制考核、中央事权粮食政策执行和中央储备粮管理情况考核等局重点工作，提供仓储管理专业技术支撑，并牵头完成"两个安全"方面的考核；支持做好《中国的粮食安全》白皮书发布、第五届粮食行业职业技能竞赛等涉及仓储管理的相关工作。

（撰稿单位：国家粮食和物资储备局安全仓储与科技司；撰稿人：李鹏飞；审稿人：彭扬）

四　粮油统计与信息体系建设

（一）粮油统计信息

1. 圆满完成年度各项统计调查任务。扎实做好粮食收购进度五日报统计工作，密切跟踪旺季粮油收购形势，加强市场分析研判，及时报送信息和专报提供决策参考。全力做好 2018 年度购销存流转、产业经济、仓储设施、基础建设投资、科技、从业人员年报统计工作，统计年报数据质量显著提升。认真做好购销存月报、产业经济季报、简易设施储粮月报、棉糖储备月报等统计工作，完成 2018 年度全国粮食供需平衡调查，组织开展 2019 年农户存粮专项调查，为做好宏观调控提供有力的信息支撑。

2. 着力提高统计数据质量。进一步完善重点企业和重点指标数据质量跟踪核查机制，严格日常统计数据质量评估，确保统计数据真实可靠。密切跟踪监测粮食市场价格，加强信息审核评估，确保监测结果灵敏准确。按照中央有关文件精神和国家统计局要求，建立防范和惩治统计造假、弄虚作假的责任制，要求各地认真落实统计工作责任，加强对企业上报数据的审核把关，坚持依法依规统计，坚决抵制统计造假、弄虚作假等违法行为。

3. 强化监测分析和统计服务。根据市场形势变化，不断健全粮油市场监测网络，调整优化监测点，截至 2019 年末，共计有入统涉粮企业 5 万多家、城乡居民固定调查点 14.8 万个、粮油市场信息直报点 1072 个。密切跟踪市场动态，强化对市场走势的预测预判，对发现的苗头性、倾向性、潜在性问题，主动预警预报，先后对玉米、小麦、稻谷等品种市场形势进行专题研究，并出具分析报告，供决策使用。在确保统计数据真实可靠的基础上，以粮食流通重点工作需求为导向，围绕粮食收储制度改革、政策性收购、粮食库存消化、产业经济发展等重点工作，整合各类统计信息，深入挖掘企业直报信息价值，向上级报送各类专报、信息数十篇。

（撰稿单位：国家粮食和物资储备局粮食储备司；撰稿人：袁海波、邢文煦、董琦琦、沈洁；审稿人：秦玉云、唐成）

（二）粮油市场信息体系建设

1. 监测预警能力提升。一是监测样本数量增加。分品种建立监测网点，样本区域分布优化，数据定期上报，基本实现了全品种覆盖。其中，北京加强对首都 16 区六大类实体监测点和电商监测点监测预警。二是监测领域继续扩大。健全完善粮食生产、流通、消费等各环节的市场监测体系，由传统的流通环节向生产环节延伸，通过照片上传方式，每周动态监测粮食作物生长情况。湖北、内蒙古实现区域和主要品种监测全覆盖。三是监测手段积极创新。开发价格监测手机客户端软件，实时采集价格信息，实现数据远距离实时采集，进一步提高监测数据的及时性、准确度和代表性。新疆采用手机端软件方式采集小麦市场信息，巩固小麦收储制度改革成果。

2. 重大问题研判能力提升。各级粮油信息机构在行政管理部门的有力指导下，围绕搞好"服务"来定位粮油信息工作职能，找准制约信息服务能力的"短板"、弱项，着力提升重大问题研判能力。紧扣重点工作，紧跟市场热点，采取实时监测、大数据分析、座谈交流、实地调研等方式，不断增强市场敏锐性。及时发现苗头性、倾向性、潜在性问题，为政府预调微调服务，尽可能将问题消灭在萌芽状态。跟踪研判重大事件对国内粮油市场的影响，研究起草的部分报告多次得到党中央、国务院领导同志重要批示。围绕中美贸易摩擦，北京及时上报 10 多篇专报，为领导决策服务；吉林、湖北、安徽认真开展国内外粮油供需形势分析，不定期向国家粮食和物资储备局报送相关报告；河北承担了农业农村部全产业链的分析预警工作。

3. 调查研究能力提升。全国粮油信息系统深入一线开展调查研究，形成了一批高质量的调查研究报告。调查既注重"以点带面"，又防止"以偏概全"；既注重"短平快"，又注重持续深入研究。对调查数据反复核实，务求准确；调查报告不仅限于摸清情况，更注重多问几个为什么，深刻分析问题的深层次原因。创新调研方式，既组织开展蹲点调研，选择重点地区"解剖麻雀"；又探索针对固定地点或固定主体的持续性跟踪研究，厘清长时间内的政策效果或事物演变过程。深化基础性研究，围绕党中央、国务院关注的重大粮食问题，通过课题方式开展必要的基础性研究，为决策服务提供理论支撑，既锻炼了干部队伍，又提高了人员素质。北京开展的调查研究相关成果，在市级储备粮轮换等工作中得到较好运用；湖北撰写的油菜籽调研报告被中办采用，受到省政府通报表扬。

4. 预期引导能力提升。一是创新信息发布方式。推进理念、内容、形式和手段创新，在运用好官网、新闻发布会、电视、广播、报纸等传统渠道基础上，也更加重视官方微信、网络直播、自媒体公众号和客户端等各种新媒体。二是全国粮油信息系统单独或联合相关部门建立粮油信息权威发布平台，发挥粮油信息的市场"前哨"作用，提升信息的影响力、公信力和权威性，有效引导市场预期。三是及时发布正面声音，回应社会关切，正确引导预期，防止不真实信息扰乱市场运行。四是适时召开全国或区域性的市场形势研讨会、座谈会，打造有影响力的信息交流平台，服务粮食产业高质量发展。黑龙江、安徽、天津、内蒙古升级改造网站，完善信息发布平台；黑龙江、江苏、陕西、天津、河北微信公众号效果明显；广东每两周、每季度、每半年对外发布监测报告，对引导市场预期发挥了积极作用。

5. 协同联动能力提升。全国粮油信息系统建立上下贯通、协同运作的工作机制，形成"分工合作、各有侧重、共同发展"的新格局，发挥各自优势，形成工作合力，加快构建新时代粮油信息工作体系。国家层面重点指导地方提高信息服务决策能力，衔接各省信息支撑和项目合作需求，提高信息成果运用的时效性；省局信息系统积极对接支持国家粮食和物资储备局工作，联合开展市场监测、调查研究、信息化支撑等重点工作。省局信息系统加强与市县粮油信息机构的沟通协调，逐步增强系统内联系。其中国家粮油信息中心、江苏省粮食局、南京财经大学和航天信息股份有限公司开展"粮食大数据应用战略合作"，合作成果获中国粮油学会科学技术一等奖。新疆与国家粮油信息中心合作开发小麦收购微信平台，全力支持小麦收储制度改革。北京、天津、河北认真落实京津冀协同发展战略，联合开展会商、调研和编印《京津冀粮食信息快讯》。陕西依托"一带一路"窗口，深化与青海、四川等省信息共享，逐步完善西部粮油信息网平台建设。

（撰稿单位：国家粮油信息中心；撰稿人：李圣军；审稿人：周冠华、王晓辉、张立伟）

（三）粮食政务信息公开

1. 持续做好主动公开工作。紧紧围绕贯彻落实党中央、国务院决策部署，印发 2019 年政务公开工作要点，坚持以公开为常态、不公开为例外，对做好粮食收储政策、部门预算、粮食流通和物资储备监管、"放管服"改革等重点领域信息公开提出明确要求，确保"应公开、尽公开，应上网、尽上网"。全年通过国家粮食和物资储备局政府网站共发布各类信息 1556 条，制作推送图解 17 篇、

H5 报道 2 个。发布政务微博 334 条、政务微信 326 条，策划报刊整版报道 4 次，发表署名文章 3 篇，刊发宣传报道 595 篇（条），实现连续 3 年增长。组织媒体报道 48 次，召开新闻发布会 3 次。全年新制作公开的规范性文件 3 件，累计对外公开 12 件。全年未发生行政处罚、行政强制、行政事业性收费情况。全年政府集中采购 30 次，采购总金额 1053.55 万元。国家粮食和物资储备局承办全国人大常委会办公厅交办的人大代表建议 31 件，政协全国委员会办公厅交办的政协委员提案 5 件，答复率 100%。按照"应公开尽公开"的原则，围绕重点建议提案、公众关注的热点问题，在国家粮食和物资储备局政府网站主动公开全国人大代表建议 5 件、全国政协委员提案 1 件，及时回应社会关切，自觉接受群众监督。

2. 持续提升依申请公开服务水平。更新国家粮食和物资储备局政府信息主动公开目录，增设和调整相关栏目。修订公开政府信息公开指南，确保申请人及时准确获取政府信息。完善申请受理、审查、编号、处理、答复程序，进一步规范依申请公开答复文书格式，明示救济渠道，包括复议和起诉、详尽告知复议机关或法院、告知复议或起诉时限等。全年共接到政府信息公开申请 31 件，全部按时办结，其中，予以公开 11 件，因属于行政查询类事项不予公开 8 件，本机关不掌握相关信息 3 件，信访举报投诉类申请 3 件，无正当理由反复申请 6 件；未发生因政府信息公开申请引起的行政复议或提起行政诉讼的情况；办理公开申请时，未收取任何检索、复制、邮寄等费用，未发生减免费用的情况。同时，在确保国家秘密安全和保障第三方合法权益的前提下，积极推动依申请公开的政府信息在局政府网站公开发布，不断提高工作的透明度。

3. 持续加强政府信息公开管理。落实保密审查制度，严格信息发布审批程序，明确拟制公文时必须明确文件公开属性，确保信息的准确性、权威性、安全性。印发《国家粮食和物资储备局新闻宣传工作制度》《国家粮食和物资储备局政府网站管理办法》《国家粮食和物资储备局政务微博微信管理暂行办法》，进一步健全信息公开制度；结合粮食和物资储备改革发展实际，进一步压实各司局单位政务公开主体责任，督促其加大公开力度，依法依规做好主动公开和依申请公开答复工作。

4. 持续抓好信息公开平台建设。根据政府信息公开平台有关规范，调整页面设计，进一步提供标准化、规范化的公开服务。开设"两决定一意见"、优质粮食工程、"不忘初心、牢记使命"主题教育、世界粮食日和全国粮食安全宣传周等 6 个专题专栏。调整局政务微信推送方式，提升信息发布时效性，全年发布政务微博 334 条、政务微信 326 条，政务微博、微信的访问量达 318 余万次，政务微信粉丝量突破 3.6 万，较上年增长 128%。优化局长信箱栏目设置和网页版面，确保回复及时、质量过硬、互动畅通。全年共收到网民来信 214 件，已全部办结。部分信件回复及时有效、耐心细致，受到网民书面表扬。着力提升网上政务服务水平，圆满完成国家粮食和物资储备局旗舰店建设、公共服务应用接入、电子印章系统、电子证照系统等政务服务一体化对接建设任务。实现政务服务事项"应上尽上"，全面推进"一网通办"。

5. 持续强化督促指导考核。建立政府信息公开通报制度，每半年通报政府信息公开工作情况。加强政务公开考核，将政府信息公开通报结果和落实信息公开工作情况纳入各司局单位班子量化实绩考核，权重占 4%，促进各司局单位查漏补缺，补齐工作"短板"。举办政务信息公开专题培训，全系统近 800 名干部职工参加。培训结束后开展了现场测试，结果显示，得分在 90 分以上的干部职工超过 50%，80 分以上的近 90%，无不及格情况。持续将政府信息公开纳入初任公务员和借调、其他新入职人员的培训范围，不断强化公开意识，提高公开工作水平。

（撰稿单位：国家粮食和物资储备局办公室；撰稿人：赵来伟、赵胜君；审稿人：方进、金贤）

粮食产业经济发展

2019 年 3 月，习近平总书记参加河南代表团审议时指出，要扛稳粮食安全重任，延伸粮食产业链、提升价值链、打造供应链，不断提升农业质量效益和竞争力；9 月，习近平总书记在河南考察时强调，要积极推进农业供给侧结构性改革，深入推进优质粮食工程，做好粮食市场和流通的文章。李克强总理作出重要批示，对推动一二三产业融合发展、提升粮食精深加工水平和延伸产业链、提升价值链、完善供应链等方面提出明确要求。国家粮食和物资储备局党组认真贯彻落实习近平总书记重要指示精神和李克强总理重要批示要求，按照党中央、国务院的决策部署，把发展粮食产业经济作为重中之重，摆上突出位置，统筹谋划、厘清思路，以"连抓三年、紧抓三年"的劲头和力度，持续推动粮食产业高质量发展。

一　召开现场经验交流会

2019 年 6 月，在河南省郑州市召开第三次粮食产业经济发展现场经验交流会，授予漯河市"全国主食产业化工程示范市"称号；同时举办第二届中国粮食交易大会、加快推进粮食产业高质量发展报告会和河南粮食产业高质量发展专家论证会等系列活动。编印建设粮食产业强国系列书籍。

二　明确粮食产业经济发展思路举措

在总结探索实践的好经验、好做法的基础上，确立了"一二三四五"总体发展思路：聚焦实现粮食产业高质量发展、建设粮食产业强国"一个目标"，围绕国家粮食安全战略和乡村振兴战略"两大战略"，突出产业链、价值链、供应链"三链协同"，建设优质粮食工程、示范市县、特色园区、骨干企业"四大载体"，实施产购储加销"五优联动"。

三　制定实施"两体系一方案"

印发创新完善粮食"产购储加销"体系确保国家粮食安全的实施意见，对优化完善链条、推动协调发展、实施精准调控等方面提出明确要求；印发坚持以高质量发展为目标加快建设现代化粮食产业体系的指导意见，对加快延伸产业链、着力提升价值链、积极打造供应链、深入实施"优质粮食工程"等方面做出安排部署；针对生猪生产逐步恢复、南方销区饲料粮需求增加的新形势，认真落实国务院常务会议精神，研究制定"北粮南运"工作方案并组织实施。

四　　推动粮食产业发展取得新成效

各地因地制宜、因势利导，积极探索、锐意创新，全面开创粮食产业高质量新局面，为实现更高层次、更高质量、更有效率、更可持续的国家粮食安全提供了重要产业支撑。2019 年末，全国纳入粮食产业经济统计的企业 2.4 万户，实现工业总产值 3.15 万亿元。11 省份粮食产业工业总产值超千亿元，山东省超过 4000 亿元，河南等 7 省均超过 2000 亿元，粮食产业强省的地位更加巩固。

（撰稿单位：国家粮食和物资储备局粮食储备司；撰稿人：董祥、胡兵、李萌、张俊鹏、孙海平、陈晓雅；审稿人：秦玉云、唐成）

粮食和物资储备法治建设

一　扎实推进粮食安全保障立法修规工作

一是加快推进《粮食安全保障法》立法进程。在广泛征求意见、反复研究论证、多次修改完善的基础上,形成《粮食安全保障法》征求意见稿。2019 年 8 月 1 日,以国家发展改革委、国家粮食和物资储备局名义征求中央和国务院有关部门单位、省级人民政府、部分央企意见。组织赴陕西、福建、黑龙江、安徽等省开展专题调研,当面听取地方政府、粮食企业、种粮农民等意见建议。专门召开起草工作组会议,集中研究讨论反馈意见建议,对征求意见稿进行修改完善形成送审稿。12月 27 日,领导小组第三次会议审议并原则通过《粮食安全保障法》送审稿。二是配合做好《粮食流通管理条例》(修订)立法审查工作。《粮食流通管理条例》修订送审稿报送国务院后,司法部先后两次征求部门、地方、企业意见,开展实地调研和专家论证,反复进行研究修改。国家粮食和物资储备局全力配合做好意见梳理、沟通协调、调研论证、修改完善等立法审查工作。12 月 6 日,司法部预审会审议并原则通过条例修订草案稿。三是抓紧研究起草《粮食储备安全管理条例》。在认真学习领会中央关于粮食储备改革文件精神和组织对粮食储备安全管理涉及的重大问题、重要制度进行专题研究的基础上,起草形成《粮食储备安全管理条例》初稿。四是地方立法修规工作稳步推进。截至 2019 年底,地方共颁布实施了 6 项地方性法规和 30 余项省政府规章。广东省、贵州省、浙江省颁布实施了粮食安全保障条例,宁夏回族自治区出台了地方储备粮管理条例。福建省出台了粮食安全保障地方政府规章。江苏、安徽、山东、湖北、青海等省积极推动粮食安全保障地方立法,将粮食安全保障条例列入省人大或省政府立法计划,积极开展立法调研和起草工作。

二　不断提高粮食和物资储备依法行政水平

一是加强规范性文件管理。制定出台《国家粮食和物资储备局行政规范性文件制定和管理办法》,对规范性文件的计划起草、审核公布、归档清理等工作流程进行规范。开展行政规范性文件清理,对涉及外商投资、优化营商环境等法律法规文件进行清理。建立合法性审核机制,对行政规范性文件、重大合同、政府信息公开答复意见等进行审核把关,确保符合法律法规规定。二是主动公开强化监督。制定《国家粮食和物资储备局 2019 年政务公开工作要点》,及时通过门户网站发布公开信息和工作报告,加强各方渠道监督。出台《国家粮食和物资储备局信访工作办法》,规范信访工作流程,全年依法办理群众信访 139 件次。发挥行政复议层级监督作用,依法办理行政复议监督案件。三是严格规范行政执法。制定国家粮食和物资储备局全面推行行政执法“三项制度”实施方案,推动建立执法全过程记录、重大执法决定合法性审核、行政执法统计年报、行政执法记录信息资料调阅使用等配套制度。对有关案件进行核审,及时提出法律意见,推进规范化执法。

三　持续推进粮食和物资储备法治宣传教育

认真落实领导干部学法用法要求，坚持国家粮食和物资储备局党组带头学法，将党章党规和法律法规纳入国家粮食和物资储备局党组理论中心组学习重要内容。结合"不忘初心、牢记使命"主题教育，认真学习习近平总书记关于全面依法治国的重要论述，学习有关法治政府建设的相关规定以及粮食和物资储备领域法律法规等。深入开展法治宣传教育，2019 年，举办国家粮食和物资储备局全系统干部法治培训、法治专题讲座，组织"七五"普法宣传教育，开展"12·4"宪法日、全民国家安全教育日主题法治宣传活动，切实增强粮食和物资储备法治思维和法治能力。

（撰稿单位：国家粮食和物资储备局法规体改司；撰稿人：于涛、刘森、齐倩、许莹；审稿人：周海佳、肖玲）

棉花和食糖储备

一 棉花和食糖市场运行

（一）棉花市场运行情况

1. 全国棉花产量略有减少。据国家统计局数据，2019 年全国棉花种植基本平稳，播种面积 4974 万亩，同比减少 0.6%，种植分布进一步向西北内陆集中。受积温不足、灾害天气等影响，棉花产量略减至 588.9 万吨，下降 3.5%。其中，新疆棉花产量 500.2 万吨，比上年下降 2.1%，占全国总产量的比例升至 85%。

2. 棉花消费延续下降态势。世界经济增速放缓和国际贸易摩擦加剧影响棉纺织品需求，棉花消费陷入低迷。据中国棉花协会 2020 年 5 月预计，2019/2020 年度（2019 年 9 月至 2020 年 8 月）国内棉花消费量 765 万吨，在上年度减少 48 万吨的基础上再降 42 万吨。

3. 国内棉花价格大幅下跌。2019 年 5 月初，国内棉花现货价格从前期 15500~15700 元 / 吨的高位大幅下跌。10 月初棉价一度跌至 12600 元 / 吨，较前期高点跌幅约 20%。此后国内棉价低位震荡、缓慢回升，年底涨至 13300 元 / 吨左右。同期国际棉价明显反弹，内外棉价差逐步缩小，国内棉价长期高于关税配额内进口棉成本的情况于 10 月出现反转，价差倒挂最高达 400 元 / 吨左右。

（二）食糖市场运行情况

1. 糖料种植面积和入榨量回升，农民继续增收。据中国糖业协会数据，2018/2019 年度（2018 年 10 月至 2019 年 9 月）全国种植糖料面积 2161.5 万亩，较上年度增加 97.5 万亩，增长 4.7%；糖料入榨量为 9199 万吨，增幅 5.8%。糖料收购价格与上年度基本持平，其中甘蔗平均收购价（地头价，不含运输及企业对农民各种补贴费用等，下同）为 480 元 / 吨，甜菜平均收购价 494 元 / 吨。由于糖料收购价格稳定和糖料产量增加，农民种植糖料收入较上年度增加 27 亿元。

2. 食糖产量增加，消费市场平稳。由于糖料种植面积和单产提高，全国累计产糖 1076 万吨，增长 4.4%，连续三年恢复性增长。其中，甘蔗糖 944.5 万吨、增长 3.1%，甜菜糖 131.5 万吨、增长 14.3%。全国食糖消费市场平稳，消费量 1520 万吨，较上年持平略增。消费结构持续调整，民用消费比例上升至 42.5%，工业消费比例下降至 57.5%。

3. 食糖价格跌势放缓，糖企亏损扩大。受国际糖价持续低迷影响，2018/2019 年度国内糖价较长时间低于成本运行。2019 年 5 月进入纯销期后，食糖价格逐步回升，但多数企业销售已过半，亏损并未好转。据统计，2018/2019 年度全国制糖工业企业成品白砂糖累计平均售价 5248 元 / 吨，较上年度下跌 394 元 / 吨；全国制糖行业亏损 43 亿元，较上年度扩大 23.8 亿元。10 月进入 2019/2020 年度后，全球减产预期和国内市场供应偏紧推动国内糖价继续上行，11 月初上涨至 6200 元 / 吨左右。此后，随着国内生产进入高峰期和进口糖大量上市，市场出现阶段性过剩，国内糖价逐步走低，年底跌至 5700 元 / 吨左右。

二 棉花储备管理

2019 年，国家粮食和物资储备局会同有关部门积极推进中央储备棉轮换工作。5 月至 9 月挂牌销售储备棉，累计成交 99.6 万吨，有效降低了纺织企业用棉成本，弥补了棉花产需缺口。12 月初，启动高品质新疆棉轮入，采取随行就市动态确定最高限价、向下公开竞价交易的方式，并根据市场情况及时调整每日挂牌竞买数量。截至 2020 年 3 月底储备轮入结束，累计成交 37.2 万吨。

（撰稿单位：国家粮食和物资储备局粮食储备司；撰稿人：许策、高明；审稿人：秦玉云、唐成）

物资储备

一 战略物资储备管理

（一）全力落实"十三五"规划，推动计划方案审批

以落实"十三五"规划为中心任务，多年来首次分品种制定战略物资收储和销售具体方案，分别对货物要求、资源渠道、供应商选择、采购销售形式、定价方式提出具体意见。以可行性为前提最大限度抢抓进度，综合考虑物资来源、供需关系、市场预期、价格水平和出入库能力等因素，研究提出 2019 年收储 6 个品种、轮换 1 个品种的计划。组织开展 2020 年计划建议研究，在确保可行的前提下，着力调整储备品种库存结构，研究提出收储 10 个品种、销售 7 个品种的计划建议。

（二）跟踪国际国内形势，适时提出政策建议

围绕保障国家资源安全需要，立足国家战略物资储备功能定位，定期跟踪监测国外战略物资供应安全和国防储备动向，关注国际关键材料贸易摩擦。考察研究提出加强我国战略物资储备的政策措施。组织开展战略物资品种规模研究，听取有关部门和企业意见，提出建立关键材料战略储备的建议。

（三）开展品种规模研究，广泛开展座谈调研

组织开展有色金属供应安全和储备品种规模研究。重点围绕国家科技重大专项、中国制造 2025、国家战略性新兴产业需求，分品种对资源安全形势进行分析，组织筛选我国近期发展急需、紧缺、关键的矿产资源品种。汇总分析我国重要战略性矿产资源用途、资源状况、生产能力，从重要性和风险性两个维度建立供应风险评价指标体系，开展"十四五"期间需求量测算。围绕战略物资品种规模广泛开展座谈和调研，围绕稀贵金属、小品种有色金属、关键材料的储备问题进行讨论，提出有关政策建议。

（四）积极发挥储备作用，配合落实国家政策

贯彻实施国务院批准的 2019 年海南全面深化改革开放工作要点，组织开展将高端天然橡胶纳入收储品种实地调研，结合天然橡胶战略储备的收储轮换，探索委托企业代储和实物置换，研究提出关于天然橡胶产业发展和参与储备轮换的建议。配合云南新设自由贸易试验区，研究重点依托企业生产和物流条件，实行委托代储和轮换，试点大宗储备物资常态化轮换模式，提出试点天然橡胶等资源性产品储备制度改革。积极支持钨、稀土等行业运行，研究加快组织相关产品收储，支持相关行业发展的建议。

（五）积极稳妥推进"116 专项"工作

按照"安全第一，时间、进度均须服从安全""一库一批一方案"的要求，拟定逐月作业方案，主动管控各类风险，克服面临困难问题，有序开展压茬推进相关工作，顺利完成 2018 年、2019 年收储计划。

（六）积极推进立法修规相关工作

开展《国家储备火炸药管理办法》《国家储备综合管理办法》等制度修订完善工作，进一步规范战略物资管理；完成《国家战略物资储备条例立法问题研究》，围绕战略物资储备保障国家安全，在原《国家战略物资储备条例》起草工作基础上，进一步修改完善，重启立法工作。

（七）积极配合开展物资储备大清查工作

为进一步摸清底数、掌握实情，全面汇总分析国家储备物资数量、质量情况，积极准备物资储备大清查，创新物资管理方式，提升信息化管理水平，探索适应新时代要求的国家储备物资管理方式和手段。

（撰稿单位：国家粮食和物资储备局物资储备司；撰稿人：晏然、刘毅军、潘瑶、程振意、王敏、高春旭、白啸辰、王爽、丁一凡；审稿人：徐高鹏、杨青、陈凤冬）

| 二 | 救灾应急物资储备管理 |

2019年，根据党中央关于深化党和国家机构改革部署要求，国家粮食和物资储备局深入学习贯彻习近平总书记关于防灾减灾救灾系列重要论述精神，聚焦国家储备安全核心职能，与应急管理部、民政部、水利部密切配合，顺利完成中央救灾和防汛抗旱物资（以下简称"中央应急救灾物资"）储备管理职责交接工作。入汛以来，按照应急管理部调令，国家粮食和物资储备局共紧急调运11批次21万余件中央应急救灾物资，有效应对了四川长宁6.0级地震，江西、湖南和广西抗洪抢险救灾急需以及援助伊朗特大洪灾，切实保障了灾区群众生命财产安全。

1月，召开中央救灾物资储备管理工作座谈会，国家粮食和物资储备局党组成员、副局长梁彦同志出席会议并讲话。应急管理部救灾和物资保障司有关同志，18个省粮食和物资储备局（粮食局）和垂管局、20个中央救灾物资储备库主要负责同志参加了会议。会议要求要坚持"统一规划、分类指导、分级负责、动态管理"的原则，谋划长远、加强研判、增强能力，通过建立完善机制、强化预案管理、优化储备布局进一步提升救灾物资储备和调配能力。

3月，印发《国家粮食和物资储备局办公室　应急管理部办公厅关于进一步做好中央救灾物资储备管理工作的通知》，要求有关单位强化责任落实，做好物资盘点等日常管理工作，加强应急值守，科学调度人力、物力，全力做好防大灾、救大险的应急物资保障工作。

4月，根据应急管理部调用指令，组织中央救灾物资合肥储备库紧急调运3000顶帐篷，用于援助伊朗特大洪水灾害。召开中央防汛抗旱物资储备管理工作高层会商，国家发展改革委党组成员、国家粮食和物资储备局党组书记、局长张务锋主持会议并讲话。应急管理部党组成员、副部长郑国光，国家粮食和物资储备局党组成员、副局长梁彦出席会议。会议通报了国家粮食和物资储备局与水利部有关中央防汛抗旱物资储备管理职责交接情况，部署安排了下一步中央防汛抗旱物资储备管理工作。由四川局承办、中央防汛抗旱物资重庆仓库协办，举办了中央防汛抗旱物资储备管理培训班，加强相关专业知识培训。

5月，赴云南、贵州、四川等灾害多发频发区就救灾物资储备管理深入调研，形成《关于中央救灾物资储备管理的研究报告》。结合中央应急救灾物资管理实际，对管理体制、运行机制等专题研究，分别形成两类物资储备安全管理体制机制改革研究报告，对物资轮换管理制度进行了探索研究。联合国家防总办公室印发《关于做好 2019 年中央防汛抗旱物资调用工作的通知》。按照 2019 年第 38 次国家粮食和物资储备局党组会要求，完成拨付 2018 年中央防汛抗旱物资储备管理费工作。

6 月，根据应急管理部调用指令，组织中央救灾物资长沙储备库紧急调运 1 万张折叠床、2 万床棉被、2000 顶帐篷，支持江西省吉安、上饶、鹰潭等地严重暴雨洪涝灾情救助。组织中央救灾物资南宁储备库紧急调运 2000 顶单帐篷、6000 张折叠床、2000 张折叠桌椅、1 万床棉被，支持广西壮族自治区严重暴雨洪涝灾情救助。组织中央救灾物资成都储备库紧急调运 7000 顶帐篷、1.4 万张折叠床、2.5 万床棉被，用于四川长宁地震灾区救助。会同应急管理部赴湖南、江西、福建开展汛期检查。

7 月，根据国家防汛抗旱总指挥部办公室（以下简称"国家防办"）调用指令，组织中央防汛抗旱物资南昌仓库紧急调运 50 艘橡皮艇，支持江西萍乡抗洪抢险救灾。根据应急管理部调用指令，组织中央救灾物资长沙储备库、合肥储备库紧急调运 1000 顶帐篷、1.3 万张折叠床、1.4 万套折叠桌凳、1.5 万床棉被，支援湖南省抗洪抢险救灾。联合国家防办在辽宁省沈阳市中央防汛抗旱物资仓库开展中央防汛抗旱物资应急调用演练。组织各垂管局开展中央防汛抗旱物资核查工作。与有关储备中央防汛抗旱物资的仓库（以下简称"代储仓库"）签订《2019 年中央防汛抗旱物资储备管理合同》。

8 月，根据应急管理部调用指令，组织中央救灾物资合肥储备库、北京储备库紧急调运 6000 顶帐篷、1 万床棉被、2.3 万张折叠床，支持浙江、山东、安徽等省抗击超强台风"利奇马"。按照国家粮食和物资储备局领导批示，根据应急管理部下达的采购计划和财政部的批复，启动 2019 年中央救灾物资采购工作。

9 月，完成中央救灾物资采购招标评标工作。与 11 家中标企业签订合同，共计完成采购 58.1 万件中央救灾物资，包括 3.1 万顶帐篷、10 万件棉大衣、20 万床棉被、10 万条毛巾被、15 万条毛毯。分别储存于长沙库、成都库、昆明库、渭南库、兰州库、乌鲁木齐库、合肥库、武汉库、西宁库 9 个储备库。完成中央防汛抗旱物资采购招标评标工作，与 8 家中标企业签订合同，完成了价值 3000 万元防汛物资采购。采购物资包括编织袋 363.69 万条、复膜编织布 237.77 万平方米、折叠式抢险金属网箱 2.54 万件、防管涌围井围板 547 件、移动升降灯塔 49 台和大流量应急排水单元 31 套。分别储存于中央防汛抗旱物资天津仓库、沈阳仓库等 23 座代储仓库。

10 月，按照国家粮食和物资储备局领导批示要求，组织专家督查组对生产中央救灾物资的 11 家中标企业开展生产督导检查。按水利部要求，以局函回复确认中央防汛抗旱物资资产情况。印发《关于确认中央防汛抗旱物资资产的函》。

11 月，根据 17 个省（自治区、直辖市）粮食和物资储备部门、应急管理部门反馈的中央救灾物资盘点报告，形成《关于确认中央救灾储备物资资产的复函》反馈民政部、应急管理部，做到中央救灾储备物资账实相符。

12 月，2019 年采购的中央救灾物资、中央防汛抗旱物资全部完成入库验收工作。

（撰稿单位：国家粮食和物资储备局安全仓储与科技司；撰稿人：杨林、张晶；审稿人：陈林）

三　物资储备基础设施建设

牢固树立忧患意识、底线思维，坚持从源头上防范化解安全风险，针对储备仓库安防系统功能丧失、物防技防能力与重点目标标准差距大、达不到部分安全环保强制性新要求等突出问题，组织实施国家储备仓库安全综合整治提升三年行动计划，编制相配套的《国家储备仓库安全综合整治建设项目三年规划》，2019 年 3 月 18 日第 49 次国家发展改革委主任办公会议审议通过，下达 2019 年 30 个安全综合整治项目 5 亿元投资，剩余 2 亿元投资次年下达。

2019 年，先后组织 100 多人次专家集中攻关，开展实地调研，形成统一技术标准和设备选型。制定国家储备仓库安全防范工程技术标准、安全环保达标技术标准、安防系统综合防雷规范等 3 项技术标准印发垂管系统，作为安全综合整治项目初步设计的依据，将高标准要求贯穿于设计、施工、监理各环节全过程。积极谋划 2020 年通用仓库安全综合整治提升建设项目，主要考虑通用储备仓库安全综合整治提升，重点布局 6 个区域综合性储备基地和 10 个特色储备基地，投资估算 3.7 亿元。

江西垂管局六七三处是首批安全综合整治项目中第一个完工的单位，项目实施抓得紧、各环节衔接得好，该局仅用 3 个月时间，在投资限额内做到了突出安全隐患清零，信息化水平明显提高，部分设备选型和技术指标高于统一标准规范要求，职工熟练掌握功能运用、实际操作，实现建设与应用无缝对接。为加强典型引领，发挥"头雁效应"，2019 年 10 月底，国家粮食和物资储备局以该项目为典型召开现场会，推广经验，以点带面，扩大示范带动效应。截至 2019 年底，首批项目全部完工。从已建成投产项目取得成效看，突出安全隐患消除率 100%，储备仓库标准化、信息化、智能化和综合管理水平明显提升。

（撰稿单位：国家粮食和物资储备局规划建设司；撰稿人：何晓伟；审稿人：钱毅、刘翔宜、晁铭波）

四　物资储备标准化

（一）物资储备标准化工作取得良好开端

2019 年 9 月，国家市场监督管理总局正式批复国家粮食和物资储备局国家物资储备行业标准代号"GC"（国储）和范围，同意新增国家物资储备行业标准，由国家粮食和物资储备局作为主管部门。"GC"代号的成功申请，标志着可依法依规制定物资储备行业标准，为下一步制定物资储备标准提供了重要的保障条件。

（二）粮食和物资储备标准化改革发展意见发布实施

国家粮食和物资储备局与国家标准化管理委员会联合印发了《关于改革粮食和物资储备标准化工作　推动高质量发展的意见》，对粮食和物资储备标准化工作深化改革、转型发展做出部署。这是国家粮食和物资储备局机构改革后坚持标准化引领，以高标准推动粮食和物资储备高质量发展的一项重要工作举措。

（三）成立了物资储备标准化工作协调机制

协调机制的主要职能是，在国家粮食和物资储备局党组领导下，统筹协调物资储备标准化工作。研究提出促进物资储备标准化重点工作，协调解决标准化工作中的重大问题；对重大标准的制定和实施进行协调，审议确定标准规划、计划和发布标准。协调机制成员单位由国家粮食和物资储备局办公室、粮食储备司、物资储备司、能源储备司、规划建设司、财务审计司、安全仓储与科技司、人事司、信息化推进办、标准质量中心、国家物资储备调节中心、国家石油储备中心、仓储安全和应急物资保障中心13个司局单位组成，标准质量中心为具体联络单位。13个司局单位负责人为协调机制成员，协调解决标准化工作中重大问题，加强分工合作，形成合力，加快推进物资储备标准化工作。

（四）成立国家物资储备标准化技术专家组

为加快推进物资储备标准化工作，保障物资储备标准的科学性、规范性，由48名具有广泛代表性的专家组成国家物资储备标准化技术专家组，主要负责国家物资储备行业标准的起草、技术审查等制修订工作。专家组实行动态管理，根据工作需要适时调整。

（五）开展物资储备标准化工作调研

组成调研组赴山西、四川、宁夏、湖北、浙江、重庆等省份进行实地调研，详细了解目前物资储备标准化现状、经验作法、存在问题和行业标准项目需求，听取基层单位对物资储备标准化工作的意见建议，为物资储备标准化工作的开展和改革性突破打下坚实基础。

（撰稿单位：国家粮食和物资储备局标准质量中心；撰稿人：陈寅、
袁强、尹诗文、祁潇哲；审稿人：徐广超、张庆娥、张艳）

能源储备

一 能源储备能力建设

（一）不断提升储备实力

根据国家石油储备基地建设进度，按照建成即储、择机收储的原则，抓住国际油价回落有利时机，不断扩大国家原油储备规模。开展成品油储备收储轮换工作，按期圆满完成了国家成品油储备质量升级任务。

（二）加快推进制度建设

多措并举推动储备管理制度化、规范化。针对机构改革实际，结合工作需要，加快了国家储备原油、成品油相关管理办法的制定和修订。会同有关部门修订完善国家石油储备基地管理办法。对《国家石油储备条例（送审稿）》提出有关建议。研究制定国家粮食和物资储备局关于建立健全能源安全储备制度有关实施方案。2019年5月，为提升储备原油管理制度化、规范化水平，在浙江舟山组织召开了国家储备原油管理制度座谈会。

（三）加强原油储备管理

分批赴石油储备基地和企业代储库调研，查看工作流程制度，座谈了解实际情况，加强储备基础管理。2019年7月，在山东青岛与中国石油大学（华东）继续教育学院联合举办了"国家原油储备培训班"，进一步加强队伍建设，提高储备原油监管和管理人员的业务素质及工作能力。

（四）加强成品油储备管理

组织成品油库存收拨盘点，开展年度损耗溢余核销处理工作，并提出收储轮换的总体考虑和计划建议。强化代储管理，组成监管检查组，赴江苏、湖南、河南等地区开展现场抽查，检查企业代储中央储备成品油数量、质量和储存管理等情况，指导代储企业成品油质量升级。采取调研、座谈等多种方式持续跟踪督促企业落实在线监管情况，全力推动企业代储在线监管工作。2019年10月，组织召开了代储企业专题座谈会，提出了代储工作新要求，并开展了经验交流。

（五）持续开展重大问题研究

密切跟踪国内外石油市场供需形势变化，定期开展分析，进行政策研究，形成了《2018年我国天然气消费量强劲增长 天然气进口量首居全球第一》《2018年我国原油消费量持续增长 原油对外依存度创新高》等报告。完成了《建立国家天然气战略储备研究》《国家储备成品油收储轮换市场化运作机制研究》《中央储备成品油常态化轮换机制研究》等课题研究，并启动"十四五"国家石油储备总体发展规划研究。2019年10月，组织赴法国能源储备政策及管理专题培训，研究借鉴国外先进经验，促进我国能源储备建储、管储、用储能力提升。

（撰稿单位：国家粮食和物资储备局能源储备司；撰稿人：张永强、葛连昆、杨正、徐超蓝、魏夏菲、陈聪、王晨、夏立军、陈媛媛、王锐、朱伟、朱伟伟、何燕妮；审稿人：裴建军、车英、熊晓宝）

二　能源储备基础设施建设

（一）石油储备能力建设方面

2019 年，全力推进二期项目收尾和三期项目可研编制、初步设计及开工准备工作。制定《国家石油储备基地第三期项目建设管理办法》《资金管理办法》《招投标管理办法》《委托管理办法》等配套管理办法，规范项目管理，强化风险防控。积极推进基地公司注册工作，起草并完善《基地公司章程》《基地公司章程编制说明》等注册公司要件。组织受托企业、项目单位深入测算，申报国家石油储备项目建设中央预算内投资计划并及时拨付资金。建立项目进度月报制度，定期跟进、督促石油石化企业加快项目建设。

（二）国家成品油储备能力建设方面

组织各项目单位对已开工国家成品油储备能力建设项目制约问题反复研讨，提出自查整改、安全检查、专家会诊、约谈督导、重订标尺"五个一"措施，建立常态化会诊和约谈制度，通过召开现场督导推进会，简报通报、重点约谈、视频会议调度、现场调研等方式综合施策，传导压力，压实责任，项目实施进度明显加快。2019 年，现场调研累计 30 余次，召开现场推进会 1 次，在建项目总投资完成率全年提升 29%。全力推进未开工项目取得进展，坚持问题导向、突破"瓶颈"，逐项解决未开工项目制约问题，相关项目取得积极进展和实质性突破。

（三）规范项目管理方面

制定《国家粮食和物资储备投资项目管理办法》，加强和规范项目管理，健全科学民主投资决策机制，有效防控风险，提高投资效益。抓好安全质量，邀请专家就油库工程建设带有规律性的安全薄弱点和薄弱环节进行梳理总结，要求项目单位制定安全检查要点清单和安全生产、质量检测负面清单，探索提高基础设施建设安全管理长效机制，对工程项目建设中的安全生产问题提出更高标准，牢牢守住施工安全和工程质量两条底线。

（撰稿单位：国家粮食和物资储备局规划建设司；撰稿人：刘贵鹏；审稿人：钱毅、刘翔宜、晁铭波）

信息化建设

一　信息化谋划指导作用凸显

（一）全面启动"十四五"谋划工作

2019年，国家粮食和物资储备局围绕加快形成粮食和物资储备信息化"一网通、一张图、一张表"主要目标，统筹推进整合资源、打通数据、贯通应用工作，多措并举强化行业信息化建设谋划和指导，信息化对日常工作和行业系统发展的支撑能力进一步增强。印发《关于统筹推进粮食和物资储备信息化建设的指导意见》，明确"十四五"的总体思路方向。通过座谈、研讨、调研等方式，广泛问计于专家、智库，启动"十四五"信息化发展规划前期研究和规划编制工作。

（二）编制出台资源整合优化方案

在2019年"整合资源、打通数据、贯通应用"集中攻坚取得阶段性进展的基础上，进一步深入梳理和反复论证，形成了《信息化资源整合优化工作方案》和7个子项方案，对截至2020年底的"一整两通"攻坚工作进行统一详细安排。计划从网络、平台、应用、机房、安全、运维6个方面全方位系统性整合优化，为全局提供更加集约、实用、管用、好用的信息化环境，提升已有应用成效。

2019年10月18日，国家发展和改革委员会党组成员、国家粮食和物资储备局党组书记、局长张务锋（左五），国家粮食和物资储备局党组成员、副局长黄炜（左四）与国家粮食和物资储备局党组成员、副局长梁彦（右二）在参加全国粮食和物资储备信息化现场经验交流会期间，参观安徽合肥现代粮食物流中心库。

（三）统筹推进新办公区建设

按照"同步设计、同步建设、同步迁移"的工作思路，与基建办紧密配合，会同有关专家和设计院所反复沟通论证，制定了国家粮食和物资储备局月坛北街 25 号院办公楼改造后新办公区信息化基础设施建设设计方案，明确综合布线、机房、视频会议室、应急指挥中心等的详细要求和施工方案。

（四）创新开展行业信息化培训

为深入学习贯彻习近平总书记关于信息化工作的重要指示精神，加快推进粮食和物资储备信息化建设，10 月 17 日，国家粮食和物资储备局在安徽合肥召开全国粮食和物资储备信息化现场经验交流会。通过实时场景展现、案例介绍和现场体验，集中呈现成果亮点，交流先进经验。国家发展改革委党组成员，国家粮食和物资储备局党组书记、局长张务锋出席现场会并发表重要讲话，对加快推进粮食和物资储备信息化建设做出重要部署，为谋划推进"十四五"粮食和物资储备信息化发展奠定了坚实的基础。

二　"一整两通"集中攻坚初见成效

（一）整合资源，加快实现"一网通"

在国家局层面整合粮食与物资储备两套网络资源，连通国家粮食和物资储备局国宏大厦、月坛北街 25 号院、月坛北小街 2 号院、科学研究院等多个办公地点涉密内网节点，实现机关、事业单位和垂管系统涉密网络全面互联互通，云、机房、已建和在建的信息化设施设备等基础资源得到充分利用。与中储粮集团通过专线实现部分监管数据直连。到 2019 年底，基本形成统一的云网支撑，实现平台化集成。在此基础上不断优化信息化资源配置、完善平台功能，与国家粮食和物资储备局办公楼综合改造信息化建设实现无缝对接、整体迁移。到 2020 年底，整合形成包含互联网门户网站、业务系统、管理系统、共享平台、数据中心、安全系统、运维系统七大系统的物理统一集中、逻辑分级授权的大平台。

（二）打通数据，形成"一张图""一张表"

2019 年 7 月起，国家平台与省级平台"数据通"进度明显加快，已与安徽等 16 个省份实现业务数据对接，22 个接口累计上传数据 405 万条，能够逐级下传到具体库点，采集货位的数量、质量和出入库、通风、熏蒸等数据信息。与山西、江苏、安徽、贵州、云南、宁夏等 9 个省级平台实现"视频通"，累计接入 285 个库点 8000 路视频。坚持标准先行，同步制定了《国家粮食和物资储备管理平台与省级平台数据互通共享技术规范》《粮食行业视频监控系统互联互通技术规范》等基础标准规范。结合国家储备仓库安全综合整治提升三年行动和国家成品油储备能力建设工程，垂管系统储备仓库节点信息化顺利推进。按照成熟一个、打通一个的原则，各省级平台和垂管系统储备仓库节点都将陆续接入平台，实现"数据通、视频通"。2019 年底基本形成接入库点储备布局"一张图"、数据"一张表"，实现"业务全知道、现场能看到"。在此基础上不断扩大覆盖范围，与国家粮食和物资储备局办公楼综合改造同步建设安全数据中心，2020 年基本实现粮食和物资储备布局"一张图"、储备数据"一张表"。

（三）贯通应用，提升政务业务便民服务

国家粮食和物资储备局视频会议系统已连通 32 个省级粮食和物资储备部门，并投入使用，印发

视频会议使用管理办法，进一步鼓励和规范使用；通过物资储备专网开通了 26 个垂管局会议系统，下一步保密测评后即可实现两套视频会议系统贯通使用。国家粮食和物资储备局网上办公系统正在优化完善，2020 年底前全面上线使用，实现局机关、事业单位与垂管局全流程网上办理和电子公文交换。持续在深化应用上下功夫，支持各司局单位最大化利用数据、网络和平台资源，提出业务需求，完善系统功能，再造业务流程，改进工作方式，提高效率效能。同时，扩大国家平台数据服务范围，有序向省级平台开放数据应用。按照国办要求，国家粮食和物资储备局政务服务旗舰店已建成并上线试运行，实现了全部 11 项服务事项数据自动化采集，完成"互联网＋监管"事项目录清单，并依托国家数据共享交换平台做好数据对接。

三　重点项目建设稳步推进

（一）中共中央办公厅、国务院办公厅专项任务进展顺利

国家政务服务一体化平台上线应用。政务服务旗舰店于 6 月按期上线试运行，完成事项管理库等八大对接任务，转入应用阶段。"互联网＋监管"投入试用。国家粮食和物资储备局"双随机、一公开"等系统与国务院办公厅"互联网＋监管"系统顺利对接，10 月投入试用。建立安全管理责任制度，组织专业运维团队对接入应用进行实时监测，保障系统稳定运行。

（二）粮库智能化升级改造加速推进

地方粮库智能化升级改造 6519 个项目中，已竣工验收 4069 个，完工率 62%；开工建设 6245 个，开工率 95%，比上年底分别增长 17% 和 35%。省级平台已建成 15 个，还有 5 个进入测试阶段。除重庆、西藏外，其他省份项目均全面开工，其中北京、江苏、安徽、山东、河南、湖南、贵州、青海、宁夏、新疆等省份基本完成建设任务。

（三）物资储备二期工程加快建设

建设覆盖国家粮食和物资储备局、26 个垂管局和 39 个火炸药库的三级涉密专网、一体化管理平台和统一门户，升级办公系统，开发国有资产、固定资产投资、财务管理、人事管理、安全监管等业务应用系统，并为综合仓库和成品油库接入预留接口。已基本完成项目建设，实现三级互联互通，垂管局、直属处已实现网上办公，视频会议系统可连通 26 个垂管局。通过分保测评后即可与国家粮食和物资储备局涉密内网联通。

（撰稿单位：国家粮食和物资储备局信息化推进办公室；撰稿人：杨正、彭守根、邝琼、葛亮、修阳、杨晓华、张维、张杰才、母亚双、史策、张书红、陈国清、赵文博；审稿人：卜轶彪、于英威）

科研发展

一   科技进步与创新

（一）成功举办粮食科技活动周，推进创新服务"三链协同"

成功举办了"科技人才共支撑、兴粮兴储保安全"为主题的 2019 年全国粮食科技活动周，在南京举办启动仪式，现场设置科普展板，展示优质粮食工程、粮食公益性行业科研专项、"一带一路"国际合作等领域的最新成果，以及粮油营养健康知识等。活动周期间为国家粮食产后技术创新、粮食产业（小麦面条制品）、粮食产业（芝麻加工）技术创新中心授牌，为"粮食科技特派员"小分队、"百名博士服务粮企"小分队授旗。同时，在南京财经大学举办了"科技成果""科研机构""科研人才"与企业"三对接"活动，对 50 余家单位 200 余项科技成果进行了展示，14 项最新粮食科技成果进行现场发布，进一步拉近了科技供求双方的距离，提高了行业科学素质，为实现科技成果快速转化奠定基础。

2019 年 5 月 21 日，全国粮食科技活动周启动仪式在江苏南京举行。国家发展和改革委员会党组成员，国家粮食和物资储备局党组书记、局长张务锋（前排左一），江苏省委常委、常务副省长樊金龙（前排右一）出席启动仪式并致辞。

（二）召开"科技人才工作座谈会"，推进创新驱动发展战略

2019 年粮食科技活动周期间，召开了全国粮食和物资储备系统科技和人才工作座谈会，会议进一步总结了成效、交流了经验。会议强调，各地要坚持目标导向和问题导向，准确把握科技兴粮和人才兴粮的方向和重点。要进一步向守住管好"天下粮仓"聚焦，围绕储粮安全和生产安全，加大技术研发力度，提高绿色化、信息化、智能化水平。要进一步向推动粮食产业高质量发展聚焦，着眼于延伸粮食产业链、提升价值链、打造供应链，围绕实现"五优联动"，统筹布局创新链，推进粮油适度加工和深加工技术创新，造就大批高素质人才，促进产业结构优化、动能转换。要进一步向提高防范化解风险能力聚焦，紧密对接粮食"产购储加销"体系建设、粮食质量安全检验监测网络建设和粮食安全战略决策咨询机制建设。

（三）加强创新中心等平台建设，促进产学研融合发展

一是引导粮食产业科技创新联盟建设，促进产学研用融合。按照《关于粮食产业科技创新联盟建设的指导意见》，引导有关企业组建创新战略联盟，促进产学研紧密融通，提高粮食产业可持续发展动力，充分发挥粮食产业科技创新联盟的技术"孵化器"和产业发展"助推器"的作用。二是培育技术创新中心，推动科技创新与产业紧密结合，为促进重大粮食科研成果工程化、系统化提供有效支撑。先后批复南京财经大学组建"国家粮食（产后服务）技术创新中心"，克明面业股份有限公司组建"国家粮食产业（小麦面条制品）技术创新中心"，合肥燕庄食用油有限责任公司组建"国家粮食产业（芝麻加工）技术创新中心"。三是评估原国家粮食局工程技术研究中心，完善创新平台体系。组织完成了河南工业大学承建的"国家粮油食品工程技术研究中心"，辽宁省粮食科学研究所承建的"国家玉米干燥工程研究中心"，郑州中粮科研设计院有限公司承建的"国家粮食—物流工程技术研究中心"的评估工作。

（四）强化科技项目管理，促进行业科技创新

一是推荐粮食科技创新团队，承担国家科技计划粮食产业项目。推荐中粮营养健康研究院有限公司牵头承担"战略性国际科技创新合作"专项"小麦生产 L-赖氨酸关键技术开发及产业示范"项目；推荐国家粮食和物资储备局科学研究院牵头承担"食品安全关键技术研发"重点专项 2019 年度项目中的"粮食污染物综合处理技术集成与示范""食品腐败变质以及霉变智能化实时监控与报警、溯源技术应用示范"；推荐南京财经大学牵头承担"粮油质量安全过程保障与追溯技术集成与示范"项目；推荐国家粮食和物资储备局科学研究院牵头承担"环境胁迫下粮油保质减损关键技术和装备联合研发与示范"项目。二是强化科技项目管理，服务产业发展。组织完成了对江南大学牵头承担的"粮油加工技术与装备开发应用"、南京财经大学牵头承担的"粮油质量安全检测技术研究"、郑州中粮科研设计院有限公司牵头承担的"'北粮南运'关键物流装备研究开发"等 9 个项目验收工作，并积极推广项目产生的优秀成果。三是完成了"国家粮食储运监管物联网应用示范工程"等项目验收工作，并将验收材料报送国家发展改革委备案。

（五）推荐各类科技奖项，激励引导技术创新研究

一是经征集、评审，推荐江南大学钟芳教授候选"2019 年创新人才推进计划中青年科技创新领军人才"，江南大学"绿色制造关键技术的开发及应用创新团队"候选"2019 年创新人才推进计划重点领域创新团队"，国家粮食和物资储备局科学研究院候选"2019 年创新人才推进计划创新人才培养示范基地"。二是遴选推荐国家粮食和物资储备局科学研究院吴娜娜等 5 位同志为 2019 年国家"万

人计划"青年拔尖人才候选人。三是面向全行业广泛公开征集，遴选推荐了第十六届中国青年科技奖候选人。

（撰稿单位：国家粮食和物资储备局安全仓储与科技司；撰稿人：管伟举；审稿人：王旭）

◆ 国家粮食和物资储备局科学研究院

2019 年，国家粮食和物资储备局科学研究院（以下简称"粮科院"）围绕粮食行业中心工作，持续推进"深化改革、转型发展"，积极发挥科技支撑作用，粮食科技进步与创新取得一系列丰硕成果。

（一）科学规划院所发展，科技创新取得可喜成绩

认真贯彻落实习近平总书记"三个面向"的重要指示精神，聚焦行业科技需求，抓好顶层设计，规划科研发展。完成院学术委员会换届工作，聘请院士、知名专家担任委员，院外委员超过半数，提高了学术委员会的权威性和公正性。编制《国家粮食和物资储备局科学研究院科研发展规划（2019—2025 年）》，明确了 6 个研究领域发展目标和科研方向，对未来 7 年全院的学科发展、成果转化、国际合作等做出系统安排。凝练出行业急需的 11 个重点项目，集中力量，组织攻关。

全年获批国家自然科学基金 4 项，获批数量有了较大提高。牵头、参与申报国家、地方科研课题（标准）91 项，新立项课题（标准）37 项，立项课题（标准）经费总预算 1000 余万元。发表论文 80 篇（第一署名单位），其中北大核心论文 27 篇，国外发表 17 篇。申请发明专利 46 项，授权发明专利 16 项。牵头制定 8 项国家标准并正式发布。签约专著出版 3 部。签订"四技"合同 57 项，合同金额首次突破 2000 万元，较上年增长 83.2%，其中成果转化收入近 1000 万元。基本科研业务费专项课题形成 2 项新工艺、2 个新方法、4 个新产品、1 项技术规范、1 套数据储存和可视化程序。同时，通过科技创新带动人才培养，2019 年高级职称晋升 19 人，中级职称晋升 39 人，联合培养研究生 3 人。

1. 粮食储藏技术研究领域。在粮食收储保质降耗关键技术研究与装备开发中，成功实现稻谷储藏通风水分损失控制在 0.3% 之内，烘干能耗降低 20% 以上的目标。储粮安全"早知道"监测预警信息服务平台确定了粮情动态扫描分析软件模块、通风工艺智能判定专家系统、储粮霉菌微生物生长监测预警模块和害虫在线采集与智能化监测模块 4 个模块，其中"粮情动态扫描分析软件"模块已上线，并成功应用到 2019 年全国政策性粮食库存大清查工作中。"低温储粮"和"磷化氢替代技术"均进入实质研发阶段。

2. 粮油加工技术研究领域。健康谷物（全谷物）加工新技术与产品创制推广顺利。开发了糙米米线加工品质及保质期改良技术、淀粉质豆类重组加工及风味控制技术、低 GI 多谷物食品加工及品质改良技术、全麦粉麸皮发酵改良技术 4 项；研制糙米米线、高蛋白糙米速食粥、高纤维糙米速食粥、低 GI 多谷物速食代餐粉、非油炸多谷物脆片、多谷物面包、全麦面包新产品 7 种。建立全麦粉中麦胚凝集素含量的检测方法。启动《健康谷物及其产品术语》等 5 项标准。《优质油茶籽油生产全产业链关键技术及应用》荣获"2019 年湖南省科学技术进步奖三等奖"。"全谷物营养与加工"获得了 2019 年国家科学技术学术著作出版基金资助项目。真菌毒素污染防控及污染粮食的高值化利用技术研发取得新突破。取得 DON 和 ZEN 标准样品，制备 3 个耐酸菌株样品。制备了新菌株降解 DON 和 FB1 的部分降解产物，并进行了核磁结构鉴定，正解析降解机制并推导降解产物的安全性。初步优化了玉米油生产过程中的 ZEN 脱除关键参数。完成降解菌（酶）产品脱毒效果的猪、鸡饲喂实验，

验证包被制品效果显著。

3. 粮食质量安全研究领域。粮油污染物监测预警关键技术研究上取得新进展。持续研究监测获得了小麦黄淮海真菌毒素污染数据，新获得东北玉米和部分区域稻谷的研究性污染数据。筛选构建了我国黄淮海地区小麦呕吐毒素污染风险的相关气象、农气等影响因子库，初步形成我国黄淮海小麦呕吐毒素预测的初代模型。不断推进粮食中真菌毒素、重金属自动化和现场化检测技术研发。开发了基于自动化固相萃取技术的真菌毒素分析方法，进一步提升真菌毒素检测自动化水平。与相关仪器厂商联合研制粮食中铅镉同测仪和便携式重金属快速检测仪，初步实现粮食中铅、镉检测的自动化和现场化检测。成功开发油脂常检必检指标标准物质／质控样品和重金属及真菌毒素标准物质新品种。其中研制出植物油中过氧化值和酸价质控样品、大豆油、葵花籽油、花生油、芝麻油、菜籽油和玉米油 6 种植物油脂肪酸组成／反式脂肪酸组成分析质控样品，补充了行业内外对于植物油中关键指标分析对于标准物质和质控样品的急迫需求。

4. 粮食品质营养研究领域。深入研究粮食营养价值评价和功能食品影响机制。完成了谷物＋杂豆复合物的猪模型评价试验，玉米果糖对机体健康参数的影响评价和不同剂量果糖摄入对机体健康参数的影响评价研究。"矢车菊素–3–葡萄糖苷通过调控内质网应激增强 RPE 细胞屏障功能的机制研究"获得国家自然科学基金资助。大豆粕替代与粮油资源高效生物转化饲料技术研究及产业化稳步推进。依据硫甙降解产物、真菌毒素、酸溶蛋白等指标筛选确定了最佳的菌种组合。利用前期中试化生产的发酵棉籽蛋白开展替代豆粕试验研究，评价游离棉酚体内代谢规律。开展发酵玉米淀粉加工副产物原料基本营养成分和真菌毒素检测，根据菌种生长情况、毒素降解情况开展大量小试研究工作。开发乳化凝胶化工艺生产植物乳杆菌、嗜酸乳杆菌等乳酸杆菌。实现乳酸杆菌产品常温保质期 3 个月，制粒存活率 30%，促进重点工作的取得实质性突破。开发出具有抑制致病菌和除臭的益生菌，"饲用复合微生态制剂开发及应用技术"达到了国内领先水平。构建粮食品质营养数据库平台。已完成一期平台架构开发，实现了后台数据维护功能、查询检索功能，可实现我国粮食品质概况、粮食生产区域优势和特色、粮食品种品质特征和营养特性的查询分析功能。完成数据库前段采样内嵌功能并进行试用。

5. 粮食产业技术经济研究领域。有效服务主管部门决策，完成"构建统一的粮食和物资储备体系"研究报告，参与编写《河南主食产业高质量发展研究》报告。深度服务产业经济发展，承担国家粮食和物资储备局仓储科技司、新疆维吾尔自治区粮食和物资储备局等 6 项研究课题或规划咨询。与澳大利亚农业资源经济科学局组织召开学术研讨会。组织完成"全球经济政策不确定性对中国粮食价格波动和贸易影响的实证分析"软科学课题研究。

（二）聚焦行业重大需求，提供粮食科技支撑服务

1. 深入推进"中国好粮油"行动计划。完善政策体系，参与制定《财政部　粮食和储备局关于深入实施"优质粮食工程"的意见》（财建〔2019〕287 号）文件和《"中国好粮油"行动计划实施指南》《"中国好粮油"产品和标识管理办法》，编制《中国粮油营养大典》，不断加强对"中国好粮油"行动的总体安排和顶层设计。在北京顺义举办全国专题培训会，2019 年 11 月在山东省临沂市举办"中国好粮油"行动计划典型经验现场交流会，并在多地展开"中国好粮油"行动计划实施情况调研，挖掘培树典型，发挥示范引领作用。在增加绿色优质粮油产品供给，促进农民增收、企业增效、消费者得实惠等方面取得了阶段性成效。

2. 做好行业规划咨询服务工作。积极参与国家粮食和物资储备局"十四五"规划和粮食安全保障法课题研究，完成了《加快粮食物流现代化建设研究报告》和《深入实施优质粮食工程研究报告》。配合中国储备粮管理集团有限公司工作，参与黑龙江兰西粮食储备库项目前期规划。作为物流分会秘书长单位，在东莞成功举办《全国粮食现代物流发展论坛——暨2019年学术年会》，进一步提升了行业影响力。

3. 为全国粮食库存监管提供技术支持。承担全国库存大清查检测任务，完成了库存大清查试点样品、复核样品、国家抽检样品及执法督查局指定样品的检测工作，提交了检测报告和综合分析报告。参加了全国政策性粮食库存数量和质量大清查联合抽查工作，配合执法督查局开展了举报涉及样品的抽查工作。代表国家粮食和物资储备局参加2019年全国科学实验展演活动，获得优秀组织奖。

4. 高质量完成行业标准制修订工作。粮科院原粮及制品分技术委员会秘书处对220项现行标准提出了清理建议，全面掌握了121项在研标准计划的进展情况。配合国家局标准质量中心完成69项原粮及制品标准计划立项审核工作，完成了2019年第一批33项行业标准计划和《稻谷》国家标准计划的任务下达等工作。完成《发芽糙米》等4项国家标准以及《米皮》等17项行业标准审查工作。完成《绿豆》等12项国家标准修订计划申报，《粮油检验大米水浸裂纹粒的测定方法》等3项国家标准计划的材料审核工作；按照国家标准委要求，完成《小麦麸》等21项在研推荐性国家标准计划项目再评估工作。

（三）加强合作交流，促进产学研用结合

1. 深入推进对外交流合作。2019年外事出访18项40人次，接待来自澳大利亚农业与水利部、默多克大学、农业资源经济科学局、法国粮食出口协会、"一带一路"国家粮食加工与检测技术培训班等12个国际代表团的来访，接待来访外宾68人次。同时，主办国际会议三次，分别是"地平线2020计划"MyToolBox项目2019年年会暨中欧真菌毒素防控技术研讨会、2019年度中日稻米产业科技研讨会和2019年度国际粮食营养改善经验交流研讨会。接待自奥地利、德国、英国、意大利、瑞士等国家的30多位粮油领域专家来华开展学术交流，参会人数累计近达500人次。

2. 加快产学研用一体化。利用院属企业独特优势，以"项目驱动、优势互补、融合发展"为原则，打造储运、加工工艺及装备研发，以及检测技术及仪器设备研发两大平台，延伸科研链条。2019年，在质量安全检测仪器研发上取得突破，成果得到推广应用，为促进我国粮食检测技术进步做出了重要贡献。充分发挥清苑粮库科技示范库作用，协助相关科研团队，成功开展了粮粒表层结露吸附和粮堆生态多因子相互耦合机制研究的专项技术服务、河北地区小麦或玉米横向智能通风系统应用优化与示范、粮食真菌毒素污染综合防控系统关键技术、捕食螨研究4项仓储科研工作。

3. 加大人才引进和培养力度。2019年共接收应届毕业生18人，多数来自"985"、"211"高校，其中博士研究生4名、硕士研究生13名。社会招聘19人。2名专业技术人员进藏开展短期技术指导培训，3人参加处级干部培训班，1人参加高级研修班，支持7名职工参加继续教育和专业技术培训。加强与高校联合培养学生力度，与中南林业科技大学、北京工业大学等院校签订联合培养协议，创立"国粮创新班"。现共有联合培养研究生40余名。

4. 有序推进科技期刊出版。《粮油食品科技》杂志全年6期收录和处理科技论文200余篇，刊载文章101篇，在中国知网、万方、维普等刊登。中国知网浏览下载4万余次。为科研人员采集文献专利200余篇。继续被收录为2019年中国科技核心期刊，加盟成为中国科技期刊编辑学会会员单位。

5. 夯实科研条件基础。全年实验室仪器设备购置投入资金 4510 万元，完成 2019 年粮油及深加工产品高效节能环保干燥技术研发中试平台项目及国家粮食和物质储备局大清查项目仪器设备的采购工作，以及 66 台 / 套仪器设备的安装调试、验收、使用培训，开展大型仪器培训 14 次，累计接受培训 185 人次。

（撰稿单位：国家粮食和物资储备局科学研究院；撰稿人：钟昱；审稿人：谭本刚）

◆ 中国粮油学会

（一）发挥学术引领力，推动行业学术繁荣

1. 积极开展专题性学术交流。中国粮油学会（以下简称"学会"）及所属分会聚焦学科前沿、创新组织形式，举办了中国科学技术协会（以下简称"中国科协"）第 371 次青年科学家论坛、油脂分会第二十八届学术年会暨产品展示会、第九届全国粮油储藏学术交流大会、健康谷物食品融合发展技术研讨会、第一届全国饲料加工与质量安全学术研讨会等学术会议 30 次，提交论文 370 篇，参会人数 4800 余人次，推动了行业的学术繁荣。中国科协青年科学家论坛是中国科协自 1995 年创建的重要学术品牌活动和交流项目。学会承办了中国科协第 371 次青年科学家论坛，特邀 5 位教授作了精彩的学术报告，33 位青年专家学者进行交流分享，来自全国粮油相关领域的 210 多名青年科技工作者参加了会议。80 多岁高龄的资深专家以"道远知骥"告诫广大青年科技工作者要摒除浮躁，树立良好的学风道德，沉下心来做科研，以科学精神引领学术新风。学会除积极主办各类学术活动外，同时大力支持第二届 ICC 亚太区国际粮食科技大会、第六届国际稻米油科学技术大会、2019 中国小麦精深加工产业创新高峰论坛等行业学术会议，进一步推动了行业的学术繁荣。

2. 着力打造行业卓越期刊。2019 年《中国粮油学报》（以下简称"学报"）出版的"全国粮食科技活动周专刊"以"科技人才共支撑、兴粮兴储保安全"为主题，刊登 36 篇稿件，聚焦科技创新兴粮兴储，为全国科技活动周做好舆论宣传。在第四届百篇中国科协优秀科技论文遴选计划中，学报稿件《大豆分离蛋白结构特性与表面疏水性的关系》成功入选，自该计划实施以来，学报论文连续 4 年获此荣誉。学报的引证指标如影响因子、总被引频次稳步提升，在食品科技类期刊中名列前茅。在中国知网上实行优先数字出版的基础上，开展网络首发工作，抢占科研成果首发权，扩大稿件传播类型和范围，提升期刊的影响力，截至目前共在中国知网出版稿件 223 篇。同时通过微信公众号、超星学习通 APP 等方式，为行业科研人员提供电子化期刊摘要及过刊下载功能。

3. 持续推进学科发展建设。组织百余位业内知名专家、学者深入调研，撰写完成了《2018—2019 粮油科学技术学科发展报告》。报告包括综合报告和粮油储藏学科发展研究、粮食加工学科发展研究、油脂加工学科发展研究、粮油质量安全学科发展研究、粮食物流学科发展研究、饲料加工学科发展研究、粮油信息与自动化学科发展研究 7 项专题报告。全面总结了近 5 年来粮油科学技术学科的创新发展历程，以及取得的新观点、新理论、新方法、新技术、新成果；研究了国内外粮油科学技术最新研究热点、前沿和趋势，深入分析国内本学科与世界同行先进水平存在的差距、问题及原因；论证了我国新时代粮油科学技术学科的发展战略需求，提出了未来五年学科的研究方向、研发重点及发展趋势。经过全行业不懈努力，中国工程院环境与轻纺工程学部新增粮油科学与技术专业。

（二）打造高端智库，强化战略支撑力

1. 提升科技奖励评估工作影响力，助力粮油行业科技创新发展。顺利完成国家粮食和物资储备局重点调研课题"粮油营养科技创新与双创项目融合模式研究"，撰写《坚持市场导向　创新成果转化模式　助推粮油营养科技创新发展》调研报告；协助国家粮食和物资储备局安全仓储与科技司组织2019 年全国粮食科技活动周，推荐 13 项成果，9 个创新机构和 10 个团队、1 个科技需求、7 家参展单位；向国家粮食和物资储备局安全仓储与科技司推荐 9 项粮油科技成果进行成果登记；协助国家粮食和物资储备局粮食储备司起草《关于创新完善粮食"产购储加销"体系确保国家粮食安全的实施意见》。入选中国科协公共服务能力提升项目"学会承接政府转移职能常态化"，获批"'三库'协同创新，助力学会承接政府转移职能常态化"。向中国科协推荐的 2 项技术成果入选中国科协前沿领域科技成果；学会提供的"技术咨询、政策咨询"服务成功入选中国科协《全国学会社会化公共服务产品目录》，并在第二十一届中国科协年会期间发布；向中国科协"绿平台"推荐 112 位业内优秀专家和 6 项可转化科技成果，为企业创新发展、促进产学研用深度融合提供线上服务。完成 2019 年度中国粮油学会科学技术奖评选工作，评选出获奖项目 24 项，其中特等奖 2 项、一等奖 5 项、二等奖 10项、三等奖 7 项。受单位会员委托，学会组织专家完成"FBGY 系列小麦剥皮机的研制与应用"等25 个项目的科技成果评价。

2. 加快粮油领域团体标准建设，助力粮食产业高质量发展。正式发布《浓香菜籽油》等 5 项团体标准，填补行业空白，服务粮食标准体系建设，提高粮食行业市场竞争力。面向行业开展团体标准宣贯推广、实施工作，指导相关企业科学规范应用标准，提升标准生命力。新立项标准 34 项，项目类别丰富、专业覆盖面广，不仅涵盖从原粮、储藏、流通、加工、检测到产品的粮食全产业链，而且聚焦新技术、新业态，搭建交叉领域协同创新平台，满足人民对优质、绿色产品的需求。由于学会团体标准工作持续有效开展，成功入选 2019 中国科协公共服务能力提升项目"团体标准示范学会"，获批"加快粮食团体标准体系建设，促进粮食产业高质量发展"。

3. 放大行业优势，助力地方粮食产业经济发展。积极整合资源，与海南省粮食和物资储备局、山东省泰安市人民政府、湖北省潜江市人民政府、湖南省宁乡市人民政府、河北省蔚县人民政府、河南省汤阴县人民政府等地方政府开展形式多样、内容丰富的交流合作，推进粮油科技成果转化进程，服务地方粮油产业经济发展。学会与泰安市人民政府举办的第二届中国泰山粮油论坛暨第十四届粮油产销企业订货会，300 余家企业参展，近 16000 人参观，米面油订货量近 600 万吨，签约金额达到200 亿元，粮机成交额超过 6 亿元。积极组织专家到数十家企业开展点对点服务，就行业现状、企业发展、生产工艺等方面为企业提出专业的意见建议，进一步推动了粮油加工企业的发展。组织行业科技力量到新疆、河北、河南、内蒙古、宁夏等地的部分地区开展调研、走访，为当地政府和企业建言献策。

（三）广泛开展科学普及，提升学会文化传播力

学会受中国科协邀请成为"中国公民科学素质促进联合体"共同发起单位，积极参与各项筹备工作。被中国科协授予"中国科技志愿服务百家学会"称号。全国科技活动周组委会办公室向学会颁发荣誉证书，对学会在 2019 年全国科技活动周重大示范活动中的积极参与、热情服务给予肯定。为弘扬"爱国、创新、求实、奉献、协同、育人"的中国科学家精神，将其融入"奉献、友爱、互助、进步"的志愿服务之中，学会成立"中国粮油学会科普志愿者总队"，新组建 10 个科学传播专家团

队，调动广大科学家积极参与科普工作，促进科普人才队伍建设。通过深入社区、学校、互联网直播等方式开展科普相关活动85次，现场受众5400人。学会与汤阴县政府携手举办中国粮油学会全国粮食科技活动周科普宣传系列活动，向汤阴县赠送了学会编印的科普图书500册，邀请专家以"厨房减少肿瘤风险"为主题，指导大家在日常生活中如何科学饮食减少肿瘤风险、预防肿瘤发生，现场和线上受众超过1200人次。

（四）加强与国际组织交流合作，扩展国际科技朋友圈

1.请进来，积极举办国际学术活动。2019年11月17~18日，由学会和海南省粮食和物资储备局共同主办的"第六届全谷物食品与健康国际研讨会"在海南省海口市召开，近300人参会。会议主题为"全谷物产业发展、助力健康中国行动"，邀请来自法国、韩国、瑞士及我国全谷物研究领域专家、学者23人做大会报告，积极践行"健康中国行动"，对标新时代消费需求，引领全谷物科技工作者、生产企业开展创新。10月27~29日，由学会主办的"一带一路"国际花生产业与科技创新大会在辽宁省沈阳市召开，近200人参会。大会以"'一带一路'国际花生产业与科技发展"为主题，邀请了来自美国、印度等国际花生研究领域资深专家和知名企业家20多位代表做报告，为世界花生产业健康发展贡献中国智慧和中国方案。

2.走出去，积极开展国际交流合作。应国际谷物科技协会（ICC）的邀请，学会秘书长王莉蓉率团赴维也纳参加了ICC第19届大会，与ICC主席和ICC秘书长进行友好交流，为推动双方继续保持合作打下良好基础。饲料分会会长王卫国教授率团赴瑞士参加了第二次ISO/TC293年会，会议决定由王卫国教授作为新ISO标准——Feed Machinery Terminology（饲料设备术语）的项目负责人。

（撰稿单位：中国粮油学会；撰稿人：魏然、张勇；审稿人：王莉蓉）

二　重点课题调研

2019年，全国粮食和物资储备系统认真贯彻落实"不忘初心、牢记使命"主题教育总要求，深入开展"大学习、深调研、真落实"，按照谋大、谋远、谋新、谋实的要求，广泛深入开展调查研究。

大力推动重要专题调研。为认真贯彻习近平总书记关于国家粮食安全的重要论述，国家粮食和物资储备局党组围绕落实总体国家安全观和国家粮食安全战略，着眼"十四五"，研究部署了"大粮食"调研课题。相关司局单位深入调查，精心研究，形成23个方面的研究成果，切实提高了从整体上把握国家粮食安全大局的能力，为推动改革发展提供了可靠的理论支撑。

统筹组织重点调研课题。立足新职能新形势新任务，国家粮食和物资储备局认真组织2019年重点课题调研，形成35篇高质量调研报告，6篇通过专报形式呈报国务院领导同志并获批示肯定，有的已转化为政策储备和可行措施印发实施，发挥了服务决策、指导实践、推动工作的积极作用。

开展全系统优秀调研成果评选。为营造大兴调研之风的浓厚氛围，扎实开展优秀调研成果评选活动，评出2018年度全局全系统获奖文章19篇，予以通报表彰，发挥了示范引领作用，树立了重视调研、创新创优的导向。

（撰稿单位：国家粮食和物资储备局办公室；撰稿人：张宇阳；审稿人：方进）

三　战略性课题研究

2019 年 1 月,国家粮食和物资储备局批准《粮食需求峰值预测》《粮食安全保障法涉及重大政策》《粮食安全保障立法重大法律问题》《国际新形势下粮食安全政策》《战略物资储备功能定位及风险评估》5 项战略性课题,由中国粮食研究培训中心组织完成。经过课题开题、中期检查和结题评审,5 项课题都取得具有较高价值的研究成果,为分析与研判我国粮食安全形势、完善粮食安全政策、推动粮食安全保障法立法、加强战略物资储备等提供了重要参考。

课题一：我国粮食需求峰值预测研究。分析了改革开放 40 多年来我国城乡居民食物消费变化规律;参照日本、韩国等国家和我国台湾地区粮食需求变化规律,研究影响我国粮食消费变化的重要因素;根据我国未来人口数量增长和结构变化,居民食物消费结构变化趋势、收入增长,以及城镇化、工业化等因素,推算出在不考虑人口结构变化的情况下我国粮食需求峰值将出现在 2030 年,如果考虑人口结构变化,峰值将在 2028 年出现。针对我国未来粮食消费变化情况,提出保障我国粮食安全的政策建议。

课题二：粮食安全保障法涉及重大政策研究。梳理了美国、日本、德国等法制健全国家涉及粮食生产、流通、储备、消费等方面的政策,总结了这些国家保障粮食安全的经验;客观评价我国涉粮法律制度建设取得的成就、有益经验和存在的主要问题;提出完善我国粮食综合生产能力建设、提升粮食流通与加工能力、加强粮食质量安全管理、增强粮食调控与储备管理能力、建立安全预警与应急处置机制、加强监督检查、促进粮食产业发展、推动粮食经营主体发展和粮食贸易等方面的政策措施建议。

课题三：粮食安全保障立法的重大法律问题研究。分析我国粮食安全存在的风险,梳理《中华人民共和国农业法》《中华人民共和国食品安全法》《中华人民共和国土地管理法》《中华人民共和国水法》等法律法规中涉及粮食生产、加工、流通、食品安全等方面的相关规定,以及现有粮食法律体系存在的问题;提出了我国粮食安全保障立法的指导思想、定位、宗旨与基本原则,以及与其他法律之间的关系;从粮食生产保障、储备、流通、政府责任等层面提出法律问题,并给予立法建议。

课题四：国际新形势下粮食安全政策研究。分析了当前国际经贸环境呈现出经济逆全球化等"五大特征"和国际经贸出现新平衡和对等开放等"四个趋势";剖析了我国粮食生产面临进口冲击大等"三个挑战",流通凸显产销区结构性矛盾突出等"两个难题",产业发展受国际价格波动影响增大等问题;提出了保障粮食安全要树立总量、结构、人群和市场"四个观念",守住储备率和自给率"两率",聚焦"藏粮于地""藏粮于技""藏粮于市""三藏",采取加强收储制度改革、夯实粮食生产能力、调整粮食补贴和金融支持政策、主动对接国际市场、提高粮食品质竞争力、构建风险防范体系等措施。

课题五：战略物资储备功能定位及风险评估研究。战略物资储备是国家综合实力的重要体现,核心竞争力的重要标志。本课题系统分析战略物资储备对我国国防和经济安全的重要意义,进一步明确了国家战略物资储备各品种的功能定位;探索建立 ASC 风险评估体系,评估 20 种重要战略物资的储备风险,进一步确定了储备品种目录;对战略物资储备品种进行风险等级划分,建立风险预警机制,提出风险控制方法,为我国战略物资储备的发展与完善提供了具体的策略建议。

（撰稿单位：中国粮食研究培训中心；撰稿人：胡文国、王娟；审稿人：颜波、陈玉中）

四　软科学课题研究

2019 年，中国粮食研究培训中心按照国家粮食和物资储备局党组"大学习、深调研、真落实"的部署要求，积极适应改革发展新形势，组织开展软科学课题研究，取得了明显成效。

真调查，深研究。国家粮食和物资储备局各司局单位，各垂直管理局，各省级粮食和物资储备局（粮食局），有关中央企业、院校，以及"特约调研员"牵头组成的研究团队，针对行业改革发展面临的重大现实问题，全面深入开展调查研究，形成了一批站位高、质量好、针对性强的软科学研究成果。经评价，共有 71 项课题顺利结题。其中，39 项研究成果被评价为具有较高学术水平和实用价值，32 项研究成果被评价为具有一定学术水平和实用价值。

两结合，解难题。各课题研究单位坚持把做好实际工作与开展软科学课题研究紧密结合起来，围绕促进粮食产业高质量发展、深化收购制度改革，推进立法修规、加强物资储备能力建设等重点问题，深入基层摸实情，积极思考谋良策，主动开展研究，深刻剖析原因，通过课题研究深化对重点、难点问题的认识，提出富有针对性、操作性、创新性的措施建议，在"两结合、两促进"中积极破解难题、扎实推动工作。

观大势，当参谋。各课题研究单位努力提高政治站位，积极当好政策决策的参谋和智囊，针对决胜建成全面小康社会等大事要事，围绕深入开展国际合作、猪肉涨价对饲料粮保供影响等现实问题，提出了一系列具有较高借鉴参考价值的决策建议，其中一些成果被应用在粮食和物资储备实际工作中，取得了明显实效，为服务政策决策、推动实际工作发挥了积极作用。

（撰稿单位：中国粮食研究培训中心；撰稿人：刘珊珊、高丹桂；审稿人：颜波、王世海）

专家决策咨询

一　提供重大问题咨询，积极建言献策，推进粮食产业高质量发展

2019 年，国家粮食安全政策专家咨询委员会（以下简称"专咨委"）紧紧围绕国家粮食和物资储备局粮食工作重大决策部署的制定和实施，在新形势下保障国家粮食安全、《中国的粮食安全》白皮书、河南粮食产业高质量发展、粮食安全保障法、粮食收购许可制度等方面，积极开展全局性、战略性、紧迫性的决策咨询和参谋服务工作，提出了许多具有重要参考价值的建设性意见和建议，为支撑局党组科学决策、推动文件出台发挥了重要作用。

（一）新形势下保障国家粮食安全专题咨询

1 月 20 日，在召开专咨委全体委员会议的同时，围绕新形势下保障国家粮食安全进行了专题咨询。陈锡文顾问和张务锋局长到会发表重要讲话，张晓强主任委员作专咨委工作报告，20 多位专家委员围绕国内粮食支持保护政策、粮食储备体系、进口粮食来源多元化与渠道保障、大粮商培育与"走出去"等粮食行业的重点问题发表了咨询意见。专家认为，现在看起来单纯的原料贸易风险比较大，要鼓励国内的加工企业积极"走出去"，到国外去建厂。专家建议，要大胆探索国际化经营，通过"走出去"，在全球更广阔的空间进行资源优化配置，打造世界粮食走廊；要深入推进小麦和稻谷价格形成机制，推进收储制度改革，做好结构调整"加减法"。与会专家还就改革完善我国粮食储备体系、加强粮食对外合作等方面提出了很有针对性的咨询建议。会后，秘书处认真汇总整理了专家建议并上报，进一步发挥了专家智库咨询作用，更好地服务国家粮食政策决策。

（二）《中国的粮食安全》白皮书专题咨询

为认真落实国务院领导同志批示要求，客观、准确反映中国粮食安全现状及取得的成就以及中国作为负责任大国对世界粮食安全做出的贡献，积极回应国内外对中国粮食安全形势的关注，对外宣示政策主张，对内释疑解惑，充分发挥引导预期、稳定市场、增强信心的正面积极效用，根据国家发展和改革委员会工作部署，由国家粮食和物资储备局牵头承担了《中国的粮食安全》白皮书编制发布工作。在白皮书文稿思路的形成、框架的完善以及最后的论证把关等不同阶段，专咨委先后 3 次组织召开"《中国的粮食安全》白皮书"专题咨询会，并书面向王春正顾问、陈锡文顾问、张晓强主任委员和韩俊副主任委员征求意见和建议。领导和专家对文稿立场定位、政策把握、框架逻辑、主要内容等方面提供了重要的指导性意见，对相关文字表述和数据引用的准确性、合理性和严谨性等提出了修改意见和建议。白皮书发布后，根据国家粮食和物资储备局党组部署，专咨委在北京组织召开了通报会，专咨委王春正顾问、张晓强主任委员、赵中权副主任委员以及邓亦武委员等 20 余名专家参加了会议。

（三）河南粮食产业高质量发展专题咨询

为认真贯彻落实习近平总书记在参加十三届全国人大二次会议河南代表团审议时关于扛稳粮食

安全重任、在确保国家粮食安全方面有新担当新作为的重要指示精神和李克强总理关于加快建设粮食产业强国、推动高质量发展的重要批示要求，大力支持河南深入推进粮食产业经济转向高质量发展，打好粮食这张"王牌"，打造"优质粮食工程"升级版，推动河南由"中国粮仓"向"国人厨房"转变、由粮食资源大省向粮食经济强省转变，国家粮食和物资储备局会同河南省人民政府委托专咨委深入调研，形成了专题报告。由张晓强主任委员领衔的11位专家委员组成专家组，对报告进行专题论证。专家组在充分肯定调研报告的同时，就政策措施等方面提出了意见和建议。会后，修改、完善后的《关于坚决扛稳粮食安全重任加快推进河南粮食产业高质量发展的报告》以专咨委的名义通过国家粮食和物资储备局专报报送国务院领导同志，获得国务院领导同志重要批示。河南省委、省政府将报告有关意见建议纳入全省工作部署，引起强烈反响。这为深入推进优质粮食工程、推动粮食产业高质量发展、建设粮食产业强国起到了积极作用。

（四）粮食安全保障法专题咨询

6月22日，在河南郑州组织召开《粮食安全保障法》专题咨询会。国家发展和改革委员会党组成员，国家粮食和物资储备局党组书记、局长张务锋出席会议并讲话，国家粮食和物资储备局党组成员、副局长卢景波出席会议，国家粮食和物资储备局党组成员、副局长黄炜主持会议并通报相关情况。专家委员和全国人大农委、全国政协、河南省人大农委、中国社会科学院、中国人民大学相关领导专家参加会议，对《粮食安全保障法》起草工作组形成的征求意见稿内容及相关制度进行了深入的讨论和研究，提出了许多宝贵而中肯的意见和建议。此外，还开展了粮食收购许可制度、《关于支持承德市纳入"镰刀弯"地区优化调整种植结构大力发展马铃薯产业的报告》等专题咨询会，有力地推动了国家粮食和物资储备局相关工作的开展。

二　深入研究重要课题，提供粮食产业高质量发展政策储备

为深入贯彻国家粮食安全战略，加快推进粮食产业高质量发展，组织专家委员开展了"市场调控专项粮食收储的设定及管理研究""WTO体制下粮食支持保护政策与国际竞争力研究""推动企业社会责任储备的实现路径研究""完善粮食和物资储备应急保障体系研究""河南粮食产业高质量发展研究""《中国的粮食安全》白皮书重点问题研究""我国粮食产业高质量发展指标与政策体系研究"及玉米稻谷、小麦、大豆供求平衡战略研究等11项重点课题研究工作。课题均已全部通过专家评审和结题验收，其中部分课题成果已形成摘要报送局领导和相关司局，为粮食政策决策提供了参考。为更加全面地反映课题成果内容，有关专家将11项课题研究成果汇编成册，供国家粮食和物资储备局各司局单位的政策决策和实际工作提供参考。

高质量完成"德州市玉米大豆间作的调研报告"重点调研课题的研究工作，撰写了《关于山东德州市玉米大豆间作技术应用调查和推广建议》，形成专报并得到国务院领导同志的重要批示，有关内容写入2020年中央一号文件。

三　成功举办报告会，营造推动粮食产业高质量发展的浓厚氛围

为深入贯彻落实党中央、国务院领导同志关于加快发展粮食产业经济、建设粮食产业强国的重

要指示，推动粮食产业高质量发展，加快建设粮食产业强国，6 月 21 日，在郑州举办了"加快推进粮食产业高质量发展"报告会，张晓强主任委员和程国强委员分别作了主题报告。张晓强主任委员在会上提出要深入分析中美经贸摩擦的实质和 WTO 改革进展情况，从立足国内外"两个市场、两种资源"，改革完善国内粮食支持政策，拓展多元化粮食进口渠道，推动农业企业"走出去"等方面，构筑牢固的国家粮食安全战略体系，助力粮食产业高质量发展。此外，还积极协助山东省粮食和物资储备局、德州市人民政府在第二届山东粮油产业博览会期间举办"加快推进粮食产业创新转型发展报告会"。

全体专家委员在完成各自本职工作的同时，积极参加课题研究、专题咨询会、全体委员会和报告会，全年共 120 人参与，编印 6 期《国家粮食安全政策参考》和 4 期《专家咨询动态》，为服务国家粮食和物资储备局政策决策、推进粮食产业高质量发展、提升粮食安全保障能力做出了重要贡献。

（撰稿单位：国家粮食安全政策专家咨询委员会秘书处；

撰稿人：亢霞、袁舟航；审稿人：颜波、陈玉中）

人才队伍建设

一　高层次人才队伍建设

（一）选拔第三批全国粮食行业技能拔尖人才

根据国家发展和改革委员会、国家粮食和物资储备局、教育部、人力资源和社会保障部《关于"人才兴粮"的实施意见》部署要求，按照《全国粮食行业技能拔尖人才选拔使用管理实施办法》关于每两年组织选拔一次全国粮食行业技能拔尖人才的安排，以及对全国粮食行业职业技能竞赛决赛获奖选手认定工作的要求，组织开展第三批全国粮食行业技能拔尖人才选拔工作。各省级粮食和物资储备行政管理部门和有关中央企业，对照资格条件要求，自下而上层层选拔推荐技能拔尖人才候选人。经组织专家评审，选拔确定了第三批全国粮食行业技能拔尖人才 20 人，对第五届全国粮食行业职业技能竞赛决赛获奖选手，按规定认定为全国粮食行业技能拔尖人才。截至 2019 年底，全国粮食行业技能拔尖人才总人数达 109 人。采取购买服务的方式，择优支持入选人员牵头组建技能拔尖人才工作室，进一步发挥技术攻关、技能创新和传技带徒等方面的重要作用。

2019 年 5 月 21 日，粮食和物资储备系统科技和人才工作座谈会在江苏省南京市召开。国家发展和改革委员会党组成员，国家粮食和物资储备局党组书记、局长张务锋（主席台左二）出席会议并讲话；国家粮食和物资储备局党组成员、副局长黄炜（主席台右二）主持会议并通报情况。

（二）稳步实施国家专业技术人才知识更新工程

按照国家专业技术人才知识更新工程 2019 年高级研修项目安排，聚焦粮食和物资储备深化改革转型发展重点工作加强研修培训。2019 年 11 月 4~10 日在河南省郑州市举办了 1 期全国粮食和物资储备基础设施建设高级研修班，组织各省级粮食和物资储备行政管理部门、有关中央企业、高校和部分垂直管理局推荐的 70 名学员，我国粮油、糖棉、战略物资和应急物资储备设施建设管理的基础理论、关键技术和发展现状，以及现代物流管理等相关领域的发展状况等内容进行专题讲座与研修。

根据国家粮食和物资储备局培训计划安排，2019 年 10 月 27 日至 11 月 2 日在湖北省武汉市举办了 1 期全国粮食和物资储备信息化建设高级研修班，组织各省级粮食和物资储备行政管理部门、有关中央企业、高校和部分垂管局推荐的 70 名学员，重点研修粮食流通和物资储备管理相关领域的信息化建设政策、理论、关键技术和前沿趋势，解析大数据战略、质量安全监管等重要内容。截至 2019 年底，相关高研班项目已为全国粮食和物资储备行业累计培训了具备高级职称的专业技术人才 972 人次。

（撰稿单位：国家粮食和物资储备局人事司；撰稿人：曲贵强；审稿人：贾骞）

二　青年人才托举工程

3 月 24 日，在江苏南京举办"中国粮油学会 2018~2020 年度青年人才托举工程项目启动会"，来自行业高校院所、企事业单位的 100 余位专家、学者参加了活动。12 月向中国科协申请的第五届（2019~2021 年）青年人才托举工程项目获批，经费资助与自筹各 2 个名额。申请并获批中国科协青年人才托举工程国际交流项目，资助中国科协第四届（2018~2020 年度）青年人才托举工程 4 名被托举人开展国际交流活动。通过"五点托举"联合培养模式，为 7 名被托举对象搭建机制灵活、多元化的培育平台，并结合国家粮食和物资储备局"百名博士服务粮企"活动，加强青托人才服务于科研一线。通过一年的努力，初步形成优秀粮油青年科技人才的选拔培养机制，汇聚行业青年翘楚，建立青年人才储备库，有效促进了青年人才健康成长成才。

（撰稿单位：中国粮油学会；撰稿人：魏然、张勇；审稿人：王莉蓉）

三　粮食行业技能鉴定与职业教育发展

（一）粮食行业技能鉴定

1. 职业技能培训鉴定高质量发展。2019 年全年累计完成行业特有工种职业技能培训鉴定 11251 人次，涵盖（粮油）仓储管理员、农产品食品检验员、制米工、制粉工、制油工 5 个职业，鉴定合格获证人数 6432 人次，合格率达 57.17%，同比增长 2 个百分点。

2. 发布 5 项国家职业技能标准。2019 年 1 月 14 日，国家粮食和物资储备局办公室、人力资源和社会保障部办公厅、农业农村部办公厅联合颁布《农产品食品检验员国家职业技能标准》（职业编码

4-08-05-01）；4月12日，国家粮食和物资储备局办公室、人力资源和社会保障部办公厅联合颁布《（粮油）仓储管理员国家职业技能标准》（职业编码4-02-06-01）、《制米工国家职业技能标准》（职业编码6-01-01-01）、《制粉工国家职业技能标准》（职业编码6-01-01-02）、《制油工国家职业技能标准》（职业编码6-01-01-03）。

3. 修订技能鉴定培训教程。国家粮食和物资储备局职业技能鉴定指导中心组织行业骨干专家，依据相关国家职业技能标准，对《（粮油）仓储管理员（初级、中级、高级）》、《农产品食品检验员（初级、中级、高级）》培训教程进行修订，新版教材于2020年正式出版发行。

4. 调整职业资格证书验印。2019年7月30日，国家粮食和物资储备局办公室印发《关于职业技能鉴定指导中心更名及调整职业资格证书验印的通知》，决定"国家粮食局职业技能鉴定指导中心"正式更名为"国家粮食和物资储备局职业技能鉴定指导中心"，启用"国家粮食和物资储备局职业技能鉴定指导中心"印章；将职业资格证书"发证机关"处加盖的印章由"国家粮食局人事司"改为"国家粮食和物资储备局人事司职业技能鉴定专用章"，职业技能鉴定（指导）中心处加盖的印章由"国家粮食局职业技能鉴定指导中心"改为"国家粮食和物资储备局职业技能鉴定指导中心"。通知自印发之日起执行。

（二）扎实推进行业职业教育改革发展

1. 组织开展粮食行业技能人才需求预测研究。立足粮食行业职业教育发展实际，组织相关专业分委会结合行业发展对人才需求的趋势，以科学的方法推演，特别是高技能人才的数量、结构、培养、使用等问题，深入了解粮食行业人才现状，开展了《粮食行业人才需求预测与职业院校专业设置指导报告》课题研究，为行业人才发展的政策决策提供了参考建议，对职业院校粮食专业设置调整、专业建设及改革发展起到积极的影响。

2. 组织开展粮食加工智能化课题研究。围绕打造"智造强国"的国家战略目标，加快实施粮食加工智能化，形成新的生产方式和产业形态，促进粮食产业经济的高质量发展。粮食行指委结合粮食产业生产工艺特点，组织开展《加快粮食加工智能化进程　促进产业经济高质量发展》的课题研究，通过对我国粮食加工智能化现状进行调研，研究智能化在粮食企业中运用的可能途径及其效果，并结合相关政策，提出了加快粮食加工智能化进程的政策建议。

3. 完成《高职职业学校专业教学标准》修（制）订。根据教育部《关于职业教育教学标准》修订工作安排，粮食行指委为进一步做好第二批《高职粮油储藏与检测技术专业教学标准》修（制）订工作，组织相关专家对本行业高等职业院校和企业进行了深度调研，并在深入研究和分析的基础上，将行业企业一线前沿的新知识、新技术、新工艺、管理服务的新规范纳入教学内容，修订完成《高职粮油储藏与检测技术专业教学标准》，于2019年10月顺利通过教育部评审并即将颁布试行。

4. 组织开展粮食职业院校专业教师实践锻炼活动。立足粮食行业发展新要求，不断深化产教融合、校企合作，更新粮食专业教师的实践技能，粮食行指委安排13所中、高职院校的19名教师，脱产到粮食行政管理部门和相关企事业单位开展实践锻炼，进一步促进粮食行业各属性单位与职业院校之间的交流合作，助力提高人才培养质量，共育行业粮工巧匠。

5. 发挥粮食职教联盟作用推进落实职业教育与产业对话活动。全国粮食行业职教联盟正式成立以来，为进一步推进产权活动发挥了重要作用。联盟积极组织职业院校与企业开展对话活动，初步形成了粮食行业职业教育、校企合作的对话协作机制，推动共建共享技能大师工作室和技术协同创新中心建设，不断加强业务交流与合作，促进粮食专业教育教学改革创新。

（撰稿单位：中国粮食研究培训中心；撰稿人：沈红、张晋萍、王小可、鞠志远；审稿人：颜波、赵广美）

四 第五届全国粮食行业职业技能竞赛

（一）总体情况

2018 年 8 月，第五届全国粮食行业职业技能竞赛活动全面启动，各省（自治区、直辖市）粮食和物资储备局和有关中央粮食企业积极响应，认真组织开展，全国上下呈现出办赛劲头足、参赛热情高、竞赛效果好的良好态势。2019 年 10 月 24~26 日，由国家粮食和物资储备局、中国就业培训技术指导中心和中国财贸轻纺烟草工会联合主办的 2019 年中国技能大赛——第五届全国粮食行业职业技能竞赛（以下简称"第五届竞赛"），在山东省烟台市成功举办。以"弘扬工匠精神，担当粮安使命"为主题，开展（粮油）仓储管理员和农产品食品检验员两个职业的比赛。来自 30 个省（自治区、直辖市）以及中国储备粮管理集团有限公司、中粮集团有限公司、中国供销集团有限公司和 19 所职业院校共 33 支代表队，269 名选手参加了比赛。

2019 年 10 月 24 日至 26 日，第五届全国粮食行业职业技能竞赛在山东烟台成功举办。国家发展和改革委员会党组成员、国家粮食和物资储备局党组书记、局长张务锋（前排左八），山东省人民政府副省长于国安（前排右八），国家粮食和物资储备局党组成员、副局长黄炜（前排左七），以及各相关单位主要负责同志出席活动。

经过角逐，中粮集团有限公司代表队获得团体一等奖，中国储备粮管理集团有限公司代表队和山东省粮食和物资储备局代表队获得团体二等奖，湖南省粮食和物资储备局代表队、浙江省粮食和物资储备局代表队和安徽省粮食和物资储备局代表队获得团体三等奖。中粮贸易有限公司钱立鹏、山东黄岛国家粮食储备库有限公司谢金平和青岛第二粮库王毓川获得（粮油）仓储管理员职业比赛一等奖；大连华正检验有限公司（中粮北良）李文获得农产品食品检验员职业机构组比赛一等奖；中粮贸易河南有限公司冯海涛和湖北中储粮油脂有限公司王金亚获得农产品食品检验员职业企业组一等奖；袁飞、洪玲、李枣枣等 24 名同志获得（粮油）仓储管理员、农产品食品检验员职业机构组和企业组比赛个人二等奖；魏亮、王亚萍、苏春燕等 20 名同志获得（粮油）仓储管理员、农产品食品检验员职业机构组和企业组比赛个人三等奖。山东商务职业学院孙香兰、孙婷分获（粮油）仓储管理员、农产品食品检验员职业方向高职学生组一等奖；湖南省经济贸易高级技工学校蒋思维、安徽科技贸易学校胡雨柔分获（粮油）仓储管理员、农产品食品检验员职业方向中职学生组一等奖；王光峰、郑丽、刘飞洋等 8 名来自各职业院校的学生获得（粮油）仓储管理员、农产品食品检验员职业方向高、中职学生组二、三等奖。辽宁省粮食和物资储备局、江苏省粮食和物资储备局、浙江省粮食和物资储备局、安徽省粮食和物资储备局、江西省粮食和物资储备局、山东省粮食和物资储备局、河南省粮食和物资储备局、湖南省粮食和物资储备局、广西壮族自治区粮食和物资储备局、四川省粮食和物资储备局、中国储备粮管理集团有限公司、中粮集团有限公司共 12 家单位获得优秀组织奖。山东商务职业学院、安徽粮食工程职业学院、安徽科技贸易学校、河南经济贸易技师学院获得优秀院校奖。曾伶、童国平等 41 名来自各企业和职业院校的同志分获优秀教练员奖和优秀指导教师奖。

（二）突出特点

1.局领导高度重视。第五届竞赛是进入新时代、国家粮食和物资储备局新组建后组织开展的首次行业顶级赛事，局领导高度重视竞赛活动，张务锋局长主持召开第 28 次、第 30 次局长办公会，研究部署竞赛推进工作，竞赛期间还出席开幕式讲话并宣布竞赛开幕，观看竞赛成果展，观摩指导技能操作比赛。黄炜副局长担任竞赛组委会主任委员，主持召开专题会议，对竞赛组织筹备工作提出明确要求。

2.竞赛规模创历届最高。据统计，本届竞赛有 5 万多名职工直接参加了市县级预赛，3 千职工参加了省级初赛，最后 198 名职工选手和 71 名学生选手挺进了全国决赛，相对往届竞赛规模，本届竞赛决赛参赛选手和观摩人员数量创出新高。

3.特殊岗位得到重视。为充分肯定企业职工组教练和院校指导教师在特殊岗位的默默奉献，进一步激发教练、教师的职业热情，鼓励技艺传帮带，激励他们今后培养出更多的行业人才，第五届竞赛增设优秀教练员和优秀指导教师奖，有 31 名教练和 10 名教师获奖。

4.培树典型发挥引领示范作用。第五届竞赛充分挖掘往届获奖选手"潜力"，首次将往届获奖选手有针对性地派往部分单位，无偿对参赛选手进行指导培训，将"工匠精神""劳模精神"充分展现。同时编印《历届获奖选手风采》手册，并在竞赛现场单独布展宣传，有效扩大行业人才宣传力度和竞赛社会影响力。

5.为公平公正比赛提供坚实保障。在选拔裁判员方面，采取"理论＋实操"的考核方式，遴选出 88 名裁判员承担执裁工作，打破了以往按每个省录用 2 名裁判员的做法，确保了本届竞赛的执裁水平。在保密工作方面，坚决落实各项保密措施，由国家粮食和物资储备局科学研究院和标准质量中心周密组织样品采集、标定等重要环节工作；决赛期间组织公证机构对全过程进行监督，确保安全保密贯穿全过程。

6.竞赛影响和宣传力度进一步扩大。组织中央电视台、新华网、《经济日报》等 25 家主流媒体发布第五届竞赛决赛活动新闻报道（其中通过电视、广播 2 条、主流网站新闻 19 条、重点报刊 4 条）；通过政务微博、微信等多种渠道宣传报道 792 条（其中客户端 388 条，网站 142 条，新闻 67 条，微信公众号 64 条，政务信息 63 条，微博 42 条，网络视频 12 条，报刊 7 条，论坛 6 条，博客 1 条）。在决赛现场还同期举办了省级初赛成果展、粮食院校办学成果展、历届获奖选手风采展等活动。

（三）重要意义

举办第五届竞赛是全面落实党的十九大精神和国家总体安全观的现实需要，是落实《人才兴粮实施意见》的重要举措，通过自下而上，层层组织开展岗位练兵和技能比武，涌现出一大批优秀高技能人才，树立了广大职工学习的榜样，有效地推动了粮食行业技能人才队伍建设工作的发展，向全社会展示了一支人才济济、朝气蓬勃的粮食行业高技能人才队伍，有效提振了士气、凝聚了发展力量，对于加快培养大批高素质劳动者和技术技能人才，促进粮食产业高质量发展具有重要意义。

（撰稿单位：中国粮食研究培训中心；撰稿人：沈红、张晋萍、王小可、鞠志远；审稿人：颜波、赵广美）

节粮减损

一　开展节粮减损系列科普活动

2019年5月21日，以"科技人才共支撑、兴粮兴储保安全"为主题的第十四届"全国粮食科技活动周"在江苏南京举办。本次活动围绕"科技强国，科普惠民"的总体思路，宣传、普及与百姓密切联系的节粮减损、粮油营养健康、科学消费知识等。现场展示了包括以节粮减损为主的粮食公益性行业科研专项项目成果、安全储藏仓储设备模型、粮库安全培训信息化技术成果等。6月25日，"科技列车行"甘肃行活动在甘肃定西市举行，国家粮食和物资储备局向当地农户捐赠农户科学储粮仓，同时请专家为当地群众举办专题科普讲座。全国各省（自治区、直辖市）粮食管理部门积极响应号召，围绕减少粮食产后损失等开展了富有成效的宣传活动。

2019年6月25日，国家粮食和物资储备局在甘肃省渭源县田家河乡元古堆村开展"科技列车甘肃行"物资赠送活动，向当地农户赠送了100套农户科学储粮仓，宣传节粮减损技术和粮食科学消费知识。

二 利用科研成果服务节粮减损

(一) 粮食公益性行业科研专项成果服务节粮减损

通过促进科技研发，鼓励科研机构、企业开发节粮减损新技术、新工艺，推进科技成果转化、成果对接服务，推广包括安全储藏、适度加工等方面的新技术、新成果，服务节粮减损。"规模化农户储粮技术及装备研究"重点研究了大农户农村粮食物流及综合技术，农村粮食物流和节点关键设备，物流信息平台及技术模式和技术标准，研发出区域性种粮大农户使用的储藏安全水分农户储粮粮仓以及配套的设备和技术工艺，为解决制约我国农户安全储粮技术问题提供了有效的科研成果。"粮油储藏品质保持减损新技术研究"完成了生态储粮仓的结构分析、设计及施工技术研究，糯稻、糯米、糯米粉在不同温度条件下气调储藏和常规储藏品质变化检测技术，以及大豆油、菜籽油等食用植物油在储藏期过程中品质变化规律及不同品质指标之间的影响，为保障粮油食品在储藏过程中的质量安全提供技术支撑。

(二) 国家重点研发计划聚焦减损技术创新

"十三五"国家重点研发计划项目聚焦安全储藏技术创新和应用，开发节粮减损新技术、新成果，降低因粮食加工造成的不必要的粮食损失和能源消耗，科学、系统地减少粮食产后损失。"粮食收储保质降耗关键技术研究与装备开发""现代粮仓绿色储粮科技示范工程""粮情监测监管云平台关键技术研究及装备开发"等项目应用新技术，监控减少储藏环节产后损失。"大宗油料适度加工与综合利用技术及智能装备研发与示范""大宗米制品适度加工关键技术装备研发及示范""传统杂粮加工关键新技术装备研究及示范""大宗面制品适度加工关键技术装备研发与示范""特色油料适度加工与综合利用技术及智能装备研发与示范"等项目，深入探索加工环节减损技术，为产业高质量发展提供有效技术支撑。

三 产后服务体系建设有效减少粮食损失

通过实施"优质粮食工程"粮食产后服务体系建设，优化粮食产后服务中心布局，配置产后服务设施设备，强化运营管理，为农户提供粮食产后清理、干燥、收储、加工、销售及其他延伸服务，一些省份还为农户配置了科学储粮装具，发挥了促进粮食提质进档、推动节粮减损的重要作用。山东、安徽、江西、江苏等省已建成的粮食产后服务中心在粮食收购期间发挥了烘干提质的积极作用，收获后的粮食得到及时处理、妥善保管，减轻了阴雨天气对粮食品质的不良影响，在有效服务农户、促进增收的同时，减少了粮食损失。另外，通过加强标准化粮食仓储设施及物流设施建设，以及设施维修改造，也大大减少了粮食在储藏和物流环节的损失浪费。

（撰稿单位：国家粮食和物资储备局安全仓储与科技司；撰稿人：姚磊；审稿人：王旭）

援疆援藏和对口支援

2019 年共派 7 名干部驻地援疆援藏和支援江西于都工作，并积极推动全国粮食行业开展对口支援。

一　推动新疆粮食收储制度改革

指导新疆通过组建运行粮食收购贷款信用保证基金等方式，筹集粮食市场化收购资金，帮助企业有钱收粮，推动粮食收储制度改革顺利实施，保护种粮农民利益，总结推广新疆经验，得到李克强总理等领导肯定批示。巩固小麦收储制度改革成果，充分利用市场机制作用，实现农民、政府、各类市场主体多方共赢。

二　积极实施智力援藏

组织对新疆西藏开展粮食重金属检测等技术培训、优质粮食工程建设项目专题培训等，支援西藏开展职业技能鉴定工作，协助和指导西藏自治区粮食部门申报并加快推进《青稞》《青稞储存品质判定规则》两项国家标准和《中国好粮油　青稞及其制品》行业标准的制修订，积极推动标准研制。

（撰稿单位：国家粮食和物资储备局规划建设司；撰稿人：刘晨、韦晓燕、朱栋；审稿人：钱毅、刘翔宜、晁铭波）

财务资产管理和内部审计

一　行业财务

（一）多渠道筹集粮食收购资金，巩固粮食收储制度改革成果

国家粮食和物资储备局认真落实粮食收储制度改革工作部署，深入开展夏粮、秋粮收购资金相关调研，根据收购形势分析资金需求，进一步协调优化夏秋两季粮食收购资金政策，完善小麦、稻谷最低收购价信贷措施。中国农业发展银行牵头及早出台夏、秋两季粮食收购信贷文件，保障政策性粮食收储轮换资金及时足额供应，保障粮食收购顺利进行，夯实国家粮食储备，全年没有因收购资金问题发生大范围"卖粮难"。国家粮食和物资储备局在新疆召开信用保证基金座谈会，印发《粮食收购贷款信用保证基金文件汇编》，指导各省份因地制宜建立健全粮食收购贷款信用保证基金机制，帮助企业有钱收粮，切实保护种粮民利益。2019 年，全国共有 16 个省份建立了信用保证基金，总规模近 75 亿元，信用保证基金机制建立以来，基金项下累计发放贷款超过 1128.6 亿元，有效缓解了粮食企业特别是基层小微企业融资难、融资贵的问题，巩固了粮食收储制度改革成果。同时，各地粮食和储备财会部门积极指导粮食企业顺应市场形势，不断探索拓宽筹集粮食市场化收购资金的新来源途径，通过保险、担保、代收代储、合作经营等多种方式拓宽粮食市场化收购资金融资渠道，帮助企业有钱收粮，保护种粮民利益。

（二）争取财税金融支持政策，推动行业深化改革、转型发展

国家粮食和物资储备局与中国农业发展银行共同加大对联合认定的 507 家粮油产业化龙头企业支持力度，截至 2019 年末，累计向龙头企业发放市场化贷款超过 400 亿元，有力支持了企业发挥龙头带动作用，推动乡村振兴战略深入实施。财政部、税务总局于 2019 年 6 月印发《关于部分国家储备商品有关税收政策的公告》，在 2019 年至 2021 年免征相关粮、棉、糖等储备企业印花税、房产税和城镇土地使用税，进一步减轻企业负担、优化行业发展环境，预计 3 年内可帮助企业减税近 80 亿元。财政部修订《粮食风险基金管理办法》，盘活用好粮食风险基金，为粮食行业增添新动能。

二　预算财务

国家粮食和物资储备局认真落实中共中央、国务院关于"过紧日子"的要求，科学编制年度预算，持续加强预算绩效管理，有效提升资金使用效益。财政部加强对粮食和物资储备事业的支持，为战略应急物资和中央储备粮棉监管、粮食库存大清查和重大战略、重要改革、重点项目开展提供了有力的资金保障。国家粮食和物资储备局全面梳理汇总垂直管理系统预算财务和资产管理突出问题，逐条梳理分析，分清个性和共性，提出切实可行的解决建议。全力争取涉及干部职工切身利益的预算资金，2019 年新增京外单位住房改革支出、养老保险费和职业年金等预算共 1.05 亿元，促使

基层干部职工最关心、最现实的困难逐步得以解决，化解了大量历史遗留问题，有效防范化解风险。

| 三 | 资产管理 |

国家粮食和物资储备局认真落实党中央关于建立国务院向全国人大报告国有资产管理情况制度的要求，国有资产管理相关工作得到全国人民代表大会常务委员会预算工作委员会充分肯定。根据财政部和国家机关事务管理局工作要求，完成行政事业单位国有资产报告、事业单位出资企业财务会计决算及政府储备物资报告等信息编报工作。行政事业单位国有资产报告、国有企业经济效益月度快报、中央单位政府采购信息统计 3 项工作得到财政部通报表扬。持续加强国有资产管理，合理配置资源，严防资产流失，提高资产使用效益，有效盘活用好各类资产。克服困难，急事急办，全年配置办公设施设备 500 多台套，有效保障重点工作顺利开展。

| 四 | 内部审计 |

国家粮食和物资储备局遵照习近平总书记关于审计工作的重要讲话精神以及审计署有关要求，将落实党中央、国务院以及局党组重大决策部署作为重要审计内容，2019 年完成了 8 家直属单位和垂管单位原负责同志经济责任审计，督导各单位严格落实整改要求，巩固内部审计和清理规范成果。通过督导调研等多种方式，督促相关单位加大经济责任审计发现问题整改力度，确保整改成效落实落地，有效支持了重点工作开展，服务党风廉政建设。不断完善粮食和储备财务审计制度规范，高标准、严要求制定执法督查经费、资金支出、资产管理、银行账户、内部审计 5 项系统内制度，印发制度选编，强化制度有效执行，努力做到用制度管事、压实责任、防范风险。

（撰稿单位：国家粮食和物资储备局财务审计司；撰稿人：张雷；审稿人：王耀鹏）

新闻宣传

一 健全制度、加强指导，进一步夯实新闻宣传工作基础

加强新闻宣传制度建设，结合机构改革、粮食和物资储备中心工作，重新修订或研究起草了国家粮食和物资储备局《新闻宣传工作制度》《政府网站管理办法》《政务微博微信管理暂行办法》，进一步明确了新闻发布、政务新媒体管理、舆情引导应对等工作机制。加强行业新闻宣传工作指导，印发《关于切实加强新闻宣传工作的指导意见》，要求各省（自治区、直辖市）粮食和物资储备局（粮食局）建立健全新闻发布机制、政策解读机制、新闻发言人制度、舆情监测回应机制、专家信息发布和解读机制，多措并举提升宣传工作质量。印发《2019 年粮食和物资储备新闻宣传要点》，指导各地围绕中心做好本地区、本单位粮食和物资储备新闻宣传工作。加强新闻发布平台建设，会同有关方面及时调整局政府网站运维主体，实现网站运行维护和内容建设一体，进一步夯实了管理责任，提高了运维效率。组织开展国家粮食和物资储备局政府网站安全等级保护测评，采取针对性整改措施，查漏补缺、堵塞漏洞。加大新媒体报道形式运用力度，全年自主制作发布图解 17 篇、H5 报道 2 个、短视频 5 个，政务微信粉丝量突破 3.5 万，较上年增长 124%，总访问量达 250 余万次。

二 积极发声、妥善回应，进一步做大做强主流声音

一方面，国家粮食和物资储备局领导积极发声，正面宣传权威性和传播力大幅提升。张务锋局长出席国务院新闻办公室发布会，发布《中国的粮食安全》白皮书；接受农业农村频道专访，播出专题节目《畅谈粮食安全共话乡村振兴》；接受《焦点访谈》采访，播出专题节目《端稳中国饭碗 守住大国粮仓》；在《人民日报》刊发《坚决扛稳粮食安全重任》；在《经济日报》（理论版）头条刊发《加快建设粮食产业强国》。黄炜副局长出席国务院新闻办公室《中国的粮食安全》白皮书新闻发布接受《端稳中国饭碗 守住大国粮仓》专题节目采访。以"国家粮食和物资储备局"名义在《人民日报》发表文章《解决好吃饭问题始终是治国理政的头等大事》。另一方面，加大正面宣传报道力度，报道效果再上新台阶。围绕《中国的粮食安全》白皮书、粮食收购、优质粮食工程、粮食产业经济等中心工作，全国粮食和物资储备工作会议、第二届中国粮食交易大会、世界粮食日等重要会议和活动，以及国家粮食和物资储备局党组"两决定一意见"等重要文件，科学策划、精心组织，商请《人民日报》、新华社、中央广播电视总台、《经济日报》等中央主流媒体持续关注报道。加强对外宣传发声，注重运用多语种报道，《环球时报》（英文版）、China Daily、国际在线等分别推出英文、日语、韩语、朝鲜语、孟加拉语报道。全年共组织报道 38 次，召开新闻发布会 3 次，播出电视专题节目 2 期，报刊整版报道 4 次，发表署名文章 3 篇，中央主流媒体刊发专门报道 596 条，实现连续 3 年较大幅度增长。

同时，及时妥善回应公众关切，粮食和物资储备舆情态势总体平稳。及时调整更新匹配推送规则，提升舆情跟踪监测的精准性和时效性，争取有效应对时间。前移舆情处置关口，结合工作关键节点主动发声，采取政策解读、专访、官方信息稿等多种形式，向公众解疑释惑、澄清疑虑，"防舆情于未然"。全年共报送舆情专报 13 期、周报 32 期，刊发专门解读 6 篇。

三　打造品牌、建设基地，进一步凝聚粮食安全共识

（一）积极打造全国粮食安全宣传周活动品牌

国家粮食和物资储备局会同农业农村部、教育部、科技部、全国妇联，以及联合国粮农组织驻华代表处，以"扛稳粮食安全重任　建设粮食产业强国"为主题，在全国范围内组织开展 2019 年世界粮食日和全国粮食安全宣传周活动。中央主流媒体围绕"全国粮食安全宣传周"活动品牌集中推出相关报道，通过网络直播、公益广告、深度报道、专版专题等多种形式，塑造打响"全国粮食安全宣传周"活动品牌。工业和信息化部协调中国移动、中国联通、中国电信三大运营商，在重点省份发送宣传周公益短信，引导公众树立粮食安全共识。

2019 年 10 月 16 日，2019 年世界粮食日和全国粮食安全宣传周活动在安徽合肥举行，国家发展和改革委员会党组成员，国家粮食和物资储备局党组书记、局长张务锋（中），国家粮食和物资储备局党组成员、副局长黄炜（右八）出席活动。

（二）启动粮食安全宣传教育基地确定发布工作

经过地方推报、部门推荐、网上公示等程序，国家粮食和物资储备局会同有关部门单位联合确定了首都粮食博物馆、河北柏乡粮库等 12 家全国粮食安全宣传教育基地。2019 年 10 月 16 日世界粮食日主会场活动上对外正式发布了 12 家基地，现场展示交流各基地在保粮护粮、粮食产业经济、粮

食安全公益宣传等方面的典型事迹和经验，向全社会发出"粮食安全、人人有责"的主题倡议。各地确定发布了272家省级粮食安全宣传教育基地。各基地按照国家及省级有关部门单位的统一安排，积极承接开展粮食安全宣传教育有关社会实践、合作交流、主题宣讲等工作任务。根据本单位地域、行业、职能等特色优势，创新载体、丰富内容，面向家庭、学生、职工等不同群体，自主开展形式多样的粮食安全宣传教育活动。

（三）建立健全粮食安全宣传教育长效机制

切实贯彻落实中共中央办公厅、国务院办公厅有关文件精神，以将粮食安全教育纳入国民教育体系为抓手，深入调研、认真谋划，逐步形成"打响宣传教育品牌、发挥基地宣教功能、统筹各类宣教资源、凝聚粮食安全共识"的综合性工作思路。结合粮食领域重要工作节点，紧扣粮食安全主题，综合运用公益视频、图解图说、主题倡议、网络直播等多种方式，推动形成全国性的粮食安全宣传形势，营造人人重视粮食安全、人人参与粮食安全、人人助力粮食安全的社会新风尚。

（撰稿单位：国家粮食和物资储备局办公室；撰稿人：王辉、肖赟、杨婷婷；审稿人：方进、陈书玉）

◆ 中国粮食经济杂志社

2019年，《中国粮食经济》坚持正确的政治方向、价值取向和舆论导向，践行"守正创新、服务行业"的办刊宗旨，突出粮食和物资储备系统"深化改革转型发展"时代主题，通过精准策划专题、出版专刊、开辟新栏目、创新宣传方式、加大专家学者约稿力度、推动传统媒体和新媒体融合发展等方式，促进《中国粮食经济》刊物质量不断提升，得到国家粮食和物资储备局党组和系统内读者的充分肯定。2019年，全年出版杂志14期，其中包括2期增刊、3期专刊。编发信息200余条，稿件300余篇。

（一）重大主题宣传有声势、有创新、有成效

1. 加大专刊、增刊出版力度，为重大主题增色、添彩。根据粮食和物资储备工作宣传重点，结合有关业务工作，围绕粮食产业经济第三次现场经验交流会、第二届中国粮食交易大会、庆祝中华人民共和国成立70周年、世界粮食日系列活动、优质粮食工程等重大会议、活动等策划推出《加快推进粮食产业高质量发展坚决扛稳粮食安全重任》《中国粮食　中国饭碗》《保障粮食安全的中国方案》等5期专刊、增刊。

2. 加强专题策划，将重大主题的文章做深、做足。围绕贯彻落实党的十九届四中全会、全国粮食和物资储备工作会议、"不忘初心、牢记使命"主题教育、粮食行业高质量发展、粮食产业经济、优质粮食工程、粮食科技活动周、贯彻落实"两决定一意见"等重大主题，采编人员深入20多个省区市，进行多层次、多角度、多形式的专题调研采访，组织撰写了《谱写"中国之治"粮食安全新篇章》《守初心担使命再启新征程》《加快推进深化改革转型发展》《奏响科技人才兴粮兴储的时代强音》《优粮工程看湖北》《高质量发展看山东》等百余篇主题鲜明、报道精准的专题文章，多篇文章得到上级有关部门和国家局领导批示，为制定和完善政策提供参考。在多次调研基础上撰写的《打赢玉米收储制度改革这场硬仗》入选中共中央组织部组织编写的《贯彻落实习近平新时代中国特色社会主义思想、在改革发展稳定中攻坚克难案例（教学版）》丛书，作为各级党校（行政学院）教材，供广大党员干部学习。深入多地调研采访撰写的《优质粮食工程实施效果及典型经验、有效模式研

究》调研报告，国家粮食和物资储备局领导批示要求作为进一步完善优质粮食工程规划的重要建议。

（二）坚持开门办刊，策划推出新栏目

积极走出去向专家学者约稿，向一线干部职工约稿，并向全系统发布宣传要点及征稿启事。组织了"不忘初心、牢记使命""礼赞粮食流通和物资储备70年"征文活动。2019年，《中国粮食经济》刊发的知名专家学者理论文章数量显著提升，杂志影响力和权威性进一步扩大。2019年，围绕粮食和物资储备工作重点，新开设了一批富有时代气息的新栏目，如《不忘初心、牢记使命》《局长专访》《前沿观察》《优粮工程》《领军人才》《科技人才兴粮兴储》等，推出了一批既有理论研究又有实践经验的文章。其中《局长专访》先后刊发了7个省区粮食和物资储备局（粮食局）局长的文章，《领军人才》《拔尖人才》先后刊发理论文章和先进事迹20余篇。

（三）新媒体平台建设取得长足进展

为适应新媒体快速发展，读者阅读习惯由通过纸质媒介转为互联网平台尤其是移动互联网平台的新形势，中国粮食经济杂志社加大对新媒体平台的建设力度，发挥融媒体优势，扩大《中国粮食经济》覆盖面、影响力。新媒体除了及时发布杂志精选文章和业内动态消息外，还配合重大主题宣传，尝试运用融媒体新闻报道，拍摄原创微视频，并推出图解、图说、音频等一系列适合新媒体传播方式的原创信息，受到读者欢迎，粉丝量不断增加。

◆ 地方粮食期刊

2019年，省级粮食经济类期刊适应粮食和物资储备系统的发展需要，进一步改革创新，紧跟时代步伐，大力弘扬粮食行业主旋律，围绕国家粮食和物资储备局和本省重点工作开展宣传报道和理论探讨，结合实际设置重要栏目，大力宣传中华人民共和国成立70周年、"不忘初心、牢记使命"主题教育、粮食产业等重要主题，致力于服务地方粮食流通大局。

（一）开展"中华人民共和国成立70周年"和"不忘初心、牢记使命"主题教育宣传

各地粮食期刊紧贴粮食行业实际，积极策划宣传粮食行业70年的伟大成就。《安徽粮食》《齐鲁粮食》《冀粮经济》等各地期刊专门设置《壮丽70年》《辉煌70年》等栏目，《粮食科技与经济》提前组织征文活动，开设特色栏目，出版特刊，通过文字、图片等形式展示成就，多角度展现中华人民共和国70年来粮食行业发展历程，唱响主旋律，弘扬正能量。同时，各地粮食期刊深入宣传当地"不忘初心、牢记使命"主题教育情况，刊发相关工作动态、学习体会等。《陕西粮食经济》《广西粮食和物资储备》《吉林粮食和储备》《冀粮经济》等多地期刊均开设《主题教育》专栏，刊发领导讲话、理论文章、学习动态等，营造良好的学习氛围。

（二）既注重典型经验宣传，又加强理论研究

各地粮食期刊在内容上围绕中心、突出重点，既有典型经验的交流探讨，又包括理论文章的调查研究，满足不同读者的阅读需求。《江苏粮食和物资储备》在《最强音》栏目刊登不同领导的典型发言，在《同心圆》等栏目中刊登对各地的调研思考，具有一定的理论深度。《粮食问题研究》关注对产业发展、粮食加工等方面的交流探讨，设立《热点研讨》栏目，对当下问题进行解读，具有较强的学术性。其他粮食期刊也分别开设《领导讲话》《调查研究》等相关栏目，宣传本地粮食工作情况。2019年，各地期刊把宣传优质粮食工程作为重点来抓，推出《产业发展》等相关栏目，介绍本地实施进展与效果，采取纪实、调查研究、领导讲话等多种体裁广泛宣传。其中，《齐鲁粮食》开设

《齐鲁粮油》栏目，大力宣传齐鲁粮油在品牌建设、优粮优储等各方面的成绩，扩大品牌影响力；《吉林粮食和储备》也开设《吉林大米》专栏，刊登吉林大米在品牌建设、优粮优销等方面的典型做法。

（三）丰富栏目种类，美化版面设计

2019 年，各地期刊栏目类型进一步丰富，版面设计进一步美化。《江苏粮食和物资储备》创新栏目设置，如《面对面》《公平秤》《K 线图》《领头雁》等。《贵州粮食》在排版设计、印刷装帧等方面不断改进，版面进一步得到美化。其他期刊也在不同程度上丰富栏目，《黑龙江粮食》《安徽粮食》《江西粮食》《陕西粮食经济》等分别设立《龙粮人物》《粮食地理》《文苑万物》《粮苑》《稻香谷黄》《读者驿站》等文化栏目，满足读者需要。

（四）探索传统媒体与新媒体创新融合发展

各地粮食期刊在做好纸质杂志的同时，积极探索与新媒体的融合发展，扩大自身影响力。湖南省的《粮食科技与经济》、四川省的《粮食问题研究》创办微信公众号，围绕重点工作，记录粮食变迁，呈现粮食行业深度分析与细微观察，对粮食学术、政策、生产、流通等方面交流探讨，满足读者线上阅读需求。

（撰稿单位：中国粮食经济杂志社；撰稿人：李可、李雯雯；审稿人：方进）

"不忘初心、牢记使命"主题教育

一　总体情况及主要成效

　　主题教育启动以来，在中央第二十指导组的精心指导下，国家粮食和物资储备局党组认真学习贯彻习近平总书记关于"不忘初心、牢记使命"的重要论述和指示批示精神，把开展主题教育作为首要政治任务，国家粮食和物资储备局党组书记、局长张务锋同志认真履行第一责任人职责，以上率下，团结带领全局系统 13200 余名党员干部，紧扣学习贯彻习近平新时代中国特色社会主义思想这一主线，紧紧围绕主题教育根本任务、总要求和具体目标，严格落实习近平总书记"四个到位"要求，把学习教育、调查研究、检视问题、整改落实四项任务措施贯穿始终，中央各项决策部署在全局系统得到了不折不扣贯彻落实。大家普遍反映，这次主题教育组织有力、工作扎实、效果明显，达到了预期目的。

2019 年 6 月 4 日，国家粮食和物资储备局召开"不忘初心、牢记使命"主题教育动员部署电视电话会，深入学习贯彻习近平总书记重要讲话和主题教育工作会议精神，认真落实党中央决策部署和要求，对全局全系统主题教育进行动员安排。

　　理论学习有了新收获。通过强化个人自学和集中学习研讨，进一步加深了对习近平新时代中国特色社会主义思想重大意义、科学体系、丰富内涵的理解，深化了对总体国家安全观、国家粮食安全战略的理解认识，增强了贯彻落实的自觉性和坚定性，广大党员、干部理论学习取得了新进步，达到了新高度，运用党的创新理论指导粮食和物资储备工作的能力得到了全面提高。

思想政治受到新洗礼。在认真学习和深入调研的基础上，广大党员、干部对照先进典型和身边榜样，对照行业系统优良传统和作风，以自我革命精神深刻检视思想、政治、作风、党性方面的差距不足，进一步明确了下一步坚守初心使命的努力方向，更加坚定了对马克思主义的信仰、对中国特色社会主义的信念，全面增强了树牢"四个意识"、坚定"四个自信"、做到"两个维护"的思想自觉、政治自觉、行动自觉。

干事担当有了新气象。把主题教育与党中央部署的重点工作结合起来，把主题教育成果转化为干好本职工作、积极担当作为的实际行动。主题教育期间，广大党员、干部在全国政策性粮食数量和质量大清查、成品油收储轮换、中储粮年度考核、抗震防汛抢险救灾紧急物资调运等急难险重任务中，亮出党员身份，发挥模范作用，在实战中锤炼了敢于担当、勇于斗争的意识和本领，认真践行了干事创业敢担当的主题教育总要求。

为民服务做出新行动。"为耕者谋利"，认真抓好夏粮收购，积极推动创新收购方式、提高服务效率，没有出现阶段性、区域性卖粮难；"为食者造福"，召开"全国加快推进粮食产业经济发展现场会"和"第二届全国粮食交易大会"，印发"优质粮食工程"实施意见和工作指南，制定《关于坚持以高质量发展为目标加快建设现代化粮食产业体系的指导意见》，推动建设粮食产业强国，努力满足人民群众从"吃得饱"到"吃得好"的消费升级需求；"为业者护航"，全面加强政策性粮食执法监管，加大案件处置和追责问责力度，全力维护粮食流通秩序。

纪律规矩得到新强化。深入学习贯彻习近平总书记在中央和国家机关党的建设工作会议上的重要讲话，持之以恒正风肃纪反腐，对违反中央八项规定精神，搞形式主义和官僚主义，领导干部配偶、子女及其配偶违规经商办企业等问题和损害种粮农民利益、违反粮食购销政策等行业问题，进行专项整治，进一步增强党员干部的纪律规矩意识，锤炼忠诚干净担当的政治本色，在系统上下营造风清气正的良好政治生态。

二　各项任务措施落实情况

（一）抓学习教育，理论学习有了明显进步、政治站位得到进一步提升

1. 个人自学扎实认真，党员干部内生学习动力明显增强。把个人自学作为学习教育的基础，组织党员干部坐下来、静下心认真学习党的十九大报告、党章党规和《习近平关于"不忘初心、牢记使命"重要论述选编》《习近平新时代中国特色社会主义思想学习纲要》，及时跟进学习习近平总书记最新重要讲话；结合实际认真学习领会习近平总书记关于总体国家安全观的论述摘编、关于"三农"工作的论述摘编、关于粮食和物资储备的重要论述，努力养成习惯、日积月累、逐步提高。支部"三会一课"把党员谈个人自学收获作为重要内容，加强交流、融会贯通，更好地用习近平新时代中国特色社会主义思想武装头脑、指导实践、推动工作。

2. 党组领学带动，学出了坚定信仰，学出了使命担当。国家粮食和物资储备局党组中心组全面落实中央《意见》要求，精心策划12个学习专题，认真开展政治理论学习、优良传统教育、形势政策学习、正面典型宣传和警示教育。党组中心组累计集中学习12次，7.5天。理论学习方面，分别

围绕"牢记初心使命、增强党性修养""强化政治引领、提高能力转变作风"和"干事创业担当、加快改革转型发展"3个专题，组织党组集中学习研讨，邀请专家作辅导报告3次；围绕既定主题分别与垂管局分党组主要负责同志、机关青年开展学习研讨。优良传统学习方面，组织行业系统党员干部参观"庆祝中华人民共和国成立70周年粮食和物资储备成就展"；开展主题党日，与离退休老党员、青年干部座谈交流行业系统优良传统和入党初心，传承红色基因；先进典型学习方面，学习张富清、黄文秀先进事迹，在全行业全系统开展先进集体、先进个人选树活动，3个先进集体、3名先进个人作典型事迹宣讲，自觉向身边榜样学习；警示教育方面，组织观看"增强忧患意识、防范风险挑战"专题警示教育片，增强底线思维、提高防范化解重大风险的能力水平。

3.学习载体形式丰富多样，学习质量和效率明显提升。主题教育实施方案中预设了多种学习形式，在推进过程中不断丰富。国家粮食和物资储备局党组中心组学习层面，坚持党组同志主题发言与司局单位主要负责同志交流发言相结合，上下联动加强交流，主题教育期间党组成员和各司局单位主要负责同志均作了至少一次发言。各司局单位和各垂管局层面，通过读书会、专家辅导、参观展览、座谈交流、主题党日、宣讲报告、主题演讲、观看红色电影、制作微党课视频等方式，认真组织学习研讨，提高学习质量效果。主题教育期间，各司局单位通过"三会一课"，共组织集体学习近500次；各垂管局共组织学习研讨152次，平均6.1次。成立青年理论学习小组，组织读书会和集中交流研讨，举办主题演讲比赛，提高青年干部参加理论学习的自觉性和主动性。同时，积极利用局门户网、《中国粮食经济》杂志、"学习强国""支部工作APP"、"国储党建"微信公众号等登载学习资料信息，在行业系统举办网上知识竞赛，线上线下融合加强学习。

（二）抓调查研究，掌握了基层一线实情，推动了中央决策部署在全系统的落实落地

1."扎下去"，深入一线调研，了解掌握了鲜活一手资料。结合研判上半年经济形势和研究下半年重点工作，国家粮食和物资储备局党组围绕8项重点调研课题任务，"一竿子插到底"，分两轮深入河南、陕西、江西等11个省市的80多个基层点进行深入调研，查摆问题、征求意见、挖掘典型，在了解民情、掌握实情的基础上，研究提出破解难题的实招硬招。在粮食产业强国建设方面，认真总结已有经验做法，明确了"一个目标、两大战略、三链协同、四大载体、五优联动"的工作思路；加强基层党建方面，挖掘总结了江西局创新载体抓手、激发干事热情、推动解决"两张皮"问题的典型经验做法。同时，国家粮食和物资储备局党组同志还围绕粮食安全保障立法修规、粮食"产购储加销"体系建设、粮食产销合作、"十四五"规划、储备仓库重大事故隐患治理等进行了深入调研。各垂管局分党组结合承接中央储备粮棉监管等新职责新任务，深入当地粮食和物资储备部门、中储粮分公司进行深入调研，了解情况、对接工作，明确正在开展的中储粮年度考核思路举措。

2."重实效"，强化成果应用，有力推动了粮食和物资储备中心工作。在中央指导组的精心指导下，国家粮食和物资储备局党组召开汇报会，交流重点课题调研情况和调研成果，研究转化运用措施，推动解决实际问题。特别是遵照习近平总书记"粮头食尾"与"农头工尾"的重要指示和年初参加全国"两会"河南代表团审议时的相关重要讲话精神，以及李克强总理的批示要求，开展推动河南粮食产业经济高质量发展系列调研，相关成果形成政策建议专报国务院。各司局单位和各垂直管理局结合各自职责，组织开展深入调研，并通过召开成果汇报会、汇编调研报告等方式，加强成果交流，放大调研成效。

3. "串起来"，讲好专题党课，盘点收获正视差距，获得广泛好评。在深入调研的基础上，张务锋同志以《坚决扛稳粮食安全重任、加快建设粮食产业强国》为题，带头为全局全系统党员干部讲专题党课，得到中央指导组充分肯定和行业系统党员干部的一致好评。国家粮食和物资储备局党组其他同志也分别在分管司局单位范围内讲了党课。同时，各垂管局分党组成员结合各自实际，累计讲党课 106 人次；国家粮食和物资储备局各司局单位副司局级以上党员干部在支部（总支、党委）范围内讲党课 86 人次，谈认识体会、讲差距不足、定思路举措，达到了预期良好效果。

（三）抓检视问题，找差距、挖根源，党性修养得到了再次加强

1. 开门检视，"立体式"广泛征求意见建议。把检视问题贯穿始终，安排各司局单位相关调研组结合深入基层一线，征求意见建议；随着各项措施推进，征求各司局单位、各垂管局和服务对象的意见建议。同时，通过设置意见箱，在先进典型汇报会、半年工作座谈会上面对面交流等方式，征集意见建议；委托 6 个指导组通过个别访谈、问卷调查、专题座谈等办法，代表国家粮食和物资储备局党组征求干部群众意见。对驻委纪检监察组半年沟通会商指出的问题，大清查、12325 全国粮食流通监管热线反映的群众关切难点问题，同步进行认真清理。主题教育领导小组办公室对各方面的 600 余条意见建议进行了大汇集、细梳理。

2. 自我革命，深刻检视思想根子上的差距不足。按照"四个对照""四个找一找"和"五个查找"的要求，坚持刀刃向内自我革命，深入检视查摆问题不足，从思想、政治、作风、能力、廉政等方面深刻剖析原因症结。国家粮食和物资储备局党组个人学习交流发言、主题党课等均把检视反思问题不足作为重要内容，自己找、上级点、群众提，持续对表对标。国家粮食和物资储备局党组以及各基层党组织均按要求召开了对照党章党规找差距专题会，对照"十八个是否"深入查摆问题，对具体问题逐一说清表现和深层原因，切实增强党的意识、党章意识和纪律规矩意识。

3. 动态管理，认真做好问题清单"加减法"。对年度民主生活会、中央和国家机关政治建设督查和国家粮食和物资储备局自查发现的"老问题"进行逐条对账，对国家粮食和物资储备局党组检视反思的问题进行认真梳理，综合尚未整改到位的"老问题"和初步检视反思的"新问题"，形成主题教育初步问题清单。坚持边检视边整改，对清单实行动态管理，整改到位的对账销号；新检视、新查摆的问题及时纳入。区分已经解决的、正在解决的、一时难以解决的等不同情况，最终形成国家粮食和物资储备局党组检视问题清单，明确了五大方面、30 个问题，逐条逐项狠抓整改落实。

（四）抓整改落实，机关建设有了新气象、系统治理有了新进步

1. 坚持边学边查边改，一批突出问题得到了有效解决。坚持老问题和新问题同步整改。2018 年度民主生活会、政治建设督查自查等已发现的"老问题"，从一开始就改起来，与主题教育检视问题整改无缝衔接。对垂管系统反映的机构编制和干部人事、规划建设项目、财务资产资金等方面历史遗留和改革发展中遇到的各类问题，确定由人事司、规划建设司、财务审计司牵头，按照"突出重点、先急后缓"的原则，抓紧梳理协调和研究解决。针对国家粮食和物资储备局党组检视问题清单，细化 116 条整改措施，逐一明确了责任人、责任部门和完成时限。坚持立足当下即知即改和着眼长远建章立制相结合，修订印发党组工作规则，加快制修订 43 项规章制度，用制度管人管事管权。主题教育期间，针对机构职能人员融合不到位，政策性粮食监管乏力，干部职工思想观念、能力素质、担当作为有短板，安全稳定廉政工作有欠账等问题的整改工作都取得了重大进展和阶段性成效，人民群众关心的粮食产业发展质量不高、绿色优质粮油产品供给不足和垂管系统一线干部职工关切的

社保、医疗等历史存量问题，有了较为明确的解决思路办法和进展。国家粮食和物资储备局党组制定的 116 条整改措施中，8 月底完成或取得明显成效的有 34 项，年底前见效的有 62 项，需要长期坚持、健全机制的 20 项。

2. 突出整改重点，专项整治工作取得良好成效。主题教育领导小组办公室成立专项整治工作小组，领导小组先后召开 2 次专题会议，明确分工、压实责任、调度进展。各级党组织均按要求制定了专项整治方案，着力抓好整改落实。对国家粮食和物资储备局坚决贯彻落实习近平总书记重要指示批示和党中央决策部署情况进行认真梳理，提交专题报告。组织全局系统副处级以上党员干部，对是否存在违规公款吃喝等违反中央八项规定精神的 17 个问题进行全面自查，交出个人"明白账"，没有问题的进行"零报告"。认真开展形式主义和官僚主义专项整治，制定局党组关于提高公文质量和效率的 20 条措施，定期通报公文办理质量，精文简会提质。全面梳理全局系统副厅局级以上领导干部配偶、子女及其配偶经商办企业情况，切实做到心中有数。印发《关于加强 2019 年夏季粮油收购监管工作的通知》，强化政策性粮食收储和市场化收购市场监管，对重点省份夏粮收购情况进行督导巡查，督促各地严格执行国家粮食收购政策，确保不发生大规模农民"卖粮难"。

3. 红脸出汗，专题民主生活会开出了新气象好效果。国家粮食和物资储备局党组同志按照"三必谈"要求认真开展谈心谈话。半年工作会议期间，张务锋同志结合深化垂管系统机构改革，与 25 个垂管局主要负责同志逐一进行谈心谈话；先后主持召开 4 次党组专题会议、4 次起草小组会议，研究起草撰写党组对照检查材料。党组班子和个人的检视剖析材料先后两次报送指导组进行审核把关、征求意见，进行了 3 次大的修改完善。民主生活会上，国家粮食和物资储备局党组成员以自我革命的精神和刀刃向内的勇气，严肃认真开展批评与自我批评，达到了"红脸出汗、排毒治病"和"团结—批评—团结"的效果。中央第二十指导组出席会议进行指导，认为会议符合中央要求，对会议效果给予充分肯定。

（五）抓组织领导，主体责任落实到位，确保全局系统主题教育方向不偏、取得实效

1. 同步启动、上下联动。中央主题教育动员部署会后，张务锋同志第一时间主持召开党组会议，传达学习贯彻习近平总书记重要讲话精神，研究安排落实工作，随后迅速召开全局系统动员部署视频会，严格按照中央要求，安排部署全局系统主题教育工作，形成了全系统上下联动，横向交流，一体推进的良好局面。

2. 健全组织、加强领导。国家粮食和物资储备局成立了由张务锋同志任组长、曾丽瑛同志任副组长的领导小组，并设立了领导小组办公室和巡回指导组。各司局单位和各垂管局也紧跟成立相应机构，健全领导和工作机构，明确职责任务、强化工作落实。国家粮食和物资储备局领导小组多次召开会议，传达中央精神、听取意见建议、研究解决问题、部署推进工作。领导小组办公室主动向中央指导组请示报告，及时向巡回指导组和各单位传达中央精神，答复具体问题。各单位主要负责同志认真履行第一责任人责任，切实加强对本单位主题教育的领导。

3. "两手抓、两促进"，坚决防止"两张皮"。坚持围绕中心、服务大局，把开展主题教育同落实粮食和物资储备深化改革、转型发展重点任务结合起来，把教育成果转化为党员干部锐意进取、开拓创新的精气神和埋头苦干、真抓实干的自觉行动，有力推动了粮食安全和战略物资储备立法修规、粮食储备体制机制改革、政策性粮食数量和质量大清查、粮食产业强国建设、储备仓库安全综合整治提升、能源储备基地和应急救灾储备能力建设等重点工作推进，实现了履职尽责和主题教育"双

丰收"。

4. 力戒形式主义、官僚主义，确保实际效果。把力戒形式主义、官僚主义贯穿主题教育始终，以务实作风落实四项任务措施，主动问计于民、问效于民，关注关心群众反映，把主题教育实际效果和群众评价反映作为检验成果的主要依据。学习心得体会强调有感而发、有实质内容；调查研究严格落实中央八项规定精神，杜绝出现"作秀式""盆景式"调研情况；检视问题始终紧盯思想政治根源深挖细剖，落实中央指导组要求，有效避免了"大而空""小而碎"；针对问题制定整改措施，确保可操作、能落地、见实效。

5. 强化指导、确保质量。建立督查督办纪实台账，工作进展每日一调度、一周一汇总。国家粮食和物资储备局 6 个指导组，通过列席会议、听取汇报、审核方案、指导党课、个别访谈、实地调研、问卷调查等方式，对 25 家垂管局分党组开展主题教育的情况进行了 6 轮督导，对专题民主生活会进行现场指导并组织测评评估。领导小组办公室成立 3 个专项检查组，对北京直属事业单位进行实地检查，纠偏提效；组成 5 个工作组，通过参加会议、座谈访谈、随机测评方式，对各司局单位主题教育效果进行认真督导、评估。各垂管局也相应成立指导组，加强对所属企事业单位的指导督导，确保落实主题教育要求不走形、不变样、得实效。

6. 加强宣传、营造氛围。主题教育期间，结合深入学习贯彻国家粮食和物资储备局党组"两决定一意见"，在全行业全系统组织"牢记初心使命、推动改革发展"网上知识竞赛，分北京、河北、福建、四川四个片区举办"牢记初心使命、推动改革发展"青年干部演讲比赛。国家粮食和物资储备局主题教育领导小组共编发简报 26 期，在局门户网、办公内网、"国储党建"微信公众号以及中国粮食经济杂志社分别开设专栏，累计发布信息 120 余条，登载学习材料 50 余篇，深入报道 62 篇，基层党员干部学习心得体会 200 余篇。《经济日报》《光明日报》等主流媒体对国家粮食和物资储备局主题教育的做法成效进行宣传报道，为主题教育深入开展营造了良好氛围。

（撰稿单位：国家粮食和物资储备局机关党委（纪委）；
撰稿人：张永福；审稿人：姜在君、王永圣、刘铁宏）

机关党建和文化建设

一　"不忘初心、牢记使命"主题教育取得扎实成效

　　认真落实"四个到位"要求，把学习教育、调查研究、检视问题、整改落实四项任务措施贯穿始终，在全局系统同步开展主题教育。组织党员干部认真研读《习近平关于"不忘初心、牢记使命"重要论述选编》《习近平新时代中国特色社会主义思想学习纲要》，提高政治理论水平。积极服务党组中心组开展集中学习，策划12个专题的学习内容。组织各基层党组织召开对照党章党规找差距专题会议，按照"十八个是否"要求，深入查摆和认真整改问题。开展"传承优良传统、牢记初心使命"主题党日，请老同志讲优良传统，青年干部汇报传承决心。以支部为单位为党员过政治生日，强化对党忠诚教育。统筹协调开展调研工作，汇编优秀调研成果，召开调研成果交流汇报会。组织垂管局主要负责同志专题座谈会，交流心得体会和有关做法。成立检查组和评估指导组，对直属事业单位进行专项检查，对各司局单位专题民主生活会进行指导，并组织开好专题组织生活会，对主题教育成效进行全面评估。协调5个巡回指导组对25个垂管局进行全过程指导。全局系统主题教育成效得到中央第二十指导组充分肯定。制定《巩固和深化主题教育成果工作方案》，对检视问题整改落实情况进行"回头看"，推动问题整改取得扎实成效。

2019年7月11日，国家发展和改革委员会党组成员，国家粮食和物资储备局党组书记、局长张务锋以"认真贯彻落实习近平总书记重要论述，坚决扛稳国家粮食安全重任，加快建设粮食产业强国"为题，为全局全系统党员干部讲专题党课。

二   党的政治建设得到全面加强

持续深入学习贯彻习近平新时代中国特色社会主义思想，及时跟进学习习近平总书记在省部级领导干部防范化解重大风险研讨班、"不忘初心、牢记使命"主题教育动员会、中央和国家机关党的建设工作会、庆祝中华人民共和国成立 70 周年系列活动上的重要讲话。深入学习宣传贯彻党的十九届四中全会精神，起草相关实施意见并按分工狠抓任务落实。制定党组中心组学习年度计划，明确每季度学习主题并认真组织实施。制定修订全局层面的规范性制度 13 件。印发关于加强机关党的建设、政治建设、事业单位党的建设 3 个实施意见，制定关于履行防范化解重大风险政治责任的意见、党组中心组学习实施办法，修订关于维护党中央权威和集中统一领导的实施意见、加强和改进党的群团工作的意见、加强和改进统一战线工作的意见等制度。

三   基层党组织标准化规范化建设取得明显进步

召开国家粮食和物资储备局机关第一次党员代表大会，全面总结党的十八大以来党的建设成效经验，安排部署今后五年工作，选举产生第一届机关党委、纪委。指导 10 家司局单位选举成立新的党支部，指导 5 家事业单位完成换届选举、5 家单位补选支部书记、副书记，批准成立 1 家临时党支部，全年发展党员 16 名。认真落实"基层党组织建设质量提升三年行动计划"，各基层党支部全年累计开展"三会一课" 800 余次，指导开好高质量专题民主生活会和组织生活会，严肃认真开展批评和自我批评。扎实组织民主评议党员，196 名党员被评为"优秀"等次。

四   激励党员干部担当作为打开新局面

坚持严管和厚爱结合、激励和约束并重，为推动深入学习贯彻国家粮食和物资储备局党组"两决定一意见"，组织"牢记初心使命、推动改革发展"分区演讲比赛和总决赛，组织部分获奖选手赴全国 30 个省（自治区、直辖市）开展巡回宣讲。举办向"身边的榜样"学习宣讲汇报会，组织 6 位基层一线先进单位、先进个人作事迹宣讲。在全局系统评选表彰 15 个"巾帼建功"先进集体（个人），对 72 名困难党员进行帮扶。在全系统开展为期三个月的"严守纪律规矩、正确行使民主权利"专题教育，增强纪律规矩意识，规范信访举报秩序，旗帜鲜明为担当者担当、为负责者负责。

五   国家粮食和物资储备局党组巡视开局良好、成效明显

结合国家粮食和物资储备局和系统实际，制定印发《巡视工作实施办法》《被巡视司局单位党组织配合局党组专项巡视工作规定》和领导小组、巡视组、巡视办工作规则等制度，初步建立了较为完善的巡视制度体系。汇编整理习近平总书记关于巡视工作重要论述，印发《巡视工作手册》，建立包括 101 人的巡视人才库。自 9 月下旬开始，组织 6 个巡视组，对 5 个垂管局分党组和 2 个直属事业单位党组织开展巡视，精准发现 151 项问题，并狠抓整改落实。

六　党员干部纪律规矩意识明显增强

扎实开展经常性纪律教育和警示教育，全年通过"家庭助廉"短信平台发送短信覆盖超过 10 万人次，认真学习贯彻中央和国家机关所属企事业单位警示教育大会精神，转发反面案例通报，组织警示教育，切实吸取深刻教训。指导相关单位结合发生在本单位的违纪案件，认真开展"以案为鉴"纪律教育。在全局系统开展纪律处分决定执行不到位不规范问题自查自纠，对 156 名受到纪律处分的党员干部处分决定执行情况进行全覆盖自查，发现并严肃纠正 40 例问题。

七　党风廉政建设进一步向纵深发展

组织签订年度党风廉政建设责任书，细化责任内容并狠抓贯彻落实。驰而不息落实中央八项规定精神。7 月，组织全局全系统各级党组织和副处级以上党员干部，对违规吃喝等 17 项问题和利用名贵特产特殊资源谋取私利问题，进行全面自查，一一说清楚，交"明白账"。10 月，对国家粮食和物资储备局 2019 年落实中央八项规定精神的情况进行全面自查。11 月，对相关配套制度及执行情况进行"回头看"，接受驻委纪检监察组交叉检查。认真做好纪检信访举报处置工作，依纪依规处置问题线索。认真整治纪检信访举报处理工作中的形式主义和官僚主义。指导部分重点司局单位加强廉政风险分析研判，强化对权力运行的制约和监督。制定实施方案和工作办法，在全局系统建立到岗到人的廉政风险防控机制，明确风险等级、压实防控责任、细化防控措施。制定机关纪委工作规则、纪律审查工作办法、执纪审查经费管理办法、党员领导干部廉政档案管理办法、纪律处分执行工作办法 5 项制度，全面规范纪律审查工作。加强党务纪检干部队伍建设，4 月、9 月分别举办纪检干部、巡视干部培训班，对全系统 220 名党员干部进行专题培训。

八　党的群团工作得到全面加强

组织团员青年集中收听收看纪念五四运动 100 周年大会，认真聆听习近平总书记重要讲话。加强群团组织建设，召开第一次工会代表大会暨妇女代表大会，选举成立第一届直属机关工会、妇委会；选举成立 4 个基层团支部和 1 个基层团委。在全局成立 26 个青年理论学习兴趣小组，组织开展系列研讨活动。组织青年干部深入开展"根在基层"调研，组成 7 个调研组，分赴 15 个省 30 多个市县开展调研，有关成果在《中国粮食经济杂志》等刊登。1 名青年干部被增补为中国青年科技工作者协会会员。为 7 名干部职工子女解决政策保障入学问题。

九　文化建设有声有色

全年开展青年志愿服务活动 30 人次，组织参加"亚洲文化嘉年华"等大型活动。举办粮储青年"我爱你中国"手机摄影大赛，1 篇作品获中央和国家机关三等奖。按季度为干部职工过生日。举办 6 期书法培训班、1 期健康养生讲座。组织参观北京世园会和秋季健步走等群众性健身活动。组队参加国家发展改革委首届篮球友谊赛并获季军，参加西城区团委"聚力杯"篮球赛获第四名。举办"我和我的祖国——首届全国粮食和物资储备系统干部职工书画展"，干部职工热烈欢迎、踊跃参与。

十　加强对系统党建工作的指导

认真落实垂管单位纪检监察体制改革试点，推动落实"三为主一报告"等改革任务。认真做好垂管局领导班子特别是纪检组长选配工作。国家粮食和物资储备局机关党建重要工作、重点任务和重要文件，同步抄送垂管系统党组织。发挥"国储党建"微信公众号作用，全年累计推送信息1300余条。组织参加中央和国家机关工委"第二届党建创新成果展示交流"活动，青海省粮食和物资储备局提报的成果被评为"百优案例"。积极开展"青年文明号"创建活动，6 家基层单位获全国青年文明号，国家粮食和物资储备局 1 个处室获中央和国家机关青年文明号，在上海召开现场经验交流会。3 家基层单位被列为全国青年安全生产示范岗创建单位。

十一　加强机关党委（纪委）自身建设

国家粮食和物资储备局机关党委（纪委）建立书记办公会、内部碰头会等议事决策制度，定期调度重点工作，研究解决问题，安排下步工作。重要工作、重要文稿集体研究、集思广益、民主决策。建立并严格落实监督执纪专题会议制度，所有问题线索按程序集体决定处置办法。按照党统一部署，认真组织开展支部"不忘初心、牢记使命"主题教育，实现了理论学习有收获、思想政治受洗礼、干事创业敢担当、为民服务解难题、清正廉洁作表率的预期目标。推动建设"模范党支部"，带头严格落实"三会一课"。深入江西省粮食和物资储备局基层一线开展党建专题调研，挖掘提炼基层党组织统筹党务业务队伍建设的成功经验。

（撰稿单位：国家粮食和物资储备局机关党委（纪委）；
撰稿人：张永福；审稿人：姜在君、王永圣、刘铁宏）

国际交流与合作

一　参与国际粮食安全治理，推动落实联合国 2030 年可持续发展议程

深化南南合作，分享中国粮食安全保障成功经验。2019 年 6 月，国家粮食和物资储备局与联合国世界粮食计划署（WFP）在河南省郑州市签署了关于开展"南南合作"的谅解备忘录。备忘录的签署是双方在粮食领域加强合作，帮助发展中国家提高粮食安全和营养水平的重要举措，具有里程碑意义，也是我国粮食领域历史上第一次与联合国粮农机构建立长期合作机制关系。双方将在备忘录框架下进一步深化粮食领域合作，把中国在粮食仓储体系管理、产后节粮减损、产后服务、促进小农户与市场衔接等方面的技术和经验等推广到需要更多帮助的广大发展中国家，保障国际粮食安全。

2019 年 6 月，国家粮食和物资储备局与联合国粮食计划署在河南郑州就开展南南合作举行谅解备忘录签约仪式。WFP（世界粮食计划署）驻中国办公室主任屈四喜（前排左一），联合国驻华协调员罗世礼（后排左三），国家发展和改革委员会党组成员、国家粮食和物资储备局党组书记、局长张务锋（后排中），国家粮食和物资储备局党组成员、副局长卢景波（前排右一）出席签约仪式。

二　推动区域粮食安全合作，维护区域粮食安全

发挥国家粮食和物资储备局在亚太经合组织（APEC）、亚洲合作对话（ACD）、亚太农业与粮食市场联合会（AFMA）等多边国际合作机制中粮食安全领域牵头单位或成员的作用，深化粮食安全治理与合作，维护国际粮食安全。作为 APEC 粮食安全政策伙伴关系机制（PPFS）中国政府代表单位，派员参加 PPFS 全体会议、专业研讨会、粮食安全周系列会议、粮食安全部长会议等，与成员经济体在粮食供应链数字化发展、粮食产后减损、粮食系统营养提升等方面深入交流合作；认真参与部长会议成果文件《粮食安全巴拉斯港宣言》的多轮修改及磋商，积极斗争，严守底线，捍卫多边体制的原则和尊严，维护我国在 APEC 粮食安全领域的话语权和影响力。

三　落实中非合作论坛北京峰会精神，拓展与非盟粮食安全国际合作

为深入贯彻习近平主席关于秉持真实亲诚理念和正确义利观、促进中非全面合作的重要指示，推进在中非合作论坛北京峰会"八大行动"和共建"一带一路"框架下的粮食领域务实合作，2019年 9 月，国家粮食和物资储备局派出代表团访问非盟委员会。双方就加强粮食领域务实合作特别是粮食产后减损深入交换看法，达成广泛共识，并在埃塞俄比亚首都亚的斯亚贝巴正式签署了关于加强粮食领域合作的谅解备忘录，为促进中非全面合作丰富了内涵、开拓了空间、探索了路径。10 月，组织专家、有关企业参加第二届非盟粮食产后减损大会，分享我国在粮食仓储管理与电子交易平台建设方面的技术和经验，展示我国粮食技术及装备。11 月，再次派出高访团与非盟就落实谅解备忘录进行对接沟通，探讨确定主要合作内容。

四　夯实合作基础，推动合作伙伴关系纵深发展

积极发挥高层交往在开辟对外合作渠道、开拓企业海外市场、促进重要合作项目等方面的引领拉动作用，派出高级别访问团组与埃及、埃塞俄比亚、南非、科特迪瓦、瑞士、葡萄牙、法国、土耳其、乌克兰、智利、阿根廷、墨西哥等国相关行政管理部门和科研院所商谈加强粮食产后管理、质量检验、粮食产业发展和物资能源储备管理等领域的合作，推动粮食和物资储备领域双边合作关系纵深发展。

接待外国政府粮农和物资储备主管部门、外国粮油协会、国际粮农组织和跨国企业高级代表团20 个，来访外宾近 80 人次，主要包括：阿根廷农业产业部部长、乌拉圭牧农渔业部部长、乌克兰经济发展、贸易和农业部副部长、法国粮食出口协会主席、美国谷物协会会长、WFP 亚太地区局局长等。与阿根廷农业产业部、阿根廷驻华使馆共同举办中阿豆粕产业对话会；与乌克兰经济发展、贸易和农业部达成签署谅解备忘录的初步意向；与韩国调达厅、韩国驻华使馆探讨重新签署物资储备领域合作谅解备忘录。与国际能源署探讨建立长期合作关系的可能性；与澳大利亚粮食行业市场准入论坛共谋羽扇豆贸易合作潜力。通过与到访同行就粮食生产、消费和贸易，物资储备和调运管理等方面情况进行沟通和了解，进一步挖掘合作潜力。

组织来自联合国系统、非盟、外国驻华使馆的外国官员参加第二届粮食交易大会，实地参观郑

州商品交易所、开封市茂盛粮食机械公司、中储粮新港直属库等，深入一线了解我国在粮食期货交易、粮食机械装备、粮食产后及仓储管理等方面的先进技术经验。外国官员对中国经验表示高度赞赏，提出深化粮食安全合作需求，我国粮食安全合作朋友圈进一步扩大。

五　高效协同配合，形成粮食安全国际合作强大合力

一是做好落实 2030 年可持续发展议程部际协调机制成员单位工作，通过与非盟、WFP 开展粮食安全合作，深度参与 APEC 粮食安全议程讨论和规划，促进 APEC 粮食领域务实合作，履行大国责任，分享我国在粮食安全领域的中国经验和中国智慧，推动实现联合国 2030 年"将零售和消费环节的全球人均粮食浪费减半，减少生产和供应环节的粮食损失"可持续发展目标。二是作为农业对外合作部际联席会议成员单位，与各成员部门共同谋划、群策群力，鼓励并引导更多有条件的粮油企业"走出去"。组织相关单位对中国—东盟粮食产业合作开展调研，提出推进"一带一路"粮食产业合作建议。通过多双边合作搭建平台，借助第二届粮食交易大会契机，邀请企业参加粮食行业"一带一路"建设实践展，为企业与外方合作牵线搭桥，为推动我国粮食技术、装备"走出去"，推动粮食企业、粮机企业参与"一带一路"建设创造更好的条件、更多的机会。三是作为对外援助部际协调机制成员单位，配合国际发展合作署，做好对外粮食援助工作，在南南合作框架下推进技术援外，积极探索粮食实物援助的可行性，组织推荐对外援助咨询单位和专家，为援外工作提供智力支持。四是做好世贸组织贸易政策审议部际工作组成员单位工作，提供世贸组织贸易政策审议问题单，派员参加世贸组织农业委员会例会，对世贸组织主要成员执行《农业协定》情况进行审议，并积极配合我国常驻世贸组织代表团的贸易政策审定工作，保障我国在世贸组织中的合法权益和话语权。

六　精心谋划组织，持续提升全系统人才国际化水平

派出粮食行业和物资储备领域科研技术和管理人员参加国际学术研讨及交流会议、执行交流合作任务。派员参加国际标准化组织谷物与豆类分委员会年会、国际谷物理事会粮食年会、中国—欧盟食品、农业和生物技术专家研讨会、中日稻米产业发展技术交流会、国际谷物科技协会大会、美国农业经济年会、天然橡胶生产国组织年会、国际石油储备机构年会，与澳大利亚默多克大学开展储粮通风、熏蒸技术交流等科研学术活动，了解国际相关领域先进成果和前沿技术，完善粮油标准化制修订工作，开展粮油生产、消费和贸易等信息分析和交流，进一步提高粮食行业和物资储备领域人才的国际化水平和国际交流合作能力。组织粮食和物资储备相关管理和技术人员赴法国、巴西、澳大利亚和日本开展粮食安全监测预警、国家粮食安全与粮食财税金融支持政策、粮食和物资储备技术技能人才指导能力提升、石油储备基地管理技术等培训，学习国外先进技术及经验，有效提升全系统干部队伍的国际视野，提高我国粮食流通宏观调控能力，提升物资储备管理水平，推动粮食和物资储备系统深化改革转型发展。

（撰稿单位：国家粮食和物资储备局外事司；撰稿人：胡瑶庆、张怡；审稿人：曹颖君）

信访工作

一 深入贯彻落实习近平总书记重要指示要求，大力践行群众路线，信访工作取得新成效

国家粮食和物资储备局以习近平新时代中国特色社会主义思想为指导，把深入贯彻落实习近平总书记关于加强和改进人民信访工作的重要批示精神，作为做好新形势下信访工作的根本遵循。按照党中央、国务院决策部署，坚持党的群众路线，强化政治担当，积极化解信访突出矛盾，扎实推进阳光信访、责任信访、法治信访建设，推动解决群众合理诉求，切实维护群众合法权益，受到基层群众的高度肯定。国家粮食和物资储备局党组认真研究和准确把握新形势下信访工作的新特点新规律新要求，针对机构改革后信访问题主要矛盾变化，定期研究部署，认真组织落实。进一步完善主要领导负总责、分管领导具体负责、其他领导"一岗双责"、一级抓一级、层层抓落实的信访工作格局，为做好新形势下信访工作提供了坚强的组织保障。2019 年，国家粮食和物资储备局共接到群众信访 544 件次，其中来信 206 件，来访 156 批次，来电 182 次。所有信访事项均得到了及时办理，做到事事有回应、件件有着落，全年信访形势平稳有序，没有发生群体性事件。

二 健全工作制度，分类处理信访诉求，信访工作规范化法制化取得新进展

按照中共中央办公厅、国务院办公厅《关于进一步加强信访法治化建设的意见》有关要求，进一步抓好《接待群众来访工作细则》《进一步规范和创新信访工作的意见》《关于进一步规范和创新信访工作的实施意见》《信访工作责任制实施细则》等工作制度的贯彻落实。针对机构改革后粮食和物资储备系统信访问题矛盾变化的实际情况，在运行中查找制度建设存在的问题和不足，修订印发《国家粮食和物资储备局信访工作办法》，编制《信访工作手册》配发全系统，提高基层单位信访工作人员制度执行能力水平，信访工作制度建设成效明显。着力运用法治思维和法治方式解决信访问题，化解信访矛盾。一是坚持依法依规协调和处理群众诉求，妥善处理来访事项，切实维护来访群众合法权益。二是严格按照依法分类处理信访诉求的原则，坚持诉访分离制度，对涉法涉诉信访问题，向信访人耐心解释，引导其通过司法途径解决处理，理顺诉访关系，维护信访秩序。三是积极引导群众依法逐级走访，对跨越本级和上一级机关提出的信访事项，引导其以书面或走访形式向依法有权处理的机关、单位提出。

| 三 | 创新工作机制，加强调查研究，信访工作能力水平有了新提高 |

坚持"属地管理、分级负责，谁主管、谁负责，依法、及时、就地解决问题与疏导教育相结合"的信访工作原则，不断摸索创新信访工作机制。一是加强信访工作指导，对因群众反映问题解决不力、矛盾上交，造成越级上访、集体上访的单位第一时间进行工作指导，督促相关单位妥善化解矛盾，避免矛盾激化、工作被动。二是加强对退伍军人编制、同工同酬等信访突出问题的分析研判，变事后处理为事前预防，变个别应对为统筹处理，并研究提出意见建议向人事部门反馈。三是积极协调政策性粮食交易商务纠纷等信访问题，多方合力，齐抓共管，上下协调，有力促进了粮食交易商务纠纷等信访问题的解决。为摸清底数，破解难点重点，2019年先后组织到黑龙江、吉林、湖南、安徽、河北、内蒙古、四川7个垂管局对信访工作进行调研，形成《关于部分垂管局信访工作的调研报告》和《粮食和物资储备信访问题研究》报告，对全统信访问题进行深入研究，提出解决问题的意见建议。同时，按照"三到位一处理"原则，整合各方资源，多措并举化解矛盾。要求各级单位切实履行主体责任，综合运用政策、法律、经济、行政等手段解决信访突出问题，灵活运用救助、协商、咨询等方式解决疑难复杂信访问题。全力推进领导干部接访下访包案常态化、制度化，经常听取群众意愿，查找问题和不足，完善和改进工作。通过加强调查研究，因地制宜，多措并举，实现了"大事不出、小事减少，管理有效、秩序良好"的工作目标。

| 四 | 积极创新服务方式方法，充分运用信息化便民技术手段，群众信访渠道得到新拓展 |

为适应新形势下群众信访工作要求，灵活运用信息技术手段，依托局政府网站，积极拓展信访工作新渠道，使群众能够通过局政务网站"意见征集"和"举报平台"等栏目，方便快捷地提出意见、建议，反映个人诉求，初步实现了网上信访新模式。加强12325全国粮食流通监管热线的联动，及时转办信访事项。群众不出家门，就可以反映个人诉求和面临的实际困难，从而拓宽了联系群众、体察民情、回应民意的渠道，为及时协调解决群众反映的问题提供了便利条件。对于新渠道受理的信访事项，均按程序做好信访登记、统计、转办、督办工作，取得了较好成效。

| 五 | 增强底线思维，抓好关键时间节点和重点难点信访问题，信访工作防范化解风险能力有了新加强 |

全力做好重要会议活动期间的信访工作。按照"加强协同联动、做好源头稳控"的要求，全系统增强责任感、使命感，加强预警预判，制定应急预案。在2019年"两会"以及其他重要会议活动期间，充分发挥信访机构职能作用，及时做出部署安排，通过上下联动、协调配合，实现了重要会议活动和重大节日期间零上访的预定目标。认真做好机构改革后的信访维稳工作。针对潜在的苗头性倾向性信访问题，组织信访干部严密排查、消除隐患，确保干部职工思想稳定、队伍稳定、工作稳定，为推进"深化改革、转型发展"重大战略部署创造有利条件。加大历史遗留问题和热点难点问题的解决力度。坚持从维护社会稳定，构建社会主义和谐社会的大局出发，督促全系统各级党组

织落实主体责任，按照"三到位一处理"原则，进一步加大工作力度，积极稳妥处理好历史遗留问题和群众反映强烈、矛盾集中的信访突出问题。同时，注重引导群众运用法律手段，严格依照国家法律法规和政策规定，积极妥善解决争议纠纷等信访问题，取得了较好成效。

（撰稿单位：国家粮食和物资储备局办公室；撰稿人：黎霆、李华华、杨雪、许传忠；审稿人：方进、陈书玉）

老干部工作

一　总体情况

　　2019 年，国家粮食和物资储备局及各垂管局深入学习贯彻党的十九大、十九届三中四中全会精神和习近平总书记关于老干部工作的重要论述，贯彻落实全国老干部局长会议部署，在国家粮食和物资储备局党组和离退休干部工作领导小组的正确领导下，站在全国粮食和物资储备事业改革发展的高度，坚持围绕中心、服务大局，认真研判离退休干部新形势、新任务、新特点，稳中求进、求真务实，改革创新、转型发展，创造性地开展工作，在机构改革向垂管系统延伸的关键之年，确保了老干部队伍稳定、思想稳定，较好地完成了各项工作任务。截至 2019 年底，国家粮食和物资储备局机关共有离退休人员 381 人。其中，离休 61 人，退休 320 人。在离休干部中，抗战时期参加革命 15 人，解放战争时期参加革命 46 人。离退休人员最高年龄 103 岁，平均年龄 77.2 岁；80 岁以上172 人，占老同志总人数的 45%。建立党支部 8 个，其中在职党支部 1 个，离退休党支部 7 个（含文体兴趣小组临时党支部 1 个）。为机关离退休老同志服务的离退休干部办公室（以下简称"离退办"）在职人员 25 人。垂管系统共有离退休人员近 14000 人。其中，离休干部 250 人，退休干部 6771 人，退休工人近 7000 人。全系统共有老干部支部 176 个、离退休党员 5409 人，为离退休老同志服务的专（兼）职人员 170 余人。

二　立足当前，全面完成各项工作任务

（一）全面加强离退休干部党的建设

　　教育引导老同志增强"四个意识"、坚定"四个自信"、做到"两个维护"，在思想上政治上行动上同以习近平同志为核心的党中央保持高度一致。认真开展"不忘初心、牢记使命"主题教育，在职党支部举行了 6 天 8 次集中学习研讨；组织 4 个离退休党支部赴平津战役纪念馆、平型关大捷纪念馆等红色教育基地，开展"牢记初心使命、永葆革命本色"的主题党日活动，抓好离退休党员"关键少数"，组织 2 期离退休党务人员和新退休人员集中学习和培训；组织党务人员学习交流党的十九届四中全会精神；组织广大离退休党员学习党章党规，顺利完成 4 个离退休支部换届选举，实现党务人员年轻化；发展了 2 名老同志入党。

（二）全力落实各项待遇

　　一是落实政治待遇。组织召开粮食和物资储备工作情况通报会，为出席会议的 6 位离休干部代表颁发了"庆祝中华人民共和国成立 70 周年纪念章"，赠送了张务锋局长作序、曾丽瑛副局长作跋的《我们不会忘记》离休干部纪念册；举办以"改革、传承、融合"为主题的离退休干部新春茶话会，在北京的局领导全体出席，并集体给老同志拜年；在春节和国庆前夕，党组同志带头看望慰问在北京

的老领导、离休老干部、困难党员等；推荐上报的退休干部汪秀萍同志，被中共中央评为"全国离退休干部先进个人"；按照阅读范围传达有关文件；征求老同志的意见和建议，切实整改并向老同志通报整改落实情况；就热点问题请中共中央党校的专家作专题辅导报告；为老同志订阅《中国老年报》《健康文摘报》和《中国老年》杂志。二是落实生活待遇。落实全系统离休干部提高医疗待遇工作；兑现生活不能自理离休人员护理费；按时足额发放离退休费和各项补贴；及时足额报销医药费1000余万元，组织150余位老同志参加体检，根据老同志体检结果，更新完善离退休干部健康档案，进一步做好老同志常用药品保障工作；以"夏季送清凉、秋季送健康、双节送祝福"为主题，精心开展走访慰问活动。三是丰富老同志精神文化生活，倡导文化养老。在长年开展唱歌、舞蹈、书画、模特等活动的基础上，新增加了太极拳、摄影活动；协调发改委组织部分老同志参加老年大学学习；举办国家粮食和物资储备局组建后的第一届离退休干部运动会，180余位老同志报名参赛，年龄最大的99岁；组织书画、歌咏、舞蹈、太极拳等兴趣小组的60余位老同志，在玉渊潭公园开展了庆祝中华人民共和国成立70周年"我和我的祖国"快闪拍摄活动；组织征文活动，共收到垂管系统征文229篇，本级机关征文41篇，编辑成两册《同心同行共成长》征文集印发各垂管局，推荐5篇优秀征文在《中国老年报》刊登；组织书画展，共有37名老同志提交书画作品，遴选了16幅作品在《中国老年报》专版刊登、11幅作品参加国家粮食和物资储备局机关的展览，49幅作品在报国寺活动站集中展出；组织了"三八妇女节"民族文化体验、北京园博园秋游、首都粮食博物馆参观等活动。

（三）组织引导老同志持续发挥正能量

发挥老同志在工作中的示范作用，赴盛郢村为老乡写春联送祝福，送上春联320余副、福字100余幅；与盛郢村的8名师生代表在北京开展"老手拉小手"扶志扶智活动，活动得到中共中央组织部老干部局微信公众号推送宣传；组织部分离退休干部参加国家粮食和物资储备局"牢记初心使命　对党绝对忠诚"主题党日座谈会，介绍老同志主动缴纳特殊党费、八旬高龄积极申请入党、多年义务为居民做好事和普及宣传法律知识等典型事迹，6位老党员结合自身经历，讲述行业系统优良传统和入党初心；开展全系统征文，讴歌新时代；通过专题会议、演讲、报刊、网络等形式大力传播老同志的先进事迹和优良作风。

（四）不断加强自身建设，努力提高工作人员的综合素质

放大局党组"两决定一意见"的积极效应，组织干部职工深入学习贯彻"两决定一意见"并认真撰写书面体会，在全办干部大会发言交流。放大国家粮食和物资储备局党组用人导向效应，安于本职、主动作为、勇于担当的氛围浓厚，团结协作的作用彰显。2019年以来，针对人员紧张的实际，开展人员内部流动多岗锻炼，打破各处室职责界限，成立若干专项工作小组，不论分内分外，大家心往一处想，劲往一处使，保证了各项工作全面落实并有创新、有亮点，增强了工作人员政治站位、大局意识，提高了整体素质和能力。高度重视党风廉政建设和反腐败斗争，强调党要管党、从严治党，不断改进工作作风，净化政治生态，营造廉洁从政的良好氛围。2019年，在重大节日等时间节点，组织廉政提醒8次，全办党员干部自觉遵守党规党纪，廉洁自律，坚决反对"四风"，没有发生违法乱纪行为，也没有出现违反中央八项规定精神的情况。

三	着眼长远，打造亮点，引领工作方向

（一）创新老干部党组织建设新模式

一是成立党支部（临时党支部）兴趣小组，以兴趣爱好为纽带、以文艺特长老同志为骨干、以在职人员为辅助，将学习教育融入兴趣爱好中，有效加强对"年轻"老同志的教育和管理，激发离退休干部自我教育、自我管理的主动性，形成一方隶属、多重学习教育的党建新模式。二是成立异地养老临时党支部，及时组织异地养老人员在外地学习、开展红色主题教育和参加当地党组织活动，保证离京不离组织，充分发挥老同志自我教育、自我管理的优势。

（二）创新思想教育和学习新方式

充分考虑离退休党员干部年龄、身体、居住等实际情况，运用网络信息技术，创新学习形式，开设老干部学习教育"网络课堂"，讲好粮食和储备故事，直播或录播老同志宣讲、春秋游、运动会、主题教育党课等重大活动，让部分高龄出行困难的老同志也能借助网络信息技术及时参加学习教育。全年开展网络直播 4 次，录播老同志讲课 14 次，逐步形成了多个系列精品课程。老干部学习教育"网络课堂"开设以来，老同志参与积极性高涨，全年听课达 1500 余人次。这一形式受到老同志的热烈欢迎，也得到了中共中央组织部老干部局的宣传推广和主题教育活动指导组的肯定。

（三）提供个性化高质量服务，引导老同志积极应对老龄化

针对不同年龄段和身体状况，逐步完善分类组织、因人施策的服务管理机制。全年组织"年轻"老同志赴山东青岛、黑龙江密山、广东从化等地开展自费异地养老 80 余人次。将传统个人自费游和单位组织的医养结合、"候鸟式"养老活动有机结合起来，让老同志在感受祖国日新月异的发展变化的同时，又进行爱国主义教育。采取"一对一"服务保障方式，组织部分 80 岁以上老同志就近开展集体活动。通过活动，引导老同志以阳光的心态积极应对老龄化。

（四）顺势而为，用足用活相关政策

在中华人民共和国成立 70 周年之际，为充分体现党和国家对离休老同志的关心关怀，落实国家粮食和物资储备局党组用心用情服务好老同志的要求，离退办在不折不扣落实中共中央组织部提高部分离休干部医疗待遇的同时，还为处级及以下 35 名离休干部在复兴医院办理了优诊卡，使他们能享受门诊绿色通道和住院双人间服务，缓解这部分离休干部就医难的压力。提前谋划制作了《我们不会忘记》纪念册，在为离休干部颁发 70 周年纪念章的同时，把纪念册送到老同志手里，受到离休干部和家属的广泛赞许。

四	承担新使命，履行新职能，指导系统老干部工作

（一）及时传达全国老干部局长会议精神

年初，离退办及时将《国家粮食和物资储备局离退休干部办公室关于转发陈希、姜信治同志在全国老干部局长会议上讲话的通知》印发到各垂管局，要求各垂管局不忘初心、牢记使命，增强"四个意识"、坚定"四个自信"、做到"两个维护"，深入学习领会习近平总书记关于老干部工作的重要论述，牢牢把握新时代老干部工作正确方向。

（二）召开系统离退休干部工作会议

2019 年，机构改革向基层垂管局延伸，针对垂管局大多不再单独设立老干部服务管理部门的实际，为确保改革期间老干部的稳定，及时召开包括基层单位参加的系统离退休干部工作会议，同时举办离退休干部工作人员培训班。会议认真贯彻国家粮食和物资储备局党组"两决定一意见"和"五句话"总体要求，分析形势、统一思想，就突出"深化改革转型发展"，对切实提高全系统离退休干部工作质量和水平进行全面部署，对确保机构改革期间老干部思想、队伍稳定，着力维护稳定大局，助力粮食和物资储备事业改革发展提出明确要求。培训班邀请中共中央组织部老干部局、全国老龄工作委员会、解放军总医院心理医学专科和中国老年报社的有关专家开展专题讲座，达到了帮助大家提升政治站位、开阔工作视野、增强业务精神和专业素质的效果。

（三）深入开展调研活动

在开展"不忘初心、牢记使命"主题教育期间，离退办领导班子成员分别深入山东、青海、黑龙江等 7 个垂管局开展老干部工作调研和走访系统老干部，为确保机构改革期间系统老干部稳定发挥了积极作用。调研组成员深入查找工作中遇到的问题和困难，认真分析老干部工作面临的形势和任务，对垂管局离退休干部工作提出工作建议：一要牢记初心使命，压实垂管局主体责任；二要积极担当作为，切实加强"三项建设"，全面落实离退休老同志"两个待遇"；三要立足干事创业，着力加强离退休干部队伍建设。

（四）垂管系统离退休干部工作稳步推进

各垂管局分党组高度重视，全面贯彻落实国家粮食和物资储备局党组"两决定一意见"和"五句话"总要求，按照离退休干部工作会议的部署，不断提高政治站位，高度重视老干部工作，把老干部工作融入"安全稳定廉政"以及粮食和物资储备事业改革发展的大局之中。不断加强服务管理，坚持生活待遇优先的原则，不断为老同志老有所养、老有所医创造良好条件；坚持及时传达学习文件，不定期向老同志通报工作，通报重点工作开展情况，落实老干部政治待遇。坚持问题导向和底线思维，确保机构改革期间老干部队伍稳定，确保老干部的事情有人管、经费有保障、组织活动不断线、服务水平不降低，积极化解矛盾，引导离退休人员为党和人民事业增添正能量。坚持把政治建设摆在首位，引导老同志作坚决维护以习近平同志为核心的党中央权威和集中统一领导的表率；持续深入抓好思想建设，引导老同志用习近平新时代中国特色社会主义思想武装头脑；大力加强离退休党支部建设，压实管党治党政治责任。广大老党员退休不褪色，离岗不离责，以实际行动支持粮食和物资储备事业发展。

（撰稿单位：国家粮食和物资储备局离退休干部办公室；撰稿人：赵前宁；审稿人：夏吉贤）

4

第四篇

各地粮食和物资储备工作

北京市　　　基本情况

　　北京市位于华北平原西北边缘，东南距渤海约 150 千米，西、北和东北群山环绕，东南是缓缓向渤海倾斜的大平原，地势西北高、东南低。全市土地面积 16410 平方千米，其中平原面积占 38.6%，山区面积占 61.4%。2019 年，北京市种植结构继续调整，粮食种植面积持续减少，粮食总产量 28.8 万吨，较上年减少 16%。其中，小麦 4.4 万吨、玉米 22.8 万吨、其他粮 1.6 万吨。2019 年，重点涉粮企业为保障供应、稳定市场发挥了重要作用，主要表现在：市内收购粮食 14.7 万吨，占粮食产量的 51%。市外采购粮食 439.9 万吨，占粮食年消费量的 97%；市外采购食用油 37.7 万吨，占食用油年消费量的 68%。加工生产成品粮 89.8 万吨。全年销售及转化粮食 477.8 万吨，食用油 55.3 万吨。2019 年，北京市粮食直接消费量 451.5 万吨，比上年减少 9.7 万吨，减幅 2.1%。其中，城乡居民口粮消费 340.4 万吨，比上年减少 1.4 万吨，减幅 0.4%；饲料用粮 81.5 万吨，比上年减少 10.7 万吨，减幅 11.6%；工业用粮 28.8 万吨，比上年增加 2.6 万吨，增幅 9.9%；食用油消费量 55.1 万吨，比上年减少 3 万吨，减幅 5.2%。全年粮食供给 544.2 万吨，食用油供给 57.4 万吨。2019 年，粮油供给充分，消费量稳中有降，粮油库存保持平稳，社会粮油供需总体平衡。

2019 年工作

一　全力以赴做好重点工作

（一）加强重大活动粮食市场保障供应

　　圆满完成中华人民共和国成立 70 周年庆祝活动、第二届"一带一路"国际合作高峰论坛、亚洲文明对话大会等重大活动供应保障重点任务。全年利用竞价交易等方式累计轮出市储备粮油 59.1 万吨，保障市场粮油供应。深化产销合作，巩固和拓展粮源渠道，组织 30 余家重点粮食企业参加第二届中国粮食交易大会。市军粮中心在中华人民共和国成立 70 周年庆祝活动保障活动中负责阅兵部队军粮筹措供应工作，取得突出成效，被北京市委、市政府评为"筹备和服务保障中华人民共和国成立 70 周年庆祝活动先进集体"。

（二）圆满完成政策性粮食大清查工作

成立主管副市长为召集人，八个部门为成员的大清查协调机制，各区、各单位积极落实有关责任，共抽调 163 人，成立 12 个普查组，普查库点 81 个、货位 1825 个。严格按照"有仓必到、有粮必查、有账必核，查必彻底、全程留痕"的要求，完成大清查各阶段任务，从清查结果情况看，北京市政策性粮食库存数量真实，账实相符，质量良好，储存安全，粮食补贴拨补情况良好，库贷对应，资金占用合理，库存管理较为规范。

（三）成功举办京交会首届粮食现代供应链发展及投资国际论坛

论坛聚焦"推动粮食现代供应链发展、提升粮食流通水平和效率、促进粮食国际投资与合作"主题，深入探讨现代粮食供应服务与多边合作相关议题，旨在提升粮食流通效率，助力粮食供应服务加快转型，推动粮食产业高质量发展。此次论坛为中国粮食行业更加紧密地融入全球粮食供应链搭建了全面协同、开放共享、互利共赢的合作发展新平台。论坛达成的积极共识和成果，将使中国粮食行业秉持高标准、惠民生、可持续发展的理念，更好地融入全球粮食产业链、价值链和供应链，构建起粮食行业的命运共同体。国内外共 580 人参加。

二　全面提高粮食安全和物资储备安全保障能力

全市全年粮食市场供求和价格总体平稳，储备充实合理，消费便捷丰富，质量安全可靠。加强粮油市场价格监测，价格数据实现手机移动端填报、审核。通过竞价交易、异地代购代储等方式，圆满完成市储备粮轮换和储存管理任务。市储备粮操作公开透明、全过程可追溯，粮油宜存率、科学保粮率均达到 100%。认真执行"郊区收购转储政策"，未发生农民"卖粮难"问题。发放退耕还林补助粮 1.2 万吨，涉及 7 个区、94 个乡镇、1441 个村、98134 户农户，有效保护退耕农户利益。大力提升粮食便民服务水平，编制《北京市"中国好粮油"行动实施方案》，推进"中国好粮油"工作，建设"优质粮食工程"销售专区 1000 余个。优化粮食便民服务方式，将粮食流通服务纳入基本便民商业服务体系范围。推动"互联网+粮食"，支持专业网络发展，支持主食加工和供应体系建设。发布实施《北京市超标粮食管理办法》，进一步健全完善超标粮食管理机制，禁止不符合食品安全标准的粮食进入口粮市场，维护粮食生产经营和消费者的合法权益。

物资储备管理职能转隶一年来，圆满完成市级救灾储备物资资产接收工作。逐步完善物资储备日常管理制度，出台《北京市应急救灾物资储备管理办法（试行）》《北京市重要商品和应急物资统计制度》，积极开展消防安全演练和教育培训，规范化管理水平不断提高。完善救灾储备物资调拨和应急机制，确保调运反应快速、组织高效、调运及时。完成向山东省潍坊市紧急调运代储中央救灾物资 3 万床棉被的任务。稳步推进市级救灾物资储备库搬迁工作。

三　大力推进粮食产业高质量发展

印发《关于落实〈关于进一步优化粮食产业发展　保障首都粮食安全的实施意见〉的工作细则》，进一步优化产业空间布局。有序疏解"五环路"内粮库、粮食加工厂，沿"六环路"及北京周边布局粮食产业，构建高效便捷的粮油供应网络，建设环北京 1 小时成品粮配送圈。落实京津冀协同发展战略,发挥河北主产区优势、天津港口优势、北京主销区优势,加快建设环京 4 小时粮食物流圈。加快外埠粮源基地建设,构建现代化粮食产业体系,加速粮食产业链条向两端延伸,形成新的经济增长点。建设粮食"产购储加销"体系,增强防范化解粮食领域重大风险能力。首农集团改组为国有资本投资公司,加快实现一二三产业融合发展。京粮集团 2019 年全年实现经营收入 500.8 亿元,实现利润 10.3 亿元,带动国有粮食企业盈利水平居全国粮食系统前列。推动"互联网＋粮食"发展,中联正兴等企业打造集约化电商平台,粮食市场主体活力不断增强。深入开展调研,积极推进主食产业化发展。开展粮食行业发展空间布局专项规划研究,探索粮食行业发展的总体布局思路和分区发展重点,为满足粮食流通发展要求以及居民日常消费需求,落实北京城市总体规划,谋划粮食行业"十四五"发展奠定坚实基础。开展北京城市副中心粮食安全保障体系规划研究,重点研究区域内涉粮企业的疏解、转型和功能提升,物流节点布局,粮食安全保障体系,为保障城市副中心粮食安全提供指导。

四　持续提升政务服务效能

落实"放管服"改革各项要求,加快全国政务服务事项一体化管理,完成基本目录对接和标准化梳理工作。加强"互联网＋监管",实现证照电子化、应用便利化。不断提升政务服务水平,对 7 大项政务服务事项 185 项申报材料进行精简,精简比例达 66%,承诺办理期限压缩比例达 55%。完善为企业送证照上门服务,"跑腿数"减至 0.22 次／项。全面落实承储企业税收优惠政策,粮食承储免税企业达 76 家。深入开展粮食科普宣传,开展 2019 年粮食科技周、食品安全宣传周、粮食质量安全宣传日等宣传教育活动,有序推进粮食科普宣传活动进企业、进社区。首都博物馆开馆,全面展现北京粮食历史与文化。确定首都粮食博物馆、中粮贸易有限公司职业教育学院、北京市经济管理学校等 10 家单位为粮食安全宣传教育基地,为市民全景式了解、近景式参观、沉浸式体验粮食知识提供窗口和平台。

五　积极推进法治政府建设

一是落实行政体制机制改革。落实机构改革方案,进一步健全内部运行机制和外部衔接机制,组建物资储备处、事务中心等新处室、新单位。完成行政职权责任清单调整工作,修订粮食行政处罚裁量基准,规范行政处罚行为,完善粮食安全责任制考核机制。二是提高依法行政水平。坚持科学民主决策,加快粮食流通领域立法进程,完成合法性审核工作,开展行政复议、行政应诉宣传培训工作。三是规范行政执法检查。加强"双随机、一公开"行政执法检查。开展政策性粮食出入库和收购执法检查、成品粮异地检查工作。开展京津冀三地联合执法。充分发挥 12325 全国粮食流通监管热线的作用,做到"接诉即办"。积极开展粮食企业经营活动守法诚信评价工作。四是强化权力制约和监督。全面梳理政务公开事项清单,及时向社会公开法治政府建设情况。对接主流媒体完成各类专题宣传工作。全年主动公开政府信息 83 条,编发微博 600 余条、《今日头条》220 条。五是加强普法宣传教育。落实国家工作人员学法用法制度,定期开展会前学法,开展"全民国家安全教育日"、法治政府建设等专题讲座。开展"12·4"国家宪法日宪法宣传周系列活动。强化党内法规学习,组织学习《党政领导干部选拔任用工作条例》。拍摄《维护宪法尊严,保障首都粮食安全》微视频。

六　深化党风廉政建设

深入学习贯彻习近平新时代中国特色社会主义思想，全面落实新时代党的建设总要求，增强"四个意识"，坚定"四个自信"，做到"两个维护"，扎实开展"不忘初心、牢记使命"主题教育，成立主题教育领导小组，制定实施方案、开辟信息专栏、建立周报制度，开展处级干部培训班，听取市委书记蔡奇同志及国家粮食和物资储备局专题党课，开展学习研讨活动9次，党组中心组专题学习17次。把党风廉政建设纳入粮食和物资储备总体工作，同研究同部署同落实。健全领导干部联系和走访企业制度，抓好廉政责任制落实，加强干部警示教育，以案为鉴、以案促改，筑牢思想防线。强化全面从严治党，完善绩效管理体系，加强审计监督、绩效考核和行政问责，政府执行力和公信力不断提升。落实干部和组织工作，树立务实用人导向，强化先进典型宣传，激励粮食和物资储备行业广大干部干事创业。

北京市粮食和物资储备局领导班子成员

李广禄　一级巡视员（2019年12月免去北京市粮食和物资储备局党组书记、局长，任一级巡视员）

朱　雷　党组成员、副局长（2019年2月任职）

阎维洪　党组成员、副局长，二级巡视员（2019年11月任二级巡视员，2020年1月退休）

任昌坤　党组成员、副局长

王德奇　党组成员、副局长

（撰稿单位：北京市粮食和物资储备局；撰稿人：蔡奇敏、赵静；审稿人：任昌坤）

2019年5月22日，北京市副市长王红（左二）视察大清查工作。

2019年5月31日，首届现代粮食供应链发展及投资国际论坛在国家会议中心举办。

2019年10月8日，首都粮食博物馆开馆。

天津市   基本情况

天津市土地总面积约 1.19 万平方千米，现辖 16 个区。截至 2019 年末，全市常住人口 1559.60 万。2019 年，全市生产总值（GDP）14104.28 亿元，按可比价格计算，同比增长 4.8%。全年共引进内资项目 4525 个，实际利用内资 2882.44 亿元，同比增长 8.5%，北京、河北企业在津投资占比达到 51.0%，比上年提高 4.6 个百分点。天津市是粮食主销区。2019 年，全市粮食播种面积 33.23 万公顷，其中玉米播种面积 18.08 万公顷、小麦播种面积 10.11 万公顷、稻谷播种面积 4.55 万公顷、大豆播种面积 0.51 万公顷、其他粮食作物播种面积 0.51 万公顷。粮食总产量 223.25 万吨，其中玉米 115.18 万吨、小麦 60.47 万吨、稻谷 42.91 万吨、大豆 1.04 万吨、其他粮食 3.65 万吨。

2019 年工作

一   提高站位、狠抓落实，党中央重大决策部署落地见效

（一）京津冀协同发展成效显著

深入贯彻落实习近平总书记视察天津和在京津冀协同发展座谈会上重要讲话精神，主办三省市粮食和物资储备局第五次局长联席会议，共同签订《物资储备协同合作协议》，通过预案对接、信息互通、技术互联、资源整合、处置协同等方式，维护区域物资储备安全，推动从粮食流通领域协同拓展到粮食和物资储备领域协同。组织召开第五次交易中心视频会议，联合发布 17 期粮油信息，参加信息中心第四次座谈交流会，主办粮食流通监督检查暨联合执法工作交流会，持续推动三地在场际交易、信息监测、质量监管、联合执法等领域的协同合作。

（二）大清查交出储备粮数量质量"明白账"

天津市委、市政府高度重视抓好政策性粮食库存数量和质量大清查工作，天津市委副书记、市长张国清多次做出批示，全市召开会议动员部署。市、区两级政府成立了大清查领导小组，安排专项经费保障，投入 63.2 万元，组织 190 人进行清查培训，配齐物品器材。各区向市清查办递交了责任状，压紧压实责任，认真做好数据分解登记，完善相关信息，确保大清查工作扎实推进。在各区自查的基础上，抽调 147 人，混编组成 12 个市级普查组，对 45 家承储企业 1737 个货位逐一检查；

抽调24人历时48天，扦取并检测了892份样品。经清查，市、区两级储备粮账实相符、数量真实、质量良好、储存安全。大清查中发现的20个问题已全部整改到位。

（三）保障粮食安全的责任落得更实

扎实抓好2018年度粮食安全省长责任制考核相关工作，组织考核组各成员单位逐一梳理指标落实情况，认真进行自查评分，按时向国家考核组报送情况报告。会同相关部门制定32条措施，全面整改国家考核组反馈的12个问题。持续抓实2018年度粮食安全区长责任制考核，组织开展部门评审，深入4个区实地抽查，综合评定河北区、河西区、和平区、红桥区、滨海新区、宝坻区、东丽区、北辰区、蓟州区9个区为优秀，7个区为良好。全力推进2019年责任制考核工作，印发《2019年度天津市粮食安全责任制考核工作方案》和《关于认真开展2019年度粮食安全区长责任制考核工作的通知》，明确职责和工作步骤，细化分解考核指标，推动责任落实。召开粮食安全省长、区长责任制考核推动会，组织考核信息系统使用培训，推动考核高效展开。

二 牢记初心、担当使命，粮食和物资储备安全保障能力持续提升

（一）储备粮管理严格规范

深入落实市、区两级储备制度，完成新增20万吨储备规模，夯实粮食安全保障基础。出台市级异地储存稻谷储备管理办法。积极解决市级成品小麦粉临时散存问题。各承储企业认真落实轮换管理办法，提高储备粮质量，强化责任意识，防范廉政风险。全年共轮换粮油67.41万吨，保证了储存品质。东丽区组成联合检查组深入企业检查增储工作和区级储备轮换，推动任务落地落实。认真抓好粮食收购工作，各类企业累计收购地产新粮37万吨，全市没有发生大面积“卖粮难”问题。粮库智能化升级改造项目顺利推进，市级平台已与国家平台互联互通，与库级平台正在联调联试。滨海新区、津南区、武清区安排区级财政专项资金，支持企业建设智能粮库。积极推进西青区、北辰区新建、扩建仓房项目建设。武清区安排区级财政购置真菌毒素、重金属等指标的快速检测设备，提升检验化验能力。市、区两级通过签订责任书压实责任，出动60个检查组、320人次，督导熏蒸作业、开展“三查一防”“防风险保平安迎大庆”等专项检查，确保“两个安全”。西青区聘请第三方机构评估安全风险，静海区完善安全生产四级岗位制，效果明显。扎实抓好粮食安全系列宣传活动，确定天津市粮食储备有限公司分公司、天津贯庄国家粮食储备库等10个“粮食安全宣传教育基地”并为其授牌；红桥区与利达粮油有限公司共同组织粮食安全宣传，南开区自主设计宣传海报，增强宣传实效。

（二）粮食供给基础坚实有力

会同市财政局印发《天津市2019年粮食产销合作项目申报指南》，为企业加强合作提供政策支撑。组织专家对延寿利达粮油有限公司产销合作项目进行评审论证，稳步推进项目进程。与河北省、吉林省、山西省等签订粮食产销合作框架协议，组织多家企业参加协作洽谈，构建多元化产销合作新格局。会同山西省共同举办“粮食产销合作推进会暨‘山西小米’品牌推介活动”，丰富了市民的“米袋子”。组织企业参加第二届中国粮交大会，累计成交粮油24.4万吨，提升“利达”“黄庄洼”等品牌美誉度。大力发展粮食产业经济，宁河区成功举办2019中国（宁河）大米美食节暨宁河区第二届大米展销会，拉动大米产业蓬勃发展。宝坻区投入800余万元，建成低温烘干塔和球形仓，为

种粮农民提供代清理、代干燥、代储存等产后服务。利达粮油有限公司以实施小站稻振兴计划为契机，做大做强稻米板块，消费群体持续扩大。

（三）应急体系建设成效明显

全面复核全市 550 个应急供应网点，及时调整了 32 个不符合要求的网点。选取 1507 户城乡居民和 366 家企业开展供需平衡调查，为实施精准调控提供决策依据，《粮食和食用植物油供需平衡调查的报告》受到市领导充分肯定。加强粮源调度，认真做好春节、国庆等重大节日和"两会"期间的市场供应，确保供应充足，价格稳定。

（四）依法管粮治粮扎实推进

深入学习贯彻《关于改革完善体制机制加强粮食储备安全管理的若干意见》，以及市委、市政府主要领导批示精神，征求 30 个部门（单位）的意见建议，研究提出落实措施。扎实抓好依法行政工作，邀请法律顾问解读有关政策，严格审核规范性文件，抽样监督行政执法信息，全系统无行政执法需移送刑事司法的案件。积极主动与有关部门沟通协调，推进《天津市粮食储备管理条例》列入市十七届人大常委会立法规划。出动 2733 人次，开展收购资格核查、政策性粮食销售出库等 9 个方面监督检查 696 次，检查企业 1071 个 / 次，未发现违法违规问题。

（五）亲商惠民激发行业活力

深化"一制三化"改革，取消了 3 个指定、认定事项，减少了 2 个审批环节和要件，扩大承诺审批范围，压缩办理时限，实现就近办理，为服务对象"痛痛快快办事"。制定印发《粮食收购资格许可事项事中事后监管实施细则》，对审批和监管部门的职责、信用承诺核查流程、失信惩戒等内容做出进一步明确，厘清权责边界，强化审管联动。牢固树立"产业第一，企业家老大"的理念，着力为企业解难纾困。将中粮佳悦（天津）有限公司承储的成品油包装规格由 5 升扩大到 10 升、20 升，既满足应急投放需要，又利于企业经营发展。积极主动与相关单位沟通，完成全国首例合同履约融资贷款和仓单质押融资，为企业融资贷款 2260 万元，解决了企业融资难问题。充分发挥桥梁作用，组织 64 场政策性粮食交易，成交粮油 88.81 万吨，服务企业发展。为 44 家粮油承储企业申报减免税。深入实施"优质粮食工程"，推荐利达粮油有限公司、中粮佳悦（天津）有限公司为项目建设实施单位，获得中央财政补助资金 2298 万元。推动利达粮油有限公司在黑龙江省延寿县建立 10 万亩订单农业种植基地，不断满足居民对优质粮食的需求。开展 2019 年新收获粮食质量安全监测、"放心粮油"产品质量抽检和库存粮食质量强检，各项指标全部合格。

（六）储备物资管理规范有序

完成 2018 年采购的 6.5 万余件物资入库任务。通过政府公开招标，顺利完成 2019 年度物资采购，4.1 万余件物资已全部入库。加强物资盘点、倒垛和库房清整，落实日查、周查、月末联合检查等制度，进一步规范救灾物资管理。完成武清区代储的 1 万人规模救灾物资交接，协调解决了代储物资管理经费问题。制定救灾物资调拨预案和调拨动用操作规程，规范应急处置程序。深入实施乡村振兴战略，赴滨海新区、武清区、蓟州区和静海区调研设立储备物资分中心事宜，研究论证实施方案。广泛调研，起草《关于加强市级储备食糖管理实施意见》。

三　坚定执着、扛稳责任，队伍建设得到进一步加强

（一）牢记初心使命，自觉做到"两个维护"

系统各级党组织和全体干部职工采取多种形式，深入学习领会习近平总书记参加全国"两会"河南代表团审议时的重要讲话精神，以及关于"中国粮食、中国饭碗""中国人的饭碗任何时候都要端在自己手上"等重要论述，进一步增强树牢"四个意识"、坚定"四个自信"、坚决做到"两个维护"的思想自觉、政治自觉和行动自觉。扎实开展向张富清、尚金锁、张黎明等先进典型学习，营造担当实干、崇廉拒腐的党内政治文化。

（二）激励担当作为，强化政治责任和能力素质

扎实开展"不忘初心、牢记使命"主题教育，认真通读、精读指定书目，跟进学习领会习近平总书记系列重要讲话精神，将加强爱国主义教育、弘扬爱国主义精神融入主题教育，广大党员的思想政治受到洗礼。高质量召开专题民主生活会和组织生活会，按照"四个对照""四个找一找"深刻检视剖析问题不足，全力整改在保障和改善民生上存在的问题，巩固主题教育成效。开展"不忘初心使命，推动改革发展"主题演讲比赛，组织行业 500 余人聆听国家粮食和物资储备局报告团的巡回演讲，提振干事创业的精气神。扎实抓好人才队伍建设，先后组织安全生产、粮油质量检验化验、"双随机"抽查系统应用、应急能力等 9 批次培训，组织 10 个涉农区、120 名干部职工开展粮食行业职业技能竞赛，提升全系统能力素质。历时 4 年多，圆满完成《天津市志·粮食志》编修工作。

（三）营造勤政廉政氛围，建设忠诚干净担当的专业队伍

认真开展形式主义官僚主义和不作为不担当问题专项整治，持续加强作风建设。坚决贯彻落实"基层减负年"要求，真正为基层减轻负担。通过学习违纪通报、观看警示录像、开展明察暗访等形式，强化干部职工严格遵守纪律规矩的意识。认真梳理岗位廉政风险点，加强内控和审计监督，织密储备粮油物资出入库、项目建设资金管理等方面的廉政"防护网"。

天津市粮食和物资储备局领导班子成员

白向东　市发展和改革委员会党组成员，市粮食和物资储备局党组书记、局长（2020 年 1 月任职）

朱　军　原市发展和改革委员会党组成员，市粮食和物资储备局党组书记、局长（2020 年 1 月退休）

吴维吉　党组成员、中国天津粮油批发交易市场总裁

司志强　党组成员、二级巡视员

马宝瑛　党组成员、副局长

朱庆忠　党组成员、副局长（2019 年 6 月任职）

（撰稿单位：天津市粮食和物资储备局；撰稿人：徐晨曦；审稿人：肖礼兵）

2019 年 4 月 19 日，"山西小米"品牌推介活动在天津市政协俱乐部举办，天津市政府副秘书长许颖悟（左二），
山西省政府副秘书长翟振新（右三），时任天津市粮食和物资储备局党组书记、局长朱军（右二）出席。

2019 年 7 月 24 日，天津市"不忘初心　牢记使命"主题教育指导组到市粮食和物资储备局调研指导工作。

2019 年 8 月 26 日，天津市粮食和物资储备局党组召开"不忘初心　牢记使命"民主生活会。

河北省   基本情况

河北省地处华北，是中国重要的粮棉产区，辖石家庄、唐山、邯郸等 11 个地级市。2019 年，全省生产总值初步核算实现 35104.5 亿元，比上年增长 6.8%。其中，第一产业增加值 3518.4 亿元，增长 1.6%；第二产业增加值 13597.3 亿元，增长 4.9%；第三产业增加值 17988.8 亿元，增长 9.4%。全省人均生产总值为 46348 元，比上年增长 6.2%。2019 年末全省常住总人口 7591.97 万，比上年末增加 35.67 万人。河北省是粮食生产大省、流通大省和储备大省，是粮食主产省之一，粮食作物以小麦、玉米为主。2019 年粮食播种面积 646.9 万公顷，比上年下降 1.1%。粮食总产量 3739.2 万吨，增长 1.0%。其中，夏粮产量 1476.6 万吨，增长 0.7%；秋粮产量 2262.7 万吨，增长 1.3%。豆类播种面积 12.5 万公顷，增长 7.9%；产量 30.1 万吨，增长 6.9%。薯类播种面积 22.2 万公顷，下降 1.7%；鲜薯产量 711.3 万吨，下降 3.8%。

2019 年工作

一   库存清查任务圆满完成

突出省级统筹，争取财政支持，严格程序标准，强化督导检查，顺利完成了企业自查、市级普查、省级巡查各阶段工作。以 3 月 31 日为时点，全省共出动 1 万余人，清查中央和地方政策性粮食 1243 万吨，检查储粮库点 426 个、仓房货位 6501 个，扦取样品 2533 个，排查风险隐患 637 个。清查结果显示，全省辖区内的承储企业能够较好执行国家粮食政策，各类政策性粮食库存账实相符、账账相符，库存粮食数量真实、质量良好、储存安全，库贷一致，补贴费用落实到位。建立完善了分区域、分性质、分品种、分库点、分货位的全省政策性粮食库存数量和质量数据库，为全面加强监管奠定坚实基础。

二   粮食收购政策执行到位

市场化收购方面，各级粮食行政管理部门认真推动"放管服"改革，为各类市场主体创造公平收购环境，充分发挥市场机制的决定性作用。2019 年，全省各类粮食企业共收购粮食 2342.5 万吨，其中非国有粮食企业收购量占比达 82%。政策性收购方面，及时在张承廊以外的 10 个市（含定州、辛集市）启动小麦最低收购价执行预案，全省确定委托收储库点 146 个，收购托市小麦 205 万吨，增加了国家粮食库存，增强政府调控能力；带动加工企业等入市收购 445 万吨，稳定了市场粮价。结合部门特点深化"双创双服"，建立粮食收购贷款信用保证基金取得实质性突破，为破解融资"瓶颈"、促进企业发展提供了新的机遇。

三   粮食储备监管全面加强

（一）健全储备粮管理制度

起草《关于改革完善全省粮食储备体制机制加强粮食储备安全管理的实施意见》报河北省政府和省委深改委审议。破解市县级储备增储贷款难题，2019 年 6 个县建立县级储备、邯郸市及 15 个县新增市县级储备共计 20.5 万吨。推动地方储备粮轮换公开竞价交易，全省入市交易成交率达到 60%以上，邯郸市覆盖面达到 90%。

（二）加强规范化信息化建设

全省投资 8700 万元用于科技储粮项目，推广应用先进装备和技术，提高储粮安全水平。以粮库智能化升级改造项目为牵引，加快信息化建设步伐，组织了省级平台 OA 办公、价格监测等 5 大应用系统的开发建设，完成了 13 个市局监测中心和 165 个粮库的智能化设备安装，打通了对接通道，部分储备库与国家、省实现了视频和数据互通。省级储备粮远程监控巡查步入常态化，数量、质量和安全监管得到全面加强。柏粮集团、玉田粮库被评为全国第一批粮食安全宣传教育基地，受到国家粮食和物资储备局通报表扬。

四   物资储备监管有力有效

与省级储备承储企业重新签订承储协议，进一步明确双方责权利关系。制定了省级食糖、食盐储备两个监管办法，推进储备物资管理规范化和应急保障专业化。优化省级食盐储备网点布局，提升监管效能。开展专项监督检查，促进整改提高。在省救灾物资储备中心启动河北省 2019~2020 年冬春救助物资发放工作，向受灾较重的 23 个县（市）发放救灾衣被 6.2 万余件（套）。着眼于构建统一协调的物资储备体系，对全省物资储备开展摸底调查。

五   "优质粮食工程"全面启动

全省项目总投资 12.8 亿元，其中国家补助资金 3.8 亿元，省财政补助 1.9 亿元。研究制定了粮食产后服务体系等三个子项目管理办法，加强顶层设计，加大指导力度。召开全省"优质粮食工程"第一次推进会议，全面部署建设任务，详细解读政策规定，与各市签订了项目建设承诺函，进一步压实工作责任。

六　粮食宏观调控机制更加完善

（一）加强粮食产销合作

河北省深入落实京津冀协同发展战略，代储北京市级粮食储备达到 85000 吨。组织参加第二届中国粮食交易大会，意向交易粮食 1.1 亿公斤。与山西等省份签订了政府间产销合作协议，活跃粮食流通，调剂品种余缺。强化价格监测分析。对主要原粮和成品粮价格开展实时监测，做好粮油市场分析预测，为政府部门和相关企业提供市场信息服务。结合新职能，在各设区市大型超市启动食盐、食糖价格监测，定期发布价格信息。

（二）提升粮食应急能力

修订了《河北省粮食应急预案》，编制了物资应急保障等三个专项预案。组织省级层面的首次粮食应急联合演练，开展全省应急工作培训，为锻炼应急队伍、增强处置能力奠定坚实基础。应急网络建设得到进一步加强。

（三）提高统计工作质量

认真执行粮食流通统计制度，数据报送更加及时、准确，统计分析实现了情况、问题、建议有机结合；开展专项供需调查，为领导决策提供依据；加强业务培训，提升能力素质，健全工作队伍。

七　行业监管有序推进

以落实"两个责任"为载体抓好安全生产，印发《粮食仓储企业安全生产风险分级管控与隐患排查治理指导手册》等文件，加强日常检查，加大整改力度，提升整体防控能力。印发《河北省超标粮食收购处置管理暂行办法》《关于加强地方储备粮质量安全管理的通知》，为严防不符合食品安全标准的粮食流入口粮市场提供制度保障。河北省质检中心共检测粮油样品 4637 份，出具检验报告 1968 份，监管范围和密度进一步加大。把依法管粮管储贯穿到决策、执行全过程，各类执法督查有序开展，粮食流通秩序进一步规范，粮食和物资储备监管得到加强。作为全国粮食和物资储备系统唯一的"七五"普法中期先进集体，受到全国普及法律常识办公室通报表彰。

八　粮食安全责任落实落地

各级粮食和物资储备局切实履行考核办职责，扎实开展 2018 年度考核，推动相关部门落实粮食安全责任制目标任务，河北省第三次被国家确定为优秀等次。从严开展省对市、市对县考核，各市、县政府在粮食生产、储备和流通能力建设方面的资金投入和推进力度不断加大，粮食安全保障水平有效提升。认真部署 2019 年度考核工作。制发《2019 年度落实粮食安全省长责任制工作方案》及考核通知，结合区域特点，确定 52 项年度考核目标。开展责任制考核省级模拟自评，自查自纠、补齐"短板"。召开责任制考核工作推进会议，压实责任，推动落实，确保完成年度目标任务。研发了考核系统软件，开展应用测试，举办三期培训班，提升考核人员业务能力，提高工作效率。

九 坚持党建统领，激发干事创业新活力

　　深入学习宣传和贯彻落实"两决定一意见"，巩固放大"深化改革、转型发展"大讨论成果，搭建载体平台、培树先进典型、选好用好优秀干部，提振精气神，凝聚干事创业正能量。承办全国粮食和物资储备系统"牢记初心使命、推动改革发展"主题演讲比赛初赛（第一赛区），积极推介各地深化改革、转型发展的好经验好做法，进一步凝聚全系统担当作为的正能量，营造干事创业的浓厚氛围。中共中央宣传部、中共中央组织部、中共中央统一战线工作部等部门授予从事粮食工作50年、为国为民看好库管好粮的河北柏乡粮库党支部书记、主任尚金锁"最美奋斗者"荣誉称号。尚金锁同志和柏乡粮库是新时代全国粮食和物资储备系统的引领旗帜。全省粮食和物资储备系统以"不忘初心、牢记使命"主题教育为契机，对标对表找差距，全力以赴抓落实，营造起了正确的选人用人导向，为开创河北粮食和物资储备事业改革发展新局面提供了典型引路和人才储备。

河北省粮食和物资储备局领导班子成员

杨洲群　省发展和改革委员会党组成员，省粮食和物资储备局分党组书记、局长
刘荷香　副局长
李秀梅　分党组成员、副局长
范建平　分党组成员、副局长（2019年11月任职）

（撰稿单位：河北省粮食和物资储备局；撰稿人：张彬；审稿人：张琳）

2019年6月11日，河北省委书记、省人大常委会主任王东峰（左二）到保定市粮食和物资储备局直属库调研夏粮收购和粮食储备工作。

2019 年 1 月 26 日，国家发展和改革委员会党组成员，国家粮食和物资储备局党组书记、局长张务锋（前排左二）到河北省督导检查安全生产工作，期间赴玉田粮库历史陈列馆调研参观。

2019 年 12 月 12 日，由河北省粮食和物资储备局主办的省市 2019 粮食应急联合演练在省会石家庄市举行。省发展和改革委员会党组成员，粮食和物资储备局分党组书记、局长杨洲群在现场演练结束后作总结讲话。

山西省　　基本情况

山西省，因居太行山之西而得名，简称"晋"，又称"三晋"，古称河东，省会太原市。山西行政区下辖 11 个设区市，117 个县级行政单位（25 个市辖区、11 个县级市、81 个县），总人口 3729.22 万（2019 年底）。山西属于温带大陆性季风气候，四季分明、雨热同步、光照充足、昼夜温差大，粮食资源丰厚，被称为"小杂粮王国"。2019 年，全省粮食总产量 1361.8 万吨，比上年减产 1.3%。其中，夏粮产量 227.7 万吨，减产 1.0%；秋粮产量 1134.1 万吨，减产 1.4%。全省粮食消费量 1316.1 万吨，比上年减少 23.1 万吨，减幅 1.7%，消费量相对保持稳定。小麦产销缺口 298.4 万吨，稻谷产销缺口 110.1 万吨，玉米产大于销 459.9 万吨，大豆产销缺口 55.2 万吨。总体来看，粮食产销基本平衡，品种结构矛盾突出。截至 2019 年末，全省国有粮食企业 525 个，粮食行业从业人员 4.906 万，比 2018 年末增加 363 人。全省物资储备包括重要物资储备和救灾物资储备，尚未建立能源储备。重要物资储备品种有应急生活必需品储备和猪肉储备。应急生活必需品储备中，省级储备包括饮用水（瓶装）、饼干、方便面；市级储备中，有 7 个市建立了市级应急生活必需品储备，大同、忻州、临汾、运城尚未建立市级储备。此外，各市还结合实际情况建立了分品种生活必需品储备。救灾物资储备有帐篷、折叠床、棉被褥、棉衣裤、棉大衣、单衣裤、毛毯、睡袋等。

2019 年工作

一　全省粮食和物资储备工作取得新进展

（一）强化顶层设计，粮食和物资储备事业发展思路更加清晰

山西省政府办公厅印发了《关于山西省粮食和物资储备工作深化改革转型发展的意见》。围绕中央关于保障粮食安全的指示和要求，聚焦粮食储备安全核心职能，认真贯彻落实中央办公厅、国务院办公厅《关于改革完善体制机制加强粮食储备安全管理的若干意见》，起草了山西省实施意见。"两个意见"基本构建起粮食和物资储备工作的"四梁八柱"，为未来几年做好各项工作提供了基本遵循。

（二）坚持对标一流，粮食安全责任制考核再创佳绩

坚持问题导向、目标导向，优化 21 项考核指标，逐级分解下达，高质量完成全年考核任务。坚持责任导向、结果导向，粮食安全省长责任制考核纳入山西省政府"13710"督办系统，进一步压实责任，确保各项任务落实落地。2016 年、2017 年、2018 年，山西省粮食安全省长责任制考核连续 3 年获得优秀等次，2018 年全国排名较上年前移 4 位，受到国务院通报表扬。

（三）立足精准施策，粮食保供稳价能力有效提升

严格执行收购政策，强化服务举措，保护农民利益，全年共收购粮食 693 万吨，同比增长 2.5%；销售粮食 842 万吨，同比增长 3.3%。多渠道筹集收购资金 77.7 亿元。强化粮食市场监测预警，建立各类监测点 248 个，覆盖 70% 以上行政区域。建立健全分级储备体系和储备粮轮换吞吐调节机制，保供稳价基础有效夯实。持续深化产销合作，举办 2019 年山西粮食产销衔接会，签约总量共计 285 万吨。组团参加第二届中国粮食交易大会，成交粮食总量 74 万吨、总额 20 亿元。完成"便民晋粮"APP 一期开发。

（四）健全管理机制，依法管粮管储水平明显提高

圆满完成全国政策性粮食库存数量和质量大清查，对发现的问题进行集中整改。制定印发《关于切实加强省级储备粮管理的意见》，建立健全监督评价和承储主体动态调整机制。认真开展"两个安全"检查，全年未发生安全储粮和安全生产事故。加强救灾和重要应急物资管理，建立省级救灾物资调拨机制，向晋城市调运省级救灾物资支持抗洪抢险救灾。建立健全省、市两级肉食品应急储备体系，中秋、国庆期间投放冻猪肉储备 4985 吨，投放出栏活体猪 4979 吨，有效保证节日期间肉食品供应。

（五）加强品牌引领，粮食产业发展持续向好

全力推进"山西小米"等特色粮油品牌建设。在成都、重庆、天津、郑州、中国香港、上海等地举办专题推介，加大广告投放，举办第二届全国小米品鉴大会，全国 5 家"山西小米"体验馆正式开业，山西小米"金字招牌"在一线城市打响，"小米还是山西的好"深入人心。组织制定品牌标识和质量安全管理等办法，进一步规范"山西小米"产业联盟管理和运行机制。2019 年，"山西小米"产业联盟企业发展到 18 家，基地达 37 万亩。特色粮食产业格局不断拓展。大力发展主食产业，提出了《关于大力发展主食糕点产业的推进意见》。申请省级乡村振兴战略专项惠农资金 1500 万元，重点支持杂粮特色产业发展。出台粮油产业化龙头企业认定和运行管理办法。举办首届山西省粮食产业经验交流会。强化科技创新和人才支撑。投资 300 万元支持国家功能杂粮中心建设，与山西农业大学合作开展 4 个杂粮项目研究。开展"百名博士服务粮企"活动。充分利用山西标准化试点省份政策，立项并编制地方粮油标准 11 项。"山西小米""运城面粉"荣获"中国粮油影响力公共品牌"称号。山西省推动特色粮食产业发展的做法得到国家粮食和物资储备局充分肯定，连续 3 年在全国粮食产业经济现场会上作交流发言。

（六）加大工作力度，"优质粮食工程"、基础设施和信息化建设扎实推进

制定完善"优质粮食工程"实施方案和 3 个子项管理办法，下达项目补助资金 2.4 亿元。建成 24 个产后服务中心，评选出 17 家年度"山西好粮油"产品，"好粮油"示范市县全部在国家粮食和物资储备局备案，质检体系建设进度高于全国平均水平，山西省粮食质监大楼投入运营。2017 年新建库项目、粮食仓储设施维修和提升改造、2019 年粮食安全保障调控和应急设施项目进展顺利。太

原市粮食物流产业园区开工建设。粮库智能化改造有序推进，省级平台已试运行，134 个储备库开工率达 85%。高标准建设省应急救灾储备库，建成后可满足 12 万~20 万人转移安置物资保障。

二 打造"四型部门"，自身建设不断强化

（一）加强干部队伍建设

党组理论学习中心组全年集中学习 26 次，集中研讨 5 次。严格执行民主集中制，坚持"三重一大"集体决策，全年召开党组会 37 次、局务会 15 次。举办 4 期《晋粮大讲堂》，充分运用"学习强国"等新媒体，提升干部政治理论水平。制定印发《山西省粮食和物资储备局党组关于进一步激励广大干部新时代新担当新作为的实施意见》，激励干部担当作为。推选 3 名局领导、3 名处级干部参加中央省委党校举办的脱产培训，1 名处级干部到省外挂职锻炼。加大干部选拔力度，提拔副处级以上干部 22 人，同步做好人员转隶、干部遴选和事业单位招聘等工作。

（二）深入推进"三基建设"

高质量开展"不忘初心、牢记使命"主题教育和"改革创新、奋发有为"大讨论，机关效能持续提升。全面完成机构改革任务，职责实现无缝对接。对局机关和直属单位各党支部进行调整，新组建 12 个党支部。召开局直属机关党员大会，选举产生新的局机关委员会和纪律检查委员会。严格落实《中国共产党党支部工作条例》，举办党支部书记培训班，推动党支部建设进一步规范化。完善岗位责任制，重新梳理"一目录、三手册"，制修订 51 项工作制度，进一步夯实基础工作。举办全系统干部专业化能力提升培训班和干部素质能力专题研修班，组队参加第五届全国粮食行业职业技能竞赛，干部基本能力进一步提升。

（三）持续深化党风廉政建设

召开全系统全面从严治党推进会，制定党风廉政建设和反腐败工作要点。强化对重要节假日违反中央八项规定精神的督查力度，及时向省纪委监委驻省发改委纪检监察组报送情况。发挥内审职能，对直属单位及重要项目进行了内部审计。加强干部监管，补充完善《处级干部廉洁档案》。坚持干部任前谈话、廉政谈话制度，经常运用正反两方面典型开展警示教育。对照中央巡视山西反馈意见进行自查和"回头看"，完成配合整改事项 1 项、共性事项 7 项。

（四）积极推进法治建设和维稳工作

开展普法宣传。利用全国"食品安全宣传周"和"世界粮食日"等重要节点，集中开展"七五"普法；举办新入职干部宪法宣誓仪式，弘扬宪法精神。持续深化"放管服效"改革。实现办理粮食收购许可资格证"最多跑一次"，提高审批效率；加强 12325 全国粮食流通监管热线管理，提高案件办结质量；实行"双随机一公开"检查方式全覆盖，加强粮食市场流通监管。做好维稳工作。加强对意识形态领域形势的分析研判，正确引导社会舆论，及时做好重要节点和敏感时期的舆论监管。开展风险隐患排查整治，依法依规做好信访工作，积极参与"平安山西"建设，确保全系统总体稳定。

山西省粮食和物资储备局领导班子成员

王云龙　省发展和改革委员会党组成员，省粮食和物资储备局党组书记、局长
宋林根　党组成员、副局长

韩华雄　党组成员、副局长
徐晓峰　党组成员、副局长
刘　鹏　二级巡视员
孙克强　二级巡视员

（撰稿单位：山西省粮食和物资储备局；撰稿人：赵钢；审稿人：李辉）

2019 年 3 月 6 日，山西省"优质粮食工程"项目推进视频会议在太原召开，山西省发展和改革委员会党组成员，省粮食和物资储备局党组书记、局长王云龙（中）发表讲话。

2019年1月23日，全省粮食和物资储备工作会议在太原召开，会议学习了全国粮食和物资储备工作会议精神。

2019年2月27日，2019年度"山西小米"品牌建设推进会在太原召开。

内蒙古自治区   基本情况

　　2019 年末，内蒙古自治区常住人口 2539.6 万，比上年增加 5.6 万人。其中，城镇人口 1609.4 万，乡村人口 930.2 万。城镇化率 63.4%，提高 0.7 个百分点。实现生产总值 17212.5 亿元，按可比价格计算，增长 5.2%。其中，第一产业增加值 1863.2 亿元，增长 2.4%；第二产业增加值 6818.9 亿元，增长 5.7%；第三产业增加值 8530.5 亿元，增长 5.4%。公共财政预算收入 2059.7 亿元，公共财政预算支出 5097.9 亿元，分别增长 10.0% 和 5.5%。农作物播种面积 888.6 万公顷，比上年增长 0.7%。其中，粮食作物 682.8 万公顷，增长 0.6%。粮食总产量 3652.6 万吨，增长 2.8%；油料产量 228.7 万吨，下降 13.5%。2019 年，内蒙古自治区粮食总产量 3652.6 万吨，增长 2.8%。其中玉米 2722.3 万吨，增长 0.8%；小麦 182.7 万吨，减少 9.7%；大豆 226.0 万吨，增长 26%；稻谷 136.2 万吨，增长 11.7%；油料 228.7 万吨，增长 13.5%。2019 年，内蒙古自治区入统企业商品粮收购 1813.9 万吨。其中玉米 1546.6 万吨，增长 37.1%；小麦 64.5 万吨，下降 1.8%；大豆 21.8 万吨，下降 25.3%；稻谷 33.3 万吨，增长 8.1%；油料 13.7 万吨，增长 52.2%。区外调入小麦 1.5 万吨，下降 34.8%；区外调入稻谷 12 万吨，增长 33.3%。入统企业商品粮销售 1761.9 万吨。其中玉米 1397.1 万吨，增长 20%；小麦 137.1 万吨，增长 1.3%；大豆 38 万吨，增长 30.1%；稻谷 52.2 万吨，下降 16.6%；油料 5.7 万吨，增长 62.3%；调出区外玉米 517.7 万吨，增长 26.9%。出口合计 2.6 万吨。

2019 年工作

一　狠抓粮食市场化收购和销售

　　内蒙古自治区进一步适应粮食市场化收购改革的需要，健全完善粮食收购信用保证基金管理机制，多渠道筹措市场化收购资金，积极引导多元主体入市收购，没有发生农民"卖粮难"，种粮农民的收益和积极性得到有效保护。按照"中国好粮油"内蒙古自治区行动计划，采取"请进来、走出去"相结合的方式，会同福建省粮食和物资储备局成功举办第十五届粮食产销协作福建洽谈会，融入全国粮洽会成功举办第四届内蒙古粮食产销协作河南洽谈会，进一步扩大内蒙古自治区粮油"绿色、天然、无公害"的影响力和市场占有率；与广东、福建等 12 个省深化粮食产销精准对接，建立粮食产销协作长效机制，粮油外销市场进一步拓展。全年外销粮食及其产成品 2000 万吨以上。经过多措并举的促销方式，全区政策性粮食库存较最高点下降 59%。

二　狠抓粮食产业提质增效

邀请专家学者座谈，为粮食产业经济高质量发展出思路、提建议，献言建策。成立"河套农产品研究院"，提高效益种植综合收益，推动改变河套地区小麦种植比较效益低的现状。出台深入实施优质粮食工程的意见和三年实施方案。充分发挥财政资金的引导作用，利用中央财政资金 6.7 亿元，带动社会投资 16.8 亿元，资金放大 2.5 倍。建成具有"五代"服务功能的粮食产后服务中心 383 个，新建和改造提升粮油质检机构 59 个，认定"中国好粮油"内蒙古自治区行动示范旗县 27 个。重点支持有基础、有实力、有品牌、有一定市场占有率，能带动农民扩大优质粮食种植，增加绿色优质粮食供给的 101 个示范企业。"河套小麦粉""兴安盟大米""赤峰小米"等一大批米面油和杂粮品牌价值进一步提升，远销全国各地及海外。涌现出了一批以龙头骨干企业带动的产购储加销一体化，从种到销全托管、强强联合、粮食银行等新模式，并在支持推动盐碱地试种优质稻方面取得了积极进展。示范企业累计流转土地 392 万亩，发展订单农业 193 万亩，收购优质粮食 118 万吨，实现了企业增效和农民增收。

三　狠抓储备粮管理体制改革和物资储备管理

建立厅际联席会议制度，组织召开联席会议，组成 3 个工作组赴区外考察学习，对 12 个盟市储备粮管理现状进行摸底调查。探索贯彻落实中央《关于改革完善体制机制加强粮食储备安全管理的若干意见》的具体政策，形成《内蒙古自治区储备粮体制机制改革实施意见（初稿）》。修订完善粮油仓储单位备案管理办法，进一步强化储备粮油管理，推进储备与加工企业结合。对 40 家承储企业轮换入库的 20.8 万吨自治区级储备粮油进行检查验收，合格率达到 100%。兴安盟主动增加口粮储备，将 7 万吨玉米储备调为稻谷储备，并积极探索储备与加工企业结合。包头市、呼和浩特市切实规范地方储备粮轮换管理，防范廉政风险，充分发挥市场配置粮食资源的作用，地方储备粮轮换实行互联网公开竞价交易。落实应急救灾物资采购预算 5000 万元。对接管的 2 家医药储备企业开展资金审计，规范应急救灾物资和药品储备管理。

四　狠抓政策性粮食库存大清查

按照企业自查、盟市普查、自治区抽查及汇总整改等各阶段任务要求，全区累计抽调 4900 余人，核查统计报账单位 287 家、库点 728 个、清查货位 12595 个，全面摸清查实全区政策性粮食库存"家底"。清查结果显示，库存数量真实、质量良好。坚持边查边改、立行立改，紧盯重要时间节点，采取与库存大清查、收购政策执法督查等工作相结合的方式，排查安全隐患，开展问题整改，全区累计发现各类问题 644 个，完成整改 640 个，99% 的问题得到整改。开展秋粮收购专项检查，切实规范市场行为，维护市场秩序；密切关注政策性粮食销售出库，协调解决交易纠纷 17 起，确保粮食去库存工作顺利推进。"两个安全"形势持续好转，全年未发生安全储粮和安全生产事故。"安全生产月"和"安全生产万里行"活动受到自治区安委会通报表扬。

五　狠抓粮食基础设施建设

覆盖自治区、盟市、旗县三级的粮食管理平台投入试运行，连接自治区与 12 个盟市、满洲里市、二连浩特市的视频会议系统投入使用；智能化粮库升级改造项目稳步推进，45 个粮库完成了智能化粮库升级改造的硬件设施建设，完成工作量的 98%；30 个粮库完成了软件平台的安装调试，完成工作量的 65%，全区粮食行业信息化建设水平不断提高。呼和浩特市的 5 个项目率先完成竣工验收。粮食安全保障调控和应急设施专项扎实推进，5 个项目全部开工建设。

六　狠抓粮食安全自治区主席、盟市长责任制考核

根据国家粮食安全省长责任制考核办法，结合内蒙古自治区实际，完善内蒙古自治区粮食安全盟市长责任制考核办法。通过加强基础和日常考核及通报、加大倒扣分力度等举措，2018 年度粮食安全省长责任制考核成绩，内蒙古自治区由 2016 年的全国第 23 名上升到第 19 名。按时完成粮食安全盟市长责任制考核，对 2018 年度考核成绩突出的包头市、呼伦贝尔市、兴安盟、鄂尔多斯市、呼和浩特市、乌海市进行表彰，并在项目资金上给予倾斜。

七　狠抓党风廉政建设

开展"不忘初心、牢记使命"主题教育活动，按照"守初心、担使命、找差距、抓落实"的总要求，把学习教育、调查研究、检视问题、整改落实贯穿始终，通过组织集中学习、专家辅导讲座、专题研讨、讲授党课、演讲比赛等活动，强化理论武装，锻炼忠诚品格，激发担当精神，增强宗旨意识，深化正风肃纪，为行业改革发展注入动力。召开专项巡视整改动员会，围绕巡视发现内蒙古自治区发展和改革委员会的问题，制定举一反三专项治理工作方案，不折不扣落实整改任务。开展干部"能力素质提升"活动，引导干部提升政治素质和履职尽责的业务本领。严格落实中央八项规定和实施细则，强化执纪监督问责，驰而不息纠"四风"，党风廉政建设进一步加强。

内蒙古自治区粮食和物资储备局领导班子成员

张天喜　党组书记、局长
赵国忠　党组成员、副局长
王国峰　党组成员、副局长

（撰稿单位：内蒙古自治区粮食和物资储备局；撰稿人：王金云；审稿人：王国峰）

2019 年 12 月 27 日，内蒙古自治区粮食和物资储备局局长张天喜（左四）在呼伦贝尔市东北阜丰生物科技有限公司调研指导工作。

2019 年 6 月 21 日，内蒙古自治区粮食和物资储备局副局长赵国忠（中）在郑州国际会展中心现场指导内蒙古自治区第四届粮洽会布展工作。

2019 年 8 月 20 日，内蒙古自治区粮食和物资储备局副局长王国峰（中）参观指导兴安盟扎赉特旗海仓粮油贸易有限公司产后服务体系建设节能环保项目。

辽宁省　　　基本情况

　　2019 年辽宁省粮食产量 2430 万吨，较上年增加 240 万吨。其中：稻谷 435 万吨，增加 15 万吨；玉米 1885 万吨，增加 225 万吨；大豆 21.5 万吨，增加 4 万吨；小麦 1.5 万吨，与上年持平。粮食商品量 1980 万吨，增加 45 万吨。其中：稻谷 330 万吨、玉米 1650 万吨。截至 2019 年末，全省各类粮食经营主体拥有商品粮食库存 763 万吨。其中：稻谷 152.5 万吨、玉米 531 万吨、小麦 15.5 万吨、大豆 58 万吨。截至 2019 年 12 月底，全省共收购粮食 8830 万吨，较上年增加 190 万吨；销售粮食 8245 万吨，增加 650 万吨。全省共有粮食应急供应网点 1661 个，应急加工企业 85 个，应急配送中心 88 个，应急储运企业 92 个，主食加工企业 9 个，粮油价格监测点 100 个。成品粮油应急储备 9.8 万吨，可以满足大中城市 10~15 天市场供应量。据粮食仓储设施专项调研统计，全省粮油仓储企业 2197 户，总仓容 6487 万吨；油罐 811 个，罐容 98 万吨；粮食烘干设施 1244 台（套），总烘干能力 36 万吨／日；粮食铁路专用线有效长度 154 千米，专用码头总吨位 133 万吨，粮食日出库能力 148 万吨。现储存中央级救灾物资 11.51 万件、省级救灾物资 26.89 万件。

2019 年工作

一　粮食储备调控管理迈上新台阶

　　粮食市场价格平稳，未启动粳稻最低收购价政策。地方储备粮管理顺畅。2019 年下达省级储备粮年度轮换计划 51 万吨。实施省储玉米偏高水分储存试点。起草制定了辽宁省《关于改革完善体制机制加强粮食储备安全管理的若干意见》实施方案。推动出台《辽宁省粮食收购贷款信用保证基金管理办法》，完善基金运行机制。积极与辽宁省财政厅、农业发展银行等单位沟通，基金规模由 1 亿元增加到 2.5 亿元，财政出资额由 2000 万元增加到 5000 万元，基金覆盖范围由单一的玉米扩展到水稻、杂粮等主要粮食品种，从源头缓解粮食收购资金短缺问题。全年玉米收购贷款信用保证基金运行良好，参与企业数量、发放贷款数量逐年增加，累计发放贷款 23.79 亿元，支持企业收购玉米 423 万吨，实现贷款额度放大到企业缴存额度的 13.8 倍。围绕粮食财务核算、监管经费使用、粮食企业免税政策以及粮食收购贷款信用保证基金运行组织了专题培训，取得良好效果。粮食流通统计扎实高效。完成粮油统计和购销存统计分析，开展全省统计培训。

二   粮食产业经济发展收获新成果

印发《关于深入实施"优质粮食工程"的意见》，强化顶层设计及资金保障，拨付中央及省财政"中国好粮油"补助资金 7.95 亿元。组织"中国好粮油"行动计划示范地区和示范企业参加第十七届中国国际粮油产品及设备技术展示交易会，20 家参展企业，现场签约优质粮油 11 万吨，签约金额 5 亿元，10 家企业产品获评大会金奖。召开全省"中国好粮油"行动计划现场推进会，继续推动"中国好粮油"行动计划品牌建设，全省"中国好粮油"示范地区粮食优质品率平均提升 20% 以上，促进农民增收 2.8 亿元；产品市场占比不断提高，地区品牌知名度大幅提升。粮食产后服务体系和质量安全检验体系加快实施。按照政府补助引导，企业自主申报建设的原则，建设省粮食产后服务体系主体 71 个，建设项目总投资 39799.14 万元，为 9000 户农民开展"五代"服务，每年带动农民增收 1.3 亿元。与辽宁省检验检测认证中心签订粮食质量检验监测工作委托协议，理顺机构改革后的粮食质量检测工作关系。全省 52 家企业参加第二届全国粮食交易大会，与广西、河南签约产销合作协议。7 家企业达成线上交易项目 14 个，签约 22 万吨，现场交易 11 万吨，成交金额 2.8 亿元。粮机设备意向交易 220 台，交易金额 2 亿元。沈阳市万谷园米业有限公司与广州森皓贸易有限公司签订项目金额为 10 亿元的产销合作协议。

三   粮食安全监督执法展现新作为

成立省粮食和物资储备局法律专家委员会，聘请专业律师提供法律服务，完善法制建设制度，印发《全面推行行政执法公示制度执法全过程记录制度重大执法决定法制审核制度实施方案》等文件，打牢依法行政基础。完成 2018 年度粮食安全省长责任制考核，全国粮食主产省地位进一步巩固。组织开展全省政策性粮食库存数量质量大清查工作，全省共抽调 471 名普查人员，组成 43 个普查组，对纳入检查范围的 315 个存储企业库存粮食数量、质量和执行国家粮食收购政策、储备粮轮换管理、政策性粮食库贷挂钩、财政补贴拨付等进行了全面普查，检查货位 5544 个，检查时点粮食数量 1587.99 万吨。结果表明，辽宁省政策性粮食数量真实，质量良好，储存安全。组织秋粮收购检查 2013 次，派出检查人员 5143 人次，检查各类收购主体 2134 个，共查出有问题的粮食收购企业 87 个，其中警告 4 户，责令改正 69 户，取消收购资格 14 户，有效维护粮食收购市场秩序。严格落实国家政策性粮食销售出库政策，依法打击"转圈粮"、"出库难"、违规倒卖等违法违规行为，全年成交政策性粮食 25 批次、114.66 万吨顺利出库。充分发挥 12325 全国粮食流通监管热线作用，全年共协调解决纠纷 31 次，查处 4 起国家转办的涉粮案件。

四   基础设施建设取得新进展

经专家评审，共计 4 个项目列入 2019 年粮食产业园区建设项目库，总投资接近 6000 万元，下拨省级补助资金 2673 万元，全省粮食产业园区项目顺利推进。推荐 2020 年国家粮食安全保障调控和应急设施项目 4 个，总投资规模为 2.32 亿元。智能粮库信息化升级改造项目按期实施。省级储备粮承储企业智能化升级改造项目一期工程建设完成并通过验收，实现粮情数据、安防视频、视频会议等系统的互联互通。二期工程建设推动顺利，53 个市县级储备粮承储企业粮库智能化基础设施改造与信息化系统应用已完成硬件建设工作，省级粮食信息综合管理平台按期实现与国家平台、省级储备粮承储企业的互联互通。

五　安全仓储管理实现新提升

全力做好全省粮食行业重点时间节点"两个安全"的督导工作，对全省 14 个市、11 个重点县（市、区）安全生产工作进行督导，对 33 个粮食企业进行现场检查。制定《辽宁省粮油仓储企业安全储粮安全生产工作规范》。完好仓容和简易仓容稳步增加，仓储设施功能不断完善，安全储粮能力进一步增强。粮食科技宣传活动丰富多彩，组织开展首届"辽宁好粮油"杯全省粮食行业职业技能大赛，选拔 6 位选手参加第五届全国粮食行业职业技能大赛，获得优秀组织奖。举办以"科技人才共支撑、兴粮兴储保安全"为主题的粮食科技系列活动。举办 2019 年世界粮食日和粮食安全系列宣传活动，在主流媒体开展节粮爱粮宣传报道。

六　应急物资管理迈出新步伐

逐步理顺应急救灾物资管理机制，由省粮食和物资储备局负责组织采购和验收，管理经费由省应急管理厅配合商请省财政厅列入财政预算。省粮食和物资储备事务服务中心正式转隶并正常开展工作。积极开展应对"利奇马"台风和开原市龙卷风灾害救助，安排运输车辆 21 台，向省内 12 市调拨救灾物资 5.73 万件。

七　党建业务融合呈现新气象

以学习贯彻习近平新时代中国特色社会主义思想和党的十九大精神为引领，以严守政治纪律和政治规矩为重点，牢固树立"四个意识"，坚定"四个自信"，做到"两个维护"，紧密围绕统筹推进"五位一体"总体布局，协调推进"四个全面"战略布局，落实新发展理念和"四个着力""三个推进"举措，补齐"四个短板"，做好"六项重点工作"，扎实开展"不忘初心、牢记使命"主题教育，认真贯彻辽宁省委、省政府各项决策部署，坚决落实全面从严治党主体责任，为全省全面振兴、全方位振兴发展提供强有力、可持续的粮食安全和重要物资储备安全保障。

辽宁省粮食和物资储备局领导班子成员

于　衡　党组书记、局长

孙金荣　党组成员、副局长

张玉超　党组成员、副局长

肖玉强　党组成员、副局长

刘国际　总工程师

（撰稿单位：辽宁省粮食和物资储备局；撰稿人：张世智；审稿人：于衡）

2019 年 2 月 25 日，全省粮食和物资储备工作会议在沈阳召开。

2019年9月10日，"辽宁好粮油"杯辽宁省粮食行业职业技能大赛开幕。

2019年10月18日，中国好粮油示范企业交易签约仪式在辽宁举办。

吉林省

基本情况

吉林省位于中国东北地区中部，总面积 18.74 万平方千米，约占全国总土地面积的 2%，居全国第 13 位，省会是长春市。截至 2019 年末，全省人口为 2690.73 万，其中城镇人口 1567.93 万。2019 年，全省实现地区生产总值 11726.82 亿元，同比增长 3.0%；城镇居民人均可支配收入 32299 元，增长 7.1%；农村居民人均可支配收入 14936 元，增长 8.6%。吉林省是国家重要的商品粮基地，全省粮食种植面积 564.50 万公顷，其中玉米 421.96 万公顷、稻谷 84.04 万公顷、大豆 40.38 万公顷；粮食产量 3878 万吨，其中水稻 657 万吨、玉米 3045 万吨、大豆及杂粮 176 万吨；粮食收购量为 3093 万吨，销售量（含加工）4503 万吨。全年粮食消费总量为 2298 万吨，其中口粮消费 510 万吨（城镇口粮 245 万吨、农村口粮 265 万吨）、饲料用粮 502 万吨、加工用粮 1257 万吨、种子用粮 29 万吨。分品种消费情况是：小麦 118 万吨、稻谷 324 万吨、玉米 1634 万吨、大豆 182 万吨、其他 40 万吨。全省粮食仓容 6933 万吨。截至 2019 年底，储备省级救灾物资 18 种、防汛抗旱物资 30 种。

2019 年工作

一　国家粮食安全战略得到有效落实

发挥粮食安全省长责任制考核的"指挥棒"作用，建立省级联席会议制度，加强统筹协调，强化督查督导，完善考核评比，形成常态化激励约束机制，全面压实粮食生产、流通、储备各项责任，粮食安全省长责任制考核全国排名第 6，保持优秀等级。圆满完成了全省政策性粮食库存大清查工作，国家督导检查组认为，"吉林省能够按照国家部署，认真组织开展大清查企业自查和省内普查工作，取得了较好成效"。

二　"吉林大米"品牌建设实现新突破

突出"吉林大米"中高端品牌定位，深耕上海、浙江、北京等重点主销区市场，实行精准落地营销，提升影响力和认可度。在新旧媒体融合推介的基础上，开展"网络大 V 吉林行"、聘请社区讲解员，用身边人、身边事宣讲吉林大米故事，提高品牌的带动力。在推进产销区政府搭台的基础上，引导企业走到台前，与社区对接，与居民互动，打通终端毛细血管，面对面展示吉林大米的品质优势。在巩固线上线下渠道建设基础上，"吉田认购"专属稻田面向高端客户精准营销，入驻中石化易捷便利店、盒马鲜生等全国性网络平台销售。特别是洮之宝系列产品进驻上海最高端的国际金融中心超市，与日本越光米同台竞销，年销售额 800 万元以上，扭转了粮食只能作为大宗商品、在低端市场进行销售的传统认识。2019 年，吉林大米品牌获得"中国粮油影响力公共品牌"第一名、"2019 中国农产品区域公共品牌·最佳市场表现品牌"、2019 神农论坛首届"神农奖"等荣誉。品牌带动农民增收效果良好，在稻谷市场整体下行的压力下，吉林省优良品种价格保持在 2.9~4.4 元 / 公斤；全省中高端大米销量稳定在 100 万吨以上，最高价格 168 元 / 公斤。

三　粮食购销市场平稳运行

落实国家粮食收购政策，强化监测预警和政策协调，保障市场平稳运行。搭建粮食产销协作和地方粮食储备合作平台，北京、上海、浙江、福建、海南五省市在吉林省存储地方储备粮 49.88 万吨，比上年增加 41.5%，占吉林省地方储备粮规模的 45%。全省粮食收购市场平稳，稻谷和大豆市场相对稳定，玉米收购进度较快，截至 2019 年底，全省累计收购粮食 3093 万吨，同比增加 833 万吨。

四　粮食产后服务能力得到增强

为解决市场化收购条件下农民收粮、储粮、卖粮、清理烘干等诸多难题，促进收获粮食提质升级、节粮减损和农民增收，推动农村第三产业发展，整合粮食行业现有资源，有效盘活存量资产，把建设粮食产后服务中心作为民生实事工程，积极组织运作，在 20 个粮食主产县启动建设粮食产后服务中心 66 个，有偿为种粮农民提供"五代"或"一卖到位"服务，超额 32% 完成工作目标。目前全省建成粮食产后服务中心 156 个，年服务能力超过 750 万吨，实现了粮食主产县全覆盖。

五　粮食流通现代化改造加快推进

争取国家政策资金 7900 万元，在公主岭和通榆建设粮食现代物流项目。对 69 个地方国有粮库实施智能化升级改造工程。支持 15 个示范县 38 户示范企业建设生产基地，推进新产品研发，改造低温冷藏库。建设省级信息平台，实现省级平台和国家级平台互联互通，实现政策性粮食业务信息化、地方储备粮在线监管两个全覆盖。

六　物资储备交接运行顺畅

按照三定方案要求，顺利完成省级救灾物资和防汛抗旱物资交接。积极与省应急管理厅、省防办协调沟通，建立应急协同机制。实现应急保障工作无缝衔接。向各地运送各类应急物资 2.8 万套，价值 310 万元，所有物资均在 12 小时内运抵灾区，充分发挥了救灾和防汛抗旱物资的应急保障功能。

七 持续保障行业安全稳定发展

强化风险管控和隐患治理双重预防机制，压实企业主体"五个必须落实"责任，推动行业安全监管标准化规范化。盯紧关键区域和重点环节，推进专项整治，强化常态督查督导，行业连续7年没有发生安全生产及监管等方面较大以上事故。开展全省食盐市场大排查，加强盐业市场监管，确保储备盐数量真实，质量良好，供应有序。

吉林省粮食和物资储备局领导班子成员

李国强　党组书记、局长

张宏明　党组成员、副局长

刘红霞　党组成员、副局长

张卿槐　党组成员、副局长

白忠凯　党组成员、副局长

宋春辉　党组成员、纪检组长

（撰稿单位：吉林省粮食和物资储备局；撰稿人：张树山；审稿人：白忠凯）

2019年6月21日，吉林省人民政府副省长李悦（右一），吉林省粮食和物资储备局党组书记、局长李国强（左一）参加在郑州市国际会展中心举办的第二届中国粮食交易大会。

2019 年 6 月 18 日，吉林省粮食和物资储备局党组书记、局长李国强（左二）参加在福州市海峡国际会展中心举办的第十五届粮食产销协作福建洽谈会。

2019 年 8 月 15 日，吉林省粮食和物资储备局党组书记、局长李国强（前排左）参加在长春市举办的吉林省粮食产销协作洽谈会。

黑龙江省

基本情况

　　黑龙江省位于东北亚区域腹地、中国东北部，是亚洲与太平洋地区陆路通往俄罗斯和欧洲大陆的重要通道、沿边开放的重要窗口和前沿，也是中国位置最北、纬度最高的省份。北部、东部与俄罗斯隔江相望，西部与内蒙古自治区相邻，南部与吉林省接壤。全省土地总面积 47.3 万平方千米（含加格达奇和松岭区），居全国第 6 位，地貌特征为"五山一水一草三分田"。2019 年，全省实现地区生产总值（GDP）13612.7 亿元，比上年增长 4.2%。全省粮食作物面积超过 2 亿亩，绿色、有机食品认证面积占全国 1/5，划定粮食生产功能区和重要农产品保护区 1.67 亿亩，建成高标准农田 8548 万亩，主要粮食作物耕种收综合机械化率达 100%，农业科技进步率达 67.1%，主要农作物良种覆盖率达 100%。粮食总产 7503 万吨，连续 9 年保持全国第一，粮食商品量、调出量分别占全国 1/8 和 1/3，相当于为全国每人每年提供 100 斤原粮。

2019 年工作

一　粮食购销

　　巩固拓展粮食收储制度改革成果，持续完善玉米和大豆市场化收购加补贴新机制，稻谷市场化购销持续加强，最低收购价政策得到有效落实，粮食流通方式加快由政策性收购为主向政府引导下的市场化购销为主转变。在全国粮食供大于求、全省粮食连年丰收情况下，有效应对粮食市场复杂多变和严重洪涝灾害影响等风险挑战，着力破解重点难题，守住了不发生农民"卖粮难"的底线，实现了农民粮食顺畅销售、卖粮稳定增收目标。2019 年秋粮市场化收购自 10 月初陆续展开，截至 2019 年底，全省入统企业累计收购新粮 2830 万吨，其中稻谷 1439 万吨、玉米 1174 万吨、大豆 193.5 万吨，市场购销总体平稳。

二　粮食加工

　　持续推动"粮头食尾""农头工尾"，服务全省"百千万"工程，精深加工业对粮食产业发展的引擎带动作用持续增强,加快推动由农产品原料生产大省向加工大省转变。精准对接全省"百大项目"中的 14 个涉粮项目,实施项目建设领导联系点制度和月报告制度,强化指导,及时跟踪。绥化新和成玉米深加工一期项目、桦南鸿展和宝清万里润达燃料乙醇项目已投产运营,全省当年新增玉米深加工产能 205 万吨,累计达到 2205 万吨。全省实际加工原粮 4015 万吨,同比增幅 10.1%,完成全年工作目标的 114.7%;实现主营业务收入 1188 亿元,同比增幅 14.8%,完成全年工作目标 118.8%;规模以上企业实现主营业务收入 1141 亿元,超额完成同比增长 10% 的目标任务。全省粮食加工转化能力持续提高,带动粮食产业综合实力持续增强。

三　优质粮食工程

认真贯彻落实国家三年实施方案,结合省情粮情,务实攻坚克难。推进"中国好粮油"示范工程建设,2017/2018 年度项目,10 个示范县完成投资 47%,3 个省级示范企业完成投资 91%,15 个国贫县完成投资 44%;2018/2019 年度和 2019/2020 年度项目,共安排中央财政补助资金 10.1 亿元,带动社会投资 24.2 亿元,24 个示范县完成投资 38%,17 个省级示范企业完成投资 58%。开展"黑龙江好粮油中国行"营销行动,通过组织参加第二届中国粮食交易大会、举办粮食金秋会等活动,累计达成购销合同、意向协议 1410 万吨,达成意向合作项目 5 个。全年通过铁路外运粮食 2610 万吨,巩固拓展粮食产品销售市场,为销区粮食市场稳定和保障国家粮食安全提供有力粮源保障。有序推进粮食产后服务体系建设,粮食产后服务中心项目已完成建设 129 个、占计划的 64%,农户科学储粮装具已完成建设 9.28 万套、占计划的 81%。认真开展烘干设施环保改造,在产后服务中心项目建设中重点向烘干塔环保改造倾斜,支持项目 73 个。扎实推进粮食质量安全检验监测体系建设,全省 76 个项目建设扎实推进,其中 46 个已完成本级验收,初步形成了以省级监测中心为龙头、市级质检站为骨干、县级质检站为基础的粮食质量安全检验监测体系。

四　粮食安全省长责任制

持续加强领导和完善落实推进措施,自 2016 年度实施"首考"以来,组织推动各市县政府深入贯彻落实党中央、国务院和黑龙江省委、省政府关于加强粮食安全工作的各项决策部署,省考核工作组各成员单位通力合作,坚持突出重点、强化问题导向,不断完善考核内容,持续改进考核办法,破解难点问题,黑龙江省连续 3 年被国家评为优秀等次。严格开展各市(地)落实粮食安全省长责任制考核工作,经各市级政府自评、省级部门评审和联合检查等,有力推动了各地粮食安全省长责任制工作落实,2018 年度大庆、齐齐哈尔、哈尔滨、佳木斯、黑河 5 个市荣获优秀等次,其他市(地)获良好等次。通过发挥考核"指挥棒"作用,为推动粮食重点工作有效落实提供有力保障。

五　粮食流通监管

认真落实国家和黑龙江省委、省政府部署要求,切实履行牵头部门职责,针对全省实际情况,创新开展重点企业大排查、现场实操培训、自查调研督导、舆情稳控、制定实施重大问题处理规定、提早启动质量检查和持续强化安全生产等工作。全省共抽调 1493 人，组成 109 个工作组，检查库点 1335 个，检查库点数量、粮食库存数量均为历史最高。全省大清查自查、普查共发现问题 3587 个，已全部整改到位。总体来看，全省政策性粮食库存数量真实、质量良好、储存安全、运作合规。全面认真履行法定粮食市场监管职责，重点组织开展秋粮收购业务督查和执法检查，组成联合督导组，重点深入到最低收购价稻谷收购量大的东部佳木斯、鹤岗和七台河等地区，重点对收购业务流程、收购政策执行情况等环节开展业务督查和执法检查，促进收购工作的有序开展，确保种粮农民合法利益不受侵犯和国家利益不受损失。加大涉粮案件核查力度，按照国家粮食和物资储备局部署，依据《黑龙江省人民政府关于行政处罚权实施属地化执法改革的决定》（黑龙江省人民政府令第 7 号），不断强化业务指导，充分发挥市、县级粮食行政管理部门职能作用，全年共指导各地查办案件 38 件，其中 12325 全国粮食流通监管热线交办 37 件，通过案件的核查和处理，发挥了震慑作用，有效地维护了粮食市场秩序。

六　粮食行业安全

严格落实企业安全储粮和安全生产主体责任、部门监管责任，有效维护粮食行业安全平稳运行的好局面。集中组织开展了安全储粮隐患排查，排查整治各类安全储粮隐患 2787 个，指导全省地方国有粮食购销企业烘干潮粮 690 万吨，指导各地开展安全储粮培训 3323 人次。组织开展安全生产"大体检、大培训"活动，各地粮食行政管理部门累计深入企业检查 1771 户次，整改隐患 3419 处；指导各市、县、企业组织开展培训 370 次、参训 12866 人次。严格管控蓆茓囤火灾等重大风险，通过"拍、改、移"等办法，蓆茓囤从年初的 199 个、储粮 7 万吨，减少到 15 个、储粮 0.53 万吨。

黑龙江省粮食局领导班子成员

于明海　党组书记、局长（2019 年 9 月任职）

朱玉文　原党组书记、局长（2019 年 9 月调离）

陈立祥　二级巡视员

王大明　党组成员、副局长

潘　升　党组成员、副局长（2019 年 2 月任职）

缪新宇　党组成员、副局长（2019 年 6 月任职）

（撰稿单位：黑龙江省粮食局；撰稿人：杨忠山；审稿人：于明海）

2019年10月10日，国家粮食和物资储备局党组成员、副局长韩卫江（左三）出席第十六届黑龙江金秋粮食交易暨产业合作洽谈会，现场考察指导工作。

2019 年 10 月 16 日，黑龙江省粮食局开展世界粮食日系列宣传活动。

2019 年 10 月 28 日，全国粮食和物资储备系统"牢记初心使命、推动改革发展"巡回演讲（黑龙江省）在哈尔滨举办。

上海市　　　　基本情况

　　2019 年上海市粮食播种面积 11.7 万公顷（含市外，下同），比上年减少 1.3 万公顷，降幅 10%；粮食总产量 96 万吨，减少 8 万吨，降幅 7.7%；单产为每公顷 8170 公斤，增加 2.3%。2019 年，全市累计收购小麦 0.3 万吨，减少 96.8%；收购粳稻 68.1 万吨，减少 3.7%。6 家大中型粮食批发市场全年粮食交易总量 29.2 万吨，其中粳米 18.8 万吨、食用油 2 万吨；上海粮食交易中心批发市场网上交易粮食 164.6 万吨，发挥了吸纳粮源、活跃流通、保障供应的重要作用。2019 年，全市救灾物资储备库仓储面积 11189 平方米，储备物资包括帐篷、折叠床、床垫、棉被、棉大衣、便携式折叠水桶、汽油发电机应急灯等 13 大类。在第二届进口博览会期间，调拨折叠床、床垫等，服务武警上海总队顺利开展各项保障工作。

2019 年工作

一　抓机构改革，推动粮食和物资储备体系改革创新

　　一是稳妥推进机构改革。根据全市机构改革统一部署，确定市粮食和物资储备局部门职责、内设机构和人员编制。有序完成市级救灾储备物资接收和棉糖储备管理职能、市级储备商品管理相关工作交接，筹备成立市军粮供应和物资储备事务中心。各区粮食物资储备部门机构改革全部到位。系统广大干部职工讲政治、顾大局、重奉献，履职尽责，保障有力，各项工作保持稳妥有序、不断不乱。二是研究贯彻"两办意见"。根据中央文件精神，集中组织开展"完善储备管理体制机制，增强安全保障能力"大讨论活动，深入学研文件精神，抓早制定专题工作方案，认真研究制定贯彻实施意见，已形成征求意见稿。三是不断完善重点领域管理。推进市级储备粮精细化管理，轮出计划精准下达至库点货位。调研排摸"藏粮于企"工作"短板"，梳理研究对策措施。深化粮食领域"放管服"改革，推进"双减半"工作成果落地，进一步压缩办理时限和审批材料。研究新形势下物资储备改革思路，立足宏观调控、保供稳价、应急救灾等储备目标分类施策。四是有序推进立法修规。深入开展地方粮食储备安全管理办法立法调研，出台《上海市国有粮油仓储物流设施保护实施细则》。落实长三角一体化发展国家战略，主办长三角粮食和物资储备发展与合作会议，推动签订合作框架

协议和一体化发展总体方案。组织开展"十四五"规划前期调研，形成了各领域基本思路和研究报告，为规划编制打好基础。

二　抓收储保供，夯实粮食宏观调控物质基础

一是围绕收好粮，在夏粮小麦收购实现市场化的基础上，探索推进粳稻收购市场化。9 个产粮郊区全部实现价补分离，并适时启动粳稻谷最低收购价预案，保护种粮农民基本收益。加强粮食烘干能力建设，减少农民产后损失。全市各类粮食企业共收购小麦 0.3 万吨、稻谷 68.1 万吨。二是围绕储好粮，有序轮换地方储备粮油，推进临时储备油消化处理工作。公开竞价交易地方储备粮 94.25 万吨，不断提升轮换透明度。规范做好市级储备粮棉糖息费补贴资金预拨审核和清算，提高财政资金使用效能。加强仓储设施建设，闵行马桥、宝山束里桥、奉贤奉城等区中心粮库和粮食电子政务网络省级平台（一期）年内基本建成，市级储备粮库智能化升级改造项目有序推进。搭建平台，强化统筹，推进"科技兴粮"，加强"四新"、绿色储粮技术应用，提高储粮质量。三是围绕供好粮，落实首批 14 家大米加工企业执行农业生产电价，促进企业降本增效。积极应对国际粮食贸易新形势，协同发改、财政等部门加强进口大豆战略调整和管控，帮助企业落实加工原料。加强粮棉糖流通统计和市场监测，优化约 800 家粮食应急网点、200 家监测网点，维护市场稳定。市、区两级粮食部门创新宣传方式，组织开展形式多样的世界粮食日和粮食安全系列宣传活动。

三　抓顶层设计，全面强化物资储备管理

一是完善体系加强管理。排摸全市物资储备情况，统筹区级部门力量，密切联系相关研究机构，以"实践、探索、完善"三同步的方式开展体系研究，推进物资储备体系不断优化。加强市级救灾物资储备库管理，修订上海市救灾物资储备库专项应急预案，制定生产安全事故应急预案，开展储备物资出入库、防台防汛等演练，形成应急储备物资调运流程。二是创新储备模式。在原有实物储备、协议储备基础上，与相关企业签订能力储备协议，依托社会行业力量提升物资储备保障能力，提高储备效能。与长三角地区各省（直辖市）形成储备物资和仓储资源信息互通模式，推进物资储备领域资源共建共享。三是服务市场调控。针对猪肉市场形势，会商市有关部门高效完成两次冻猪肉增储任务。加强储备调节，发挥政府储备压舱石作用，稳定市场供应。

四　抓行业监管，筑牢粮食和物资储备安全底线

一是开展"大清查"摸清底数。历时 7 个多月对全市 16 个区 99 家企业（库点）开展政策性粮食库存数量和质量大清查，同时委托外地清查地方事权、中央事权粮食。经检查，上海市政策性粮食库存总体数量真实、质量良好、储存安全。邀请人大、政协、纪检监察和群众代表近 20 人参与监督，发现问题 255 个，并开展"回头看"检查验收，突出问题整改，确保效果落实。二是开展"大考核"压实责任。根据国家考核要求，按时据实完成 2018 年度省级自评上报。牵头开展上海粮食安全区长责任制考核，在各区自评基础上，对浦东等 5 个区和良友集团进行现场考核，提高考核实效。跟踪

督促落实问题整改，优化 2019 年考核指标体系，粮食安全保障能力持续提升。三是严监管规范流通。深入开展收购市场、政策性粮食购销、粮食流通统计等专项检查，维护粮食流通秩序。推动市、区两级粮食质量检验检测体系建设，上海国家粮食质量监测中心检验监测能力建设项目启动，区级中心化验室发挥积极作用。推进"双随机"应用系统和粮食安全信息追溯体系建设与应用，严格处理和监管质量卫生超标粮食，有效确保食品安全。四是抓好安全守好底线。强化安全责任意识，严格落实企业主体责任、部门监管责任和各区属地管理责任，坚决守住生产安全底线。开展粮库、油罐区、加工企业、物资储备库等安全生产风险排查整治，切实强化安全仓储管理，有关企业、单位开展防台防汛、危化品应急演练，确保生产安全和储备安全。

五　抓队伍建设，提供坚强工作保障

坚持把党的政治建设摆在首位，认真履行全面从严治党政治责任。组织开展"不忘初心、牢记使命"主题教育，深化问题检视和整改落实。推进大调研常态化制度化，市局累计开展调研 294 次，涉及各类调研对象 180 家，确立调研课题 16 项，收集问题和意见建议 63 条。针对 2018 年上报市委大调研办的两项重大复杂问题定期进行分析研判，跟踪进度，申请问题销号。针对基层群众反映的一些历史遗留问题，稳妥推进，逐步解决，取得成效。强化党风廉政建设，完善廉政风险防控机制，开展系统政治生态分析，出台"四责协同"机制建设实施意见和任务分解方案及"三不一体"实施意见。落实公务员职务与职级并行制度，加强干部选拔培养，开展行业人才教育培训和职业技能鉴定，有效提升干部队伍和行业人才素质。

上海市粮食和物资储备局领导班子成员

殷　欧　市发展和改革委员会党组副书记，粮食和物资储备局党组书记、局长

沈红然　党组成员、副局长

殷　飞　党组成员、副局长（2019 年 4 月任职）

张才新　党组成员、副局长（2019 年 4 月任职）

（撰稿单位：上海市粮食和物资储备局；撰稿人：王静；审稿人：殷欧、殷飞）

2019 年 2 月 27 日，上海市委常委、副市长陈寅（左）在上海市分会场出席全国政策性粮食库存数量和质量大清查动员电视电话会议，对大清查工作进行动员部署。

2019年9月26日，上海市发展和改革委员会党组副书记，上海市粮食和物资储备局党组书记、局长殷欧（右）带队开展国庆节前粮油市场巡查。

2019年8月2日，第十四届长三角粮食和物资发展与合作会议在上海召开。

江苏省　基本情况

　　江苏省地处我国东部沿海地区中部，长江、淮河下游，是长江三角洲地区的重要组成部分。地域跨江滨海，湖泊众多，水网密布，海陆相邻，是全国唯一拥有大江大河大湖大海的省份。境内平原、水域面积分别占 69%、17.78%，地势平坦，生态类型多样，农业生产条件得天独厚，素有"鱼米之乡"的美誉。2019 年，江苏以总体国家安全观为指导，把实施乡村振兴战略作为新时代"三农"工作总抓手，坚持底线思维，持续推进"深化改革、转型发展"，补"短板"、强弱项，农业农村保持良好发展势头，农业生产总体稳定。全年粮食播种面积 5381 千公顷，位居全国第九；实现粮食总产 3706 万吨，位居全国第七；单位面积产量 6887 公斤 / 公顷，位居全国第四。江苏是我国南方最大的粳稻生产省份和全国优质弱筋小麦生产优势区，也是全国粮食加工、流通大省。江苏省以"优质粮食工程"建设为抓手，全力打造省域"苏米"品牌，努力夯实科技、品牌、龙头和园区建设"四大支撑"，高质量发展粮食产业经济，全年实现销售收入 2894.00 亿元，同比增长 1.74%。

2019 年工作

一　持续抓好粮食安全责任制考核

　　认真落实党中央、国务院关于保障粮食安全的决策部署，坚持问题导向，采取扎实措施，考核机构不断完善，考核指标不断优化，考核方式不断创新。积极牵头组织国家对省考核有关工作，连续三年取得优秀等次。创新开展省对市考核，把农业供给侧结构性改革、收储制度改革、优质绿色农产品供给等省委省政府重大决策事项纳入考核指标。加强关键问题、重点工作考核，重点对粮食生产科技水平、粮食仓储物流设施建设等指标进行评估。

二　扎实开展政策性粮食库存大清查

　　2019 年，国务院组织开展第三次全国粮食库存大清查，江苏省委、省政府主要领导高度重视并作出重要批示，樊金龙常务副省长担任省级大清查协调小组组长，多次召开会议、作出批示、现场督查。省大清查协调机制成员单位 13 名分管领导每人包干 1 个地级市，进行督导，高质量完成政策性粮食库存数量和质量大清查工作。全省 13 个市、76 个县全面建立大清查协调机制，培训检查人数 7773 人，派出督导组 179 个，参与督导人数 926 人，清查库点 1563 个、清查粮食 2389 万吨，扞取检验样品 10865 份。大清查结果表明，江苏政策性粮食库存数量真实、质量良好、储存安全、运作合规。

三　深入实施优质粮食工程

进一步完善"优质粮食工程"三年（2017~2019 年）实施方案，立足服务农民增收，打造具有地域特色的产品品牌和服务品牌，有力促进粮食产业高质量发展。项目总投资 8.7 亿元，省级以上财政资金补助 4.1 亿元，建设"中国好粮油"行动示范县 16 个、省属企业 4 个、央企驻苏单位 3 个和国家区域优质粮食工程创新技术中心 1 个；建设 13 个市级粮食质量安全检测机构；建设和完善 64 个粮食产后服务中心。以"优质粮食工程"为抓手，大力推进"苏米"省域公用品牌建设。"水韵苏米"集体商标正式获批生效，遴选 30 家"苏米"核心企业、10 家江苏好粮油样板店，在上海、福建等地举办"苏米"省域公用品牌专场推介活动。2019 年，"水韵苏米"省域公用品牌在第三届中国国际水稻论坛暨首届国际稻米博览会中荣获金奖，第十七届中国国际粮油产品及设备技术展示交易会上再获金奖；第九届中国粮油榜上，苏米品牌被评为"中国粮油影响力公共品牌"；第十七届江苏名特优农产品（上海）交易会上，苏米被评为"畅销产品奖"，江苏大米影响力和市场占有率不断提升。

四　不断深化粮食收储制度改革

中央决定深化粮食收储制度改革以来，江苏省认真把握改革重心，创新方法措施，为改革作出积极探索。针对收购仓容不足，持续开展粮食去库存，全省国有粮食企业共销售稻谷、小麦 1213.5 万吨，同比增加 131 万吨。核定夏秋粮收购贷款额度 320 亿元，提供坚实资金保障。扩大省粮食共同担保基金规模，达到 9.3 亿元，覆盖 61 个粮食主产县（市、区），满足 130 亿元贷款需要。针对粮价下行，及时启动小麦、中晚稻最低收购价执行预案，稳定收购价格和市场心理，全省夏粮累计入库 1189.45 万吨，创历史最高水平。截至 2019 年底，秋粮入库 841.5 万吨，同比增加 120 万吨。

五　健全完善粮食市场交易和应急保供体系

初步建成以江苏省粮油交易市场为龙头、以特色品种分中心为骨干、以分市场和部分现货市场为支撑的集交易、信息、服务为一体的江苏粮油市场交易体系，着力打造兴化稻米分中心、江苏弱筋小麦分中心，在 13 个设区市建设粮油交易分市场，全省粮油竞价交易运行顺畅。2019 年，成交国家政策性粮油 186.48 万吨，成交金额 32.45 亿元。组织社会粮源进场交易 167 场，交易数量 62.14 万吨，成交数量 35.64 万吨，成交金额 8.72 亿元。优化应急保供体系，完善《江苏省粮食应急预案》，增强粮食应急预案的可操作性。督促各地加快成品粮油落实，健全应急供应网络，全省落实粮食应急供应网点 2260 家，实现城乡全覆盖，提前完成国家任务。

六 探索构建粮食产业开放合作格局

加大上下协同力度，推进部省共建协同发展，承办 2019 年全国粮食科技活动周全国主会场活动，江苏省政府与国家粮食和物资储备局签订战略合作协议，共同推动江苏粮食和物资储备事业高质量发展。积极融入长江经济带、长三角发展一体化建设，推进苏沪、苏浙产业合作，与浙江、上海等省（市）粮食和物资储备局签署战略合作框架协议，在仓储物流设施建设、粮食流通产业发展、物资储备体系建设、长效合作协调机制等方面加强协同。联合江苏省发展和改革委员会出台《关于加快推进现代化粮食产业体系　持续建设粮食产业强省的意见》，引领推进全省粮食产业高质量发展。全省 1300 多家粮油加工企业拥有省名牌 118 个、驰名商标 24 个、地理标志产品 24 个，12 个企业入选中国百佳粮油企业，2 个企业入选中国粮油领军企业。全省粮食产业经济高质量发展，全年实现销售收入 2894 亿元，同比增长 1.74%。

七 全面提升粮食流通基础设施和行业安全工作水平

2019 年，全省入统粮食企业新开工粮食流通基础设施建设项目 165 个，竣工项目 151 个，年度完成投资 18.2 亿元。全年下达粮食流通基础设施建设项目省以上财政补助资金 7.5 亿元。其中：省级财政资金支持建设粮食流通设施项目 10 个，仓容 36.1 万吨、烘干能力 300 吨 / 天；争取中央预算内投资资金支持粮食安全保障调控和应急设施建设项目 8 个，仓容 57 万吨。截至 2019 年底，全省入统粮油仓储企业拥有烘干设备 1719 台（套），年烘干能力达 580 万吨。会同江苏省发展和改革委员会认定维维粮食物流产业园等 5 个省级粮食物流产业园区，下达省级财政资金奖补 5000 万元。修订《江苏省粮食和物资储备行业安全生产事故应急救援预案》，制定《全省粮食和物资储备行业安全生产工作意见》，开展粮食和物资储备行业安全生产标准化达标创建工作，加大对安全责任落实、危险化学品安全治理、教育培训、应急救援演练等工作的日常监管和检查，为全行业营造安全稳定的良好发展环境。

八 稳步推进物资储备体系建设

起草《江苏应急救灾物资储备库建设技术导则》，指导各地开展救灾物资储备库建设，进一步提升物资储备基础设施水平。完成省级救灾储备物资管理办法、救灾类物资采购轮换管理办法、救灾物资接受调运流程等基础性文件编制，明确关键工作内容、程序和要求，促进现有物资规范管理。根据国家加强突发事件应急预案编制和演练工作的要求，完成江苏省救灾物资应急保供预案、救灾物资调运应急预案、应急工作手册编制工作。探索多元储备方式，有效提升物资保障水平。目前通用性救灾物资和猪肉储备已纳入江苏省粮食和物资储备局管理，其中猪肉储备与江苏省商务厅完成交接并根据需要投放市场，通用类救灾物资根据省应急厅提供的目录开展预算编制等工作，全省物资储备有效格局逐步形成。

九 不断提升依法行政水平

为维护粮食流通秩序、保障粮食安全，积极推进《江苏省粮食流通条例》出台。严格遵循立法工作程序，在多次调研、反复征求意见的基础上，认真抓好《条例》的起草、修改工作，并积极做好审查、审议等环节的协调保障。认真对开展规范性文件合法性审核相关工作，对粮食流通统计调查、救灾物资应急保障等规范性文件和专项成品粮油定向竞价采购公告、竞价交易合同等进行合法性审核。全面推行行政执法公示制度、执法全过程记录制度、重大执法决定法制审核制度，梳理发布《江苏省粮食部门行政处罚自由裁量权参考标准》，2019年江苏省粮食和物资储备局无行政调解、复议、诉讼案件。梳理形成全省粮食和物资储备系统9类13项监管事项权力清单，积极推进"互联网＋监管"。

十 全面加强党的建设

定期召开中心组学习会，认真学习习近平新时代中国特色社会主义思想，党的十九大、十九届四中全会和省委全会等重要会议及文件精神，全面增强"四个意识"，维护党中央权威和集中统一领导。严格落实党风廉政主体责任，印发《2019年落实全面从严治党主体责任清单》，细化局党组、局党组书记、班子其他成员职责分工，明确党组主体责任和纪检监察监督责任。召开全面从严治党工作会议，对党风廉政建设和反腐败工作进行专门部署，分层次签订廉政责任书。扎实组织开展"不忘初心、牢记使命"主题教育，落实国家粮食和物资储备局党组"两决定一意见"，把学习教育活动与国家粮食安全战略、乡村振兴战略深度融合，用新思想谋划新思路，用新理论指导粮食和物资储备改革发展的新举措。认真开展形式主义、官僚主义集中整治活动，文件同比减少55%，会议同比减少55%，督察检查同比减少37.5%。

江苏省粮食和物资储备局领导班子成员

夏春胜　　党组书记、局长

季俊秋　　党组成员、副局长

张生彬　　党组成员、副局长

陈一兵　　党组成员、副局长

董淑广　　党组成员、副局长

韩　峰　　党组成员、总工程师（2019年5月任职）

张国钧　　二级巡视员（2019年8月任职）

孙　燕　　二级巡视员（2019年8月任职）

（撰稿单位：江苏省粮食和物资储备局；撰稿人：甘正新；审稿人：韩峰）

2019 年 5 月 28 日，江苏省委常委、常务副省长樊金龙（前排左二）到淮安市检查夏粮收购和粮食库存大清查工作。

2019年6月17日，江苏省粮食和物资储备局局长夏春胜（左二）到徐州市检查督导政策性粮食库存数量质量大清查工作。

2019年7月31日，江苏省召开《江苏省粮食流通条例（草案）》立法协调会。

浙江省　基本情况

2019 年，浙江省地区生产总值（GDP）62352 亿元，比上年增长 6.8%。其中，第一产业增加值 2097 亿元，第二产业增加值 26567 亿元，第三产业增加值 33688 亿元，分别增长 2.0%、5.9% 和 7.8%，第三产业对 GDP 增长的贡献率为 58.9%。全年粮食播种面积 977 千公顷，比上年增长 0.2%；粮食总产量 592 万吨，下降 1.2%；油菜籽播种面积 117 千公顷，增长 11.3%；粮食收购量 178 万吨，增长 13.2%；粮油工业总产值 704 万元，增长 10.7%。全年分别收购小麦、早稻和晚稻 12 万吨、44 万吨和 122 万吨，从省外调入粮源 1936 万吨，在省外代储政府储备粮 51.66 万吨。全省共建立省级粮油行情直报监测点 140 个、市县粮油价格监测点 606 个，确定粮食应急加工企业 243 家，日应急加工能力 3.7 万吨；应急供应企业 2274 家、应急配送中心 94 家、应急运输企业 144 家，日供应能力 38 万吨。

2019 年工作

一　粮食安全责任制和政策性粮食库存大清查

一是全力抓好粮食安全责任制各项任务和措施的落实。浙江省连续第三年在国家考核中获得"优秀"。组织开展 2018 年度粮食安全市长责任制考核工作和 2018 年度粮食安全省长责任制自评总结工作。安排部署 2019 年度粮食安全责任制工作，组织做好省长与各市市长签署 2019 年度《粮食安全责任书》。牵头制定《2019 年度粮食安全市长责任制考核方案》《浙江省 2019 年度落实粮食安全省长责任制工作方案》等文件，明确任务、压实责任。加强粮食安全责任制落实情况督促检查，定期对各市年度目标任务进展情况进行汇总分析，督促各地抓好工作落实。二是扎实开展全省政策性粮食库存数量和质量大清查。浙江省委书记车俊、省长袁家军、省委副书记郑栅洁、副省长彭佳学分别对大清查工作作出批示。2019 年 2 月 27 日，彭佳学副省长主持召开全省大清查动员视频会议，对清查工作进行动员部署；5 月 14 日，赴省局直属粮油储备库视察指导大清查工作。大清查由浙江省粮食安全和推进农业现代化工作协调小组统一负责，浙江省粮食和物资储备局作为协调小组办公室承担大清查日常工作，并建立由浙江省粮食和物资储备局、发展和改革委员会、财政厅、农业农村厅、统计局、农业发展银行和中储粮浙江分公司 7 部门组成的大清查联络员工作机制。各市、县（市、区）

政府切实履行主体责任，相继建立由政府领导挂帅，相关部门参与的大清查协调机制，实现省市县三级全覆盖。大清查历时 6 个月，参与人员 619 人。检查结果表明，浙江省政策性粮食库存数量真实、质量良好、储存安全、管理规范，得到国家抽查组充分肯定。

二　粮食市场调控和应急保供

一是抓好粮食收购。会同省发展和改革委员会、财政厅、农业农村厅、农业发展银行等部门及时制定出台小麦、稻谷最低收购价政策，切实保护种粮农民积极性。2019 年生产的小麦、早籼稻、中晚籼稻和粳稻每 50 公斤最低收购价分别为 112 元、123 元、129 元和 133 元。其中早籼稻、中晚籼稻和粳稻每 50 公斤最低收购价均高于国家价 3 元。继续实施粮食订单奖励、粮食预购定金等各项扶持政策。在仙居县开展了"五送"为农服务活动，做好粮食收购政策解读，让种粮农民吃上"定心丸"。抓好三季粮食收购，粮食收购量、订单收购量以及晚稻收购量、晚稻订单收购量创十年来新高。组织开展 2017~2019 年度粮食收购工作先进单位评比。二是抓好产销衔接。会同吉林省粮食和物资储备局组织"2019 吉林大米浙江文化宣传月启动仪式""吉林粮食产销协作会议""浙江粮人吉林行"活动。筹备组织 2019 年浙江农博会粮食馆，以"鱼米之乡、浙里好粮"为主题展示"五优联动""产业经济发展"等工作成效。展会期间，浙江省委副书记、宁波市委书记郑栅洁，浙江省副省长彭佳学等省领导到展馆考察。组织全省 280 多名代表赴河南郑州参加第二届中国粮食交易大会。会上，浙江省与河南、江西两省签订省际粮食产销战略合作协议；浙江粮机企业成交额达 5000 多万元。组织参加第十四届长三角粮食和物资发展与合作会议、"2019·黑龙江十六届金秋粮食交易暨产业合作洽谈会"、嫩江大豆产销对接会、"苏米"推介会等活动，有力推动全省各地与主产区开展形式多样的粮食产销合作。2019 年，全省在黑龙江等 18 个主产省建立相对稳定的粮源基地 442 万亩，建立储加销基地 70 个，建立粮食加工线 45 条，年加工能力 275.46 万吨，累计投资 11.4 亿元。三是抓好应急保供。完善粮食应急网络，增强应急保障能力。建立健全粮食应急联动机制，通过铁路直达、公路直达、公水联运、铁水联运四种方式组织开展东北地区代储的省级储备粮应急运输（供应）演练。指导各地做好冻猪肉储备计划分解和任务落实，国庆期间，杭州、温州、湖州、绍兴、舟山、丽水 6 市投放活猪储备 3630 头（折合猪肉 302.5 吨）、冻猪肉储备 175.36 吨，对稳定猪肉市场起到积极作用。

三　"五优联动"工作和"放心粮油"示范创建活动

印发《关于推进我省"五优联动"试点工作的指导意见》，制定"五优联动"重点工作责任落实清单，指导推动 16 个试点县（单位）开展试点工作，落实"五优联动"试点工作奖补资金 670 万元。召开"五优联动"试点工作培训会；组织优质稻谷品种对接、评选等活动。制定印发《浙江省"粮食五优联动示范县"创建办法（试行）》。全省优质晚稻订单试点面积 11 万多亩，产量近 5 万吨，稻米品种结构得到优化，形成湖州市、省储备粮公司等为代表的订单收购模式，为下一步推广打下良好基础。联合浙江省财政厅、省市场监督管理局出台《关于深入推进全省"放心粮油"示范创建活动的实施意见》，全年共培育"放心粮油"加工企业 219 家、供应网点 950 家，基本实现"十三五"创建目标。

四   粮食仓储建设和质量监管

仓储设施建设方面，全省累计创建"星级粮库"136个，其中五星级1个、四星级20个、三星级57个。全省"绿色储粮"技术进一步推进，低温准低温储粮仓容达到256万吨，气调储粮仓容达到337万吨，应用横向通风技术仓容达到51万吨。12月5~6日，国家粮食和物资储备局在杭州召开全国仓储管理交流现场会，并参观省局直属粮油储备库。加强仓储基础设施建设，当年新开工建设仓储物流项目8个，建设仓容40万吨；当年竣工仓储物流项目5个，新建成高标准储备仓容44.8万吨。制定出台《浙江省国有粮食流通基础设施保护清单管理办法》，全省列入保护清单的粮库、批发市场等基础设施共777个。粮食质量监管方面，全面应用"互联网＋监管"，省、市、县三级全面应用行政执法监管平台和掌上执法"APP"，全年开展"双随机"抽查609家次，专项检查1022次。加强粮食质量监测，全年扦样检验库存大清查样品3147批次，收获粮食质量安全监测样品501批次，稻谷质量调查样品1714批次，晚稻品质测报样品536批次，"放心粮油"产品样品205批次，主要批发市场成品粮油样品137批次，较好完成收获粮食、库存粮食、重点粮油批发市场成品粮油等质量安全监测任务。

五   救灾物资和重要商品储备职能转隶

省、市、县三级救灾物资、猪肉、食糖、棉花重要商品储备和管理职能由民政、商务、供销等部门转隶粮食物资部门，并完成救灾物资接收。浙江省政府发布实施《浙江省救灾物资储备管理办法》。浙江省粮食和物资储备局、省应急管理厅印发《关于建立救灾物资储备使用管理联动机制的通知》，初步建立统一指挥、部门协同、上下联动的保障机制。2019年8月，第9号超强台风"利奇马"正面袭浙，全省粮食和物资储备部门出动1594人次，动用汽车380余车次，先后向台州、温州、舟山、绍兴和杭州等灾区调拨价值约3000万元的省级救灾物资，包括应急生活包、毛巾被、帐篷、折叠床、发电机和冲锋舟等10多个品种9.71万件，市县级调用3.97万件，有力保障了灾区群众的基本生活和社会稳定。

浙江省粮食和物资储备局领导班子成员

周维亮   党组书记、局长

潘建漳   党组副书记、副局长（2019年8月任职）

鲍伟民   党组成员、副局长、一级巡视员（2019年6月兼任一级巡视员）

李益敏   党组成员、副局长

李武杰   党组成员、副局长（2019年10月任职）

叶晓云   党组成员、总工程师

韩鹤忠   一级巡视员（2019年6月任职）

潘园根   二级巡视员

何 震   二级巡视员

张如祖   二级巡视员（2019年4月任职）

（撰稿单位：浙江省粮食和物资储备局；撰稿人：陆海萍；审稿人：周维亮）

2019 年 11 月 25 日，浙江省委副书记、宁波市委书记郑栅洁（前排左二）考察浙江农博会粮食馆。

2019 年 5 月 14 日，浙江省副省长彭佳学（右三）赴浙江省粮食和物资储备局直属粮油储备库视察政策性粮食库存大清查工作。

2019 年 6 月 5 日，浙江省粮食和物资储备局党组书记、局长周维亮（前排左二）在兰溪市调研"五优联动"工作。

安徽省　　基本情况

　　安徽省地处长江、淮河中下游，长江三角洲腹地，全省南北长约 570 千米，东西宽约 450 千米。总面积 14.01 万平方千米，约占中国国土面积的 1.45%。2019 年末全省户籍人口 7119.4 万，常住人口 6365.9 万。2019 年全年生产总值 37114 亿元，居全国第 11 位；比上年增长 7.5%，居全国第 7 位。2019 年，安徽粮食总产量 4054 万吨。基本完成粮食生产功能区划定，优质专用粮面积 1455 万亩，粮油等农产品加工业产值增长 7.6%。全省全社会收购粮食 2684 万吨，其中最低收购价粮食 855 万吨（小麦 514 万吨、稻谷 341 万吨）。全年粮油加工业产值 2629 亿元，继续保持稳定态势。全省共有粮食和物资储备行业机构总数为 2931 个，其中，全省粮食和物资储备行政机关 85 个、事业单位 46 个、粮食企业 2800 个。

2019 年工作

一　牢记职责使命，粮食安全责任制全面落实

　　一是部署推动有力。安徽省委、省政府主要领导多次调研指导粮食和储备工作，亲自审定签发安徽省粮食安全省长责任制落实情况自评报告。安徽省委、省政府将粮食安全责任制考核纳入重点工作调度，分管省领导多次专题研究推进粮食工作。安徽省政府与国家粮食和物资储备局签订战略合作协议，大力推进安徽粮食和储备工作高质量发展。二是"国考"成绩优秀。安徽省粮食安全领导小组成员单位主动履职担责，全省粮食和储备部门积极发挥牵头抓总职责，在全国粮食安全省长责任制考核和实地抽查中安徽表现优异，继续名列全国"优秀"等次前茅。在全国粮食和物资储备工作会议上，安徽《发挥考核指挥棒作用推深做实粮食安全省长责任制》大会典型交流发言得到好评。三是"省考"引导精准。印发落实省对市粮食安全省长责任制考核细则，突出考核重点，优化考核指标。引导各地更加重视粮食和储备工作，蚌埠市政府主要负责同志任粮食安全领导小组组长，六安、滁州、黄山等市主要负责同志专题调研粮食和储备工作，全省正逐步形成"一把手主抓、一盘棋谋划、一体化推进、一竿子到底、一把尺衡量"工作格局。四是立法进程加快。制定《安徽省粮食安全保障条例》立法工作具体方案和时间表，吸收局法律顾问等法律专业人才参与起草调研论证。持续跟进《中华人民共和国粮食安全保障法》立法原则和核心要义，多层次开展立法调研。

2019 年，安徽省人大将粮食安全保障条例列入地方立法计划。

二　加强精准调控，保供稳价促农增收有力有效

一是粮食收购稳步推进。合理部署 1494 个最低价收购库点，充分准备 1022 万吨收购仓容（小麦 585 万吨、早籼稻 11 万吨、中晚稻 426 万吨），分别于 6 月 5 日、8 月 15 日、10 月 22 日启动小麦、早籼稻、中晚稻最低收购价执行预案，千方百计组织收储。召开政银企对接座谈会，落实政策性收购贷款 280 亿元、市场化贷款 16 亿元，57 户加工和贸易企业与农发行签订市场化收购信用保证金协议。引导各地将部分稻谷补贴资金用于扶持市场化收购企业，不断促进市场化购销。2019 年，夏粮、秋粮收购促进农民增收近 20 亿元。二是"去库存"效果明显。加快地方储备轮出销售，全年完成 37.75 万吨省级储备粮油轮换。妥善处置国家划转粮食。开展"优粮优储"轮换试点，努力促进储备结构品种优化。合肥、宿州、马鞍山、池州等地积极与沿海地区签订市级储备粮异地代储业务，切实做活粮食内购外销。合肥国家粮食交易中心全年举办政策性粮油竞价交易会 385 场次，成交粮油 470 万吨，成交额 89 亿元。三是产销对接效应放大。会同中国粮油协会在合肥成功举办第十七届中国国际粮油粮机展，参与承办中国安徽名优农产品暨农业产业化（上海）交易会、合肥交易会，组织参加中国粮食交易大会、福洽会，皖粮外销渠道持续拓展，全年皖粮展示展销近 300 万吨。

三　抓项目强品牌，产业转型升级步伐加快

一是产业布局不断优化。安徽省政府研究制定《加快推进粮食产业高质量发展行动计划》，粮食产业发展目标及任务更加清晰。壮大稻谷小麦加工等传统产业集群，注重培育沿淮沿江糯米、皖北大豆制品、皖中杂粮和主食等产业集群。引导蚌埠市培育生物基新材料产业，引导芜湖市将"两项工程"网点建设、"好粮油行动计划"示范创建纳入奖补范畴。二是品牌培育力度加大。积极引导安徽粮油品牌创建，全力打造全省粮油公共品牌和"安庆大米""芜湖大米""皖北大豆"等区域品牌，安徽粮油品牌影响力和市场占有率不断提升。2019 年新增 4 个"中国好粮油"示范县、5 个"中国好粮油"省级示范企业。三是龙头企业持续增强。全省新增粮油类农业产业化国家重点龙头企业 9 家，有 16 家企业分别入选全国大米、面粉、食用油加工企业"50 强"，18 家企业分别入选全国棉籽油、稻米油等 7 类加工企业"10 强"。四是国有粮企改革加快。加强国有粮食购销企业改革调研指导，企业土地变性确权进度加快，阜阳市、金寨县、舒城县等地实现"一县一企，一企多点"改革目标。2019 年全省国有粮食购销企业统算盈利 3.25 亿元，位居全国第五位、中部地区第一位，其中滁州、淮北、宿州、阜阳、合肥市盈利超 2000 万元。五是"优质粮食工程"成效明显。完善"优质粮食工程"三年实施方案，出台项目和资金管理办法，争取中央和安徽省财政项目资金 5.2 亿元，137 个产后服务项目、26 个质检项目全部建成，遴选确定 4 个"中国好粮油"行动计划示范县、5 个省级示范企业。全省优质粮油同比增加 296 万吨，带动 130 万农户增收近 6.6 亿元。注重粮食和物资储备中长期规划研究，扎实做好重大项目储备和建设，梳理重大项目 69 个，总投资 122 亿元。宿州市新建仓容 27 万吨；滁州市安排 6000 万元专项资金，建成日烘干粮食能力 1 万吨，确保每个乡镇有 1 个粮食烘干站点。全椒县产后服务项目被选为全国粮食产后服务体系建设现场会观摩点。

| 四 | 聚力提升管理，粮食和物资安全基础持续巩固 |

一是"智慧皖粮"建设成就显著。深入推进"智慧皖粮"应用。2252 个托市收储库点和规划保留的 1061 个地方国有粮库全部实现"粮""仓"数据信息化、业务智能化，做到"远程能看到，库存全知道"。国家粮食和物资储备局将"智慧皖粮"作为 2019 年 APEC 会议主旨发言的典型案例，并在安徽召开全国粮食和物资储备信息化建设现场经验交流会。二是"两个安全"紧抓不懈。严格落实安全储粮和安全生产责任制，强化督导检查和隐患整改，指导各地开展形式多样的宣传教育和培训。专项开展"星级粮库"创建，仓储规范化管理在国家粮食和物资储备仓储管理交流现场会上做经验介绍，全省粮食行业安全储粮、安全生产零事故。推广科学储粮"四合一"新技术，绿色生态储粮达 60%。三是科技创新提速加力。引导企业加大科技创新力度，燕庄油脂荣获"国家粮食产业（芝麻加工）技术创新中心"称号，全国首家粮食烘干院士工作站落户辰宇机械，王仁和米线、俣俣米业、五粮泰等企业获评省级科技进步二等奖，鑫泉米业获全国粮油协会科技三等奖。

| 五 | 坚持问题导向，政策性粮食库存"大清查"任务圆满完成 |

一是工作谋划站位高。认真贯彻落实党中央、国务院领导的重要指示批示精神、韩正副总理动员讲话精神和省政府领导批示、动员讲话精神，切实履行大清查牵头责任，根据国务院部署和国家实施方案要求，因地制宜制定全省大清查实施方案。二是任务推进标准严。精准对照省实施方案，聚焦清查目标，紧扣时间步骤，坚持问题导向，引导宿州、阜阳、淮南、马鞍山等市不断创新清查举措，全省按期完成 2634 个库点、3500 万吨库存粮食的数量和质量清查任务，清查结果显示全省政策性粮食库存数量真实、质量良好、储存安全、管理基本规范。三是"专项"融合紧。将大清查与扫黑除恶专项斗争有机结合，深入梳理是否存在黑恶势力垄断粮食购销市场、干扰政策性粮食出库等情况，放大清查效果。大清查发现问题全部整改到位，有效化解各类风险隐患，得到国家大清查督导巡查工作组和国家部门联合抽查组充分肯定。

| 六 | 注重谋划长远，物资储备体系不断完善 |

一是职能转变平稳过渡。积极担当物资储备职能，按照"摸情况、理思路、抓重点、打基础"要求，及时划转承接物资储备管理职责。安徽省级生活类应急救灾物资、食糖、棉花及石油和天然气储备管理职能已分别从省应急管理厅、省商务厅、省发改委和省能源局划转。二是规章制度逐步完善。规范研究制定生活类应急救灾储备物资保障预案、计划调用管理暂行办法，修订完善省级储备糖管理办法和储存资质条件，应急救灾物资储备的组织体系、工作职责、响应机制、响应程序和保障措施全面健全完善。三是物资存储及时有效。启动省级储备糖承储企业资格认定，落实省级食糖储备资金。引导各地粮食和物资储备管理部门及时承接物资储备职责，宣城、安庆市及时完成物资储备交接和人员转隶工作，亳州、铜陵市积极承担冻猪肉临储任务，有效保障应急救灾物资收得进、管得好、调得动、用得上。

七　深化治理体系建设，依法行政依法监管更加高效

一是减证降税成效显著。按照相关要求，依法完成权责清单动态调整，精简规范政务服务和公共服务清单，确保权责法定和减证便民。积极落实国家免税政策，全省 658 家承担政策性粮食和物资储备企业降低税收成本超 1.5 亿元。二是政务公开执行有力。深化"互联网＋政务服务"，及时解读相关政策，主动公开各类政务信息，保障权力阳光运行。及时回应群众诉求，有效维护公众合法诉求。严格依法预算和审计，有效提升财政支出绩效。及时公开"三公"经费预算和部门预算，接受群众监督。三是执法监督严格规范。落实行政执法"三项制度"，加大"双随机一公开"监督检查，全年累计抽查企业 668 家，出动执法人员 967 人（次），黄山市还专门邀请 20 多位政协委员视察督导粮食收购工作，全系统执法公信力和规范化水平大幅提升。

八　全面推进党建和人才工作，行业发展生态持续优化

一是党建工作扎实推进。安徽粮食和储备系统扎实推进"不忘初心、牢记使命"主题教育，强化理论武装，锤炼忠诚品格，激发担当精神，增强宗旨意识，深化正风肃纪，为改革发展注入了强大动力。举办庆祝中华人民共和国成立 70 周年文艺演出、演讲比赛、知识竞赛、书画展等系列活动，深入学习宣传张富清、尚金锁等全国行业典型先进事迹，讲好安徽粮食和储备故事，传播正能量，提振精气神。二是廉政建设落实有力。深入落实中央"八项规定"精神和安徽省委实施细则，扎实开展"三个以案"警示教育、"三查三问"专项行动、扫黑除恶专项斗争、"严强转"集中整治专项行动，强化执纪监督问责，作风效能持续优化。接受安徽省委第一巡视组的政治巡视，坚持边巡边改、立行立改，使命感、责任感进一步增强。三是人才兴粮兴储支撑强劲。成功举办第五届全省行业职业技能竞赛，146 名选手荣获省、市"五一劳动奖章""技术能手"或"金牌职工"等荣誉（其中，获省"五一劳动奖章"2 名、省"技术能手"4 名）。组队参加国家行业职业技能竞赛，夺得团体三等奖、优秀组织奖，优秀个人获奖达 10 人次。职业技能鉴定突破 1200 人，1 人获全国技术能手，4 人获全国粮食行业技能拔尖人才，创办全国拔尖人才工作室 2 个，4 人获第十二届安徽省技能大奖，创历年之最。举办 2 期援藏业务培训班。深入开展干部交流锻炼。局属两所粮食院校招生规模、就业质量进一步优化。

安徽省粮食和物资储备局领导班子成员

万士其　省发展和改革委员会党组成员、副主任，省粮食和物资储备局党组书记、局长
马三九　省发展和改革委员会党组成员，省粮食和物资储备局党组成员、副局长
许维彬　省发展和改革委员会党组成员，省粮食和物资储备局党组成员、副局长

（撰稿单位：安徽省粮食和物资储备局；撰稿人：胡水舟；审稿人：吴龙剑）

2019 年 10 月 31 日，安徽省委常委、常务副省长邓向阳（前排右二）赴蚌埠市调研粮食安全工作，安徽省粮食和物资储备局党组书记、局长万士其（二排左一）等陪同调研。

2019年4月9日，安徽省粮食和物资储备局党组书记、局长万士其（右三），党组成员、副局长马三九（左二），许维彬（右一）一行赴安徽荃银高科种业股份有限公司考察调研。

2019年12月19日，安徽名优农产品暨农业项目推介签约活动在上海举行，安徽省粮食和物资储备局党组书记、局长万士其做粮油精品项目和产品推介。

福建省　基本情况

　　福建省地处东南沿海，全省海域面积 13.6 万平方千米，陆地面积 12.14 万平方千米，山海资源丰富，森林覆盖率 66.8%，山地、丘陵占全省陆地总面积的 80% 以上，素有"八山一水一分田"之称。2019 年末常住人口 3973 万人、同比增加 32 万人，实现地区生产总值 4.24 万亿元，增长 7.6%；一般公共预算总收入 5147 亿元、增长 2%。福建省是粮食主销区，2019 年粮食种植面积 82.24 万公顷，其中稻谷面积 59.95 万公顷，比上年减少 2.01 万公顷；粮食产量 493.9 万吨，减少 4.7 万吨。其中，稻谷 388.79 万吨，减少 9.52 万吨。全省纳入粮油加工企业统计报表的企业 373 个，年加工能力 1412.05 万吨，工业总产值 800.81 亿元，利润总额 79.13 亿元。福建是我国台风、泥石流、洪涝等各种自然灾害的高发频发地区，应急救灾物资供应保障任务艰巨。全省建立粮食应急网点 1476 家，粮食应急加工企业 152 家，应急配送中心 87 家，应急储运企业 83 家，形成覆盖全省 1109 个乡镇的应急供应网络。省、市、县三级建立了救灾物资储备库 74 个，储备各类救灾物资 100 多万件（套）。

2019 年工作

一　强化责任考核，粮食安全保障合力不断增强

　　一是认真落实牵头责任。强化对上沟通、横向协调和对下指导，多次组织召开考核办会议，及时跟踪各项考核任务的进展情况，查摆可能存在的问题，有针对性地补缺补漏，不断补齐粮食安全短板，推动粮食安全省长责任制考核各项工作落到实处。二是圆满完成 2018 年度考核。在国家粮食安全省长责任制考核中，福建位居"优秀"等次前列，获得国家通报表扬。福建省政府对设区市考核也顺利完成，经福建省政府常务会议研究，福州、漳州、三明、龙岩四地市获得"优秀"等次，南平、宁德、厦门获得"较好"等次，莆田、泉州、平潭获得"一般"等次。三是有序推进 2019 年度考核。在全面总结往年考核的基础上，倒排时间表，提前开展预评预估，及时查漏补缺，稳步落实 2019 年度国家考核各项指标任务。考核工作组成员单位加强对各设区市的督促指导，强化过程管理，确保关键节点任务完成。

二　加强宏观调控，粮食保供稳市水平不断增强

一是收购政策有效落实。继续实施籼稻最低收购价和储备订单粮食收购直接补贴政策，各地积极协调落实粮食收购资金，引导多元市场主体入市收购，强化粮食收购市场监督检查。全年收购粮食41.1万吨，顺利完成省市县三级储备订单粮食收购计划30.04万吨，直接补贴农民7210万元，有效地保护了农民种粮积极性。二是产销合作持续深化。成功举办第十五届福建粮洽会，签订各类粮食购销合同275份，数量635万吨。国家粮食和物资储备局张务锋局长、曾丽瑛副局长出席会议并给予高度肯定。积极组织参加第二届中国粮食交易大会和兄弟省份粮洽会，引导省内外粮食企业积极开展产销对接。三是应急供应不断完善。安排专项资金2000万元，支持大米加工能力不足的长汀、连城、屏南等县建设大米加工厂，支持25家骨干粮食应急加工企业技改。修订完善粮食应急预案，开展粮食应急培训演练，提高粮食应急保障和市场监测预警能力。

三　完善管理机制，粮食储备管理水平不断增强

一是储备管理不断规范。各地坚持制度管粮和技术管粮相结合，严格执行储备粮油管理规定，推广应用储粮新技术，储粮技术水平大幅度提升。改革省级动态储备粮管理机制，将10万吨原粮动态储备转为静态储备，全部采购入库到位，全面理顺省级储备粮粮权问题。二是粮库建设加快推进。各地按照建设与本级储备粮规模相匹配储备仓容的目标要求，持续推进储备粮库建设，全省粮食收储能力进一步提升。新一轮粮库建设64个项目254万吨仓容全部建成；投资1.4亿元开展粮库智能化升级改造，完成省级粮食管理平台建设和15个省级粮库、45个市县粮库智能化升级改造。

四　理顺体制机制，救灾物资储备管理不断增强

一是物资监管职能有序移交。认真理顺新转隶的救灾物资储备管理职能，积极探索管理新机制和新模式，确保工作平稳过渡、高效运转。开展全省物资储备管理、库存物资情况调研。二是物资储备管理严格规范。严格落实《福建省救灾物资储备管理办法》，坚持分级储存、分级管理、无偿使用原则，落实专人专管、分类存放、定期盘点、入库检验等制度，充分运用信息化手段，强化库存物资动态智能监管。三是救灾物资调拨安全高效。会同省应急管理厅制定出台《福建省救灾物资调运暂行办法》，修订完善"救灾物资调运流程图"，先后3次向南平、三明、龙岩、宁德、泉州、莆田6地市27县（区）调运救灾物资21种10.34万件，有效提高了救灾物资调运效率。配合省应急管理厅确定2019年度救灾物资采购品种、数量和技术指标，并顺利完成4.17万件物资采购任务。

五　立足依法管粮，粮食流通监管力度不断增强

一是粮食安全规章不断完善。以省政府令形式颁布《福建省粮食安全保障办法》，进一步强化各级政府保障粮食安全的责任，为依法管粮提供坚强有力的法治保障。根据新"三定"方案赋予的职责，

依法明确省粮食和物资储备局权责事项 61 项，强化权责清单对权力运行的制约作用。二是库存大清查顺利完成。顺利完成全省政策性粮食库存数量和质量大清查，全面摸清查实了粮食库存"家底"，建立了分区域、分性质、分品种、分库点、分货位的全省政策性粮食库存数量和质量数据库。并以问题整改为契机，进一步提升全省粮食储备管理水平。三是粮食质量监管切实加强。制定出台《粮食收购（入库）销售出库必检项目》。下达补助资金 480 万元，为全省各粮食收购点配备重金属快速检测设备 120 台，严把粮食收购入库质量关。开展质量抽查 9067 批次，合格率达 97.3%。库存粮食质量大清查抽检 263 家储备粮承储企业 2053 份样品，质量指标达标率达 94.3%，食品安全指标合格率达 96.7%。

六 加大扶持力度，粮食产业发展水平不断提高

一是深入实施优质粮食工程。"中国好粮油"示范县及示范企业、粮食产后服务体系和粮食质量安全检验监测体系建设，累计完成投资 2.98 亿元。大力推动优粮优产、优粮优购、优粮优储、优粮优加、优粮优销"五优联动"，取得良好经济效益和社会效益。二是大力发展粮食产业经济。制定出台《关于加快建设现代化粮食产业体系提高粮食安全保障能力的实施意见》。各地积极培育壮大粮食产业骨干龙头企业，大力实施品牌发展战略。全省 29 家粮油加工企业被评为"农业产业化省级重点龙头企业"。

七 全面从严治党，全省系统党建水平不断提高

把"不忘初心、牢记使命"主题教育作为一项重要政治任务，组织"六个专题"学习研讨，深刻检视问题，查摆不足，逐条逐项抓整改，持续激发全系统党员干部践行初心使命的热情。深入学习贯彻国家粮食和物资储备局党组"两决定一意见"，承办两场国家粮食和物资储备局主题演讲比赛，充分展示新时代粮食和物资储备系统良好形象，提高社会认知度和影响力。以刮骨疗伤的勇气和抓铁有痕的劲头全面抓好十届省委第五轮巡视和专项巡视反馈意见的整改落实，形成长效机制，达到标本兼治。强化作风建设和监督执纪问责，系统政风、行风持续优化。联合多部门开展爱粮节粮和世界粮食日宣传等系列活动，漳州岱山国家粮食储备库获评全国粮食安全宣传教育基地，对 11 家省级粮食安全宣传教育基地进行授牌。

福建省粮食和物资储备局领导班子成员

孙建平　省发展和改革委员会党组成员，省粮食和物资储备局党组书记
赖应辉　局长、一级巡视员
蔡立雄　党组成员、副局长（2019 年 11 月任职）
廖志松　党组成员、副局长（2019 年 11 月任职）

（撰稿单位：福建省粮食和物资储备局；撰稿人：陈昌炳；审稿人：孙建平、赖应辉）

2019年6月17日，国家发展和改革委员会党组成员，国家粮食和物资储备局党组书记、局长张务锋（前排左四），党组成员、副局长曾丽瑛（前排右四），赴福建省粮食和物资储备局看望干部职工，听取工作汇报并合影留念。

2019年6月18日，第十五届粮食产销福建洽谈会在福州顺利举办，国家发展和改革委员会党组成员，国家粮食和物资储备局党组书记、局长张务锋出席并致辞。

2019年10月18日，福建省举办世界粮食日暨粮食安全宣传周主会场活动，福建省发展和改革委员会党组成员、省粮食和物资储备局党组书记孙建平（前排右二）带领与会人员参观漳州市粮食教育基地。

江西省

基本情况

　　江西简称"赣"，位于中国东南部，在长江中下游南岸，以山地、丘陵为主，地处中亚热带，季风气候显著，四季变化分明。境内水热条件差异较大，多年平均气温自北向南依次增高，南北温差约 3℃。全省面积 16.69 万平方千米，总人口 4647 余万，辖 11 个设区市、100 个县（市、区）。2019 年，江西生产总值 24757.5 亿元，比上年增长 8.0%，财政总收入增长 5.4%，一般公共预算收入增长 4.8%，规模以上工业增加值增长 8.5%，主要经济指标增速继续位居全国前列。2019 年，江西粮食播种面积为 3665.1 千公顷，较上年减少 56.2 千公顷，下降 1.5%，粮食总产量 2157.5 万吨，减少 33.2 万吨，下降 1.5%。全年共收购稻谷 1055 万吨，其中市场化收购稻谷 926 万吨，国家最低价收购稻谷 129 万吨；销往省外稻谷 490 万吨；年底稻谷库存总量 1510 万吨，其中中央政策性库存粮 1195 万吨。

2019 年工作

一　粮食安全责任制考核扎实开展

　　以江西省委、省政府将粮食安全保障纳入对市、县（区）高质量发展考核评价体系为契机，对标国家要求，优化指标体系，科学制定方案，创新考核机制，促进全省粮食安全的责任体系不断健全完善，切实把"确保江西粮食主产区地位不动摇、确保对国家粮食安全的贡献不减少、确保考核结果保持在第一方阵不掉队"目标要求落到实处。认真总结粮食安全省长责任制落实和考核工作经验，全面梳理存在的差距和不足，坚持集中考核和日常督查相结合，发挥考核工作"指挥棒"作用，坚持"当下改"和"长久立"相结合，补短板、强弱项，将问题的整改转化为增强粮食安全保障能力的实效。履行好粮食安全省长责任制工作牵头部门职责，积极争取各级党委政府支持，主动加强与相关部门沟通，进一步明确各部门工作责任和任务，努力构建责任更加明确、协调更加顺畅的工作机制，推动粮食安全省长责任制全面落实，确保了迎接国家考核和对设区市考核顺利推进。

二　粮食收储机制不断优化

积极向农民推介市场畅销价好稻谷品种，引导种植结构向市场需求靠拢。加强政策宣传，积极释放国家政策导向信号。经江西省政府同意，江西省发展和改革委员会、江西省粮食和储备局等6部门联合印发做好粮食收购工作的通知，江西省政府召开了全省粮食收购工作电视电话会议，认真落实国家粮食收储政策。加强统筹协调，及时启动托市收购，守住农民种粮"卖得出"底线，市场化收购占比90%，市场化收购新格局加快形成。创新服务举措，建立粮食收购贷款信用保证基金，为企业市场化收购提供融资服务，充分利用"互联网＋"技术，开发"赣粮通"粮食收购微信小程序，农民卖粮进入"指尖"时代。地方粮油储备计划全面落实，加强轮换管理，全年完成地方储备粮轮换计划97.4%。修订《江西省省级动态储备粮监管实施细则》，进一步规范省级动态储备粮的管理，并根据承储企业管理情况，对18家承储企业进行了调整，地方储备粮油管理更加优化。认真贯彻落实中央粮食储备制度改革精神，起草贯彻实施意见，逐条明确工作措施，推动粮食储备制度改革工作落实落细。

三　粮食产销合作持续深化

组织省内粮食企业参加第二届中国粮食交易大会、第十五届粮食产销协作福建洽谈会、黑龙江第十六届金秋粮食交易暨产业合作洽谈会。在省内举办赣浙闽粤四省早籼稻产销对接、中国网上粮食市场早稻交易会等产销对接活动，合作规模不断扩大，影响力不断提升。创新谋划"江西好粮油赣粮行天下"系列活动，2019年江西省粮油精品推介会在贵州省贵阳市成功举办，赣黔两省50余家企业参加对接，《赣黔两省粮食产销合作框架协议》落地。先后与河南、浙江两省签订粮食产销战略合作协议，与上海良友集团公司签订粮食产销战略合作协议，进一步巩固与兄弟省的产销合作关系，有力推动销区省加大对江西的购粮力度。2019年举办和参加粮食产销对接活动13次，达成粮食购销协议600万吨，比上年增加200万吨，创历年新高。

四　粮食产业经济加快发展

积极推进粮食行业供给侧结构性改革，推动粮食产业创新发展、转型升级和提质增效，全省粮食产业发展实现产值980亿元，增长近10%，接近千亿目标。深入推进"优质粮食工程"，完善粮食产后服务中心、粮食质检体系、"好粮油"示范行动三个子项建设方案，及时下拨2.6亿元中央财政项目资金，项目建设进度加快，全省已建成粮食产后服务中心186个，改造提升粮食质检机构48个，优质粮食产量同比增加85万吨，示范引领作用逐步显现。加大品牌宣传推广力度，制作"江西好粮油"宣传片，在央视新闻频道和多省市智能电视开机广告平台等主流媒体插播视频广告，扩大江西粮油的品牌宣传效力。重点以上海地区为目标市场，着重开展"江西好茶油"产品、品牌营销和推广。培育打造"鄱阳湖大米""井冈山"牌稻米等区域品牌，富有江西特色的粮油产品加快发展。

五　粮食流通基础更加坚实

全省协调落实粮食流通项目资金 8.54 亿元，同比增长 36%。建立了项目实施主体责任制和监管责任制，有效保障项目建设顺利推进。积极推进智能粮库升级改造，库点的建设需求现场实际勘察调研全面完成，各库点的建设资金全部分解下达，完成预算和建设内容的编制和投资可行性评审，项目招投标工作有序开展。积极推进粮食安全保障调控和应急设施专项建设，组织对 2018 年专项进行督导，开工率达 100%，分解下达了 2019 年专项中央预算内 1.18 亿元投资计划。做好"十四五"规划全省粮食和物资领域重大项目情况需求摸底及储备工作，完成 2020 年重点项目建设推荐工作。

六　粮食流通监管有效提升

根据国家统一部署，有力有效开展政策性粮食库存数量和质量大清查工作。省委、省政府高度重视，江西省委书记刘奇、江西省长易炼红多次作出批示、开展实地调研，要求坚决扛起政治责任，摸清粮食家底，全力守住管好"天下粮仓"。省政府专门召开会议，对大清查工作进行动员部署、推进落实。全省先后投入专业人员 12100 余人次，落实专项经费 1945 万元，对纳入自查范围的 1426.5 万吨政策性粮食、12451 个货位，纳入普查范围的 985 个承储库点、8135 个货位，全部做到应查尽查、查严查实、不缺不漏，向国家交了一本江西的"明白账"，得到国家粮食和物资储备局的充分肯定。深化成果运用，严格抓好问题整改，清查发现问题 1269 个，已完成整改 1267 个，完善政策制度 10 余项，粮食流通监管水平得到提升。

七　物资储备职能平稳交接

积极主动做好省级救灾物资储备和管理职能及省级救灾库移交工作，多次与省民政厅、应急管理厅就移交工作进行沟通，就省级救灾物资储备工作协调、采购计划、储备规划、调拨和下一步协同等事项达成共识。认真做好省级救灾物资储备库项目建设交接工作，省级救灾物资储备库建设项目已完成工程量的 75%，其中建筑主体已完工，完成设备招标采购，预计 2020 年 6 月正式投入使用。积极做好救灾物资采购、发放和管理工作，委托第三方代理机构完成救灾物资招标采购，积极协调配合应急厅做好省级救灾物资的调运发放工作。全年采购救灾物资 600 万元，发放救灾物资 6.9 万件，保障受灾群众尽快恢复生产生活。

八　干部队伍建设全面加强

全系统扎实开展"不忘初心、牢记使命"主题教育，有关做法得到省主题教育办充分肯定。深入学习贯彻国家粮食和物资储备局党组"两决定一意见"，动员全系统全面参与学习研讨、知识竞赛、演讲比赛和培树典型等各项活动，推动"两决定一意见"的内涵要求深入人心，深入落实。在全系统深入开展"提高政治站位、提高综合素质、提高业务能力"干部队伍"三个提高"教育培训活动。

全年共开展各类培训27场次，累计培训1万余人。与清华大学联合举办全系统行政管理人员能力提升培训班；在全国粮食行业（南京）培训基地举办了全系统安全生产管理高级研修班；联合江西省发展和改革委员会、省人力资源和社会保障厅、省总工会、共青团江西省委员会、省妇女联合会、省国有资产监督等7家单位成功举办全省第五届粮食行业职业技能竞赛，竞赛首次冠名江西省"振兴杯"，选拔10位优秀选手组队参加全国决赛并取得较好成绩。

江西省粮食和物资储备局领导班子成员

喻志勇　省发展和改革委员会党组成员，省粮食和物资储备局党组书记、局长

刘福元　党组成员、副局长

廖小平　党组成员、副局长

（撰稿单位：江西省粮食和物资储备局；撰稿人：陈志伟；审稿人：刘福元）

2019年5月，国家发展和改革委员会党组成员，国家粮食和物资储备局党组书记、局长张务锋（左四）在江西省督导调研政策性粮食库存大清查工作。

2019 年 8 月 19 日，江西省政府召开粮食收购工作电视电话会议，时任常务副省长毛伟明（主席台中）出席会议并讲话。

2019 年 10 月 23 日，江西省粮油精品推介会在贵州省贵阳市举行，江西省粮食和物资储备局局长喻志勇（右四）参加活动。

山东省　　基本情况

2019 年，山东省经济运行稳中有进，实现生产总值 71067.5 亿元，比上年增长 5.5%；人均生产总值 70653 元，增长 5.2%。就业形势总体稳定，城镇新增就业 138.3 万人，增长 1.1%；城镇登记失业率 3.29%，降低 0.06 个百分点。物价保持温和上涨，居民消费价格上涨 3.2%。常住人口平稳增长，2019 年末达到 10070.21 万人，城镇化率 61.51%，提高 0.33 个百分点。2019 年，全省粮食播种面积 8312.8 千公顷，减少 1.1%，其中小麦播种面积 4002 千公顷，减少 1.4%，玉米播种面积 3846 千公顷，减少 2.2%。全年粮食总产 5357 万吨，增加 0.7%，其中小麦 2553 万吨、玉米 2537 万吨、稻谷 101 万吨、大豆 52 万吨。2019 年，全省各类粮食企业收购粮食 9396 万吨，增加 819 万吨，增幅 0.95%。从生产者购进粮食 3965 万吨，其中小麦 2061 万吨、玉米 1799 万吨。全省各类粮食企业销售粮食 5792 万吨，增加 60 万吨，增幅 1%，其中小麦 3004 万吨、玉米 959 万吨、大豆（豆粕）1674 万吨。年末，全省社会商品粮食库存 660 万吨，增加 45 万吨，增幅 7.3%，其中小麦 290 万吨、玉米 217 万吨。2019 年，粮食产业经济工业总产值达到 4212 亿元，玉米、饲料加工能力居全国第一位，大型粮油产业园区 13 家，营业收入突破 1000 亿元。

2019 年工作

一　粮食安全基础更加稳固

超额完成国家下达地方储备粮油计划。全力抓好夏粮收购工作，省委副书记、省长龚正专门作出批示，山东省委常委、常务副省长王书坚主持召开夏粮收购会议并赴泰安专题调研指导。通过召开新闻发布会、建立联席会议制度、下派工作组等，指导督促工作落实。全年从生产者购进粮食 3965 万吨，超额完成山东省政府"工作落实年"任务目标。认真执行最低收购价政策，在 10 市启动最低收购价执行预案，收购小麦 206 万吨，是近年来启动范围、收购数量较多的一年，有效地保护了种粮农民利益。印发《山东省粮食流通行业生产安全事故应急总预案》，举办应急演练和安全储粮、安全生产培训班，提高应急处置能力。加强春秋季粮油安全检查，认真开展隐患排查整治、迎接中华人民共和国成立 70 周年安全生产专项整治行动等，全省安全生产安全储粮形势总体稳定。

二   物资储备职能充分发挥

根据省级救灾物资调拨工作会商纪要，制定救灾物资储备库管理办法，畅通"1+6"（省级中心库和6个代储库）应急保障渠道。"利奇马"台风期间，及时启动应急预案，主动争取国家有关部门支持中央救灾物资2批，通过及时调拨、应急采购向东营、潍坊、日照、临沂、滨州5市灾区调运救灾物资共11批76000余件、总价值1700余万元，保障受灾群众生活应急需求。会同山东省应急管理厅、省财政厅通过紧急"绿色通道"，采购一批棉被、棉大衣等物资，保障灾区群众温暖过冬。

三   政策性粮食库存大清查圆满完成

一是清查准备"早"。及时以山东省政府办公厅名义印发《关于开展全省政策性粮食库存数量和质量大清查的通知》，成立由山东省委常委、常务副省长王书坚任组长的大清查协调小组。吃透政策精神，细化形成3个专项方案，举办全省大清查业务培训班。二是数据登统"准"。两次召开库存数据登统审核会议，多方验证、严格把关，做到了库存数据零差错、无失误。三是检查责任"清"。压实企业自查"第一责任"、清查办督导责任、市级普查责任，形成工作联动机制。四是问题整改"实"。全面建立整改台账，通过召开视频会议、组织省级抽查等措施，压实中央、省、市、县四级粮权整改责任，确保整改成效。

四   粮食产业经济继续领跑全国

推广滨州中裕、香驰等一批循环经济全产业链典型经验，涌现出金胜、天祥等一批高质量发展典型企业，产值10亿级企业69家、20亿级企业25家、百亿级企业5家，鲁花、发达等18家企业入选全国食用油和小麦粉加工企业50强。成功举办第二届山东粮油产业博览会，组织参加第二届中国粮食交易大会、第十五届粮食产销协作福建洽谈会等活动，取得良好成效。认真落实《关于大力推进科技兴粮和人才兴粮的实施意见》，省级以上企业技术中心44个，年研发投入超过20亿元。成功承办第五届全国粮食行业职业技能竞赛，张务锋局长、于国安副省长等领导同志出席，获优秀组织奖并取得历史最好成绩，居各省队第一位。

五   优质粮食工程深入实施

优质粮食工程列入省委一号文件，在滨州召开全省现场推进座谈会，扎实推进三个子项目建设。全国"优质粮食工程"首期绩效综合评价，山东省被评为全国6个先进省份之一，在全国现场交流会上3次作典型发言。"中国好粮油"行动计划现场交流会在临沂召开。2017年度项目已全部通过验收，2018年度项目正在开展绩效评价和收尾验收工作，2019年度项目正在积极推进。"中国好粮油"行动计划，发展优质粮食种植，年助农增收30亿元以上。粮食质量安全检验监测体系初步实现省市县三级工作联动，新收获粮食和库存粮食质量监测实现常态化。扎实开展粮食产后服务，累计建成产后服务中心280个、发放农户科学储粮示范仓百万个，有力促进提质增效、节粮减损。

六　"齐鲁粮油"品牌影响力持续扩大

坚持高起点规划，大力度宣传，在央广《乡村振兴》和省广电《品牌山东》栏目解读品牌建设，组织"齐鲁粮油"北京、上海、郑州等中国行活动和形式新颖的"面点大赛"，举办品牌建设培训班，发布团体标准，开展民生直通车进社区、"齐鲁粮油"陪您温暖过年等公益活动，赢得广泛好评。粮食行业协会、粮食经济学会顺利换届，行业协会成功组建产业联盟。"齐鲁粮油"品牌入选中国粮油榜影响力十大公共品牌，市场竞争力和占有率不断提升，促进了产业发展、企业增效、农民增收。全年刊播报刊文稿 120 多篇、央广《中国之声》560 次、山东新闻联播 30 多次、百度网页有效搜索23 万条。与阿里巴巴合作建成"好粮有网"智慧交易平台，展销产品 1800 多种，"齐鲁粮油"旗舰店开业运营，线上线下融合发展迈出新步伐。

七　粮食安全责任考核扎实推进

山东省委副书记、省长龚正等省领导同志多次作出批示，山东省委常委、常务副省长王书坚主持召开会议专题部署粮食安全责任考核工作。认真履行牵头部门职责，拟定落实国家考核部门分工意见，召开考核工作会议，积极推进省级自评工作，落实好 2018 年度国考和对市考核任务，调度问题整改和2019 年度考核进展情况。举办全省粮食安全责任考核工作培训班，及时向国家考核办报送考核工作动态和整改报告。组织开展世界粮食日和粮食安全宣传周活动，评定省级粮食安全宣传教育基地 10 家，其中中裕食品有限公司被评为国家级教育基地。2018 年山东省被评为考核"优秀"等次，并位居前列。

八　全面从严治党责任有效落实

全面履行管党治党责任，充分发挥把方向、管大局、保落实的领导作用，召开研究有关推进党建工作的党组会 22 次，班子成员带头旗帜鲜明讲政治，教育引导全局党员干部树牢"四个意识"，坚定"四个自信"，做到"两个维护"。深入开展"不忘初心、牢记使命"主题教育，研究制定制度规定 18 项。把学习贯彻习近平新时代中国特色社会主义思想作为首要政治任务，及时跟进学习习近平总书记重要讲话，组织中心组学习研讨 14 次。认真落实山东省委《关于加强新时代全省党建工作的意见》，制定加强和改进党的建设工作实施意见。严格执行民主集中制，严明纪律规矩，严肃党内政治生活，专题研究并切实抓好意识形态工作，着力建设优质品牌团队，在全局营造风清气正的政治生态。认真落实党风廉政建设责任制，制定实施细则及工作纪律规定、财务管理办法等。举办党风廉政建设报告会等经常性廉政教育，突出关键时点和重要节点，完善廉政风险防控机制。全力支持驻山东省发展和改革委员会纪检监察组履行监督责任。加强干部队伍建设，提任二级巡视员 1 名，处长、副处长 9 名，晋升职级干部 20 名。开展党支部标准化建设，基层党组织建设水平不断提升。

山东省粮食和物资储备局领导班子成员

王伟华　省发展和改革委员会党组成员，省粮食和物资储备局党组书记、局长

李　伟　党组成员、副局长

刘开田　党组成员、副局长、二级巡视员（2019 年 1 月任副局长）

孟　军　党组成员、副局长（2019 年 1 月任副局长）

（撰稿单位：山东省粮食和物资储备局；撰稿人：王骄阳、张伟；审稿人：孟军）

2019 年 1 月 19 日，"齐鲁粮油"推介会在北京举办。国家发展和改革委员会党组成员，国家粮食和物资储备局党组书记、局长张务锋（中），党组成员、副局长曾丽瑛（右四），党组成员、副局长卢景波（左四），党组成员、副局长韩卫江（右三），党组成员、副局长梁彦（左三）出席活动。

2019 年 8 月 26 日，山东省委常委、常务副省长王书坚（前排左三）在泰安市调研检查夏粮收购工作。

2019 年 12 月 20 日，山东省"优质粮食工程"现场推进座谈会在滨州召开。图为山东省粮食和物资储备局党组书记、局长王伟华（前排右四）在"优质粮食工程"项目现场观摩。

河南省

基本情况

河南省位于我国中东部、黄河中下游。周边与山东、安徽、湖北、陕西、山西和河北 6 省毗邻。现辖 17 个省辖市，1 个产城融合示范区，20 个县级市，85 个县，52 个市辖区，总面积 16.7 万平方千米，居全国省区市第 17 位，占全国面积的 1.73%。2019 年全省生产总值为 54259.2 亿元，比上年增长 7%，连续多年保持全国第 5 位，中西部省份首位。全省处于暖温带和亚热带气候交错的边缘地区，多年年均气温为 12.8~15.5 摄氏度。年降水量从北到南大致为 600~1200 毫米，全省无霜期为 190~230 天。到 2019 年，连续 19 年实现耕地占补平衡，全省耕地质量提升 0.2 个等级，累计建设高标准农田 6753 万亩，初步完成粮食生产功能区和重要农产品生产保护区划定成果验收和汇交工作，大型灌区续建配套与节水改造项目完成总投资的 99%，主要农作物良种覆盖率达到 97%以上，耕种收综合机械化率达到 84.2%。全年全省粮食种植面积 10734.5 千公顷。其中，小麦 5706.65 千公顷，减少 33.20 千公顷；玉米 3801.33 千公顷，减少 117.63 千公顷。油料 1533.93 千公顷，增加 72.53 千公顷。全年粮食产量 6695.36 万吨，增加 46.45 万吨。其中，夏粮 3745.37 万吨，增加 131.67 万吨；秋粮 2949.99 万吨，减少 85.22 万吨。小麦 3741.77 万吨，增加 138.92 万吨；玉米 2247.37 万吨，减少 104.01 万吨。全年油料产量 645.45 万吨，增加 14.42 万吨。其中，花生 576.72 万吨，增加 4.28 万吨。全省农民专业合作社 18.6 万个，家庭农场 5.76 万个，农业社会化服务组织 8.8 万个、托管服务覆盖 448 万农户。

2019 年工作

一　粮食安全责任制考核和政策性粮食库存大清查

河南省政府召开粮食安全专题会议，组织开展粮食安全责任制落实情况"回头看"，召开考核情况新闻发布会，推动解决重点难点问题，圆满完成国家对河南省和河南省政府对各市县的年度考核，被国家评为"优秀"省份。驻马店、漯河、安阳、信阳、开封、周口、南阳、新乡、平顶山、洛阳、郑州等省辖市和滑县、鹿邑县、邓州市等省直管县（市）在全省考核中成绩优异，获得通报表扬。

扎实开展库存粮食数量质量大清查工作。4月底全部完成省内企业自查，共发现企业自查阶段存在问题 2347 个；在企业自查基础上，全省成立普查组 113 个，深入推进普查工作；5月底省清查办派出4个省级专项督查组，对普查问题突出的 10 个省辖市进行专项督查。5月下旬、6月中旬，国家督导组、国家联合抽查组对河南省大清查工作情况进行督导巡查和抽查，给予充分肯定，认为被抽查企业库存粮食账账、账实相符，库贷基本一致，质量符合标准，粮食储存安全。安全生产双重预防体系建设顺利推进，河南省粮食和物资储备局在洛阳现场会，推广洛阳洛粮粮食有限公司试点经验，为全省 107 家企业全面铺开建设奠定基础。持续高度关注安全生产工作，组织开展安全储粮隐患大排查和全省粮油安全大检查，全年粮食系统无重大安全事故。兰考县加大检查力度，做到"有仓必到，有粮必查"。汝州市不定期开展粮食安全生产检查，局领导带队暗访暗查 13 次。

二　第二届中国粮食交易大会和粮食产销衔接

第二届中国粮食交易大会于 6 月 18~23 日在郑州成功举办。大会设 10 个展区，展示面积达65000 平方米，参展企业 2200 多家，与会企业代表 1.5 万人，参展观众 12.28 万人次，达成省际战略协议 24 份，成交各类粮油 1520.9 万吨，金额 417 亿元。河南省展会期间总交易量达 549.33 万吨，占全国交易量的 36.12%，成交金额 162.4 亿元，占全国成交金额的 38.9%。这次交易大会是近年来全国粮油类交易大会中规模最大、展位最多、品种最全、交易量最大和参展观众最多的一次全国性粮食行业盛会。受到了与会各级领导、国内外客商和社会各界的一致好评。国家粮食和物资储备局向省委省政府发来感谢函。河南省委、省政府对粮食产销衔接提出明确要求。河南省连续多年与福建等 11 省共同联合举办粮食产销协作福建洽谈会，组织了黑龙江招商引资活动，省委常委、统战部部长孙守刚带队，全省近 60 家粮油加工企业参加，29 家企业与黑龙江相关企业签订了合作协议 31 份，签约金额达 25.75 亿元。为深化两省粮食产业经济合作，实现两省粮食产业经济互利共赢、共同发展，起到了积极的推动作用。多次组织全省粮食企业参加黑龙江金秋粮食交易合作洽谈会、吉林省粮食产销协作洽谈会、山西粮食产销衔接会等活动，目前已经与全国 18 个省（区、市）建立长期稳定的粮食产销合作关系，每年调出约 3000 万吨原粮及加工制成品，为确保国家粮食安全做出了突出贡献。

三　粮食宏观调控和物资储备管理

深入贯彻落实中央文件精神，认真谋划收储制度改革。省政府召开粮食收购工作会议，相继在全省启动小麦最低收购价预案，在信阳、南阳、驻马店部分地区启动在稻谷最低收购价预案。建立10 亿元粮食收购贷款信用保证基金，积极引导各类市场主体入市收购，形成了政策和市场齐头并进、相得益彰收购格局，收购量达到 3500 万吨，牢牢守住农民粮食"卖得出"底线。商丘市收购各类小麦 346 万吨，居河南省各省辖市首位。济源市筹措资金 1.46 亿元，指导大型粮食龙头加工企业开展订单收购，增加农民收益。豫粮集团积极开展优质小麦订单收购，累计收购优质小麦 30 多万吨，带动农民增收 6 亿多元。尉氏县实行"候车厅"式服务模式，让群众卖"舒心粮"；多数粮库通过建立微信群等方式，开展网络预约，避免排长队现象出现。在优化粮食储备的基础上，濮阳、新乡、平顶山等市建立或扩大油脂储备规模。河南省政府及各省辖市政府印发《粮食应急预案》，全省确立应急供应企业 2152 家，应急加工企业 292 个，应急配送中心 234 个，应急储运企业 209 个，主食加工企业 42 个。充分发挥保供稳市职能，面对猪肉价格飞涨的形势，做好饲料用粮供给和价格监测，保障饲料市场平稳有序。全省各级应急物资储备职能划转工作有序展开，河南省救灾物资储备保障中心已经完成转隶，人员队伍稳定、工作衔接有序。为加强救灾物资管理，与河南省应急管理厅联合制定了《关于进一步做好省救灾物资管理工作的通知》，做好抢险救灾、困难救助等物资储备，确保救灾物资管得好、调得动、用得优。

四	粮食产业经济发展和优质粮食工程

河南省政府会同国家粮食和物资储备局，在全省范围内开展粮食产业高质量发展调研，形成了加快推进河南粮食产业高质量发展调研报告，基本摸清了全省粮食产业经济发展的现状、存在问题，拟定了下一步发展措施。河南省粮食和物资储备局拟定《河南省人民政府办公厅关于坚持三链同构加快推进粮食产业经济高质量发展的意见》并上报河南省政府。漯河市先后出台《关于坚持"三链同构"助力打造完善丰满的绿色食品产业生态的工作部署》《漯河市小麦产业化联合体建设工作方案》，引导壮大粮食食品产业。充分发挥省粮油深加工企业扶持基金带动引领作用，基金管理公司共对 8 家企业累计形成 5.5 亿元投资决策。南阳市、永城市等多地设立支持粮食产业发展的基金。河南粮食产业投资担保有限公司创新打造"优良优信"供应链金融服务平台，积极探索解决粮食产业链中企业融资难、银行风控难、部门监管难等问题，为粮食产业发展助力。召开加快推进粮食产业经济发展现场经验交流会，围绕粮食产业高质量发展，总结成绩，交流经验，分析形势，创新举措，推动建设粮食产业经济强省步伐。全省以面米主食加工为主体的粮油加工业总产值达到 2240 亿元，进入全国先进行列。全省支持粮食产后服务中心建设项目 318 个，项目补助资金 28334 万元。粮食产后服务中心项目总数达 961 个，总投资 154620 万元，实现了全省产粮大县全覆盖。全省粮食产后服务体系项目已累计建成 462 个，新增仓容 205 万吨。豫粮集团、新蔡麦佳公司等粮食产后服务中心开展优质小麦全流程服务和销售管理，为农民提供"五代"和粮食银行服务，以订单为抓手组建粮食产业联合体，将产业链向上下游延伸，实现农民增收和企业增效。2019 年度河南省粮食质检体系建设项目共计 24 个，中央、省级财政补助资金总额 5691 万元。全省粮食质检体系建设项目总数 90 个，总投资 21761 万元，已累计建成 42 个。举办第八次全省收获小麦质量品质信息发布会。开封市粮食质检中心的典型经验在全国质检体系建设现场交流会上作了交流发言。2019 年确定支持"中国好粮油"行动计划示范县 8 个，总投资 11.66 亿元，其中，中央及省级财政补助资金 0.8 亿元。截至 2019 年，全省"中国好粮油"行动计划共确定 23 个示范县、11 个省级示范企业、1 个低温成品粮公共库示范项目，总投资 32.51 亿元，全省"中国好粮油"行动计划已累计完成 4 个示范县和 11 个省级示范企业的建设任务，完成投资 18.95 亿元，培育了一大批优质粮油产品和品牌。"好粮油"示范县永城市在获得 1000 万元中央和省级财政补助资金前提下，市政府又筹集财政资金 1000 万元，围绕优质小麦发展粮油食品产业，实现了从"中国面粉城"到"中国食品城"的转身。"好粮油"示范县临颍县，坚持做大做强休闲粮油食品产业，建成中西部最大的休闲食品基地，休闲食品、烘焙食品、膨化食品等涉粮产品产量在全国县区排名中均位列第一。

五	法规体改和人才科技兴粮兴储

以《粮食流通管理条例》颁布实施 15 周年和宪法主题等宣传活动为载体，深入开展法制宣传教育，深入推进依法行政、"放管服"改革和行政执法"三项制度"改革，持续落实服务型行政执法和执法责任制，全面加强粮食法治政府建设。不断加大粮食流通监督检查力度，全省共查处纠正涉粮案件 55 例，取消粮食收购资格 11 例，切实维护粮食市场秩序。加快推进粮食诚信体系建设，营造公平竞争的粮食流通市场环境。加强区域执法合作，苏鲁豫皖毗邻地区粮食流通执法监督交流合作成效凸显。南阳、驻马店、滑县等地分别通过开展多层次、全方位、多形式的检查，使违法违规行为无可乘之机。全省各地积极推动国有粮食企业改革发展，信阳、三门峡两市通过企业整合和资产重组，增强国有粮食企业发展后劲。濮阳市加强国有粮食企业监管，确保国有资产保值增值。邓州市在发展中谋创新，成立邓州市粮油投资发展有限公司，先期注入运作资金 5000 万元，助力国有粮食企业转型升级。2019 年局属单位申报软科学和科技攻关项目 9 个，2018 年度立项的软科学攻关项目已全部进入结项环节。积极推进人才发展与行业发展相融合，精心组织全省粮食技能大赛，选拔优秀选手参加第五届全国粮食行业职业技能竞赛，夺得个人三等奖 2 个，河南省粮食和物资储备局获得"优秀组织奖"。河南省粮食和物资储备局所属三所院校持续深化教育改革，狠抓教学质量，学生综合素质和能力水平有较大提升。河南工贸职业学院被教育厅评为"河南省省级优秀高等职业院校"；河南省经济管理学校和河南经贸技师学院均被河南省教育厅评为"河南省高水平中等职业学校"和"双高工程"建设单位。

六	党的建设和助力三大攻坚战

坚持"学干结合、长短结合、内外结合、上下结合"抓主题教育，结合行业实际深入开展"比学习、比担当，争发展、争出彩"专项活动。《推进粮食产业高质量发展的对策与思考》的调研报告被省委选入《第一批主题教育优秀调研成果选编》。有关做法经验先后被《河南日报》（8 月 11 日）、河南省"不忘初心、牢记使命"主题教育《简报》（第 40 期）刊登。认真学习习近平总书记在中央和国家机关党的建设工作会议上的讲话，扎实开展机关党建"灯下黑"专项整治。大力推进党支部标准化、规范化建设，开展"逐支部观摩，整单位提升"活动，夯实基层基础，打造基层党建工作新亮点。机关党建工作制度建设取得突破，建立"三直联"制度，修订完善"三级四岗"责任清单，制定印发《党员干部提醒约谈实施办法（试行）》《河南省粮食和物资储备局党组巡察工作实施办法（试行）》《河南省粮食和物资储备局直单位内部审计办法（试行）》。强化组织领导，落实责任考核，意识形态工作向上向好。责任考核，加强阵地管理和网络意识形态工作，牢牢把握意识形态主动权。严格落实"两个责任"，制定全面从严治党主体责任任务清单、责任清单，层层签订目标管理责任书、廉政承诺书。一体推进不敢腐、不能腐、不想腐机制建设，严明政治纪律和政治规矩，严肃查处违反中央八项规定精神行为，全面从严治党取得良好成效。制定推进以案促改常态化制度化实施意见，扎实开展警示教育，营造风清气正的良好氛围。紧紧围绕三大攻坚战开展工作，在防范化解粮食安全风险的基础上，领导班子成员按要求深入结对帮扶村调研指导，先后争取各类资金 70 余万元帮助改善基础设施建设，结对帮扶村被确定为省级"森林乡村"和"美丽乡村"创建村。积极参与污染

防治攻坚战，及时反馈问题，提出有价值的意见建议。

河南省粮食和物资储备局领导班子成员

张宇松　党组书记、局长

刘大贵　党组成员、副局长

李国范　一级巡视员（2019 年 3 月任职，2020 年 1 月退休）

乔心冰　巡视员（2019 年 3 月退休）

刘　云　副局长

赵连辉　党组成员、副局长（2019 年 5 月任职）

徐富勇　二级巡视员（2019 年 5 月任职）

朱保成　二级巡视员（2019 年 5 月任职，2019 年 12 月退休）

（撰稿单位：河南省粮食和物资储备局；撰稿人：陈晓鹏、滕庆磊；审稿人：刘云）

2019 年 6 月，第二届中国粮食交易大会在郑州召开。河南省委书记王国生（中），时任省长陈润儿（左），国家发展和改革委员会党组成员、国家粮食和物资储备局党组书记、局长张务锋（右）共同启动开幕。

2019年7月，河南省救灾物资储备保障中心挂牌成立。

2019年12月17日，河南省2018年度粮食安全省长责任制考核获得全国优秀等次。粮食安全责任制考核专场新闻发布会召开，省粮食和物资储备局党组书记、局长张宇松（中）出席。

湖北省

基本情况

2019 年，湖北省完成生产总值 45828.3 亿元，比上年增长 7.5%。其中，第一产业完成增加值 3809.1 亿元，增长 3.2%。三次产业结构由 2018 年的 8.5∶41.8∶49.7 调整为 8.3∶41.7∶50.0。全省农林牧渔业增加值 4014.0 亿元，按可比价格计算，增长 3.5%。全省农村常住居民人均可支配收入 16391 元，增长 9.4%。全省全年粮食种植面积 4608.6 千公顷，下降 4.9%；粮食总产量 2725 万吨，下降 4%，连续 7 年稳定在 2500 万吨以上。油料产量 313.9 万吨，增长 3.8%，其中：油菜籽产量 211.4 万吨，增长 2.9%。各类粮食经营主体收购粮食 1456.1 万吨，减少 59.6 万吨。销售粮食 2557.2 万吨，增加 43.4 万吨。各类粮油经营企业收购食用油及折料油 15.5 万吨，减少 4.7 万吨。收购油菜籽 33.5 万吨，减少 6.7 万吨。

2019 年工作

一　粮食调控

一是推进实施粮食收储制度改革。湖北省委改革办将"推进实施粮食收储制度改革"纳入 2019 年度农业农村改革专项，2019 年市场化收购比例达到 94%。精准启动托市收购，大力协调中储粮合理增加托市布点，优化托市收购库点设置，方便农民就近售粮，先后分 7 批确定 151 个中晚稻托市点，全年收购托市粮 93.5 万吨。二是加强粮食储备安全管理。贯彻落实中央《关于改革完善体制机制加强粮食储备安全管理的若干意见》《关于实施重要农产品保障战略的实施意见》，研究制定贯彻落实措施，深化农业供给侧结构性改革和粮食收储制度改革。聚焦地方储备粮安全的主责主业，按照"省库装省粮"的原则，整合资源、分步实施，将分散在各市县的省级战略储备粮逐步集中到省属储备企业。根据省级成品储备油承储企业的经营现状，将省级成品动态储备油调整为战略储备油，主动防范化解储备油脂风险隐患。开展成品粮动态储备承储企业经营审计，实施省级成品储备动态调整。三是防范化解粮食安全风险。对全省粮食安全重大风险进行排查，制定上报《湖北省防范化解粮食安全重大风险工作方案》。湖北省政府办公厅将部分内容纳入《全省防范化解经济领域重大风险工作方案》。组织完成对中央划转的 6.09 万吨 2018 年度最低收购价稻谷销售处置。

二　粮食流通体制改革

一是压紧压实粮食安全责任。组织做好国家考核迎检工作，2018 年被评为优秀等次。将 2019 年度粮食安全行政首长责任制纳入省委重要工作年度考核，组成 17 个考核组参与省委对市州的考核，提高考核的权威性，加强考核结果运用。湖北省委常委、常务副省长黄楚平，副省长万勇参加省粮食安全工作领导小组会议，专题研究部署粮食安全工作。二是建立超标粮食收购处置长效机制。湖北省政府办公厅印发《湖北省超标粮食收购处置办法》，对超标粮食的监测、收购、处置、监督检查等各个环节做出明确规定，进一步压实地方政府主体责任，在全国率先建立超标粮食收购处置长效机制，有力促进粮食收储制度改革的深化实施。三是扩大收购贷款信用保证基金试点。出台《关于扩大粮食市场化收购贷款信用保证基金试点指导意见》，将试点范围扩大至"优质粮食工程"重点县（市），着力缓解粮食企业市场化收购资金短缺，融资难、融资贵、融资慢等问题。

三　粮食流通监管

一是全面完成大清查任务。按照国务院的统一部署和湖北省委、省政府工作要求，全面开展政策性粮食库存数量和质量大清查。大清查发现问题纳入省委"不忘初心、牢记使命"主题教育"立行立改"和"为民服务解难题"整改项目清单，全部整改销号。二是切实落实"两个安全"责任。常态化开展安全储粮和安全生产隐患检查和整改落实，实施推广网格化管理试点，认真贯彻落实"一规定两守则一规范"，推动仓储管理规范和创新。三是进一步完善质量安全监测体系。组织召开全国粮食质检体系建设经验现场会。湖北省粮油质检中心成为全国唯一区域性国家粮食质量安全检验监测分中心，基本形成省、市、县粮食质检机构和国有粮食收储企业化验室"四级联动"的质检体系和风险监测体系，粮食出入库质检标准更加严格，检测项目更加全面。四是构建"互联网＋监管"新型监管机制。依托湖北省"互联网＋监管"平台，建立全省统一的监管事项清单、信用信息目录。粮食流通行政检查通过"双随机、一公开"方式进行，检查结果通过"互联网＋监管"系统、企业信用信息系统全面进行公示。

四　粮油统计与信息体系建设

一是健全完善体制机制。以机构改革为契机，将统计工作职能从粮油信息中心调整至局机关，全省基本实现分管领导抓协调、牵头部门抓落实的良好格局。修订下发全省粮食流通统计制度及其实施细则，出台《省粮食局关于进一步加强粮食流通统计工作的通知》。将粮食流通统计工作纳入粮食安全省长责任制考核内容，健全工作考核机制。二是提高粮油统计数据质量。积极参加国家粮食和物资储备局组织的统计师资培训，精心组织全省统计骨干培训班，明确市州培训要求，着眼提升骨干力量业务素质。抓好统计基础工作，建立统计数据会商审核机制，努力拓展统计覆盖面，强化数据质量。全省纳入国家粮油统计信息系统的各类对象 2876 家，城乡居民固定调查点 6490 个。三是认真做好统计信息服务与共享。及时报送年度、月度、每周调查统计项目等统计资料。分析挖掘数字背后的原因和发展趋势，加大信息共享发布力度，强化统计信息成果运用，服务于粮食经营者和广大种粮农民。及时推出 2019 年油菜籽、小麦、早籼稻、中晚稻品种调研报告和行情跟踪报道，多篇分析文章被国内粮食权威媒体转载。

| 五 | 粮食流通体系建设 |

一是推进基础设施建设。全面完成 213 个粮库信息化建设任务，初步实现地方储备粮在线监测监控监管。安排 5352 万元财政补助资金组织开展低温（准低温）粮库改造建设，新增低温（准低温）仓容 37.4 万吨。重点支持荆门京和物流、鄂西北（十堰）物流、随州香思里等现代粮食物流产业园区建设；持续推进武汉阳逻、汉南和润、黄石棋盘洲、荆州江陵中航等沿江粮食物流产业园区（节点）建设。二是实施"优质粮食工程"。抢抓国家实施"优质粮食工程"机遇，先后争取项目资金支持 21 亿元，其中，2019 年度争取中央财政资金 9.8 亿元。委托会计事务所对 10 个示范县项目实施情况开展绩效监控工作，组织开展"优质粮食工程"项目申报审核，遴选 20 个重点县全面实施"优质粮食工程"。在天门召开全省粮食产业经济暨"优质粮食工程"现场推进会，整体推进"中国好粮油"行动计划、粮食产后服务体系和粮食质检体系三个子项目建设。初步形成"优粮优产"的规模效应、"优粮优购"的购销机制、"优粮优储"的产后服务、"优粮优加"的能力规模和"优粮优销"的品牌效应。相关工作经验在全国粮食产业经济发展现场会上交流发言。三是完善"放心粮油"市场体系。积极构建以荆楚粮油公司为龙头、92 家配送中心为龙身、1560 家放心粮油连锁店为龙尾的"放心粮油"一张网。2019 年，针对机制办法不活、利益联结不紧、优质粮油销售不畅等现实问题，从完善顶层设计入手，制定出台了《关于进一步完善全省放心粮油市场体系建设的意见》，举办全省放心粮油市场体系管理培训班，推动六大区域公司建设，搭建"优粮优销"营销平台，荆门、襄阳区域中心已顺利运转，优质粮油配送销售进一步扩面提速。

| 六 | 行业发展 |

一是谋划推动高质量发展。围绕全省经济发展大局，制定落实"一芯两带三区"区域和产业发展布局、推动粮食产业经济高质量发展的 11 条具体措施。对湖北粮食行业信息化"十三五"发展规划实施中期评估，对粮食收储供应安全保障工程建设发展"十三五"规划进行中期调整。出台《湖北省粮食产业龙头企业三年培植计划》，着力培植粮油加工旗舰企业。二是加快推进产销合作。组织全省粮油加工企业抱团闯市场，坚持每年主办 2 次以上的大规模跨省产销合作活动，2019 年先后在上海、广州进行推介展销。连续 21 年举办湖北粮油精品展交会，第二十一届荆楚大地——湖北粮油精品展示交易会上，全省 242 家重点粮油加工企业、2651 个粮油精品参展。国家粮食和物资储备局副局长卢景波、湖北省政府副省长万勇、中国粮食行业协会副会长宋丹丕出席展会。积极组织参加"中国粮食交易大会"，主动对接国家"一带一路"建设，赴东南亚推介粮机产品，为湖北粮油和粮机产品走出国门搭建平台。三是加大科技人才支撑。举办首届粮食产业经济高质量发展对话、科技及人才信息发布等系列活动。组织 2019 年粮食科技创新、成果转化项目申报，安排创新示范企业和技术创新项目 59 个。围绕粮食重点领域推进技术创新，投入 1500 万元专项资金组实施粮食创新科技成果转化。落实与武汉轻工大学、湖北大学知行学院等涉粮高校签订的战略合作协议，为粮食

企业提供科研成果、技术支撑，培养急需人才。突出标准化引领作用，启动优质粮食标准制修订工作，制定"荆楚大地"好粮油虾稻米等9个团体标准，正式立项再生稻、优质山茶油、优质菜籽油3个地方标准。四是加强粮油品牌宣传。省级财政每年安排3000万元专项资金，着力打造"荆楚大地"好粮油公用品牌。组织投放"荆楚大地"好粮油品牌宣传片，在央视、湖北卫视等主流媒体广泛宣传。拍摄制作《荆楚味道》纪录片，在湖北卫视等多个频道和新媒体平台播出。成立有34家企业加盟的湖北省粮食行业协会"荆楚大地"好粮油产业联盟，着力推进"荆楚大地"好粮油品牌共建共享，已成功推出"荆楚大地·潜江虾稻""荆楚大地·国宝桥米"等系列产品。开展"荆楚大地"好粮油线上销售，产品覆盖众多网上平台。

七　党群工作

一是加强政治建设。围绕政治机关建设任务，突出领导班子建设重点，认真学习贯彻习近平新时代中国特色社会主义思想和党的十九大精神，特别是习近平总书记视察湖北重要指示精神，加强理论武装，不断增强"四个意识"，坚定"四个自信"，增强落实"两个维护"的思想自觉和行动自觉，推动党中央国务院决策部署和湖北省委、省政府工作要求在粮食系统落实落地。二是落实主体责任。制定深入推进全面从严治党的实施意见、贯彻落实中央八项规定精神和省委实施办法的具体办法，建立党建工作责任清单。局党组每年召开党建和党风廉政建设专题会议进行部署安排，每半年听取一次班子成员履行"一岗双责"情况汇报，每季度听取一次局直单位党建和党风廉政建设情况的汇报，持续传导责任压力。三是激励担当作为。持续实施干部能力素质提升计划，按照"缺什么补什么、弱什么强什么"的原则，细化项目清单，制定时间表、路线图认真组织实施。扎实开展"不忘初心、牢记使命"主题教育，大力倡导和推动"转职能、转方式、转作风"，党员干部工作作风进一步转变，为耕者谋利、为食者造福、为业者服务的力度进一步加大。

湖北省粮食局领导班子成员

张依涛　原省发展和改革委员会党组成员，省粮食局党组书记、局长（2020年1月调离）

胡新明　党组成员、副局长（2020年1月主持工作）

熊贵斌　党组成员、副局长

刘海涛　党组成员、副局长

唐学军　党组成员、副局长

（撰稿单位：湖北省粮食局；撰稿人：曾向荣；审稿人：胡新明）

2019 年 7 月 12 日，湖北省委常委、常务副省长黄楚平（左排中）一行前往国家粮食和物资储备局，与国家发展和改革委员会党组成员，国家粮食和物资储备局党组书记、局长张务锋（右排左四）等领导同志进行座谈。

2019 年 11 月 30 日，国家粮食和物资储备局党组成员、副局长卢景波（左三）一行，在时任湖北省粮食局党组书记、局长张依涛（左二）陪同下，赴武汉国家稻米交易中心有限公司阳逻库区，实地调研粮食物流建设工作。

2019 年 1 月 17 日至 18 日，全国粮食和物资储备工作会议在北京召开，时任湖北省粮食局局长张依涛在会场交流推进实施"优质粮食工程"经验。

湖南省

基本情况

　　湖南因地处洞庭湖以南而得名。湘江贯穿全境南北，故简称"湘"。全省土地面积21.18万平方千米，辖13个市1个自治州，122个县（市、区）。2019年，全省地区生产总值39752.1亿元，比上年增长7.6%。全省粮食种植面积4616.4千公顷，减少131.5千公顷。其中，夏粮面积102.5千公顷，减少21.2千公顷；早稻面积1094.6千公顷，减少143.6千公顷；秋粮面积3419.3千公顷，增加33.3千公顷。秋粮面积中，中稻及一季晚稻面积1602.1千公顷，增加129.6千公顷；双季晚稻面积1158.5千公顷，减少139.8千公顷。全年粮食产量2974.8万吨，减产1.6%；其中，夏粮产量41.3万吨，减产19.6%；早稻产量661.4万吨，减产12.5%；秋粮产量2272.1万吨，增产2.5%。全省粮油加工业总产值1553亿元，增长6.8%。全省纳入统计的粮油加工企业有1580家，其中，有国家级农业产业化龙头企业19家、省级龙头企业146家、市级龙头企业385家，全国粮油加工企业"50强"与"10强"共14家。全省入统企业实现粮油加工业总产值1553亿元，增长6.8%；全年实现利润总额58亿元，增长14.4%；全省各类粮油加工能力6243.5万吨，各类粮油产品加工总量2380.3万吨。全省共购进粮食2302万吨（原粮，不含中储粮系统，下同）；销售粮食2342万吨，其中销往省外251万吨，增加31万吨。购进食用植物油178.7万吨；销售食用植物油193.5万吨，增加37.4万吨。

2019 年工作

一　顺利推进全省粮食和物资储备机构改革

　　顺利完成救灾等物资储备管理职能划转。湘西自治州粮食和物资储备局成为州政府工作部门后，按照"三确保"要求加强对县市局机构改革的指导；郴州等地党委政府主要负责人专题研究推动建立全市统筹管理的物资储备体系；长沙、张家界等地分别建立猪肉应急供应、救灾物资使用等联动机制和管理制度。机构改革后，全省系统在职能、机构、编制等方面得到加强，安全保供能力得到提高。

二　落实落细粮食安全省长责任制考核

湖南省委将粮食安全列为常委班子主题教育重点调研课题，杜家毫书记带队到省局专题调研、把脉施治，许达哲省长、乌兰副书记、张剑飞秘书长、隋忠诚副省长等领导多次作出指示批示或调研调度推动。湖南省粮安考核连续 3 年获评全国优秀。邵阳、株洲等地党委政府召开常务会议专题研究，永州、娄底等地建立健全正向激励奖惩机制，益阳等地将考核纳入绩效考核指标，湘潭等地积极探索优化考核效果。长沙等 4 市州、岳阳县等 10 个县区荣获湖南省政府督查激励表彰和专项奖励，粮食安全省长责任制考核"指挥棒"作用逐渐发挥。

三　初步确立稻谷市场化收购格局和价格形成机制

收储制度改革取得积极成果，全省稻谷市场化收购比重大幅提高，全年收购稻谷 854.4 万吨，市场化收购占比 93.5%，比启动改革之前提高 25%，是 7 年来启动最低收购价执行预案市县最少、收购量最小的一年。流通引导生产有效倒逼种植结构调整优化，优质优价特征日趋明显。按期完成储备粮轮换任务，积极开展优质稻储备试点。

四　加速形成优质粮油工程带动全省粮油产业绿色优质发展模式

三年累计争取中央财政专项资金 12.9 亿元，带动地方和社会投资 32.4 亿元，实施湖南"优质粮油工程"，推动三个子项整体推进。"五优联动"引领"好粮油"行动计划深入开展，纳入建设的 22 个国家级示范县、6 家省级示范企业、8 个省级重点县（特色县）优质品率达到 61%。"三级联动"助推质检网络日臻完善，已建成省、市、县三级粮食质量安全检验机构 63 个，监测覆盖 14 个市州和 70% 的产粮大县。"五代服务"促动为农服务提质发展，统筹安排 72 个县市区建设 430 个粮食产后服务中心，实现产粮大县全覆盖，日烘干能力达 8.1 万吨。

五　全力推进全省粮油产业高质量发展

产业规模再上新台阶，全省粮油加工业总产值 1553 亿元，同比增幅 6.8%。产业结构不断调优，以道道全粮油、克明面业、金健米业、贵太太茶油等优势企业继续领跑行业发展，湖南粮食集团主营业务全面增长，天下洞庭粮油产品首次出口南美洲，大三湘茶油成功进入美国市场。品牌建设高位迈进，组建粮油产业联盟，启动"洞庭香米""湖南菜籽油"等省级公共品牌打造工作，南县发展"虾稻共生"模式受到国家点赞；组织湖南好粮油展示展销会、专场推介会和"湖南好粮油行动"学生手机摄影大赛等活动，湘米湘油新形象得到展示。

六　全面加强粮食流通监管

组织对湖南省 202 家企业、1264 个库点的政策性粮食开展全面普查核查，发现问题 1473 个，已整改 1470 个，整改率 99.8%，圆满完成政策性粮食库存数量和质量大清查任务，并在全国大清查工作会议上作典型发言。衡阳等地接受国家大清查飞行组联合抽查表现优异；岳阳等地邀请人大代表等全程参与监督，增加了社会公信力。开展政策性粮食"出库难"专项治理集中行动，"出库难"和地方保护主义等多年积弊得到整肃。以最严的标准抓国家划转粮食处置出库与监管，没有发生不符合食品安全标准的粮食流入口粮市场或用于食品生产等问题。建立政策性粮油收储企业"黑名单"管理制度，强化市场监管信任约束与震慑。突出"防风险、保安全、迎大庆"主线，开展"大排查大管控大整治""强执法防事故"等行动，安全生产监管更严更实。

七　全面提升粮食和物资应急综合保障能力

启动中央预算内投资项目建设 13 个，争取中央财政预算内投资 1.04 亿元，全省粮食安全保障调控和应急设施项目建设加快推进。应急救灾物资调运及时到位，顺利完成对全省 57 个县区共 43600 余件救灾物资调运保障任务。涵盖全省三级粮政部门和 309 个粮库的智能粮食管理系统建设基本完成并上线试运行，怀化等地智能粮库"建管用"效果明显，省市县基本实现互联互通。

八　全面同步推进党建和中心工作

"不忘初心、牢记使命"主题教育深入开展；"为民服务解难题"主题活动落地扎根，3000 余人次下基层解决问题近百个。成功举办近 30 年来首次全省系统大型文化活动——"我和我的祖国"合唱节，湖南粮食人用最美歌声礼赞中华人民共和国成立 70 周年。注重发展职业教育和开展技能培训，举办全省第四届粮食行业职业技能竞赛，一批"粮工巧匠"脱颖而出，组队参加第五届全国粮食行业职业技能竞赛，取得 1 金 4 银 3 铜优异成绩。"三表率一模范"机关建设高点推进，湖南省粮食和物资储备局荣获"省直机关文明标兵单位""全省综治工作先进单位"和"全省安全生产工作优秀单位"等称号，绩效考核成功进入省直经济部门绩效评估第二梯队。

湖南省粮食和物资储备局领导班子成员

张亦贤　原党组书记、局长（2019 年 12 月调离）

陈冬贵　党组书记、局长（2019 年 12 月任职）

周　辉　党组成员、副局长

刘初荣　党组成员、副局长

熊小兰　一级巡视员（2019 年 5 月任职）

（撰稿单位：湖南省粮食和物资储备局；撰稿人：任乐农；审稿人：覃世民）

2019 年 8 月 1 日，湖南省委书记、省人大常委会主任杜家毫（左二）到湖南省粮食和物资储备局调研。

2019 年 11 月 20 日，国家发展和改革委员会党组成员，国家粮食和物资储备局党组书记、局长张务锋（左）带队到湖南调研督导粮食和物资储备工作，与湖南省委副书记、省长许达哲（右）进行会谈。

2019 年 9 月 11 日，湖南省环洞庭湖地区稻米产业联盟正式成立。

广东省   基本情况

广东省北枕南岭，南临南海。全省总面积 18 万平方千米。2019 年末，全省常住人口 11521.0 万人，比上年末增加 175 万人，其中城镇常住人口 8226.0 万人，占常住人口的比重（常住人口城镇化率）为 71.4%，提高 0.7 个百分点。经国家统计局统一核算，2019 年广东省实现地区生产总值（初步核算数）107671.1 亿元，增长 6.2%。人均地区生产总值 94172 元，增长 4.5%。全年全省居民人均可支配收入 39014 元，增长 8.9%。按常住地分，城镇常住居民人均可支配收入 48118 元，增长 8.5%；农村常住居民人均可支配收入 18818 元，增长 9.6%。广东是全国第一常住人口大省、最大粮食主销区。2019 年，广东粮食作物播种面积 2160.6 千公顷，增长 0.4%；粮食产量 1240.8 万吨，增长 4.0%；全省粮食消费量约 5125 万吨；粮食自给率约 24%。当年粮食产不足需 3884.2 万吨，与粮食净购入量基本相等，实现了粮食供需平衡。全省全年粮食市场供求和价格总体平稳，流通顺畅有序。2019 年底，广东省省级重要物资储备包括救灾物资、药品、冻猪肉、化肥和食盐等。按照省应急管理厅动用指令，广东省粮食和物资储备局分批次紧急调运棉被 4600 床、毛毯 1000 床、棉大衣 1000 件、帐篷 1550 顶等物资支援河源、佛山等地，并前置一批物资到多灾易灾地区。分别于 2019 年 8 月、中秋、国庆时段向市场投放 3 批省级储备冻猪肉 3780 吨。

2019 年工作

一 粮食安全各级政府责任制扎实落实

2018 年度粮食安全省长责任制考核（以下简称"国考"）成绩，广东省获"优秀"等级，"国考"实施以来实现"三连优"。马兴瑞省长主持召开省政府常务会议，专题研究全省粮食安全体系建设问题。广东省政府召开协调会推进"国考"指标落实。广东省粮食和物资储备局每年初均召开考核推进会，省粮食安全责任考核工作组各成员单位通力协作、密切配合，圆满完成各项工作任务。经广东省政府审定，中山、湛江、佛山、东莞、深圳、惠州、江门、汕尾 8 市 2018 年度"省考"为优秀等次，其中深圳、佛山、惠州、中山 4 市连续 3 年优秀。

二　政策性粮食大清查圆满完成

广东省政府高度重视政策性粮食大清查工作，马兴瑞省长研究部署，省政府领导 8 次作出指示批示，省、市、县建立部门联席会议制度，省与各市政府签订责任书，层层压实责任。出台实施方案、质量检查方案及督导工作方案，分级培训动员 2900 多名业务骨干。优化数据报送形式，切实为基层减负。严格按要求完成企业自查、省市普查、层级督导、总结整改等各阶段工作，坚持做好"回头看"，对发现问题绝不放过，彻底整改到位。强化大清查工作的公信力，邀请人大代表、政协委员、第三方机构进行监督。深圳、茂名等市强化激励，将问题整改情况与企业储备费用补贴挂钩。通过大清查，全面摸清查实了广东省的库存"家底"，全省政策性粮食数量真实、质量良好、储存安全。

三　地方储备粮安全管理进一步加强

贯彻落实中央文件精神和广东省委、省政府领导批示精神，研究进一步加强全省地方粮食储备安全管理的意见，提出完善管理体制和运行机制的一系列重要措施。进一步强化储备粮管理，对接市场需求，持续优化全省储备粮品种结构，增加成品粮储备。推进完善地方储备粮管理制度，修订《省级储备粮动态管理的实施细则（暂行）》，引入第三方机构开展储备费用审核。各市持续加强地方储备粮工作。佛山市建立市级储备粮油联审会议制度。广州、东莞等市稳步推进集约化规模化储存，取得初步成效。

四　粮食宏观调控及时有效

经广东省政府同意，印发实施《广东省稻谷最低收购价执行预案》，切实保障种粮农民利益。深化龙粤粮食对口合作，优化省级异地储备运作机制，双方粮食部门签署《战略合作框架协议》，续签《关于建立广东省省级储备粮（黑龙江）异地储备合作协议》，得到广东省政府领导的充分肯定。在佛山市举办全省粮食应急和物资储备管理培训暨省市联合粮食供应保障和质量安全事故应急演练，广东省粮食和储备局及中山等市制定突发事件防范应对规程，预警应急能力不断提升。

五　粮食产业高质量发展加快推进

马兴瑞省长、叶贞琴常委、张虎副省长先后多次对粮食产业发展作出批示，广东省政府常务会议专题审议《关于加快我省粮食产业高质量发展的汇报》，要求建立广东省粮食全产业链发展工作协调机制，高规格统筹推进粮食产业发展。广东省粮食和物资储备局牵头开展粮食产业发展系列专题调研，研究起草《关于坚持以高质量发展为目标加快建设现代化粮食产业体系的实施意见》。着力推动"优质粮食工程"建设，印发实施专项建设方案和项目管理暂行办法，全省 64 个建设项目已完工 42 个，3 个子项带动效应得到充分发挥。全省入统粮油加工企业年产值继续稳居全国前列、销区第一，粮油加工产业发展势头持续向好。

六　物资储备管理水平稳步提升

建立全省物资储备统计制度、第三方审核制度，出台省级救灾物资应急保障联动机制，优化省级化肥储备管理机制，省级短缺药品储备基本落实到位。开展全省救灾物资仓库建设调研，推进省重点物资储备保障基地项目建设。做好冻猪肉储备收储投放，向市场投放多批省级冻猪肉储备，增加重要时间节点市场供给。广州、珠海、惠州、中山4市冻猪肉储备数量分别为省下达规模的208%、124%、170%和140%。加强救灾物资管理，前置一批物资到多灾易发地区，紧急调运多批救灾物资支援河源、佛山等地。广州、汕头等市推进成立粮食和物资储备管理有限公司，江门市建立救灾物资信息管理系统，通过APP实现出入库登记、调拨审批、统计查询等。

七　粮油仓储设施建设与科技发展快速推进

基础设施建设稳步推进，2019年争取中央资金1.31亿元，建设仓容52万吨，全年完成投资20.9亿元。开展全省政策性储备粮库点情况调查，统筹规划仓储设施建设，制定淘汰、集并、功能提升方案。全省144个粮库智能化项目已施工完成120个，正在施工24个，省粮库智能化管理平台和智能粮库管理系统软件开发项目通过初步验收。印发实施《广东省"等级粮库"评定指导意见》，首批21家粮库被授予"AAA级粮库"称号，27家粮库被授予"AA级粮库"称号，2家粮库被授予"A级粮库"称号。开展科技成果、科研团队、科研机构与企业"三对接"活动。组织开展高大平房仓智能化控温储粮关键技术与示范等科研课题，全省粮油仓储科技应用与创新能力持续增强。

八　安全储粮和安全生产形势持续稳中向好

推进安全生产隐患排查整治和风险隐患辨识体系建设，制定安全生产检查计划，出台安全生产和安全储粮检查指引，指导各地开展安全生产监督检查，推进安全生产管理机制完善。加强安全生产宣教演练，强化安全生产培训和警示教育，部署推进安全生产综合应急演练，全面提高从业人员安全生产技能和应急管理水平。

九　党的建设和人才队伍建设成效明显

认真开展"不忘初心、牢记使命"主题教育，以政治建设为统领，党建业务融合呈现新气象。坚持边学边查边改，把主题教育成效体现到增强党性、提高能力、改进作风、推动工作上。围绕加强粮食和物资储备体系建设等主题，局领导分别带队赴省内外开展主题教育调研暨"深调研"，形成7篇有质量的调研报告。围绕"着力破解两张皮、提升支部组织力"推动基层党建工作，进一步提高了党建工作质量。组织参加第五届全国粮食行业职业技能竞赛决赛，获得两银一铜的好成绩，新增2个全国粮食行业技能拔尖人才工作室项目、3个广东省粮食行业省级技能拔尖人才工作室项目，高技能人才队伍进一步扩大。

广东省粮食和物资储备局领导班子成员

肖晓光　党组书记、局长（2019 年 10 月任职）
蔡木灵　原省发展和改革委员会副主任、党组成员，省粮食和物资储备局党组书记、局长（2019
　　　　年 4 月，免去省粮食和物资储备局党组书记职务；2019 年 5 月，免去省发展和改革委
　　　　员会副主任、省粮食和物资储备局局长职务）
吴津伟　党组成员、副局长
林善为　党组成员、副局长
邢卫华　党组成员、副局长
邵信辉　一级调研员（2019 年 6 月任职）

（撰稿单位：广东省粮食和物资储备局；撰稿人：杨雪丽；审稿人：肖晓光）

2019 年 3 月 29 日，广东省政府在广州召开全省政策性粮食库存大清查工作电视电话会议，部署全省政策性粮
食库存大清查工作，广东省副省长张虎（主席台中）出席会议并讲话。

2019 年 6 月 11 日，广东省粮食和物资储备局接到省应急管理厅调拨救灾物资指令后，立即从省救灾物资储备粤东仓库调拨棉被等救灾物资，全力支援连平县应对洪涝灾害。

2019 年 12 月 3 日，广东省粮食和物资储备局在佛山市举办全省粮食应急和物资储备管理培训班，联合佛山市人民政府开展 2019 年省市联合粮食供应保障和质量安全事故应急演练。

广西壮族自治区   基本情况

2019 年，广西壮族自治区生产总值（GDP）21237.14 亿元，按可比价计算，比上年增长 6.0%。其中，第一产业增加值 3387.74 亿元，增长 5.6%；第二产业增加值 7077.43 亿元，增长 5.7%；第三产业增加值 10771.97 亿元，增长 6.2%。第一产业、第二产业、第三产业增加值占地区生产总值的比重分别为 16.0%、33.3% 和 50.7%，对经济增长的贡献率分别为 15.2%、32.5% 和 52.3%。按常住人口计算，全年人均地区生产总值 42964 元，增长 5.1%。全年全区粮食种植面积 2747 千公顷，减少 55.1 千公顷。粮食总产量 1332 万吨，减少 40.8 万吨，减产 3%。其中，春收粮食产量 20.0 万吨，减产 6.1%；早稻产量 452.6 万吨，减产 3.8%；秋粮产量 859.4 万吨，减产 2.5%。全年谷物产量 1259.1 万吨，减产 2.8%。其中，稻谷产量 991.9 万吨，减产 2.4%；玉米产量 261.2 万吨，减产 4.5%。油料产量 71.63 万吨，增产 7.5%。全区国有（控股）粮食经营企业和重点非国有粮食经营者、转化用粮企业总购进粮食 2287 万吨（贸易粮，下同），下降 19.2%，其中从自治区外采购粮食 1640 万吨（含进口 777.4 万吨，下降 26.66%），下降 19.41%；粮食总销售 1114.3 万吨，下降 16.29%；转化用粮 1029.8 万吨，下降 17.09%。全区入统国有粮食企业 328 家，从业人员 7151 人。全区国有粮食企业实现营业总收入 71 亿元，利润总额 1.26 亿元，分别增长 26%、45%，均超额完成年度目标任务。

2019 年工作

一   粮食流通和物资储备

一是粮食安全行政首长责任制考核工作顺利完成。在 2018 年度国家考核中连续第三年获评"优秀"等次。完成自治区对设区市、各设区市对所属县（市、区）粮食安全行政首长责任制考核，召开落实粮食安全省长责任制情况新闻发布会。二是储备粮食订单收购计划完成较好。出台《关于印发稻谷目标价格补贴实施方案的通知》，明确稻谷目标价格补贴资金用于支持储备粮订单收购、优质稻品种推广试点以及实施稻谷生产者补贴。明确订单收购计划 80 万吨，安排稻谷补贴资金 2.5 亿元，按照"优粮优补"的原则在稻谷订单履约后，普通早籼稻每公斤补贴 0.20 元、优质稻 0.38 元，保护其种粮积极性。2019 年全区收购储备粮订单粮食 75.09 万吨，完成年度计划的 93.9%，其中北海、防城港、崇左 3 个设区市和宾阳、港南、港北、陆川等 25 个县（市、区）100% 完成收购计划，无"打白条""卖粮难"现象。三是粮食购销市场保持平稳。鼓励和引导各类粮食企业按照随行就市、自主经营、自负盈亏的原则，积极开展市场收购。积极组织参加中国粮食交易大会、全国公益性饲料粮专场交易会、广西名特优农产品交易会、中国东盟博览会农业展等大型展会，按照"市场主导、企业运作"的原则，与粮食主产区辽宁省签订 120 万吨粮食产销合作协议，建立长期稳定的产销合作关系；加强与铁路、交通运输部门协调，巩固粮食运输工作沟通机制，确保广西外采粮食运力满足需要。南宁国家粮食交易中心电子竞价销售成交 79.98 万吨，成交金额 15.76 亿元，为促进全区粮食市场平稳运行发挥应有作用。四是地方储备粮油品种结构进一步优化。全区各级储备粮共轮入 134.6 万吨，轮出 138.1 万吨。采用半动态轮换方式销售储备优质稻 25.5 万吨。优质稻储备增加至 50 万吨，玉米储备增加至 45 万吨，食用植物油储备规模增加至 2 万吨，储备结构适应城乡居民口粮结构，为社会稳定和经济建设创造更好的条件。五是应急救灾粮等政策性粮食供应到位。全区共确定粮食应急加工企业 260 个、粮食应急供应网点 1422 个、粮食应急储运企业 61 个、粮食应急配送中心 80 个，能够承担和完成粮油应急供应的各项任务。六是物资储备职能作用发挥有力。配合国家粮食和物资储备局完成中央救灾储备物资的调运移交接管工作；认真贯彻自治区猪肉保供稳价工作部署，全区落实生猪活体储备 31.5 万头、冻猪肉储备 10000 吨的任务，超额完成冻猪肉储备绩效考核任务，本级冻猪肉储备比上年增加 203.3%。认真做好动用出库方案，及时将储备猪肉出库投放到应急供应投放点。强化储备管理，顺利下达生活必需品 2000 万货值储备任务计划，圆满完成自治区本级矿泉水、方便食品、电筒蜡烛及电池等应急生活必需品储备任务。

二　粮食和物资储备改革

一是认真贯彻中央关于改革完善体制机制加强粮食储备安全管理的若干意见和广西壮族自治区领导同志批示精神，牵头起草广西壮族自治区具体贯彻措施，率先在全国出台实施意见。二是坚决贯彻落实中央和自治区机构改革决策部署，顺利完成猪肉、重要生活必需品、救灾物资、防汛抗旱物资储备职责的交接和机构、人员编制等移交划转工作，顺利组建广西壮族自治区救灾物资储备中心。如期完成自治区本级储备救灾物资、储备防汛抗旱物资、代储的中央应急救灾物资和防汛抗旱物资储备清点移交工作。结合机构改革需要，组织开展猪肉储备制度、猪肉储备管理办法、生活必需品储备管理办法等政策文件研究修订工作。三是扎实推进直属国有粮食企业管理改革。深化推动粮食储备改革发展，加快健全和完善企业监管机制，修改完善《广西壮族自治区粮食和物资储备局直属国有粮食购销企业目标管理考核办法》，制定出台《直属国有粮食企业工资决定机制改革实施办法（试行）》《监管企业负责人经营业绩考核暂行办法》，顺利完成直属 13 家国有粮食企业公司制改制工作，制定《广西壮族自治区储备粮管理集团有限公司组建方案》，加快推动广西壮族自治区储备粮管理集团有限公司组建各项工作。

三　粮食和物资储备监管

严格落实企业安全储粮和安全生产主体责任，以粮油仓储企业"星级粮库"管理为抓手，持续推进全区粮油仓储规范化、精细化管理。积极完善粮食经营主体、执法督查人员名录库和运用 12325 全国粮食流通监管热线，扎实开展粮食收购、粮食质量和猪肉、生活必需品储存监管和抽查，守住"两个安全"和"四条底线"。特别是坚决按照国务院大清查工作部署要求和陈武主席、方春明副主席批示指示精神，认真组织开展全区政策性粮食库存大清查。全区共检查 249 家企业、521 个库点、5901 个仓房（货位，其中有粮的 4116 个）；组织 225 名扦样人员分成 75 个扦样小组开展粮食质量扦样，共扦取 3003 份样品进行粮食质量检验监测。国家检查组抽查认定：广西壮族自治区严格按照国家和自治区政府制定的大清查实施方案要求，认真组织开展企业自查、市级普查和自治区级抽查工作，对发现的问题及时进行整改，高标准抓落实。从随机抽查的结果看，广西壮族自治区库存粮食数量账账相符、账实相符，储粮质量良好、储存安全，仓储管理制度健全、管理规范。

四　粮食流通和物资储备体系建设

一是大力实施"优质粮食工程"。累计获中央财政补助资金 7.4 亿元，有力地推进了粮食产后服务、粮食质量安全检验监测和"中国好粮油"行动计划三个子项目建设。全区已建成粮食产后服务中心 50 个，完成农户科学储粮"小粮仓"14 万套并配送到村，新建和改造提升粮食质检机构 78 个，全州、武宣等 15 个示范县、重点支持县和广西粮食发展有限公司、国泰粮食集团和桂林力源粮油食品集团有限公司 3 家企业自治区级示范企业"中国好粮油"行动计划实施取得新成效。二是大力加快粮食流通基础设施建设。加快推动现代粮食仓储物流体系建设，广西（中国—东盟）粮食物流产业园区累计完成投资超 7 亿元，全州县桂北仓储物流中心项目正在加紧推进；粮库智能化升级改造项目基本完成，进入系统互联互通试运行阶段积极争取自治区发展改革委支持，申报国家发展改革委中央预算内投资项目 4 个，项目总投资 0.2 亿元，申请中央预算内资金 0.07 亿元。配合广西壮族自治区应急救灾物资储备中心理顺关系，争取国家粮食和物资储备局继续实施南宁中央级救灾物资储备库项目。广西工商职业技术学院筹措 1.2 亿元资金加快推进武鸣校区建设，广西工商技师学院梧州高新产业区新校区正式启用。2019 年全区粮食仓储设施建设完成投资 4.85 亿元。

五　产业发展

依托"优质粮食工程"载体，大力推进"广西香米"产业发展、打造"广西香米"区域公用品牌。优化储备粮品种结构，增加优质稻订单收购计划，在中央广播电视总台综合频道、新闻频道、《中国之声》播放"广西香米"宣传广告，积极组织参加各种粮油展示推介活动。注重粮食龙头企业培育扶持，开展"广西好粮油"产品遴选工作，广西香米产业联盟企业从 19 家增加到 25 家，引领各地企业积极参与打造"广西香米"品牌，"广西香米"品牌的知名度和竞争力不断提升。2019 年广西优质稻种植面积增加到 750 万亩以上，总产量 300 万吨左右，香稻的收购价比普通晚籼稻收购价高 30%，相比种植普通稻，农民的收益每亩平均可增加收入 300 多元。通过品牌效应带动，全区大米加工业也呈现出良好的发展势头，精炼食用植物油、粮食深加工产品、饲料加工业产量均实现较快增长。广西军粮供应有限公司"戍桂"牌蒲塘米粉通过我国香港标准及检定中心检验，取得进入我国香港市场的"入场券"，成为全区首批 30 个广西特产行销海外优质"正"印认证的产品之一。

六　党群工作

　　深入学习贯彻习近平新时代中国特色社会主义思想，坚定不移推进全面从严治党，坚持以党的政治建设为引领，坚持把"不忘初心、牢记使命"主题教育作为加强政治建设的重要载体，扎实开展"不忘初心、牢记使命"主题教育，举办专题研讨培训班、贵州遵义系统党性教育培训班和山东济宁干部政德教育专题培训班，不断增强党员领导干部坚决贯彻执行中央和自治区决策部署的能力。深入学习贯彻《中国共产党支部工作条例（试行）》，组织开展"党支部建设加强年"活动，持续推进党建工作创新，区局理论中心组学习、理论课题研究等工作被区直工委表彰。扎实开展"不忘初心、牢记使命"主题教育，先后组织4期读书研讨班，刀刃向内查找问题，开展"8+3"专项整治，制定64项整改措施，解决40多个具体问题，确保主题教育取得实效。主题教育工作多次得到自治区巡回督导组肯定，具体做法多次被自治区主题办工作简报和《广西日报》、广西电视台等主流媒体刊发播报。严格贯彻执行中央八项规定精神，开展"抓系统、系统抓"等专项治理，对4家单位开展政治巡察、对10家单位进行财务和经济责任审计。实施"人才兴粮、人才兴储"战略，出台激励干部担当作为5个文件，选派10名代表参加第五届全国粮食行业职业技能竞赛并荣获"优秀组织奖"，其中6名选手被授予自治区"广西技术能手"称号。认真推进领导干部能上能下和离退休干部工作，坚持为干部职工谋福利，努力做好后勤保障服务工作，局机关大院危旧房改造项目取得新突破。

广西壮族自治区粮食和物资储备局领导班子

吴宇雄　自治区发展和改革委员会党组成员，自治区粮食和物资储备局党组书记、局长

秦全贵　副局长、一级巡视员（2019年6月任一级巡视员）

林愈溪　党组成员、副局长

韦尚英　党组成员、副局长

李国平　党组成员、副局长

邱　东　二级巡视员（2019年6月任职）

（撰稿单位：广西壮族自治区粮食和物资储备局；撰稿人：韦思华；审稿人：吴宇雄）

2019 年 8 月 16 日，广西壮族自治区"优质粮食工程"建设现场推进会在广西全州县召开，广西壮族自治区人民政府副主席方春明（主席台左五）出席会议并讲话。

2019年6月21日，广西壮族自治区发展和改革委员会党组成员，广西壮族自治区粮食和物资储备局党组书记、局长吴宇雄（右一）率团参加第二届中国粮食交易大会，广西壮族自治区人民政府副秘书长文世峰（右二）到馆了解"广西香米"产品参展情况。

2019年11月12日，广西壮族自治区落实粮食安全省长责任制新闻发布会在广西新闻中心举行，广西壮族自治区发展和改革委员会党组成员，广西壮族自治区粮食和物资储备局党组书记、局长吴宇雄（中）出席。

海南省   基本情况

2019 年，海南省粮食种植面积 272.6 千公顷，粮食总产量 145 万吨。全省粮食总消费 454.1 万吨，其中，城乡居民口粮消费 194 万吨，食品及工业用粮 7.4 万吨，饲料用粮 252.3 万吨，种子用粮 0.4 万吨。居民消费口粮的中高档籼粳米、小麦粉和饲料用粮玉米基本依靠省外市场供给，全年省外购进和进口粮食 294.6 万吨，粮食自给率为 31.9%。

2019 年工作

一　提高政治站位，明确改革发展方向

按照海南全岛建设自贸区（港）、区划改革、新时代新战略的实施以及当前粮食流通工作面临的新形势、新要求，在深入调研的基础上，提出《海南自由贸易试验区（港）建设中粮食安全与发展的对策建议》，得到国家粮食和物资储备局与海南省委、省政府充分肯定；结合国家深改办关于改革完善体制机制、加强粮食储备安全管理的工作部署，制订《海南省粮食和物资储备局深化体制机制总体方案》，提出以深化粮食储备体制机制改革为核心，协调推进粮食行政管理、市场调控、质检体系、市场监管等各项改革，用 3 年时间，建立集约高效的粮食储备决策、执行、监督、应急机制，打造适应自贸区（港）建设的粮食流通管理体系的思路和措施，经七届省政府第 38 次常务会议及省委深改办审议通过。

二　多措并举，确保区域粮食安全

一是切实做好粮食安全省长责任制考核工作。牵头会同省直 14 个部门完成 2018 年度粮食安全省长责任制考核和粮食安全市县长考核工作，及时部署 2019 年度粮安考核工作，夯实区域粮食安全基础。二是抓好粮食收购。及时部署夏、秋两季粮食市场收购工作，指导各粮食收购企业积极入市收购。三是抓好全社会粮食统计和监测。认真执行粮食统计台账和统计报表制度，开展全省粮情监测周报，组织开展 2019 年度全省社会粮油供需平衡和乡村居民户存粮专项调查，掌握基础粮情。四是大力推进粮食产业发展。积极推动"优质粮食工程"，统筹海口、三亚、儋州、琼海、琼中 5 个市

县及省级的粮油质检机构购置检验仪器设备等体系建设，推进"中国好粮油"行动示范县澄迈县开展优良品种订单收购、建设示范基地等产业建设，夯实粮食安全产业基础；以第二届中国粮食交易大会为契机，开展"优粮优种，南繁硅谷"为参展主题的优质粮食产品推介，共推介了18家企业的优质粮食产品，推广粮食产业产品成果。五是搞活流通。组织粮食企业共110人参加省外优质粮油产品交易大会和粮油购销洽谈会，支持、引导和鼓励各类粮食经营主体开展省际粮食购销业务，全省省外购进粮食311万吨，有效满足了城乡居民粮食需求。六是完善粮食应急体系建设。及时更新粮食应急基础数据和情况，完善信息建设，切实服务应急保供。

三　加强猪肉储备监管及应急实施，确保市场供应

一是强化对代管企业的监督检查。开展储备企业巡查，公开招投标承储企业，及时做好储备公证检验和管理费补贴的拨补工作，适时调整生猪活体储备规模，确保了承储企业正常开展储备工作。二是做好冻猪肉临时收储工作。三是落实海南省委、省政府部署。制订《海南省省级冻猪肉储备应急保供投放实施方案》报经省政府批准实施，投放总量4224.42吨，投放分四批次进行，重点保障中秋节、国庆节、元旦、春节及旅游旺季，指导市县开展冻猪肉收储和应急投放工作，稳定猪肉供应市场。

四　强化储备粮监管，确保储粮安全

一是抓好储备粮轮换。依规确定储备粮轮换竞价交易底价，组织抓好省级储备粮的轮出销售和轮入采购工作，共召开14次储备粮竞价交易底价定价会，组织采购省级储备粮264880吨，销售276606吨、储备植物油2000吨，及时拨付省级储备粮保管费和轮换价差补贴1145万元。二是优化异地储备粮储存库点。将存储在大连北良港和河南新乡的异地储备逐步调整至吉林省和山东省储存。三是加强对市县级储备粮的指导监督。确保市县级储备粮数量真实、资金安全和质量安全。四是强化安全储粮。举办全省粮食行业安全储粮和安全生产培训班，增强行业管理人员储粮安全和安全生产知识水平和责任意识，抓好台风、汛期安全储粮，组织开展节日期间安全储粮和安全生产专项检查工作和全省粮食储备企业的安全储粮和安全生产隐患排查，督促企业整改，切实做好全省粮食安全生产和安全储粮工作。

五　强化监督检查，确保储备安全和市场流通正常秩序

一是加强监督检查力量。增设监督检查处，配备专职工作人员，明确监督检查职能。二是做好政策性粮食库存数量和质量大清查工作。认真落实国家统一部署，成立省级、市县级协调机制小组，由省政府分管领导亲自挂帅，分别与市县政府签订责任书，有序完成业务培训、分解登统、企业自查、省级统一普查、粮食质量抽检和大清查汇总上报等规定动作。先后组织3次督导检查，覆盖面占全省市县总数的67%，建立重要问题挂牌督办、通报、约谈和问责制度，督促落实各项整改措施，全省303个存在的问题，已完成整改255个，及时有效防范和化解安全储粮、安全生产等方面的隐

患。三是组织对 6 个市县相关企业进行夏粮收购专项监督检查，强化夏季粮油收购监管工作。四是开展 2019 年收获粮食质量安全监测和粮食流通环节质量安全的监管，做好政策性粮食出、入检验工作，严防重金属超标等质量不合格粮入库。五是落实省政府部署，配合做好"互联网＋"监管系统建设和推进工作，完善粮食经营者名录库和执法检查人员名录库，夯实"双随机一公开"监督检查工作基础。六是及时调查核实处理 12325 热线举报案件。

六　加强党风廉政建设，深入开展从严治党

一是强化政治统领，确保对党忠诚。树牢"四个意识"，坚定"四个自信"，坚决做到"两个维护"，认真学习《中共中央关于加强党的政治建设的意见》，认真学习习近平总书记关于加强党的领导的重要思想论述；加强"两个武装"，党组坚持带头学习，严格落实党组理论学习中心组学习制度；坚持对标对表，注重结合工作实际，对标习近平总书记"4·13"重要讲话和中央十二号文件关于建设海南自贸区（港）的战略决策要求，对标习近平总书记"中国人的饭碗任何时候都要牢牢端在自己手上"等重要指示批示精神，在落实粮食安全战略、全国政策性粮食库存大清查、推进自贸区（港）建设上展示政治态度政治担当。二是狠抓主题教育，夯实思想基础。做实教育方案、总体方案和分项方案相配套，规定动作和自选动作相结合；充实具体内容，全年组织专题学习 9 次，召开交流会 3 场、座谈会 15 场，观看教育片 8 部，配发学习资料 70 余套，4 名局领导分别讲授党课；结合专题民主生活会，扎实整改主题教育发现的问题。三是狠抓组织建设，筑牢战斗堡垒。建强基层组织架构，重新设立并选举产生新的机关党委，新成立和调整合并机关处室和直属单位基层党支部；落实标准规范制度；狠抓党员队伍建设；加强党务干部培训。四是狠抓机关作风，加强监督执纪。纪律教育经常，监督提醒及时，执纪问责从严。五是狠抓组织领导，推动党建落实，坚持把党建工作摆上重要议事日程，制定并签订"一岗双责"责任书，把责任压紧压实；制定多项制度、措施和方案，开创多种交流形式；融合抓、抓融合，逐步增强党建和业务结合意识。

海南省粮食和物资储备局领导班子成员

陈　宙　省发展和改革委员会党组成员，省粮食和物资储备局党组书记、局长
杨俊元　党组成员、副局长（2019 年 1 月任职）
符思法　党组成员、副局长
杨全光　二级巡视员（2019 年 6 月任职）

（撰稿单位：海南省粮食和物资储备局；撰稿人：于源；审稿人：谭大海）

2019年3月27日，海南省政策性粮食库存数量和质量大清查业务骨干培训班在海南海口召开，海南省粮食和物资储备局局长陈宙（主席台中）出席会议。

2019 年 6 月 21 日，第二届中国粮食交易大会在河南郑州召开，海南代表团成员在海南展区合影（右四为海南省粮食和物资储备局局长陈宙，右一为副局长杨俊元，左三为二级巡视员杨全光）。

2019 年 10 月 16 日，"2019 年世界粮食日和粮食安全宣传周活动" 主会场在海南三亚海棠水稻国家公园召开。

重庆市　　基本情况

重庆市位于中国内陆西南部、长江上游地区，面积 8.24 万平方千米，辖 38 个区、县（26 区、8 县、4 自治县）。2019 年，全市常住人口 3124.32 万人，比上年增加 22.53 万人，城镇化率为 66.8%，比上年提高 1.3 个百分点。2019 年全市地区生产总值 23605.77 亿元，比上年增长 6.3%。其中，第一产业增加值 1551.42 亿元，增长 3.6%；第二产业增加值 9496.84 亿元，增长 6.4%；第三产业增加值 12557.51 亿元，增长 6.4%。按常住人口计算，全市人均地区生产总值 75828 元，比上年增长 5.4%。全年粮食播种面积 199.9 万公顷，粮食产量 1075.2 万吨（其中：稻谷 487 万吨、小麦 6.91 万吨、玉米 249.54 万吨），比上年减少 0.39%。全市油菜籽播种面积 25.5 万公顷，油菜籽产量 50 万吨，比上年增长 2.88%。

2019 年工作

一　思全局，深入贯彻落实习近平总书记关于粮食安全重要论述

扎实开展"不忘初心、牢记使命"主题教育。紧扣学习贯彻习近平新时代中国特色社会主义思想主线，系统学习"不忘初心、牢记使命"主题教育内容，组织党员干部谈体会、写心得。组织参观党史教育基地、廉政教育基地，开展粮食质量安全开放日、粮食科技活动周、粮食科技进军营、粮食安全宣传周等活动，强化主题性、深化教育性，突出活动效果。在主题教育活动成果基础上，加强党风廉政工作力度，突出对党员干部的作风要求，筑牢行业内党员干部的思想防线。围绕习近平总书记关于"确保国家粮食安全，把中国人的饭碗牢牢端在自己手中"的重要论述精神，有关负责同志结合日常工作，为全系统机关干部讲解专题党课，突出"深化改革、转型发展"年度主题，宣传安全稳定廉政"三条底线"，增强保障粮食安全责任意识。

二　谋大事，筑牢粮食安全保障基础

一是扎实开展粮食安全省长责任制考核。坚持以粮食安全考核统筹各项粮食工作。高标准、严要求完成 2018 年度省级自查自评和自查报告、信息上报等工作，自评得分 99.3 分，并顺利通过国家

粮食安全省长责任制实地抽查考核。区县考核综合平均得分 94.69 分，90 分以上区县数量占比同比提高 16.7 个百分点。建立长效机制，狠抓问题整改，加大区县实地考核问题跟踪，继续将 2018 年度问题整改纳入 2019 年度考核。二是从严开展政策性粮食库存大清查。建立全市粮食库存大清查工作协调机制，认真组织全面清查，如期完成清查任务，切实摸清政策性库存粮食数量和质量底数，建立全市粮食库存数据库。经检查，账实相符、账账相符、财政拨付到位、库贷相符，质量达标率 97.2%、品质宜存率 98.5%、轻度不宜存率 1.5%。三是扎实推进优质粮食工程项目建设。抓紧牵头对优质粮食工程三年实施方案进行优化，内容包括建设完善项目管理制度，调整优化项目建设内容和新建大米加工项目。继续对 2017 年度实施的 45 个项目中的 41 个优质粮食工程项目（总投资 45250 万元）开展有关检查验收工作，包括 6 个区县、5 家市级企业实施的产后服务体系建设、"中国好粮油行动" 2 个子项的项目。对 2018 年度已批复的 65 个项目（总投资 60052 万元）中的 23 个项目进行调整优化和批复。对 2019 年度实施项目的申报工作进行部署，对 2019 年度优质粮食工程第一批项目（总投资 23051 万元）进行批复。四是加强地方储备粮管理。合理优化粮食储备品种、数量和区域布局，充分发挥地方储备稳市场、保应急、守安全的 "第一道防线" 作用。有序实施年度轮换，把握市场动态和轮换节奏，在 2019 年 12 月底全面完成轮换任务。加强成品粮储备管理，建立成品粮季度检查工作机制，增强应急保障加工、网点等建设，全面提升应急保障能力。

三　抓改革，理顺粮食流通管理体制机制

一是完成粮食行政机构改革。粮食行政管理职能从商务委转隶至发展改革委。理顺市级储备粮管理体制，组建新的市储备粮公司，承担政策性粮食储备职能，作为市属国有重点企业管理。持续投资 7200 万元，初步建成 "1+3+X（30）" 的粮食质量安全检验监测体系。通过国家 "优质粮食工程" 粮油质检体系项目建设，投入中央和市级财政资金 3600 万元，用于 3 个粮油质检站的基础设施提升和检测设备购置；投入 3600 万元对 30 个企业质检室进行规范化达标创建并配置重金属快检设备，提升粮食质检能力。二是加强粮食流通领域人才技能培训。举办粮食仓储管理和安全生产培训、全市质检机构及仓储企业质检人员培训、粮食财会专题培训、第五届全国粮食行业职业技能竞赛参赛人员集训等，邀请行业专家授课，不断提升基层粮食从业人员的业务水平。

四　促发展，推动粮食流通工作上新台阶

一是促进粮食产业经济发展。推进粮食产业园区建设，打造江津德感食品园、九龙坡白市驿粮食物流园、涪陵蔺市粮食港口物流园等产业发展集群。积极参加第二届全国粮食交易大会，交易会上成交粮油机械 163 套，成交金额 1456.78 万元；批发市场网上成交平台 31.9 万吨；线下意向性签约采购 10 万吨。指导筹办第七届中国（重庆）粮油食品博览会，吸引 200 余家国际国内相关粮油采购商到会进行现场贸易洽谈，有效促进重庆与国内外粮商的合作交流。二是推进粮食流通基础设施建设。加大对粮库建设的督查力度，协调解决项目建设中遇到的重大问题和困难，加快项目建设和中央预算内资金支付进度，督促指导 "粮安工程" 的 23 个粮食仓储项目分别完成主体工程、工程决算及审计、单项验收、竣工验收工作。积极争取 2019 年度中央财政资金 3300 万元，支持九龙坡、长

寿、云阳、秀山等粮食安全保障调控和应急设施项目建设，改善粮食仓储物流设施条件。三是加快科技储粮技术应用。推广控温储粮技术，对248个仓间的稻谷或玉米，实施空调控温储粮78万吨，实施夏季谷物冷却机降温处理粮食12万吨，实施氮气气调储粮18万吨。科学合理配置科技储粮设备，综合运用横向通风"四合一"、屋顶隔热、谷壳压盖、门窗隔热、粮堆保冷、谷物冷却等新技术，培养专业仓储人才，形成系统性、标准化、规范化储粮技术，实现粮食储备软实力提升。

重庆市发展和改革委员会领导班子成员

郑向东　党组书记、主任（2019年11月任职）

熊　雪　原党组书记、主任（任职至2019年10月）

赵宝权　党组成员、副主任（2019年7月任职）

王志强　原党组成员、副主任（任职至2019年6月）

（撰稿单位：重庆市发展和改革委员会（粮食局）；撰稿人：张雷；审稿人：叶成礼）

2019年3月19日，重庆市发展和改革委员会党组成员、副主任王志强（右排左三）主持召开政策性粮食大清查市级领导小组成员单位会议。

2019 年 12 月 11 日，重庆市发展和改革委员会党组成员、副主任赵宝权（右排左二）调研重庆市储备粮公司。

2019 年 10 月 16 日，重庆市发展和改革委员会在合川区举办重庆市 2019 年世界粮食日和粮食安全宣传周启动仪式。

四川省　　基本情况

2019 年，四川省实现地区生产总值 46615.82 亿元，按可比价格计算，比上年增长 7.5%，增速比全国平均水平高 1.4 个百分点。其中，第一产业增加值 4807.24 亿元，增长 2.8%；第二产业增加值 17365.33 亿元，增长 7.5%；第三产业增加值 24443.25 亿元，增长 8.5%。全年粮食作物播种面积 627.9 万公顷，增长 0.2%；油料作物播种面积 149.5 万公顷，增长 0.3%。全年粮食产量 3498.5 万吨，增长 0.1%；其中小春粮食产量增长 0.8%，大春粮食产量增长 0.1%。经济作物中，油料产量 367.4 万吨，增长 1.3%。2019 年全省收购粮食 433 万吨，减少 95 万吨，其中：收购小麦 83 万吨、稻谷 281 万吨、玉米 56 万吨、其他 13 万吨。全年收购油菜籽 71 万吨，减少 8 万吨。全年销售粮食 1446 万吨，增加 171 万吨。其中：销售小麦 301 万吨、稻谷 608 万吨、玉米 363 万吨、其他粮食 175 万吨。全年销售食用植物油 230 万吨，增加 14 万吨，其中：销售菜籽油 133 万吨、大豆油 70 万吨、其他油 27 万吨。全省粮食应急供应网点 4103 个，日供应能力 9.6 万吨，应急加工企业 312 个，日加工能力 4.9 万吨，应急配送中心 248 个，日配送能力 3.1 万吨，设立国家级信息监测点 50 个，省级信息监测点 66 个。粮食行业机构 1888 个，其中：行政管理部门 139 个、各级粮食行政管理部门所属事业单位 87 个，全省国有及国有控股粮食企业 551 个，内资非国有粮食企业 1111 个，我国港澳台商及外商企业 46 个。粮食行业从业人员 101860 人，其中：公务员 1230 人、事业单位 785 人、企业经营管理人员 18395 人。全省国有及国有控股粮食购销企业总资产 296.5 亿元，其中：固定资产 61.7 亿元、流动资产 179.9 亿元。全省国有及国有控股粮食购销企业 2019 年实现营收 98.5 亿元，盈利 5664.1 万元。

2019 年工作

一　粮食调控

一是严格执行稻谷最低价收购政策。根据《做好 2019 年秋粮收购工作的通知》和《四川省超标稻谷收购处置实施方案》，坚持以市场化收购为主线，认真落实最低价收购政策，全力抓好粮食收购工作，切实保护种粮农民利益。起草有关粮食收购的信息稿件上报国务院。召开秋粮收购视频部署会议，11 月 4 日在 11 个市启动了稻谷最低收购价预案。广泛宣传收购政策，先后在《四川日报》《粮油市场报》等新闻媒体宣传报道秋粮收购工作。二是扎实抓好抢险救灾应急保供工作。全力应对自贡荣县、宜宾珙县、长宁等地区地震，保障粮食应急供应。调整完善粮食应急网点，进一步健全应急网络体系。组织全省粮食应急演练和培训工作，提高应急反应和指挥能力，演练预案被国家粮食和物资储备局作为参考。国家粮食和物资储备局两次调研指导粮食应急工作，多省组织调研组交流学习。三是积极开展产销衔接。扎实推进产销合作，组织全省 118 家企业 370 多人参加首届全国第二届粮食交易大会，与黑龙江、山西、陕西、甘肃、湖北等省签订粮食产销合作协议，为企业引粮入川搭建合作平台，保障四川所需粮源稳定。2019 年全省调入粮食 1760 万吨，其中铁路入川粮食 1632 万吨，比上年减少 13 万吨；铁路出川粮食 65 万吨，比上年增加 40 余万吨。研究制定了落实国家"北粮南运"政策方案，向国家争取向四川移库大豆 100 万吨，继续申请向四川安排移库玉米 100 万吨、小麦 50 万吨。

二　体制改革

一是改革完善地方粮食储备管理体制机制。省委第七次全面深化改革会议审议通过《关于改革完善体制机制加强地方粮食储备安全管理的实施意见》，研究制定细化方案，确保各项改革任务全面落实。二是大力推进《四川省粮食安全保障条例》立法。四川省政府第 24 次常务会将《四川省粮食安全保障条例》（以下简称《条例》）列入调研类立法项目。《条例》立法被纳入 2020 年四川省委常委会工作要点主要事项。经过咨询论证、调研起草等，形成了《条例》（草案代拟稿）。三是全面推进"放管服"改革。加快推进政府职能转变和简政放权，坚持新发展理念，以群众需求为出发点，以群众满意为落脚点，着力创新审批服务模式，不断推进行政许可办理流程、申请条件规范化标准化程序化精简化，严格执行"三个清单"制度并实施动态管理，全面落实"证照分离"改革要求，稳步推进"多证合一"等政府职能转变事项改革，做到了让"信息多跑路、群众少跑腿、最多跑一次"。省机关本级政务服务事项实现了线上线下均可办理，"最多跑一次"100%、"全程网办"100%。截至 2019 年底，全省有效粮食收购许可证 1694 个。四是粮食安全省长责任制考核工作突破创新。尹力省长专题调研粮食安全工作、主持召开粮食安全专题会议。省政府常务会审定通过《四川省2019 年度落实粮食安全省长责任制工作方案》，部署 22 项责任制重点任务。将粮食安全考核纳入四川省政府对市（州）政府目标管理，分值权重占 1.5%，考核"指挥棒"作用发挥更加有力。四川省粮食安全省长责任制落实情况连续三年被国家评为"优秀"等次。五是国有粮食企业改革持续深化。成都、自贡、泸州、德阳等地积极指导企业整合资源、搞活经营、降本增效。全省共有 327 户国有粮食企业享受印花税、房产税、城镇土地使用税免税政策，全系统免税企业户数逐年增加。全省国有粮食企业财务状况持续改善，连续 15 年实现统算盈利。

三　督查监管

一是加强粮食流通执法督查。按照"双随机一公开"监管要求，强化政策性粮食销售出库、夏秋粮油收购和超标稻谷处置执法督查。2019 年全省开展各类粮食流通监督检查 7189 次，检查粮食企业

11522 个次，查处违法违规案件 153 例，维护了粮食流通市场秩序，切实保护了种粮农民利益，保障国家强农惠农政策落地落实。二是圆满完成政策性粮食库存数量和质量大清查。各级财政共安排大清查经费 2564 万元，全省组织检查人员 5000 余人次，对全省 336 家企业、1040 个库点、8887 个仓间的 875 万吨库存粮食逐仓逐货位全面检查。结果表明，全省政策性粮食数量真实、质量良好、储存安全。运用省粮油监测站开发的信息化扦样系统，开展扦样、检验信息数字化处理试点，粮食检验信息化运用走在全国前列。各地认真抓好大清查发现问题整改，普查发现的 561 个问题全部整改完毕，一批长期困扰国有粮食企业发展的难题得到妥善解决。

四　物资储备

一是密切协同建章立制。制定出台《四川省省级调拨应急物资规程（试行）》，明确了调拨程序、方法，压实压紧了部门和库点主体责任，确保关键时刻调得动、运得出、用得上。二是取得了履行新职能的首考胜利。全省已有 19 个市（州）、131 个县（区、市）将救灾物资储备职能划转至当地粮食和物资储备部门，宜宾、广元、眉山、遂宁等市在职能划转、制度建设、储备网点、日常管理等方面走在了前列，粮食和物资储备系统加快融合，形成合力。在"6·17"长宁地震、威远地震和川东北以及乐山地区洪涝、阿坝州汶川泥石流等救灾物资应急保障工作中，先后 8 次向灾区紧急调运救灾物资 7.9 万件；向灾情多发易发区域前置调拨救灾物资 5.9 万件；筹集 16 万套、共计 100 车御寒物资发往全省各地，救灾物资保障能力经受住考验。三是积极争取国家项目物资。积极争取到国家支持代储中央救灾物资 20.4 万余件，占全国总量的 35%，价值达 4800 万元，占总价值的 37%。争取 14 个中央预算内救灾物资库建设项目，中央投资 4461 万元，资金和项目数量均为全国第二，是 2018 年资金量的 2.7 倍。

五　安全仓储建设

一是"粮安工程"建设。争取中央资金 4741 万元、新建仓容 20.5 万吨，新投入省级财政 4.9 亿元，规划建设和改造低温库仓容 194.7 万吨。全省实现科技储粮仓容达 70% 以上。印发《四川省绿色低温储粮技术研究汇编》，制定《四川省低温储粮技术操作规程》地方标准，市场监督管理局审批后印发实施。加快实现省级平台和涉粮企业的互联互通，逐步做到全系统"一张网"。二是健全质检体系。抓住"优质粮食工程"建设机遇，2017 年、2018 年投入近 3.4 亿元支持建设 51 个粮食质检体系项目；2019 年度"优质粮食工程"粮食质检体系建设投入中，省资金 11050 万元，支持建设 37 个粮食质检体系项目，覆盖省、市、县三级的全省粮食质量安全检验监测体系逐步构建，初步实现"机构成网络、监测全覆盖、监管无盲区"目标。三是深入实施"科技兴粮"。牢固树立绿色可持续发展理念，积极搭建科技创新平台，促进科技成果转化推广；组织全省各地持续开展低温储粮技术应用研究，并围绕绿色储粮、智能仓储、质量监测、储粮新技术、新材料、新产品等，进一步提高绿色储粮、科学保粮水平，示范带动粮食行业转型发展、创新发展、高质量发展。

六　产业发展

一是"川粮油"产业发展加力提效。深入推进"优质粮食工程",指导彭州市等 35 个县(市、区)规划建设 70 个粮食产后服务中心项目点,新增大竹、三台 2 个县开展"中国好粮油"四川行动示范。广汉市产后服务网络实现全域覆盖,南江县"长赤牌翡翠米"、宣汉县"桃花米"等一批特色品牌做强做大。启动实施郫都区等 10 个粮油产业高质量发展示范县,打造一批高质量发展示范典型。2019 年全省入统粮油工业总产值突破 2000 亿元。二是深入实施"天府菜油"行动。完成"天府菜油"商标注册。组织 15 家川内骨干油脂企业成立产业创新联盟。发布实施首批 5 项标准和规范。在央视、首都机场、双流机场等媒介投放广告宣传,通过西博会、中国粮食交易大会等国家级展会举办 5 次主题展。开展"天府菜油·香飘九州"全国行,在北京、上海、重庆等 6 地举办"天府菜油"专题推介会,现场签约协议销售超过 3 亿元。南部县等 8 个县建设"天府菜油"原料基地,启动成都、德阳 2 个市油菜籽种植调结构试点。

七　人才队伍建设

着力培养优秀科技人才,宜宾市粮油质量监测站于加乾《基于物联网的库存粮食质量监测监管方法研究》项目,被国家粮食和物资储备局评选为第三批全国粮食行业技能拔尖人才和工作室项目;四川省粮校粮工专业教师汪军,被四川省委教育工委、四川省教育厅评为"四川名师";王建闯粮油保管员技能大师工作室,被人力资源和社会保障厅等 5 部门评为 2019 年度四川省技能大赛工作室;四川省粮油中心监测站杨军的《基于 GIS 系统的粮食质量安全风险监测系统研究》项目,试点运用到四川省粮食质量大清查扦样过程中。高质量完成全国先进推荐评选工作,推选了巴中市通江县铁佛粮站职工蒲丽蓉作为"身边的榜样"到北京做事迹报告。扎实开展粮食行业特有工种职业技能培训及鉴定工作,共有 185 名来自基层企事业单位的粮油仓储管理员和食品质量检验员通过考试,并获得相应职业等级证书。先后组织 410 余人次参加国家粮食和物资储备局、国家就业指导培训中心等举办的各类培训;参加第五届全国粮食行业职业技能竞赛,获得优秀组织奖;与人力资源和社会保障厅、四川省总工会联名成功举办第四届全省粮食行业职业技能竞赛,举办全省粮食和物资储备局"不忘初心、牢记使命"主题教育读书班,在全系统持续营造学的氛围、严的氛围、干的氛围,努力锻造忠诚干净担当的粮食和物资储备队伍。

八　党群工作

正风肃纪强党建。坚持以政治建设为引领,认真落实新时代党的建设总要求,持续推动党务与业务深度融合。扎实有序开展"不忘初心、牢记使命"主题教育,全局形成调研报告 25 篇,梳理问题 70 项,细化 180 条整改措施,推动 149 个检视问题全面整改,为不折不扣落实好党中央和四川省委、省政府各项决策部署提供了强有力的思想保证。持续正风肃纪,强化监督执纪问责,扎实开展"三项整治"和"以案促改"。深入贯彻国家粮食和物资储备局党组"两决定一意见",在全国粮食和物资储备系统"牢记初心使命推动改革发展"网上知识竞赛、演讲比赛中荣获优秀组织奖。

四川省粮食和物资储备局领导班子成员

张丽萍　党组书记、局长

王海林　党组成员、副局长

伍文安　党组成员、副局长

王青年　党组成员、副局长

周光林　党组成员、机关党委书记

（撰稿单位：四川省粮食和物资储备局；撰稿人：张弛；审稿人：柳易）

2019 年 9 月 10 日，四川省粮食和物资储备局局长张丽萍（左一）陪同四川省委副书记、省长尹力（左二）到成都市红星军粮供应站，调研粮食安全综合保障情况。

2019 年 6 月 21 日，第二届中国粮食交易大会期间，国家发展和改革委员会党组成员，国家粮食和物资储备局党组书记、局长张务锋（前排左）在"天府菜油"精品展示区巡展。

2019 年 11 月 19 日，由四川省减灾委主办，省应急管理厅、粮食和物资储备局共同承办的 2019 年冬向全省受灾困难群众发送御寒物资"启运仪式"在四川省救灾物资储备中心举行，图为整装待发的御寒物资。

贵州省　基本情况

　　2019 年，贵州省入统企业购进粮食 642.36 万吨，同比减少 11.43 万吨；累计销售 471.1 万吨，增加 8.38 万吨。全年入统企业累计从省外购进粮食 417.19 万吨，增加 0.34 万吨。2018 年度粮食消费总量 1549.1 万吨，其中，城镇口粮 209 万吨，农村口粮 436 万吨，饲料用粮 635 万吨，工业用粮 240.1 万吨（制酒用粮 201.3 万吨），种子用粮 29 万吨。产消缺口为 489 万吨，自给率 68.43%。全省纳入粮食企业仓储设施统计的粮食企业库区面积共 713.27 平方米，标准仓房总仓容 442.91 万吨，其中：完好仓容 396.71 万吨，占总仓容的 89.57%，完好仓容同比增加 23.16 万吨；油罐 685 个，罐容 43.19 万吨，增加 1.27 万吨；简易仓容 25.99 万吨，减少 8.46 万吨；配置环流熏蒸、粮情测控、机械通风、气调储粮等储粮技术的仓容覆盖面达到 60% 以上。全年粮油产业总产值 1268 亿元，增长 13%；传统粮油加工业总产值 164 亿元，减少 0.06%。2019 年入统企业 292 家，减少 11 家。2019 年全省产值上亿的企业已达 35 家，产值 1232 亿元。产品销售收入 1294 亿元，增加 210 亿元。利润总额 716 亿元，增加 137 亿元。全省粮食应急加工企业 207 个，应急储运企业 142 个，应急配送中心 120 个，应急供应网点 2500 个。全系统独立核算单位 673 个，在职职工 68148 人。其中，粮食和物资储备行政管理机构 98 个，在职职工 3875 人；事业机构 57 个，在职职工 2145 人；流通企业 234 个，在职职工 6305 人；加工企业 222 个，在职职工 11240 人；转化企业 62 个，在职职工 44594 人。

2019 年工作

一　加强粮食市场调控

　　全部省级储备粮和部分市县储备粮轮换已纳入贵阳国家粮食交易中心平台进行，实行公开公平公正竞价交易。截至 2019 年末，贵阳国家粮食交易中心组织具有轮换任务的 45 家省级储备粮油承储企业粮油销售专场 206 场，采购专场 101 场，成交 65.56 万吨（小麦 13.87 万吨、中晚籼稻 48.32 万吨、玉米 2.62 万吨、早籼稻 0.48 万吨、菜籽油 0.27 万吨），成交金额 16.06 亿元。采购节约成本 1240.8 万元；销售增加收益 560.4 万元。组织市县级储库粮食竞价交易专场 189 场，成交 20.67 万吨，成交金额 5.39 亿元。采购节约成本 745 万元；销售增加收益 611.6 万元。全年完成市场监测周报 52 期，月报 12 期。"江西好粮油赣粮行天下"2019 年江西省粮油精品推介会（贵州站）暨赣黔粮食产销对接会等相继召开。持续做好对玉米种植面积调减后的调查研究和分析研判，充分发挥市场配置作用，有效确保玉米市场供需平衡。全年入统粮食企业累计购进玉米 108.68 万吨，比上年减少 1.1 万吨。累计支出玉米 105.4 万吨，减少 2.27 万吨，年末玉米库存 10.58 万吨，增加 1.55 万吨，从省外购进玉米 92.35 万吨，增加 0.6 万吨，省内玉米市场实现供需平衡。出台《贵州省建立粮食储备管理库长制实施意见（试行）》和相关配套制度，构建齐抓共管、责任明确、协调有序、监管严格、运行高效工作格局。

二　发展粮油产业

推进"黔粮出山"，组织 73 家企业、150 个品牌、274 个系列产品参加第二届中国粮食交易大会，并举办"山地遍珍宝，贵州好粮油"专场推介会。现场成交量 6.05 吨，成交金额 24.74 万元。通过国家粮食电子交易平台线上成交 22.57 万吨，成交金额 5.52 亿元。在"粮油营养健康消费品鉴"专项评比中，打响了以"茅贡牌"茅贡米、"侗粮"牌锡利贡米为代表的生态黔粮品牌。实施优质粮油订单种植，下达优质粮油订单种植计划 750 万亩，带动农户创收 95 亿元。实施好粮油行动计划，组织对第一、二批"贵州好粮油"产品开展质量抽检，开展第三批"贵州好粮油"评选工作，2019 年推出 5 个"贵州好粮油"产品。发展特色粮油产业，加快产业结构调整，做强做优粮食实体经济，推动产业链、创新链、价值链"三链协同"发展。贵州食品工程职业学院与清镇市人民政府、贵州黔菜出山餐饮管理有限公司等共建黔菜学院、黔菜研究院，与兴仁市人民政府合作成立薏仁米研发中心，与清镇市人民政府、贵州沃涵餐饮管理有限公司合作组建贵州食品工程职业学院乡村振兴研究院，产学研融合发展步伐加快。

三　实施优质粮食工程

深入实施"优质粮食工程"，项目总投资 21.7 亿元，国家支持 6.51 亿元，中央资金和省级配套资金已下达市州。规范项目管理，保障有序实施，制定 3 个子项管理办法及资金管理办法，明确标准规范、品牌培育、宣传引导、项目实施等要求。为助推农村产业革命，联合林业部门选择天柱、玉屏等 9 个县作为"中国好粮油"行动油茶产业示范县整体推进。"优质粮食工程"粮食质量安全检验监测体系项目争取专项资金 5400 万元，其中中央资金 1680 万元，省级财政匹配资金 3720 万元，用于贵州省国家粮油质量监测中心（贵州省粮油产品监督检验站）、毕节国家粮食质量监测站、黔东南国家粮食质量监测站、黔西南国家粮食质量监测站 4 个国家粮食质量监测站能力提升和贵州省储备粮管理总公司项目建设，预计 2020 年底前完成。

四　强化粮食安全责任制考核

完成 2018 年度粮食安全省长责任制考核。国家通报 2018 年度贵州省粮食安全省长责任制考核结果为良好等次。经贵州省人民政府同意，省粮食安全工作考核小组办公室通报2018年度粮食安全责任制评议考核结果，遵义市、黔南州、安顺市、毕节市、六盘水市、贵阳市、黔东南州7市（州）人民政府评为优秀等次，黔西南州、铜仁市2个市（州）人民政府评为良好等次。抓好2019年度粮食安全省长责任制考核。制定2019年度粮食安全责任制"省考"目标任务49项，落实各级各部门粮食安全责任制主体责任主责意识，建立横向到边、纵向到底的考核工作责任机制。

五　开展粮食执法督查工作

加强对12325全国粮食流通监管热线的运行和维护，完善结案审核管理制度，规范线索核查，做到办结案件流程规范、定性准确、处理及时。贵州省12325平台接到涉粮问题举报和投诉案件5件，已办结5件，结案率100%。按照"双随机一公开"要求，开展粮食收购、储存、加工、销售及运输环节质量监管，突出抓好粮食收购资格核查、夏秋粮油收购检查、政策性粮食销售出入库检查、粮食统计制度执行情况检查、"放心粮油"专项检查等重点，有效防止不符合粮食质量卫生安全标准的粮食流入口粮市场。按照"逢仓必查"的要求开展政策性粮食库存数量和质量大清查，完成全省政策性粮食246个承储库点、1309个仓（货位）、1520个粮食样品的质量扦样检测。企业自查覆盖面和地方政府普查覆盖率双双达到100%。经查，各类政策性粮食库存数量真实、账实相符；粮食质量达标率90.83%，储存品质宜存率91.6%，库存粮食质量总体宜存、储存安全。清查工作质量高、检验检测进度快、试点工作效果好，被国家粮食和物资储备局评定为全国政策性粮食库存数量和质量大清查先进单位。

六　推动粮食行业信息化建设

推动"粮安工程"粮库智能化升级改造项目，着力推动贵州省粮食行业信息化省级管理平台（以下简称"平台"）建设，平台依托"云上贵州"，建设内容包括1个平台、9大系统、30个子系统，简称"1930"。平台面向省、市、县粮食和物资储备行政管理部门、各类涉粮企事业单位、售粮农民和消费者提供全方位服务，打造贵州省粮食和物资储备行业的"数据管理中心、决策指挥中心、市场监测中心、社会服务中心"。截至2019年末，平台已基本完成建设，通过了专家的初步验收，进入试运行阶段。平台与国家粮食和物资储备局实现数据能共享、视频能看见的"一整两通"，提高库存动态的远程监管，及时准确掌握全国、全省库存动态。

七　加强职工队伍建设

深入学习习近平新时代中国特色社会主义思想、党的十九大精神和习近平总书记在贵州省代表团重要讲话精神，举办专题讲座3期。组织开展全省粮食和物资储备行政管理人员培训班，各市（州）及贵安新区粮食和物资储备行政管理部门分管领导、业务科室负责人及工作人员、"中国好粮油"示范县粮食和物资储备行政管理部门相关负责同志共48人参加培训，为粮食和物资储备事业发展提供了坚强的人才保障。按照各级各部门培训安排，选派人员参加培训7人次。举办贵州省首届粮食行业职业技能大赛，搭建交流展示平台，选拔高技能人才，集中展示和检验全省粮食行业职业技能水平。完成粮食行业特有工种职业技能培训和考试工作 223 人。围绕家风家规、依法治国等主题，举办 2 期读书会，推荐必读书目 12 本。

贵州省粮食和物资储备局领导班子成员

张美钧　原省发展和改革委员会党组成员、副主任，省粮食和物资储备局党组书记（2019 年 3
　　　　月调离）

冉　霞　局长

章　萍　党组成员、副局长

龙　林　党组成员、副局长

鲁黔灵　党组成员、副局长

杨光荣　副厅级干部

（撰稿单位：贵州省粮食和物资储备局；撰稿人：骆婧、李玫静；审稿人：杨光荣）

2019 年 11 月 19~20 日，国家发展和改革委员会党组成员，国家粮食和物资储备局党组书记、局长张务锋（左四）
一行到贵州省调研粮食和物资储备重点工作，期间赴贵州食品工程职业学院实地调研。

2019 年 4 月 25 日，贵州省粮食和物资储备局局长冉霞（右三）到六盘水市调研粮油基础设施项目建设情况。

2019 年 6 月 22~24 日，贵州省组团参加第二届中国粮食交易大会，举办"山地遍珍宝，贵州好粮油"专场推介会，贵州省粮食和物资储备局局长冉霞做推介。

云南省 基本情况

　　云南省地处中国与南亚、东南亚三大区域的接合部，与越南、老挝、缅甸接壤，国境线长达 4060 千米，自古以来就是中国通往南亚、东南亚的重要门户。随着"一带一路"建设的深入推进，云南正由边疆地区成为中国对外开放的前沿和中心。全省土地面积 39.4 万平方千米，设 16 个州（市），129 个县（市、区），2019 年末全省常住人口数 4858.3 万。2019 年，云南完成地区生产总值 23223.75 亿元，其中，第一产业增加值 3037.62 亿元。2019 年全省财政总收入 4031.19 亿元，地方一般公共预算收入 2073.53 亿元，居民人均可支配收入 22082 元，其中，城镇常住居民人均可支配收入 36238 元，农村常住居民人均可支配收入 11902 元。2019 年，全省粮食产量 1870.03 万吨，比上年增长 5.6%，其中稻谷 534 万吨、小麦 71.9 万吨、玉米 920 万吨。从生产者购进粮食 111.31 万吨，粮食销售 495.57 万吨。粮食商品量 633 万吨，进口粮食 84.69 万吨。粮食消费量 2481.84 万吨，其中城镇口粮 348.19 万吨，农村口粮 632.95 万吨，饲料用粮 1218.79 万吨，工业用粮 228.01 万吨，种子用粮 53.9 万吨。全年铁路整车调入粮食 663.99 万吨，调出粮食 48.63 万吨。

2019 年工作

一　体制机制改革迈出新步伐

　　根据中央有关文件精神，不断完善储备粮管理体制机制，制定上报贯彻实施意见，提出与省情粮情相适应的政策措施建议。完善健全救灾物资储备管理的相关制度，进一步加强救灾物资管理工作。推进成品油、天然气、橡胶、化肥等重要战略物资储备的落实，着力构建政府储备与企业储备相结合的地方能源和重要物资储备体系。

二　应急调控能力得到新提升

　　全面落实地方储备粮 225 万吨储备任务，审定并新增 15 户省级储备粮承储企业。加强市场粮源组织调运，促进产销合作，各类粮油进场竞价交易 160.6 万吨。保障军需民食，开展重大节日前粮油市场巡查，确保粮油市场供应。强化救灾物资储备，接收新增代储中央救灾帐篷5000顶、棉衣被7万余件（套）；全省救灾物资保持五大类40余个品种的储备规模，年度采购补充2000万省级救灾物资，重点监测县帐篷、棉被、衣服等物资落实到位。落实应急供应网点1076个、应急加工企业420余家，粮食和物资储备行业安全应急保障能力不断提升。

三　粮食产业发展取得新成效

抓好粮食收购，出台稻谷最低收购价政策，引导多元主体入市收购。以"优质粮食工程"为抓手，培育粮食全产业链经营模式。坚持龙头带动，推动组建云南粮食产业集团有限公司，积极引入云天化、云南能投等省内大企业参与粮食全产业链建设。坚持项目推动，完善云南省优质粮食工程三年实施方案，总投资16.79亿元，争取中央财政补助5.05亿元的248个项目正陆续组织实施。坚持品牌引领，精心组织"中国好粮油"云南行动计划，积极支持粮油企业参与"绿色食品牌"打造，省内高原特色粮油产品市场占有率稳步提升。坚持园区发展，多产业融合、多业态聚集，多种功能的粮食工业园区初步形成。

四　行业依法监管展现新作为

强化粮食市场收购监管，坚决防止发生农民"卖粮难"。严密组织政策性粮食库存大清查工作，全省各州（市）抽调全省3375人全面完成清查库点519个、仓房货位5684个、粮食约343万吨。检查发现问题隐患共计1477项，问题整改完成率达97.06%。扎实开展粮食安全责任制考核工作，将全省16个州（市）和10家省级成员单位的考核结果列入全省"乡村振兴战略"综合考评，考评分值权重从往年的3%提升到了25%。深化"放管服"改革，在省级全面推行"一网通办""双随机一公开"监管。认真开展新收获粮食质量安全监测、质量调查和品质测报、"放心粮油"监督抽检等工作。

五　基础设施项目获得新进展

落实"一核、六圈、七线、八节点"粮食流通规划，建立重点项目储备库，认真组织项目网上申报。中央预算内6个粮食安全保障调控和应急设施项目总投资4.5亿元，争取中央财政补助6600万元；争取1785万元用于省级救灾物资储备库修缮改造。继续推进"粮安工程"维修改造项目、危仓老库维修改造项目、27个救灾物资储备仓库建设项目和粮库智能化升级改造项目的收尾工作。各州（市）高度重视项目建设，积极落实土地和配套资金等。

六　法规制度建设实现新突破

落实"以法治手段管粮管储"的工作理念，适应机构改革，加强制度废改立工作，制定出台《云南省粮食和物资储备局党组工作规则》等20余项内部管理制度，构建云南粮食和物资储备工作的"四梁八柱"。积极推进《云南省省级储备粮管理办法》修订工作，制定印发《云南省省级救灾物资管理办法》，粮食和物资储备行业法规体系初步成形。认真组织开展全员培训，强化库存安全管理和仓储规范化管理。持续开展粮食安全宣传周、粮食普法宣传等，切实在全社会树牢粮食安全理念。

| 七 | 坚持党建领航带来新气象 |

认真学习习近平新时代中国特色社会主义思想，扎实开展"不忘初心、牢记使命"主题教育，有效实施"基层党建创新提质年"和"云南模范机关"创建活动，再获省文明单位称号。强化机关党建，优化党组织架构，实现省局机关一个处室一个支部。全年完成局党组理论学习中心组集中学习9次，组织干部职工开展"万名党员进党校"培训，充分利用"学习强国""云岭先锋""云粮大讲堂"等平台创新学习方式，积极开展"微党课""书香机关、书香支部"等学习活动。结合主题教育狠抓专项整治工作。

云南省粮食和物资储备局领导班子

海文达　党组书记、局长
官悠房　党组成员、副局长
许建平　党组成员、副局长（2019 年 5 月调离）
龚国富　党组成员、副局长（2020 年 2 月调离）
王　江　党组成员（2019 年 5 月任职）
陆春涛　党组成员（2019 年 5 月任职）

（撰稿单位：云南省粮食和物资储备局；撰稿人：陆春涛、丁雪松；审稿人：海文达）

2019年5月25日，云南省常务副省长宗国英（前排中）到云南省救灾物资储备中心安宁仓库开展调研，云南省粮食和物资储备局党组书记、局长海文达（前排右）一同调研。

2019 年 2 月 21 日，云南省在昆明召开全省粮食和物资储备工作会议。

2019 年 9 月 29 日，云南省粮食和物资储备局召开庆祝中华人民共和国成立 70 周年和"不忘初心、牢记使命"主题教育总结会议。

西藏自治区　　基本情况

　　2019 年，西藏自治区实现地区生产总值 1697.82 亿元，同比增长 8.1%，人均地区生产总值 48902 元，增长 6.0%；居民人均可支配收入 19501 元，增长 12.8%，其中，城镇居民人均可支配收入 37410 元，增长 10.7%；农村居民人均可支配收入 12951 元，增长 13.1%。西藏自治区始终把维护国家粮食安全的政治责任扛在肩上，积极落实"藏粮于地、藏粮于技"战略，明目标、定措施、抓落实、强服务、紧督促，粮食生产能力持续稳定发展。全年农作物种植面积 404.66 万亩，其中，青稞面积 208.79 万亩、小麦面积 48.53 万亩、油菜籽面积 32.18 万亩；全年粮食总产量 103.92 万吨，其中，青稞 79.29 万吨。西藏自治区经济运行总体平稳，发展质量稳步提升，经济结构进一步优化，粮食安全有保障，人民生活福祉持续增进。

2019 年工作

一　严格落实粮食收购政策，农民种粮积极性提高

　　完善青稞收储制度，继续实施售粮大户奖励政策和青稞最低收购价政策，下发《关于做好 2019 年旺季粮食收购工作的通知》，积极落实粮食收购信贷资金，充分发挥国有粮食企业购销主渠道和引领示范作用，鼓励具备条件的多元主体入市收购。落实青稞最低收购价稳定在 3.9 元 / 公斤的水平，国有粮食企业切实履行收购政策执行主体责任，市场收购平均价格 4.23 元 / 公斤，有效发挥市场托底作用。通过开展订单收购、委托收购，青稞收购价保持在 4.4~5 元 / 公斤，青稞商品率逐步提升，粮食收购平稳有序。2019 年，全区各类粮油入统企业累计收购农民余粮 3.5 万吨，其中青稞 3.3 万吨，农民售粮收入达 1.4 亿元，日喀则市种粮农民售粮踊跃，单个售粮大户年售粮量近 8 万斤，创历史新高。

二　粮食宏观调控不断完善，粮食市场保持平稳有序

　　坚持问题导向，增强调控的前瞻性、精准性和实效性，为应急保供提供有力支撑。一是抓好粮

源组织和市场投放，及时组织适销对路的优质粮油投入市场供应，重大节日、重要活动期间西藏自治区粮食市场货源充足、品种丰富，价格平稳，2019 年西藏自治区从省外购入粮食 17.1 万吨，销售粮食 25 万吨。二是加强粮情监测预警，加大社会粮油供需平衡调查力度，强化统计分析研判，全面准确掌握市场行情，适时发布粮食流通统计信息，有效引导市场预期。三是深化粮食产销协作，积极推进青稞良种推广和粮食"双增"行动，出台《关于进一步促进粮食产销合作提高粮食安全保障能力的指导意见》，对粮食产销合作进行了顶层设计。四是加强粮食储备管理，完善《西藏自治区储备粮管理办法》，完成 0.875 万吨自治区储备原粮和 3.25 万吨成品粮轮换任务，保障了储备粮常储常新，下达了自治区储备粮保管费、利息补贴和轮换补贴等相关资金 11420.19 万元。

三　加强粮食流通市场监管，依法管粮管储实现新突破

坚持问题导向和底线思维，严格"一规定、两守则"各项要求，安全储粮和安全生产责任落到实处。创新实施涉粮企业信用监管，形成常态化监管。严格落实全面推进"双随机、一公开"和"互联网＋监管"，采取"四不两直"方式，加强对粮食收购市场的督导，开展青稞最低收购价政策执行情况检查，青稞商品粮源及转化能力调查，依规实施自治区动态应急储备粮管理考核。扎实开展政策性粮食库存数量和质量大清查工作，派出自治区级普查组 9 个，检查人员 79 人，检查承储企业 67 家、清查库点 65 个、货位 1067 个、粮食 21 万吨，扦取并检验粮食样品 304 份，扦取率达到 100%，提前 1 个月保质保量完成大清查任务，做到了有仓必查、有粮必查、有账必核、查必彻底、全程留痕，坚决杜绝了"盲区"和"死角"，全面摸清了全区政策性粮食库存家底，坚持问题导向，查清了库存管理方面存在的问题，认真落实问题整改，坚决堵塞漏洞，较好地完成了发现问题、排除隐患，补齐"短板"，提高管理的目的，确保了西藏自治区政策性粮食库存数量的真实性和质量的完好性。

四　严把粮食质量标准，优质粮油供给能力进一步提高

积极适应城乡居民膳食结构的转变，着力增加绿色优质、营养健康粮食及粮油产品供应。加强粮食市场和质量安全监测预警，有序推进 2018~2019 年度国家"优质粮食工程"检验监测体系建设，出台了《超标粮食处置管理办法》《粮食质量安全监管实施细则》，严把粮食质量源头关，严防不合格粮食流入口粮市场或用于食品生产经营。抓好粮食收购质量关，加强粮食质量调查和品质测报，入库粮食质量均达到国家规定的三等及以上标准。西藏自治区储备原粮和成品粮全部纳入监测范围，2019 年完成中央储备、地方储备库存粮油质量安全检验监测样品 491 份，检验结果粮食质量合格率和品质宜存率均为 100%。深入实施优质粮食工程，争取中央财政资金 1.17 亿元，重点推进粮油质检体系和"中国好粮油"示范县建设，有序推进桑珠孜区、江孜县、隆子县优质青稞基地建设。继续实施放心粮油工程，积极开展放心粮油进学校、进社区、进企业、进机关活动。开展"科技兴粮"推广应用和爱粮节粮宣传教育，积极营造良好的爱粮节粮社会氛围，加大节粮减损新设施、新技术、新装备推广使用，组织开展"10·16"世界粮食日、粮食科技宣传周及《中国粮食安全》白皮书等宣传活动，全方位、多角度展示保障国家粮食安全、高原青稞产业、放心粮油产品、爱粮节粮等方面取得的成效，活动制作宣传展板、条幅 100 余条，发放宣传刊、物 8000 余份，接受群众咨询 1500 余人次。

五 加强粮食流通和物资安全保障能力，应急保障基础不断夯实

一是强力推进粮食安全省长责任制落实。西藏自治区党委、政府切实扛稳粮食安全重任，主要领导亲自主持研究粮食产业发展工作，多次就粮食安全工作作出重要批示，粮安考核各成员单位主动做好职能划转和考核衔接，围绕重点考核内容，优化考核指标设计，合力推动各项工作要求落地落实，深入七地市实地考核粮食安全专员（市长）责任制落实情况，进一步传导考核压力，积极发挥考核指挥棒作用，粮安考核连续两年获评国家良好等次。二是物资储备体制机制改革取得新成效。顺利完成西藏自治区层面粮食和物资储备机构改革，选优配强局领导班子，职责有序交接、工作平稳过渡。积极指导属事业单位改革和地市机构改革，聘请第三方清查中央和自治区级救灾物资，完成人员转隶和资产移交，推进食糖储备职责划转。着力构建与西藏自治区发改、民政、应急、能源等部门及中储粮西藏管理办的联动机制，规范自治区级应急救灾物资移交、调拨原则和流程。三是建立健全粮食和物资应急保障体系。修改完善《西藏自治区粮食和物资应急预案》《西藏自治区救灾物资调拨规定（试行）》，进一步优化央地两级储备粮协同运作机制，积极开展粮油应急供应网络建设，组织干部职工开展应急演练，及时启动物资应急响应，有效组织墨脱、错那地震和隆子、革吉等局部灾情的救灾物资供应，保障了受灾群众生命财产安全。四是深化国有粮食企业改革。以“提质增效”为引领，推改革、促转型，稳步推进国有粮食企业改革，积极做好西藏农牧产业投资集团资产划转、整合重组、中储粮央企入藏项目落实等工作，支持西藏农牧产业投资集团加快青稞产业发展，推动青稞精深加工等产业建设项目落地见效。

六 基础设施建设有序推进，行业发展持续有力

一是推进粮食仓储设施建设。开工建设“十三五”规划项目 43 个，投资 2 亿元。截至 2019 年底，完工项目 42 个，新建仓容 11.52 万吨，累计完成投资 1.92 亿元，占总投资计划的 96%。西藏自治区财政安排资金 0.05 亿元，完成 8 个基层粮库维修改造。推进粮食行业信息化和应急救灾信息指挥平台项目建设。着力落实援藏项目，累计到位“十三五”援藏资金 0.65 亿元，认真实施人才兴粮战略，加强教育培训，稳定、用好现有人才，培训人才、挂职锻炼 422 人次。二是启动“十四五”规划编制工作。着眼补短板、谋长远，突出规划引领，厘清“十四五”行业发展规划思路，梳理“十四五”项目库，突出粮食安全保障、能源储备、救灾物资等基础设施的支撑作用。三是大力发展高原特色粮食产业经济。按照《关于深化粮食供给侧结构性改革大力发展高原特产粮食产业经济的意见》，认真落实自治区青稞产业发展部署，坚持以高质量发展为引领，以“五优联动”为抓手，积极实施“三链协同”，以“绿色优质”为导向，强配合，抓优质，立标准，树品牌，促进产业发展转型升级，确保高原特色青稞产业持续有力发展。科学合理规范青稞产业发展布局和发展措施，充分发挥财政资金优化配置和引导功能，撬动金融资本和社会资本投入力度，青稞产业发展后劲不断增强；组织青稞国家标准研讨会，扎实推进青稞国家标准修订；开展青稞地产产品调研和展示，在第二届中国粮食交易大会期间推介青稞系列产品，拓展产品区外销售渠道和知晓度；实施品牌经营战略，申请注册了“豁卡孜珠峰紫青稞”“日喀则青稞”“隆子黑青稞”等知名商标，对察隅大米和鸡爪谷等区域特色农作物进行了地理标识产品保护认证，拉萨啤酒、藏缘、圣露等全区驰名粮食加工转换企业商标品牌

和"拉萨净土""雪域金谷"等粮油类区域公用商标品牌在引领企业做大做强、推动区域经济发展方面发挥越来越重要的作用。

七　　坚持以政治建设为统领，党建业务融合呈现新气象

以深入学习贯彻习近平新时代中国特色社会主义思想为主线，扎实开展"不忘初心、牢记使命"主题教育，夯实"两个维护"思想基础，强化理论武装，锤炼忠诚品格，激发担当精神，增强宗旨意识，确保区党委、政府和国家粮食和物资储备局关于粮食和物资储备决策部署落地落实。坚持挺纪在前，严格落实民主集中制，严格执行"三重一大"决策程序和议事规则，及时研究部署党建、党风廉政建设和粮食流通重点工作，着力解决了一批制约粮食流通改革发展的现实问题。着力培养担当作为、干事创业干部队伍，大力培养选拔优秀年轻干部，不断为改革发展注入强大动力。抓好机关作风建设，健全廉政风险防控机制，强化廉洁教育和内控管理，持之以恒正风肃纪，有效整治形式主义、官僚主义问题，政治生态持续向善向好。召开现场会，认真落实新形势下干部精准驻村"七项重点任务"，着力解决群众最急最忧最盼问题。

西藏自治区粮食和物资储备局领导班子成员

苏园明　自治区发展和改革委员会党组成员，自治区粮食和物资储备局党组书记、副局长
徐　海　党组副书记、局长（2019 年 3 月任职）
达　拥　党组成员、副局长（2019 年 9 月任职）
郭晓虹　党组成员、副局长（2019 年 9 月任职）
边　增　党组成员、副局长（2019 年 9 月任职）

（撰稿单位：西藏自治区粮食和物资储备局；撰稿人：余潇涵；审稿人：强巴格桑）

2019年1月29日，西藏自治区粮食和物资储备局党组书记、副局长苏园明（左排右二）在驻村点萨迦县扯休乡赛贵村检查指导驻村工作并慰问驻村队员。

2019 年 4 月 2 日，西藏自治区粮食和物资储备局党组副书记、局长徐海（左一）陪同国家粮食和物资储备局执法督查局负责同志在林芝市波密县调研粮食流通和物资储备工作。

2019 年 10 月 16 日，西藏自治区粮食和物资储备系统组织开展 2019 年世界粮食日和全国粮食安全宣传周西藏自治区主会场宣传活动。

陕西省   基本情况

陕西省居于连接我国东、中部地区和西北、西南的重要位置。全省总面积为 20.58 万平方千米。全省有 10 个设区市和 1 个杨凌农业高新技术产业示范区。2019 年底，全省常住人口 3876.21 万。全年生产总值实现 25793.17 亿元，比上年增长 6.0%，人均生产总值 66649元，增长 5.4%；完成地方财政收入 2288 亿元，增长 2.01%；城乡居民人均可支配收入分别达到 36098 元和 12326 元，增长 8.3% 和 9.9%。2019 年，全省粮食作物播种面积 2998.92千公顷，下降 0.2%。其中，夏粮 1104.35 千公顷，下降 0.4%；秋粮 1894.57 千公顷，下降0.2%。主要种植小麦、玉米、稻谷，辅以各类杂粮。粮食总产量 1231.13 万吨，增长 0.4%（夏粮产量 420.31 万吨，减少 4.1%；秋粮产量 810.82 万吨，增长 2.9%）。其中小麦 382.04 万吨、玉米 609.58 万吨、稻谷 80.37 万吨、大豆 23.39 万吨、杂粮 135.73 万吨。

2019 年工作

一   粮食市场调控成效显著

认真做好收购任务分解、工作部署、政策宣传、监测分析等工作，定期发布粮食市场信息，持续提升为农服务水平，没有出现大面积农民"卖粮难"情况。全省各类粮食企业全年累计收购粮食751.5 万吨，销售粮食 1077 万吨，超额完成年度购销目标任务。针对省级储备粮管理中存在的问题，研究提出规划布局意见并组织实施。依托西安国家粮食交易中心平台，完成省级和市县级储备粮油轮换网上交易 20.41 万吨和 4.43 万吨，同比分别增长 18.5% 和 257.3%。强化粮食应急保供工作措施，对重要时段和重要时期市场供应工作做出安排部署，定期发布原粮和成品粮油市场价格，密切关注省内猪肉价格趋势，及时报送全省粮油市场供应情况，提出粮食保供稳价工作措施建议。连续 13 年被国家粮食和物资储备局评为统计工作先进单位。加强军粮供应管理，不断提升规范化管理水平和综合应急保障能力。组织开展 2019 年世界粮食日和粮食安全系列宣传活动，渭南大荔丰图义仓被国家粮食和物资储备局列为全国粮食安全宣传教育基地。组织企业参加第二届中国粮食交易大会，参展 450 余种粮油产品，成交各类粮油 31 万吨，粮机设备 43 件（套），交易总额 6.7 亿元。

二 "优质粮食工程"成效喜人

"优质粮食工程"实施 3 年以来成绩斐然,不仅提高了粮食产后服务水平,强化了粮食质量安全检验监测保障,还支持发展了粮食精深加工,引导绿色优质粮油生产,促进农民增收、企业增效、消费者得实惠。2019 年,按照优化完善后的"优质粮食工程"项目计划全面实施推进。"好粮油"行动计划稳步推进,2018~2019 年度项目完成投资 5 亿元以上,示范县、示范企业、主食产业化等 12 个项目基本建成;对 29 家企业 58.6484 万亩优质粮食订单种植给予奖补;完成"陕北小杂粮"团体标准制定,组建产业联盟,《陕西好粮油》公共品牌宣传片、专题片《秦粮秦味》先后在中央电视台、陕西卫视播出,品牌影响力初显。粮食产后服务体系落地见效。2018~2019 年度 26 个粮食产后服务中心建设任务已基本建成 23 个,占比达 88.5%。建成后的粮食产后服务中心服务作用有效发挥,实现了粮食提质、农民增收、企业增效。粮食质检监测能力明显提升。三年总投资 27800 万元,建设完善 80 个省市县三级粮油质检机构,县区覆盖率达 64.5%,目前已为 42 个粮油质检机构配置仪器设备 2452 台(套),在政策性粮食库存质量大清查、属地粮食质量安全监管、粮食出入库检验等项工作中发挥了关键作用。

三 粮食产业经济发展势头良好

粮食产业链条不断延伸。始终坚持把主食产业化工程作为民生工程加大支持力度,先后安排资金 4000 余万元培育和发展主食产业化龙头企业,推动主食产业化进一步向县(区)延伸,目前已覆盖全省 70% 以上的县(区)。积极争取政策支持,将"主食产业化配送及销售网络建设"纳入了省级现代服务业发展专项资金支持范围。"粮食 + 健康"行动成效显现。安排 4300 万元专项资金支持省粮科院健康粮油食品研发中心和延安、安康健康及功能粮油食品研发中试基地建设,陕西省粮油科学研究设计院与陕西科技大学和陕西省中医药研究院健康粮油食品创新联盟组建完成,以"一中心两基地一联盟"为支撑的粮食科技创新体系已见雏形。支持粮食企业和省粮科院依托省内丰富杂粮、富硒粮油和中药材等资源开展科技研发,安排 800 万元奖励资金,对 46 个企业和院所的 55 个创新型粮油产品实施奖励,成功推出富硒多维营养粉、白芸豆马齿苋餐前含片、低聚糖基肽蛋白粉等 20 余种新健康粮油产品。粮食龙头企业规模质量显著提升。陕富、老牛、祥和 3 家面粉企业和邦淇、爱菊 2 家油脂企业分别入选全国面粉、食用油加工企业 50 强,陕西粮农集团位列全国国有粮食企业第六,该集团 30 万吨生物燃料乙醇项目正式落户延安甘泉,建成后可年转化玉米 100 万吨,辐射带动延安及周边地区粮食全产业链发展。

四 粮食库存大清查圆满完成

陕西省委、省政府高度重视、高位推动粮食库存大清查工作,刘国中省长、梁桂常务副省长先后作出重要批示。省大清查联席会议领导小组坚持从严从实,按照规定程序和检查标准,全面清查粮食库存,在规定的时限内,如实、准确上报库存"家底"明白账。梁桂常务副省长出席全国大清查动员部署视频会议并作表态发言,赴储粮库点、省粮油质检中心进行调研指导;西安、咸阳、韩城等 50 余位市、县政府领导亲自参与研究部署，深入属地储粮企业指导检查工作。省市县三级成立大清查工作协调机构 118 个，统筹协调力量，强化工作调度，部署推动清查；创造性地开展工作，自行编印标准化模板培训教材 300 余册；省级组织开展业务培训暨现场实操演练 4 次、参与培训 1000 余人次；全省协调财政共落实专项经费 736.1 万元；统一开展质量检查，扦取检验样品 1611 个，完成质量问题的复核及整改；在督导企业全面自查的基础上，全省抽调 242 人组成 29 个工作组，采取市级检查全覆盖和省级重点检查相结合的方式开展普查；派出省级巡查组督导大清查工作落实，派出监督检查组赴重点市县督促问题整改。顺利完成了政策性粮食库存大清查工作，全省政策性粮食库存账实相符、账账相符、数量真实、质量良好、储存安全。

五　粮食安全责任制考核工作首获优秀

2018 年省各市（区）和粮食安全省长责任制考核小组成员单位全面落实粮食安全责任制，合力整改国家 2017 年度粮食安全责任制考核结果通报问题，不断夯实粮食生产、储备和流通能力建设等环节粮食安全保障基础，顺利通过了 2018 年度国家实地考核，经国务院审定，陕西省被评为优秀等次，刘国中省长、梁桂常务副省长分别给予了批示肯定。省粮食和物资储备局认真履行粮食安全省长责任制考核办公室职责，会同考核小组成员单位坚持聚焦粮食安全目标，不断压实市（区）政府（管理委员会）粮食安全主体责任，推深做实省对市（区）考核工作，经陕西省政府审定，铜川、西安、安康、咸阳等 7 个市达到优秀等次。充分发挥粮食安全省长责任制考核机制载体抓手和"指挥棒"作用，认真安排部署 2019 年度考核，分类优化考核指标，因地制宜开展考核工作；积极推动将"发生粮食安全质量事故或粮食质量检验无机构无人员"内容列为 2019 年度目标责任考核负面清单。

六　粮食安全基础更加稳固

积极做好信息化建设"一整两通"试点工作。通过积极争取，陕西省纳入了全国"一整两通"试点省份，实现了省级平台与国家粮食和物资储备局平台和 25 个粮库的数据互联互通。信息化建设进入收尾阶段。省级管理平台、2 个示范库和西安粮食交易中心项目已完成验收，省级库和西安市项目完成初验，市县库项目完成 84 个，其余 16 个项目正在进行收尾建设。加快推进粮食物流枢纽建设。西安粮食交易集散中心项目即将投入运营，华龙农庄 6 万吨立筒仓项目已建设完成，省军供中心二期低温仓建设项目主体已封顶。从严从实抓好安全生产工作。全面落实安全生产责任，扎实开展安全生产隐患排查整治，加强督导检查，狠抓各项安全制度措施落实，组织开展全省粮食行业消防应急演练观摩交流活动，全省粮食和物资储备系统安全生产形势平稳向好，全年未发生生产安全事故。有力维护粮食流通市场秩序。持续加强政策性粮食监管，大力开展粮食流通市场监管，安排部署夏秋粮油收购监督检查，全年检查收购主体 2224 个次，查处违法违规案件 81 例，充分发挥 12325 全国粮食流通监管热线作用，受理涉粮投诉举报 5 起，接待群众上访 5 起，为群众挽回经济损失 300 余万元。

七　体制机制改革不断深入

　　稳步推进机构改革，按照"三定"方案规定，积极落实新机构处室组建、人员编制及新职能接收工作，确保平稳过渡、衔接有序。省级救灾物资储备、省级食糖储备和省级重要商品应急储备管理职能交接工作基本完成，相关工作已经开展，修订印发《陕西省省级重要商品应急储备管理办法》。按照"急用先储"原则，开展天然气储备前期调研论证工作，研究成果受到国家粮食和物资储备局通报表扬。积极落实中共中央办公厅、国务院办公厅《关于改革完善体制机制加强粮食储备安全管理的若干意见》，大力开展调查研究，提出贯彻落实意见。印发《关于全省粮食和物资储备系统深化改革转型发展的实施意见》《关于促进国有粮食企业深化改革高质量发展的指导意见》，全力推动"深化改革、转型发展"，加快推动全系统转型升级高质量发展。

八　机关建设呈现新气象

　　扎实开展"不忘初心、牢记使命"主题教育，举办"庆祝中华人民共和国成立 70 周年歌咏朗诵大会"、全国粮食和物资储备系统"牢记初心使命、推动改革发展"巡回演讲（陕西站）活动，组织局系统党员干部赴蓝田县葛牌镇红色教育基地开展"继承革命传统、接受红色洗礼"主题党日活动、在延安大学泽东干部学院举办"牢记初心使命、传承红色基因"学习教育培训班，持续推动学习贯彻习近平新时代中国特色社会主义思想往深里走、往心里走、往实里走。全面部署党风廉政建设和反腐败工作任务，严格落实组织生活、述职述廉等制度规定。召开局系统党风廉政建设工作会议，分层级签订 2019 年局系统党风廉政建设责任书。印发《陕西省粮食和物资储备局 2019 年党风廉政建设和反腐败工作要点》《陕西省粮食和物资储备局 2019 年度党风廉政建设和反腐败工作实施意见》。开展第二个纪律教育学习宣传月活动。组织开展专项整治，不断营造风清气正的政治氛围。探索融合途径，提升工作实效，实现了党建和业务工作的有机融合。贯彻落实中省"人才兴粮"实施意见和省委"三项机制"，加大领导班子和人才队伍建设，举办各类培训班，不断提升干部履职能力，调整使用干部 35 人，干部队伍梯次结构进一步优化。成功组织举办第四届全省粮食行业职工职业技能竞赛，组队参加第五届全国粮食行业职业技能竞赛，取得了较好的成绩。

陕西省粮食和物资储备局领导班子成员

刘维东　省发展和改革委员会党组成员，省粮食和物资储备局党组书记、局长

张　翔　党组成员、副局长

王晓森　党组成员、副局长

闫国强　党组成员、副局长

郭　明　二级巡视员

（撰稿单位：陕西省粮食和物资储备局；撰稿人：姚进房；审稿人：刘维东、张翔）

2019年6月21日，国家发展和改革委员会党组成员，国家粮食和物资储备局党组书记、局长张务锋（前排右二），在陕西省粮食和物资储备局党组书记、局长刘维东（前排右一）的陪同下，视察陕西展馆。

2019 年 7 月 18 日，国家发展和改革委员会党组成员、国家粮食和物资储备局党组书记、局长张务锋（前排左一）一行，在西安爱菊粮油工业集团调研，省粮食和物资储备局党组书记、局长刘维东（前排左二）一同调研。

2019 年 11 月 7 日，陕西省委常委、常务副省长梁桂（前排左二）到陕西省粮油质检中心调研指导粮食和物资储备工作。

甘肃省　　基本情况

　　甘肃地处黄土、青藏和内蒙古三大高原交汇地带，是古代丝绸之路的锁匙之地，也是"一带一路"黄金路段。全省辖 12 个市、2 个民族自治州、2 个管委会和 86 个县（市、区），常住人口 2647.43 万人。2019 年，全年全省地区生产总值 8718.3 亿元，比上年增长 6.2%。全年全省城镇居民人均可支配收入 32323.4 元，增长 7.9%；人均消费支出 24453.9 元，增长 8.2%。农村居民人均可支配收入 9628.9 元，增长 9.4%；人均消费支出 9693.9 元，增长 6.9%。全年粮食产量 1163 万吨，增产 1.0%。其中，夏粮产量 328 万吨，增产 2.0%；秋粮产量 835 万吨，增产 0.6%。全年全省收购粮食 291.5 万吨、销售粮食 325.8 万吨，收购食用油 6.6 万吨、销售 11.9 万吨。全省国有粮食企业盈利 2651 万元，连续 11 年统算盈利，其中省直企业盈利 673 万元、13 个市州实现盈利。

2019 年工作

一　粮食安全省长责任制考核有力推进

　　按照国务院和甘肃省政府要求，会同发展和改革委员会、农业农村等 12 个部门，完成了甘肃省政府对 14 个市州政府的"省考"工作。考核工作得到甘肃省委、省政府的高度重视、各考核部门和单位的大力支持、各市州的积极配合，也引起社会各界普遍关注，总体更加规范、有序、有效。对"省考"中存在的问题，分别向各市州下发了问题清单，限期整改到位；对"国考"反馈的问题，认真研究分析，积极协调省直相关部门整改落实，较好地发挥了考核"指挥棒"作用。各市州政府对粮食安全省长责任制落实的重视程度不断增强，政府粮食安全主体责任进一步压实。在责任制考核推动下，全省粮食生产稳定、流通活跃、供给平稳，粮食安全保障能力有效提升。

二　宏观调控能力持续增强

　　持续重视粮食收购，严格执行国家收购政策，合理安排收购网点，牢牢守住不发生"卖粮难"的底线；不断巩固产销协作机制，进一步深化与河南、河北、山东等粮食主产省的产销合作关系，全年收购粮食 291.5 万吨、食用油 6.6 万吨。有效组织粮源调度，综合运用调控措施，满足市场多样化粮油需求，全年销售粮食 325.8 万吨、食用油 11.9 万吨。15 个国家粮油价格监测信息直报点和 443 个市县信息监测点有效发挥作用，为市场调控提供了可靠信息。研究制定了优化省级储备粮品质结构方案，向 12 个省直储备企业下达了 11.1 万吨进口优质小麦储备计划。全省地方粮食储备库存真实、品质良好、吞吐有序、管理规范，"第一道防线"作用切实发挥。举办了世界粮食日宣传活动，认定发布 8 个省级"粮食安全宣传教育基地"，省委常委、常务副省长宋亮出席活动并现场调研。开展储存安全和生产安全大排查大整治大提升专项行动和主题征文活动，有力促进了"两个安全"保障能力提升。

三　政策性粮食库存大清查圆满完成

按照国务院部署，在甘肃省政府的领导下，在省发展和改革委员会、省财政厅、省农业农村厅、省统计局、农业发展银行甘肃省分行、中储粮兰州分公司 6 部门的大力支持配合下，组建工作机制、制定实施方案、强化统筹调度、加强督导检查，有力有序开展政策性粮食库存数量和质量大清查，对 174 个政策性粮食承储企业、434 个实际储存库点、2177 个货位存储的 391.02 万吨政策性粮食和商品粮进行了全面清查，扦样检验 1216 份。总体来看，全省存储的中央储备粮和省、市、县三级政府储备粮数量真实、质量良好、储存安全、运作合规。把问题整改作为实现大清查目标的重中之重，分门别类、分级落实，已基本完成整改。

四　应急保障有力有序

全省制定应急预案 80 个，落实应急供应网点、配送中心、加工和储运企业 1781 个，粮油应急供应体系更加完善，应急能力不断增强；基本完成了与应急、民政、商务等部门救灾物资和肉菜管理等职责的移交和衔接工作，结合实际修订完善了管理制度和调拨预案，进一步理顺了工作流程，强化了工作责任。增加省级冻猪肉储备规模 1500 吨，总规模达到 5500 吨；下达市级肉类储备建议 5020 吨，年底统算已全部落实；国庆、春节前后在全省不限量投放省级储备冻猪肉和牛羊肉，有效保障了节日供应。夏河县 5.7 级地震、通渭县山体滑坡、迭部县洪涝灾害等发生后，按照应急部门指令，第一时间为抢险救灾提供物资保障。

五　重点项目积极推进

总投资 2.8 亿元的粮库智能化升级改造项目建成投入使用，覆盖全省的 157 个储粮库点与省级粮食管理平台和国家平台实现数据互通、应用贯通。强化统筹指导和调度指挥，总投资 14.12 亿元的"优质粮食工程"按照三年建设方案稳步实施，"中国好粮油"行动计划、粮食质量检验监测体系、粮食产后服务体系 3 个子项务实推进，完成总投资的 40% 以上。总投资 21.26 亿元的 5 个现代粮食物流园区项目，除武威园区尚未开工外，兰州、白银、天水、平凉 4 个园区建设积极推进，投资完成率均达到 50% 以上，相关市州还积极争取地方政府债券解决园区建设资金问题，累计达 5.3 亿元。

六　粮食产业发展势头良好

坚持开放创新，积极融入"一带一路"建设，加强与哈萨克斯坦等国家的粮食贸易合作，把甘肃打造成为优质小麦加工贸易基地的建设思路取得重要进展。2019年4月10日，哈萨克斯坦第一批9000吨进口小麦正式从兰州粮食口岸通关。甘肃省粮油贸易公司完成哈萨克斯坦大麦进口业务3700吨，成为哈萨克斯坦大麦放开检疫后中国进口第一单。省粮油购销公司金源面业结合"中国好粮油"示范企业建设，积极扩大进口优质小麦加工，优化生产以哈萨克斯坦小麦为主要原料的面粉，得到了市场认可。兰州市依托新区物流保税区和粮食口岸，整合兰州现代粮食物流园区、润民粮油园区和嘉里粮油等实力企业的加工贸易资源，成为兰州打造"西部粮都"的重要产业支撑。兰州市借助兰洽会成功举办"一带一路"粮食安全高峰论坛暨精品粮油展，达成9项合作成果，总签约达10亿元。

七　党的建设进一步加强

坚持以党的政治建设为统领，牢固树立政治机关意识，深入开展"不忘初心、牢记使命"主题教育，推动学习贯彻习近平新时代中国特色社会主义思想往深里走、往心里走、往实里走，切实增强"四个意识"、坚定"四个自信"、做到"两个维护"。加强党支部建设标准化工作，开展"双创双推"党性实践活动，认真落实"三会一课"、主题党日等组织生活制度，提高组织生活质量和实效，全面增强基层党组织的政治功能和组织力。瞻仰华林山烈士纪念碑，参观兰州战役纪念馆和八路军驻兰州办事处，重温入党誓词、追忆革命奋斗历史，强化了党性锻炼，激发砥砺奋进的决心。举办职工文艺汇演、第一届局系统职工运动会、主题征文演讲比赛等庆祝中华人民共和国成立70周年系列活动，组织文明交通劝导等志愿者服务活动，抒发爱党爱国情怀，传递爱岗敬业精神。坚持不懈加强党风廉政建设，持之以恒落实中央八项规定及实施细则精神和省委实施办法，大力开展"四察四治"专项行动，把牢纪律底线，筑牢拒腐防变防线，为粮食和物资储备事业发展提供了有力的政治保障。

甘肃省粮食和物资储备局领导班子成员

段昌盛　党组书记、局长
王学书　党组成员、副局长
王春林　党组成员、副局长
陈玉皎　一级巡视员

（撰稿单位：甘肃省粮食和物资储备局；撰稿人：常慧君；审稿人：刘建堂）

2019 年 10 月 16 日，甘肃省委常委、省政府常务副省长宋亮（前排右二）对绿色科学储粮、小麦粉精深加工等粮食安全工作情况进行现场调研。

2019 年 9 月 27 日，甘肃省粮食和物资储备局与中储粮集团公司兰州分公司、农业发展银行甘肃省分行联合举办了"壮丽 70 年　奋斗新时代"庆祝中华人民共和国成立 70 周年文艺汇演。

2019 年 10 月 16 日，甘肃省粮食和物资储备局联合省农业农村厅、教育厅、科技厅、妇联五部门在兰州举办了甘肃省 2019 年世界粮食日和粮食安全宣传周启动仪式暨"甘肃省粮食安全宣传教育基地"发布活动。

青海省   基本情况

　　青海省雄踞青藏高原东北部，是长江、黄河、澜沧江的发源地，北部和东部同甘肃相接。西北部与新疆维吾尔自治区相邻，南部和西南部同西藏自治区毗连，东南部与四川省接壤，全省平均海拔 3 千米以上。2019 年末全省常住人口 607.82 万人，比上年末增加 4.59 万人。其中城镇常住人口 337.48 万人，占总人口的比重（常住人口城镇化率）为 55.52%，提高 1.05 个百分点。2019 年全省实现生产总值 2965.95 亿元，按可比价格计算，增长 6.3%。人均生产总值 48981 元，增长 5.4%。2019 年全省粮食作物播种面积 28.02 万公顷，减少 0.11 万公顷，主要品种包括小麦、青稞、玉米、豆类、薯类等。经济作物播种面积 27.33 万公顷，减少 0.27 万公顷。粮食产量 105.54 万吨，增产 2.48 万吨，为近五年来最高。2019 年全省入统粮油加工企业 47 家，粮油加工业年生产能力 259.22 万吨，增加 27.34 万吨。全年收购粮油 10.70 万吨，其中油菜籽 5.07 万吨，青稞 3.42 万吨。城镇居民年人均消费口粮 141.23 公斤，口油 13.35 公斤；乡村居民年人均消费口粮 198.02 公斤，口油 12.01 公斤。当年产需缺口 54.34%，缩小 0.91 个百分点，粮食自给率增加 0.91 个百分点。粮食流通基础设施建设新开工项目 25 个，竣工项目 13 个，年末在建项目 20 个，完成投资 17711.8 万元。全省标准仓房仓容 150.93 万吨、油罐 309 个，罐容总量为 47.71 万吨。粮食行业入统单位共 182 个，其中各级粮食行政单位 35 个、事业单位 5 个、粮食经营企业 142 家。

2019 年工作

一　抓政策性粮食库存大清查工作落实

　　坚持高位推动、强化工作协同，坚持问题导向、突出责任落实，各地企业自查、省市普查和督导巡查等任务落实到位。全省共投入检查人员 1047 人次，清查各类储粮库点 79 个，仓房货位 1293 个，检查各类粮食库存 86.64 万吨，与实际库存的差率为 0.34%，在国家规定的 ±2% 范围内。扦取质量样品 400 个，粮食质量达标率为 97.2%，储存品质宜存率 100%，食品安全主要指标合格率 100%。省内共检查发现各类问题 72 个，已整改 72 个，完成率 100%；其中列入国家问题清单的有 23 个，已全部整改。经查，全省政策性粮食库存数量真实、账账相符、账实相符、质量良好。

二　抓粮食安全立法和省长责任制落实

稳步推进粮食安全保障地方立法工作。2019 年 2 月，经青海省政府常务会议审议通过，《青海省粮食安全保障条例》正式列为青海省政府 2019 年立法工作计划酝酿论证项目。落实并完善粮食等重要农产品收储制度，认真研究分析青海省落实粮食等重要农产品收储制度存在的问题，从夯实基础强支撑、管好粮供好粮及"责任制"落地见效三个方面着手，逐步解决问题，保障粮食供给。青海省委、省政府首次将市州粮食安全责任制考核纳入 2019 年市（州）经济发展考核指标。全省粮食综合生产能力和粮食流通管控能力进一步提高，粮食产业发展进一步加快，粮食质量监管进一步增强，粮食安全责任体系进一步完善。青海省粮食局积极协调有关部门，持续发挥粮食安全责任制考核"指挥棒"作用，全面完成 2018 年度考核工作任务，自查评分成绩为 98.68 分，整体工作重视程度、力度效率和工作质量均好于往年。

三　抓粮食产业发展和流通能力现代化

2019 年，青海赓续军粮集团有限公司、青海粮食集团有限责任公司、青海安康粮油有限公司先后挂牌成立，解决粮食行业"小散弱"问题，有利于强化产业资源整合、补齐延伸产业链条，充分体现国有企业、民营企业分工协作和互补，减少和规避无序竞争，促进粮油产业深度融合，推动粮食产业经济高质量发展。省内粮油企业积极研制新产品，建立产品可追溯体系，产品多样性、质量及附加值显著提升。青海省粮食局持续加强粮食产业扶持力度，为进一步推动粮食产业经济发展提供了保障。国家粮食和物资储备局与青海省合作，支持特色农副产品开展线上交易，积极助力青海省经济社会发展。成立"国家粮食青海青稞和牛羊肉交易中心"，在完成公司注册，落实运营主体、确定金融服务主体，链接国家粮食交易平台等工作的基础上，于 12 月 30 日交易上线试运行。首日共交易青稞、藜麦及牛羊肉 2090 吨，总交易额达 2859.9 万元。实现"年底前上线"和"总部青海、交易在青海、交割在全国"的目标。青海粮食现代物流综合平台项目建设单位落实"六制"管理，保证项目建设质量，加快项目建设进度。2019 年省级储备粮轮换的 60% 实行线上交易。全省粮食行业信息智能化建设完成验收工作，完成六个核心业务分系统的软硬件建设，覆盖范围包括全省 56 个粮食行政管理部门，107 个粮库，106 个应急网点，14 个军供站，7 个粮油质检站，40 个粮油价格监测点，5 户重点骨干粮油加工企业，1 个粮油批发市场。覆盖了粮食行业行政管理及粮食储备、加工、流通、应急调控等业务领域，极大地提升了粮食流通管理信息智能化水平。

四　抓粮食宏观调控和储备管理

认真贯彻粮食购销政策，密切跟踪市场动态，与中粮集团签订了进口小麦战略合作协议和采购协议，并认真督导储备企业有序采购，监督加工企业按需加工。修订省级粮食应急管理预案，完成应急定点企业资格审理标准、方法及管理等章节的修订。下达 2019 年省级储备粮油轮换计划，紧跟轮换进度，督促协调落实轮换任务。为争取进口小麦配额做好前期准备和促进青稞产业发展，调整储备粮品种结构，通过轮换计划调增进口小麦储备规模 30788 吨、青稞储备规模 10000 吨。开展春季、秋季两季粮油普查和专项治理工作，围绕储粮安全、安全管理和"一规定两守则"要求，对数量、质量、安全、账务、管理等情况进行全面检查，建立问题台账，以问责倒逼责任落实，促进安全储粮规范化管理，全面掌握省级储备粮油数量、质量、储存情况，确保省级储备粮油储存安全、生产安全。以"双随机一公开"督导检查为契机，加大对重点区域、重点品种、重点企业政策成品粮的监管，充分发挥 12325 全国粮食流通监管热线作用，畅通投诉举报渠道，进一步夯实全省粮食流通监管基础，加强巩固全省政策性粮食数量质量大清查成果。

五　抓粮油质检工作

结合省内各类政策性粮食的性质、品种、数量、分布等实际情况，坚持"有仓必到、有粮必查、查必彻底、底线思维、问题导向、突出重点"的原则，顺利完成全省纳入清查范围的所有政策性原粮的扦样、检验及数据汇总分析工作。协调、指导、监督全省各省级储备粮承储企业做好索证检验和入库检验把关工作，全面完成省级储备粮入库验收检验、定期监督检验和出库检验工作，并重点加强对涉及食品安全指标的检验监测，为保障全省省级储备粮质量安全提供了有力的技术支撑。切实提升各监测站的检验检测能力，组织全省 7 个市州粮食质量监测站 12 名检验人员，开展以法律法规、成品粮油国家标准及检验检测方法、成品粮快速检测技术等为主要内容的成品粮油检验检测技术培训班，完成国家粮食和物资储备局组织开展的国家粮食质量监测机构检验技术比对考核工作。

六　抓粮食文化建设及党建工作

切实加强党对全局工作的领导，把政治建设摆在首位，以开展"大走访、大排查、大调研"活动为载体，深入调研粮食流通工作中的问题、"短板"，形成高质量解决问题、改进工作的调研报告11 份。扎实开展"不忘初心、牢记使命"主题教育，检视各类问题 76 个，前期整改完成 66 个，10个难点问题由局党组书记和党组成员牵头督促整改落实，年底进行挂牌督办，检视出的各类问题全部整改完成。积极选调年轻干部挂职，培养年轻干部，组织开展青年创新管理大讲堂系列活动，进一步激发干事创业活力。

青海省粮食局领导班子成员

顾艳华　党组书记、局长

张柴斌　党组成员、副局长

张小娟　党组成员、副局长（2019 年 1 月任职）

（撰稿单位：青海省粮食局；撰稿人：赵璨；审稿人：韩百国）

2019年11月21日，青海省委常委、常务副省长李杰翔（前排左一）一行到西宁国家粮食交易中心调研粮食安全工作。

2019 年 12 月 30 日,国家粮食青海青稞和牛羊肉交易中心正式上线试运行,国家粮食和物资储备局党组成员、副局长韩卫江(中),青海省人民政府副省长张黎(左四)等出席启动仪式。

2019 年 12 月 13 日,青海粮食集团有限责任公司揭牌成立仪式在西宁粮食储备库举行,青海省粮食局党组书记、局长顾艳华(左七)出席。

宁夏回族自治区   基本情况

2019 年宁夏回族自治区粮食种植面积 677.4 千公顷，同比减少 58.3 千公顷，减幅 7.9%。其中，小麦 161.6 万亩，减少 31.2 万亩；稻谷 102.1 万亩，减少 14.9 万亩；玉米 449.7 万亩，减少 16.5 万亩。全区粮食总产量 373.2 万吨，减少 19.4 万吨。其中，小麦 34.6 万吨，减少 7 万吨；稻谷 55.1 万吨，减少 11.5 万吨；玉米 230.5 万吨，减少 4.2 万吨。现有规模以上粮油加工业企业 174 家，年加工能力 725 万吨，加工总量 271 万吨，实现工业总产值 116.4 亿元。

2019 年工作

一 坚持底线思维，粮食安全基础更加牢固

一是着力履行粮食安全省长责任制考核牵头责任，顺利完成 2018 年度考核工作，有效发挥"指挥棒"作用。坚持问题导向，积极督促整改工作短板，优化细化考核指标，提高考核精准性，组织开展 2019 年度考核工作。将粮食安全省长责任制纳入自治区效能目标管理考核体系，进一步压实市、县（区）政府主体责任，确保各项维护粮食安全政策措施有效推进。二是坚守"两个安全"，深化企业主体责任和行业监管责任落实。深入开展熏蒸仓房、化学试剂及危险品隐患排查和整治，抓实安全储粮和安全生产工作，消除隐患，确保行业运行平稳安全，全系统安全生产零事故。三是强化责任担当，统筹协调推进大清查工作。对全区纳入清查范围的 41 个库点 608 个货位逐个清查，自查面达到 100%，切实摸清粮食库存家底，打牢守住管好"宁夏粮仓"基础。全区各级地方储备粮数量真实、质量良好、储存安全。四是扎实推进粮食行业信息化建设。粮库智能化升级改造全面完成，实现数据、质量等粮情动态监测，开展远程巡仓、多维数据在线分析，大大提高了管理效能，为推进粮食储备治理体系和治理能力现代化发挥积极作用。五是加快推进储备库仓房改扩建项目建设。平罗库 2.3 万吨仓房新建项目主体已全部完工，惠农储备库 7500 吨罩棚仓、青铜峡储备库 2968 平方米仓间棚项目建成并投入使用，保安全守底线的基础更加牢固。六是开展粮食安全立法调研，为高质量起草粮食安全地方性法规做好准备。

二　立足精准调控，应急保供稳价更加高效

一是调增宁夏回族自治区原粮储备规模 5.28 万吨，调整后原粮储备规模达到 45 万吨；优化粮食储备品种结构，新增玉米储备，保障调控市场和应急供应的需要。二是储备粮轮换顺畅有序，实现轮换出库 5.35 万吨，轮换入库 7.52 万吨，分别占计划的 71% 和 100%。组织各类粮食交易会 28 场，竞价销售自治区储备粮 6.3 万吨。同时准确把握轮换节奏，"两节""两会"期间，竞价交易轮换出库近 4 万吨原粮，确保粮食市场供应。三是修订《自治区应急成品粮油储备管理办法》，完善管理机制，切实提高应急保障能力。四是有序推进应急救灾物资储备体系建设。建立自治区级救灾物资储备台账目录，狠抓责任落实，确保账实相符、账账相符。积极推进超期储备物资处置，完成 8 个品种 997.5 万元应急救灾物资采购和应急救灾食糖、白布、生活必需品代储任务，进一步提升储备应急能力。完成自治区应急厅应急救灾物资调运任务，组织调运防雨服 640 件，多功能短大衣 640 件，远光手电 640 个，为防汛减灾和应急巡查提供物资保障。

三　坚持转型发展，粮食产业高质量发展信心更加坚定

一是认真落实国家和宁夏回族自治区关于支持粮食产业经济发展的相关政策，用好自治区财政 850 万元专项资金，落实粮食产业化支持项目 19 个，拉动企业投资 2.16 亿元。二是与宁夏农业投资集团有限公司等签署战略合作协议，在"三农"服务、"优质粮食工程"建设等领域开展战略合作，助力乡村振兴，推动粮食产业经济高质量发展。三是深入实施"优质粮食工程"。修订《粮食产后服务中心建设项目管理暂行办法》，出台《宁夏"好粮油"行动计划建设项目管理暂行办法》，组织召开全区"优质粮食工程"现场观摩暨推进会，平罗县、青铜峡市、贺兰县、同心县、彭阳县 5 个好粮油示范县建设稳步推进，示范企业完成优质粮食基地建设 30 万亩、收购优质粮食 32 万吨、建立线上销售平台 80 个、线下销售门店 410 个，"五优联动"体系已具雏形，质监体系建设进入招标采购程序。四是积极组织参加第二届全国粮食交易大会，以"塞上江南美、宁夏大米香"为主题，组织 30 余家"好粮油"生产加工企业参展。据统计，宁夏回族自治区签约交易粮食和粮油产品约 21 万吨，交易额约 8 亿元。

四　发挥优势特色，粮食社会化服务效果更加显著

一是创新粮食订单，做好与种粮大户、家庭农场、粮食合作社等新型农业经营主体的收购对接，积极引导提高优质粮食种植比重，增加粮农收益。全区落实粮食订单 3663 份，订单数量 122.4 万吨。二是落实粮食收购政策，加强信息引导服务，切实维护种粮农民利益，守住"种粮卖得出"底线。截至 2019 年底，全区秋粮累计收购 111.4 万吨。三是开展粮食收购等专项检查，防范和惩处拖欠售粮款、压级压价等各类损害农民利益的行为，切实维护种粮农民合法权益。四是粮食产后服务体系建设稳步推进，建设粮食产后服务中心 23 个，累计为农户清理烘干粮食 63 万吨、收购农户粮食 83 万吨、代农户储存粮食 10 万吨、减少农户粮食损失 1.7 万吨，种粮大户和家庭农场高水分粮无法保管、损耗严重等突出问题得以有效解决。五是组织开展 2019 年世界粮食日和全国粮食安全宣传周活

动，举办"爱粮节粮、保障粮食安全"摄影作品展览和"辉煌七十载，粮安伴我行"专场文艺演出，营造爱粮节粮浓厚氛围。

五	坚持从严从实，机关党的建设更加有力

坚持把学习宣传贯彻习近平新时代中国特色社会主义思想作为首要政治责任，扎实开展"不忘初心、牢记使命"主题教育，坚持边学习边调研边检视边整改，在沉下去了解实情、解决难题上狠下功夫，在查摆自身不足、查找工作短板上狠下功夫；围绕主题教育专项整治查找出18项问题，已解决10项，取得阶段性成果。《人民日报》、中共中央宣传部"学习强国"平台对省局的"面对面交流，手把手支招"深入企业开展调查研究进行了报道。以"质量提升年"为抓手，扎实推进支部"三强九严"工程，严格落实"三会一课"，开展支部党建互观互检，基层党组织各项工作有力有序开展。结合庆祝中国共产党成立98周年和中华人民共和国成立70周年，通过开展"牢记初心使命、推动改革发展"网上知识竞赛、主题演讲、巡回演讲和"我当粮库保管员"等活动，系统党员干部凝聚力、向心力和战斗力显著增强。举办党风廉政建设和反腐败工作培训班，签订并落实党风廉政建设责任书。认真落实关于解决形式主义突出问题为基层减负的30条举措，持之以恒纠治"四风"突出问题，营造风清气正的良好政治生态。坚持高标准严要求，全面完成巡视整改任务。

宁夏回族自治区粮食和物资储备局领导班子成员

荀　旭　党组书记、局长

霍振祥　党组成员、副局长

任洪峰　党组成员、副局长

褚一阳　党组成员、副局长

（撰稿单位：宁夏回族自治区粮食和物资储备局；撰稿人：李云彤；审稿人：常成宝）

2019 年 7 月 8 日，宁夏回族自治区粮食和物资储备局党组书记、局长苟旭（前排右三）一行到宁夏厚生记食品有限公司，开展调研及第三次"不忘初心、牢记使命"主题教育交流研讨活动。

2019年3月13日，宁夏回族自治区人民政府在银川市召开了全区政策性粮食库存数量和质量大清查工作动员会议。

2019年10月16日，宁夏回族自治区世界粮食日暨粮食安全系列宣传活动主会场在银川举行。

新疆维吾尔自治区　基本情况

　　2019 年，新疆维吾尔自治区全年实现地区生产总值 13597.11 亿元，比上年增长 6.2%；一般性公共预算收入 1577.6 亿元，增长 3.0%；城镇居民人均可支配收入 34664 元，增长 5.8%；农村居民人均可支配收入 13122 元，增长 9.6%。2019 年，全区粮食种植面积 2203.6 千公顷，下降 0.7%，全年粮食产量 1527.1 万吨，增产 1.5%。其中：小麦 1061.6 千公顷，增长 2.9%，产量 576.03 万吨，增产 0.7%；玉米 997.2 千公顷，下降 3.5%，产量 858.37 万吨，增产 3.7%。截至 2019 年底，全区各类企业共收购小麦 264.5 万吨（南疆五地州收购 74.9 万吨），其中：地方国有粮食购销企业收购 165.9 万吨，占收购总量的 63%；中储粮新疆分公司收购 49.4 万吨，占 19%；日加工能力 100 吨以上小麦粉加工企业收购 32.9 万吨，占 12%。收购价格始终处于合理区间，种粮农民基本收益得到保障。全区国有粮食购销企业共销售粮食 340.4 万吨，其中小麦 248.9 万吨（通过乌鲁木齐国家粮食交易中心竞价销售国家临储 5.0 万吨）。国有粮食购销企业粮食库存 864.1 万吨，比上年减少 8.2 万吨。完成 26.2 万吨地方储备小麦和 0.9 万吨地方储备油轮换任务，确保了地方储备粮油质量安全。

2019 年工作

一　粮食安全责任制考核和物资储备管理

　　新疆维吾尔自治区党委政府多次召开会议安排部署粮食安全保障工作，安排调研组赴内地省区进行学习考察。印发《新疆维吾尔自治区 2019 年度粮食安全省长责任制落实工作方案》，将"藏粮于地、藏粮于技"落实落地等六个方面重点任务细化为 20 项具体措施，明确责任单位和时间节点，压实各项考核责任。完成 2019 年度粮食安全省长责任制考核自查自评工作，向国家考核工作组办公室报送了《2019 年度新疆粮食安全省长责任制落实情况报告》。扎实开展 2019 年度粮食安全专员、州（市）长责任制考核和县（市、区）粮食安全责任制考核，试用考核信息化系统，考核更加便捷高效，提高了考核工作效率，顺利完成考核工作任务。印发《关于进一步加强救灾物资储备调运管理工作的通知》，对救灾物资储备、接收、调运、发放管理进行规范。开展了中央级物资盘点，代储帐篷、棉大衣、棉被、棉褥、折叠床、场地照明灯、折叠桌椅等中央级救灾物资共 11 类。完成了自治区级救灾物资盘点，管理的帐篷、棉被、棉褥、折叠床等自治区级救灾物资共 30 类。完成了 2019 年自治区级救灾物资采购工作，主要有帐篷、折叠床、羽绒服、棉被、棉褥、棉大衣、发电机 7 类救灾物资。

二 粮食收储制度改革和法治建设

在 2018 年启动小麦收储制度改革的基础上，积极深化小麦收储制度改革。中共中央政治局委员、新疆维吾尔自治区党委书记陈全国对做好小麦应急收购做出重要批示，新疆维吾尔自治区主席雪克来提·扎克尔主席主持召开政府党组会审议应急预案，新疆维吾尔自治区常务副主席张春林对做好全区夏粮收购作出重要批示，新疆维吾尔自治区人民政府办公厅印发《关于做好 2019 年全区夏粮收购工作的通知》。按照新疆维吾尔自治区关于市场化改革的总体要求，各地既尊重市场在价格形成和资源配置中的决定性作用，同时积极发挥政府能动作用，始终坚持以人民为中心的发展思想，保障种粮农民在流通环节得到更好的服务。通过深化改革，小麦供需逐步回归合理水平，优质优价进一步体现，带动小麦种植结构调整和品种改良，推动优质粮食生产和全产业链融合发展，促进农民可持续增收。粮食市场活力得到释放，产销合作明显加强，粮食流通效率大大提升。起草《新疆维吾尔自治区粮食安全保障条例》立法计划，开展立法前期调研工作。编制政务服务事项基本目录清单 14 项和实施清单 13 项，梳理"互联网＋监管"事项 34 项，梳理行政许可 1 项、行政处罚 18 项、行政检查 23 项，对《新疆维吾尔自治区级储备粮轮换竞价销售交易细则（试行）》和《新疆维吾尔自治区地方粮食库存检查制度（试行）》进行合法性审查。组织局法律顾问开展法律服务 152 次，较上年增加 54%。开展《南疆地区粮食安全保障机制研究》《新疆粮食和储备行业"十四五"规划前期研究》等 5 个调研课题，为粮食和物资储备工作提供决策参考。

三 政策性粮食库存大清查和执法监管

新疆维吾尔自治区人民政府办公厅印发了《关于开展全区政策性粮食库存数量和质量大清查的通知》，成立以党委常委、副主席艾尔肯·吐尼亚孜同志为组长，新疆维吾尔自治区有关部门（单位）为成员的大清查协调小组。在喀什地区试点的基础上，组织开展了全区政策性粮食库存数量和质量大清查，有序开展了准备、自查、普查、抽查、汇总整改五个阶段工作。全国政策性粮食库存数量和质量大清查协调机制督导巡查组和国家联合抽查第 23 组、第 24 组随机抽查检查显示：政策性粮食数量真实、质量良好、储存安全、粮情稳定、库贷挂钩、管理较为规范，各阶段检查均未发现重大问题。坚持问题导向和底线思维，重点围绕深化小麦收储制度市场化改革，加大粮食收购市场执法督查力度，办理投诉举报案件 7 起。指导塔城地区粮食行政管理部门查办 1 起粮食收储加工企业拖欠农民售粮款案件，清理拖欠农民售粮款 2600 多万元。受理投诉举报案件较 2018 年同比下降 70%，12325 全国粮食流通监管热线涉疆涉粮案件保持零纪录。

四 粮食产业经济发展和重点工程项目建设

2019 年，全区入统粮油加工企业工业总产值预计 290 亿元，同比增加 39 亿元，增幅 15%，实现利润总额 10.6 亿元，同比增加 1.5 亿元，增幅 17%。推进"新疆面粉"区域品牌建设，拍摄"新疆面粉"宣传片，申请注册"新疆面粉"集体商标，组建新疆面粉产业联盟。推进粮油区内外产销合作，广泛动员和组织区内企业参加第二届中国粮食交易大会，集中展示粮食产业发展、企业"走出去"等方面取得的成效，与河南省粮食和物资储备局签订了产销合作战略协议，签订了 3.2 亿元粮油销售协议。加快推进馕产业发展，拍摄制作了新疆馕文化宣传片，完成打馕教材编写和打馕实训室改造装修等工作。修改完善新疆维吾尔自治区"优质粮食工程"三年实施方案，已通过国家程序性审核备案。2019 年 5 月，中央财政一次下达新疆维吾尔自治区 2019~2020 年"优质粮食工程"奖励资金 20410 万元。组织各地抓紧推进项目建设，推动粮食产业经济高质量发展。新疆"粮安工程"粮库智能化升级改造项目于 2017 年纳入国家重点支持项目省份，截至 2019 年底，项目到位资金 31647.74 万元，已完成项目所有标段（省级平台、108 个库点智能化升级改造）工程建设工作，并通过终验专家评审，累计完成投资 25078.6 万元，占已到位资金 79%。

五 粮食仓储管理和节粮减损

围绕新形势下仓储管理"六个发展"（绿色、精细、规范、融合、安全、高质量发展）工作要求，积极谋划和推进仓储设施分类分级，推进优粮优储，加快推动仓储管理转型升级、提质增效。全区储粮设施条件持续改善，截至 2019 年底，全社会标准仓房仓容 1208 万吨，比上年同期增加 153 万吨，其中完好仓房仓容 1122 万吨，较上年同期增加 165 万吨。应用环流熏蒸技术仓容 139.7 万吨；应用粮情测控系统仓容 822.9 万吨；应用机械通风仓容 950 万吨；实现低温准低温储粮仓容 373 万吨。严格开展储粮化学药剂使用管理工作，储粮化学药剂磷化铝使用量同比下降 71%。积极开展节粮减损科普教育与推广工作，编制印发适用于基层粮站、通俗易懂、图文并茂的《粮库绿色储粮操作手册》和适用于农户的《农户科学储粮知识手册》。

六 党的建设

贯彻落实新时代党的建设总要求，增强"四个意识"、坚定"四个自信"、做到"两个维护"。认真贯彻《中共中央关于加强党的政治建设的意见》和新疆维吾尔自治区党委实施意见，积极开展"让党中央放心、让人民群众满意的模范机关"创建工作。贯彻落实《中国共产党支部工作条例（试行）》，制定印发《新疆维吾尔自治区粮食和物资储备局党支部工作规程》，加强支部自身建设，提升支部党建工作质效，教育引导支部党员干部把政治标准、政治要求贯彻到工作全过程和事业发展各方面，自觉当好践行"两个维护"第一方阵。进一步健全党建考核机制，研究制定《新疆维吾尔自治区粮食和物资储备局党的建设、党风廉政建设、意识形态工作绩效考评办法（试行）》，常态化开展检查考核。多方筹集 1030 万元推进柯坪县馕产业园项目建设。积极争取中央投入 983 万元，用于柯坪县开展"优质粮食工程"建设。

新疆维吾尔自治区粮食和物资储备局领导班子成员

孙永建　党委书记、副局长

热甫卡提·努热合曼　党委副书记、局长

王卫军　党委委员、副局长（任职至 2019 年 5 月）

谢　斌　党委委员、副局长

郭洪伟　党委委员、副局长（援疆）

阿木提·塔西铁木尔　党委委员、副局长

刘学明　副厅级干部

马雪渊　总经济师（2019 年 7 月任职）

（撰稿单位：新疆维吾尔自治区粮食和物资储备局；撰稿人：李海丹；审稿人：邱杰）

2019 年 7 月 4 日，新疆维吾尔自治区新闻办公室、新疆维吾尔自治区粮食和物资储备局联合举行小麦收储制度改革暨 2019 年夏粮收购工作新闻发布会，新疆维吾尔自治区粮食和物资储备局有关同志介绍小麦收储制度改革和 2019 年夏粮收购有关情况。

2019 年 7 月 1 日，新疆维吾尔自治区粮食和物资储备局组织开展"不忘初心、牢记使命"主题教育专题活动，走进新疆生产建设兵团五家渠将军纪念馆，重温中国人民解放军解放新疆、建设新疆、发展新疆的壮阔历史，缅怀先烈、致敬英雄。

2019 年底，新疆粮库智能化升级改造工程顺利完成验收。

新疆生产建设兵团 基本情况

新疆生产建设兵团（以下简称"兵团"）成立于1954年10月7日。兵团承担着国家赋予的屯垦戍边职责，实行党政军企合一体制，是在自己所辖区域内依照国家和新疆维吾尔自治区的法律、法规，自行管理内部行政、司法事务，在国家实行计划单列的特殊社会组织，受中央政府和新疆维吾尔自治区双重领导。截至2019年末，兵团有14个师，10个兵团管理的师（市）合一的自治区直辖县级市，37个建制镇，179个团场，有健全的科研、教育、文化、卫生、体育、金融等社会事业和公安、人民检察、人民法院、人民武装、司法等政法机构。2019年兵团生产总值2747.07亿元，比上年增长6.3%。全年人均生产总值86467元，增长1.2%。年末兵团总人口324.84万人，增长4.6%。全年社会消费品零售总额783.28亿元，增长5.6%。城镇居民人均可支配收入40724元，比上年增长4.8%，扣除价格因素，实际增长2.8%；连队居民人均可支配收入21982元，增长13.1%，扣除价格因素，实际增长10.8%。2019年兵团粮食呈现面积减少、总产减少、单产增加的态势。粮食种植面积328.14万亩，减少42.5万亩；总产214.96万吨，减少18.48万吨。

2019 年工作

一 小麦收储制度改革效果好于预期

2019年，兵团继续执行《自治区人民政府关于印发〈自治区小麦收储制度改革方案〉的通知》文件，停止执行"政府定价、敞开收购、敞开直补"的小麦收储政策，建立"政府引导、市场定价、多元主体收购、生产者补贴、优质优价、优质优补、应急托市收购"的小麦收储新机制。新疆维吾尔自治区小麦收储制度改革的实施，促进了粮食供给侧结构性改革，市场形成价格机制得到建立，政府作用得到有效发挥，年度小麦收购应急预案没有启动，财政支出相应减少，售粮农民满意度明显提升，改革取得良好成效。

二　建立健全兵团粮食流通体系

兵团积极向国家财政部、国家粮食和物资储备局争取将兵团粮食风险基金单列，从国家直接拨付。在兵团的粮食储备任务没有纳入国家储备计划序列、风险基金没有到位的情况下，2019 年 4 月，兵团用自有财力首次建立了 35549 吨小麦兵团、师（市）两级地方粮食储备，逐步推进完善兵团粮食宏观调控职能。

三　认真开展政策性粮食库存数量和质量大清查工作

一是组织参加全国政策性粮食库存数量和质量大清查动员视频会议。二是会同新疆维吾尔自治区粮食和物资储备局等 8 部门印发《新疆维吾尔自治区政策性粮食库存数量和质量大清查实施方案》。三是转发《关于进一步做好政策性粮食大清查有关工作的通知》《新疆维吾尔自治区政策性粮食库存数量和质量大清查实施方案》，并对八师石河子市大清查工作提出具体要求，抽调 2 名同志配合参加开展大清查工作。四是多次参加新疆维吾尔自治区联席会议，掌握兵团政策性粮食库存情况，确保兵团政策性储备粮数量真实，质量安全。

四　推进兵团"优质粮食工程"建设

兵团向国家财政部、国家粮食和物资储备局上报"优质粮食工程"建设三年实施方案并获得批准，获批的 9 个项目共申请中央财政资金 3214 万元。其中，5 个粮食检验监测项目，分别为兵团国家粮食质量检测中心（省级）及一师、三师、六师、十师粮食质量检验监测站（县级），通过跨师域的粮食检验监测站点布局实现对兵团辖区粮食检验监测全覆盖；4 个产后服务体系项目，在四师、九师等粮食主产区建设 4 个产后服务体系项目，服务粮食企业。兵团已将 2018~2020 年中央资金分批次全部落实到项目单位，并按国家有关规定有序推进实施。

五　做好物资储备管理机构职能交接工作

认真落实《关于〈新疆生产建设兵团机构调整方案〉的实施意见》《新疆生产建设兵团发展和改革委员会职能配置、内设机构和人员编制规定》精神，谋划设立下属事业机构，做好与兵团民政、商务部门职能交接事宜。

六　开展政策宣传

兵团认真开展粮食科技周和世界粮食日及粮食安全系列宣传活动，加强粮食政策、法规和节粮、储粮等知识宣传教育。贯彻落实国家粮食和物资储备局"七五"普法各项工作，加大普法宣传力度。

新疆生产建设兵团发展和改革委员会（兵团粮食和物资储备局）领导班子成员

孙　涛　党组书记、主任（局长）

刘庆发　党组成员、副主任（副局长）、巡视员

张生龙　党组成员、副主任（副局长）、巡视员

宋秀民　党组成员、副主任（副局长，援疆）

邓燕红　党组成员、副主任（副局长）

于云方　党组成员、副主任（副局长）

邢　涛　党组成员、副主任（副局长）

李燕青　党组成员、能源局局长

左传长　主任助理

梁　琦　主任助理

（撰稿单位：新疆生产建设兵团发展和改革委员会（兵团粮食和物资储备局）；

撰稿人：张宏山；审稿人：李澎涛）

2019 年 10 月 17 日，新疆生产建设兵团发展和改革委员会（兵团粮食和物资储备局）有关负责同志调研粮食储备库。

2019 年 11 月 11 日，新疆生产建设兵团发展和改革委员会（兵团粮食和物资储备局）有关负责同志调研应急救灾物资储备库。

2019 年 11 月 14 日，新疆生产建设兵团发展和改革委员会（兵团粮食和物资储备局）和新疆农垦科学院就有关粮食科技工作进行座谈。

大连市 　基本情况

　　2019 年，大连市实现地区生产总值 7001.7 亿元，增长 6.5%；一般公共预算收入 692.8 亿元，下降 1.6%；社会消费品零售总额 3948.7 亿元，增长 1.8%；固定资产投资下降 19.8%；居民消费价格涨幅 2.4%；城乡居民人均可支配收入为 46468 元和 19974 元，分别增长 6.7% 和 10.3%。大连口岸作为我国东北及东北亚地区重要粮食集散地，有著名的大连港和北良港，每年粮食中转量达 1000 多万吨。大连商品交易所是全国最大的粮食期货交易所，大连北方粮食交易市场是居全国前列的现货交易市场，大连金三角粮食批发市场、双兴商品城、谷金川粮食交易市场等规范、交易量大的成品粮批发市场，成为大连市实现粮食供需平衡的重要保证。大连市食用植物油年产量达 40 多万吨，为食用植物油供需平衡创造有利条件。2019 年粮食播种面积 26.3 万公顷，粮食总产量 118.3 万吨，比上年增长 6.7%。其中：水稻 12.7 万吨，玉米 89.3 万吨，大豆 7.2 万吨，薯类 7.9 万吨，杂粮 1.2 万吨。

2019 年工作

一　粮食收购和市场供应

　　认真落实国家粮食收购质价和"五要五不准"政策，确保农民出售的粮食优质优价，增产增收。组织引导多元主体入市开展收购，强化粮食产销衔接；主动协调农发行等金融机构保障收购，有效落实政策性粮食收储和轮换等资金，满足粮食储备等需要，全年累计投放地方储备粮贷款 3.7 亿元，发放市场化粮食收购贷款 16.7 亿元，粮食收购平稳有序，未出现较大波动。没有发生"坑农损农、打白条和压等压价、以次充好"等现象，确保了有人收粮、有钱收粮、有库存粮，保护种粮农民利益。大连市已初步形成以大型龙头企业为骨干、中小企业为基础的粮油加工和以商贸购销为网络的产购销、农工贸一体化的粮食产业经济格局。全市现有 345 家企业开展粮食购销活动，2019 年总购进粮食 2641 万吨，累计销售粮食 2558 万吨，粮食产业实现总产值 168 亿元，粮食价格保持稳定，没有太大的波动。产品质量不断提高，九三大豆、中粮日清、中粮米业等企业的"鸿鹤""福临门""日清""福掌柜""福之泉"等品牌远销国内外，以质量立品牌、以宣传塑品牌、以信誉固品牌，已成为企业开拓市场的重要手段。已有 2 个全国"放心粮油"示范企业、8 个省级"放心粮油"示范加工企业、1个省级"放心粮油"示范销售企业、4个省级"放心粮油"示范仓储企业。

二　粮食储备和物资储备管理

完善地方储备粮监管机制，加强储备管理，督促承储企业全面落实主体责任，确保地方储备粮数量真实、质量良好、储存安全。下达市级储备粮轮换计划，完成本年轮换粮食 10.8 万吨，食用大豆油 0.8 万吨；完成 2018~2019 年已下达市级储备粮轮换计划的粮食入库验收工作。对 15 家承储企业 22 个库区新轮入的市级储备粮进行数量质量验收。经验收，新轮入市级储备粮 11.3 万吨，食用大豆油 0.8 万吨，达到市级储备粮储存标准，进入正常储存状态。建立市县两级救灾物资储备管理联系制度，及时掌握市县两级救灾物资的储备现状和工作交接情况，指导各地区做好汛期救灾物资的准备工作，建立汛期救灾物资调拨日报制度。密切与市应急管理局沟通协调，明确市级救灾物资调拨和接收方式，指导市粮食和物资储备事务服务中心提前做好市级救灾物资的配送工作准备，确保市级救灾物资"储得好、调得出、用得上"。

三　粮库信息化建设和科技宣传

粮库智能化升级改造项目覆盖全部 22 个承储地方储备原粮的企业使用国家补助专项资金 1992 万元。加强调度，协调项目建设过程中的问题，粮库信息化建设取得阶段性成果。大连友谊粮食储备库、大连金州国家粮食储备库和庄河市第二粮库已完成验收，与省级平台实现互联互通。举办"科技人才共支撑、兴粮兴储保安全"为主题的粮食科技宣传周和世界粮食日宣传活动。粮食科技宣传周全省启动仪式在辽宁大连金州国家储备库成功举办，举行粮食科普知识展览、优质粮油展览、科普材料发放和粮食产品检验专家讲解等活动。市县粮食部门采取多种形式开展"行动造就未来健康饮食实现零饥饿"的世界粮食日宣传活动。市粮油检验检测站为市民讲解粮食（油脂）鉴别方法，运用快检设备，现场检测粮食样品，让市民亲眼见证粮食食品检测过程。庄河市第二十三初级中学等学校积极倡导师生浪费粮食可耻，节约粮食光荣，开展从我做起，每天不剩饭的活动。家乐福大连公司开展"一店一校一农场，食得健康，反对浪费"活动。大连代表队在辽宁省"辽宁好粮油"杯粮食行业职业技能大赛中获得团体总分二等奖，粮油保管员职业 1 个一等奖、1 个三等奖，粮油质量检验员职业 1 个二等奖、1 个三等奖的好成绩。

四　应急保障和储粮安全

启动《大连市粮食应急供应预案》修订工作并形成初稿，完成全市粮食应急供应网点、应急配送企业、应急加工企业及应急运输企业的名单确定和信息汇总工作。完成市级储备成品粮库存量、有效仓容和应急责任人信息的更新汇总工作。完成地震、地质灾害、自然灾害、生产安全、鼠疫控制、突发事件医疗救援、建筑事故、森林防火、交通事故、安全生产考核、应急管理体系任务分解 11 个应急预案的征求意见工作。根据市政府印发的自然灾害、地质灾害、地震及安全生产应急预案，积极做好市级成品粮油、救灾物资的保障工作。为积极应对台风"利奇马"带来的不利影响，在接到大连市应急管理局九次调令后，通过现场指导和周密组织，市粮食和物资储备事务服务中心完成了向旅顺、瓦房店、普兰店、庄河、花园口、中山区六个地区救灾物资调拨工作，保障了相关地区人员转移安置顺利进行。组织各区市县发展和改革部门和地方储备粮承储企业法人代表共45人参加省局举办的全省"安全储粮、安全生产"培训。汛期在瓦房店粮运谷物有限公司组织开展防汛应急演练、"十一"前在大连友谊粮食储备库组织开展火灾事故应急演练，提高应急能力。各相关地区的15个市级储备粮承储企业等单位对汛期安全生产进行了现场督查。

五　政策性粮食库存大清查和粮食安全省长责任制考核

召开动员会议，培训人员220人次，建立市县两级协调机制统筹协调，以堵塞粮食库存管理漏洞，以防范化解风险隐患为目标，按照"统一抽调、混合编组、集中培训、综合交叉、本地回避"的原则，成立由粮食部门牵头、农发行参加、中储粮分公司选派人员参与共36人的3个市级普查工作组，进行现场核查。共普查承储库点37个、货位1298个，合计普查粮食数量149.1万吨，查清查实了粮食库存实底，做到了"有仓必到、有粮必查、有账必核、查必彻底、全程留痕"，检查结果账账相符、账实基本相符。对检查发现的148个问题，及时下发整改通知书，建立问题台账，开展普查回头看，已经全部整改完成。大连市政府第五十六次常务会议专题研究粮食安全省长责任制工作，传达2018年度责任制考核结果通报，部署稳定发展粮食生产，保障市场有效供应等工作。2018年再次获评粮食安全省长责任制考核优秀等次。大连市政府召开专题会议部署粮食安全省长责任考核工作，围绕年度考核任务，对照考核内容，加强部门协调，强化考核督查，认真落实粮食安全省长责任考核的各项具体要求，各部门和涉粮区市县正在认真落实2019年度的各项考核工作，争取取得优秀成绩。

六　粮食流通执法督查和粮食质量安全检验监测

进一步建立完善粮食流通执法责任制度，组织全市粮食行政执法人员参加省局举办的行政执法培训，经过考核全员取得粮食行政执法资格，为依法行政奠定基础。建立并完善"双随机一公开"系统，加强政策性粮食出库和秋粮收购监管。认真开展秋粮收购工作监督检查和粮食流通监督检查，共组织秋粮收购监督检查50次，人员149人次，检查各类收购主体31家。充分发挥12325全国粮食流通监管热线作用，及时查处涉粮违法违规案件，坚决打击无证非法收购、短斤缺两、压级压价等违法违规行为。做好市级储备粮质量监测，库存粮食质量安全监测，收获粮食质量安全监测和质量会检，放心粮油质量监测等工作任务，完成大连市创建食品安全示范城的粮食质量安全各项工作任务。落实旅顺口区粮油检验监测站300万元粮油质检体系建设，于2019年底前完成建设工作。

大连市发展和改革委员会领导班子成员

赵永勃　党组书记、主任
姜茂生　副主任
殷永江　党组成员、副主任
肖生滨　党组成员、副主任

齐永宏　党组成员、副主任

顾在浜　党组成员、副主任

（撰稿单位：大连市发展和改革委员会；撰稿人：许成波；审稿人：耿志刚）

2019 年 4 月 15 日，大连市委常委、常务副市长卢林（前排左三）带队到瓦房店市泡崖中心粮库督导粮食大清
查工作。

2019年5月7日，粮食库存大清查时，大连市发展和改革委员会主任赵永勃（右二）到良运集团友谊储备库视察工作。

2019年11月21日，大连市召开2019年粮食安全省长责任制考核工作会议。

青岛市　　　　　基本情况

　　2019 年,青岛市常住总人口 949.98 万人,增长 1.12%。其中,市区常住人口 645.20 万人,增长 1.57%。青岛市生产总值 11741.31 亿元,按可比价格计算,增长 6.5%。其中,第一产业增加值 409.98 亿元,增长 1.6%;第二产业增加值 4182.76 亿元,增长 4.7%;第三产业增加值 7148.57 亿元,增长 8.0%。三次产业比例为 3.5 : 35.6 : 60.9。人均 GDP 达到 124282 元。全市粮食播种面积 47.5 万公顷;粮食总产量 302.6 万吨,减产 2.4%。收购粮食 179.9 万吨,其中小麦 126.7 万吨,玉米 50.5 万吨。销售粮食 979.8 万吨。粮食商品量为 242 万吨。全年粮食购销总量为 1880 万吨。全市粮食工业总产值 471.99 亿元,同比增长 10.26%;销售总收入 625.65 亿元,同比增长 12.63%。

2019 年工作

一　粮食收储

　　全市粮食系统全面落实夏粮收购政策,筹措收购资金 17 亿元,严格夏粮收购秩序检查,切实维护了种粮农民利益。集中收购期间,全市粮食企业收购小麦 51.5 万吨、玉米 12 万吨。按照年度均衡、兼顾粮情的原则,合理安排储备粮油轮换工作,全市完成储备粮轮换任务 16.7 万吨,其中市本级完成轮换小麦 6.97 万吨、稻谷 5000 吨、食用油 4000 吨,圆满完成了粮油轮换任务。严格落实储备粮储存轮换办法、质量监管办法等制度,加强成品粮油储备管理,确保储备粮安全。深入推进粮油监管改革,深入调研储备粮储备方式、数量监督、质量管控、储存安全、轮换管理等工作,改革监管方式,由对承储企业的管理向加强储备粮管理转变,由"保姆式"管理向政策引导和制度约束转变,由保证储备粮安全和企业效益并重向确保储备粮安全转变。加强粮食仓储职工队伍建设,在全国粮食职工职业技能竞赛中,青岛市选手为山东代表队获得职工组所有比赛项目唯一一枚金牌。

二　粮食质量监管

　　粮食质量安全监测体系不断完善,新建即墨、西海岸新区粮食质量检测站,验收莱西、平度、胶州粮食质量检测站项目，完成市粮油质量检测中心能力提升项目建设。将暂无县级质量检测机构的城阳区、崂山区的质量监测工作交由市粮油质量检测中心承担，实现监测地域全覆盖。拓展服务领域，对全市国有粮食收储企业进行一定批次免费检验。粮食质量监管力度持续加大，落实检验鉴定制度，对新入库9万余吨粮食进行了54批次粮食质量鉴定，有力保证了新入库储备粮质量。开展粮食质量专项检查，共检查企业23家，抽查样品206份。组织完成粮油综合批发交易市场入市检测4223批次、40000项次，完成储备粮、新收获粮食等检测560批次。

三 粮食流通监督

加强收购市场监管，共出动执法人员457人次，对144个收购经营主体进行监督检查，有力维护收购市场秩序。加强政策性粮食出库监管，加强政策性粮食出库监管工作，组织对中储粮定向销售粮食进行跟踪监管。全面完成粮食库存大清查，组织106人开展清查业务培训，先后派出8个工作指导组，对40家企业清查工作开展指导。成立4个普查组和3个质量清查组，对全市49家企业、62个存储库点、527个货位逐仓清查，共检查各类粮食124.2万吨，完成了省清查协调机制办公室交办的418份样品检验任务，全市各类政策性粮食账账相符、账实相符、轮换及时、储存安全。

四 粮食供应保障

加强粮油商品流通统计工作，完成统计任务、社会粮食食用植物油供需平衡调查和农户存粮调查任务，摸清了粮油供需基本状况，为市场调控和政府决策提供了依据。加强粮油市场监测工作，及时掌握粮油市场销量和价格情况，编发价格信息，全力保障青岛粮油市场平稳。不断完善粮食应急管理体系，研究制定并发布了《青岛市经济领域安全风险防控应急预案粮食预案》，组织制定了应急手册，重新认定粮食应急加工、应急运输和应急供应企业，进一步完善了粮食应急体系。

五 粮食产业发展

不断壮大粮食产业经济，全市粮油加工企业经济运行保持平稳向好态势。全市88个粮油加工企业纳入统计范围，粮食工业总产值471.99亿元，同比增长10.26%；销售总收入625.65亿元，同比增长12.63%；年设计粮食加工能力899万吨，同比增长13.93%。参加"齐鲁粮油"品牌推介活动。组织参加北京、上海"齐鲁粮油"品牌推介会，组织参加第二届中国粮食交易大会、第二届山东粮油产业博览会，成交量6亿元。扎实推进优质粮食工程，投资2亿元实施"好粮油"行动计划，获中央及省级财政补助资金5600万元，支持平度"中国好粮油"示范县，支持青岛天祥等9家企业建设"中国好粮油"示范企业。对2018年好粮油示范建设项目、产后服务中心等17个项目进行了验收、复审，顺利通过省绩效评价，青岛市获奖励资金100万元。督导即墨、西海岸新区两区完成粮食检测站建设任务。

六 救灾储备物资管理

拟定救灾储备物资交接事项清单，积极推进救灾储备物资管理交接工作。委托第三方中介机构对库存储备物资和相关资产进行了清查审计，协调 2020 年储备物资预算安排，起草救灾储备物资管理制度，加强储备规范化管理，确保紧急调度需要。

七 爱粮节粮宣传

在世界粮食日和全国粮食安全宣传周活动期间，开展粮食安全、爱粮节粮系列宣传活动，组织机关干部、社区居民等 100 余人参观了粮食储备和质量检测现场，开展爱粮节粮进机关、进学校、进社区、进家庭活动。全市共组织宣传活动 62 场次，参与活动 1.08 万人次，发放宣传手册 2000 册、倡议书 9500 份、宣传片 300 张，张贴海报 1600 张，各新闻媒体报道 29 次，在全社会营造了重视粮食安全、崇尚爱粮节粮的良好氛围。

青岛市发展和改革委员会领导班子成员

李　刚　　党组书记、主任

盛斌杰　　党组副书记、副主任

徐守国　　党组成员

张旭东　　党组成员、副主任

刘　凯　　党组成员、副主任

姜延贞　　党组成员

孙　杰　　党组成员、副主任

于莲华　　二级巡视员

柳永志　　副局级干部

（撰稿单位：青岛市发展和改革委员会；撰稿人：张瑞银；审稿人：于莲华）

2019 年 6 月 20 日，青岛市开展夏粮收购检查工作。

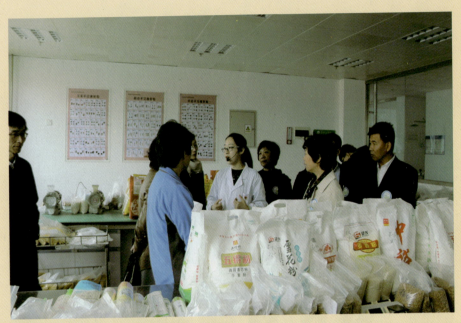

2019 年 10 月 16 日，青岛市组织开展粮食安全、爱粮节粮系列宣传活动。

青岛市粮油企业参加第二届山东粮油产业博览会。

宁波市　　基本情况

2019 年宁波全市实现地区生产总值 11985 亿元，按可比价格计算，同比增长 6.8%。截至 2019 年底，全市常住人口 845.2 万。按常住人口计算，宁波市人均地区生产总值为 143157 元，居民消费价格同比上涨 3.0%，涨幅均高于全国和全省平均水平 0.1 个百分点，在全国 36 个大中城市中列第 10 位。2019 年，宁波舟山港累计完成货物吞吐量 11.19 亿吨，成为目前全球唯一年货物吞吐量超 11 亿吨的超级大港，并连续 11 年位居全球港口第一。全年累计完成集装箱吞吐量超 2753 万标准箱，排名蝉联全球第三。宁波口岸共进口粮食 150 万吨，同比减少 18.6%，除大麦外其余进口品种都同比减少。其中进口大豆、大麦和大米分别为 103.9 万吨、39.4 万吨和 5.7 万吨。2019 年宁波市粮食作物播种面积 164.8 万公顷，粮食总产量 66.33 万吨。全市国有粮食企业共收购稻麦 28.4 万吨，占全省的 19.7%，其中订单收购 24.1 万吨，占全省的 20.7%，收购总量和订单收购量都居全省首位。收购小麦 1.5 万吨（减少 1.8 万吨）；收购早稻 6 万吨（减少 0.4 万吨），占全省比重为 14.2%；收购中晚稻 20.9 万吨（增加 2 万吨），占全省比重为 19.2%。宁波庄桥粮油批发市场全年交易量 39.3 万吨，减少 8.73%，成交金额 17.43 亿元。宁波网上粮油批发市场全年交易量 43.7 万吨，增加 13.9%，成交金额 9.71 亿元。全市设立粮食应急供应网点 318 个，应急加工企业 25 个，应急运输企业 12 个，应急配送中心 11 个。进口粮食 4.1 万吨、棉花 0.44 万吨，落实冻猪肉储备计划 3600 吨。新培育 24 家"放心粮油"企业、102 家"放心粮油"供应店。全市发展和改革部门共储备救灾物资 61 种，各品类达 106015 件。

2019 年工作

一　有效保护粮农利益，持续增强粮食保供稳价能力

研究完善粮食产销和收购政策，出台《关于做好 2019 年粮食产销工作的意见》和《关于做好 2019 年粮食收购工作的通知》，2019 年宁波市继续实行订单粮食收购等惠农政策。落实 2019 年粮食收购政策，研究出台《关于做好 2019 年早稻收购工作的通知》和《关于做好 2019 年晚稻收购工作的通知》，召开全市粮食收购工作会议，部署落实粮食收购政策，明确收购工作目标和要求，确保

收购工作有序展开。水稻收购工作较为平稳，各地政策执行到位，为农服务工作有序展开。加强市场粮食行情监测，认真执行粮情测报周报制度，全市粮食供需平稳。宁波庄桥粮批市场全年交易量39.3 万吨，减少 8.73%，成交金额 17.43 亿元，减少 9.21%，成交量减少主要是受线上交易增加、线下销售呈现区域直供新业态等因素影响。宁波网上粮批市场全年交易量 43.7 万吨，增加 13.9%，成交金额 9.71 亿元，增加 4.5%。按照市粮食应急供应预案落实要求，部署区县（市）及时修订粮食应急预案操作手册，完善应急供应网点、加工等保障措施，并纳入全省管理网络平台。全市落实应急成品粮储备 2.2 万吨，分别落实应急供应网点 285 个，日应急加工能力 3190 吨，日应急运输能力3950 吨。

二   认真落实粮食安全责任制，稳步推进依法管粮

　　粮食安全责任制考核取得优异成绩。经浙江省综合考评，荣获 2018 年度粮食安全市长责任制考核优秀单位。完成 2018 年度市对区县（市）考核工作，经市粮安办各成员单位联评并报市政府研究决定，象山县、鄞州区、海曙区和慈溪市为 2018 年度粮食安全责任制考核优秀单位，其他区县（市）均为良好单位。拟定全市大清查工作计划、方案，顺利完成政策性粮食数量和质量大清查工作。全市粮食总体合格率为 96.7%，储存品质总体宜存率为 99.8%。建立完善监管事项清单，清理核定粮食监管权力清单，统一录入行政执法监管平台，完善"双随机一公开"监督检查机制，全年共开展6 次专项检查。制定 12325 全国粮食流通监管热线移交案件的办理工作程序，专人负责案件的接收、流转等工作，妥善处理农户投诉 1 次。加强地方储备粮监管，对储备粮数量、质量、储粮安全情况进行随机抽查，重点检查粮油仓储管理制度执行情况，发现问题及时督促整改。确保储粮质量安全，部署开展粮食质量风险关口前移监测，严把粮食收购检测关口，建立超标粮食收购处置长效机制，跟踪做好储存及处置工作。严格落实安全生产责任，建立完善安全生产监管机制，突出抓好"一规定两守则"贯彻落实，坚持季度检查和重大节日专项检查制度。突出抓好防台防汛安全。积极开展"食品安全宣传周""世界粮食日""全国粮食安全宣传周"等粮食安全和爱粮节粮宣传科普活动，引导市民爱惜粮食，养成"吃得好""食得安"粮食消费观念，全年共组织宣传活动 17 场次。

三   持续推进粮食"五优联动"试点，大力发展粮食产业经济

　　全面推进粮食"五优联动"试点。象山县积极做好 2019 年省级"五优联动"试点，试点种植优质水稻面积扩大到 5000 亩，品种优选为甬优 15 号，通过线上线下和经销合作方式进行优销，逐渐打响象山半岛味道系列——艾情品牌大米，在比普通水稻加价每斤 0.2 元的基础上，还能顺差销售。出台《宁波市本级开展"五优联动"试点实施方案》，积极推动和引导市本级、镇海、海曙区和慈溪市等地开展试点，努力打造地产优质粮食供应链，在增加农民收入、降低政府调控支出的同时，满足市民消费需要。会同宁波市农业农村局成功举办第二届"甬优杯"宁波十大好大米和 2019 年宁波最好吃稻米评比活动，为下年开展"五优联动"工作和推广地产优质大米打下基础。深化"星级粮库"创建，深入开展"一符四无"粮仓评定和"星级粮库"创建活动，全市 10 家粮食收储企业全部被评定为 2018 年度"一符四无"单位，26 个粮库通过"二星级"复评和创建考评。推进放心粮油

供应体系建设，制定市"放心粮油"企业、供应店创建标准，牵头会同有关部门部署开展"放心粮油"创建活动，指导镇海区、鄞州区"放心粮油示范县"创建工作，全市新培育 18 家"放心粮油"企业、74 家"放心粮油"供应店。制定"放心粮油"管理服务制度，形成"政府监管、行业自律、社会监督"的管理机制，定期做出"后评价"，建立不合格企业和供应店退出机制。前三季度，全市粮油工业总产值累计为 60.4 亿元，比上年增长 23.3%，全年实现粮油工业总产值 80 亿元，同比增长 10.7%。

四　如数落实粮食储备规模，全面加强物资储备管理

地方储备粮品种结构合理，年末储备粮库存中主要口粮消费品种晚稻谷比重达 50% 以上，高出浙江省要求 25 个百分点。制定宁波市本级 2019 年地方储备粮轮换计划，全市轮换地方储备粮 30.9 万吨，其中中晚稻 18.5 万吨、早稻 7.2 万吨、小麦 3.5 万吨。制订《2019 年至 2021 年市本级政策性粮食业务财政补贴政策和办法》，拟订市本级政策性粮食业务财政补贴拨补办法，保障了市本级政策性粮食业务财力支撑和规范运行。根据新一轮机构改革后职能的调整，应急救灾物资储备管理工作归口管理，宁波市粮食和物资储备局会同宁波市民政局和商务部门衔接做好救灾物资移交、查验等工作，组织协调完成交接、移库工作，各区县（市）同步进行，全市共储备救灾物资 61 种，各品类 106015 件。与宁波市财政局协商落实市级救灾物资储备轮换和管理经费，协同市应急局建立救灾物资使用联结机制，会同有关部门制定《调拨应急救援物资规程（试行）》《市级救灾物资出入库管理制度（试行）》等规章制度，建立各级响应等级的岗位值班备勤制度，严明 2 级及以上岗位值守纪律，逐步规范应急救灾物资储备管理工作秩序，确保应急救灾物资调得动、运得出。协调粮食收储公司改造粮仓，解决过渡期救灾物资临时储备问题。利用白沙粮库迁建契机，提前谋划标准化救灾物资储备仓库建设。2019 年国家下达给宁波市冻猪肉储备计划 1800 吨，为切实保障宁波市生猪市场供应，经市政府研究全市实际落实冻猪肉储备计划 3600 吨，市级和区县（市）各为 50%，至 10 月，3600 吨冻猪肉储备计划全面完成。

五　积极开展粮食产销合作，稳步推进流通基础设施建设

继续稳固与东三省、苏皖和江西省主产省粮食产销合作关系，注重将优质和健康粮食引入宁波市场，满足市民对粮食消费的多层次需求。积极融入"长三角"粮食应急保障一体化，加快与区域内主产省部分地区开展更深层次的粮食产销合作，尽快建立粮食应急采购多层粮源保障体系。与安徽合肥和江苏阜宁粮食产销合作进一步深化，宁波市粮食收储公司与巢湖合作企业建立了战略合作关系，年内委托采购的 3700 吨优质晚籼稻已全部入库，两市深化产销合作迈出了扎实的新步伐。慈溪市在江苏省阜宁建立 2500 吨优质小麦储备基地。积极实施好与吉林省延边粮食对口帮扶协作实施方案，5 月下旬，在宁波市吉林大米直营店举行以"延米甬飘香"为主题的延边大米文化节，进一步扩大延边优质大米在宁波市的知名度。全市以海曙直营店为中心的延边大米直营店（经销店）已布满全市，门店规模达 15 家以上。会同延边州发展和改革委员会落实 5800 吨优质玉米异地储备计划，与延边州协作建立异地粮食储备规模已经达到 1.68 万吨。推进白沙粮库异地迁建。大力支持宁

波市重点工程文创港项目建设，积极向浙江省粮食和物资储备局汇报衔接，按期完成移出浙江省粮食基础设施保护清单工作。主动衔接当地政府，协调落实新库建设用地，提升市级储粮库容和现代化仓储水平。积极做好中央预算内投资项目申报工作，全年申报项目 5 个，申请中央资金 2411 万元。积极推进绿色储粮技术应用，推广富氮气调绿色储粮技术、"四合一"储粮新技术运用，推进粮库信息化、智能化升级改造，全市升级改造项目 4 个，总投资 8073 万元。推进粮食物资数字化管理系统建设，筹划全市粮食物资数字化管理系统建设方案，积极与宁波市相关部门对接，争取纳入数字政府体系。

六　顺利完成机构改革，切实加强队伍建设

宁波市粮食局与宁波市发展和改革委员会合并，挂牌成立宁波市粮食和物资储备局，设立粮食和物资调控处和粮食监督管理处，配足人员。各区县（市）粮食局合并发展局，成立相应科室。全市粮食和物资储备部门严明纪律，严守政治规矩，落实党风廉政建设责任分工，做到有目标、能分析、可检查，建立"路线图"和"责任田"。组织开展"不忘初心、牢记使命"主题教育活动，通过一系列的教育活动，政治站位更高、"四个意识"树立更坚定、作风转变更坚决，进一步增强了自律意识和法制意识。

宁波市发展和改革委员会（宁波市粮食和物资储备局）领导班子成员

张文杰　党组书记、主任（2019 年 10 月任职）
胡　奎　原党组书记、主任（2019 年 10 月调离）
詹荣胜　党组副书记、副主任
谢月娣　党组成员
王光旭　党组成员
励志刚　党组成员
潘奇峰　党组成员、副主任
鲍佩云　党组副书记
梁　峰　党组成员、副主任
程宏友　党组成员
蔡茂方　党组成员、纪检监察组组长
刘兴景　党组成员、副主任
鲍正操　党组成员、副主任
柳培德　党组成员、副主任（挂职）
孙自武　党组成员
吴文华　党组成员

（撰稿单位：宁波市发展和改革委员会（宁波市粮食和物资储备局）；
撰稿人：时汉成；审稿人：程宏友）

2019 年 12 月 20 日，宁波市发展和改革委员会党组书记、主任张文杰（左二）到宁波市粮食收储有限公司甬江粮食中心库调研。

2019 年 12 月 23 日，宁波市发展和改革委员会党组书记、主任张文杰（左二）到宁波市甬江中心粮库视察科学储粮信息化控制中心。

2019 年 12 月 13 日，宁波市发展和改革委员会党组副书记鲍佩云（左二）到宁波市粮食收储有限公司指导工作。

厦门市　　基本情况

2019 年，厦门粮油供需基本平衡，常住人口持续增长带动粮食消费刚性增长。全社会粮食总供给（原粮）691.2 万吨，比上年增加 67.8 万吨，其中粮食自产 2.3 万吨，减少 1.4 万吨，粮食自给率为 1.54%；进口粮食 215.7 万吨，增加 23.4 万吨；从省外购进粮食 278.2 万吨，增加 7.1 万吨；从省内市外购进粮食 158 万吨，增加 36.6 万吨；粮食总需求 688.6 万吨，增加 100.2 万吨，其中：社会粮食消费量 148.8 万吨，增加 0.7%。在消费量中：口粮消费 76.8 万吨，增加 2.8%；饲料及工业用粮等 72 万吨，减少 1.5%；年末社会粮食库存量，增加 21.9 万吨，创历史新高。食用植物油总供给 107.5 万吨，同比持平；食用植物油需求总量 110.4 万吨，增加 8.4 万吨；年末库存量减少 2.8 万吨。

2019 年工作

一　开展政策性粮食库存大清查

建立"政府统一部署、部门配合、上下联动、全员动员、横向到边、纵向到底"的组织体系，形成三个层面落实机制。层层分解任务，逐级落实分工，完善责任体系，严把工作质量关。在圆满完成政策性粮食数量和质量大清查试点任务的基础上，扎实抓好 2019 年大清查组织工作，全面落实 2019 年清查任务。在全面试点清查的基础上，补充检查新进仓粮食 26 个仓廒，储备粮 22941.29 吨。清查结果表明，市级储备粮账实相符、账账相符、数量真实、质量可靠、储存安全。

二　加强储备粮管理

严格落实福建省政府下达厦门市 27.5 万吨储备规模任务，全面完成 2019 年市级储备轮换计划。优化储备结构，调增 2500 吨成品粮应急储备。大力推广绿色储粮技术，新建、改造充氮气调仓库 25 间，全面采用粮情测控系统、机械通风、环流熏蒸、谷物冷却"四合一"储粮技术，有效提升储粮品质，全市粮食宜存率达 100%。严格把好政策性粮食质量关，市级储备粮质量、卫生、品质指标合格率均为 100%。认真学习贯彻储粮安全"一规定两守则"，举办 2 期仓储管理培训，提高从业人员素质。加强储备粮轮换管理，地方储备粮轮换销售及采购全部采用公开竞价销售、公开招标方式进行，全年共组织 6 场网上竞价拍卖和公开招标采购。

三   深化粮油市场监管

推行"双随机一公开"和"四不两直"监管方式，加大粮食质量安全监测和市场抽查力度，加强事中事后监管，检查结果在政府门户网站公开。推动建立超标粮食处置长效机制，修订厦门市超标粮食处置实施方案，厘清农业、发展和改革委员会、市场监管部门的监管职责，强化属地监管责任落实和责任追究，严防超标粮食流入口粮市场。按照福建省粮食安全"一品一码"工作要求，推进粮食质量安全追溯平台建设。

四   完善粮食质量监测体系

完成 2019 年优质粮食工程检验监测体系建设任务。安排厦门市财政资金 159 万元支持厦门市粮油质量监测站购置设备、扩大监测项目。目前厦门市粮食质量监测站固定资产达 1400 万元，检测仪器设备 130 余套，可检测对象 48 类，检测参数 222 项，被国家粮食和物资储备局认定为第一批国家粮食质量检测机构、第一批国家粮油标准验证工作站。

五   强化粮食安全应急体系建设

修订《粮食安全预案》，举行市级粮食应急演练，通过演练检验厦门市粮食应急预案，磨合应急机制，锻炼应急队伍。修订出台《厦门市粮食应急体系重点企业管理办法》和《厦门市粮食应急体系建设专项资金管理办法》，按照"每 3 万人口 1 个点设置"的应急网络建设要求和科学规划、合理布局的原则，重新核定了粮油应急加工企业 7 家和粮食应急供应网点 143 家。厦门市财政共拨付97.8 万元用于应急加工和应急供应网点协作奖励。开展"世界粮食日"系列宣传活动，通过在《厦门日报》登载专版、移动公司平台发送宣传短信、向社区群众发放宣传手册等形式，宣扬爱粮节粮、科学食粮知识，不断提升粮食安全意识。

六   安全生产无事故

坚持"安全第一、预防为主、综合治理"的方针，认真开展安全生产宣传教育和反恐、消防演练活动。多方式常态化开展宣教工作，向干部职工广泛宣传安全知识，提升安全意识。积极组织实施"安全生产月"系列活动。深入推进政策性粮食收储单位安全生产大检查，督促相关单位严格落实安全生产主体责任，开展安全生产隐患排查治理专项行动。政策性粮食收储单位安全生产形势稳定，没有发生安全生产事故。

厦门市发展和改革委员会领导班子成员

潘力方　党组书记

张志红　主任

张伟生　党组成员、副主任

（撰稿单位：厦门市发展和改革委员会；撰稿人：陈学东；审稿人：钟建福）

2019 年 10 月 10 日，厦门市发展和改革委员会副主任张伟生（右一）在粮食企业调研。

2019 年 8 月 30 日，厦门市发展和改革委员会组织开展粮食应急演练。

厦门市粮油质量监测站人员在进行日常检验工作。

深圳市 基本情况

2019 年，深圳市全年实现地区生产总值 26927.09 亿元，比上年增长 6.7%。其中第一产业增加值 25.20 亿元，增长 5.2%；第二产业增加值 10495.84 亿元，增长 4.9%；第三产业增加值 16406.06 亿元，增长 8.1%。第一、第二、第三产业增加值占全市地区生产总值的比重分别为 0.1%、39.0%、60.9%。2019 年末全市常住人口 1343.88 万人，比上年末增加 41.22 万人。全市一般公共预算收入 3773.21 亿元，增长 6.5%；一般公共预算支出 4551.03 亿元，增长 6.2%。2019 年 3 月，根据《中共深圳市委深圳市人民政府关于印发〈深圳机构改革方案〉的通知》和《深圳市发展和改革委员会职能配置、内设机构和人员编制规定》，深圳市发展和改革委员会承担市粮食（含食用植物油）和冻猪肉储备工作职责，具体工作由深圳市发展和改革委员会粮食和物资储备处实施。

2019 年工作

一 切实履行粮食安全责任考核工作

深圳市领导多次作出重要指示，要求各单位认真落实粮食安全责任制各项要求，切实保障深圳市粮食安全。深圳市发展和改革委员会牵头，提前部署、细化指标，依据职责分工将考核评分表中任务指标细分到相关单位。各有关部门依据下达任务指标加强与广东省对口牵头部门沟通，逐一落实。2016 年、2017 年、2018 年深圳市连续三年在广东省粮食安全责任考核中被评为优秀。

二 全面抓好做实地方粮食储备任务

地方储备粮实行动态轮换，承储企业按照先进先出、均衡轮换原则进行轮换。制定出台了《深圳市粮食储备管理暂行办法》和《深圳市粮食储备承储管理年度考核办法》，规范粮食承储主体行为，强化储备粮管理。以粮食大清查为抓手着力强化储备粮管理，经过企业自查、政府督查及普查，结果显示深圳市储备粮账账相符、账实相符，是广东省唯一一个所有抽样送检样品全部合格的城市，受到广东省粮食和物资储备局的肯定并推荐深圳市 6 名检查人员参与了全国大清查联合抽查工作组。

每年安排专项质量检测费用，对储备粮、应急企业库存粮食等进行质量抽检。大清查后，对未列入大清查抽检范围的库存粮食进行了质量抽检，共抽取样品 269 份，总代表数量 91426.014 吨，抽检总体质量指标合格率为 99.71%，总体食品安全指标合格率为 100%。按照《深圳市政府储备粮费用包干操作规程》《深圳市食用植物油政府储备费用包干操作规程》规定发放地方储备粮油的利息、保管、轮换等费用补贴。2019 年物资储备补贴资金预算总计 88131 万元，年初全部拨付至粮食风险基金专户，全部用于粮食储备费用补贴。组织深圳市粮食储备及应急保障企业开展安全生产、应急演练、粮食统计、粮食储藏、质量检测等专项培训，提升企业从业人员的安全生产意识，增强粮食应急企业的事故处置及应变能力，减少、避免安全事故的发生，提高深圳市粮食企业在粮食储藏、质量检测及粮食统计方面的知识水平，从各个方面保障深圳市的粮食市场安全运行。

三　全力保障粮食市场稳定

2019 年组织深粮控股、宝安粮食等 16 家粮食企业前往哈尔滨参加"黑龙江第十六届金秋粮食交易暨产业合作会"并赴双鸭山粮源基地考察；同年受湖北省粮食局邀请，组织 10 家粮食企业参加"2019 年第二十一届荆楚大地——湖北粮油精品展示交易会"；全面了解产区优质粮油产品，增强了深圳作为主销区与产区联系，为进一步加强产销合作、保障区域粮安奠定了良好基础。年末在库储备成品粮 24.75 万吨，其中大米 24.3 万吨，面粉 0.45 万吨，合计折原粮 36.36 万吨，按照每人每天 1 斤成品粮的标准，可满足全市常住人口 37 天消费需求。以粮油销售企业及华润万家、天虹商场等大型商超为主体，建立和完善应急供应网络，覆盖全市主要街道和大型社区。为加强全市粮食应急运输保障能力，为粮食应急保障企业办理《临时通行证》，以解决运粮货车的市内限行问题。纳入国家粮油统计信息系统企业共 109 家，每年安排专项经费开展粮食统计培训，指导督促辖区内入统对象建立统计台账，按照国家粮食流通统计制度及时、准确上报数据。在全市设置 10 家粮食零售价格监测点，监测范围包括东北米、早籼米、泰国香米、面粉、花生油、调和油等 10 个粮食品种的零售价格，每月通过官网发布《监测月报》，分析粮油的价格变动情况，定期上报国家发展改革委价格监测中心、广东省价格监测中心。

四　大力推动粮食仓储物流设施建设

深圳市深粮控股东莞粮食物流节点项目建设进展顺利：C、D、E 仓（在建仓容 51.6 万吨）已完成筒仓滑模施工及电气及控制设备工程招标工作，土建施工正常推进，预计 2020 年内投入使用；在食品深加工方面，土建施工已基本完成，日产量 600 吨小麦加工生产线已投入生产；码头建设方面，一期码头工程（1#、2# 泊位）水工主体工程、岸坡与港池疏浚交工，堤岸加高工程完工。深粮控股双鸭山粮源基地项目一期新建成 15 万吨仓容，2019 年底投入使用。4 家粮食承储企业共 7 个粮库纳入中央财政 2017 年"粮安工程"粮库智能化升级改造补助项目，项目总投资为 1890.6 万元，其中申请中央和省资金补助 756 万元。截至 2019 年底，深圳市 7 个粮库均按计划竣工，完成与广东省平台的数据对接，实现信息互联互通，顺利通过广东省粮食和物资储备局的验收。粮安工程的顺利竣工，有效提升粮库信息化应用水平，通过在线监管加强储备粮的管理水平。

| 五 | 持续深化国有粮企改革 |

2019 年 2 月 28 日，深圳市国有粮企深粮集团与深深宝正式重组为深粮控股，并在深交所举行重组更名仪式。通过资产重组成功将深粮控股打造为"地方大中型粮企整体上市第一股"。原深粮集团和深深宝公司在资产、技术、人才等各种要素资源方面顺利融合，深粮控股各项经营指标再创新高，并获得"第二届深圳十佳质量提升国企""深圳上市公司董事会治理十佳"、第九届中国粮油榜"中国百佳粮油企业""中国十佳粮油集团"等多项荣誉。着力构建供深食品标准体系，打造"圳品"品牌，4 家粮食企业的产品入选第一批和第二批"圳品"名单；此外，深圳市共 7 家企业入选全国放心粮油示范工程企业名单，其中 5 家示范加工企业、1 家示范销售店、1 家示范配送中心。

| 六 | 深入开展粮食文化建设 |

作为 2019 年世界粮食日和全国粮食安全宣传周广东分会场，10 月 16 日在深圳市平湖粮库举办启动仪式。活动现场共发布 10 个"省级粮食安全宣传教育基地"名单，举办粮食安全知识讲座及互动问答，发布爱粮节粮倡议书；十余家粮食企业现场进行名优粮油产品展示推介等活动，300 多市民群众参与活动。借助新媒体，对世界粮食日和全国粮食安全宣传周广东（深圳）分会场活动、"中国好粮油"等深圳粮企名优产品、12325 全国粮食流通监管热线等内容进行系列报道。

深圳市发展和改革委员会领导班子成员

聂新平　市政府党组成员、副市长，市发展和改革委员会党组书记、主任

王庭珠　党组成员

刘　伟　党组成员、副主任

余　璟　党组成员、副主任

郭跃华　党组成员、副主任

曾坚鹏　党组成员、副主任

艾传荣　党组成员

（撰稿单位：深圳市发展和改革委员会；撰稿人：郑淑蕾；审稿人：刘伟）

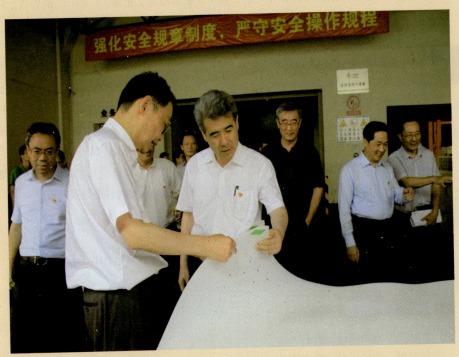

2019 年 7 月 9 日，深圳市副市长刘庆生（前排左二）到深圳平湖粮库调研。

2019 年 10 月 16 日，广东省粮食和物资储备局副局长林善为（左五），深圳市副秘书长吴优（右五），广东省农业农村厅、教育厅等代表出席 2019 年世界粮食日和全国粮食安全宣传周广东分会场启动仪式。

2019 年 5 月 8 日，深圳市平湖库举办政策性粮食库存大清查普查业务培训。

5

第五篇

各垂直管理局工作

国家粮食和物资储备局北京局

基本情况

国家粮食和物资储备局北京局（以下简称"北京局"）成立于 2020 年 1 月，前身为原国家物资储备局天津办事处（以下简称"原天津办"）。原天津办成立于 1990 年，所属单位包括八三八处、八三三处、二六处、机关服务中心和 654 工程筹建处（临时机构）。其中，八三八处 1989 年投产使用，占地面积 10 万平方米，坐落在天津市东丽区。八三三处 2003 年正式投产使用，占地面积 11.2 万平方米，坐落在天津市滨海新区。二六处是成立于 20 世纪 50 年代的港口办事处，主要承揽货物的港口接转、保管、检验、海运代理等业务。机关服务中心成立于 1996 年，主要承担为机关办公与职工生活提供后勤服务、承办机关委托事项等职能。

2019 年工作

一　国家战略物资管理工作

一是部署开展库存国储物资半年和全年盘点。各基层单位严格按照《国家储备综合物资管理检查程序》要求，认真完成盘点工作，对检查中发现的问题及时签发问题清单和整改清单，确保件件有整改，填补各类管理漏洞和安全隐患。二是举办物管岗位练兵比武活动。通过练兵比武，达到促进业务学习、提高履职能力的效果。三是指导修改、完善《标准化作业指导书》，对国储物资管理全过程进行系统的梳理，绘制流程图，进一步提高国储物资管理的规范化水平。四是组织开展国储物资账簿和物资档案专项整理工作，重点整理在库物资的品名规格账、保管员账，并按要求分别建立物资档案总档和分档。

二　粮食和物资监管工作

一是顺利完成京津地区中央事权粮食政策执行和中央储备粮管理"首考"。原天津办主要负责同志坚持亲自部署、亲自指挥，充分了解情况，制定切合实际的考核方案；成立两个考核组分赴京津地区中储粮北京分公司直属库点进行实地考核，充分发挥国家粮食和物资储备局配备专家成员作用，提升考核质量；积极配合河北局形成考核报告，并对储备粮库整改落实情况持续跟进；天津办主要负责同志带队赴中储粮武清直属库进行回访，加强日常监管促进提升管理水平，获得好评。二是做好防汛抗旱物资监管。原天津办领导班子成员多次到中央防汛抗旱天津库调研，形成《关于中央防汛抗旱物资天津仓库的实地调研报告》；参加中央防汛抗旱物资储备管理培训班；按照国家粮食和物资储备局要求，与国家防汛抗旱物资北京仓库和天津仓库分别签订了《2019年中央防汛抗旱物资储备管理合同》，对库存物资盘点；完成天津仓库防汛抗旱物资验收入库工作，配合做好四类入库物资的质量抽检工作。三是积极参加天津市粮食数量和质量大清查督导组，配合做好相关工作。四是强化应急救灾物资监管，保持与天津市应急救灾物资站经常性沟通联系，陪同国家粮食和物资储备局相关同志到天津市应急救灾物资站调研。

三   储备能力建设工作

一是八三三处仓库修复工程顺利收官。原天津办多措并举稳人心、保安全、促生产、抓修复，最大程度减轻事故影响。截至2019年底，国家粮食和物资储备局下达的2945万元投资计划全部完成，4号、5号、6号库新建工程、7号库单体新建工程通过验收并投入使用。二是不断完善仓库功能，为事业发展提供保障，2019年完成八三八处铁路专用线维修和八三三处脉冲电网改造。持续开展库容库貌集中整治，为国储物资管理和经营创收提供良好的环境支持。

四   安全生产工作

一是健全安全管理体系压实责任。开展安全教育培训及应急演练，层层签订《安全稳定责任书》，基层单位与合作单位签订治安、消防安全责任协议，并加强安全检查力度。二是强化安全意识，加强技防投入。八三三处完成脉冲电网报警系统工程和铁路专用线安防系统工程，八三八处加大自身安全资金投入，更换灭火器、消防水带，改造高清监控系统。三是强化安全督导检查，深入开展安全隐患排查整治。坚持安全专项检查与节假日、夜间"四不两直"抽查相结合，重点做好对储备仓库设备设施、库区、作业场所等重点场所的隐患排查整治。2019年共进行各类安全检查10余次，有效发现并整改消除问题隐患11项。

五   经营创收工作

2019年，原天津办共完成经营收入2258.78万元，同比增长23.85%，散货吞吐量208.68万吨，集装箱提箱落箱5.97万个标准箱。近年来，八三八处注重抓基础、拓市场，稳定老客户、开发新客户，每月业务量相对稳定。八三三处积极发挥区位优势，拓宽经营渠道，合理优化物资品种，以双合鑫卷板业务为主，进口镍铁业务、包钢钢材下线业务稳定发展。

六　全面从严治党工作

一是以政治建设为统领，深入学习贯彻习近平新时代中国特色社会主义思想，增强"四个意识"、坚定"四个自信"，做到"两个维护"。及时传达学习贯彻国家粮食和物资储备局党组关于垂管机构改革部署，统一思想认识，严格遵守机构改革期间的政治纪律、组织纪律、机构编制纪律、干部人事纪律、财经纪律和保密纪律。二是认真开展"不忘初心、牢记使命"主题教育。聚焦主题、紧扣主线，学习教育、调查研究、检视问题、整改落实紧紧围绕主题、主线、总要求展开，克服学做脱节问题，确保主题教育成果经得起检验。全力协调做好养老保险并轨，在职、离退休职工全部纳入地方机关事业单位养老保险，顺利完成13人职级晋升，干部职工队伍思想稳定，为机构改革营造良好环境。三是严格落实党建工作责任制，努力提升党建工作水平。层层签订《党建工作责任书》，明确年度重点工作任务，严格责任落实，强化责任考核。四是继续推进基层党组织建设，及时掌握基层党组织和党员发展情况，严肃党内政治生活，强化支部规范化建设，做好党员教育管理工作。五是持续加强作风建设。严守党的政治纪律和政治规矩，以各种形式组织党员学习党内纪律法规，引导党员干部增强党纪党规意识。严格执行请示报告制度和领导干部个人事项报告制度。落实中央八项规定精神及其实施细则，驰而不息纠正"四风"。六是落实党风廉政建设责任制，持之以恒正风肃纪。原天津办党组严格落实党风廉政建设主体责任，对职责范围内的党风廉政建设负全面领导责任，切实把党风廉政建设摆在突出位置，签订并严格执行《党风廉政建设责任书》。纪检监察部门认真履行监督责任，认真履行协助党组加强党风廉政建设的工作职责。在项目招投标、处级干部选拔任用等重点工作和环节均派纪检人员参与监督。

国家物资储备局天津办事处领导班子成员（2019年12月前）

冯华国　党组书记、主任

吴　彬　党组成员、副主任

朱晓东　党组成员、副主任

国家粮食和物资储备局北京局领导班子成员（2020年1月后）

钱　毅　分党组书记、副局长

魏洪波　分党组副书记、局长

安海东　分党组成员、纪检组长

（撰稿单位：国家粮食和物资储备局北京局；撰稿人：于金辉、白新园；审稿人：魏洪波、安海东）

2019 年 1 月 7 日，国家粮食和物资储备局党组成员、副局长梁彦（前排中）在天津八三八处调研，国家粮食和物资储备局规划建设司负责同志和原天津办党组书记、主任冯华国（前排左）陪同。

2019 年 7 月 3 日，原天津办事处直属机关党委组织党员参观"'不忘初心、牢记使命'主题教育档案文献展"。

2019 年 8 月 23 日，原天津办事处直属机关党委组织党员参观"天津城市规划展"。

国家粮食和物资储备局河北局

基本情况

　　2019 年 9 月，国家粮食和物资储备局河北局（以下简称"河北局"）对外挂牌。河北局内设 10 个处室：办公室（法规体改处）、粮棉糖和救灾物资监管处、战略物资和能源监管处、规划建设处、财务审计处、安全仓储与科技处、执法督查处、人事处、离退休干部处、机关党委。所属事业单位共 13 个，分布于石家庄、承德、秦皇岛、保定、邯郸、邢台六市所辖区县。所属企业 1 个：河北国储物流有限责任公司。

2019 年工作

一　扎实推进机构改革，强化监管职责

　　根据《国家粮食和物资储备局关于做好垂直管理局机构改革有关事项的通知》要求，河北局成立机构改革领导小组，制定工作方案，立足于早，做到早谋划、早宣布、早落地，认真落实"三定"规定。一是细化内设机构职责，通过双向选择，科学合理调配人员，组建新的内设机构，7 月 5 日全部到位。二是选优配强执法监管队伍，组建粮棉糖和救灾物资监管处、战略物资和能源监管处、执法督查处，保障中央储备粮等监管新职责顺畅履行。三是认真研究物资储备改革，提出相关建议和有关单位职能改革建议。

二　稳步实施"四个强化、四个提升"，夯实改革发展根基

　　一是强化完善仓库功能，提升仓储能力。大力发展多式联运和集装箱运输业务，拓展仓库功能，全年仓储物流服务收入 8087.46 万元。二是强化基础设施建设，提升仓储设施水平。全年组织完成 32 个项目，总投资 4905.45 万元，有效提升了储备能力。三是强化标准化建设，提升仓库管理水平。编印《储备仓库 5S 定置化管理指引》《5S 技术规范汇编》，明确 4 个区域 36 个部位的规范要求，制修订 28 项操作规程和技术规范，初步形成河北局标准体系。四是强化人才队伍建设，提升人员素质。明确加强事业单位人才队伍建设政策措施，树立实干实绩、优绩优酬的鲜明导向，营造奋发有为、干事创业的良好氛围。加大轮岗交流力度，选派人员到国家粮食和物资储备局和地方粮库跟班学习，

着力提高监管能力。挖掘现有人才资源，组建全局安全生产技术小组、标准化评审小组，充分发挥注册安全工程师等专业技术人才作用。鼓励在职学习教育，举办中青年干部等培训班 6 期，全局约 221 人次参训。开展"双先双好"（先进工作者、先进集体和干事创业好团队、担当作为好干部）评选，开展向张富清、尚金锁同志学习活动，引导干部职工对标先进、比学赶超。

三　国家重大任务圆满完成，强化为国管粮、为国管储理念

一是高质量完成中储粮年度首考任务。按照国家粮食和物资储备局统一部署，会同天津办事处考核中储粮北京分公司，共考核 12 个直属库，考核比例 54.5%。在考核实践中历练监管队伍，进一步压实承储单位主体责任，落实行政监管责任。坚持高点站位，强化统筹协调。成立考核领导小组、考核工作组、业务指导组等机构，及时调度，研究解决重要问题。坚持明职尽责、强化考核实效。制定实施方案、考核公告，采取专家与垂管局人员"一带一"的方式，坚持问题导向，逐项逐条核查，在考核中历练监管队伍。坚持纪律严明，强化责任落实。制定《京津冀区域 2018 年度中储粮考核工作纪律》，明确"十个不准"，坚决守住廉政纪律底线。二是高质量完成"116 专项"工作。局分党组高度重视"116 专项"工作，各有关单位和部门狠抓落实，认真实施"五个一"工作法，细化作业方案，完善应急预案，整改安全隐患，严守操作规程，有关省直部门和市（县）党委、政府大力支持配合，确保作业安全万无一失，高质量完成"116 专项"任务。三是高质量完成其他重点任务。严格落实"一库一批一方案"，顺利完成成品油收储、标准砂轮换任务。加强天然橡胶管理，摸清了底数。组织 5 个单位橡胶倒垛 5372 吨。开展物权公告，强化国家储备权属。高质量完成《综合物资智能化管理研究》软科学研究，获得国家粮食和物资储备局高度评价。

四　完善制度机制，巩固安全稳定底线

一是防范化解重大风险。举办专题研讨班，建立工作机制，梳理 9 个领域 21 项风险，制定 58 项防控措施，建立安全稳定廉政 3 个内控体系，实行全领域、全链条、封闭式管理，打好防范化解风险的主动仗。二是查隐治患保安全。强化安全生产和作业现场监管，确保生产安全。强化检查和投入，开展全局性安全检查 3 次、半年督查 1 次、"四不两直"检查 9 次，安全投入 1007.7 万元，整改隐患 205 个。开展"消防队建设规范提升年"活动，配齐配强义务消防人员，强化消防技能训练考核，实施消防设施标准化管理，有力提升应对突发事件能力。

五　加强党的建设，推进全面从严治党向纵深发展

突出党组示范引领，将"不忘初心、牢记使命"主题教育作为政治任务，集中学习 5 天，形成调研报告 29 篇，征求意见建议 5 个方面 18 条，召开高质量民主生活会，努力解决职工难题。扎实开展落实"两决定一意见"宣讲，干部职工思想政治受到洗礼，增强守初心、担使命的思想自觉和行动自觉，提振了干事创业、担当作为的精气神，强化宗旨意识和为民情怀。制定《加强党的政治建设的实施意见》等制度，扎实推进全面从严治党向纵深发展。突出各级党组织政治功能，强化企

事业单位政治导向，用习近平新时代中国特色社会主义思想武装头脑，严肃和规范组织生活，严格执行民主集中制，引导党员干部切实增强"四个意识"、坚定"四个自信"、坚决做到"两个维护"，坚决落实党中央方针政策和国家局党组决策部署。规范和加强中心组学习，把习近平新时代中国特色社会主义思想、国家粮食和物资储备局党组"两决定一意见"、《中国的粮食安全》等作为重要内容，集体学习 10 次，引领带动各单位党委中心组集体学习 124 次，开展落实"两决定一意见"宣讲，高质量承办第一赛区主题演讲比赛，青年干部学习研讨 3 次，知识测试 2 次，"学习强国"普及率达100%。扎实开展向张富清、尚金锁同志学习活动，组织到柏乡粮库等地学习，牢记初心使命，推动改革发展。逐级签订党风廉政建设责任书，开展违纪违法案例警示教育 11 次，局领导同处级干部谈心谈话、廉政谈话百余次。强化监督执纪，备案会议纪要 452 份，落实年度巡察方案，巡察审计 5个单位，督导问题整改，有效发挥巡察审计的震慑作用。

河北储备物资管理局领导班子成员（2019 年 12 月前）

李成毅　分党组书记、局长（任职至 2019 年 12 月）

郭忠民　分党组成员、一级巡视员（任职至 2019 年 12 月）

杨永宁　分党组成员、副局长（任职至 2019 年 12 月）

谷国才　分党组成员、纪检组长（任职至 2019 年 12 月）

郝秋生　二级巡视员（2019 年 6 月由副巡视员套转）

国家粮食和物资储备局河北局领导班子成员（2019 年 12 月后）

阎会力　分党组书记、局长（2019 年 12 月任职）

谷国才　分党组成员、副局长（2019 年 12 月任职）

张雪峰　分党组成员、纪检组长（2019 年 12 月任职）

冯建中　分党组成员、副局长（2019 年 12 月任职）

郭忠民　一级巡视员（2019 年 12 月任职）

郝秋生　二级巡视员

（撰稿单位：国家粮食和物资储备局河北局；撰稿人：于永红、李蒙；审稿人：李玉泽）

2019年9月25日，国家粮食和物资储备局河北局举行挂牌仪式，国家发展和改革委员会党组成员，国家粮食和物资储备局党组书记、局长张务锋（前排左六）与河北省副省长时清霜（前排右六）共同揭牌，河北局领导班子及基层单位处长参加挂牌仪式。

2019 年 7 月，由国家粮食和物资储备局主办、河北局承办的全国粮食和物资储备系统"牢记初心使命　推动改革发展"主题演讲比赛（第一赛区），在河北省石家庄市成功举办。

河北局认真落实国家粮食和物资储备局"两决定一意见"，为提升仓库管理水平，在基层仓库安装立体货架。图为摆放整齐的储备物资。

国家粮食和物资储备局山西局

基本情况

　　国家粮食和物资储备局山西局（以下简称"山西局"）挂牌成立于 2019 年 9 月，前身是山西储备物资管理局。下设机关服务中心 1 个直属事业单位和 12 个所属储备仓库。设有直属机关党委 1 个，基层党委 12 个，党支部 48 个。截至 2019 年底，局系统行政事业单位共有在职人员 968 人（行政机关 46 人、事业单位 922 人），党员 947 人。

2019 年工作

一　推进机构职能转变，扛起安全稳定责任

　　一是做好机构改革相关工作。结合机构改革，对 21 名公务员进行轮岗，严格按照规定程序，完成机关 25 名处级及以下非领导职务公务员的职级套转。全面梳理原有规章制度，研究起草《中共国家粮食和物资储备局山西局分党组工作规则》《国家粮食和物资储备局山西局工作规则》等 10 余项制度，促进各项工作责任落实。二是落实安全工作责任。制定实施细则，分解建立责任清单。落实基层单位主体责任和全员安全生产责任，层层签订安全责任书。排查火炸药仓库安全隐患。协调应急、公安、消防等部门进行评审，集中开展为期 1 个月的安全隐患集中排查整治。开展安全岗前培训、警示教育，举办 12 场安全生产现场宣教，5 名同志考取注册安全工程师。分管局领导带队，以"四不两直"方式，深入基层现场，对值班值守巡逻、防汛防火应急、生产作业和基建施工现场安全生产等进行突击检查。全年组织开展 2 次安全大检查，针对发现的问题，强化隐患整改和风险管控，实行跟踪督办。统一规范储备仓库、起重机械、消防和库内道路交通安全标志设置，以及安全宣传标语和解说词，提升安全生产标准化水平。三是做好信访维稳工作。进一步压实信访主体责任，坚持问题导向，做好矛盾纠纷排查疏导。认真开展"严守纪律规矩、正确行使民主权利"专题教育，成立 4 个督导组，深入基层宣讲。针对职工群众关心关切的热点问题，对照政策规定，耐心做好解释说明和思想工作。

二　落实国家粮食和物资储备局部署要求，增强储备安全保障能力

　　一是完成重要战略物资专项年度任务。主动向山西省政府汇报，时任山西省委副书记、省长楼

阳生同志作出批示。2019 年 4 月，山西省政府成立安全保障工作领导小组，并召开由公安厅等 15 个部门单位参加的安全保障工作部署会，副省长、省公安厅厅长刘新云同志出席会议并讲话。坚持"一库一批一方案"，制定物资出入库操作规程，配置设施设备，开展模拟演练，制定应急预案。紧盯仓储准备、物资验收、装卸作业、道路运输等环节，明确分工，落实责任。在专项任务实施期间，主要负责同志靠前指挥并参加首批物资押运，分管局领导现场盯守，提前与厂家对接，协调公安等部门落实保障措施，四七五、四七六、五七七、九七二处强化作业管理。局系统 40 余名青年职工组成 4 个预备队，参与作业干部职工规范操作，吃苦耐劳，安全高效完成物资接收、出库任务。二是履行粮食监管职能。全力做好中央事权粮食政策执行和中央储备粮管理情况 2018 年度实地考核工作，组成考核小组，收集、汇编中央事权粮食业务文件规定，加强学习，参加培训，提升专业能力，在中央政策性粮食数量质量大清查工作中加强锻炼，促进干部尽快熟悉粮食业务，增强履职能力。坚持问题导向，严明工作纪律，对中储粮山西分公司 10 个直属库、65 个库点进行实地考核，基本实现实地考核全覆盖。督促问题整改落实并向国家局报告。考核评价工作得到国家粮食和物资储备局肯定。开展对省内粮食主产区小麦、玉米生产加工流通情况的调研。建立中央储备物资基础数据库，逐步实现数据集中查询应用。三是推进重大工程项目建设。积极推进二五四、三五一处国家成品油储备能力建设工程项目，加强工程安全质量管理。及时梳理工程量、组织专家进行工期评价、召开项目推进座谈会、参建各方背书承诺，并派出专人驻点指导。截至 2019 年 12 月底，二五四处、三五一处分别完成批复总投资的 86.2% 和 90.2%，部分收尾项目和安防自控项目正在抓紧实施。落实国家储备仓库安全综合整治提升三年行动计划，积极推进 5 个单位建设项目实施，四七六、九七二处紧急改造项目已基本完工，正在进行系统调试。一五二、四七五、五七七处安全综合整治建设项目已招投标并签订合同，安防系统深化设计基本完成并将陆续开工建设。四是持续做好在库物资管理。做好成品油质量升级工作，安全完成国六柴油入库。加强日常管理，按季对成品油质量进行检测，定期开展安全检查，成品油损耗率控制在规定范围。开展战略物资收储动用轮换课题研究。核对中央防汛抗旱物资账目，签订代储合同，研究起草监管规定。完成库存天然橡胶质量外观抽查检验，通过取样化验，检验质量合格。修订仓库管理办法，配备火炸药保管设备，完成倒库工作任务。配合山西省红十字会完成沁源森林火灾抢险救灾物资紧急出库任务。五是加强财务资产管理。加强预算执行管控和项目预算支出绩效监管，加快预算执行进度，提高财拨资金使用效率。重点强化建设项目资金管理、战略物资费用标准测算和日常管理。加强国有资产管理运营，开展国有资产出租出借专项清理，严格审核程序。盘活利用国有资产，拓展仓储物流项目。2019 年，共完成事业收入 4283.6 万元。六是提升依法行政能力水平。按照国家粮食和物资储备局安排，开展"4·15"全民国家安全教育日集中普法宣传活动。对经营业务合同进行审核把关。强化执法监管相关法律法规、技术标准规范、管理制度等的学习培训。积极与山西省司法厅联系，落实山西局行政执法主体资格，积极申领行政执法资格证。

三　加强基层党组织建设，促进党务业务融合

一是开展"不忘初心、牢记使命"主题教育。加强组织领导，研究制定实施方案，及时布置落实。加强理论学习，注重读原文悟原理，聚焦初心使命，开展集中学习研讨，结合选树典型，激励担当

作为。按照"四个对照""四个找一找"的要求，以及国家粮食和物资储备局"五个方面"，全面检视问题，建立问题清单。认真开展调查研究，广泛听取意见建议。在国家粮食和物资储备局指导下，分党组认真召开专题民主生活会，并指导基层党委召开专题民主生活会，查摆问题，分析原因。制定专项整改工作方案，列出专项整治问题清单，明确整改责任，边学边查边改。二是加强基层党支部建设。以党的政治建设为统领，增强"四个意识"，坚定"四个自信"，做到"两个维护"，印发党建工作实施意见，开展"四强"党支部和党建品牌创建，加强党支部标准化规范化建设。注重在重大任务中发挥基层党支部和党员作用。完成机关党支部换届。建立党支部活动室、荣誉室等支部活动阵地。加强对新时代新思想的学习，开展向张富清、尚金锁同志学习活动，促进"两学一做"学习教育常态化制度化。组织参加国家局网上知识竞赛，获得优秀组织奖。组织演讲比赛，周娟同志进入国家粮食和物资储备局决赛，并获得二等奖。组织200余名干部职工观看"牢记初心使命　推动改革发展"巡回演讲。依托"学习强国"开展学习教育。三是加强干部职工队伍建设。按照山西省委要求，组织开展"改革创新、奋发有为"大讨论，凝聚合力，调动干部职工积极性、主动性和创造性。持续组织开展处、科级干部培训班学习研讨，分批对基层干部进行轮训，2019年培训27名干部。安排参训学员到机关处室跟班锻炼，促进干部成长。班子成员带头，深入推进"大学习、深调研、真落实"。组织编写《山西储备系统领导干部读本》和《干部培训教材》。向国家粮食和物资储备局推荐贯彻落实"两决定一意见"先进典型以及干事创业好团队和好干部人选。四是压实党风廉政建设责任。层层签订党风廉政建设责任书。加强廉政警示教育，全年开展3次党风廉政专题知识测试，8次廉政警示教育，开展廉政谈话760人次。认真开展问题线索核查，督促整改落实。根据机构改革后新岗位新职责，建立完善到岗到人的廉政风险防控体系。加强审计监督，完成对3家企业财务报告审计，12个基层处和机关服务中心内部审计，5名领导干部离任责任审计。

山西储备物资管理局领导班子成员（2019年12月前）

王来保　党组书记、局长

柴亚敏　党组成员、副局长

李总社　党组成员、纪检组长

胡润贵　二级巡视员

国家粮食和物资储备局山西局领导班子成员（2019年12月后）

杨永宁　分党组书记、局长

柴亚敏　分党组成员、副局长

张三中　分党组成员、纪检组长

韩静涛　分党组成员

胡润贵　二级巡视员

（撰稿单位：国家粮食和物资储备局山西局；撰稿人：张彤彤；审稿人：杨永宁）

2019 年 9 月 26 日，国家粮食和物资储备局山西局举行更名挂牌仪式。国家粮食和物资储备局党组成员、副局长韩卫江（右），山西省人民政府副秘书长翟振新（左）出席挂牌仪式并揭牌。

2019年4月3日，山西省政府组织召开山西省重要战略物资专项安全保障工作部署会。山西省副省长、公安厅长刘新云（中）出席会议并讲话，山西局主要负责同志王来保等参加了会议。

2019年7月1日，山西局开展"不忘初心、牢记使命"七一主题党日活动，组织各基层单位主要负责同志、机关及机关服务中心全体人员赴太原解放纪念馆实地参观。

国家粮食和物资储备局内蒙古局

基本情况

内蒙古储备物资管理局（机构改革前名称）成立于 1956 年，2019 年按照机构改革有关要求，正式更名为国家粮食和物资储备局内蒙古局（以下简称"内蒙古局"），实行以国家粮食和物资储备局为主，与内蒙古自治区政府双重领导的管理体制。核定内设处室 9 个，核定行政编制 40 名，实有人员 34 名。主要职责是负责辖区内粮棉糖、石油、天然气、食糖和中央救灾物资等中央储备监管工作及战略物资日常管理工作。

2019 年工作

一 突出党的政治建设，党建工作进一步加强

内蒙古局始终把讲政治摆在首要位置，扎实学习贯彻习近平新时代中国特色社会主义思想和党的十九大，十九届二中、三中、四中全会精神，增强"四个意识"，坚定"四个自信"，做到"两个维护"。把开展"不忘初心、牢记使命"主题教育作为首要政治任务，成立专门领导机构，制定印发《实施方案》，召开贯彻落实会议。每月下发党支部学习计划，落实必学内容，提出具体要求。每月进行集中学习教育，班子成员谈认识谈体会 12 人次。以学习贯彻国家粮食和物资储备局"两决定一意见"为抓手，组织开展党组中心组、基层党委、党支部、青工委学习，开展文艺汇演、演讲比赛、知识竞赛等多形式、分层次、全覆盖的学习活动。分党组成员带头到各联系单位宣讲"两决定一意见" 4 场次。研究制定了《"不忘初心、牢记使命"主题教育深查细照找差距调研方案》，4 位局领导带队组成 4 个调研组，深入基层处开展调研。通过座谈、个别谈话、发放调研问卷等形式，形成对国家粮食和物资储备局党组意见建议 5 条，对垂管局意见建议 9 条，自查问题 89 条，立行立改 30 条。对调研情况召开了调研成果交流会。组织召开了专题民主生活会。制定印发《检视问题整改落实清单》，23 个整改问题、49 项整改措施均按计划推进，整改工作取得阶段性成效。

二 深化改革转型发展，各项事业稳中有进

一是物资管理工作持续加强。认真做好物资出入库工作，组织有关单位作业前开展业务培训、

安全检查、应急预案实战演练，圆满完成了中央储备糖出库任务。扎实推进红旗库房评比工作，物资管理水平不断提升。进一步压实代储企业主体责任，对代储稀土进行日常监督检查，保证物资数量准确、存储安全。二是重大项目建设持续推进。加强项目组织领导，坚持四方联席会议制度，畅通沟通渠道，定期总结工程进展情况，落实项目法人主体责任，重点抓实进度、质量、安全、保密、廉政等关键节点管控。完成了仓库综合整治提升三年行动计划前期调研及相关资料准备工作。按照国家粮食和物资储备局要求，完成基层处4个年度小型基建维修和改造项目。三是基础管理工作进一步加强。修订细化年度绩效考核办法，持续深化规范化管理，推动基础管理水平提质升级。严格规范国有资产管理，分步清理注销自办企业东亚木业公司。严格执行财政国库集中支付程序，确保资金使用合规、流程规范。加强经营创收工作。每季度召开经营形势座谈会，总结交流经验和市场信息，查找问题短板，力求破解创收难题。全局前三季度经营收入1397万元，完成全年计划的60%。四是抓改革促转型初见成效。及时完成"三定"方案上报及批复后的内设处室设立、人员调整、部门人员岗位职责、工作流程梳理、岗位风险等级确定等工作，及时完成单位挂牌、分党组设立、印章更换等相关工作。结合新职责加强同内蒙古自治区粮食和物资储备局、中储粮内蒙古分公司的交流对接，建立协调联络工作机制，定期进行沟通联系，了解政策、搜集资料、掌握业务开展情况。深度参与自治区粮食库存数量和质量大清查督导和巡查工作，完成对中储粮内蒙古分公司中央事权粮食政策执行和中央储备粮管理情况2018年度考核工作。接受国家粮食和物资储备局的督导和随机重点抽查，对中储粮内蒙古分公司直属企业2018年度自评资料进行了复核。对国家粮食和物资储备局转交的61项问题和1个案件线索进行调查核实，建立问题整改台账。五是干部人事机制改革稳步推进。树立干部选拔任用正确导向，强化干部日常监督管理，严格落实"凡提四必"要求，拧紧监管螺丝。加大对系统职工的教育培训力度，加强干部下派和上挂，机关4名公务员结束基层挂职，仍有3名公务员在基层单位挂职，1名基层单位干部在机关挂职锻炼。通过教育培训、工作中传帮带、干部交流下派和上挂相结合，逐步提高职工的理论知识和专业技术能力，转变陈旧保守思想观念。

三　努力坚守"三条底线"，维护安全稳定廉政局面

一是储备安全生产目标全面实现。层层签订安全责任书，压实压紧各级安全责任。加强隐患排查和隐患治理，共组织11批次安全检查，查出隐患问题124个，已全部整改。上年剩余26个涉及资金较大一时无法解决的隐患，均已采取管控措施加以防范，并已列入国家粮食和物资储备局三年整治提升行动计划中。编制内蒙古局综合应急总预案，组织开展了情景推演和应急实战演练，整体防范控制水平逐步提升。加强重大节假日和重要敏感时期尤其是国庆节期间的安全值守。年度内未发生安全责任等级事故、案件。二是努力维护和谐稳定局面。为抓好机构改革期间稳定工作，局领导经常深入联系点，与干部职工座谈交流，宣传政策、讲清道理、疏导情绪，及时化解苗头性、倾向性问题。按照"三到位一处理"原则，积极应对八三六处个别提前退休人员缠访问题，现已完成三级信访答复和法院一审、终审和再审程序，诉方败诉。综合施策推进"文革"伤残优抚政策执行问题处理，及时协调国家粮食和物资储备局有关司局，争取将落实地方优抚政策资金需求列入国家粮储系统遗留问题范围。三是廉政工作进一步加强。签订廉政责任书，明确责任，传导压力。落实国家粮食和物资储备局党风廉政建设工作会精神，开展廉政形势分析，梳理廉政风险隐患，深化党

规党纪和廉政警示教育。严格落实中央八项规定及实施细则，切实加强纪律执行力度，开展了纪律执行不到位专项检查。抓好国家粮食和物资储备局巡视及"回头看"问题整改工作，持续整改国家粮食和物资储备局审计发现的问题。

内蒙古储备物资管理局领导班子成员（2019 年 12 月前）

邹　皓　分党组书记、局长

王兰柱　分党组成员、副局长

石春山　分党组成员、副局长

左炳衡　分党组成员、纪检组长

国家粮食和物资储备局内蒙古局领导班子成员（2019 年 12 月后）

李福君　分党组书记、局长

王兰柱　分党组成员、副局长

穆良权　分党组成员、纪检组长

（撰稿单位：国家粮食和物资储备局内蒙古局；撰稿人：刘扬；审稿人：黄永恒）

2019 年 9 月 17 日，国家粮食和物资储备局内蒙古局举行更名揭牌仪式，局领导邹皓（右二）、王兰柱（左一）、石春山（右一）出席。

2019年6月14日，内蒙古局召开"不忘初心、牢记使命"贯彻落实会议，国家粮食和物资储备局第一督导组组长吴子丹（中），局领导邹皓（右二）、王兰柱（左二）、石春山（右一）、左炳衡（左一）出席。

2019年7月4日，内蒙古局举办庆"七一"暨"牢记初心使命、推动改革发展"主题演讲比赛，局领导邹皓（前排左二）、王兰柱（前排右二）、石春山（前排左一）、左炳衡（前排右一）出席。

国家粮食和物资储备局辽宁局

基本情况

辽宁储备物资管理局成立于 1954 年 12 月，2019 年 6 月 5 日，按照《国家粮食和物资储备局关于印发〈国家粮食和物资储备局辽宁局主要职责内设机构和人员编制规定〉的通知》，更名为国家粮食和物资储备局辽宁局（以下简称"辽宁局"），有关储备监管职责的范围是辽宁省。辽宁局内设机构包括：办公室、粮棉糖监管处、战略物资监管处、能源监管处、法规体改处（执法督查处）、规划建设处、财务审计处、安全仓储与科技处、人事处（离退休干部处）、机关党委。全局共有 8 个基层事业单位和事业单位出资公司 1 个。截至目前，全局行政机关和事业单位在职人员 417 人（其中机关 41 人），离退休 542 人。

2019 年工作

一　坚持聚焦核心职能，切实履行国家粮食和物资储备监管职责

一是坚决有力落实粮食"首考"任务。坚持培训先行，选派人员参加国家局长春培训、参加政策性粮食库存质量数量大清查；坚持专业指导，聘请省内业务专家开展培训，协调辽宁省粮食和物资储备局支援 10 名专业人员参加并指导"首考"工作，总体强化人员业务能力和实践锻炼；坚持严格标准，成立了 5 个考核组，认真开展实地考核，严格督促问题整改；坚持压实责任，有力促进企业主体责任落实，促进中央事权粮食政策执行和中央储备粮规范管理。二是高站位保安全抓实"116 专项"工作。九七三处领导班子和全体干部职工充分显示出敢打硬仗的决心和能打胜仗的能力，全处上下心往一处想，劲往一处使，拧成一股绳，处处显示顽强的拼搏精神。构建了"垂管局 + 多部门"多主体协同高效联动体系，二三九处、三三○处、七三五处、局机关部分同志直接参与"116 专项"工作现场作业，在工作中注重方法研究，从全方位、多维度，深化细节研究、注重方法创新、协调联动各方，有效解决铁路车皮取送、武警公安联防、厂家科学发货等具体问题，有效提高工作效率，强化安全管控，确保万无一失。三是强化战略物资保管保养。按计划和方案，七三五处完成了锌锭移库工作，规范物资管理。二三九处、三三○处、七三五处、八三四处 4 个储备仓库完成橡胶倒垛和抽样化验工作，确保质清量准、储存安全、质检合格。四是切实履行新职能承接新任务。新组建粮棉糖监管处、能源监管处、法规体改处（执法督查处），压实监管责任。落实中央防汛抗旱物资储

备监管要求，与相关部门和仓库对接建立工作监管流程。参加中央防汛抗旱物资应急调用演练，建立中央防汛抗旱物资调用组织协调工作响应机制。落实中央防汛抗旱物资验收入库要求，完成物资入库验收；落实能源监管职能，开展监管调研，与大连和锦州石油储备基地建立联系机制。

二　贯彻落实"两决定一意见"，确保安全稳定廉政局面

一是以强烈的政治责任感压实安全稳定廉政责任。落实国家粮食和物资储备局安全稳定和党风廉政建设"两个"责任书，压实基层仓库"一岗双责"和"第一责任人"责任。重点抓住中华人民共和国成立70周年大庆等关键时间节点，强化思想政治教育，开展安全防范培训、安全检查和隐患整改，加强仓库联防，开展应急演练20次，安全教育培训1800余人次，安全生产投入156万元。二是驰而不息抓廉政建设。制定《2019年党风廉政建设重点任务表》，细化分解内容、明确目标和完成时限，责任落实到人。定期召开廉政建设季度分析会，开展阶段总结评估。强化教育和监督检查，围绕工程项目、廉政制度、八项规定精神落实及巡察工作等抓实廉政工作。制定完善廉政制度4个，副处以上党员干部对照《违反中央八项规定精神突出问题专项整治细化表》开展自查。落实《关于领导干部操办婚丧喜庆事宜管理办法》，处级以上党员领导干部报告婚丧喜庆事宜9人次。坚持关口前移，开展纪律教育和廉洁警示教育，围绕"牢记初心使命，勇于正风肃纪"开展专题研讨、组织参观警示教育基地，全年开展廉洁教育52次，分党组成员廉政谈话148人次，各基层仓库开展廉政谈话235人次。对两个事业单位党组织开展了巡察，对一个单位主要负责人开展经济责任审计。三是防范化解不稳定因素。落实《信访工作责任制实施细则》，坚持问题导向，对苗头性、倾向性问题采取"大起底"措施，全面梳理历史遗留问题。各事业单位投入资金238.6万元，大力解决职工房补等8项涉及职工切身利益的历史遗留问题。

三　加快推进深化改革转型发展，切实增强发展动力和活力

一是机构改革平稳推进。依据"三定"方案制定了实施方案，完成机构设置和人员调配，更换证照印章，垂管局完成挂牌，各职能部门切实履行新职能、承接新任务。二是深化改革转型发展取得新成效。二三九处深化转型发展，填补空仓2.7万平方米，实现收入300万元，弥补了"清理"缺口。坚持向市场要效益，先后开展调研50多次，整合多家大型企业打造沈阳区域钢材市场，成为沈阳三大钢材集散地之一，全年物资吞吐量比上年翻一番，全年完成经营收入2016.6万元，首次突破2000万元，同比增长20%；三三〇处增强自我"造血"功能。拓展集装箱业务，新引进水泥熟料装卸、扩大煤炭到发货和化肥代储装卸业务，实现库房使用率达100%，实现经营收入359.41万元，同比增长31.47%；八三四处抓住临港优势，拓展多元发展。引进散粮和化肥业务，发展集装箱业务等，实现经营收入650万元，同比增长3%；辽宁国储物流总公司发挥国储品牌效应，走出储备、走进市场。年初和"钢之家"钢材市场合作"借鸡生蛋"，新的客户不断融入，在发展"飞地经济"方面取得好的效果。与沈阳皇姑区政府初步达成辽宁省新型材料产业示范园区框架协议，把项目逐步向实际运作层面推进。全年完成经营创收3487.85万元，同比增长32%。经济效益增长为解决历史遗留问题、安全资金投入提供了支撑和保障，对消除安全隐患和不稳定因素起到积极作用。三是项目建设有力推进。重点推进专项工程，扎实推进九七三处储备仓库安全紧急改造项目。努力推进年度基本建设投资计划

实施，强化监督和管理，稳步推进二三九处智能消防系统及室外消防系统项目建设、三三〇处库房窗户更换项目、七三五处库区供电系统改造等项目，项目完工率达100%。仓库设施设备维护项目、储备仓库安全紧急改造专项等稳步推进，安全设施建设不断完善，基础设施更加牢固。四是基础管理和制度建设更加完善。加强财务和资金管理，重点加强预决算管理、资金管理、内控管理、新旧会计制度衔接等工作。强化预算执行监管，采取单位自查和管理局检查相结合，开展预算执行分析，进行问题通报，严格监督整改。推进落实新旧会计制度衔接，更新月度预算公开格式，完善公开方案，严格落实财务公开制度。严格控制预算，编制内控手册。全局共安排1200万元，补缴2014年以来共51个月的职业年金；筹措资金80万元，大力支持基层企事业单位解决应急资金需求，保障了工作推进，维持了稳定；加强法治机关建设。开展了2019年全民国家安全日普法宣传活动、国家安全法主题法律知识答题活动，结合粮食考核组织开展粮食库存检查常用法规政策学习。开展我与宪法微视频征集活动。进一步强化经营合同合法性审查。组织律师对相关单位诉讼案件进行研究，依法推进；结合机构改革强化制度建设，新制定和修订完善《辽宁局分党组议事规则》等制度25个，不断规范基础管理。

四　深化主题教育成果转化见成效，坚决做到"两个维护"

一是提高政治能力。扎实开展"不忘初心、牢记使命"主题教育，落实守初心、担使命，找差距、抓落实要求，开展专项整治，结合实际制定整改措施36项。二是严明政治纪律和政治规矩。深入学习贯彻党章、条例，严肃党内政治生活，落实"三会一课"制度、民主生活会制度等，进一步增强党员领导干部"四个意识"，坚定"四个自信"，做到"两个维护"，切实把主题教育成果转化为推动工作实效。牢牢把握意识形态，贯彻落实意识形态工作责任制，按季度开展意识形态分析研判。三是加强党的建设。加强党建信息报送，全年报送18期。狠抓党员"学习强国"学习，武装党员干部思想，凝聚正能量。强化基层组织建设，督促七三五处和九七三处党委、机关各党支部、二十四处、机关服务中心、国储物流公司党支部完成组织换届工作。大力推进支部标准化建设，树立6个省直机关、21个系统党支部标准化建设示范点。四是加强文明单位建设。大力培育和弘扬储备新风，开展省直机关文明单位、文明处室表彰，参加"两优一先"评比，评选推荐系统岗位标兵、先进集体、优秀基层带头人，九七三处被国家粮食和物资储备局和人力资源部评为先进集体，申键同志被评为先进工作者。开展"牢记初心使命，推动改革发展"演讲选拔比赛，组织系统干部职工观看国家粮食和物资储备局巡回演讲，开展健步走、组织离退休老同志书画集邮摄影展、参加省直机关运动会，丰富文化生活，激发干事创业热情。五是不断强化领导班子和队伍建设。强化政治引领，严明政治纪律和政治规矩。共组织开展集体学习24次，组织研讨7次。加强基层单位领导班子和机关公务员考核，严格干部监督管理。大力强化干部专业本领培训和实践锻炼，机关各处室开展公文管理和保密业务、粮食考核业务、物资管理业务、工程项目管理、预算管理和新旧财务制度、安全管理、劳动人事业务、贯彻落实"两决定一意见"、党务干部业务、纪检监察业务10个培训班，全局各单位参加系统内外各类培训2900余人次，选送干部到国家粮食和物资储备局跟班学习、到地方挂职，切实促进人员业务水平和业务能力提高；强化干部激励机制，开展优秀公务员评选、干事创业好团队和担当作为好干部推荐、开展公务员职级并行和职级晋升；落实干部待遇保障，制定《辽宁局干部交流工作及挂职待遇实施细则》，落实有关待遇，有效激发和调动干部队伍干事创业精气神；认真开展"牢记初心使命，推动改革发展"网上答题活动，被国家粮食和物资储备局评为"优秀组织奖"。组织协调彰武县参加全国第二届粮食交易大会，实现交易额 600 万元。一年来，通过全局上下齐心协力，共同奋斗，各项工作取得优异成绩。立足于解决职工群众所关心的热点焦点，关心离退休老同志，提高待遇。切实为大家办好事、做实事，有效解决多项历史遗留问题，干部职工的幸福感、获得感得到增强。

辽宁储备物资管理局领导班子成员（2019 年 12 月前）

王纯禄　党组书记、局长

熊　兴　党组成员、副局长

苏立伟　党组成员、副局长

李卫宁　党组成员、纪检组长

国家粮食和物资储备局辽宁局领导班子成员（2019 年 12 月后）

王纯禄　分党组书记、局长

苏立伟　分党组成员、副局长

曹　智　分党组成员、纪检组长

张庆坤　分党组成员、副局长

（撰稿单位：国家粮食和物资储备局辽宁局；撰稿人：袁辉；审稿人：王纯禄）

2019 年 3 月 18 日，辽宁储备物资管理局党组书记、局长王纯禄同志（左五）在九七三处现场督导物资专项工作。

2019 年 7 月 10 日，辽宁局分党组书记、局长王纯禄同志（左六）在中储粮辽宁分公司沈阳直属库调研。

2019 年 7 月 4 日，辽宁局（原辽宁储备物资管理局）在辽宁省党员干部教育培训基地组织开展"不忘初心、牢记使命"主题教育七一党日活动。

国家粮食和物资储备局吉林局

基本情况

国家粮食和物资储备局吉林局（以下简称"吉林局"）于 2019 年 6 月 5 日成立，内设机构 10 个，包括办公室、粮棉糖监管处、战略应急物资和能源监管处、法规体改处、规划建设处、财务审计处、安全仓储与科技处、执法督查处、人事处（离退休干部处）、机关党委。截至 2019 年底，机关在职公务员 40 人，离退休人员 49 人。

2019 年工作

一　抓好"不忘初心、牢记使命"主题教育，确保取得预期效果

一是统筹兼顾重领导。成立了分党组主要负责人任组长的主题教育领导小组和指导组，制定了主题教育实施方案，分党组做到"五个带头"，并 5 次深入基层检查指导，确保主题教育成效。二是多种措施抓落实。按照分党组理论学习中心组学习研讨方案，组织机关副处级以上党员干部开展 8 次集中学习研讨，各基层处党委组织理论中心组学习 48 次；广泛开展在线学习、线下教育，通过网上答题检验学习效果。积极参加国家粮食和物资储备局演讲比赛并参加全国巡讲，展现吉林局良好形象。按照分党组调查研究工作方案，在系统内外广泛开展调研。坚持先学后讲、学深讲透，分党组 2 位领导共讲党课 5 次，各单位班子主要负责同志和班子成员、机关各党支部书记也先后在不同层面开展党课教育。按要求圆满召开分党组专题民主生活会、组织生活会。三是检视问题抓整改。制定检视问题工作方案，其中分党组梳理出 5 个方面 17 个具体问题，各基层处党委梳理问题 93 条，制定整改措施 94 条。召开整改工作推进会议，按照专项整治工作方案，坚持边学边改、立查立改，保障整改工作顺利开展。扎实开展了检视问题整改落实"回头看"工作，分党组和各基层处党委的整改措施已全部得到整改落实。通过开展主题教育，达到了"理论学习有收获、思想政治受洗礼、干事创业敢担当、为民服务解难题、清正廉洁作表率"的目的。

二　推进深化改革转型发展，增强行动自觉和使命担当

一是重建机构，优化职能。成立机构改革工作领导机构，局主要负责人带队到省各有关厅局沟

通联系，到中储粮吉林分公司等部门进行调研，详细了解省内中央事权物资数量、品种和布局，科学编制"三定"草案。按时完成机关和基层单位更名挂牌，内设机构设置工作。确定各处室临时负责人和组成人员，确保改革期间工作正常开展。二是正向激励，激发活力。积极树立讲担当、善作为的鲜明导向，研究制定职务与职级并行实施方案，及时对全局已进行公务员登记备案的非领导职务人员进行职务与职级并行套转工作，组织开展了 26 名同志的职级晋升工作，做到好事办好。三是突出重点，强化监管。编制"三定"规定时，在编制上优先考虑监管处室；在人员调整时，优先考虑充实监管力量；在编制公务员招录计划时，优先考虑招录监管专业人才，确保监管职责能够接得住、干得好。

三　聚焦国家储备安全核心职能，找准努力方向

一是明确职责，精准发力。准确把握机构改革带来的职能职责转变，加强对干部职工的教育引导，使大家跳出原有思维定式，积极主动适应新职能新职责新任务。二是找准短板，提升能力。与吉林省粮食和物资储备局建立沟通联系机制及信息、教育培训、专家库资源共享机制，补齐粮食业务知识"短板"。选派年轻干部参与全国政策性粮食库存数量和质量大清查，与吉林工商学院粮食学院合作开展为期 4 周的粮食专业学习，参培人数达 280 人次。全员参加国家粮食和物资储备局执法督查局在长春举办的对中储粮年度考核培训班，进一步提高干部专业化水平。三是动真碰硬、铁面执法。坚持对中储粮年度考核首考必严、首战必胜。考核前，局主要负责人带队到有关单位调研摸清基本情况，在长春直属库开展模拟考核，统一考核标准。分三个片区对中储粮吉林分公司 15 家直属库、分库和租赁库点进行了年度考核，圆满完成了年度考核任务。扎实开展一次性储备粮轮出监管、秋粮收购监管，做到辖区内直属粮库检查全覆盖。认真核查国家粮食和物资储备局转办涉粮举报件，确保核查结果经得起检验。

四　落实"两个责任"，切实守好安全稳定廉政底线

一是主动作为保安全。层层签订《安全稳定责任书》，每季度召开安全形势分析会，掌握安全形势，及时提出要求。按计划开展春季防火、夏季防汛、秋冬防火、"安全生产月"和安全审计专项工作。加强"三共"建设，做好敏感时期安全工作。组织开展 2 次专项督查检查，推进隐患治理，全年未发生安全生产事故，未发生失泄密事件。二是齐抓共管保稳定。每季度召开稳定形势分析会，加强稳定形势研判。按照"三定"规定，调整信访工作职责分工，严格落实信访责任制，做好信访举报线索处置。变上访为下访，做好矛盾纠纷排查化解，预防和减少信访问题。努力做到"小事不出处、大事不出局、矛盾不上交"，保持基本稳定。三是严守底线保廉政。召开党风廉政建设专题会议，层层签订《党风廉政建设责任书》。每季度召开廉政形势分析会，开展廉政谈话，落实廉政风险分析防控研判机制。加强日常特别是重大节日廉政提醒教育，用好监督执纪"四种形态"，特别是用好第一种、第二种形态，让红脸出汗成为常态。对部分基层单位党委开展巡察，督促及时整改问题。

五　以物资收储轮换为重点，推进各项重点任务

一是圆满完成专项物资收储、轮换、出库任务。成立组织，压实责任，制定"认识到位、准备到位、协调到位、执行到位"的工作方针，工作抓早抓紧，抓实抓细，积极争得地方政府支持，建立起联防联动工作机制。不断细化工作流程，实化方案预案，建立预备队伍，加强推演预演，圆满完成了专项任务。克服储备能力建设施工影响，安全顺利完成国储物资出库和轮换任务。及时与中央防汛抗旱物资长春仓库对接，做好对中央防汛抗旱物资履行监管职责各项准备工作。二是加快推进储备能力建设。积极推进工程建设，多次召开专题会议研究解决问题，指导项目单位全力推进工程进度，确保质量安全。全年召开专题会议 8 次，听取工作汇报，并提出指导意见。项目单位积极组织编制年度施工计划，倒排施工工序，完善协调机制，强化沟通力度，落实倒班作业机制，加大人机财等投入，抢回大部分滞后施工进度，实现了主体工程按期完工的目标。认真组织实施基层仓库安防改造项目，超额完成了当年投资计划。三是积极推进资产置换。与长春市宽城区政府沟通协调，多次召开或参加相关会议，积极推进六三五处置换工作。经过局六三五处置换工作领导小组及相关部门的努力，明确六三五处土地选址和 47.5 万平方米的土地面积，正按照建设综合物资储备基地的要求进行规划设计，履行相关专用线建设审批手续。资产置换工作进展顺利、成效显著，为职工利益和仓库生存等现实问题提供了保障。四是努力维持基层单位正常运转。加强财务资产绩效管理，强化增收节支，召开经营创收座谈会。各基层单位想方设法增加收入，采取有力措施超额完成创收任务。经过各基层处、物流公司的积极努力，超额完成年度创收计划，达到收支平衡，保证单位正常运转，确保队伍总体稳定。

六　抓班子带队伍，切实加强系统自身建设

一是坚强有力加强党的建设。深入学习领会习近平新时代中国特色社会主义思想和党的十九大、十九届历次全会精神，在全系统组织学习贯彻《中共中央关于加强党的政治建设的意见》，要求各级党员干部认真学习、深刻领会党的政治建设的极端重要性，在各项工作中把准政治方向，坚定执行党的政治路线，严守政治纪律、政治规矩。严肃党内政治生活，确保学习内容、时间、效果三落实。优化基层党支部设置，重新设立基层党支部 47 个。开展党建质量提升工程暨星级达标创建工作，各级党组织自评达标"五星"级的占 95.4%。二是多渠道加强人才队伍建设。有计划地开展不同层级干部挂职锻炼，选派 2 名年轻干部赴国家粮食和物资储备局跟班学习，安排基层单位优秀人才到局机关挂职锻炼。组织培训 1604 人次，自办培训班 53 个，圆满完成培训计划。三是以良好的作风稳固"初心"。认真贯彻落实中央八项规定及实施细则，驰而不息抓好作风建设，简化公务接待，精简文件和会议，规范检查考核事项，巩固拓展干部作风大整顿成果。倡导"大学习、深调研、真落实"，软科学课题报告被国家粮食和物资储备局评为具有一定学术水平和使用价值的成果。四是持续发力抓好精神文明建设。开展"建功'十三五'"主题实践活动和"走基层解难题办实事"活动。积极开展全国粮食和物资储备系统先进典型选树推荐工作，一名同志被推荐为"全国先进工作者"，一个单位被推荐为"干事创业好团队"，四名同志被推荐为"担当作为好干部"。经吉林省文明委考察评选，吉林局机关、二五三处、二七八处获得 2016~2018 年度吉林省文明单位荣誉称号，王健华同志

获得吉林省精神文明建设先进工作者荣誉称号。

吉林储备物资管理局领导班子成员（2019年12月前）

姜永昌　党组书记、局长（2019年1月退休）

李景宏　党组成员、纪检组长（2019年1月主持工作）

孙万军　党组成员、副局长（2019年12月调离）

国家粮食和物资储备局吉林局领导班子成员（2019年12月后）

李景宏　分党组成员、一级巡视员（2019年12月任职，主持工作）

肇恒超　分党组成员、副局长（2019年12月任职）

李卫宁　分党组成员、纪检组长（2019年12月任职）

（撰稿单位：国家粮食和物资储备局吉林局；撰稿人：刘冶；审稿人：李景宏）

2019年9月16日，国家粮食和物资储备局吉林局正式挂牌，吉林省人民政府副省长李悦（右四）出席挂牌仪式。

2019年6月12日，国家粮食和物资储备局党组成员、副局长梁彦（前排中）带领国家粮食和物资储备局相关司局负责同志，在吉林储备物资管理局党组成员、纪检组长李景宏陪同下，到六三五处调研。

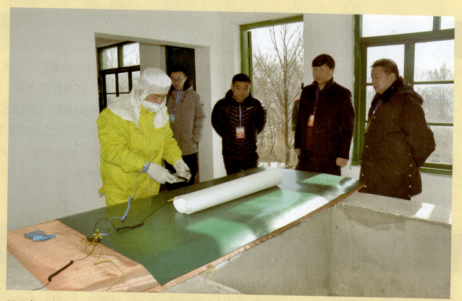

2019年3月14日，吉林储备物资管理局党组成员、纪检组长李景宏（右二）带队到二七八处检查指导仓库安全工作。

国家粮食和物资储备局黑龙江局

基本情况

　　2019 年 6 月，黑龙江储备物资管理局更名为国家粮食和物资储备局黑龙江局（以下简称"黑龙江局"）。局机关内设机构有办公室、粮棉糖和救灾物资监管处、战略物资和能源监管处、法规体改处、规划建设处、财务审计处、安全仓储与科技处、执法督查处、人事处（离退休干部处）、机关党委，行政编制 50 名，在职职工 39 人，离退休人员 55 人。局所属 9 个事业单位，其中包括 5 个综合仓库、1 个油库、2 个火工库和机关服务中心，编制 1108 人，在职职工 751 人，离退休人员 799 人。

2019 年工作

一　战略物资收储轮换任务安全顺利完成

　　严格执行"一库一批一方案"，全面落实垂管局领导监管责任和仓库主体责任，与地方政府、相关部门和武警部队协同联动，保障措施到位，加强重点区域安全管控，严格按照方案、制度和规程组织实施，安全高效完成国家粮食和物资储备局下达的各类物资收储、轮换任务。强化物资静态管理，严格执行查库制度，开展质量监测和数量核对，扎实推进标杆库建设，加强岗位练兵和业务技能培训，物资管理标准化、规范化水平不断提升，库存物资数量准确、质量合格、储存安全。采取实物检验、审核报表等方式，对辖区内企业代储国家储备成品油实施入库监管、储存监管、出库监管和安全监管，及时上报监管情况。

二　全面完成中央储备粮考核工作

　　高度重视监管队伍建设，积极参与全国粮食数量和质量大清查，邀请专家专题辅导，补齐知识"短板"，提升监管能力。按照中央储备粮考核方案和评价细则，采用"双随机"方式确定考核人员、考核对象，对中储粮黑龙江分公司和北方公司 15 家直属企业、34 个储粮库点以及 4 个中央预算内投资项目进行考核，紧抓检斤验质、"一卡通"使用、粮情粮温测控等关键环节，在实地考核和重点抽查阶段共发现各类问题隐患 200 项；组织专人对重大问题线索再核查，积极配合国家粮食和物资储备局执法督查局深挖细查，督导被考核单位"回头看"。开展实地调查核实，形成案件核查报告并提出处理建议，上报国家粮食和物资储备局执法督查局，高质量完成涉粮涉储案件线索核查工作。秋粮收购期间，参加黑龙江省粮食局、省农业发展银行和辖区内中储粮分支机构联合巡查、督查，重点调研 2019 年粮食产量、质量以及秋粮收购进度和政策执行等情况，研讨应对措施，强化垂管局在地监管。履行救灾物资监管职能，与中央防汛抗旱物资仓库哈尔滨库对接，开展督导、调研工作，全面掌握仓库及库存物资情况，并签订防汛抗旱物资管理合同报国家粮食和物资储备局备案，及时对接收入库的国家防汛抗旱物资数量、质量情况进行监督检查。

三　稳步推进垂管局机构改革

站在构建统一的国家储备体系高度，广泛宣传，统一思想，形成共识；为做到上级职能有效承接，反复研究，科学划分职责边界，细化职责任务；突出监管重点，强化监管力量，合理设定机构人员编制，保证党务业务工作全覆盖；公布主要职责内设机构和人员编制规定，经过充分酝酿，广泛征求意见，在最短时间内人员调整到位，做到人岗相适，按时完成垂管局挂牌、更名、换章等工作。

四　深入贯彻落实"两决定一意见"

一是突出"深化改革、转型发展"年度主题。通过专题宣讲、学习交流等倡导思想解放和观念转变，干部职工主动应变，形成早改早转早受益、不改晚转没出路的共识，积极拥护支持改革转型，推进垂管局由管理职能向监管执法转型；对标转型升级，提高仓库发展质量，提出 6 项"十四五"重大工程项目建设。二是牢牢守住"安全、稳定、廉政"三条底线。强化体系建设，实现安全"零事故"。运用安全责任体系夯实管理基础，分类分级签订责任书，压实安全责任；运用安全制度体系规范日常工作，坚持"零报告"、安全形势分析、重大风险报告，开展防火活动和安全生产月活动，建立危化品仓库应急处置技术组，组织应急演练 16 次；运用风险防范体系重视事前预防，建立三级联动响应机制，做好国庆 70 周年等特殊敏感时期安全防范；运用隐患查改体系，落实监督检查、强化安全教育，投入资金 600 余万元整改安全隐患 15 项，开展安全能力提升专项行动，解决各类问题 33 项。定期梳理"三性"问题，及时掌握职工思想动态，变上访为下访、变被动接访为主动协调、变推诿扯皮为首问负责，维护全局和谐稳定。制定《党风廉政建设和反腐败斗争工作要点》，专题会议进行部署，突出抓好"关键少数"的监督，细化措施，规范从政行为，全局未发现违规违纪行为。三是选树典型强化担当。严格按照评选标准和程序，推荐全国粮食和物资储备系统先进集体、先进工作者、好团队、好干部，加大先进典型宣传力度，发挥示范引领作用，激发干部职工干事创业、担当作为的积极性和主动性，局系统呈现学习典型、争创一流的良好局面。

五　进一步强化各项管理工作

优化仓储资源综合利用，加强粮食、生产资料、煤炭、物流市场考察调研，加大国储品牌宣传力度，积极引入优质项目。二三三处建设煤炭进口基地和煤炭保税仓库，二三五处与第三方合作建立钢材市场输出管理服务，努力提高创收质量，仓储收入首破 2000 万元。如期完成重大建设项目及年度维修改造项目。2019 年 7 月 18 日，组织专家对国家成品油储备能力建设一五三处工程项目进行竣工验收，工程质量总体合格，顺利通过竣工验收。二三一处维修改造及设备采购共计 19 项，总投资 507 万元，依照投资管理规定，严格履行审核报告程序，各项目均建设完成，无质量、安全事故。八七六处、五二五处安全综合整治建设项目取得国家粮食和物资储备局初步设计方案和投资概算批复文件，完成项目招、投标等前期准备工作。资产管理程序更加规范。按照"管住盘活用好资产"要求，执行资产出租出借备案制度，依据计划、权限和程序进行资产配置，加强资产日常管理和维修维护，国有资产账实、账卡、账账三相符。养老保险并轨基本完成，按时完成在职人员个人缴费测算收缴，以及退休人员统筹内和统筹外退休金拆分工作；细化人事档案管理，再次逐一审核在职人员档案；离退休人员管理，落实整治待遇和生活待遇，保障活动经费，让离退休人员真切地感受到组织的关怀。

六　　全面加强新时代党的建设

聚焦"守初心、担使命，找差距、抓落实"的总体要求，精心制定"不忘初心、牢记使命"主题教育实施方案，召开黑龙江局主题教育贯彻落实会议。坚持思想建党、理论强党，组织党组理论中心组学习 3 次，集中研讨 3 次，党组主要负责同志为全局干部职工讲专题党课。坚持学思用贯通、知信行统一，举办副处级以上领导干部读书班，14 名同志围绕"八个专题"研讨交流。坚持深入调研、查摆问题，对照年度重点工作拟定 13 个题目深入基层调研，举办调研成果交流会。坚持问题导向，持续整改落实，多种形式征集意见建议 65 条，梳理为 5 个方面 26 条整改内容，召开专题民主生活会，深入剖析，立行立改。主题教育达到了理论学习有收获、思想政治受洗礼、干事创业敢担当、为民服务解难题、清正廉洁作表率的目标。制定"三级四岗"责任清单，促进各级党组织和领导干部履行职责、落实执行。全面落实从严治党主体责任，对所属 3 个单位进行政治巡察。严肃党内政治生活，落实"三会一课"制度，党组（党委）理论学习中心组专题学习 69 次，党支部专题学习 432 次。夯实党建基础，完善基层党组织"两板四档二十二册"，扎实推进党支部标准化、规范化建设。坚持党建引领群团建设，参加省直机关工委组织的"我和我的祖国"庆祝中华人民共和国成立 70 周年大合唱活动和"牢记初心使命推动改革发展"网上知识竞赛等活动。

黑龙江储备物资管理局领导班子成员（2019 年 12 月前）

杨　波　党组书记、局长、直属机关党委书记

汪光辉　党组成员、副局长（2019 年 5 月任巡视员，8 月退休）

张继祥　党组成员、副局长

傅　谦　党组成员、纪检组长（2019 年 12 月退休）

国家粮食和物资储备局黑龙江局领导班子成员（2019 年 12 月后）

张继祥　分党组书记、局长

孙万军　分党组成员、纪检组长

潘　升　分党组成员、副局长

李迎春　分党组成员、副局长

（撰稿单位：国家粮食和物资储备局黑龙江局；撰稿人：翟超；审稿人：李世昌）

2019年4月19日，国家发展和改革委员会党组成员、国家粮食和物资储备局党组书记、局长张务锋（前排中）视察战略物资收储轮换工作。黑龙江储备物资管理局党组书记、局长杨波（右三）陪同。

2019 年 12 月 10 日，国家粮食和物资储备局党组成员、副局长黄炜（左三）在黑龙江局副局长张继祥（左五）陪同下，到中储粮黑龙江分公司鸡西直属库督导调研秋粮收购工作。

2019 年 4 月 2 日，国家粮食和物资储备局党组成员、副局长梁彦（中）到二三五处考察调研工作，黑龙江储备物资管理局党组书记、局长杨波（左二）陪同。

国家粮食和物资储备局安徽局

基本情况

国家粮食和物资储备局安徽局（以下简称"安徽局"）前身为安徽储备物资管理局，2018年底完成机关机构改革。主要职责是：负责监管辖区内中央储备粮棉糖管理情况，会同地方有关部门监督检查中央事权粮棉政策执行情况，承担有关年度考核工作。按权限查处有关案件，并提出相关处理意见和追责建议。负责辖区内国家战略物资收储、轮换、出库的组织实施和日常管理。负责监管辖区内石油、天然气、食糖和中央救灾物资等中央储备。按照国家粮食和物资储备局指令，落实重大灾害及突发性事件的有关中央储备物资保障工作。安徽局机关设置9个职能处室，42名行政编制，机关工作人员38人。全局现有在职职工312人，离退休人员326人。下属9个企事业单位，包括6个仓库、黄山办事处、机关服务中心和安徽国储物流公司。

2019年工作

一 巩固安全稳定发展态势

一是切实筑牢安全"底线"。签订安全稳定责任书214份，落实全员安全责任制，基本建立"层层负责、人人有责、各负其责"的安全责任工作体系，夯实安全管理基础。突出危化品仓库和在建工程的安全监管，一级动火作业2次、二级动火作业4次；大力开展安全隐患排查整治，开展各类检查53次，发现隐患171项，完成整改150项，投入整改资金130余万元，持续强化风险源管控。强化安全教育，开展大型安全教育活动4次；加强应急联防联动，开展大型应急演练6次，结合油库越野管线保护、"116专项"和"智慧磐石"工程等强化与地方政府、相关部门的协调联动，完善应急联动机制。二是着力维护稳定"红线"。盯紧关键节点、关注重点人群。加强苗头性、倾向性问题研判、处置，强化敏感时期守护稳定的责任。坚持正面引导、积极回应关切。加强对机构改革、养老保险并轨等热点事项宣传解释，引导干部职工统一思想认识；主动解决职工关心的"文明奖"问题，努力解决历史欠账，妥善化解诉求。三是始终严守廉政"天线"。扎实开展"严规矩、强监督、转作风"集中整治形式主义官僚主义专项行动和"大学习、深调研、真落实"活动，进一步务实工作作风。结合"不忘初心、牢记使命"主题教育，对开展落实中央八项规定及其实施细则精神大检查、大起底、大整改专项行动中发现的 4 方面问题，及时通报并督促整改落实；从严从实整改党的十八大以来纪律处分决定执行不到位问题；启动对三五九处巡察；开展对三五二处主要负责同志的离任审计。加大追责问责力度，对处级干部诫勉谈话 2 人次、提醒谈话 4 人次。

二　加快机关职能转变步伐

一是高站位推动改革发展。成立深化改革、转型发展领导小组并制定工作规则，加强指导，上下协同。以当前影响改革发展的机构改革、经营创收、重大项目谋划与建设和国储大厦 5 项重难点工作为着力点，具化抓手推进落实。分别成立 5 个工作小组，细化工作方案、制定年度计划，上下联动、双月调度，做到有抓手、强推进，严督办、求实效。二是勇担当履行监管职责。主动协调对接相关单位，对辖区内监管物资进行全面摸底调研，初步建立起库点分布、物资情况、管理运行等资料数据库。融入省粮食行业"四部门"联席会议，积极参与夏粮、秋粮收购工作；选派人员到省粮食部门跟班学习、参与政策性粮食库存大清查督导，加快对新业务的认识。牵头组织 4 个考核小组，深入核查 48 个库点，前后历时近 3 个月，圆满完成对中储粮安徽、南京分公司"首考"任务；完成防汛抗旱物资的盘点和 55 万件物资接收监管工作。

三　强力推动重点工作落实

一是完成国储物资轮换任务。按照"一库一批一方案"要求认真制定国储物资轮换各项方案预案，完善操作规程，优化工作流程，开展全覆盖实操培训和演练。"116 专项"中，及时向分管省领导汇报，走访省武警总队等相关部门争取支持；专项工作组驻库指导，抽调精干人员，调市直相关部门和绩溪县、乡政府及有关部门召开专项联席会议，形成强大工作合力，协同确保任务安全有序完成。二是抓好重大工程项目建设。完成六三四处综合储备基地建设可研编制，加强完善基层仓库生活设施项目规划。落实各项目单位主体责任，加强工程建设全过程管理，加大工程建设考核权重和督查力度。召开全局工程建设现场会议，加强对在建项目调度推进。"三五二处工程"实现主体完工，正在实施带水运行；深入实施仓库安全综合整治提升三年行动，有序推进三五九处安全紧急改造工程和四七一处安全防范工程。三是提升闲置国有资产效益。坚持拓宽渠道路径，持续改进创新，内生动力有效激发。全局实现经营创收 1749 万元，超出任务 7.6%。以底价成功竞购绩溪中油石油公司黄土坎加油站，顺利完成股权变更、债务清算，落实改造各项准备；指导三五二处与四川局达成油料销售战略合作框架协议，并围绕在阜南县共同建设加油站进行深度磋商，加快向油料终端销售迈进。四七一处持续推进仓库作业方式、管理方式转型，优化服务品质；七六二处着力打造"清洁仓""样板库"，市场竞争力明显增强。探索开展中央救灾物资和防汛抗旱物资储存调研，与上海百晟日化达成合作意向并签署协议。

四　大力优化干事创业环境

加强组织领导，广泛动员部署，上下同步推进，扎实开展"不忘初心、牢记使命"主题教育活动。分党组中心组学习研讨 5 次；专题调研 4 次，配合国家局调研组调研 3 次，撰写调研报告 3 篇；领导干部讲党课 14 人次；民主生活会前开展各类座谈交流会 11 场次、谈心谈话 32 人次，分党组检视问题 21 条，立行立改 16 条。严格落实意识形态责任制，加强网络管理、微信使用并逐人签订承诺书。深入推进基层党组织标准化建设，23 个支部创建"一支部一品牌"；2 个支部启动"领航计划"试点，以点带面促进党建整体水平提升。开展庆祝中华人民共和国成立 70 周年文艺汇演、第七届职工排球赛等各项活动。6 个基层单位获省直文明单位荣誉、2 个集体被评为省级青年文明号、1 个集体被评为全国青年文明号，1 人获全国粮食和物资储备系统"巾帼建功"先进个人称号。推动机关 14 人次干部轮岗交流，选派 4 名干部挂职锻炼，促进多岗位培养，优化干部队伍建设。认真开展公务员职务与职级并行工作，有序推进养老保险并轨。加大对基层涌现的先进集体和先进个人典型及时表彰。

安徽储备物资管理局领导班子成员（2019 年 12 月前）

张洪波　党组书记、局长（任职至 2019 年 1 月）

汪光灿　党组成员、副局长（2019 年 1 月至 12 月主持工作）

臧明成　党组成员、纪检组长（任职至 2019 年 12 月）

国家粮食和物资储备局安徽局领导班子成员（2019 年 12 月后）

荀　旭　分党组书记、局长（2020 年 2 月任职）

汪光灿　分党组成员、一级巡视员（2019 年 12 月任职）

谢伟运　分党组成员、纪检组长（2019 年 12 月任职）

王　涛　分党组成员、副局长（2019 年 12 月任职）

臧明成　二级巡视员（2019 年 12 月任职）

于　江　二级巡视员（2019 年 12 月任职）

（撰稿单位：国家粮食和物资储备局安徽局；撰稿人：陈嘉豪；审稿人：王忠）

2019 年 5 月 22 日，国家发展和改革委员会党组成员，国家粮食和物资储备局党组书记、局长张务锋（前排中）一行至安徽局四七一处进行调研指导工作，时任安徽储备物资管理局党组成员、副局长汪光灿（左五），党组成员、纪检组长臧明成（右二）陪同，图为调研后合影留念。

2019年9月25日，安徽省委常委、常务副省长邓向阳（左），国家粮食和物资储备局党组成员、副局长曾丽瑛（右）共同出席国家粮食和物资储备局安徽局挂牌仪式。

2019年6月18日，安徽储备物资管理局党组成员、副局长汪光灿（中）在"不忘初心、牢记使命"主题教育动员部署会议上发表动员讲话。国家粮食和物资储备局主题教育第五指导组组长李普运（右）、副组长姚秀敏（左）参加会议。

国家粮食和物资储备局江西局

基本情况

国家粮食和物资储备局江西局（以下简称"江西局"）主要职责是：负责江西省内国家战略物资收储、轮换、出库的组织实施和日常管理，监管江西省内中央储备粮棉管理情况，监管江西省内石油、天然气、食糖和中央救灾物资等中央储备，落实重大灾害及突发性事件的有关中央储备物资保障工作。局机关内设 9 个职能处室：办公室、粮棉糖监管处、战略物资和能源监管处、规划建设处、财务审计处、安全仓储与科技处、执法督查处（法规体改处）、人事处（离退休干部处）、直属机关党委（纪委）办公室（纪检监察室）。下辖 7 个事业单位：二五六处、三七〇处、六三二处、六七三处、九三三处、宜春办事处、机关服务中心，2 个公司：江西国储物流有限公司、江西省鑫兴石油有限公司。在职在编人员 352 人，其中公务员 34 人，事业单位 318 人。离退休人员 289 人。

2019 年工作

一　持续推动深化改革、转型发展

一是推动国家粮食和物资储备局党组"两决定一意见"进一步落细落实。组织各单位认真开展"大学习、深调研、真落实"活动，聚焦国家粮食和物资储备局重大决策部署，整合力量抓好行动落实。组织干部职工积极参加"两决定一意见"网上知识竞赛，13 人分别荣获一、二、三等奖，江西局荣获优秀组织奖。二是全面深化机构改革，不断增强整体效应。认真编制"三定"，依此调整机关处室职能和人员，并于 2019 年 9 月 16 日正式更名挂牌，切实做到职责有序交接、工作平稳过渡，实现机构改革和业务工作"两不误、两促进"。三是扛稳粮食安全重任，不断强化中央储备粮在地监管。积极派员参与全国粮食库存大清查；抽调骨干人员组成考核组对中储粮江西分公司 2018 年度中央事权粮食政策执行和中央储备粮管理情况进行考核，接受国家粮食和物资储备局组织的随机重点抽查，考核结果受到抽查组高度认可。四是监管物资种类实现新突破，战略应急储备物资安全保障能力不断提高。与中央防汛抗旱物资南昌仓库签订了 2019 年中央防汛抗旱物资储备管理合同，正式行使中央防汛抗旱物资在地监管职能。

二　坚守安全稳定廉政"三条底线"

一是树立安全发展理念，实现安全"四无"目标。狠抓安全生产主体责任，层层签订各类安全稳定（综治）责任书。切实强化底线思维和红线意识，2019年共排查安全隐患300余项，投入安全经费200余万元。在春节、"两会"、国庆等法定节假日和重要时段以及汛期期间，加强值班备勤和安全防范工作，积极做好防汛减灾工作。二是提高政治站位，维护和谐发展大局。以信访工作责任制为抓手，不断完善分级负责、层层抓落实的信访工作机制。坚持关口前移、重心下移，局领导带头开展接访下访工作，组织各基层单位每季度梳理信访"三性"问题，细致开展矛盾纠纷排查化解工作，将矛盾隐患化解在萌芽状态。三是狠抓作风建设不放松，持续营造风清气正的政治生态。认真落实党风廉政建设"两个责任"，层层签订《党风廉政建设责任书》。强化党风廉政教育，绷紧纪律规矩之弦，警示教育常抓不懈、警钟长鸣。坚持把纪律和规矩挺在前面，认真贯彻中央八项规定及其实施细则精神，驰而不息纠正"四风"，聚焦监督执纪问责。

三　全面加强党的建设

各级党组织和全体党员加强理论学习，强化检视问题整改，"不忘初心、牢记使命"主题教育成果得到国家粮食和物资储备局指导组高度评价，达到了"高质量、有特色、走前列"的预期目标。修订完善了党组中心组学习制度，深入学习领会习近平新时代中国特色社会主义思想。认真组织召开年度及专题民主生活会和组织生活会，积极营造绿色政治生态。开展经常性检查督促，继续推进"两学一做"落实落地。狠抓支部建设，建立"三会一课"标准台账，推动党建工作系统化、规范化、制度化。下大力气抓党员教育管理，坚持给党员过"政治生日"。以庆祝中华人民共和国成立70周年为契机，狠抓精神文明建设，二五六处、六七三处被评为团中央2019年"全国青年文明号"，局机关和六七三处荣获"江西省级文明单位"。

四　切实发挥国家储备"稳定器"和"压舱石"作用

狠抓各项物管制度落实，细化修订《三类储备仓库物资管理检查清单》，在库物资均达到"四保"要求。制定详细周密的物资入库方案及应急预案，组织二五六处顺利完成国储油料入库任务。完善细化出库工作方案，编制安全技术标准，六七三处认真做好相关专项准备工作。依法依规推进项目建设，六七三处基础设施紧急改造项目顺利完工，信息化管理水平切实提高，仓库安全保障能力显著增强，并在此基础上成功举办了国家储备仓库安全综合整治项目推进现场会。积极谋划申报"十四五"规划重大项目，探索改革"储备模式"，着力夯实发展基础。

五　不断提升精准化规范化管理水平

加强督查督办和内外协调，印发《关于实施解决形式主义突出问题为基层减负的落实措施与分工方案的通知》，通过大力压减文件、开管用的会、改进工作方式方法等切实为基层单位减负。完成局机关公务员非领导职务的职级套转，开展职级晋升工作。全局在编人员和退休人员均顺利加入江西省社会养老保险。注重人才培育，组织专题培训 12 场，300 余人次接受培训；选派干部职工参加国家粮食和物资储备局及地方举办的各类培训 50 余人次。严格落实《政府会计制度》，扎实做好预算管理，科学理财水平进一步提升。南昌铁路口岸功能显现，集装箱到发 5.92 万标准箱，较 2018 年增长 106%；鹰潭铜期货交割库利用区块链技术开展信息化管理，物资吞吐量达 100 万吨，较 2018 年增长 316%。

江西储备物资管理局领导班子成员（2019 年 12 月前）

杨和荣　　党组成员、副局长（2019 年 1 月至 12 月主持工作）

王良成　　党组成员、纪检组长（任职至 2019 年 12 月）

李建辉　　党组成员、副局长（任职至 2019 年 12 月）

国家粮食和物资储备局江西局领导班子成员（2019 年 12 月后）

甘　军　　分党组书记、局长（2020 年 1 月任职）

杨和荣　　分党组副书记、一级巡视员（2020 年 1 月任职）

王良成　　分党组成员、副局长（2020 年 1 月任职）

李建辉　　分党组成员、副局长（2020 年 1 月任职）

欧阳建勋　分党组成员、纪检组长（2020 年 1 月任职）

（撰稿单位：国家粮食和物资储备局江西局；撰稿人：杨丽业；审稿人：付强华）

2019 年 5 月 24 日，国家发展和改革委员会党组成员，国家粮食和物资储备局党组书记、局长张务锋（右一），赴九三三处调研指导工作。

2019年3月19日，中欧班列（南昌）图定化运行暨中国国际进口博览会"江西号"到发双向对开仪式在九三三处举行。时任江西省委常委、南昌市委书记殷美根（前排中）、副省长吴忠琼（前排左）、白俄罗斯共和国驻上海总领事瓦列里·马采利（前排右）出席。

2019年1月26日，国家粮食和物资储备局党组成员、副局长卢景波（前排左二）一行到九三三处督导检查安全生产工作。

国家粮食和物资储备局山东局

基本情况

国家粮食和物资储备局山东局（以下简称"山东局"）前身为山东储备物资管理局，主要负责辖区内中央储备粮棉、石油、天然气、食糖、中央救灾物资等中央储备的监管和辖区内国家战略物资的收储、轮换、出库的组织实施和日常管理等工作。按照"三定"规定，山东局行政编制 48 名，设 10 个内设机构，分别是办公室、粮棉糖监管处、战略物资和能源监管处、法规体改处、规划建设处、财务审计处、安全仓储与科技处、执法督查处、人事处（离退休干部处）、机关党委。

2019 年工作

一　机构改革工作顺利完成

认真落实中央编办与国家粮食和物质储备局关于机构改革各项工作部署，制订《山东局机构改革工作方案》，严守机构改革期间各项纪律，切实守住安全稳定廉政底线，积极做好职责调整和工作衔接，加强宣传引导，有序推进机构改革各项工作。根据中共中央组织部批复与国家粮食和物资储备局通知，完成山东局党组改设分党组工作，认真履行分党组把方向、管大局、抓落实的领导责任，切实加强党的建设。根据计划安排，于 9 月 6 日组织更名挂牌仪式，山东省委常委、常务副省长王书坚同志出席并讲话。严格按照"三定"规定，及时调整机关内设部门和人员，指导基层单位完成更名挂牌、印章更换、资产管理等各项工作。

二　中央储备监管有序开展

先后派人员参加 4 市 16 个库点的督查和青岛等地 6 个库点的重点抽查工作，顺利完成工作任务。周密制定工作方案，对照考核细则细化 97 项检查内容，到省属齐河粮库进行了现场实训。采取"见面启动—现场查验—核查资料—问题问询—形成清单—问题反馈"六步工作法，对中储粮山东分公司聊城等地 9 家直属企业进行实地考核，核查粮食 400 余万吨，共查出问题 59 个，及时督促进行整改落实，提前完成了年度考核任务。建立监管对象数据库和监管工作台账，结合一次性储备出库、大清查"回头看"等对中储粮库点开展监管，做好棉糖监管各项准备工作。与黄岛石油储备基地进行工作对接，对辖区内3家中央防汛抗旱救灾物资储备仓库进行盘点对账，实施动态监管。与省应急管理厅会商协调，围绕灾害防治、救灾救援、应急保障等签署战略合作协议。

三　战略物资管理扎实有效

进一步强化三级查库制度落实，针对"利奇马"台风和高温恶劣天气影响，加强库房降温降湿举措，切实做好储备物资质量检验检测。创新库房通风方式，及时进行翻垛倒垛作业，认真开展物资盘点对账，确保国储物资储存安全、质量良好、数量准确。改进物资管理技术和手段，不断完善八三二处仓储笼存储天然橡胶作业流程，推进"天然橡胶储备物资金属箱式托盘技术要求"标准制定，探索先进管理方式及新技术应用。组织物资管理知识培训和实务操作培训，43人取得计量员上岗证书。在山东局范围内开展物管岗位技能比武，以比促学，比训结合，营造比学赶超良好氛围，努力打造高素质物管队伍。

四　深化改革转型发展成效明显

紧抓欧亚班列统筹机遇，深化与山东高速集团合作，年内新开通济南至白俄罗斯明斯克、匈牙利布达佩斯等中欧班列新线路。2019年共开行班列158列，同比增长410%，总货值累计超过2.7亿美元。2019年12月20日，"齐鲁号"欧亚班列年内第1000列从三三四处发出，山东省副省长凌文同志出席开行仪式。充分利用"国储"品牌优势，积极推进管理模式输出，东部物流公司依托橡胶主业，取得了良好的经济效益和社会效益。八三二处济铁物流园项目、三三四处国储十号仓项目、三七二处淄博保税物流园项目均取得新进展。2019年全局事业单位实现经营收入8111万元，同比增长5.8%。

五　安全稳定廉政基础更加夯实

对照国家粮食和物资储备局《安全稳定目标责任书》内容，细化分解为30项工作任务，制定了41项落实措施。定期组织召开季度安全形势分析会议，查摆突出问题，年内发现问题隐患103项，全部完成整改。特别是特高压输电线路与三七二处转运站安全距离不足和二五二处越野输油管线占压两项重大安全隐患，在各方面共同努力下得到了妥善解决。扎实推进职业健康安全管理体系和双重预防体系建设，全年未发生安全等级责任事故。加强宣传引导，定期开展"三性"问题分析研判，及时掌握职工思想动态，畅通信访渠道，实行开门接访，认真落实层级信访规定和"三到位一处理"原则，维护和谐稳定。认真落实"一岗双责"，坚决做到"两个维护"，主动践行"约法三章"，严格落实"四种形态"，层层签订《党风廉政建设责任书》，制定《党风廉政建设实施方案》和《分党组巡察工作实施办法》，修订完善《廉政风险防控管理手册》，组织召开山东局党风廉政建设暨纪检监察工作会议，旗帜鲜明反对形式主义、官僚主义，持之以恒贯彻落实中央八项规定精神。

| 六 | 重大工程项目建设稳步推进 |

严格项目安全管控，盯紧工程施工关键节点，认真落实各项制度要求，全力抓好重点项目建设。截至 2019 年底，成品油储备能力建设 252 工程完成率为 90.4%，项目主体工程已经完工。认真落实三年行动攻坚战要求，严格规范程序，三七二处安全防范工程改造项目完成招标和合同签订，八三二处综合仓库安全整治提升项目完成立项和初步设计前期工作。全年完成国家粮食和物资储备局下达仓库维修改造项目 5 项，总投资 147 万元，完成垂管局统筹项目 12 项，总投资 476 万元，截至 2019 年底均已完工并通过验收。

| 七 | 党的建设全面加强 |

牢牢把握"守初心、担使命，找差距、抓落实"的总要求，精心制定"不忘初心、牢记使命"主题教育实施方案，对基层单位先后开展了 3 轮实地指导。分党组充分发挥示范引领，全年组织理论中心组学习 13 次，编发《专题简报》11 期，形成班子问题清单 15 项，班子成员问题清单 59 项，全部整改完成。组织党员干部赴济宁干部政德教育学院开展学习培训，开展形式多样的主题党日活动，进一步丰富完善"自选动作"。印发《关于牢记初心使命深入学习宣传和贯彻落实"两决定一意见"的通知》，进一步认清形势、凝聚共识、把握实质，将学习宣贯"两决定一意见"作为领会中央精神、落实上级部署、推动改革转型的重要载体。在山东局范围内组织开展"牢记初心使命、推动改革发展"主题演讲比赛、"我与山东储备改革发展共成长"主题征文，参加国家粮食和物资储备局演讲比赛和网上知识竞赛活动，持续掀起学习宣传热潮。组织"唱响时代主旋律、力推储备大发展"庆祝建国七十周年文艺汇演，赴基层开展巡回演讲，开展评先评优活动，将宣贯活动不断推向深入。充分发挥"鲁储党建"公众号、微信群和宣传栏等主阵地作用，大力开展"比学习、看政治素养，比担当、看进取精神，比贡献、看工作实绩，比操守、看廉洁自律"的"四比四看"活动，充分挖掘培树典型，为宣贯活动烘托浓厚氛围。制定《山东局分党组规则》，坚持分党组成员基层联系点制度。认真贯彻落实《中国共产党支部工作条例（试行）》，持续推进党支部标准化建设，着力打造"一支部一品牌"。结合机构改革和部门人员调整，顺利完成了机关党支部的组建成立。坚持把文明单位创建作为推动业务工作的有力抓手，年内三三四处等 6 家单位获评"省直机关文明单位"称号。

山东储备物资管理局领导班子成员（2019 年 12 月前）

甘　军　党组书记、局长（任职至 2019 年 12 月）

曲金虎　党组成员、纪检组长（任职至 2019 年 12 月）

李　强　党组成员、副局长（任职至 2019 年 12 月）

杨信平　党组成员、副局长（任职至 2019 年 12 月）

国家粮食和物资储备局山东局领导班子成员（2019 年 12 月后）

张　凯　分党组书记、局长（2019 年 12 月任职）

王　军　分党组成员、纪检组长（2019 年 12 月任职）

杨信平　分党组成员、副局长（2019 年 12 月任职）

（撰稿单位：国家粮食和物资储备局山东局；撰稿人：高晓磊；审稿人：张学利）

2019 年 8 月 1 日，国家粮食和物资储备局山东局在中储粮山东分公司聊城直属库召开中央储备粮年度考核启动会议。

2019 年 9 月 6 日，国家粮食和物资储备局山东局在济南举行更名挂牌仪式。

2019 年 12 月 20 日，2019 年"齐鲁号"欧亚班列第 1000 列从山东局三三四处发出。

国家粮食和物资储备局河南局

基本情况

2019年，河南储备物资管理局更名为国家粮食和物资储备局河南局（以下简称"河南局"）。局机关内设10个处室，下属15个县处级单位，包括7个综合仓库、3个火工仓库、3个成品油仓库、1个连云港港口办事处和机关服务中心。截至2019年底，机关和事业单位职工总数2415人，其中在职1219人，退休1196人。

2019年工作

一　落实"五到位"，健康发展基础进一步稳固

一是层层压实责任。认真落实《安全稳定责任书》《党风廉政建设责任书》，抓住"关键少数"，突出"一把手"第一责任，强化"两个责任"，层层传导压力。以签订安全承包协议、完善应急预案、落实行政许可为抓手，筑牢上下联动、内外共保、群策群力的安全管理体系。加强与地方、武警部队的联系，以联席会议、平安建设、"三共"活动为载体，以共保仓库安全为核心，不断完善联防联动机制，融入地方安全体系，联合构建高效有序的安全屏障。二是巩固安全防线。加快标准化建设、科技创新和技术进步工作，部分通用仓库建立消防自动报警灭火系统，提高防火防灾能力。加强安全教育和安全管理队伍建设，开展专业培训、实操培训和普及教育，5类安全管理人员共65人全部取得相关资格证书。认真落实定期和重要时间点安全检查制度，加强作业现场监管。强化突发事件应急预案，全年开展综合应急演练39次，提高了应急响应和处置能力。全年未发生安全责任事故。三是强化隐患整改。落实大排查、快整治、严管理、重长效的工作要求，深入分析研判苗头性、倾向性、潜在性问题，加强风险防控。全年累计投入936万元，推进隐患整改和设施设备维护，确保各环节规范运行。四是筑牢稳定底线。突出机构改革、中华人民共和国成立70周年大庆、专项工作等时期和重要节点，开展安全生产、法制维稳和廉政警示教育，增强了全员安全稳定廉政意识。及时回应群众诉求，正确引导预期。不断完善分级负责、层层抓落实的信访工作机制，努力减少存量、遏制增量。信访量较往年呈下降趋势。五是弘扬清风正气。严格监督管理，特别是加强对党员领导干部的监督制约，严肃查处违纪违法行为，以清风正气为深化改革、转型发展保驾护航。全年开展违纪违法案例警示教育12次，局领导同处级干部廉政谈话91人次，未发生违纪违法案件。

二　念好"三字诀"，机构改革步伐坚实有力

一是在"谋"字上下功夫。深入调查研究，谋划改革蓝图。充分了解辖区内监管对象的范围和规模，科学设计，合理确定机构和人员。立足自身实际，坚持优化协同高效，研究制定"三定"规定草案，完成改革方案的起草和报批。二是在"改"字上做文章。精心组织安排，改革顺利推进。9月初完成机关处室组建和人员调整。9月12日，国家粮食和物资储备局河南局挂牌。截至2019年底，国家粮食和物资储备局河南局系统全部完成更名挂牌相关工作，掀开新局面，展示新形象。三是在"提"字上想办法。对照新机构新职能新任务新要求，以强化监管能力为主，多渠道开展培训。抽调人员参加全国政策性粮食库存大清查和"双随机一公开"系统培训，倡导岗位自学和边干边学，通过集训、调研、检查、办案等积累经验，培养历练队伍，提升履职能力。

三　下好"一盘棋"，打硬仗能力经受住了考验

一是物资收储轮换安全有序。做好常规收储轮换工作，突出抓好重点任务落实。切实提高政治站位，充分认识到专项任务的极端重要性，坚持"一盘棋"谋划，统筹全局资源提供坚强保障，积极协商地方政府、武警部队、车站等相关单位，抓组织领导，抓关键环节，抓协调配合，抓制度方案落实和现场监管，克服困难保证了计划安全顺利推进。二是中央事权粮食政策执行和中央储备粮管理情况年度考核顺利完成。坚持客观公正，聚焦《考核评价细则》54条内容，重点检查粮食数量、质量安全、政策执行、隐患整改和内部控制、外部监管中出现的问题和薄弱环节，突出巡视、审计、执法检查等方面反映的问题，不避重就轻、不护短粉饰，如实反映问题，考核结果得到国家粮食和物资储备局认可。三是其他物资和秋粮收购监管有序展开。继续认真做好企业代储成品油监管工作。对辖区内中央防汛抗旱物资储备仓库进行了核查和调研，签订了年度管理合同。2019年9月，对中储粮新港、新郑、新乡直属库进行督导调研；对中储粮濮阳、鹤壁、卫辉直属库督导调研，察看秋粮收购准备情况；对中央储备防汛物资入库进行监管，组织进行数量和质量验收。

四　织好"一张网"，基础设施建设进度明显加快

一是成品油储备能力建设有序推进。强化安全质量管理，做好监管协调，排除项目建设障碍。二五九处工程进入决战收尾阶段，七三七处工程于上年3月全面开工建设，顺利完成年度投资目标。二是安全综合整治项目陆续开工。按照"三化一提升"总体要求抓好项目，严格执行规范和标准，精心组织设计和审核工作，努力达到"消除隐患不遗漏、优化功能重提升"的目标。截至2019年底，五七三处、二七五处工程已开工。三七八处、七三四处项目正加快推进施工招标等工作。三是打基础利长远工程有序展开。注重系统规划，"一张网"布局，抓好在建项目同时做好项目储备和长远规划。年度14个基本建设项目全部竣工。在重点工程项目中统筹考虑信息化端口与平台，在年度项目实施中着力布局仓库智能消防系统，为构建高质量信息化管理体系打下坚实基础。全方位、多角度考虑直属仓库未来发展方向和辖区内储备实际，研究提出"十四五"项目规划，不断深化完善。

五　凝聚"一条心",党的建设展现新活力

一是主题教育抓稳抓牢。突出抓好"不忘初心、牢记使命"主题教育,围绕"守初心、担使命、找差距、抓落实"的总要求,对检视出来的问题从严整改,注重实效。扎实开展"五比一争""争创五好党委、五好党支部""戴党徽、亮身份"和主题党日活动,创建先锋示范岗,开展党员承诺践诺、党员志愿服务和红色革命传统教育活动,组织优秀党课巡回宣讲、"时代新人说"演讲比赛。二是制度规范落实到位。完善廉政风险防控机制,驰而不息抓好党风廉政建设。严格落实"三会一课"和各项学习制度,不断夯实党建基础工作。党组中心组理论学习14次,党组成员讲专题党课8次、集中专题研讨交流3次、撰写调研报告6份。选送40名党员干部外出参加培训,学习强国平台覆盖率达95%以上,比学赶超氛围浓厚。三是党建活动丰富多彩。成功创建省级文明单位,办公环境、整体面貌大提升。注重核心价值观培育,开展向"身边的榜样"河南省最美退役军人(三七八处金海江同志)和省直机关"三八红旗手"(四三一处张晓梅同志)学习活动;广泛开展主题宣传、征文、形势教育;积极开展志愿服务和社会公益活动,举办青年大讲堂、读书会、青年篮球赛等活动;落实助学、困难帮扶金累计13.9万元;选送60名优秀党务、工会工作者休养培训。

河南储备物资管理局领导班子成员(2019年12月前)

许修雷　党组书记、局长

李云瑞　党组成员、副局长(任职至2019年6月)

傅　刚　党组成员、副局长

于　江　党组成员、纪检组长

国家粮食和物资储备局河南局领导班子成员(2019年12月后)

李　强　分党组副书记、副局长(主持工作,2019年12月任职)

傅　刚　分党组成员、副局长(2019年12月任职)

何羽超　分党组成员、纪检组长(2019年12月任职)

饶冬华　分党组成员、副局长(2019年12月任职)

(撰稿单位:国家粮食和物资储备局河南局;撰稿人:尚强立、张永、方凯丽;审稿人:李强)

2019 年 3 月 22 日，国家发展和改革委员会党组成员，国家粮食和物资储备局党组书记、局长张务锋（前排左七）一行到河南局五七三处检查指导工作。

2019 年 5 月 24 日，国家粮食和物资储备局党组成员、副局长梁彦（右二）一行对国家成品油储备能力建设二五九处工程进展情况进行实地调研、指导工作。时任河南储备物资管理局党组书记、局长许修雷同志（前排左二）陪同。

2019 年 11 月 15 日，河南局五七三处国家储备仓库基础设施紧急改造项目开工典礼在办公楼前举行。

国家粮食和物资储备局湖北局

基本情况

国家粮食和物资储备局湖北局（以下简称"湖北局"）于 2019 年 9 月 20 日正式挂牌，9 月 29 日完成机关内设机构和人员调整。机关设有 10 个职能处室，在职人员 45 人（含局级干部 6 人），离退休人员 63 人。下属 14 个基层事业单位和 1 个湖北国储物流股份有限公司。基层事业单位正处级编制单位 13 个（11 个储备仓库、设计院、机关服务中心）和副处级编制单位 1 个（物资检验所）。基层在岗职工 928 人，其中在编在册职工 650 人；离退休职工 1094 人；共计 2022 人。

2019 年工作

一　坚决扛稳中央储备监管重任

一方面，履行中央储备粮棉和中央事权粮棉监管职能。开展辖区内中央储备粮棉糖存储企业工作调研，摸清中央储备粮棉糖管理现状，建立沟通协调机制和中央储备粮在鄂数质量数据库。梳理监管事项清单，明确监管工作流程，拟订《湖北局中央储备粮监管工作规程》《湖北局中央储备粮监管工作清单》《湖北局国家一次性储备粮轮出工作监管方案》和《湖北局中央储备粮轮换监管工作流程》。开展中储粮湖北分公司一次性储备粮轮出监管工作，2019 年中储粮集团公司湖北分公司一次性储备粮轮出计划完成 100%。开展 2019 年中央储备粮轮换监管，对中储粮天门、潜江、仙桃直属库 2019 年度中央储备粮轮换数量、质量和政策执行情况进行监督检查，未发现擅自改变轮换计划、擅自串换品种、超轮换架空期等问题。全程参加湖北省政策性粮食库存数量和质量大清查，对中储粮湖北分公司 2018 年度中央事权粮食政策执行和中央储备粮管理情况开展考核，实地考核中储粮咸宁、荆门、随州、孝感、荆州、襄阳、宜昌、洪湖 8 个直属库，抽查了 19 个库点 31 个廒间。经考核，中储粮湖北分公司及辖区内直属企业在 2018 年度能够切实执行中央事权粮食政策，严格管理中央储备粮，库存粮食各项指标符合国家有关规定，未发生安全生产和安全储粮事故，未发生重大涉粮案件。另一方面，履行中央防汛抗旱物资监管职能。及时与中央防汛抗旱物资武汉仓库对接，全面掌握防汛抗旱物资的物资品种、数质量情况，弄清日常管理、维护保养、报废处置和应急调运等制度落实情况，并在确保账实相符、储备质量完好的情况下签订了 2019 年度管理合同。指导中央防汛抗旱物资武汉仓库对《中央防汛抗旱物资武汉库仓库物资调运预案》进行修订完善。全面清点在库物资品种、数质量情况，建立中央防汛抗旱物资武汉仓库数据库。11 月，安全验收 4 种防汛抗旱物资入库。

二　圆满完成为国管储主责任务

一是精心组织认真落实国储物资收储、轮换计划，加强在库物资保管保养。严格按照"一库一批一方案"的要求，2 个成品油库完成成品油接收任务，出入库数量和效率均位居系统前列。在库国储物资质清量准，严格执行储备物资管理制度，库内环境达到"四无六净"标准，温湿度符合规定，物资垛卡、"四本两图"标准规范，垛型垛位稳固整齐，备品摆放有序，报表档案完备规范，未发生数质量事故和安全事故。社会代储物资管理标准完善，监管程序严格。二是持续深化标准化建设，加快仓库信息化、智能化步伐。接续推进定置化管理，落实健全色彩、标志标识、图表、穿戴、区域定置及其管理标准"五统一"，完善库号、罐号、宣传牌、"四本两图"。规范内部管理秩序，9 个基层仓库通过 ISO 管理体系复审。完成电子档案系统的开发、部署、优化和升级，五七六处"三化一提升"试点项目已进入试运行阶段，4 个用兵仓库完成"智慧磐石"项目建设，全国储备系统武警守卫目标安防工作现场会准备工作按计划时间节点有序展开。三是加强储备基础设施建设，稳步提升国有资产运营质效。圆满完成年度 42 项固定资产投资计划。2019 年，湖北局实现经营服务收入 1.88 亿元。

三　积极履行应对突发事件职能

推进实施《湖北省国家级应急物资储备基地建设方案》：国家应急物资储备（武汉）基地项目通过三三七处资产置换项目正在稳步推进建设，湖北省成品油应急物流基地项目依托国家成品油扩能建设工程正在加快推进中。三三八处受湖北省防灾减灾中心委托，承担中央级和省级应急救灾物资储存管理任务；三三七处主动接洽江夏区应急管理局，入库部分江夏区应急救灾物资。三三八、九三五、二七〇处等单位的消防队积极参与地方火灾应急扑救，发挥应急事件处置及抢险救援作用。

四　稳步推进机构改革坚守"三条底线"

2019 年 9 月 20 日湖北局正式挂牌，湖北省委常委、常务副省长黄楚平发来贺信。10 月局机关各处室及人员调整到位，直属机关委员会同步更名到位。14 家事业单位全部完成法人证书登记、行政和党组织挂牌及印章启用工作。制定新机构制度、制订修订清单，完成分党组工作规则和局工作规则及议事规则、落实中央八项规定和公文处理实施细则、绩效管理、财务管理、保密管理等系列制度的修订工作。深入学习《关于改革完善体制机制加强粮食储备安全管理的若干意见》和《中国的粮食安全》白皮书，开展粮食监管业务知识培训，与湖北省粮食局联合开展支部主题党日活动、五四青年节活动，逐步建立粮食监管人才队伍。守好安全底线，着力推进安全生产标准化建设，全面实施全员安全生产责任制，逐级签订安全目标管理责任书 869 份，开展各类安全检查 356 次，完成 504 项安全隐患整改，开展多种方式安全教育 173 场次，组织应急演练 63 次，安全生产费用投入超过全年经营收入的 5%。2019 年，局机关和 8 个基层仓库被评为省市两级社会治安综合治理优胜单位。维护稳定局面，积极稳妥处理历史遗留问题和群众反映强烈、矛盾集中的突出问题，认真落实离退休人员"两个待遇"。受理群众信访举报件 12 件，办结 7 件次，正在办理 5 件次。防控廉政风险，认真践行监督执纪问责"四种形态"，全年开展集体廉政谈话 3 次，诫勉谈话 1 人次；主动接受国家粮食和物资储备局党组巡视，着力整改巡视组反馈的问题。全面落实安全稳定、廉政和保密责任书，未发生等级以上安全生产事故，未发生非正常上访情况，未发生治安和犯罪案件，未发生重大违规违纪情况，未发生失泄密事件。

五　全面加强党的建设

从严从实做调查，聚焦湖北粮储事业发展实际问题，形成 20 个重大课题调研报告；对标对表找差距，立行立改主题教育梳理出的 13 项问题和《党的政治建设督查整改工作方案》查摆的 4 项问题；强化主题教育成果运用，全面启动"严守纪律规矩、正确行使民主权利"专题教育，营造和谐稳定发展环境。及时召开 2019 年党建工作会和党组中心组学习扩大会传达学习党的十九届四中全会精神，邀请湖北省委宣讲团成员专题宣讲全会精神；结合年终检查，分党组成员率队分片深入各单位，向近千名基层在职职工和离退休老同志集中宣讲全会精神，要求全局上下聚焦国家储备安全核心职能，紧密结合粮食和物资储备工作实际，以全会精神为指导，强化制度意识，全力提升治理能力。组织开展以"深化改革、转型发展"为主题的"鄂储青年论坛"活动、"劳动筑梦"职工演讲比赛、"牢记初心使命、推动改革发展"演讲比赛和"两决定一意见"知识竞赛，积极选编报送"两决定一意见"贯彻落实信息，选派优秀人员参加国家粮食和物资储备局与湖北省直机关工委演讲比赛并获得省直机关三等奖，举办"爱我中华　圆梦储备"庆祝中华人民共和国成立 70 周年文艺汇演，开展庆祝建党 98 周年表彰活动，组织第二届"鄂储先锋"评选和巡回演讲。原机关第一党支部和九三五处第一党支部被授予省直机关"红旗党支部"称号。

湖北储备物资管理局领导班子成员（2019 年 12 月前）

张映芳　党组书记、局长

曾　新　党组成员、副局长

蔡文清　党组成员、纪检组长

杨　志　党组成员、副局长

国家粮食和物资储备局湖北局领导班子成员（2019 年 12 月后）

张映芳　分党组书记、局长（2019 年 12 月任职）

杨　志　分党组成员、副局长（2019 年 12 月任职）

张后福　分党组成员、副局长（2019 年 12 月任职）

路立恩　分党组成员、纪检组长（2019 年 12 月任职）

曾　新　一级巡视员（2019 年 12 月任职）

蔡文清　一级巡视员（2019 年 12 月任职）

（撰稿单位：国家粮食和物资储备局湖北局；撰稿人：王帅；审稿人：张映芳、胡志华、孙国峰）

2019 年 9 月 20 日，国家粮食和物资储备局湖北局正式挂牌。湖北局分党组书记、局长张映芳（右），湖北省粮食局党组成员、副局长熊贵斌（左）共同揭牌。

2019 年 6 月 18 日，国家粮食和物资储备局物资储备司负责同志与湖北储备物资管理局党组书记、局长张映芳（二排右一）在七七五处检查指导安全作业工作。

2019 年 8 月 7 日至 21 日，湖北局工作小组对中储粮湖北分公司咸宁、荆门、随州、孝感、荆州、襄阳、宜昌、洪湖 8 个直属库，开展 2018 年度中央事权粮食政策执行和中央储备粮管理情况实地考核。图为湖北局工作小组成员在中储粮襄阳直属库粮仓，现场检查粮食数量质量管理情况。

国家粮食和物资储备局湖南局

基本情况

国家粮食和物资储备局湖南局（以下简称"湖南局"）于2019年9月挂牌成立，设13个下属事企单位：10个储备仓库，其中存储国储成品油、火炸药、综合物资的仓库各2个，暂未存储国储物资的综合物资仓库4个；2个附属事业单位和1个公司。截至2019年底，全局干部职工总数1549人，其中局机关在职人员41人，12个下属事业单位在编在职人员694人，离退休人员814人。1个公司现有员工115人。

2019年工作

一　夯实"聚焦中心、服务大局"党建基础

一是坚持政治建设统领。旗帜鲜明讲政治，深入开展学习型党组织创建活动。采取党组（党委）中心组研讨学、支部组织集中学、学习强国点滴学和网上竞赛比着学等方式深入学习习近平总书记关于粮食安全和战略应急物资储备安全重要论述，不断增强"四个意识"，坚定"四个自信"，坚决做到"两个维护"。自觉尊崇《中国共产党章程》，严格执行党内法规，认真执行民主集中制，进一步严肃党内政治生活。二是扎实开展主题教育。紧紧围绕根本任务，牢牢把握"十二字"总要求，坚持"四个贯穿始终"，以优良作风抓好各项工作落实，推动"不忘初心、牢记使命"主题教育取得实效。全局各级党组织班子成员带头讲授党课139人次；组织党员干部前往贵州遵义、江西井冈山、汝城沙洲等红色教育基地开展主题党日和党性教育培训。围绕"湖南局职工群众集中反映强烈的突出问题""国家物资储备仓库土地使用权确权"等主题，全局上下共开展专题调研43次，形成专题调研报告33篇。各级党组织和全体党员按照习近平总书记关于"四个对照""四个找一找"要求，广泛听取意见建议，查摆"短板"不足；自上而下召开专题民主（组织）生活会，揭短亮丑、加油鼓劲。整改落实暖人心，全年共解决干部职工关心热点难点问题37个。通过扩大茶叶种植面积，拓展太空鸡养殖规模，狠抓产业帮扶；统筹资金投入，改善村部公共服务平台和基础设施条件。三是加强巩固组织基础。结合支部标准化建设，深化"一支部一品牌"创建工作，不断提升支部影响力和凝聚力；在全局范围内推行党员积分制管理，切实提升党员教育管理的针对性和时效性。制定《关于开展党建示范单位创建活动的实施方案》，在全局范围内开展党建示范单位创建活动，提升全局党建

工作整体水平。规范加强"三会一课"、党员调入调出、党费收缴、党员固定主题党日活动等组织管理制度建设，全面核对所属党员有关情况，实施动态管理。四是狠抓精神文明建设。认真做好文明处（科）室、文明职工、五好文明家庭和工会积极分子评选表彰；举办"国储杯"全局第九届职工气排球比赛，编印《湖南储备学习园地》，更新宣传橱窗，不断营造良好的储备文化氛围。高度重视离退休人员管理工作，老同志"弘扬主旋律、唱响新赞歌"的热情持续高涨，积极发动老同志参与国家粮食和物资储备局纪念中华人民共和国成立 70 周年主题征文活动，全局获优秀组织奖和包括 1 个一等奖、2 个二等奖在内的 29 个个人奖项。

二　机构改革顺利实施

一是机构改革如期到位。准确把握历史使命和职责定位，严格落实机构改革路线图、时间表，科学周密制定实施方案，稳妥推进更名挂牌、机构设置优化、职能配置协同等工作。2019 年 9 月 12 日，湖南局举行揭牌仪式，随后 12 个事业单位也相继完成挂牌更名，正式开启改革发展的历史新征程。二是工作衔接周密平稳。调整局机关内设机构人员，平稳有序推进职责交接及新职责履行。紧贴形势加强思想政治工作和宣传引导，按照"先立后破、不立不破"要求统筹做好工作衔接，推进规章制度制定、修订工作，严守机构改革期间各项纪律要求，确保机构改革和业务工作"两不误、两促进"。三是干事创业导向鲜明。制定《进一步激励广大干部新时代新担当新作为的实施意见》，推进机关公务员职务与职级并行，完成基层领导新一届任期聘任。强化干部考核监督，严格落实领导干部个人事项报告、因私出境管理等制度，建立信访、审计、纪检信息沟通机制，形成监督合力。注重挖掘和宣扬身边典型，举办"七一"表彰大会，利用"国储党建"公众号、局工作动态等平台广泛宣传，一五四处专职消防队荣获 2017~2018 年全国青年文明号，一五四处第一党支部和七七二处杨小华同志分获湖南省直机关先进基层党支部、优秀共产党员称号。四是能力基础更加厚实。做好职业培训、短期业务培训、委外办学等组培送学工作，组织参加国家粮食和物资储备局培训班共计 18 期 56 人次、湖南局内部培训班 6 期 213 人次、地方培训班 93 人次。加大干部挂职交流力度，全年共计 2 人次到国家粮食和物资储备局接受挂职锻炼，2 人次到国家粮食和物资储备局跟班学习。广泛开展全民国家安全教育日系列宣传活动和"我与宪法"微视频征集活动，认真组织参与国家粮食和物资储备局"牢记初心使命、推动改革发展"主题演讲，荣获全系统三等奖；科学发动干部职工"学理论、强素质"，踊跃参与国家粮食和物资储备局网上知识竞赛，湖南局荣获网上知识竞赛优秀组织奖以及 24 个个人奖项。

三　重点工作稳中求进

一是认真组织物资收储轮换。根据"一库一批一方案"要求，认真制定国储物资出入库方案，严格物资出库管理。高度重视一五四处成品油吞吐任务，严格安全责任、深化储地协同；高度重视专项任务，强化组织领导、严谨细致评估、细化方案预案、严格现场守护，确保任务保质保量、安全顺利。二是积极推进储备基础建设。严格项目安全、质量、进度和投资控制，扎实推进国家成品油储备能力项目建设，投资完成率达 90%，2019 年底前基本完成主要建设内容。全力落实国家储备仓库安全综合整治提升三年行动计划，基层某单位紧急改造项目年底前完成主要建设内容，相关单位安全环保达标改造和安全防范改造工程于年内完成招投标。三是努力加大经营创收力度。2019年全局创收工作面临严峻形势，各单位积极应对，探索调整经营结构和策略，保持收入稳定。全局事业单位累计完成经营创收6161.48万元，全局各企业累计完成营业收入4600万元，实现利润1482.82万元。四是持续提升标准管理水平。认真贯彻执行政府会计准则制度，开展制度执行实操情况专项检查，全面清理资产资金、债权债务以及净资产情况，规范记账凭证的编制。规范国有资产监督管理，严格遵守资产处理程序，确保基层单位资产处置合规、透明。落实战略储备三类物资管理办法，深入开展标准库（罐）评比、标杆库（罐）创建和对标管理，持续推动物管工作标准化、精细化。组织举办业务流程标准化工作培训班，精心编制印发全局性的重点业务流程111项，总结推广一五四、三三六处岗位积分制管理经验，有力推动管理提质增效。

四　全新职能主动担当

一是有效履行全新职责。先后10余次走访相关部门，与湖南省粮食和物资储备局共同谋划建立对口联系、检查联动、信息共享等5项协作机制；先后6次赴中储粮长沙直属库、救灾储备长沙库等仓库实地调研；对防汛抗旱岳阳库进行防汛抗旱物资清查盘点，签订2019年中央防汛抗旱物资储备管理合同；每季度组织人员赴中石化长岭库站油库检查检验代储油。二是建立完善监管信息。通过审核整理中储粮湖南分公司及其直属库自查材料、实地考核调研中储粮分公司及其所辖部分直属库等方式，了解收集中储粮湖南分公司所辖17家直属库总资产、仓容、储粮、租仓等情况，初步建立《中储粮湖南分公司所辖直属库基本情况一览表》和监管对象档案。三是加强监管能力建设。组织局领导和机关处室负责人、基层仓库负责人集体赴中储粮益阳直属库参观学习。先后组织15人次参加国家粮食和物资储备局考核专项培训、粮食行业"双随机"抽查应用系统省级师资培训和中储粮湖南分公司组织的大豆安全储存管理培训；邀请湖南省粮食和物资储备局专家授课培训，建立粮食考核微信群，组织集中学习研讨，选派8名骨干力量参与省粮食大清查考核督导，邀请省粮食和物资储备局专家在中储粮湖南分公司直属库考核中现场指导，持续增强监管能力。四是圆满完成首考任务。会同湖南省粮食和物资储备局对中储粮湖南分公司及其所辖的17家直属库2018年度中央事权粮食政策执行和中央储备粮管理情况进行全面考核。成立考核机构，抽组局机关1/3在职人员，邀请湖南省粮食和物资储备局4名专家参与指导，充实实地考核力量；初审自评报告、问题清单等资料，锁定核查重点，强化实地考核对象针对性；认真对照考核评价细则，核查问题线索，检查测量存疑货位。历经一个半月，圆满完成对中储粮湖南分公司本部和9家直属库的实地考核。

五　守牢底线坚定不移

一是注重源头防范。修订湖南局整体应急预案，细化《安全责任清单》，压紧压实安全主体责任、监管责任和属地管理责任。深入落实风险分级管控和隐患排查治理双重预防机制，开展危险源动态辨识，严格物资出入库、重大项目施工作业安全风险监管，全年共排查出安全隐患39项，同比下降61%。二是紧盯安全重点。高度重视国庆70周年安全维稳工作，将9月8日到10月8日确定为全局特别安全防护期，采取开展思想排查和社情调查，督促火炸药库执行"前五后三"规定，提高安全防护等级，确保了国庆期间安全稳定。积极开展防汛减灾工作，分析研判汛期安全风险，优化完善防汛预案，有针对性地开展防汛演练，加强汛期值班值守。7月中旬，及时发现和处置三七五处大源库区专用公路发生较大面积山体塌方问题。三是从严正风肃纪。组织党员干部赴长沙市廉政教育基地开展廉政警示教育活动，观看《叩问初心》警示教育片，扎实开展"严守纪律规矩、正确行使民主权利"专题教育，夯实遵章守纪、拒腐防变的思想根基。每季度召开廉政形势分析会，围绕2018年国家粮食和物资储备局对湖南局主要负责同志经济责任离任审计中发现问题整改情况开展"回头看"，组织对7个基层单位开展各类审计，局分党组、纪检组与有关处级干部廉政谈话35人次。每季度开展党员干部思想动态分析，落实信访工作责任，全年信访件数量较少，全局干部职工队伍稳定。

湖南储备物资管理局领导班子成员（2019年12月前）

李普运　党组书记、局长（2019年1月退休）

黄公明　党组成员、副局长

卢东风　党组成员、副局长

何正罗　党组成员、纪检组长

国家粮食和物资储备局湖南局领导班子成员（2019年12月后）

袁昌模　分党组书记、局长（2020年1月任职）

黄公明　分党组成员、一级巡视员（2020年1月任职）

卢东风　分党组成员、副局长

魏国栋　分党组成员、纪检组长（2020年1月任职）

（撰稿单位：国家粮食和物资储备局湖南局；撰稿人：苏欣；审稿人：王臻颖）

2019年11月22日，国家发展和改革委员会党组成员，国家粮食和物资储备局党组书记、局长张务锋（前排右二）到湖南局一五四处调研指导工作，湖南省副省长隋忠诚（前排右一），国家粮食和物资储备局有关司局、湖南省株洲市委、湖南省粮食和物资储备局、国家粮食和物资储备局湖南局主要负责同志参加调研。

2019 年 11 月 20 日，湖南局在一五四处举行反恐袭击、灭火救援、泄漏处置综合演练。国家粮食和物资储备局督查专员宋红旭（前排左八）莅临现场观摩指导。

2019 年 9 月 12 日，国家粮食和物资储备局湖南局举行揭牌仪式。局分党组成员、副局长黄公明（前排左四）、副局长卢东风（前排右四）、纪检组长何正罗（前排左三）共同为新机构揭牌。

国家粮食和物资储备局广东局

基本情况

　　国家粮食和物资储备局广东局（以下简称"广东局"）前身为广东储备物资管理局，成立于1972年4月，机关办公地点位于广东省广州市。2019年在机构改革中，吸收合并原国家物资储备局深圳办事处，更名为国家粮食和物资储备局广东局，并根据中共中央组织部批复改设局党组为局分党组。工作职责在负责广东、海南两省国家战略物资储备管理的基础上，增加了对辖区内粮油棉糖、能源、应急救灾物资等中央储备的监管职能。广东局下辖12个事业单位：三五三处、七三三处、八三〇处、九三八处、海南处、二十八处、八七九处、十一处、惠州办事处、珠海办事处、广东局机关服务中心、深圳办机关服务中心。由事业单位出资设立2家企业，分别是广东国储供应链股份有限公司、乐昌市七三三处加油站有限公司。截至2019年底，广东局机关公务员50人，离退休56人；所属事业单位编内人员202人，编外聘用人员66人，离退休367人。

2019 年工作

一　机构改革顺利完成

　　顺利完成"三定"方案编制、机关内设处室调整等任务，并于2019年9月挂牌更名。认真做好原国家物资储备局深圳办事处机构撤并、人员转隶等任务，新增职责有序承接，各项工作平稳过渡。结合机构改革后的职能职责调整，积极组织开展"我与职能转变大讨论"，在机关和基层单位举办学习贯彻"两决定一意见"巡回宣讲、演讲比赛和知识竞赛，持续引导干部职工转思想、转职能、转作风。

二　监管职责有序落实

　　以观察员的身份参与辖区内中储粮政策性粮食大清查工作。顺利完成对中储粮广州分公司6个直属库16个库点中央事权粮食政策执行和中央储备粮管理情况的首考任务，实现库点检查全覆盖，摸清辖区内中央储备棉、糖库点的基本情况。持续做好国储物资轮换工作，三五三处和七三三处在

69 天时间内"零差错、零事故"完成了油品收储工作,八三〇处严格按照有关制度和合同要求完成标准砂轮换任务。加强社会代储国家储备成品油监管工作,实行现场监管和远程在线监管相结合,督促代储企业及时建立远程监管平台,所监管社会代储成品油数量准确、质量合格、储存安全。承接中央防汛抗旱储备物资监管职责,开展海口、肇庆库物资入库验收及报废统计工作。扎实做好国储物资日常管理工作,认真落实三级检查制度,每季度开展红旗库(罐)评比活动,符合率达到管理标准要求。积极推进信息化建设,八三〇处试行信息化管理系统,七三三处试运油库"管控一体化生产指挥平台"。初步构建对辖区内中央事权粮棉糖、原油、防汛抗旱物资等监管细则及应急预案的监管制度体系。

三   储备能力得到提升

针对两个在建储备能力建设工程建设进度滞后的问题,以约谈促进度,以清退促整改,强化工程安全和质量管理制度的落实,压茬推进。制订工程项目专用资金使用和廉政管理规定,实行全过程跟踪审计。组织开展施工队拖欠农民工工资专项整治活动,全力确保工程建设的稳定局面。2019年 12 月两个储备能力在建工程分别已完成初步验收和预验收。成立两个新建储备能力工程选址工作小组,通过多方沟通、深入调研,工程选址进展取得新突破。制定落实安全综合整治提升三年行动计划的意见,实施海南处和八三〇处安防系统综合改造计划。2019 年底,海南安防改造工程已完成EPC(设计施工一体化)工程总承包合同签订并正式开工建设,八三〇处安全综合整治工程可研已获批复。

四   安全目标顺利实现

以创建安全年为契机,组织"查大风险控大隐患"专项检查,开展成品油储备库收发油、门吊叉车、能力建设施工等生产作业违规违章专项整治活动。开展"防风险、守底线、迎大庆"全面检查。在三五三处试点探索建立安全风险分级管控和隐患排查治理双重预防机制。实行隐患整治关口前移和全面管控,做好联防联控、反恐防暴预防和准备工作,抓好安全教育,加强值守管控。2019 年开展各类安全检查 351 次,共发现安全隐患 372 项,已整改 361 项,整改率为 97%。提取安全生产费用 380 万元,投入安全费用 834 万元,全年未发生安全事故,安全态势稳定向好。广东局开展安全生产工作做法在 2019 年底国家粮食和物资储备局召开的垂管系统视频会上做了经验介绍。

五   内部管理得到加强

开展党务知识、红色基因、先进典型、监管业务、法律常识、公文写作等培训活动,共计培训340 人次。贯彻中央"基层减负年"的决策部署,规范办文办会流程,向基层单位发文量大幅下降。关心基层职工的成长进步,规范完善基层事业单位绩效考核及编外用工的薪酬制度,制定下发指导意见,发挥绩效工资分配奖励作用。坚决贯彻落实过"紧日子"要求,加强预算管理和规范支出,进一步严肃财经纪律,推进政府会计准则制度实施,做好储备资金核算和事业收支核算。推动事企分开和"放管服"改革，创建新的动态监管方式，广东国储供应链公司加快推进信息化建设，打造华南铜交易集散中心，主动参与地方应急救灾物资储备业务，积极推进中欧班列业务等，为转型发展探索新路。

六　主体责任不断夯实

上下联动，一体推进"不忘初心、牢记使命"主题教育，加强组织领导，狠抓问题整改，切实把主题教育的成效转化为引领推动工作的强大动力。坚持开展"大学习、深调研、真落实"活动，全年组织分党组中心组理论学习13次，开展党务干部培训班，组织党的十九届四中全会精神专题学习等。"深调研"围绕加快储备能力工程进展、优化中央储备成品油轮换机制、履行监管职能等制约广东局发展的瓶颈和问题，重点开展了36项课题调研，形成了31篇调研报告，其中广东局牵头开展的《综合性能源储备基地建设研究》被国家粮食和物资储备局评为具有较高学术水平和使用价值的软科学研究成果。贯彻落实党的基层组织建设三年行动计划和"头雁"工程，组织制定加强党的政治建设、党支部规范性建设等意见措施。贯彻落实国家粮食和物资储备局党风廉政建设视频会议精神，坚持每季度开展廉政形势分析，应对机构改革监管职能变化要求，制定广东局关于履行监管职责的廉政规定，修订廉政风险防控手册。对八三〇处开展巡察工作，发挥"巡察利剑"作用。

广东储备物资管理局领导班子成员（2019年12月前）

潘一闽　党组书记、局长

杨胜勇　党组成员、副局长

王可顺　党组成员、纪检组长

谢远康　二级巡视员（2020年1月退休）

国家粮食和物资储备局广东局领导班子成员（2019年12月后）

张依涛　分党组书记、局长（2020年1月任职）

王可顺　分党组成员、副局长（2020年1月任职）

何正罗　分党组成员、纪检组长（2020年1月任职）

廖桂兴　分党组成员、副局长（2020年1月任职）

杨胜勇　一级巡视员（2020年1月任职）

（撰稿单位：国家粮食和物资储备局广东局；撰稿人：解笑愚；审稿人：薛浩）

2019 年 9 月，国家粮食和物资储备局广东局在广州举行更名挂牌仪式，时任广东储备物资管理局党组书记、局长潘一闽（右），党组成员、纪检组长王可顺（左）共同揭牌。

2019 年 8 月，广东局考核组在广州听取中储粮广州分公司关于 2018 年中央事权粮食政策执行和中央储备粮管理自评情况的汇报。

2019 年 7 月，广东局同江西局、湖南局等在井冈山举行"不忘初心、牢记使命"主题教育活动。

国家粮食和物资储备局广西局

基本情况

国家粮食和物资储备局广西局（以下简称"广西局"）于 2019 年 9 月 16 日挂牌成立，前身为广西储备物资管理局。广西局机关内设 9 个职能处室，分别为办公室、粮棉糖和救灾物资监管处、战略物资和能源监管处、规划建设处、财务审计处、安全仓储与科技处、执法督查与法规处、人事处（离退休干部处）、机关党委（纪委）；下辖 7 个基层事业单位，其中包括 3 个国家储备仓库：七三二处、四七九处、九三一处。所属储备仓库均分布在湘桂、枝柳铁路沿线，库区总占地面积约 4362 亩。

2019 年工作

一　扎实开展"不忘初心、牢记使命"主题教育

一是注重全面覆盖，坚持对标要求。召开主题教育贯彻落实会议，对全局组织开展主题教育提出具体要求，做出具体部署。二是注重学深悟透，坚持学为基础。通过领导率先垂范带头学、原原本本钻研学、线上线下党课学、警示教育视频学、规定动作认真学、定点联系指导学推动主题教育向纵深开展。三是注重四个同步，坚持贯彻始终。始终将"学习教育、调查研究、检视问题、整改落实"贯彻始终，同步启动学习调研、检视问题、征求意见。四是开展形式多样的主题党日、党课等活动。组织党员干部到龙州起义纪念馆开展"上门听党课"，到湘江战役遗址、灌阳新圩阻击战陈列馆等教育基地开展"弘扬长征精神、牢记初心使命"主题党日活动。组织学习"时代楷模"——黄文秀同志的先进事迹，开展"学榜样　守初心　担使命"学习讨论活动。五是认真开展调查研究，促进"两决定一意见"取得实效。召开主题教育调研成果交流会，共形成调研成果 32 份，并加以成果转换。

二　深入学习贯彻落实"两决定一意见"

一是以总体国家安全观为指引，全局动员大学习。结合新职能新使命，组织全局干部职工开展"大学习"活动。制定学习"两决定一意见"知识竞赛方案。8 月积极发动全系统干部职工参加国家粮食和物资储备局组织开展的"两决定一意见"网上知识竞赛，共有 81 名干部职工网上答题成绩

进入全系统排行榜前350名，单位获"优秀组织奖"。二是以"深化改革转型发展"为主线，深入开展"大讨论"。组织召开广西局深化改革转型发展研讨会暨经营工作会议、"谈改革转型发展，话青年担当作为"青年座谈会、深化改革转型发展推进会等，部署和推进深化改革转型发展相关工作。三是组织机关和基层单位相关人员前往中储粮广西分公司南宁直属库、原广东储备物资管理局等地学习考察，吸收借鉴改革发展经验，切实把贯彻"两决定一意见"体现在推动广西局深化改革转型发展各项工作中。

三　切实履行新机构新职能

一是做好机构改革相关工作。按照科学配置、优化协同和精简效能的原则，拟定广西局"三定"规定，科学制定新内设机构人员设置方案并组织实施，积极稳妥做好更名挂牌等各项工作。9月16日，邀请广西壮族自治区副主席方春明同志出席广西局更名挂牌仪式，同步指导各基层单位做好单位更名挂牌相关工作积极稳妥推进职务与职级并行各项工作。按照有关程序和要求，完成全局21名非领导职务公务员职级套转工作，有条不紊分步推进职级晋升工作。二是积极开展中央事权储备物资监管工作。不断加强物资监管工作规章制度、业务理论学习，主动参与全国政策性粮食库存数量和质量大清查工作，参加国家粮食和物资储备局召开的国家储备原油管理座谈会，派员参加国家粮食和物资储备局组织的"116专项"物资出入库督导，做好中央防汛抗旱物资监管工作。三是严密组织对中储粮广西分公司中央事权粮食政策执行和中央储备粮管理情况2018年度考核。按照"试点先行、全面推开"的思路，基本实现了"首考全覆盖、考核求实效"的既定目标。四是以确保绝对安全为前提，圆满完成"116专项"物资收储轮换任务。作业中，严格执行"一库一批一方案"和操作规程，确保整个作业过程安全、可控、高效。五是全力推动火炸药仓库机械化作业试点工作。开展火炸药物资出入库机械化作业试点是全系统作业方式的重大改革，通过"机械化换人、自动化减人"，减轻劳动强度，实现仓库本质安全。成立领导小组，组建工作部门，稳步开展机械化作业考察、技术方案设计、机械设备制作到作业现场、物资准备、操作手册制定等工作，于11月15日顺利通过国家粮食和物资储备局领导和专家组的考核评审。在12月的已核销物资出库中，机械化设备正式投入使用，极大地降低了劳动强度，简化了操作方式、提高了作业效率。六是做好战略物资日常保管保养。通过规范监督检查、严格星级库房评比、持续建设标杆仓库等方式，督促储备仓库认真做好物资检查和保养、温湿度管控、库内外卫生、设施设备检查维护，保证战略物资储存安全。

四　大力推动全面从严治党向纵深发展

认真开展"党支部建设加强年"活动，在九三一处举办了全系统党支部标准化建设示范观摩交流会，现场情景模拟党支部理论学习标准化形式，取得良好示范效果。持续开展纠"四风"向基层延伸。在全系统开展以基层单位为重点的纠"四风"专题教育，制定下发《驰而不息纠治"四风"、助力改革转型发展专项活动实施方案》，召开会议专题部署纠"四风"专项任务。召开党建及廉政工作会议，总结工作，表彰先进，部署任务。全年组织分党组理论学习中心组（扩大）学习9次，各基层单位党委理论学习中心组学习 26 次。严格落实国家粮食和物资储备局党组巡视巡察规划，严密组织开展对九三一处、防城港口办事处和机关服务中心的巡察工作，及时反馈巡察意见，跟踪督导问题整改。

<table>
<tr><td>五</td><td>牢牢守住三条底线</td></tr>
</table>

一是守住安全底线。认真落实国务院和国家粮食和物资储备局关于安全生产的有关要求，制定安全整治工作方案，开展安全排查隐患整治。积极做好防汛减灾，强化值班值守，认真开展安全生产月活动。九三一处取得安全生产标准化三级资格认证。认真落实国家储备仓库安全综合整治提升三年行动计划。全年采取交叉互检、四不两直等方式开展各类检查 19 次，隐患认定 107 项、整改 100 项，实现安全生产"零"事故。二是守住稳定底线。持续开展"三性"问题分析，加强干部职工思想教育，确保改革当中工作不断、思想不乱、队伍不散、干劲不减，全年实现信访工作"零上访"。三是守住廉政底线。把强化教育、案件警示、严格执行八项规定作为做好廉政工作的切入点，使党员干部做到知敬畏、存戒惧。结合机构改革内设机构调整，重新核定机关干部办公用房面积并按标准执行，进一步严格落实八项规定。

<table>
<tr><td>六</td><td>认真完成其他工作</td></tr>
</table>

抓好工青妇等群团组织工作，组织青年干部开展春节回乡调研、主题演讲比赛等活动，共有 5 篇调研报告荣获全区三等奖和优秀奖。举办广西局"牢记·初心使命　提高履职能力"业务知识竞赛。建立健全各项规章制度，大力开展制度规定清理修订工作。重视离退休干部工作，落实"两费"保障，组织老同志开展中华人民共和国成立 70 周年新成就征文系列活动并获国家粮食和物资储备局"优秀组织奖"。充分利用网络、多媒体、微信等载体，加强新闻、党建宣传工作，全年在国家粮食和物资储备局门户网站刊登稿件 11 篇，在"国储党建"公众号和广西机关党建网等刊登党建稿件 53 篇，在"广西储备"公众号刊登稿件 147 篇。

广西储备物资管理局领导班子成员（2019 年 12 月前）

黄玉涛　党组书记、局长

韦　强　党组成员、副局长

杨　刚　党组成员、副局长

赵克东　党组成员、纪检组长

国家粮食和物资储备局广西局领导班子成员（2019 年 12 月后）

黄玉涛　分党组书记、局长（2019 年 12 月任职）

杨　刚　分党组成员、副局长（2019 年 12 月任职）

左炳衡　分党组成员、纪检组长（2019 年 12 月任职）

朱华仁　分党组成员、副局长（2019 年 12 月任职）

韦　强　一级巡视员（2019 年 12 月任职）

（撰稿单位：国家粮食和物资储备局广西局；撰稿人：莫少雄；审稿人：黄明贵）

2019 年 9 月，广西壮族自治区副主席方春明（中）出席国家粮食和物资储备局广西局挂牌仪式。

2019 年 3 月，国家粮食和物资储备局党组成员、副局长曾丽瑛（左二）带领考核组出席 2018 年度广西储备物资管理局领导班子和领导干部述职述廉大会。

2019 年 3 月，国家粮食和物资储备局党组成员、副局长梁彦（中）在柳州融水调研"116 专项"物资押运工作。广西局局长黄玉涛（右一）、副局长韦强（右二）陪同。

国家粮食和物资储备局四川局

基本情况

国家粮食和物资储备局四川局（以下简称"四川局"）有关储备监管职责范围为四川省、重庆市。局机关下设 9 个内设机构和机关党委，下辖四三五处、四三六处、四三七处、四三八处、二七一处、四七三处、六七四处、一五七处、二五五处以及机关服务中心 10 个事业单位。

2019 工作

一　推进深化改革转型发展

一是顺利完成机构改革任务。不折不扣落实系统垂直管理机构改革任务，统筹抓好局机关和事业单位更名挂牌、印章更换工作，落实机关公务员职级并轨，顺利承接中央储备粮和中央救灾物资等中央储备监管职责，做到机构改革期间思想不乱、队伍不散、工作不断、干劲不减。二是统筹推进改革发展。制定出台了《关于贯彻落实全国粮食和物资储备系统深化改革转型发展的决定的意见》《关于进一步加强安全稳定廉政工作的意见》《关于进一步激励广大干部新时代新担当新作为的实施意见》，明确深化改革转型发展重点任务。三是转型发展再上新台阶。一五七处"智慧油库"初具雏形，两个城市综合库信息化建设升级进位，四三七处建成生产调度中心、实现库区全方位监管，四三六处被重庆市大渡口区评为"互联网＋特种设备管理重点示范单位"。

二　履行中央储备粮和救灾物资监管职责

一是参与政策性粮食库存数量和质量大清查工作。参加四川省粮食大清查工作省级督导，对绵阳、广元、乐山、宜宾四个地市进行检查；配合国家粮食和物资储备局在四川开展粮食大清查进展情况督导，到成都、眉山等地进行检查，夯实履行粮食监管工作的基础。二是扎实开展中储粮 2018 年度考核工作。分别与四川、重庆两地省级粮食部门和国家粮食和物资储备局青海局建立三个考核工作协调机制，结合工作实际制定《考核工作方案》，完成中储粮成都分公司 9 个直属库的实地考核工作，发现问题 52 个，并重点核查国家粮食和物资储备局转交的 13 条问题线索，形成了对中储粮成都分公司的考核评价总报告和对 9 个直属库的分报告。三是开展粮食收储监管。按照国家粮食和物资储备局关于一次性储备粮轮出工作和 2019 年秋粮收购工作安排部署，与中储粮成都分公司对接相关监管工作，建立工作机制。参与绵阳直属库秋季普查，对一次性储备粮轮换和 2019 年秋粮收购工作开展情况进行检查。四是做好中央救灾物资监管工作。及时跟进对中央救灾物资成都、重庆两个仓库的调研督导，核查防汛抗旱物资的数量、质量，摸清中央防汛抗旱物资的管理、仓库调运准备、人员在岗值守和汛期应急管理情况，履行监管职责。

三　做好国家战略物资收储轮换管理

一是高标准完成"116 专项"工作。在确保安全的前提下，整合各方资源、改进作业方式、深化储军地协同，创新落实地方政府为主的安保责任、垂管局领导监管责任、基层仓库主体责任、武警武装押运守卫责任、产品厂方收发运输责任"五大责任机制"，构筑方案预案规程、作业装备指挥和人财物保障"三大体系"，开辟铁路专用线、道路交通运输"两大绿色通道"，使"116 专项"工作这件近 20 年来最大规模、最大范围、持续时间最长的"头等大事"成为"工作亮点"，创造了可复制经验。四七三处在成功完成物资出入库任务，成为系统任务量最大国储仓库的同时，率先攻克铁路专用线安全评价难题、研制推广使用气动码垛车，走在了全系统前列。二是顺利完成成品油和标准砂收储轮换。及时解决成品油资源供应紧张、质量不达标、标准砂收储轮换时间跨度长、出入库频次高等突出问题，组织一五七处和二五五处安全完成国储成品油入库任务，组织四三七处完成标准砂收储轮换任务，确保了国储物资安全、高效进出。三是持续抓好国储物资日常管理。扎实开展 2019 年物资管理专项检查，督促完成问题整改，压实三级检查、出入库登记制度，实行"双人"查库制度，严格执行库房钥匙管理制度，确保国储物资质清量准、储存安全。四是严格做好代储油料监管。坚持依法依规做好企业代储油料监管，每季度到中石油彭州油库、中航油重庆江北机场油库实地检查油料数质量、设备设施、安全管理情况，成功实现中航油重庆江北机场油库在线监管，确保代储油料安全。

四　夯实储备仓库发展基础

一是国家成品油储备能力建设二五五处项目建设全面完工。聚焦项目投资、进度、质量等方面管理目标，细化时间节点加快推进、跟踪督促，及时破解制约工程建设"顽疾"，项目于 11 月基本完工并投入试运行。二是国家储备仓库安全综合整治项目有序推进。全力打好国家储备仓库安全综合整治提升三年行动攻坚战，落实好国家粮食和物资储备局下达的 8303 万元投资任务，四七三处储备仓库基础设施紧急改造项目于 11 月完工，四三七处安全整治能力提升项目取得国家粮食和物资储备局批复。三是全局安全生产形势良好。持续严格落实安全生产条件，2019 年全局开展各类安全检查 368 次，安全投入 1020 万元，整改隐患 917 个，整改率为 97.45%，全年未发生安全生产事故。

四川储备物资管理局领导班子成员（2019 年 12 月前）

袁昌模　党组书记、局长

韩西宁　党组成员、纪检组长（2019 年 1 月退休）

陈长民　党组成员、副局长

国家粮食和物资储备局四川局领导班子成员（2019 年 12 月后）

关路林　分党组书记、局长（2019 年 12 月任职）

熊　兴　分党组副书记、副局长（2019 年 12 月任职）

陈长民　分党组成员、副局长（2019 年 12 月任职）

朱晓东　分党组成员、纪检组长（2019 年 12 月任职）

张　浩　分党组成员、副局长（2019 年 12 月任职）

（撰稿单位：国家粮食和物资储备局四川局；撰稿人：郑金富、曾静；审稿人：陈长民、毛杰）

2019 年 9 月 10 日，国家粮食和物资储备局四川局举行挂牌仪式，改革发展迈入新时代。

四川局粮食监管考核组在中储粮直属库实地测量粮食库存数量，顺利完成中储粮 2018 年度考核"首考"。

四川局四七三处创新研制使用气动码垛车进行货物装卸，提高"116 专项"工作作业效率。

国家粮食和物资储备局贵州局

基本情况

国家粮食和物资储备局贵州局（以下简称"贵州局"）于 2019 年 9 月 6 日挂牌，机关设置局办公室（法规体改处）、粮棉糖和救灾物资监管处、战略物资和能源监管处、规划建设处、财务审计处、安全仓储与科技处、执法督查处、人事处（离退休干部处）、机关党委 9 个处室，下辖一五八处、二五八处、五五〇处、五三一处、六三一处、一七五处、二七七处、六七五处 8 个国家战略物资储备仓库和机关服务中心、贵州国储物流有限公司。贵州局机关编制人数为 44 人，主要职责是：管理贵州辖区国家战略储备物资，做到收得进、储得好、调得动、用得上，达到"保质、保量、保安全、保急需"的"四保"要求；监管贵州辖区中央储备粮，确保贵州辖区"天下粮仓"数量真实、质量良好、储存安全；协调、服务、督促中央防汛抗旱物资贵阳仓库储备验收、投产，不断提高自然灾害和突发事件情况下的中央应急物资保障能力。

2019 年工作

一　抓好机构改革落地，圆满完成挂牌任务

贵州局认真学习贯彻党中央、国务院、国家粮食和物资储备局党组关于机构改革的有关文件精神，不断提高政治站位，正确认识改革、衷心拥护改革、坚决支持改革、积极参与改革，做改革促进派，当改革实干家，做到新时代新担当新作为。制定"三定"方案上报国家粮食和物资储备局批准并抓好落实，按照人岗相适、人事相宜、个人意愿和组织需要相结合原则，完成机关处室人员配置，特别是明确牵头人。切实做好机关、直属单位机构改革挂牌，分党组设立和其他有关工作。

二　做足粮食监管准备，圆满完成"首考"任务

把创新监管方式、转变管理观念作为履行监管职责的"先手棋""当头炮"，树立由监督检查向日常管理和服务转变，由事后检查为主向事前事中管理为主转变，寓服务于监管中，并努力推行"互

联网＋监管服务"，促进监管质效与服务质量双提升。派人参加上级和地方组织的粮食业务知识培训；组织人员到贵州省粮食和物资储备局、中储粮贵州分公司粮库，全国粮食院校、示范基地、示范企业等现场学习、观摩；邀请贵州省粮食和物资储备局专家来单位开展粮食业务知识培训等。通过学习培训，不断提高干部职工履行监管职责能力。准确把握考核要求，科学制定考核方案，精心组织贵州辖区中央事权粮食政策执行和中央储备粮管理情况2018年度考核工作，主动开展考核"回头看"，当好"千里眼""顺风耳"，充分发挥"参谋""探头""哨兵""利剑"作用。通过监督检查、发现问题、督促整改，推进粮食监管职能转变提升；有效促进中储粮贵州分公司强化日常管理，压实其中央政策性粮食管理主体责任，确保中央储备粮"数量真实、质量良好、储存安全"。因此项工作成效显著，受到国家粮食和物资储备局肯定。

三 强化战略物资管理，切实履行国储职责

准确把握国家粮食和物资储备局工作要求，坚持"精细作业、精准施策"，严格落实"一库一批一方案"，制定完善作业方案，抓实抓细抓严作业各环节工作，织起一张力量来自"上中下"、贯通作业"前中后"、覆盖作业"点线面"的安全网，精心组织，规范作业，圆满完成国家粮食和物资储备局下达的国储油料入库任务。严格按照考评制度要求，储备仓库每月认真自查自评整改，粮储贵州局每季组成考评组进行考核，高质量推进达标库建设；根据国家粮食和物资储备局新标准，不断完善考评制度。通过持续推进达标库建设，促进库容库貌和基础管理不断上台阶：定期学习制度基本建立；"老习惯"得到较好纠正；工作记录和流程更加规范；库区环境明显亮化；设备设施管理不断强化；工作质量和效率显著提高；国储品牌形象进一步彰显。严格执行国储物资管理办法及其实施细则、国储物资管理作业程序，认真填写各种检查登记记录等，强化日常管理，确保国储物资"收得进、储得好、调得动、用得上"，达到"保质、保量、保安全、保急需"的"四保"要求。针对遵义钛厂经营不景气、面临搬迁、管理松懈等问题，积极沟通协调，加强巡库检查，随时掌握情况，按时向国家粮食和物资储备局上报监管季报，确保国储海绵钛储存安全和数量安全。

四 盯紧行业安全生产，提高应急保障水平

把隐患排查整治作为一项经常性工作，常抓不懈，扎实推进，并做到"全覆盖、零容忍、严执法、重实效"，对排查出的重大隐患执行挂牌督办制度，坚决防止各类安全事故发生。切实把责任压实到各直属单位、中储粮贵州分公司各粮库，以及部门、班（组）、岗位、工作人员身上，全员动员，共保安全。根据重要敏感时期特别是庆祝中华人民共和国成立70周年华诞的特殊性，站在讲政治的高度，树立"抓安全就是保稳定、保稳定就是促发展"的思想，加强应急准备，尤其是调整补充救援队伍、物资等应急资源，加强值班守卫和巡查检查，严防死守，遇突发情况及时有效处置，确保重要敏感时期安全稳定。以风险分级防控和隐患排查治理为抓手，推进安全长效机制建设，以突出物资储存安全和生产安全为切入点，推进安全生产标准化建设，并努力实现"内容实用、措施管用、范围够用"，不断提升安全管理水平。健全完善重大灾害及突发事件情况下应急物资保障预案并演练，

积极做好收储中央应急救灾物资等准备工作，一旦国家粮食和物资储备局下达指令，能相互协作，密切配合，高质高效完成任务，确保发生重大灾害及突发事件情况下的物资保障。积极协调贵州省粮食和物资储备局推进启动贵州辖区物资供应突发事件应急预案等编制。主动协调国家粮食和物资储备局，监督指导中央防汛抗旱物资贵阳仓库综合验收和物资接收、监管等工作。

五　推进仓库"硬件"建设，提高区域保障能力

协调各方，整合资源，守正创新，强化管理，精心组织国家成品油储备能力建设一五八处、二五八处、五五〇处工程建设，特别是指导五五〇处发扬储备优良传统，创新工程管理方法，实现2019年底前主体工程顺利完工，成为全国粮食和物资储备系统国家成品油储备能力建设已开工项目中唯一一个在合同工期内完工的项目，实现了全国粮食和物资储备工作会议上强调的"已开工的国家成品油储备能力建设工程，2019年底前要竣工投产"的要求，受到国家粮食和物资储备局高度肯定。

六　加强横向沟通联系，共担保供稳价责任

贵州局与贵州省粮食和物资储备局、中储粮贵州分公司加强交流沟通，多次召开座谈调研协调会，共商贵州辖区粮食和物资储备大计。大家一致认为，贵州局共同肩负着守住管好贵州辖区"天下粮仓"、维护辖区粮食安全的重任，要牢记"为国管粮""为国管储"的初心使命，认真落实总体国家安全观和国家粮食安全战略，充分发挥国储垂管与属地管理"条块"资源优势，统筹上级与地方部署，在认真落实好国家粮食和物资储备局党组决策部署的同时，主动对接、融入地方，认真做好粮食和物资储备各项工作，努力形成"条块结合、纵合横通、上下联动、整体推进"的格局，通力合作谋发展，协同联动谋长远，力求做到"无"中生"有"、"有"中生"优"、"优"中生"强"，共同助推贵州辖区粮食和物资储备高质量发展，为保障国家粮食安全和服务贵州经济建设做出积极贡献。

七　提出贵州辖区中央储备与地方储备融合发展建议，力求高位推动工作

分党组书记、局长宋念柏同志以贵州省政协委员身份，与其他省政协委员联名向贵州省政协提出《关于加强中央储备与地方储备融合发展的建议》，强调要坚持总体国家安全观，认真贯彻落实习近平总书记关于粮食和物资储备工作的重要讲话精神、国务院关于建立健全国家储备制度和能源安全储备制度的要求，全面提升粮食和战略物资储备能力，推动形成中央储备与地方储备、政府储备与企业储备互为补充的协同发展格局，并以贵州省政府开展建立健全能源安全储备制度工作为契机，强化贵州辖区中央储备与地方储备融合发展。

八　发挥党建"龙头"作用，融合推进党务业务

一是扎实开展"不忘初心、牢记使命"主题教育。把"守初心、担使命，找差距、抓落实"的总要求贯穿全程，认真推进学习教育、调查研究、检视问题、整改落实四项重点措施。分党组与相关单位联合开展主题党日活动，各直属单位结合实际开展丰富多彩的主题党日活动；举办"牢记初心使命，推动改革发展"演讲比赛，派选手参加国家粮食和物资储备局巡讲，传播正能量等。二是开展"大学习、深调研、真落实"活动。坚持在学中干、干中学，边干边学、以学促干、以干促学，不断提升能力素质，坚持"每周五干部职工上讲台"授课，局领导以上率下，带头授课宣讲，做好示范引导，其他干部职工充分准备，积极上讲台授课。大兴调查研究之风，迈开步子，走出院子，眼睛向下，深入基层，瞄着问题去，追着问题走，找准、找实工作中存在的"堵点""难点"问题，科学、透彻分析存在问题的特点和发生问题的根源，直面问题、抓住要害、拿出真招实策。通过调研，形成 30 余篇比较有价值的调研报告，做到心中有数、脑里有策、眼里有标、手上有方、动真碰硬、推进工作。各级领导干部善谋实干，敢于担当，扑下身子，狠抓落实，做到重要工作亲自部署、重大事件亲自处置、重要问题亲自过问、重大方案亲自把关、重要环节亲自协调，对标对表，善做善成，做给大家看，带着大家干，确保各项工作真正落细落小落实落地。三是抓好巡视问题整改。成立整改领导小组，制定整改方案，细化整改清单，认真抓好国家粮食和物资储备局党组巡视组反馈问题整改，做到立行立改、即知即改、真改实改、全面整改，并巩固放大整改成效，推动管党治党从"宽松软"走向"严紧实"。

贵州储备物资管理局领导班子成员（2019 年 12 月前）

宋念柏　局党组书记、局长

魏国栋　局党组成员、副局长

陈　命　局党组成员、纪检组长

国家粮食和物资储备局贵州局领导班子成员（2019 年 12 月后）

宋念柏　分党组书记、局长

陈　命　分党组成员、纪检组长

龚显波　分党组成员、副局长（2020 年 1 月任职）

（撰稿单位：国家粮食和物资储备局贵州局；撰稿人：徐振华；审稿人：宋念柏、陈命、龚显波）

2019 年 11 月 19 日至 20 日，国家发展和改革委员会党组成员，国家粮食和物资储备局党组书记、局长张务锋到贵州调研，在贵阳召开的调研座谈会上听取意见建议。

2019 年 3 月 18 日，贵州储备物资管理局党组书记、局长宋念柏（右排中）率党组成员、副局长魏国栋（右排右三），党组成员、纪检组长陈命（右排左三）及相关处室负责人与中储粮贵州分公司班子成员及相关处室负责人召开调研座谈会。

2019 年 9 月 6 日，国家粮食和物资储备局贵州局举行挂牌仪式，分党组书记、局长宋念柏在挂牌仪式上致辞。

国家粮食和物资储备局云南局

基本情况

国家粮食和物资储备局云南局（以下简称"云南局"）前身为云南储备物资管理局，于2019年8月30日更名挂牌。主要职责是：贯彻落实党中央关于粮食和物资储备工作的方针政策和决策部署，负责监管辖区内中央储备粮棉管理情况，会同地方有关部门监督检查中央事权粮棉政策执行情况，负责辖区内国家战略物资收储、轮换、出库的组织实施和日常管理，负责监管辖区内石油、天然气、食糖和中央救灾物资等中央储备，落实重大灾害及突发性事件的有关中央储备物资保障工作等。机关行政编制42名，内设机构9个：办公室（法规体改处）、粮棉糖和救灾物资监管处、战略物资和能源监管处、规划建设处、财务审计处、安全仓储与科技处、执法督查处、人事处（离退休干部处）、机关党委。下辖事业单位6个：三七一处、四七四处、五三〇处、六七六处、七七四处和机关服务中心。下辖企业1个：云南国储物流有限公司。截至2019年底，全局机关公务员40人，事业单位编内在职180人，退休人员425人，离休人员7人。

2019 年工作

一　积极稳妥推进改革，有效承接新增职责

一是稳妥推进垂管局机构改革。编制国家粮食和物资储备局云南局职能、机构、人员编制规定。完成基层事业单位更名及印章更换工作。8月30日，完成更名挂牌。挂牌后迅速组建工作机构，明确各部门临时负责人，保证人员平稳过渡，工作无缝衔接。二是积极参与政策性粮食数量质量大清查。派出7名同志编入大清查省级督导组和抽查组，先后参加了对昆明、红河、文山、玉溪等州市的督导和抽查工作，同时派出1名同志到云南省大清查领导小组办公室帮助工作，熟悉粮食监管业务、培养锻炼粮食监管人才、发挥垂管机构作用。三是顺利完成对中储粮的年度"首考"。与中储粮云南分公司建立考核联络机制，积极寻求省粮食和物资储备局的支持，抽调专业人员和技术骨干配合开展考核工作。制定考核工作方案，组建考核组，落实考核措施。8月，根据实地考核库点数量不低于辖区内直属库总数50%的要求，云南局两个考核组对中储粮云南分公司所属昆明、楚雄、曲靖、昭通、普洱、西双版纳6个直属企业进行实地考核，对发现的问题提出了整改要求。四是有效承接

防汛抗旱物资监管工作。派出两个工作组对中央防汛抗旱物资昆明仓库防汛抗旱物资进行了账务、实物盘点清查。受国家粮食和物资储备局的委托，与中央防汛抗旱物资昆明仓库签订了《2019 年中央防汛抗旱物资储备管理合同》，落实了相互责任，建立了工作联系机制，开展了日常监管及报废处置等工作。对新入库的防汛抗旱物资进行验收，为确保中央防汛抗旱物资及时入库、有效管理、安全储备和高效调运发挥了积极作用。

二　转变观念创新方式，抓好储备物资管理

一是不折不扣完成物资储备任务。顺利完成了三七一处中央储备成品油收储和五三〇处国储橡胶转库工作。加强三类仓库的分类指导，强化基础工作和规范化管理，确保国储物资数量准确、质量合格、储存安全，物资管理达到"四保"要求。通过日常在线监管和季度现场检查相结合的方式，对中航油云南公司昆明长水机场油库代储油料进行监管，及时向国家粮食和物资储备局上报监管情况。二是持续深化对标管理。以全员业务学习、库容库貌整治、"三室"建设为抓手，实现人员素质和管理水平的提升。各基层处立足自身实际，大力开展环境整治，建设党员活动室、图书室和荣誉室，办公区、库区环境有了较大改观，"三室"建设有了实质性内容，干部职工的精神文化生活得到进一步丰富，储备文化建设得到了有效推进。三是扎实做好储备物资日常保管保养工作。坚持从库房"四无六净"入手，严控库内温湿度，加大日常保管保养力度，使国储物资管理效果得到明显提升。六七六处加大通风力度，把握好密封时机，库房温湿度达标率为 100%。七七四处加强通风密封管理，更新规范垛卡架，温湿度达标率显著提升，实现了物资管理工作的明显转变。四是千方百计抓好经营创收。在国内经济下行压力加大、自身创收条件有限的情况下，克服困难，积极谋划、主动作为，完成各类代储物资吞吐 53.74 万吨，实现事业收入 2350.59 万元。

三　查缺补漏健全机制，确保安全稳定廉政

一是注重制度建设，落实安全管控措施。在制度"立改废"工作中，突出安全生产责任制、现场安全管理、防火巡山、值班值守、绩效考核、出入库人员管理等制度的建立健全。五三〇处梳理完善作业现场管理制度和作业规程，六七六处进一步完善烟叶现场作业管理流程和安全员制度，七七四处切实发挥武警守护力量的作用，严格出入库制度，确保仓库绝对安全。二是总结经验教训，加大隐患整治力度。开展各类安全检查 130 余次，对安全隐患进行全面梳理排查，明确整改的具体措施、责任部门和整改时限。三是抓住关键环节，确保重要时段安全。狠抓节假日期间安全，加强值班值守，加大"四不两直"检查力度，各单位坚持严防死守，确保了重大节日尤其是国庆 70 周年期间的安全。狠抓现场安全监管，强调现场作业安全责任的落实，把注意力放在物资装卸、油料收发、工程施工等现场作业上，督促基层处建立作业现场安全员制度，压实各级管理责任，做到万无一失。四是坚持问题导向，妥善处理矛盾纠纷。积极应对、妥善处置三七一处油料代储合同纠纷，确保单位和职工队伍的稳定。对国储物流公司、七七四处、四七四处的涉诉纠纷，坚决通过法律途径维护单位的正当权益。针对七七四处库区安全距离内建兰花基地问题，加强同地方政府沟通，督促其妥善解决，消除重大安全隐患。五是压实两个责任，推进党风廉政建设。各级签订党风廉政建设责任

书 120 余份。按季度召开党风廉政建设形势分析会，分析研判党风廉政建设形势，研究部署党风廉政建设有效举措。完善工程建设、经营创收制度，杜绝权钱交易和经营乱作为。坚持运用好监督执纪"四种形态"，尤其是第一种形态，发挥咬耳扯袖、抓早抓小的作用。积极开展警示教育，全年开展各类廉政警示教育近 1000 人次。高度重视信访工作，按照"件件有着落、事事有回音"要求进行及时处置。积极开展"严肃纪律规矩，正确行使民主权利"专题教育活动，以支部为单位深入开展学习讨论，旗帜鲜明同诬告陷害行为作斗争，营造风清气正的政治生态。

四　扛起责任协调各方，积极推进项目建设

一是强力推进成品油储备能力建设。积极推进三七一处工程。按照压茬推进的要求，协调推进初步设计和环境影响评价编制工作，初设方案评审、环境影响评价评审、土地产权移交等工作有序展开。坚持不懈推进 652 工程。大理凤仪选址被否决后，及时启动新选址工作，积极主动同地方政府、相关部门沟通联系，初步选定了永平新址，取得了包括政府同意选址意见、环境影响初步意见、地震安全初步意见、铁路接轨意见等所有支撑性文件。二是加快推进"三年行动计划"工程项目。云南局"三年行动计划"涉及六七六处仓库基础设施紧急改造、七七四处安全综合整治和五三〇处仓库提升三个项目。在项目实施上，按照保证工程质量、保证工程进度、保证施工安全、保证清正廉洁"四个保证"要求全力推进。截至 2019 年底，六七六处项目完成工程量的 80% 以上，七七四处完成工程招标。三是如期完成维修改造和设备更新计划。2019 年维修改造和设备更新计划主要涉及局机关办公用房维修、五三〇处行政区供水管道改造、七七四处行政区照明改造、七七四处生活区水管改造、七七四处反恐设施设备购置等，截至 2019 年底均已完工并通过验收。四七四处、六七六处、七七四处年度水毁灾害修复项目资金已于 12 月下旬下达。

五　突出重点补齐短板，持续深化人才工程

一是加强基层领导班子建设。分两批开展基层单位处级干部的选拔工作，第一批 3 名干部已于 11 月到位，第二批选拔的 1 名正处级干部、3 名副处级干部年底前上报任职备案。两批共计 7 名正副处级干部的选拔，较好地充实了基层单位班子力量，优化了结构，增强了领导力和战斗力。此外，各基层单位新选拔科级干部 4 人，轮岗 9 人，转岗 1 人，进一步激发基层干部队伍的活力。二是推动干部培训工作常态化。通过外出集中培训、在岗自学、互相交流、技能比武等方式，推动干部职工提升理论水平、业务能力，丰富知识结构，提高政治素养，提升职业水准，努力向建设高素质专业化干部队伍的目标迈进。全局参加系统内培训 33 个班次，培训近 700 人次；参加外部培训及岗位资格培训 40 个班次，培训近 100 人次。累计参加培训人员近 800 人次，有力推动各项工作。三是建立完善干事创业的激励机制。在基层单位建立绩效考核奖惩机制，从制度机制层面解决"干多干少一个样、干好干坏一个样"的问题。四七四处、六七六处、五三〇处、三七一处先后建立了绩效考核奖惩机制，初步开展了月考核工作。全力做好养老保险入轨工作。组织机关和各基层处认真测算核定在职职工缴费基数和退休人员养老待遇标准，积极筹措缴费资金，按时报送相关信息和数据。自 2019 年 11 月开始，局机关事业单位在职职工全部纳入社会养老保险体系，415 名退休人员的基本

养老金实现由社保支付。

<table>
<tr><td>六</td><td>统领工作引领队伍，推动党建创新提质</td></tr>
</table>

一是认真开展"不忘初心、牢记使命"主题教育。累计开展集中学习216天，局处两级检视查找问题86项，制定整改措施94条，高质量召开专题民主生活会，达到"红脸出汗排毒"的效果。配套开展"我的初心·我的成长·我的梦想"专题活动，有效激发广大党员干部干事创业的热情，增强牢记初心、担当使命的精神。二是扎实做好"基层党建创新提质年"各项工作。制定《基层党建创新提质年实施方案》，扎实抓好相关工作。2019年局分党组、基层处党委共开展理论中心组学习59次。严格落实"三会一课"制度，召开支委会74次、党员大会387次、支部上党课138次、开展主题党日活动363次。加强对基层单位支部规范化达标创建的督促指导，全年创建规范化达标支部15个，向省直机关工委申报规范化达标示范支部2个，实现80%支部达标的规定目标，支部建设得到有力加强。加大了对党员和党务干部的培训力度，培训党员47名，培训党务工作者35名。举办"微讲堂微党课"党务技能比赛。三是运用"党建+"模式提升党建水平。开展"党员无违章、身边无事故"活动，实施"党委成员、处级干部片长制""党员责任区"和"党员示范岗"，实现党建和业务的有机融合。通过建立"党建+"模式，机关职能处室和基层对口科室联合开展"支部主题党日"活动，在安全管理、财务预算、国有资产管理、文书档案、保密管理等方面加强交流，提升相关业务工作水平，推动中心工作的开展。四是切实加强精神文明和储备文化建设。运用好微信公众平台，全年编发"云储党建"84期，合计494篇稿件，其中26篇被国家粮食和物资储备局微信公众号"国储党建"采用，成为宣传云南储备文化、展示云南储备风采的重要平台。积极争创昆明市级文明单位，顺利通过市级文明单位验收。开展征文、朗读分享、演讲比赛、摄影比赛和文艺晚会等活动，单位气象更新。

云南储备物资管理局领导班子成员（2019年12月前）

刘嘉礼　党组书记、局长

杨　勇　党组成员、副局长

何　玲　党组成员、纪检组长（2019年12月调离）

国家粮食和物资储备局云南局领导班子成员（2019年12月后）

刘嘉礼　分党组书记、局长

杨　勇　分党组成员、副局长

杨文锋　分党组成员、纪检组长

谢　东　分党组成员、副局长

（撰稿单位：国家粮食和物资储备局云南局；撰稿人：张灿柏；审稿人：马真彦）

2019年8月30日，国家粮食和物资储备局云南局举行更名挂牌仪式，分党组书记、局长刘嘉礼（右一）为新机构揭牌。

2019 年 8 月 30 日，国家粮食和物资储备局云南局举行更名挂牌仪式，干部职工在新机构前合影留念。

2019 年 5 月 21 日，云南储备物资管理局党组书记、局长刘嘉礼（中）到保山市调研成品油储备能力建设 652 工程选址工作。

国家粮食和物资储备局陕西局

基本情况

2019 年 6 月 5 日，国家粮食和物资储备局陕西局（以下简称"陕西局"）组建成立，9 月 19 日正式挂牌。有关储备监管职责的范围是陕西省，设办公室、粮棉糖和救灾物资监管处、战略物资和能源监管处、规划和法规体改处、财务审计处、安全仓储与科技处、执法督查处、人事处（离退休干部处）、机关党委 9 个内设机构，行政编制 46 名。10 月 24 日，陕西局完成了内设机构和人员调整。下属 9 个基层储备仓库，包括五三二处、五三三处、六三〇处、二七二处、四七七处、五七五处、一五九处、二五〇处、四五六处一级机关服务中心和陕西国储物流股份有限公司。

2019 年工作

一　加强对中央储备粮棉糖和救灾物资的在地监管

陕西局负责监管辖区内中央储备粮油，监管对象为中储粮西安分公司（下设 11 个直属库，共 45 个库点）；负责监管辖区内中央储备棉，监管对象为中储棉西安分公司；负责监管辖区内中央储备糖，监管对象为陕西西瑞粮食储备库有限公司、陕西省集团糖酒副食有限公司；负责监管辖区内 19 种中央救灾物资，监管对象为陕西省国家救灾物资储备中心；负责监管辖区内防汛抗旱物资，其中防汛物资 32 种，抗旱物资 26 种，监管对象为中央防汛抗旱物资仓库西安仓库。选派优秀年轻干部参加全国政策性粮食库存数量和质量大清查工作；由分管局领导带队，抽调包含处级干部在内的 11 名干部前往吉林参加国家粮食和物资储备局举办的中央事权粮食政策执行和中央储备粮棉管理情况 2018 年度考核培训班，并顺利完成对中储粮西安分公司所属 8 个中央储备粮库的实地考核任务。

二　加强国家储备物资管理

五三三处、六三〇处两座通用物资仓库督促其在储备物资和成品油的收储、动用、轮换及日常管理工作中，陕西局严格按照相关管理办法、细则及规定实施。严格执行国家粮食和物资储备局下达的出入库合同及各项制度规范，不断加强并完善出入库及物资储存的监管工作，确保物资出入库安全有序，保证物资物、证、账、卡"四相符"。所存物资数量准确、质量合格、储存安全，无私自动用国家储备物资现象。

三　机构改革全面落地

2019 年以来，陕西局顺利完成更名挂牌、内设机构组建和人员调整、职能承接等工作。深入学习领会粮食储备改革文件精神和《中国的粮食安全》白皮书，进一步提高履职站位、明确工作方向。坚决扛稳中央储备物资在地监管重任，扎实做好对监管对象的实地调研和信息整理工作，加强与陕西省粮食和物资储备局的沟通对接，高标准完成对中储粮西安分公司的"首考"任务。根据机构改革后的新职能新要求，及时启动各类制度的制修订工作，并利用"大家讲给大家听"等平台开展工作交流，确保各新成立处室迅速明确职能定位、厘清工作思路。

四　重点工程与融合发展

国家物资储备西部核心物流基地工程建设取得阶段性成果，一期项目竣工并投产运营。一期项目以"陕西国储物流园"立项，总占地面积 28 万平方米，建筑面积 13 万平方米，共包含 6 个 6T 库、2 个 12T 库和 4.6 万平方米的货场，共安装 9 台行吊和龙门吊。二期项目所需建设用地正在与西安大兴新区管委会、泾河新城管委会协商解决。成品油储备能力建设工程进入收官阶段。二五〇处工程作业区全部完工，储油区除延长管输接入工程和武警营房、绿化外，已全部建设完成，已具备试生产条件。四五六处工程作业区除部分围墙、道路、绿化、排水沟、移动式岗楼等零星工程外，其余均已完成；储油区除部分围墙、道路、绿化等零星工程外已全部完工。储备仓库安全综合整治项目共涉及一五九处、二七二处、四七七处、五七五处 4 家单位。2019 年 7 月 24 日，国家粮食和物资储备局下达一五九处、二七二处国家储备仓库基础设施紧急改造项目初步设计方案和投资概算的批复。9 月 30 日，国家粮食和物资储备局下达四七七处和五七五处国家储备仓库安全综合整治项目初步设计方案和投资概算的批复。截至 2019 年 12 月底，4 家单位均完成了设计施工和监理单位的招标及合同签订工作，旧有线路、设备拆除完毕，安防监控材料、设备进场。

五　科技创新和专家库建设

充分发挥专家库在重大问题方面决策咨询的作用，在国家成品油储备能力建设、"116 专项"、储备仓库安全综合整治提升项目等重点工作开展过程中，多次邀请专家库成员现场调研、详细论证、全面完善细化方案，提出多项可操作性意见。二七二处尝试通过投放硅胶实现库房防潮降湿，取得良好效果。四七七处与西安交通大学联合开展"战略物资储备仓库全天候智能监测与控制"课题研究。

六　突出党建引领作用

在高质量完成"不忘初心、牢记使命"主题教育各项活动的同时，利用梁家河、渭华起义纪念馆、丰图义仓、安吴堡青训班等红色资源和教育基地，开展形式多样的自选动作，得到国家粮食和物资储备局指导组充分肯定。积极组织"牢记初心使命、推动改革发展"主题演讲比赛。在中华人民共和国成立70周年之际，在全局范围内评选表彰6个先进集体、11名先进个人和1名拥军先进个人，并在此基础上向国家粮食和物资储备局推荐了系统先进集体、先进工作者、干事创业好团队和担当作为好干部人选。用好中共中央宣传部"学习强国"平台，通过日常学习补钙壮骨。积极组织参加国家粮食和物资储备局网上知识竞赛，被授予"优秀组织奖"。组织开展为期1个月的政治建设专项督查，认真开展"严守纪律规矩，正确行使民主权利"专题教育，配合国家粮食和物资储备局巡视组完成对分党组的巡视工作。针对主题教育、专项整治中检视的问题，以及巡视组反馈意见中指出的问题，制定任务清单和责任清单，切实抓好整改落实。完成对3个基层单位党委班子的常规巡察，持续强化"利剑"威慑。认真贯彻支部工作条例，落实"4+1"党建主体责任，有序完成机关、基层41个党支部的换届选举，进一步推动支部标准化建设。巩固深化"对标定位，晋级争星"和"党员管理积分制"活动，推动党建工作和业务工作有效融合，凝聚干事创业合力。

陕西储备物资管理局领导班子成员（2019年12月前）

关路林　党组书记、局长
赵进文　巡视员、系统工会主席（2019年1月退休）
阎红兵　党组成员、副局长
吕克兵　党组成员、副局长

国家粮食和物资储备局陕西局领导班子成员（2019年12月后）

邹　皓　分党组书记、局长
罗守全　分党组副书记、副局长
阎红兵　分党组成员、纪检组长
吕克兵　分党组成员、副局长
凤平志　一级巡视员

（撰稿单位：国家粮食和物资储备局陕西局；撰稿人：杨能海、程翔、张钰婷；
审稿人：邹皓、罗守全、阎红兵、吕克兵）

2019 年 7 月 20 日，国家发展和改革委员会党组成员，国家粮食和物资储备局党组书记、局长张务锋（左二）一行到陕西局二七二处调研。

2019 年 7 月 3 日，陕西局组织党员前往位于陕西省渭南市的丰图义仓和渭华起义纪念馆开展"牢记初心使命 推动改革发展"主题党日活动。

2019 年 9 月 19 日，国家粮食和物资储备局陕西局在西安举行挂牌仪式。图为机关全体人员合影留念。

国家粮食和物资储备局甘肃局

基本情况

国家粮食和物资储备局甘肃局（以下简称"甘肃局"）于 2019 年 9 月 20 日挂牌开展工作。甘肃局下辖 6 个基层仓库，其中综合库 2 个（五三四处、六三八处），火工库 3 个（二七四处、五七四处、一七三处），油库 1 个（二五七处）。全局现有职工 1199 人，其中：在职职工 433 人，离休人员 10 人，退休人员 756 人；局机关公务员编制 42 人，实有 30 人；所属基层单位事业编制 972 人，实有 403 人。

2019 年工作

一　认真落实机构改革工作任务

对辖区内中央储备粮油、应急救灾、防汛抗旱、石油储备 4 大类 15 个单位库点开展走访调研，拟定的"三定规定"获国家粮食和物资储备局批复，于 9 月举行更名挂牌仪式，以新机构名义开展各项工作。主动积极履行新职能，参与全国政策性粮食库存大清查，发现各类问题 20 余个，已全部督促整改。完成对中储粮兰州分公司 2018 年度考核工作任务，工作中采取了"三全一随"工作机制和"试点先行、标准统一、以学代干"工作方法，共实地检查直属库 7 个、租赁库 26 个，将有关情况上报国家粮食和物资储备局。

二　扎实推进年度重点工作

一是"116 专项"工作进展顺利。国家粮食和物资储备局下达"116 专项"物资收储轮换任务后，全局广大干部职工从讲政治顾大局的高度，把安全圆满完成首批物资接收工作作为坚决贯彻落实"两决定一意见"精神的实践载体，立足主业、发扬传统、履职尽责，全力当好物资收储轮换"排头兵"，顺利完成收储轮换任务。二是不断加强战略物资管理。坚持每季度对全部库存物资清点核查制度，确保"物、证、账、卡、图"五相符；油库按期对库存油料取样化验，完成油料物资库内倒罐及油罐清洗工作；综合仓库及时进行物资外观检查和苫盖物料更换，完成标准砂轮换任务；定期对代储油料开展监管及换标升级检查，确保符合"四保"要求。三是全力推进重大项目建设。国家成品油储备能力建设二五七处工程持续推进；安全综合整治项目二七四处、一七三处、五七四处工程均已开工建设；2019 年下达的 11 项 438 万元储备仓库设施维护和办公用房维修维护项目，已完成竣工验收。四是扎实提高资产管理水平。不断加强会计核算、规范资产管理，保证资产账实相符；对全局国库集中支付情况进行全面自查，对全局预算执行情况进行调研和统计，确保全年收支平衡；各单位积极转变观念，深入挖掘业务潜力，努力开拓市场，全局完成经营服务收入 3687 万元。

三　守好安全稳定廉政底线

一是压实责任，确保安全。进一步修订完善并层层签订安全目标管理责任书，合理分解安全控制指标、明确各自安全责任；以 "116 专项" 物资收储轮换安全保障为重点，持续强化隐患排查治理力度，全局开展安全专项检查 4 次，查处隐患 38 项，下达整改通知书 3 份，除 3 项需适时整改外，其余隐患均已整改完毕；全局投入经费 371 万元用于武警部队保障、安全设施设备更新维护、隐患整改等方面，有力强化了全局安全保障措施；全局各单位紧紧围绕 "防风险、除隐患、遏事故" 的主题，扎实开展了 2019 年安全生产月活动，全年组织开展了 12 次应急演练以及安全知识竞赛等形式丰富的安全教育培训。全局安全工作实现 "四无" 目标。二是化解矛盾，确保稳定。对待信访工作始终坚持 "有访必接、有访必核、有核必果" 和 "三到位一处理" 的原则；对于历史遗留问题和群众反映强烈的突出问题，坚持问题导向，关口前移，努力做好思想工作，积极化解矛盾，不断提升信访工作化存量遏增量的能力；积极做好政策宣讲和思想政治工作，认真落实离退休人员 "两项待遇"，进一步团结稳定了干部职工队伍。三是严格监督，确保廉政。主要领导履行 "第一责任" 亲自抓、班子成员履行 "一岗双责" 共同抓、支部书记结合业务工作具体抓，形成一级抓一级、层层抓落实的齐抓共管工作机制；分级签订《党风廉政建设责任书》《党员干部廉洁自律承诺书》，进一步完善了廉政风险防控机制；对基层单位领导班子及其成员开展了现场巡察，针对节假日等敏感节点，开展经常性纪律教育 12 次，警示教育 6 次，全局党风廉政建设工作取得明显成效。

四　深化党的建设

一是扎实推进 "不忘初心、牢记使命" 主题教育。局分党组理论中心组累计集中学习 7 天，开展研讨交流 6 次，督查指导 9 次，处级以上党员领导干部撰写交流发言材料 35 篇，专题调研 3 次，形成调研报告 16 篇，查摆梳理问题 19 项，细化实化整改措施 44 条，盯住改、持续改、见实效，扎实推进主题教育与重点工作 "两手抓、两促进"。二是深入学习贯彻习近平新时代中国特色社会主义思想和党的十九大精神。局分党组理论中心组集中学习 36 次，参加国家粮食和物资储备局及省直机关工委组织的培训及学习辅导讲座 150 人次，自办培训 80 人次，并采取支部学习、理论研讨等形式，强化理论武装，提高政治站位，切实引导全体党员干部牢固树立 "四个意识"，坚定 "四个自信"，坚决做到 "两个维护"。三是全面加强机关和系统党的建设。组织机关全体党员干部开展了 "重温长征精神，争做时代先锋" 主题党日活动；积极开展年轻干部读书演讲征文活动，机关年轻党员干部撰写学习心得 51 篇，选送 2 篇优秀征文参加省直机关读书征文比赛；组织开展了全系统相关主题演讲比赛，选送优秀选手参加国家粮食和物资储备局及省直机关演讲比赛。在省直机关年轻干部演讲比赛中，甘肃局 1 名选手获三等奖，1 名选手获优秀奖。广泛动员系统广大干部职工积极参加全国粮食和物资储备系统"牢记初心使命、推动改革发展"网上知识竞赛活动，甘肃局 4 人获奖。

甘肃储备物资管理局领导班子成员（2019 年 12 月前）

凤平志　党组书记、局长

张旭东　党组成员、副局长（2019 年 2 月退休）

王　军　党组成员、纪检组长

王英志　党组成员、副局长

国家粮食和物资储备局甘肃局领导班子成员（2019 年 12 月后）

凤平志　分党组书记、局长

王　军　分党组成员、纪检组长

王英志　分党组成员、副局长

（撰稿单位：国家粮食和物资储备局甘肃局；撰稿人：魏志云；审稿人：王世辉）

2019 年 2 月 15 日，国家发展和改革委员会党组成员，国家粮食和物资储备局党组书记、局长张务锋（左二），党组成员、副局长梁彦（左三）一行到甘肃局二七四处检查督导，慰问驻库武警官兵。

2019 年 3 月 28 日，国家粮食和物资储备局党组成员、副局长黄炜（前排中）一行到甘肃局二七四处调研。

2019 年 9 月 20 日，国家粮食和物资储备局甘肃局举行更名挂牌仪式。甘肃局分党组书记、局长凤平志（右三），分党组成员、纪检组长王军（右二），分党组成员、副局长王英志（右一）共同揭牌。

国家粮食和物资储备局青海局

基本情况

2019 年，青海储备物资管理局更名为国家粮食和物资储备局青海局（以下简称"青海局"），设立国家粮食和物资储备局青海局分党组。主要职责是：贯彻落实党中央关于粮食和物资储备工作的方针政策和决策部署，履行全面从严治党责任；负责监管辖区内中央储备粮棉管理情况，承担有关年度考核工作（粮食安全省长责任制考核、辖区内中储粮年度工作考核）；按权限查处有关案件，并提出相关处理意见和追责建议；负责辖区内国家战略物资收储、轮换、出库的组织实施和日常管理；负责监管辖区内石油、天然气、食糖和中央救灾物资等中央储备；按照国家粮食和物资储备局指令，落实重大灾害及突发性事件的有关中央储备物资保障工作。监管范围为：青海省、西藏自治区。

2019 年工作

一 抓"两决定一意见""三条底线"和巡视整改落实

一是贯彻落实国家粮食和物资储备局"两决定一意见"。确定了深化改革转型发展 16 项重点工作，安全稳定廉政 41 项具体任务，制定"8+10"任务清单，整治"4+5"问题，开展 2 次走访调研活动、7 次督查督办，组织 2 次贯彻落实"两决定一意见"专项成果成效评估，制定推动落实 5 个工作制度。通过全局上下不断实践推进，形成了"1234"工作成效：1 个共识基本形成，即国家粮食和物资储备安全保障工作体制认识初步形成；2 个工作目标基本明确，即一切工作围绕"粮食安全"和"战略应急物资保障安全"两个目标开展；3 个努力方向基本确立，即"深化改革、转型发展""安全稳定廉政"和"干部新时代新担当新作为"引领全面工作发展；4 个方面任务基本固化，即按照战略物资管理、粮棉糖监管、应急物资监管、能源物资监管四个方面事项确定工作任务。二是坚守安全稳定廉政三条底线。战略物资管理达到"四保"要求。圆满完成国储物资出库、内部倒库工作。巩固前期标杆仓库创建成效，同步推进生态文明库建设。安全管控实现"四无"目标强化隐患排查整治，开展反恐应急演练，强化应急处置能力，深化"三共"建设，加强治安管理，加强安全培训教育，强化安全基础建设，全年全局安全形势总体可控。以思想政治网格化机制为载体，牢牢掌握意识形态的主动权。强化"三性"问题研判，积极推进历史遗留问题和职工关心关注事项的解决，做好干部职工思想政治教育工作，首次兑现绩效考核奖和民族团结奖，职工获得感、幸福感不断增强。参加网络普法考试，参考率达96%，及格率达100%。强化"七五"普法教育，全员人均网络学法30小时，筑牢了法治思维和法制方式。三是认真开展巡视反馈问题整改。全力配合做好国家粮食和物资储备局第六巡视组开展的政治巡视，巡视意见反馈前先行部署，主动开展自查自纠、先行整改工作；对巡视组查找出的问题，及时制定整改方案，分解任务，细化措施，局分党组主要负责同志切实担负起巡视整改第一责任人的责任，坚持做到"四个直接"（直接部署、直接落实、直接协调、直接督办），班子其他成员带头做到"三个摆进去"（把工作摆进去、把职责摆进去、把自己摆进去），整改责任压实到岗、传导到人、延伸到"最后一公里"；严格落实推进历史遗留问题整改，系统内信访遗留问题梳理工作方案，根据推进情况及时召开解决遗留问题协调推进会，在解决问题的过程中，逐渐形成了局处两级上下联动、协同整改的工作格局，确保所有整改任务和遗留问题稳步落实落地、取得实效。全面推进国家粮食和物资储备局巡视反馈问题整改工作。巩固"八项规定"成果，彻底整治"微腐败"现象，针对"小意思、小礼物、小活动"等现象，坚持运用"四种形态"，维护党的纪律的严肃性。全年没有发生违反廉政纪律的现象。

二　抓履职能力、创新发展和重点项目

一是增强履职能力。2019年9月24日举行挂牌仪式，完成机构设置、职责调整、人员配备"三定"规定工作机关机构改革圆满完成。"一省一区"监管工作推动有力，积极参与全国政策性粮食库存数量质量大清查，完成中央事权粮食政策执行和中央储备粮管理情况2018年度考核工作；历时2个月，完成与青海省、西藏自治区相关部门和辖区中储粮单位业务对接和工作联动协商。积极发挥应急物资监管职能，配合国家粮食和物资储备局对青海省、西藏自治区中央救灾物资、防汛抗旱物资储备进行调研，与应急管理厅、水利厅及其管辖的中央级物资储备库共建协同联动机制，明晰各方职责。二是推进创新发展。努力拓宽经营渠道，打造五三五处物流集散中心的目标逐步成为现实。全年实现经营收入2110万元，完成全年任务的100.2%。整合一七四处资产置换、五三五处物资集散中心建设、二五一处成品油供给中心、格尔木能源保障基地建设为一体，初步形成青海局深化改革转型发展的整体思路和统筹布局，奋力打造"一基地、两中心、三融合"发展格局。三是加快项目建设。狠抓国家成品油储备能力二五一处工程建设，注重精准施策，开展"树党员先锋旗帜，打百日施工攻坚"建设活动，连续三月超额完成投资计划，平均月计划完成率167%，累计完成投资2.53亿元，工程进度在系统26个垂管局排名前列，为2020年工程竣工验收打下坚实基础。深化武警部队"智慧磐石"工程建设，提高了联防联动联控水平。

三　抓规范管理、督导落实和工作成效

一是补齐"短板"。注重研究保密工作出现的新情况新问题，确实履行维护好国家安全和利益的重大政治责任。强化公文办理，规范办公秩序，优化办事程序，基层减负成效明显，同比文件下发减少31%，会议减少23%。强化预算管理，年度预算执行走在系统前列，"三公"经费下降11%。争取青海省政务内网建设项目和配套资金80万元，投入资金15.2万元完成内网建设，并通过了分

级保护测评。落实"两项待遇"，增强离退休人员归属感和幸福感。二是贯彻落实。开展"贯彻落实年"活动，紧紧围绕确定目标、明确责任、强化督查、凝心聚力原则，聚焦"浮、推、拖、松、隐"等问题，采取 10 项工作举措，严格落实担当、提升落实效率、改进落实方法、强化落实力度、夯实落实成效。开展落实青海省委省政府、国家粮食和物资储备局决策部署主题宣传教育活动 3次，制定实施方案 5 个，制定意见和细则 7 份，细化任务分解 74 项。强化督查问效，依据督办督查"710"工作制度，制定《青海储备物资管理局专项工作评估办法》，开展督查督导 177 次，专项评估5 次。全年重点工作 103 项全部完成。2019 年，青海局被青海省目标责任考核领导小组评定为良好单位。

四　　抓政治学习、党风廉政和队伍建设

一是加强政治学习。增强"四个意识"，坚定"四个自信"，做到"两个维护"。牢牢把握"五个坚持"要求，坚持"两学一做"常态化制度化，夯实同党同心同德的思想基础，确保粮食和物资储备工作正确政治方向。始终严守政治纪律和政治规矩，增强民族地区管理能力和领导水平。全年分党组（党委）中心组学习 96 次，主题发言 185 人次。二是加强党的建设。认真贯彻落实党建工作责任制。建立思想政治工作"网格化管理"，采用"双向合一"的工作模式，探索出了一条党建工作在深化改革转型发展中的新路径。2019 年，青海局首次被青海省精神文明建设领导小组评为省精神文明标兵单位，首次在旗帜杂志社组织的第二届党建创新成果展示活动中获"百优案例"殊荣。一七四处刘保琴同志荣获"青海省三八红旗手标兵"称号，严格执行干部述职述廉、任职谈话、诫勉谈话、廉政约谈和个人重大事项报告等制度，重点对干部选拔等重大事项进行闭环监督。全年开展经常性纪律教育 36 次，警示教育 21 次，参加人员共计 1426 人次；全局开展不同层次谈心谈话233 人次。三是加强人才培养。强化分党组对选人用人工作的领导，坚持"好干部"标准和担当作为，坚持纪检部门全程监督，落实干部工作纪实制度，提高了选人用人的认可度和公信力。开展职级并行工作，完成 16 名干部职级套转、12 名公务员职级晋升工作，机关基层 10 名处级干部实施挂职锻炼和交流，推荐 2 名干部到国家粮食和物资储备局和地方挂职，增强了干部干事创业的积极性。注重干部队伍建设，全年组织干部参加国家粮食和物资储备局及地方各类培训班 19 期，参加培训 60人次。机关及各基层单位共组织各类培训班 35 期，培训人员 900 人次。

青海储备物资管理局领导班子成员（2019 年 12 月前）

戴文辉　党组书记、局长
孙　彪　党组成员、纪检组长
张三中　党组成员、副局长
房立中　二级巡视员

国家粮食和物资储备局青海局领导班子成员（2019 年 12 月后）

孙　彪　分党组副书记、副局长（主持工作）
鲁炳松　分党组成员、纪检组长

陈军贤　分党组成员、副局长

房立中　二级巡视员

（撰稿单位：国家粮食和物资储备局青海局；撰稿人：聂永峰；审稿人：孙彪）

2019 年 9 月 24 日，国家粮食和物资储备局青海局举行揭牌仪式。国家粮食和物资储备局党组成员、副局长卢景波（牌左），青海局党组书记、局长戴文辉（牌右）共同揭牌。

2019 年 9 月 24 日，国家粮食和物资储备局青海局揭牌仪式后，有关单位领导及工作人员合影留念。

2019 年 9 月 24 日，国家粮食和物资储备局青海局、青海省粮食局、青海省消防救援总队三方联合举办"辉煌七十年　筑梦新时代"庆祝中华人民共和国成立 70 周年文艺汇演活动。

国家粮食和物资储备局宁夏局

基本情况

国家粮食和物资储备局宁夏局（以下简称"宁夏局"）共有编制319名，其中行政编制40名，事业编制279名。截至2019年12月底，全局从业人员共250人，离退休174人。机关共设8个处（室），在职人员29人；下辖4个事业单位、1个企业，包括一七七处，1966年建成投产，现有在职人员56人；五三六处，1966年建成投产，现有在职人员70人；九三〇处，1991年投入运营，现有在职人员37人；机关服务中心，1996年成立，现有在职人员13人；宁夏国储物流有限公司，2011年成立，现有在职人员45人。

2019年工作

一 以政治建设为统领，党的领导核心作用更加强化

一是扎实开展"不忘初心、牢记使命"主题教育。全面把握"守初心、担使命，找差距、抓落实"的总要求，一体推进学习教育、调查研究、检视问题、整改落实"规定动作"。结合实际创新"自选动作"，在全局范围内评选先进集体、先进工作者和干事创业好团队，深入学习宣传张富清、尚金锁同志先进事迹，强化正向引导，开展主题党日、演讲比赛、党课竞赛、典型事迹巡讲等活动，丰富主题教育形式，不断强化理论武装，锤炼忠诚干净担当政治品格，增强推进粮食和物资储备工作高质量发展的思想自觉。二是认真学习贯彻党的十九届四中全会精神。组织全体党员干部观看全会盛况，制定工作方案，提出明确要求，邀请专家解读，开展交流研讨，加强宣传教育，迅速掀起学习宣传和贯彻落实全会精神的热潮。三是扎实开展机关党建质量提升年活动。按照"三强九严"工程部署，研究制定机关党建质量提升年活动方案，开展对标自查、集中学习、党性教育、互观互检和述职评议，实现政治意识、学习成效、责任落实、制度规范、支部建设、担当作为不断提升，夯实党建工作基础。四是贯彻落实意识形态工作责任制。把意识形态工作作为党建工作重要内容，定期开展思想动态分析研判，引导干部职工自觉弘扬社会主义核心价值观，筑牢中华民族共同体意识，自觉维护民族团结和宗教和谐良好局面，牢牢把握意识形态工作主动权，巩固和谐稳定大局。

二   聚焦改革转型，坚决落实各项机构改革部署

一是机构改革顺利推进。结合实际编制粮储宁夏局"三定"方案，完成更名挂牌、更换证照印章、调整内设机构和人员调配等相关工作，深入推进职能转变、切实履行监管职责，实现了机构改革和业务工作"两不误、两促进"。二是深入贯彻落实"两决定一意见"。制定《中共宁夏储备物资管理局党组关于牢记初心使命深入学习宣传和贯彻落实"两决定一意见"工作方案》，建立考试题库，细化工作措施，推进任务落实，夯实改革转型发展基础。深入开展贯彻落实"两决定一意见"先进典型选树，五三六处在北京进行事迹宣讲，取得良好效果。三是稳步推进公务员职务与职级并行改革。研究制定《国家粮食和物资储备局宁夏局公务员职务与职级并行工作实施方案》，完成非领导职务人员职级套转，着眼事业发展需要和干部德才表现，有序开展公务员职级首次晋升和二次晋升，进一步优化干部队伍梯次结构，调动干事创业的积极性、主动性。

三   坚守三条底线，营造改革转型发展良好环境

一是持续深化"安全网络"防控体系建设。对内强化内控体系建设，推进安全标识标准化，严格落实全员安全生产责任制，细化、量化岗位安全职责及考核指标；对外继续完善与地方相关单位组成的安全平台，实现对库区检查巡逻常态化、制度化，安全保障合力持续增强，"双重领导、属地为主"的安全责任落地落实。二是多措并举维护稳定大局。坚持把思想政治教育引导放在首位，全面推广"枫桥经验"，进一步充实"小巷总理"队伍，推行"街道办主任"工作模式，经常开展"三性"问题研究，及时回应干部职工关切，掌握人员思想动态，与职工群众打成一片，抓早抓小抓苗头，切实把职工群众的思想引导工作做实做细做经常。三是坚定不移深化党风廉政建设。召开党风廉政工作会议，制定年度工作要点，对全年工作做出部署安排，签订党风廉政建设责任书。对所属事业单位开展巡察和审计，发现问题，强化整改，形成震慑，防患未然。认真实践监督执纪"四种形态"，坚决贯彻中央八项规定精神，驰而不息反对"四风"，全年没有违反八项规定的人和事，不断提升党员干部的党性修养、自律意识和拒腐防变能力，营造了风清气正的改革发展环境。

四   突出工作重点，全面落实国家粮食和物资储备局年度部署安排

一是着力防范化解重大风险挑战。举办"坚持底线思维着力防范化解重大风险"学习班，切实增强风险防范意识。把底线思维和风险防范贯彻到各项工作全过程，对全局各单位、各部门、各岗位的风险进行全面梳理，建立清单，制定措施，加强管控，防患未然。二是认真落实总体国家安全观。扎实落实专项物资收储任务，召开联席会议，进行现场办公，强化安全协作，增强工作合力。精心制定作业方案，召开专题会议多次研究，全面开展培训教育及安全培训，借鉴其他单位好的做法经验。切实加强作业现场监管，国家粮食和物资储备局督导组全程指导，局领导带队现场督导，安全平稳高效完成作业任务。三是中央事权粮食政策执行和中央储备粮管理"首考"顺利实施。坚持培训先行，选派人员参加国家粮食和物资储备局长春培训，派员参加政策性粮食库存大清查，系统总结工作经验。坚持专业指导，加强与属地粮食和物资储备部门的沟通协调，制定考核方案，成立考核小组，严肃

考核纪律，由分管局领导带队开展实地考核，顺利完成"首考"，促进承储企业主体责任落实，为进一步履职尽责积累了宝贵经验。四是高度重视项目建设管理。积极对接国家粮食和物资储备局"综合整治三年行动计划"，成立专门小组，抽调机关业务骨干力量全程参与，有序推进安防系统升级改造和仓库配套设施整治提升，努力打造"三高一样板"工程。

五	强化统筹融合，实现整体工作平稳有序推进

一是在做好库存物资清查盘点、取样送检、日常维护保养的同时，开展库容分析、安全评估和设施整改，为进一步承担国储任务做好全面准备。二是在完成国储任务的前提下，按照"即时保障、急时应急、平时服务"的功能定位，创新资产管理方式方法，增加事业收入，五三六处集装箱业务收入有所提高，九三〇处打造宁夏钢材集散中心势头向好，缓解区域经济下行带来的压力，弥补事业单位经费缺口。

宁夏储备物资管理局领导班子成员（2019 年 12 月前）

牛国荣　党组书记、局长

李铁山　党组成员、纪检组长（2019 年 12 月退休）

何羽超　党组成员、副局长（任职至 2019 年 12 月）

国家粮食和物资储备局宁夏局领导班子成员（2019 年 12 月后）

牛国荣　分党组书记、局长（2020 年 1 月任职）

石春山　分党组成员、副局长（2020 年 1 月任职）

赵克东　分党组成员、纪检组长（2020 年 1 月任职）

（撰稿单位：国家粮食和物资储备局宁夏局；撰稿人：刘晓清；审稿人：卢曼）

2019年9月26日，国家粮食和物资储备局宁夏局成立挂牌，国家粮食和物资储备局党组成员、副局长黄炜（右二）、自治区副主席王和山（右三）莅临揭牌。挂牌仪式由宁夏局分党组书记、局长牛国荣（左一）主持，宁夏局党组成员、纪检组长李铁山（右一），宁夏局党组成员、副局长何羽超（左二）参加。

2019 年 6 月，宁夏局党组成员、副局长何羽超（主席台左）主持召开"不忘初心 牢记使命"主题教育贯彻落实会议。

2019 年 7 月 14 日，国贸工程设计院一行 5 人深入宁夏局五三六处，围绕五三六处储备仓库功能提升及标准化、信息化、智能化应用等事项进行实地查勘。

国家粮食和物资储备局新疆局

基本情况

国家粮食和物资储备局新疆局（以下简称"新疆局"）行政编制 40 名，内设机构 9 个：办公室、粮棉糖和救灾物资监管处、战略物资和能源监管处、规划建设处、财务审计处、安全仓储与科技处、执法督查和法规处、人事处（离退休干部处）、机关党委。截至 2019 年底，实有人数 28 人。事业单位 3 个：九七六处、八三五处、机关服务中心。事业编制 158 名，实有人数 66 人。

2019 年工作

一　以全面从严治党为主线，积极发挥党建引领作用

一是扎实开展主题教育，切实解决突出问题。落实党中央和国家粮食和物资储备局党组要求，扎实开展"不忘初心、牢记使命"主题教育，分党组班子成员深入开展调研 14 次，解决了机关办公楼产权证、653 工程建设、广新公司股权转让、"访惠聚"工作中的实际问题。开展"大学习、深调研、真落实"活动，完成调研报告 27 篇，召开了调研成果交流会，为民服务的宗旨更加牢固，清风正气日益浓厚。二是加强政治理论学习，不断提升党性修养。配发学习辅导读物 18 种 710 册，分党组理论学习中心组集体学习 17 次，全局党支部组织学习 143 次。党员干部理论学习不断深化，党性修养不断增强。三是深查细照找准差距，积极抓好问题整改。各级党组织和党员领导干部坚持刀刃向内抓检视，查找问题补"短板"，检视问题 15 个，形成动态检视问题清单，并逐项落实整改，干事创业担当的劲头得到激发，增强了凝聚力，提升了执行力。四是多种措施防范风险，真正筑牢廉政底线。开展"纪法铭于心、廉洁伴我行"知识竞赛和大练兵竞赛，促进党员干部职工学法用法守法。落实廉政风险防控措施，定期检查工程廉政情况，严格执行财经等纪律，盯紧高风险岗位，局党组成员进行日常提醒谈话 26 人次，确保关键岗位防控措施落实。

二　以确保安全稳定为前提，全面提升安全保障能力

一是落实主体责任，强化责任落实。层层签订安全管理目标责任书，落实安全工作每日"零报

告"、周动态信息、月形势分析报告制度。基层仓库完成行政许可事项审查，符合率达 100%。二是加强教育培训，树牢安全意识。全年共利用会议、专题教育等多种形式，组织安全宣教 72 场次。三级 HSE 教育和专项 HSE 培训共 877 人，达标率达 100%。九七六处参加危化品取证及复训考试，11人全部通过。三是完善应急预案，加强应急演练。落实反恐维稳"无缝隙、无盲区、无空白点"等工作要求，加强突发事件应急预案编制、演练，提高了应急处突能力。四是坚持问题导向，严肃隐患治理。开展安全检查及自查 113 次，审核设备、车辆 941 台，下发整改通知书 117 份，发现安全隐患 240 项，已整改完毕 238 项。动真碰硬，对责任单位及责任人处罚 7.5 万元，实现了安全稳定廉政目标。五是加强民族团结，推进驻村工作。积极推进"访惠聚"驻村及民族团结工作，切实推动"1+2+5"目标任务落实落地。完成"四同四送"包户住户全覆盖，工作队长担任农民夜校校长，累计培训 4.9 万人次。转移就业 163 户 205 人。"民族团结一家亲"活动常态化，开展结亲活动 12 次97 人次。干出了保稳定、聚民心、抓党建、强基础的新局面。

三　以聚焦核心职能为契机，推进深化改革转型发展

一是积极完成改革任务。按照国家粮食和物资储备局工作部署，完成新疆局"三定"设置、更名挂牌、处室人员配备，银行、税务、社保、部分资产单位名称变更等工作。推进机关公务员职务与职级并行，完成职级套转和晋升工作。二是提高管粮管储技能水平。组成两个核查组对中储粮新疆分公司开展中央事权粮食政策执行和中央储备粮管理情况 2018 年度考核，对中储粮新疆分公司所属的 9 个库进行了核查。随机抽查了 40 个仓房，进行随机扦样、测量堆高，检测容重、水分等指标，同时做筛虫检查，发现问题并督导及时落实整改。三是加强重点项目建设。加大对 653 工程项目质量、安全、进度、投资的考核监督，每月组织召开"四方联席会议"，对照目标进度计划，查摆问题，分析原因，落实解决方案。2019 年投资完成率为 80.8%。四是夯实基础管理根基。扭住发展不放松，事业单位经营创收持续稳定。开发代储国储糖业务，经营创收额大幅增加。国储物资管理良好，财务管理、文档保密、离退休人员服务、后勤保障工作等都取得了较好的成绩。

新疆储备物资管理局领导班子成员（2019 年 12 月前）

李　卓　党组书记、局长（2019 年 12 月退休）

朱　江　党组成员、副局长

肇恒超　党组成员、纪检组长（2019 年 12 月调离）

国家粮食和物资储备局新疆局领导班子成员（2019 年 12 月后）

戴文辉　分党组书记、副局长（正厅局级，2019 年 12 月任职）

郭洪伟　分党组副书记、局长（2019 年 12 月任职）

朱　江　分党组成员、副局长（2019 年 12 月任职）

石振忠　分党组成员、纪检组长（2019 年 12 月任职）

（撰稿单位：国家粮食和物资储备局新疆局；撰稿人：步云沁；审稿人：刘训豹）

2019 年 11 月 11 日至 14 日，国家粮食和物资储备局党组成员、副局长梁彦（前排中）带队到新疆局九七六处调研物资储备、国家成品油储备能力建设等工作。

2019年3月，新疆局召开2019年度新疆物资储备工作会议。新疆储备物资管理局党组书记、局长李卓作工作报告。

2019年9月19日，国家粮食和物资储备局新疆局举行挂牌仪式。

国家粮食和物资储备局上海局

基本情况

国家粮食和物资储备局上海局（以下简称"上海局"）前身为国家物资储备局上海办事处，成立于 1992 年，2018 年 4 月转隶国家粮食和物资储备局。机关设有办公室、粮棉糖和救灾物资监管处（执法督查处）、战略物资和能源监管处、规划建设处（法规体改处）、财务审计处、安全仓储与科技处、人事处（离退休干部处）、机关党委 8 个职能处室，公务员编制 40 名，2019 年底实有 22 人。下辖 5 个县处级事业单位，分别是七处、九三六仓库、九三七处、港口办事处和机关服务中心。事业编制 142 名，2019 年底实有 45 人。事业单位出资成立上海国储物流股份有限公司和江苏国储物流股份有限公司。

2019 年工作

一 国家战略物资管理

2019 年，上海局所属储备仓库没有物资收储、轮换和出库任务，全年物资管理工作围绕物资储存保管开展。一是坚持每月至少对各储备仓库开展一次储备物资管理检查，督促各单位严格落实综合物资管理办法及相关细则等制度，切实做好日常检查维护。二是指导督促九三七处做好天然橡胶抽检工作。抽检结果，基本符合橡胶规格对应的标准。三是配合国家粮食和物资储备局物资储备司到上海调研天然橡胶和有色金属储备情况，研究探讨天然橡胶轮换机制。四是指导基层仓库做好新进保管员培训。五是按时准确编报储备物资年报。六是组织储备仓库保管员、物资会计开展物资管理知识培训，提高了物资管理人员的能力和水平。全年确保了战略物资数量准确、质量合格、存储安全。

二 中央储备物资监管

一是参与全国政策性粮食大清查。派员参与大清查普查阶段工作，并从局机关抽调了 3 名财务和业务骨干，分别参与到上海市和中储粮南京分公司普查小组，全程参与普查阶段工作，跟随普查组逐仓开展数量、账务和质量检查，了解相关政策执行情况，在实践中，学习掌握粮食收储、管理、轮换等环节的政策要求，提升业务水平。二是严格开展中央事权粮食政策执行和中央储备粮管理情况年度考核。从全局范围内抽调 10 名同志参加考核培训，并重点选派物管、财务、安全等 6 名精干力量组成实地考核组。积极争取专业力量支持，商请江苏省和上海市粮储局支援了多名会计、统计、质量、执法督查等方面的专业人员参与考核组。加强与国家粮食和物资储备局执法督查局、牵头单位安徽局，以及南京分公司和直属库对沟通联系，顺利完成上海和苏南地区 5 个直属库实地考核任务。三是认真做好防汛抗旱物资监管工作。组织对镇江仓库物资管理情况、人员值守情况、防汛准备情况等进行了调研督导。对镇江仓库储存的中央防汛抗旱物资进行了盘点，与镇江仓库签订了2019 年中央防汛抗旱物资管理合同，组织对收储的 2019 年防汛抗旱物资进行了验收入库，对拟报废物资进行了统计上报，确保防汛抗旱物资收得进、储得好、调得出、用得上。

三 系统发展

一是有序落实机构改革任务。成立机构改革领导小组，制定机构改革工作方案，起草局"三定"规定。2019 年 9 月 17 日，国家粮食和物资储备局上海局正式更名挂牌。10 月底完成机关处室分开、人员调整，明确处室组建牵头人，并印发机关处室"三定"细化。二是 655 工程建设码头审批实现突破。积极主动推进码头审批工作，江苏省于 2019 年 9 月向国家发展和改革委员会出具同意配套油品码头落地实施的函，为推进 655 工程项目扫清障碍。三是压实各级安全责任。全年共开展安全检查 100 次，组织安全审计 1 次，发现隐患 87 项，整改率达 100%。实施 15 次应急预案，启动和处置气象灾害预警 86 次，有效确保储备仓库安全。全年全局各单位未发生安全生产责任事故，上海九三六仓库和国储物流公司被评为"2019 年度上海市治安防范先进集体"，上海七处安全保卫科被评为"2019 年度嘉定区治安保卫先进集体"。四是推动经营业务转型发展。指导公司发挥功能优势，全力稳住市场业务，市场物流业务份额与上一年度基本持平。在企业内部管理上，持续推动管理升级，被授予"2017~2018 年度全国青年文明号""国家粮食和物资储备局巾帼建功先进个人"等荣誉称号。五是统筹推进人才队伍建设。接收 2 名军转干部、计划录取 4 名公务员、招聘 12 名事业单位编外人员，缓解人员急缺的问题。选派 10 名同志至国家粮食和物资储备局、基层单位挂职锻炼，推荐 8 名处、科级后备干部，通过多层次培养引导各级干部岗位成才。制定局机关公务员职务职级并行方案，完成套转和职级晋升。严格干部监督管理，15 人按规定填报个人有关事项，加强对因私出境、特定身份人员备案、任职回避等的监督检查。六是规范项目管理。全年组织完成上海七处库房电路维修改造项目和九三七处新建库房智能消防系统项目，完成财政资金投资 149 万元。完成 2020~2022 年项目储备计划申报。积极沟通争取国家粮食和物资储备局储备仓库安全综合整治提升三年行动计划，九三七处安全综合整治提升项目总投资预计为 2800 万元。七是持续规范国有资产管理。依法合规做好国泰两套出租房屋清理收回工作。督促基层仓库加强设备设施维护保养，确保设备资质有效、安全运行。做好国有资产报表编制、事业单位出资企业财务决算等工作。根据上海市《关于划定高排放非道路移动机械禁止使用区的通告》，及时梳理各基层仓库叉车基本情况，分析造成的影响，做好相关预算上报工作。八是加强财务管理。按照审计署对国家粮食和物资储备局审计事项相关配合工作要求，组织各基层单位通过核对往来账款和梳理长期欠款等方式进行自查。配合财政部上海监管局对上海局 2018 年度储备物资情况进行检查，总体情况良好。组织开展国库集中支付资金自查自纠工作，上海局 2018 年度未发生违规使用国库集中支付资金的情况。九是做好老干部工作。认真落实政治待遇和生活待遇。做好"百岁老人"慰问等工作，共发放慰问金 2.8 万元。积极开展各类主题活动和文体活动。征集中华人民共和国成立 70 周年征文 3 篇和摄影作品 4 组，征文均在"上海老干部 APP"发表，摄影作品 2 组入围市级机关摄影展；2019 年，共组织 124 人次参加各类活动。

四　党建工作

一是推动习近平新时代中国特色社会主义思想落地生根。研究制定《关于学习宣传贯彻党的十九届四中全会精神具体实施方案》，以邀请市委党校教授专题辅导讲座、政治业务学习、专题研讨、"学习强国"平台等多种形式，深入学习习近平总书记系列讲话、党的十九大及十九届二中、三中、四中全会精神，推动习近平新时代中国特色社会主义思想在上海局落地生根。二是扎实开展"不忘初心、牢记使命"主题教育。对标"守初心、担使命，找差距、抓落实"总要求和"理论学习有收获、思想政治受洗礼、干事创业敢担当、为民服务解难题、清正廉洁做表率"目标任务，细化实化措施办法，统筹抓好学习教育、调查研究、检视问题、整改落实等工作。主题教育期间，指导组 4 次下沉式现场指导，编发工作提示 15 期；局机关带头加强学习，开展党组中心组学习 13 次，各基层单位开展集中学习 201 次；深入开展调查研究，形成课题调研报告 20 份，并在深入调研的基础上，各单位主要负责同志和班子成员，开展专题党课 24 次；在广泛征求意见建议的基础上，制定检视问题清单及整改清单，针对 10 项问题，制定 26 项整改措施，整改完成率达 100%。三是夯实党建基础。指导各基层党组织认真落实《中国共产党支部工作条例（试行）》，夯实基础工作，推动党建工作标准化规范化。督促落实"三会一课"、主题党日要求，做好党员发展，规范党费收缴管理和使用等工作。四是维护稳定局面。每季度组织召开全局党组织书记例会，分析研判信访稳定形势；每半年开展舆情调查，经分党组研究后，积极回应干部职工关切；用心用情关心离退休老同志生活，确保落实各项待遇；做好退役军人信访矛盾隐患排查工作，努力化解不稳定因素。五是筑牢廉政堤坝。研究制定党风廉政建设和反腐败斗争工作要点，层层签订党风廉政建设责任书，每季度召开廉政形势分析会，推动"两个责任"落实。结合案例开展警示教育，抓好节前廉政提醒，做到警钟长鸣。开展巡察工作"回头看"，对各单位巡察中发现的共性问题进行梳理并提出改进建议。

国家物资储备局上海办事处领导班子成员（2019 年 12 月前）

于松江　党组书记、主任（2019 年 1 月退休）

纪珉仕　党组成员、副巡视员

国家粮食和物资储备局上海局领导班子成员（2019 年 12 月后）

潘一闽　分党组书记、局长

纪珉仕　分党组成员、一级巡视员

陈黄新　分党组成员、副局长

庄春涛　分党组成员、纪检组长

（撰稿单位：国家粮食和物资储备局上海局；

撰稿人：李功静、刘蓉、罗奎、王金鹿；审稿人：庄春涛）

2019 年 10 月 22 日，国家粮食和物资储备局在上海举行全国粮食和物资储备系统"2017~2018 年度全国青年文明号"授牌仪式暨现场经验交流研讨，国家粮食和物资储备局党组成员、副局长曾丽瑛（中）出席授牌仪式。时任上海办党组成员、副巡视员纪珉仕（左四）陪同出席。

2019 年 7 月 30 日至 31 日，国家粮食和物资储备局"不忘初心、牢记使命"主题教育第五指导组组长李普运（主席台左二）一行深入上海办调研指导。时任上海办党组成员、副巡视员纪珉仕（主席台右二）陪同调研。

2019 年 9 月 17 日，上海局分党组主要负责同志纪珉仕（左二）与原党组成员、副巡视员余仲和（右二），原党组成员、副主任许晓榕（左一）共同为国家粮食和物资储备局上海局揭牌。

国家粮食和物资储备局江苏局

基本情况

国家粮食和物资储备局江苏局（以下简称"江苏局"）主要负责辖区内中央事权粮棉、石油、天然气、食糖和中央救灾物资储备的监管，以及辖区内国家战略物资储备的管理。江苏局行政编制 40 名。设局长 1 名，副局长 2 名，纪检组长 1 名，内设 8 个正处级机构。2019 年 12 月 30 日，国家粮食和物资储备局党组正式任命江苏局领导班子，江苏局筹建工作同步启动。

筹建进展

一　高定位启动筹建工作

江苏局分党组坚持把筹建工作作为当前首要政治任务来抓，领导班子成员按时到岗履职。筹建工作紧紧围绕习近平总书记关于完善储备体系、提升储备效能的重要指示批示，明确工作方向；紧紧围绕国家粮食和物资储备局"三定"方案，健全组织机构；紧紧围绕国家粮食和物资储备局党组部署要求，结合江苏局实际，明确发展定位，研究确定了筹备工作时间表、路线图，切实做到任务清晰、分工明确、责任到人。加强各方面沟通联系和工作对接，得到全方位有力支持帮助，各项筹建工作顺利开展。一是办公用房租赁已落实（办公地点设在江苏省南京市苏粮国际大厦）。二是机要通信渠道开通。三是财政账户开通。四是落实交流干部吃住等基本生活保障。分党组按照确定的时间表、路线图，区分轻重缓急，有步骤、有秩序、有重点地把握工作节奏，快速推进江苏局筹建工作。同时，勇于担当，压实责任，履行好江苏局"三定"监管职能。

二　高质量健全组织机构

加快机构建立，及时成立机关党委、机关纪委，发挥党建引领作用；及时成立机关工会，为职工做好服务；为加强群团工作，正积极与有关组织部门对接，适时成立团组织和妇联组织，更好地发挥共青团和妇联组织作用。加快人才招引，拓宽视野、广开渠道，通过择优选调、公务员招录、事业单位公开招聘等方式，充实干部人才队伍，实现每个处室有骨干，每个领域有专家。加快干部队伍培养，进一步激励广大干部职工立足新岗位、体现新担当、展现新作为。

三　高标准推进建章立制

建立健全各项规章制度，按照"有没有""全不全""好不好"的原则，统筹当前和长远工作需求，分步骤分批次制定一批规范办文、办事、办会制度。聚焦国家粮食和物资储备安全核心职能，认真对标江苏省委、省政府和国家粮食和物资储备局工作规范，广泛学习借鉴，厘清工作流程，厘清监管职责，把握关键环节，压茬推进一批规范管人、管权、管钱、管物的监督管理制度。扎实开展"建章立制月"活动，梳理制度建设任务清单，切实制订一批适用当下、关乎长远的全局性、支撑性规章制度，构建江苏局制度体系的"四梁八柱"，为江苏局高质量发展提供规范有序、体系完备的制度保障。

四　高效率履行职能职责

加强与江苏省粮食和物资储备部门之间的会商交流和监管协作，在检查考核、联合调研、信息报送、试点示范等方面，搭建上下联动、各方协同的规范机制。建立江苏局与中储粮南京分公司日常工作协调机制，制定江苏省辖区中央储备粮在地监管实施办法，提高中央储备粮在地监管能力。制定《"十四五"国家物资储备基础设施建设专项规划编制调研方案》，启动对江苏省辖区调研工作。围绕江苏省经济社会发展情况开展调研，重点了解当地农业生产情况，了解粮食、棉花、糖料生产及相关产业发展情况；围绕"十四五"规划编制开展调研，重点了解掌握江苏辖区国家物资储备基础设施建设发展目标、具体措施和拟规划建设重大项目的布局布点情况；围绕加强中央储备在地监管考核工作开展调研，重点了解江苏辖区中央储备存储规模、实际库存品种、存储库点等情况，提高监管的针对性。

五　高起点加强党的建设

江苏局分党组坚持把政治建设放在首位，坚持党建工作与业务工作一起谋划、一起部署、一起落实、一起检查。压实党建工作责任，层层签订《党风廉政建设责任书》。制定《江苏局分党组工作规则》《江苏局分党组理论学习中心组学习规则》，切实抓好班子带好队伍。制定《关于创建"让党中央放心、让人民群众满意的模范机关"》的实施方案，扎实开展模范机关创建工作，奋力把江苏局建设成为政治功能凸显、组织体系健全、作用发挥充分、作风形象良好的模范机关。

国家粮食和物资储备局江苏局领导班子成员

吴永顺　分党组书记、局长（2019 年 12 月任职）

曲金虎　分党组成员、副局长（2019 年 12 月任职）

刘学明　分党组成员、纪检组长（2019 年 12 月任职）

（撰稿单位：国家粮食和物资储备局江苏局；撰稿人：马礼兵、贺阳；审稿人：吴永顺）

江苏局分党组书记、局长吴永顺（中）主持召开分党组扩大会议。

江苏局筹建人员合影，前排中为分党组书记、局长吴永顺，前排右为分党组成员、副局长曲金虎，前排左为分党组成员、纪检组长刘学明。

图为江苏局筹建期间临时办公场所。

国家粮食和物资储备局浙江局

基本情况

国家粮食和物资储备局浙江局（以下简称"浙江局"）于2019年9月24日正式挂牌成立，为副厅局级单位，监管区域范围为浙江省、福建省，局机关设在杭州市。定编326人，其中行政编制46人，事业编制280人；目前实有248人，其中在职职工99人，离退休人员149人。机关设办公室（法规体改处）、粮棉糖监管处、战略物资监管处、能源监管处、财务审计与规划建设处、安全仓储与科技处、执法督查处、人事处（离退休干部处）和机关党委9个处室；下辖5家事业单位，其中浙江省内3家：七六三处、八三七处、机关服务中心。福建省内2家：七五五处、泉州港口办事处。

2019 年工作

一　推进监管职能落地落实

根据新"三定"方案，统筹设立9个处室，优化职能，完成挂牌、更名、换章等工作，进一步理顺工作关系，明确履职方向。对中储粮浙江分公司、福建分公司和舟山、镇海两大国家石油储备基地、中央防汛抗旱物资福州库开展走访调研。完成防汛抗旱物资盘点清查，为落实监管职责打好基础。抽调人员参与粮食大清查，增加实践经验。对中储粮浙江分公司、福建分公司的10个直属库进行2018年度考核，落实"首考"任务。加强与地方粮食和物资储备部门沟通，联合开展应急救灾物资储备库调研。

二　推动国有资产积极发挥效益

围绕高质量发展，各基层处立足区域特点，推进业务转型升级。七五五处坚持品牌打造，在努力稳定现有谷种、烟叶业务的基础上，深入周边跑市场，积极拓展新品种。七六三处成为浙中应急物资救灾备灾中心，融入地方救灾应急体系，积极开展铁路集装箱功能，拓展外租库业务，培育新增长点。八三七处不断优化客户资源结构，改进管理方式，塑造品牌形象。规范资产管理工作，按照"管住盘活用好资产"的要求，加强资产日常管理，规范出租出借备案制度。

三　牢牢守住安全稳定廉政"三条底线"

层层签订安全责任书，覆盖面和责任制落实达到100%。开展"隐患排查治理行动"，建立安全隐患清单，消除隐患和盲区，2019 年共组织检查 38 次，查出隐患 123 项，整改 106 项。开展"安全生产月"活动，召开安全现场会，增强"主动安全""本质安全"的思想自觉和行动自觉。赴外省局学习"116 专项"任务经验。启动火炸药储备仓库安全综合整治项目。围绕职责转变，树立"大应急"理念，修订完善突发事件应急预案，将粮食、能源、战略物资、防汛抗旱等纳入应急体系，共建联防联控机制，不断提升国家储备应对突发事件能力，全年未发生等级生产安全事故。以开设群众意见箱、面对面谈心、信访问题包干为抓手，做好信访工作。开展三性问题月度研判，解决了一批历史遗留和群众反映强烈的问题，信访数量逐年下降。压紧压实各级主体责任，强化规矩意识，坚持抓"责任落实""教育提醒""监督检查"三到位，持之以恒转变作风，坚持中央八项规定，不断推进党风廉政建设。2019 年开展廉政警示教育 52 次，廉政提醒 24 次，廉政谈话 122 人次，诫勉谈话1 人次，签订廉政责任书 71 份，始终绷紧"党风廉政"之弦。

四　推进重点项目建设管理

积极发挥先进典型作用，以七五五处物管科为标杆，各基层处纷纷"比学赶超"，强化岗位练兵和业务技能培训，开展"标准库房"建设，建立物资管理标准，推进管理精细化、规范化，切实加强库存物资日常保管保养，确保国储物资质清量准、整体美观整洁，多次得到国家粮食和物资储备局领导调研时的肯定。开展铁路专用线、仓库安防、灾害修复等维修改建项目，八三七处自筹资金重建安防系统并修复国储库房地坪，确保国储物资安全。武警改造项目顺利实施，为共建共保安全打好基础。积极推进信息化建设。以实行工资预审批制度为抓手，推进劳资管理规范有序。以强化预算编制、执行为抓手，全面推进财务内控管理。以机关效能建设为抓手，开展绩效考核，提高工作质量。抓好政务服务和保密工作，全年未发生失泄密事件。

五　开展"不忘初心、牢记使命"主题教育

以"新时代大学习""新形势大调研""新职能大落实"为抓手，深入推进"不忘初心、牢记使命"主题教育。开展讲书大赛、知识竞赛、征文比赛、主题党日、集体政治生日、"一人一党课"、"两决定一意见"主题演讲和网上答题活动，深入宣贯国家粮食和物资储备局"两决定一意见"，组织局机关全体人员聆听"牢记初心使命　推动改革发展"全国粮食和物资储备系统巡回演讲，将国家粮食和物资储备局党组的改革发展理念植入每位职工意识。开展"向张富清、尚金锁同志学习"活动，弘扬先进典型精神。组织党的知识学习，全局讲党课 31 人次，集中学习 54 次，在省直机关 51 家单位参加的党务党史知识竞赛中获特等奖、优秀组织奖，在省直机关讲书大赛获三等奖，"学习强国"平台参与度和活跃度达到 100%，是 7 家获省直工委表扬的单位之一。围绕"转型发展""三条底线""加强党建"等调研课题，7 次赴基层和应急物资仓库、中央防汛抗旱物资库、石油储备基地调研，运用调研成果，促进职能落实，主题教育取得实实在在的成效。

六　推动党支部标准化规范化建设

以"党支部建设提升工程"和"建设清廉机关、创建模范机关"活动为抓手，深化基层党组织星级评定和"一支部一品牌"创建。七六三处业务党支部被评为省直工委先锋党支部，七五五处第一党支部被当地市直机关工委评为"先进基层党组织"。以"党建＋"改革发展、安全稳定、项目建设、物资管理等形式，积极促进党建业务融合，用业务检验党建效果。严格落实组织生活制度，共制定27项党建制度。以新时代好干部标准开展教育培训，共培训349人次，落实职务职级并行，为建设高素质队伍打好基础。扎实开展离退休人员和群团工作。抓住"三项建设"，保障"两项待遇"，做好抗战老兵纪念章发放，组织"庆七十华诞、看巨大成就"活动，使老干部"离岗不离党，退休不褪色"。发挥群团组织功能，推进青工委、工会工作，开展"青年读书会"和丰富的工会活动，构建蓬勃朝气的良好氛围。

国家物资储备局浙江办事处领导班子成员（2019年12月前）

张新建　党组书记、主任
吴晓华　党组成员、副主任
王　琦　党组成员、副主任

国家粮食和物资储备局浙江局领导班子成员（2019年12月后）

王来保　分党组书记、局长
胡立明　分党组成员、副局长
王　琦　分党组成员、副局长
周　辉　分党组成员、纪检组长

（撰稿单位：国家粮食和物资储备局浙江局；撰稿人：高煜、康旭；审稿人：朱玉莉）

2019 年 3 月，国家粮食和物资储备局浙江办事处召开 2019 年度工作会议。

2019年9月，国家粮食和物资储备局浙江局举行挂牌仪式。

2019年9月，浙江局举行庆祝中华人民共和国成立七十周年文艺汇演。

6

第六篇

政策与法规文件

中共中央文件

关于深化改革加强食品安全工作的意见

中发〔2019〕17号

食品安全关系人民群众身体健康和生命安全，关系中华民族未来。党的十九大报告明确提出实施食品安全战略，让人民吃得放心。这是党中央着眼党和国家事业全局，对食品安全工作作出的重大部署，是决胜全面建成小康社会、全面建设社会主义现代化国家的重大任务。现就深化改革加强食品安全工作提出如下意见。

一 深刻认识食品安全面临的形势

党的十八大以来，以习近平同志为核心的党中央坚持以人民为中心的发展思想，从党和国家事业发展全局、实现中华民族伟大复兴中国梦的战略高度，把食品安全工作放在"五位一体"总体布局和"四个全面"战略布局中统筹谋划部署，在体制机制、法律法规、产业规划、监督管理等方面采取了一系列重大举措。各地区各部门认真贯彻党中央、国务院决策部署，食品产业快速发展，安全标准体系逐步健全，检验检测能力不断提高，全过程监管体系基本建立，重大食品安全风险得到控制，人民群众饮食安全得到保障，食品安全形势不断好转。

但是，我国食品安全工作仍面临不少困难和挑战，形势依然复杂严峻。微生物和重金属污染、农药兽药残留超标、添加剂使用不规范、制假售假等问题时有发生，环境污染对食品安全的影响逐渐显现；违法成本低，维权成本高，法制不够健全，一些生产经营者唯利是图、主体责任意识不强；新业态、新资源潜在风险增多，国际贸易带来的食品安全问题加深；食品安全标准与最严谨标准要求尚有一定差距，风险监测评估预警等基础工作薄弱，基层监管力量和技术手段跟不上；一些地方对食品安全重视不够，责任落实不到位，安全与发展的矛盾仍然突出。这些问题影响到人民群众的获得感、幸福感、安全感，成为全面建成小康社会、全面建设社会主义现代化国家的明显短板。

人民日益增长的美好生活需要对加强食品安全工作提出了新的更高要求；推进国家治理体系和治理能力现代化，推动高质量发展，实施健康中国战略和乡村振兴战略，为解决食品安全问题提供了前所未有的历史机遇。必须深化改革创新，用最严谨的标准、最严格的监管、最严厉的处罚、最严肃的问责，进一步加强食品安全工作，确保人民群众"舌尖上的安全"。

二   总体要求

（一）指导思想

以习近平新时代中国特色社会主义思想为指导，全面贯彻党的十九大和十九届二中、三中全会精神，坚持和加强党的全面领导，坚持以人民为中心的发展思想，紧紧围绕统筹推进"五位一体"总体布局和协调推进"四个全面"战略布局，坚持稳中求进工作总基调，坚持新发展理念，遵循"四个最严"要求，建立食品安全现代化治理体系，提高从农田到餐桌全过程监管能力，提升食品全链条质量安全保障水平，增强广大人民群众的获得感、幸福感、安全感，为实现"两个一百年"奋斗目标和中华民族伟大复兴的中国梦奠定坚实基础。

（二）基本原则

坚持安全第一。把保障人民群众食品安全放在首位，坚守安全底线，正确处理安全与发展的关系，促一方发展，保一方安全。

坚持问题导向。以维护和促进公众健康为目标，从解决人民群众普遍关心的突出问题入手，标本兼治、综合施策，不断增强人民群众的安全感和满意度。

坚持预防为主。牢固树立风险防范意识，强化风险监测、风险评估和供应链管理，提高风险发现与处置能力。坚持"产"出来和"管"出来两手抓，落实生产经营者主体责任，最大限度消除不安全风险。

坚持依法监管。强化法治理念，健全法规制度、标准体系，重典治乱，加大检查执法力度，依法从严惩处违法犯罪行为，严把从农田到餐桌的每一道防线。

坚持改革创新。深化监管体制机制改革，创新监管理念、监管方式，堵塞漏洞、补齐短板，推进食品安全领域国家治理体系和治理能力现代化。

坚持共治共享。生产经营者自觉履行主体责任，政府部门依法加强监管，公众积极参与社会监督，形成各方各尽其责、齐抓共管、合力共治的工作格局。

（三）总体目标

到 2020 年，基于风险分析和供应链管理的食品安全监管体系初步建立。农产品和食品抽检量达到 4 批次 / 千人，主要农产品质量安全监测总体合格率稳定在 97% 以上，食品抽检合格率稳定在 98% 以上，区域性、系统性重大食品安全风险基本得到控制，公众对食品安全的安全感、满意度进一步提高，食品安全整体水平与全面建成小康社会目标基本相适应。

到 2035 年，基本实现食品安全领域国家治理体系和治理能力现代化。食品安全标准水平进入世界前列，产地环境污染得到有效治理，生产经营者责任意识、诚信意识和食品质量安全管理水平明显提高，经济利益驱动型食品安全违法犯罪明显减少。食品安全风险管控能力达到国际先进水平，从农田到餐桌全过程监管体系运行有效，食品安全状况实现根本好转，人民群众吃得健康、吃得放心。

三   建立最严谨的标准

（四）加快制修订标准

立足国情、对接国际，加快制修订农药残留、兽药残留、重金属、食品污染物、致病性微生物等食品安全通用标准，到 2020 年农药兽药残留限量指标达到 1 万项，基本与国际食品法典标准接轨。加快制修订产业发展和监管急需的食品安全基础标准、产品标准、配套检验方法标准。完善食品添加剂、食品相关产品等标准制定。及时修订完善食品标签等标准。

（五）创新标准工作机制

借鉴和转化国际食品安全标准，简化优化食品安全国家标准制修订流程，加快制修订进度。完善食品中有害物质的临时限量值制定机制。建立企业标准公开承诺制度，完善配套管理制度，鼓励企业制定实施严于国家标准或地方标准的企业标准。支持各方参与食品安全国家标准制修订，积极参与国际食品法典标准制定，积极参与国际新兴危害因素的评估分析与管理决策。

（六）强化标准实施

加大食品安全标准解释、宣传贯彻和培训力度，督促食品生产经营者准确理解和应用食品安全标准，维护食品安全标准的强制性。对食品安全标准的使用进行跟踪评价，充分发挥食品安全标准保障食品安全、促进产业发展的基础作用。

四　实施最严格的监管

（七）严把产地环境安全关

实施耕地土壤环境治理保护重大工程。强化土壤污染管控和修复，开展重点地区涉重金属行业污染土壤风险排查和整治。强化大气污染治理，加大重点行业挥发性有机物治理力度。加强流域水污染防治工作。

（八）严把农业投入品生产使用关

严格执行农药兽药、饲料添加剂等农业投入品生产和使用规定，严禁使用国家明令禁止的农业投入品，严格落实定点经营和实名购买制度。将高毒农药禁用范围逐步扩大到所有食用农产品。落实农业生产经营记录制度、农业投入品使用记录制度，指导农户严格执行农药安全间隔期、兽药休药期有关规定，防范农药兽药残留超标。

（九）严把粮食收储质量安全关

做好粮食收购企业资格审核管理，督促企业严格落实出入厂（库）和库存质量检验制度，积极探索建立质量追溯制度，加强烘干、存储和检验监测能力建设，为农户提供粮食烘干存储服务，防止发霉变质受损。健全超标粮食收购处置长效机制，推进无害化处理和资源合理化利用，严禁不符合食品安全标准的粮食流入口粮市场和食品生产企业。

（十）严把食品加工质量安全关

实行生产企业食品安全风险分级管理，在日常监督检查全覆盖基础上，对一般风险企业实施按比例"双随机"抽查，对高风险企业实施重点检查，对问题线索企业实施飞行检查，督促企业生产过程持续合规。加强保健食品等特殊食品监管。将体系检查从婴幼儿配方乳粉逐步扩大到高风险大宗消费食品，着力解决生产过程不合规、非法添加、超范围超限量使用食品添加剂等问题。

（十一）严把流通销售质量安全关

建立覆盖基地贮藏、物流配送、市场批发、销售终端全链条的冷链配送系统，严格执行全过程温控标准和规范，落实食品运输在途监管责任，鼓励使用温控标签，防止食物脱冷变质。督促企业严格执行进货查验记录制度和保质期标识等规定，严查临期、过期食品翻新销售。严格执行畜禽屠宰检验检疫制度。加强食品集中交易市场监管，强化农产品产地准出和市场准入衔接。

（十二）严把餐饮服务质量安全关

全面落实餐饮服务食品安全操作规范，严格执行进货查验、加工操作、清洗消毒、人员管理等规定。集体用餐单位要建立稳定的食材供应渠道和追溯记录，保证购进原料符合食品安全标准。严格落实网络订餐平台责任，保证线上线下餐饮同标同质，保证一次性餐具制品质量安全，所有提供网上订餐服务的餐饮单位必须有实体店经营资格。

五　实行最严厉的处罚

（十三）完善法律法规

研究修订食品安全法及其配套法规制度，修订完善刑法中危害食品安全犯罪和刑罚规定，加快修订农产品质量安全法，研究制定粮食安全保障法，推动农产品追溯入法。加快完善办理危害食品安全刑事案件的司法解释，推动危害食品安全的制假售假行为"直接入刑"。推动建立食品安全司法鉴定制度，明确证据衔接规则、涉案食品检验认定与处置协作配合机制、检验认定时限和费用等有关规定。加快完善食品安全民事纠纷案件司法解释，依法严肃追究故意违法者的民事赔偿责任。

（十四）严厉打击违法犯罪

落实"处罚到人"要求，综合运用各种法律手段，对违法企业及其法定代表人、实际控制人、主要负责人等直接负责的主管人员和其他直接责任人员进行严厉处罚，大幅提高违法成本，实行食品行业从业禁止、终身禁业，对再犯从严从重进行处罚。严厉打击刑事犯罪，对情节严重、影响恶劣的危害食品安全刑事案件依法从重判罚。加强行政执法与刑事司法衔接，行政执法机关发现涉嫌犯罪、依法需要追究刑事责任的，依据行刑衔接有关规定及时移送公安机关，同时抄送检察机关；发现涉嫌职务犯罪线索的，及时移送监察机关。积极完善食品安全民事和行政公益诉讼，做好与民事和行政诉讼的衔接与配合，探索建立食品安全民事公益诉讼惩罚性赔偿制度。

（十五）加强基层综合执法

深化综合执法改革，加强基层综合执法队伍和能力建设，确保有足够资源履行食品安全监管职责。县级市场监管部门及其在乡镇（街道）的派出机构，要以食品安全为首要职责，执法力量向一线岗位倾斜，完善工作流程，提高执法效率。农业综合执法要把保障农产品质量安全作为重点任务。加强执法力量和装备配备，确保执法监管工作落实到位。公安、农业农村、市场监管等部门要落实重大案件联合督办制度，按照国家有关规定，对贡献突出的单位和个人进行表彰奖励。

（十六）强化信用联合惩戒

推进食品工业企业诚信体系建设。建立全国统一的食品生产经营企业信用档案，纳入全国信用信息共享平台和国家企业信用信息公示系统。实行食品生产经营企业信用分级分类管理。进一步完善食品安全严重失信者名单认定机制，加大对失信人员联合惩戒力度。

六　坚持最严肃的问责

（十七）明确监管事权

各省、自治区、直辖市政府要结合实际，依法依规制定食品安全监管事权清单，压实各职能部门在食品安全工作中的行业管理责任。对产品风险高、影响区域广的生产企业监督检查，对重大复杂案件查处和跨区域执法，原则上由省级监管部门负责组织和协调，市县两级监管部门配合，也可实行委托监管、指定监管、派驻监管等制度，确保监管到位。市县两级原则上承担辖区内直接面向市场主体、直接面向消费者的食品生产经营监管和执法事项，保护消费者合法权益。上级监管部门要加强对下级监管部门的监督管理。

（十八）加强评议考核

完善对地方党委和政府食品安全工作评议考核制度，将食品安全工作考核结果作为党政领导班子和领导干部综合考核评价的重要内容，作为干部奖惩和使用、调整的重要参考。对考核达不到要求的，约谈地方党政主要负责人，并督促限期整改。

（十九）严格责任追究

依照监管事权清单，尽职照单免责、失职照单问责。对贯彻落实党中央、国务院有关食品安全工作决策部署不力、履行职责不力、给国家和人民利益造成严重损害的，依规依纪依法追究相关领导责任。对监管工作中失职失责、不作为、乱作为、慢作为、假作为的，依规依纪依法追究相关人员责任；涉嫌犯罪的，依法追究刑事责任。对参与、包庇、放纵危害食品安全违法犯罪行为，弄虚作假、干扰责任调查，帮助伪造、隐匿、毁灭证据的，依法从重追究法律责任。

七　落实生产经营者主体责任

（二十）落实质量安全管理责任

生产经营者是食品安全第一责任人，要结合实际设立食品质量安全管理岗位，配备专业技术人员，严格执行法律法规、标准规范等要求，确保生产经营过程持续合规，确保产品符合食品安全标准。食品质量安全管理岗位人员的法规知识抽查考核合格率要达到 90% 以上。风险高的大型食品企业要率先建立和实施危害分析和关键控制点体系。保健食品生产经营者要严格落实质量安全主体责任，加强全面质量管理，规范生产行为，确保产品功能声称真实。

（二十一）加强生产经营过程控制

食品生产经营者应当依法对食品安全责任落实情况、食品安全状况进行自查评价。对生产经营条件不符合食品安全要求的，要立即采取整改措施；发现存在食品安全风险的，应当立即停止生产经营活动，并及时报告属地监管部门。要主动监测其上市产品质量安全状况，对存在隐患的，要及时采取风险控制措施。食品生产企业自查报告率要达到 90% 以上。

（二十二）建立食品安全追溯体系

食用农产品生产经营主体和食品生产企业对其产品追溯负责，依法建立食品安全追溯体系，确保记录真实完整，确保产品来源可查、去向可追。国家建立统一的食用农产品追溯平台，建立食用农产品和食品安全追溯标准和规范，完善全程追溯协作机制。加强全程追溯的示范推广，逐步实现企业信息化追溯体系与政府部门监管平台、重要产品追溯管理平台对接，接受政府监督，互通互享信息。

（二十三）积极投保食品安全责任保险

因食品安全问题造成损害的，食品生产经营者要依法承担赔偿责任。推进肉蛋奶和白酒生产企业、集体用餐单位、农村集体聚餐、大宗食品配送单位、中央厨房和配餐单位主动购买食品安全责任保险，有条件的中小企业要积极投保食品安全责任保险，发挥保险的他律作用和风险分担机制。

八   推动食品产业高质量发展

（二十四）改革许可认证制度

坚持"放管服"相结合，减少制度性交易成本。推进农产品认证制度改革，加快建立食用农产品合格证制度。深化食品生产经营许可改革，优化许可程序，实现全程电子化。推进保健食品注册与备案双轨运行，探索对食品添加剂经营实行备案管理。制定完善食品新业态、新模式监管制度。利用现有相关信息系统，实现全国范围内食品生产经营许可信息可查询。

（二十五）实施质量兴农计划

以乡村振兴战略为引领，以优质安全、绿色发展为目标，推动农业由增产导向转向提质导向。全面推行良好农业规范。创建农业标准化示范区。实施农业品牌提升行动。培育新型农业生产服务主体，推广面向适度规模经营主体特别是小农户的病虫害统防统治专业化服务，逐步减少自行使用农药兽药的农户。

（二十六）推动食品产业转型升级

调整优化食品产业布局，鼓励企业获得认证认可，实施增品种、提品质、创品牌行动。引导食品企业延伸产业链条，建立优质原料生产基地及配套设施，加强与电商平台深度融合，打造有影响力的百年品牌。大力发展专业化、规模化冷链物流企业，保障生鲜食品流通环节质量安全。

（二十七）加大科技支撑力度

将食品安全纳入国家科技计划，加强食品安全领域的科技创新，引导食品企业加大科研投入，完善科技成果转化应用机制。建设一批国际一流的食品安全技术支撑机构和重点实验室，加快引进培养高层次人才和高水平创新团队，重点突破"卡脖子"关键技术。依托国家级专业技术机构，开展基础科学和前沿科学研究，提高食品安全风险发现和防范能力。

九   提高食品安全风险管理能力

（二十八）加强协调配合

完善统一领导、分工负责、分级管理的食品安全监管体制，地方各级党委和政府对本地区食品安全工作负总责。相关职能部门要各司其职、齐抓共管，健全工作协调联动机制，加强跨地区协作配合，发现问题迅速处置，并及时通报上游查明原因、下游控制危害。在城市社区和农村建立专兼职食品安全信息员（协管员）队伍，充分发挥群众监督作用。

（二十九）提高监管队伍专业化水平

强化培训和考核，依托现有资源加强职业化检查队伍建设，提高检查人员专业技能，及时发现和处置风险隐患。完善专业院校课程设置，加强食品学科建设和人才培养。加大公安机关打击食品安全犯罪专业力量、专业装备建设力度。

（三十）加强技术支撑能力建设

推进国家级、省级食品安全专业技术机构能力建设，提升食品安全标准、监测、评估、监管、应急等工作水平。根据标准分类加快建设 7 个食品安全风险评估与标准研制重点实验室。健全以国家级检验机构为龙头，省级检验机构为骨干，市县两级检验机构为基础的食品和农产品质量安全检验检测体系，打造国际一流的国家检验检测平台，落实各级食品和农产品检验机构能力和装备配备标准。严格检验机构资质认定管理、跟踪评价和能力验证，发展社会检验力量。

（三十一）推进"互联网＋食品"监管

建立基于大数据分析的食品安全信息平台，推进大数据、云计算、物联网、人工智能、区块链等技术在食品安全监管领域的应用，实施智慧监管，逐步实现食品安全违法犯罪线索网上排查汇聚和案件网上移送、网上受理、网上监督，提升监管工作信息化水平。

（三十二）完善问题导向的抽检监测机制

国家、省、市、县抽检事权四级统筹、各有侧重、不重不漏，统一制定计划、统一组织实施、统一数据报送、统一结果利用，力争抽检样品覆盖到所有农产品和食品企业、品种、项目，到 2020 年达到 4 批次／千人。逐步将监督抽检、风险监测与评价性抽检分离，提高监管的靶向性。完善抽检监测信息通报机制，依法及时公开抽检信息，加强不合格产品的核查处置，控制产品风险。

（三十三）强化突发事件应急处置

修订国家食品安全事故应急预案，完善事故调查、处置、报告、信息发布工作程序。完善食品安全事件预警监测、组织指挥、应急保障、信息报告制度和工作体系，提升应急响应、现场处置、医疗救治能力。加强舆情监测，建立重大舆情收集、分析研判和快速响应机制。

＋　推进食品安全社会共治

（三十四）加强风险交流

主动发布权威信息，及时开展风险解读，鼓励研究机构、高校、协会、媒体等参与食品安全风险交流，科学解疑释惑。鼓励企业通过新闻媒体、网络平台等方式直接回应消费者咨询。建立谣言抓取、识别、分析、处置智能化平台，依法坚决打击造谣传谣、欺诈和虚假宣传行为。

（三十五）强化普法和科普宣传

落实"谁执法谁普法"普法责任制，对各类从事食品生产经营活动的单位和个人，持续加强食品安全法律法规、国家标准、科学知识的宣传教育。在中小学开展食品安全与营养教育，有条件的主流媒体可开办食品安全栏目，持续开展"食品安全宣传周"和食品安全进农村、进校园、进企业、进社区等宣传活动，提升公众食品安全素养，改变不洁饮食习俗，避免误采误食，防止发生食源性疾病。普及健康知识，倡导合理膳食，开展营养均衡配餐示范推广，提倡"减盐、减油、减糖"。

（三十六）鼓励社会监督

依法公开行政监管和处罚的标准、依据、结果，接受社会监督。支持行业协会建立行规行约和奖惩机制，强化行业自律。鼓励新闻媒体准确客观报道食品安全问题，有序开展食品安全舆论监督。

（三十七）完善投诉举报机制

畅通投诉举报渠道，落实举报奖励制度。鼓励企业内部知情人举报食品研发、生产、销售等环节中的违法犯罪行为，经查证属实的，按照有关规定给予奖励。加强对举报人的保护，对打击报复举报人的，要依法严肃查处。对恶意举报非法牟利的行为，要依法严厉打击。

十一　开展食品安全放心工程建设攻坚行动

围绕人民群众普遍关心的突出问题，开展食品安全放心工程建设攻坚行动，用 5 年左右时间，以点带面治理"餐桌污染"，力争取得明显成效。

（三十八）实施风险评估和标准制定专项行动

系统开展食物消费量调查、总膳食研究、毒理学研究等基础性工作，完善风险评估基础数据库。加强食源性疾病、食品中有害物质、环境污染物、食品相关产品等风险监测，系统开展食品中主要危害因素的风险评估，建立更加适用于我国居民的健康指导值。按照最严谨要求和现阶段实际，制定实施计划，加快推进内外销食品标准互补和协调，促进国民健康公平。

（三十九）实施农药兽药使用减量和产地环境净化行动

开展高毒高风险农药淘汰工作，5 年内分期分批淘汰现存的 10 种高毒农药。实施化肥农药减量增效行动、水产养殖用药减量行动、兽药抗菌药治理行动，遏制农药兽药残留超标问题。加强耕地土壤环境类别划分和重金属污染区耕地风险管控与修复，重度污染区域要加快退出食用农产品种植。

（四十）实施国产婴幼儿配方乳粉提升行动

在婴幼儿配方乳粉生产企业全面实施良好生产规范、危害分析和关键控制点体系，自查报告率要达到 100%。完善企业批批全检的检验制度，健全安全生产规范体系检查常态化机制。禁止使用进口大包装婴幼儿配方乳粉到境内分装，规范标识标注。支持婴幼儿配方乳粉企业兼并重组，建设自有自控奶源基地，严格奶牛养殖饲料、兽药管理。促进奶源基地实行专业化、规模化、智能化生产，提高原料奶质量。发挥骨干企业引领作用，加大产品研发力度，培育优质品牌。力争 3 年内显著提升国产婴幼儿配方乳粉的品质、竞争力和美誉度。

（四十一）实施校园食品安全守护行动

严格落实学校食品安全校长（园长）负责制，保证校园食品安全，防范发生群体性食源性疾病事件。全面推行"明厨亮灶"，实行大宗食品公开招标、集中定点采购，建立学校相关负责人陪餐制度，鼓励家长参与监督。对学校食堂、学生集体用餐配送单位、校园周边餐饮门店及食品销售单位实行全覆盖监督检查。落实好农村义务教育学生营养改善计划，保证学生营养餐质量。

（四十二）实施农村假冒伪劣食品治理行动

以农村地区、城乡结合部为主战场，全面清理食品生产经营主体资格，严厉打击制售"三无"食品、假冒食品、劣质食品、过期食品等违法违规行为，坚决取缔"黑工厂""黑窝点"和"黑作坊"，实现风险隐患排查整治常态化。用2~3年时间，建立规范的农村食品流通供应体系，净化农村消费市场，提高农村食品安全保障水平。

（四十三）实施餐饮质量安全提升行动

推广"明厨亮灶"、餐饮安全风险分级管理，支持餐饮服务企业发展连锁经营和中央厨房，提升餐饮行业标准化水平，规范快餐、团餐等大众餐饮服务。鼓励餐饮外卖对配送食品进行封签，使用环保可降解的容器包装。大力推进餐厨废弃物资源化利用和无害化处理，防范"地沟油"流入餐桌。开展餐饮门店"厕所革命"，改善就餐环境卫生。

（四十四）实施保健食品行业专项清理整治行动

全面开展严厉打击保健食品欺诈和虚假宣传、虚假广告等违法犯罪行为。广泛开展以老年人识骗、防骗为主要内容的宣传教育活动。加大联合执法力度，大力整治保健食品市场经营秩序，严厉查处各种非法销售保健食品行为，打击传销。完善保健食品标准和标签标识管理。做好消费者维权服务工作。

（四十五）实施"优质粮食工程"行动

完善粮食质量安全检验监测体系，健全为农户提供专业化社会化粮食产后烘干储存销售服务体系。开展"中国好粮油"行动，提高绿色优质安全粮油产品供给水平。

（四十六）实施进口食品"国门守护"行动

将进口食品的境外生产经营企业、国内进口企业等纳入海关信用管理体系，实施差别化监管，开展科学有效的进口食品监督抽检和风险监控，完善企业信用管理、风险预警、产品追溯和快速反应机制，落实跨境电商零售进口监管政策，严防输入型食品安全风险。建立多双边国际合作信息通报机制、跨境检查执法协作机制，共同防控食品安全风险。严厉打击食品走私行为。

（四十七）实施"双安双创"示范引领行动

发挥地方党委和政府积极性，持续开展食品安全示范城市创建和农产品质量安全县创建活动，总结推广经验，落实属地管理责任和生产经营者主体责任。

十二　加强组织领导

（四十八）落实党政同责

地方各级党委和政府要把食品安全作为一项重大政治任务来抓。落实《地方党政领导干部食品安全责任制规定》，明确党委和政府主要负责人为第一责任人，自觉履行组织领导和督促落实食品安全属地管理责任，确保不发生重大食品安全事件。强化各级食品安全委员会及其办公室统筹协调作用，及时研究部署食品安全工作，协调解决跨部门跨地区重大问题。各有关部门要按照管行业必须管安全的要求，对主管领域的食品安全工作承担管理责任。各级农业农村、海关、市场监管等部门要压实监管责任，加强全链条、全流程监管。各地区各有关部门每年12月底前要向党中央、国务院报告食品安全工作情况。

（四十九）加大投入保障

健全食品和农产品质量安全财政投入保障机制，将食品和农产品质量安全工作所需经费列入同级财政预算，保障必要的监管执法条件。企业要加大食品质量安全管理方面的投入，鼓励社会资本进入食品安全专业化服务领域，构建多元化投入保障机制。

（五十）激励干部担当

加强监管队伍思想政治建设，增强"四个意识"，坚定"四个自信"，做到"两个维护"，忠实履行监管职责，敢于同危害食品安全的不法行为作斗争。各级党委和政府要关心爱护一线监管执法干部，建立健全容错纠错机制，为敢于担当作为的干部撑腰鼓劲。对在食品安全工作中作出突出贡献的单位和个人，按照国家有关规定给予表彰奖励，激励广大监管干部为党和人民干事创业、建功立业。

（五十一）强化组织实施

各地区各有关部门要根据本意见提出的改革任务和工作要求，结合实际认真研究制定具体措施，明确时间表、路线图、责任人，确保各项改革举措落实到位。国务院食品安全委员会办公室要会同有关部门建立协调机制，加强沟通会商，研究解决实施中遇到的问题。要严格督查督办，将实施情况纳入对地方政府食品安全工作督查考评内容，确保各项任务落实到位。

关于促进小农户和现代农业发展有机衔接的意见

中办发〔2019〕8号

党的十九大提出，实现小农户和现代农业发展有机衔接。为扶持小农户，提升小农户发展现代农业能力，加快推进农业农村现代化，夯实实施乡村振兴战略的基础，现就促进小农户和现代农业发展有机衔接提出如下意见。

一　重要意义

发展多种形式适度规模经营，培育新型农业经营主体，是增加农民收入、提高农业竞争力的有效途径，是建设现代农业的前进方向和必由之路。但也要看到，我国人多地少，各地农业资源禀赋条件差异很大，很多丘陵山区地块零散，不是短时间内能全面实行规模化经营，也不是所有地方都能实现集中连片规模经营。当前和今后很长一个时期，小农户家庭经营将是我国农业的主要经营方式。因此，必须正确处理好发展适度规模经营和扶持小农户的关系。既要把准发展适度规模经营是农业现代化必由之路的前进方向，发挥其在现代农业建设中的引领作用，也要认清小农户家庭经营很长一段时间内是我国农业基本经营形态的国情农情，在鼓励发展多种形式适度规模经营的同时，完善针对小农户的扶持政策，加强面向小农户的社会化服务，把小农户引入现代农业发展轨道。

（一）促进小农户和现代农业发展有机衔接是巩固完善农村基本经营制度的重大举措

小农户是家庭承包经营的基本单元。以家庭承包经营为基础、统分结合的双层经营体制，是我国农村的基本经营制度，需要长期坚持并不断完善。扶持小农户，在坚持家庭经营基础性地位的同时，促进小农户之间、小农户与新型农业经营主体之间开展合作与联合，有利于激发农村基本经营制度的内在活力，是夯实现代农业经营体系的根基。

（二）促进小农户和现代农业发展有机衔接是推进中国特色农业现代化的必然选择

小农户是我国农业生产的基本组织形式，对保障国家粮食安全和重要农产品有效供给具有重要作用。农业农村现代化离不开小农户的现代化。扶持小农户，引入现代生产要素改造小农户，提升农业经营集约化、标准化、绿色化水平，有利于小农户适应和容纳不同生产力水平，在农业现代化过程中不掉队。

（三）促进小农户和现代农业发展有机衔接是实施乡村振兴战略的客观要求

小农户是乡村发展和治理的基础，亿万农民群众是实施乡村振兴战略的主体。精耕细作的小农生产和稳定有序的乡村社会，构成了我国农村独特的生产生活方式。扶持小农户，更好发挥其在稳定农村就业、传承农耕文化、塑造乡村社会结构、保护农村生态环境等方面的重要作用，有利于发挥农业的多种功能，体现乡村的多重价值，为实施乡村振兴战略汇聚起雄厚的群众力量。

（四）促进小农户和现代农业发展有机衔接是巩固党的执政基础的现实需要

小农户是党的重要依靠力量和群众基础。党始终把维护农民群众根本利益、促进农民共同富裕作为出发点和落脚点。扶持小农户,提升小农户生产经营水平,拓宽小农户增收渠道,让党的农村政策的阳光雨露惠及广大小农户,有利于实现好、维护好、发展好广大农民根本利益,让广大农民群众的获得感、幸福感、安全感更加充实、更有保障、更可持续。

二 总体要求

(一)指导思想

以习近平新时代中国特色社会主义思想为指导,全面贯彻党的十九大和十九届二中、三中全会精神,坚持小农户家庭经营为基础与多种形式适度规模经营为引领相协调,坚持农业生产经营规模宜大则大、宜小则小,充分发挥小农户在乡村振兴中的作用,按照服务小农户、提高小农户、富裕小农户的要求,加快构建扶持小农户发展的政策体系,加强农业社会化服务,提高小农户生产经营能力,提升小农户组织化程度,改善小农户生产设施条件,拓宽小农户增收空间,维护小农户合法权益,促进传统小农户向现代小农户转变,让小农户共享改革发展成果,实现小农户与现代农业发展有机衔接,加快推进农业农村现代化。

(二)基本原则

政府扶持、市场引导。充分发挥市场配置资源的决定性作用,更好发挥政府作用。引导小农户土地经营权有序流转,提高小农户经营效率。注重惠农政策的公平性和普惠性,防止人为垒大户,排挤小农户。

统筹推进、协调发展。统筹兼顾培育新型农业经营主体和扶持小农户,发挥新型农业经营主体对小农户的带动作用,健全新型农业经营主体与小农户的利益联结机制,实现小农户家庭经营与合作经营、集体经营、企业经营等经营形式共同发展。

因地制宜、分类施策。充分考虑各地资源禀赋、经济社会发展和农林牧渔产业差异,顺应小农户分化趋势,鼓励积极探索不同类型小农户发展的路径。不搞一刀切,不搞强迫命令,保持足够历史耐心,确保我国农业现代化进程走得稳、走得顺、走得好。

尊重意愿、保护权益。保护小农户生产经营自主权,落实小农户土地承包权、宅基地使用权、集体收益分配权,激发小农户生产经营的积极性、主动性、创造性,使小农户成为发展现代农业的积极参与者和直接受益者。

三 提升小农户发展能力

(一)启动家庭农场培育计划

采取优先承租流转土地、提供贴息贷款、加强技术服务等方式,鼓励有长期稳定务农意愿的小农户稳步扩大规模,培育一批规模适度、生产集约、管理先进、效益明显的农户家庭农场。鼓励各地通过发放良技良艺良法应用补贴、支持农户家庭农场优先承担涉农建设项目等方式,引导农户家庭农场采用先进科技和生产力手段。指导农户家庭农场开展标准化生产,建立可追溯生产记录,加强记账管理,提升经营管理水平。完善名录管理、示范创建、职业培训等扶持政策,促进农户家庭农场健康发展。

（二）实施小农户能力提升工程

以提供补贴为杠杆，鼓励小农户接受新技术培训。支持各地采取农民夜校、田间学校等适合小农户的培训形式，开展种养技术、经营管理、农业面源污染治理、乡风文明、法律法规等方面的培训。新型职业农民培育工程和新型农业经营主体培育工程要将小农户作为重点培训对象，帮助小农户发展成为新型职业农民。涉农职业院校等教育培训机构要发挥专业优势，优先做好农村实用人才带头人示范培训。鼓励各地通过补贴学费等方式，引导各类社会组织向小农户提供技术培训。

（三）加强小农户科技装备应用

加快研发经济作物、养殖业、丘陵山区适用机具和设施装备，推广应用面向小农户的实用轻简型装备和技术。建立健全农业农村社会化服务体系，实施科技服务小农户行动，支持小农户运用优良品种、先进技术、物质装备等发展智慧农业、设施农业、循环农业等现代农业。引导农业科研机构、涉农高校、农业企业、科技特派员到农业生产一线建立农业试验示范基地，鼓励农业科研人员、农业技术推广人员通过下乡指导、技术培训、定向帮扶等方式，向小农户集成示范推广先进适用技术。

（四）改善小农户生产基础设施

鼓励各地通过以奖代补、先建后补等方式，支持村集体组织小农户开展农业基础设施建设和管护。支持各地重点建设小农户急需的通田到地末级灌溉渠道、通村组道路、机耕生产道路、村内道路、农业面源污染治理等设施，合理配置集中仓储、集中烘干、集中育秧等公用设施。加强农业防灾减灾救灾体系建设，提高小农户抗御灾害能力。

四　提高小农户组织化程度

（一）引导小农户开展合作与联合

支持小农户通过联户经营、联耕联种、组建合伙农场等方式联合开展生产，共同购置农机、农资，接受统耕统收、统防统治、统销统结等服务，降低生产经营成本。支持小农户在发展休闲农业、开展产品营销等过程中共享市场资源，实现互补互利。引导同一区域同一产业的小农户依法组建产业协会、联合会，共同对接市场，提升市场竞争能力。支持农村集体经济组织和合作经济组织利用土地资源、整合涉农项目资金、提供社会化服务等，引领带动小农户发展现代农业。

（二）创新合作社组织小农户机制

坚持农户成员在合作社中的主体地位，发挥农户成员在合作社中的民主管理、民主监督作用，提升合作社运行质量，让农户成员切实受益。鼓励小农户利用实物、土地经营权、林权等作价出资办社入社，盘活农户资源要素。财政补助资金形成的资产，可以量化到小农户，再作为入社或入股的股份。支持合作社根据小农户生产发展需要，加强农产品初加工、仓储物流、市场营销等关键环节建设，积极发展"农户+合作社""农户+合作社+工厂或公司"等模式。健全盈余分配机制，可分配盈余按照成员与合作社的交易量（交易额）比例、成员所占出资份额统筹返还，并按规定完成优先支付权益，使小农户共享合作收益。扶持农民用水合作组织多元化创新发展。支持合作社依法自愿组建联合社，提升小农户合作层次和规模。

（三）发挥龙头企业对小农户带动作用

完善农业产业化带农惠农机制，支持龙头企业通过订单收购、保底分红、二次返利、股份合作、吸纳就业、村企对接等多种形式带动小农户共同发展。鼓励龙头企业通过"公司＋农户""公司＋农民合作社＋农户"等方式，延长产业链、保障供应链、完善利益链，将小农户纳入现代农业产业体系。鼓励小农户以土地经营权、林权等入股龙头企业并采取特殊保护，探索实行农民负盈不负亏的分配机制。鼓励和支持发展农业产业化联合体，通过统一生产、统一营销、信息互通、技术共享、品牌共创、融资担保等方式，与小农户形成稳定利益共同体。

五　拓展小农户增收空间

（一）支持小农户发展特色优质农产品

引导小农户拓宽经营思路，依靠产品品质和特色提高自身竞争力。各地要结合特色优势农产品区域布局，紧盯市场需求，深挖当地特色优势资源潜力，引导小农户发展地方优势特色产业，形成一村一品、一乡一特、一县一业。探索建立农业产业到户机制，制订"菜单式"产业项目清单，指导小农户自主选择。支持小农户发挥精耕细作优势，引入现代经营管理理念和先进适用技术装备，发展劳动密集化程度高、技术集约化程度高、生产设施化程度高的园艺、养殖等产业，实现小规模基础上的高产出高效益。引导小农户发展高品质农业、绿色生态农业，开展标准化生产、专业化经营，推进种养循环、农牧结合，生产高附加值农产品。实施小农户发展有机农业计划。

（二）带动小农户发展新产业新业态

大力拓展农业功能，推进农业与旅游、文化、生态等产业深度融合，让小农户分享二、三产业增值收益。加强技术指导、创业孵化、产权交易等公共服务，完善配套设施，提高小农户发展新产业新业态能力。支持小农户发展康养农业、创意农业、休闲农业及农产品初加工、农村电商等，延伸产业链和价值链。开展电商服务小农户专项行动。支持小农户利用自然资源、文化遗产、闲置农房等发展观光旅游、餐饮民宿、养生养老等项目，拓展增收渠道。

（三）鼓励小农户创业就业

鼓励有条件的地方构建市场准入、资金支持、金融保险、用地用电、创业培训、产业扶持等相互协同的政策体系，支持小农户结合自身优势和特长在农村创业创新。健全就业服务体系，扩大农村劳动力转移就业渠道，鼓励农村劳动力就地就近就业，支持农村劳动力进入二、三产业就业。支持小农户在家庭种养基础上，通过发展特色手工和乡村旅游等，实现家庭生产的多业经营、综合创收。

六　健全面向小农户的社会化服务体系

（一）发展农业生产性服务业

大力培育适应小农户需求的多元化多层次农业生产性服务组织，促进专项服务与综合服务相互补充、协调发展，积极拓展服务领域，重点发展小农户急需的农资供应、绿色生产技术、农业废弃物资源化利用、农机作业、农产品初加工等服务领域。搭建区域农业生产性服务综合平台。创新农业技术推广服务机制，促进公益性农技推广机构与经营性服务组织融合发展，为小农户提供多形式技术指导服务。探索通过政府购买服务等方式，为小农户提供生产公益性服务。鼓励和支持农垦企业、供销合作社组织实施农业社会化服务惠农工程，发挥自身组织优势，通过多种方式服务小农户。

（二）加快推进农业生产托管服务

创新农业生产服务方式，适应不同地区不同产业小农户的农业作业环节需求，发展单环节托管、多环节托管、关键环节综合托管和全程托管等多种托管模式。支持农村集体经济组织、供销合作社专业化服务组织、服务型农民合作社等服务主体，面向从事粮棉油糖等大宗农产品生产的小农户开展托管服务。鼓励各地因地制宜选择本地优先支持的托管作业环节，不断提升农业生产托管对小农户服务的覆盖率。加强农业生产托管的服务标准建设、服务价格指导、服务质量监测、服务合同监管，促进农业生产托管规范发展。实施小农户生产托管服务促进工程。

（三）推进面向小农户产销服务

推进农超对接、农批对接、农社对接，支持各地开展多种形式的农产品产销对接活动，拓展小农户营销渠道。实施供销、邮政服务带动小农户工程。完善农产品物流服务，支持建设面向小农户的农产品贮藏保鲜设施、田头市场、批发市场等，加快建设农产品冷链运输、物流网络体系，建立产销密切衔接、长期稳定的农产品流通渠道。打造一批竞争力较强、知名度较高的特色农业品牌和区域公用品牌，让小农户分享品牌增值收益。加大对贫困地区农产品产销对接扶持力度，扩大贫困地区特色农产品营销促销。

（四）实施"互联网＋小农户"计划

加快农业大数据、物联网、移动互联网、人工智能等技术向小农户覆盖，提升小农户手机、互联网等应用技能，让小农户搭上信息化快车。推进信息进村入户工程，建设全国信息进村入户平台，为小农户提供便捷高效的信息服务。鼓励发展互联网云农场等模式，帮助小农户合理安排生产计划、优化配置生产要素。发展农村电子商务，鼓励小农户开展网络购销对接，促进农产品流通线上线下有机结合。深化电商扶贫频道建设，开展电商扶贫品牌推介活动，推动贫困地区农特产品与知名电商企业对接。支持培育一批面向小农户的信息综合服务企业和信息应用主体，为小农户提供定制化、专业化服务。

（五）提升小城镇服务小农户功能

实施以镇带村、以村促镇的镇村融合发展模式，将小农户生产逐步融入区域性产业链和生产网络。引导农产品加工等相关产业向小城镇、产业园区适度集中，强化规模经济效应，逐步形成带动小农户生产的现代农业产业集群。鼓励在小城镇建设返乡创业园、创业孵化基地等，为小农户创新创业提供多元化、高质量的空间载体。提升小城镇服务农资农技、农产品交易等功能，合理配置集贸市场、物流集散地、农村电商平台等设施。

七　完善小农户扶持政策

（一）稳定完善小农户土地政策

保持土地承包关系稳定并长久不变，衔接落实好第二轮土地承包到期后再延长三十年的政策。建立健全农村土地承包经营权登记制度，为小农户"确实权、颁铁证"。在有条件的村组，结合高标准农田建设等，引导小农户自愿通过村组内互换并地、土地承包权退出等方式，促进土地小块并大块，引导逐步形成一户一块田。落实农村承包地所有权、承包权、经营权"三权"分置办法，保护小农户土地承包权益，及时调处流转纠纷，依法稳妥规范推进农村承包土地经营权抵押贷款业务，鼓励小农户参与土地资源配置并分享土地规模经营收益。规范土地流转交易，建立集信息发布、租赁合同网签、土地整治、项目设计等功能于一体的综合性土地流转管理服务组织。

（二）强化小农户支持政策

对新型农业经营主体的评优创先、政策扶持、项目倾斜等，要与带动小农生产挂钩，把带动小农户数量和成效作为重要依据。充分发挥财政杠杆作用，鼓励各地采取贴息、奖补、风险补偿等方式，撬动社会资本投入农业农村，带动小农户发展现代农业。对于财政支农项目投入形成的资产，鼓励具备条件的地方折股量化给小农户特别是贫困农户，让小农户享受分红收益。

（三）健全针对小农户补贴机制

稳定现有对小农生产的普惠性补贴政策，创新补贴形式，提高补贴效率。完善粮食等重要农产品生产者补贴制度。鼓励各地对小农户参与生态保护实行补偿，支持小农户参与耕地草原森林河流湖泊休养生息等，对发展绿色生态循环农业、保护农业资源环境的小农户给予合理补偿。健全小农户生产技术装备补贴机制，按规定加大对丘陵山区小型农机具购置补贴力度。鼓励各地对小农户托管土地给予费用补贴。

（四）提升金融服务小农户水平

发展农村普惠金融，健全小农户信用信息征集和评价体系，探索完善无抵押、无担保的小农户小额信用贷款政策，不断提升小农户贷款覆盖面，切实加大对小农户生产发展的信贷支持。支持农村商业银行、农村合作银行、村镇银行等农村中小金融机构立足县域，加大服务小农户力度。支持农村合作金融规范发展，扶持农村资金互助组织，通过试点稳妥开展农民合作社内部信用合作。鼓励产业链金融、互联网金融在依法合规前提下为小农户提供金融服务。鼓励发展为小农户服务的小额贷款机构，开发专门的信贷产品。加大支农再贷款支持力度，引导金融机构增加小农户信贷投放。鼓励银行业金融机构在风险可控和商业可持续的前提下扩大农业农村贷款抵押物范围，提高小农户融资能力。

（五）拓宽小农户农业保险覆盖面

建立健全农业保险保障体系，从覆盖直接物化成本逐步实现覆盖完全成本。发展与小农户生产关系密切的农作物保险、主要畜产品保险、重要"菜篮子"品种保险和森林保险，推广农房、农机具、设施农业、渔业、制种等保险品种。推进价格保险、收入保险、天气指数保险试点。鼓励地方建立特色优势农产品保险制度。鼓励发展农业互助保险。建立第三方灾害损失评估、政府监督理赔机制，确保受灾农户及时足额得到赔付。加大针对小农户农业保险保费补贴力度。

八　　保障措施

（一）加强组织领导

各级党委和政府既要注重培育新型农业经营主体，又要重视发挥好小农户在农业农村现代化中的作用，把贯彻落实扶持引导小农户政策和培育新型农业经营主体政策共同作为农村基层工作的重要方面，在政策制定、工作部署、财力投放等各个方面加大工作力度，齐头并进，确保各项政策落到实处。

（二）强化统筹协调

农业农村部门要发挥牵头组织作用，各地区各有关部门要加强协作配合，完善工作机制，形成工作合力。将推进扶持小农户发展与实施乡村振兴战略、打赢脱贫攻坚战统筹安排，推动各项工作做实做细。

（三）注重宣传指导

做好政策宣传，加强调查研究，及时掌握小农户发展的新情况新问题，系统总结小农户与现代农业发展有机衔接的新经验新做法新模式，营造促进小农户健康发展的良好氛围。

农业农村部门要会同有关部门，对本意见实施落实情况进行跟踪分析和评估，重要工作进展情况及时向党中央、国务院报告。

关于印发《地方党政领导干部食品安全责任制规定》的通知

厅字〔2019〕13 号

各省、自治区、直辖市党委和人民政府，中央和国家机关各部委，解放军各大单位、中央军委机关各部门，各人民团体：

《地方党政领导干部食品安全责任制规定》已经中央领导同志同意，现印发给你们，请认真遵照执行。

中共中央办公厅

国务院办公厅

2019 年 2 月 5 日

（此件公开发布）

地方党政领导干部食品安全责任制规定

第一章 总则

第一条 为了进一步落实食品安全党政同责要求，强化食品安全属地管理责任，健全食品安全工作责任制，保障人民群众"舌尖上的安全"，根据有关党内法规和国家法律，制定本规定。

第二条 本规定所称食品安全包括食用农产品质量安全。

本规定所称分管食品安全工作是指分管食用农产品质量安全监管、食品安全监管等工作。

本规定所称食品安全相关工作是指卫生健康、生态环境、粮食、教育、政法、宣传、民政、建设、文化、旅游、交通运输等行业或者领域与食品安全紧密相关的工作，以及为食品安全提供支持的发展改革、科技、工信、财政、商务等领域工作。

第三条 本规定适用于县级以上地方各级党委和政府领导班子成员（以下统称地方党政领导干部）。

第四条 实行地方党政领导干部食品安全责任制，必须坚持以习近平新时代中国特色社会主义思想为指导，增强"四个意识"、坚定"四个自信"、做到"两个维护"，牢固树立以人民为中心的发展思想，贯彻落实食品安全"四个最严"的要求，深入实施食品安全战略，承担起"促一方发展、保一方平安"的政治责任，不断提高食品安全工作水平，努力增强人民群众的获得感、幸福感、安全感。

第五条 建立地方党政领导干部食品安全工作责任制，应当遵循以下原则：

（一）坚持党政同责、一岗双责，权责一致、齐抓共管，失职追责、尽职免责；

（二）坚持谋发展必须谋安全，管行业必须管安全，保民生必须保安全；

（三）坚持综合运用考核、奖励、惩戒等措施，督促地方党政领导干部履行食品安全工作职责，确保党中央、国务院关于食品安全工作的决策部署贯彻落实。

第六条 地方各级党委和政府对本地区食品安全工作负总责，主要负责人是本地区食品安全工作第一责任人，班子其他成员对分管（含协管、联系，下同）行业或者领域内的食品安全工作负责。

第二章 职责

第七条 地方各级党委主要负责人应当全面加强党对本地区食品安全工作的领导，认真贯彻执行党中央关于食品安全工作的方针政策、决策部署和指示精神，上级党委的决定和相关法律法规要求，职责主要包括：

（一）组织学习贯彻习近平总书记关于食品安全工作的重要指示批示精神和党中央关于食品安全工作的方针政策、决策部署，不断提高地方党政领导干部的政治站位，增强做好食品安全工作的责任感和使命感；

（二）全面加强党对本地区食品安全工作的领导，将食品安全工作作为向党委全会报告的重要内容；

（三）建立健全党委常委会委员食品安全相关工作责任清单，督促党委常委会其他委员履行食品安全相关工作责任，并将食品安全工作纳入地方党政领导干部政绩考核内容；

（四）开展食品安全工作专题调研，召开党委常委会会议或者专题会议，听取食品安全工作专题汇报，及时研究解决食品安全工作重大问题，推动完善食品安全治理体系；

（五）加强食品安全工作部门领导班子建设、干部队伍建设和机构建设，不断提升食品安全治理能力；

（六）协调各方重视和支持食品安全工作，加强食品安全宣传，把握正确舆论导向，营造良好工作氛围。

第八条　地方各级政府主要负责人应当加强对本地区食品安全工作的领导，认真贯彻执行党中央、国务院关于食品安全工作的方针政策、决策部署和指示精神，上级党委和政府、本级党委的决定和相关法律法规要求，职责主要包括：

（一）领导本地区食品安全工作，组织推动地方政府落实食品安全属地管理责任；

（二）坚持新发展理念，正确处理发展和安全的关系，将食品安全工作纳入本地区国民经济和社会发展规划、政府工作重点，并接受人大、政协的监督；

（三）建立健全本地区食品安全监管责任体系，明确本级政府领导班子成员食品安全工作责任和政府相关部门食品安全工作职责，指导督促政府领导班子成员和相关部门落实工作责任；

（四）加强食品安全监管能力、执法能力建设，整合监管力量，优化监管机制，提高监管、执法队伍专业化水平，建立健全食品安全财政投入保障机制，保障监管、执法部门依法履职必需的经费和装备；

（五）开展食品安全工作专题调研，组织召开政府常务会议、办公会议或者专题会议，听取本地区食品安全工作汇报，及时研究解决食品安全工作突出问题；

（六）落实高质量发展要求，推进食品及食品相关产业转型升级，不断提高产业发展水平。

第九条　地方各级党委常委会其他委员应当按照职责分工，加强对分管行业或者领域内食品安全相关工作的领导，协助党委主要负责人，统筹推进分管行业或者领域内食品安全相关工作，督促指导相关部门依法履行工作职责，及时研究解决分管行业或者领域内食品安全相关工作问题。

第十条　地方各级政府分管食品安全工作负责人应当加强对本地区食品安全监管工作的领导，具体负责组织本地区食品安全监管工作，职责主要包括：

（一）协助党委和政府主要负责人落实食品安全属地管理责任，组织制定贯彻落实党中央、国务院关于食品安全工作的方针政策、决策部署和指示精神，上级以及本级党委和政府的决定和相关法律法规的具体措施；

（二）组织开展食品安全工作专题调研，研究制定本地区食品安全专项规划、年度重点工作计划，统筹推进本地区食品安全工作；

（三）组织协调食品安全监管部门和相关部门，及时分析食品安全形势，研究解决食品安全领域相关问题，推动完善"从农田到餐桌"全链条全过程食品安全监管机制；

（四）组织推动食品安全监管部门和相关部门建立信息共享机制，推进"互联网＋"食品安全监管，不断提升食品安全监管效能和治理能力现代化水平；

（五）组织实施食品安全风险防控、隐患排查和专项治理，坚决防范系统性、区域性食品安全风险；

（六）组织制定食品安全事故应急预案，及时组织开展本地区食品安全突发事件应对处置和调查处理；

（七）组织开展食品安全工作评议考核，督促本级政府相关部门和下级政府落实食品安全工作责任；

（八）组织开展食品安全普法和科普宣传、安全教育、诚信体系建设等工作，推动食品安全社会共治。

第十一条　地方各级政府领导班子其他成员应当按照职责分工，加强对分管行业或者领域内食品安全相关工作的领导，协助政府主要负责人，统筹推进分管行业或者领域内食品安全相关工作，督促指导相关部门依法履行工作职责，及时研究解决分管行业或者领域内食品安全相关工作问题。

第三章　考核监督

第十二条　地方各级党委和政府应当对落实食品安全重大部署、重点工作情况进行跟踪督办。

第十三条　地方各级党委应当结合巡视巡察工作安排，对地方党政领导干部履行食品安全工作职责情况进行检查。

第十四条　地方各级党委和政府应当充分发挥评议考核"指挥棒"作用，推动地方党政领导干部落实食品安全工作责任。

第十五条　跟踪督办、履职检查、评议考核结果应当作为地方党政领导干部考核、奖惩和使用、调整的重要参考。因履职不到位被追究责任的地方党政领导干部，在评优评先、选拔任用等方面按照有关规定执行。

第四章　奖惩

第十六条　地方党政领导干部在食品安全工作中敢于作为、勇于担当、履职尽责，有下列情形之一的，按照有关规定给予表彰奖励：

（一）及时有效组织预防食品安全事故和消除重大食品安全风险隐患，使国家和人民群众利益免受重大损失的；

（二）在食品安全工作中有重大创新并取得显著成效的；

（三）连续在食品安全工作评议考核中成绩优秀的；

（四）做出其他突出贡献的。

第十七条　地方党政领导干部在落实食品安全工作责任中有下列情形之一的，应当按照有关规定进行问责：

（一）未履行本规定职责和要求，或者履职不到位的；

（二）对本区域内发生的重大食品安全事故，或者社会影响恶劣的食品安全事件负有领导责任的；

（三）对本区域内发生的食品安全事故，未及时组织领导有关部门有效处置，造成不良影响或者较大损失的；

（四）对隐瞒、谎报、缓报食品安全事故负有领导责任的；

（五）违规插手、干预食品安全事故依法处理和食品安全违法犯罪案件处理的；

（六）有其他应当问责情形的。

第十八条　地方党政领导干部有本规定第十七条所列情形的，按照干部管理权限依规依纪依法进行问责。涉嫌职务违法犯罪的，由监察机关依法调查处置。

第十九条　地方党政领导干部及时报告失职行为并主动采取补救措施，有效预防或者减少食品安全事故重大损失、挽回社会严重不良影响，或者积极配合问责调查，并主动承担责任的，按照有关规定从轻、减轻追究责任。对工作不力导致重大或者特别重大食品安全事故，或者造成严重不良影响的，应当从重追究责任。

第五章　附则

第二十条　乡镇（街道）党政领导干部，各类开发区管理机构党政领导干部，参照本规定执行。

第二十一条　本规定由市场监管总局会同农业农村部解释。

第二十二条　本规定自 2019 年 2 月 5 日起施行。

国务院文件

关于促进乡村产业振兴的指导意见

国发〔2019〕12号

各省、自治区、直辖市人民政府，国务院各部委、各直属机构：

产业兴旺是乡村振兴的重要基础，是解决农村一切问题的前提。乡村产业根植于县域，以农业农村资源为依托，以农民为主体，以农村一二三产业融合发展为路径，地域特色鲜明、创新创业活跃、业态类型丰富、利益联结紧密，是提升农业、繁荣农村、富裕农民的产业。近年来，我国农村创新创业环境不断改善，新产业新业态大量涌现，乡村产业发展取得了积极成效，但也存在产业门类不全、产业链条较短、要素活力不足和质量效益不高等问题，亟须加强引导和扶持。为促进乡村产业振兴，现提出如下意见。

一　总体要求

（一）指导思想

以习近平新时代中国特色社会主义思想为指导，全面贯彻党的十九大和十九届二中、三中全会精神，牢固树立新发展理念，落实高质量发展要求，坚持农业农村优先发展总方针，以实施乡村振兴战略为总抓手，以农业供给侧结构性改革为主线，围绕农村一二三产业融合发展，与脱贫攻坚有效衔接、与城镇化联动推进，充分挖掘乡村多种功能和价值，聚焦重点产业，聚集资源要素，强化创新引领，突出集群成链、延长产业链、提升价值链，培育发展新动能，加快构建现代农业产业体系、生产体系和经营体系，推动形成城乡融合发展格局，为农业农村现代化奠定坚实基础。

（二）基本原则

因地制宜、突出特色。依托种养业、绿水青山、田园风光和乡土文化等，发展优势明显、特色鲜明的乡村产业，更好彰显地域特色、承载乡村价值、体现乡土气息。

市场导向、政府支持。充分发挥市场在资源配置中的决定性作用，激活要素、市场和各类经营主体。更好发挥政府作用，引导形成以农民为主体、企业带动和社会参与相结合的乡村产业发展格局。

融合发展、联农带农。加快全产业链、全价值链建设，健全利益联结机制，把以农业农村资源为依托的二、三产业尽量留在农村，把农业产业链的增值收益、就业岗位尽量留给农民。

绿色引领、创新驱动。践行"绿水青山就是金山银山"理念，严守耕地和生态保护红线，节约资源，保护环境，促进农村生产生活生态协调发展。推动科技、业态和模式创新，提高乡村产业质量效益。

（三）目标任务

力争用 5~10 年时间，农村一二三产业融合发展增加值占县域生产总值的比重实现较大幅度提高，乡村产业振兴取得重要进展。乡村产业体系健全完备，农业供给侧结构性改革成效明显，绿色发展模式更加成熟，乡村就业结构更加优化，农民增收渠道持续拓宽，产业扶贫作用进一步凸显。

二　突出优势特色，培育壮大乡村产业

（四）做强现代种养业

创新产业组织方式，推动种养业向规模化、标准化、品牌化和绿色化方向发展，延伸拓展产业链，增加绿色优质产品供给，不断提高质量效益和竞争力。巩固提升粮食产能，全面落实永久基本农田特殊保护制度，加强高标准农田建设，加快划定粮食生产功能区和重要农产品生产保护区。加强生猪等畜禽产能建设，提升动物疫病防控能力，推进奶业振兴和渔业转型升级。发展经济林和林下经济。（农业农村部、国家发展改革委、自然资源部、国家林草局等负责）

（五）做精乡土特色产业

因地制宜发展小宗类、多样性特色种养，加强地方品种种质资源保护和开发。建设特色农产品优势区，推进特色农产品基地建设。支持建设规范化乡村工厂、生产车间，发展特色食品、制造、手工业和绿色建筑建材等乡土产业。充分挖掘农村各类非物质文化遗产资源，保护传统工艺，促进乡村特色文化产业发展。（农业农村部、工业和信息化部、文化和旅游部、国家林草局等负责）

（六）提升农产品加工流通业

支持粮食主产区和特色农产品优势区发展农产品加工业，建设一批农产品精深加工基地和加工强县。鼓励农民合作社和家庭农场发展农产品初加工，建设一批专业村镇。统筹农产品产地、集散地、销地批发市场建设，加强农产品物流骨干网络和冷链物流体系建设。（农业农村部、国家发展改革委、工业和信息化部、商务部、国家粮食和物资储备局、国家邮政局等负责）

（七）优化乡村休闲旅游业

实施休闲农业和乡村旅游精品工程，建设一批设施完备、功能多样的休闲观光园区、乡村民宿、森林人家和康养基地，培育一批美丽休闲乡村、乡村旅游重点村，建设一批休闲农业示范县。（农业农村部、文化和旅游部、国家卫生健康委、国家林草局等负责）

（八）培育乡村新型服务业

支持供销、邮政、农业服务公司、农民合作社等开展农资供应、土地托管、代耕代种、统防统治、烘干收储等农业生产性服务业。改造农村传统小商业、小门店、小集市等，发展批发零售、养老托幼、环境卫生等农村生活性服务业。（农业农村部、国家发展改革委、财政部、商务部、国家邮政局、供销合作总社等负责）

（九）发展乡村信息产业

深入推进"互联网+"现代农业，加快重要农产品全产业链大数据建设，加强国家数字农业农村系统建设。全面推进信息进村入户，实施"互联网+"农产品出村进城工程。推动农村电子商务公共

服务中心和快递物流园区发展。（农业农村部、中央网信办、工业和信息化部、商务部、国家邮政局等负责）

三　科学合理布局，优化乡村产业空间结构

（十）强化县域统筹

在县域内统筹考虑城乡产业发展，合理规划乡村产业布局，形成县城、中心镇（乡）、中心村层级分工明显、功能有机衔接的格局。推进城镇基础设施和基本公共服务向乡村延伸，实现城乡基础设施互联互通、公共服务普惠共享。完善县城综合服务功能，搭建技术研发、人才培训和产品营销等平台。（国家发展改革委、自然资源部、生态环境部、住房城乡建设部、农业农村部等负责）

（十一）推进镇域产业聚集

发挥镇（乡）上连县、下连村的纽带作用，支持有条件的地方建设以镇（乡）所在地为中心的产业集群。支持农产品加工流通企业重心下沉，向有条件的镇（乡）和物流节点集中。引导特色小镇立足产业基础，加快要素聚集和业态创新，辐射和带动周边地区产业发展。（国家发展改革委、住房城乡建设部、农业农村部等负责）

（十二）促进镇村联动发展

引导农业企业与农民合作社、农户联合建设原料基地、加工车间等，实现加工在镇、基地在村、增收在户。支持镇（乡）发展劳动密集型产业，引导有条件的村建设农工贸专业村。（国家发展改革委、农业农村部、商务部等负责）

（十三）支持贫困地区产业发展

持续加大资金、技术、人才等要素投入，巩固和扩大产业扶贫成果。支持贫困地区特别是"三区三州"等深度贫困地区开发特色资源、发展特色产业，鼓励农业产业化龙头企业、农民合作社与贫困户建立多种形式的利益联结机制。引导大型加工流通、采购销售、投融资企业与贫困地区对接，开展招商引资，促进产品销售。鼓励农业产业化龙头企业与贫困地区合作创建绿色食品、有机农产品原料标准化生产基地，带动贫困户进入大市场。（农业农村部、国家发展改革委、财政部、商务部、国务院扶贫办等负责）

四　促进产业融合发展，增强乡村产业聚合力

（十四）培育多元融合主体

支持农业产业化龙头企业发展，引导其向粮食主产区和特色农产品优势区集聚。启动家庭农场培育计划，开展农民合作社规范提升行动。鼓励发展农业产业化龙头企业带动、农民合作社和家庭农场跟进、小农户参与的农业产业化联合体。支持发展县域范围内产业关联度高、辐射带动力强、多种主体参与的融合模式，实现优势互补、风险共担、利益共享。（农业农村部、国家发展改革委、财政部、国家林草局等负责）

（十五）发展多类型融合业态

跨界配置农业和现代产业要素，促进产业深度交叉融合，形成"农业＋"多业态发展态势。推进

规模种植与林牧渔融合，发展稻渔共生、林下种养等。推进农业与加工流通业融合，发展中央厨房、直供直销、会员农业等。推进农业与文化、旅游、教育、康养等产业融合，发展创意农业、功能农业等。推进农业与信息产业融合，发展数字农业、智慧农业等。（农业农村部、国家发展改革委、教育部、工业和信息化部、文化和旅游部、国家卫生健康委、国家林草局等负责）

（十六）打造产业融合载体

立足县域资源禀赋，突出主导产业，建设一批现代农业产业园和农业产业强镇，创建一批农村产业融合发展示范园，形成多主体参与、多要素聚集、多业态发展格局。（农业农村部、国家发展改革委、财政部、国家林草局等负责）

（十七）构建利益联结机制

引导农业企业与小农户建立契约型、分红型、股权型等合作方式，把利益分配重点向产业链上游倾斜，促进农民持续增收。完善农业股份合作制企业利润分配机制，推广"订单收购＋分红""农民入股＋保底收益＋按股分红"等模式。开展土地经营权入股从事农业产业化经营试点。（农业农村部、国家发展改革委等负责）

五　推进质量兴农绿色兴农，增强乡村产业持续增长力

（十八）健全绿色质量标准体系

实施国家质量兴农战略规划，制修订农业投入品、农产品加工业、农村新业态等方面的国家和行业标准，建立统一的绿色农产品市场准入标准。积极参与国际标准制修订，推进农产品认证结果互认。引导和鼓励农业企业获得国际通行的农产品认证，拓展国际市场。（农业农村部、市场监管总局等负责）

（十九）大力推进标准化生产

引导各类农业经营主体建设标准化生产基地，在国家农产品质量安全县整县推进全程标准化生产。加强化肥、农药、兽药及饲料质量安全管理，推进废旧地膜和包装废弃物等回收处理，推行水产健康养殖。加快建立农产品质量分级及产地准出、市场准入制度，实现从田间到餐桌的全产业链监管。（农业农村部、生态环境部、市场监管总局等负责）

（二十）培育提升农业品牌

实施农业品牌提升行动，建立农业品牌目录制度，加强农产品地理标志管理和农业品牌保护。鼓励地方培育品质优良、特色鲜明的区域公用品牌，引导企业与农户等共创企业品牌，培育一批"土字号""乡字号"产品品牌。（农业农村部、商务部、国家知识产权局等负责）

（二十一）强化资源保护利用

大力发展节地节能节水等资源节约型产业。建设农业绿色发展先行区。国家明令淘汰的落后产能、列入国家禁止类产业目录的、污染环境的项目，不得进入乡村。推进种养循环一体化，支持秸秆和畜禽粪污资源化利用。推进加工副产物综合利用。（国家发展改革委、工业和信息化部、自然资源部、生态环境部、水利部、农业农村部等负责）

六　推动创新创业升级，增强乡村产业发展新动能

（二十二）强化科技创新引领

大力培育乡村产业创新主体。建设国家农业高新技术产业示范区和国家农业科技园区。建立产学研用协同创新机制，联合攻克一批农业领域关键技术。支持种业育繁推一体化，培育一批竞争力强的大型种业企业集团。建设一批农产品加工技术集成基地。创新公益性农技推广服务方式。（科技部、农业农村部等负责）

（二十三）促进农村创新创业

实施乡村就业创业促进行动，引导农民工、大中专毕业生、退役军人、科技人员等返乡入乡人员和"田秀才""土专家""乡创客"创新创业。创建农村创新创业和孵化实训基地，加强乡村工匠、文化能人、手工艺人和经营管理人才等创新创业主体培训，提高创业技能。（农业农村部、国家发展改革委、教育部、人力资源社会保障部、退役军人部、共青团中央、全国妇联等负责）

七　完善政策措施，优化乡村产业发展环境

（二十四）健全财政投入机制

加强一般公共预算投入保障，提高土地出让收入用于农业农村的比例，支持乡村产业振兴。新增耕地指标和城乡建设用地增减挂钩节余指标跨省域调剂收益，全部用于巩固脱贫攻坚成果和支持乡村振兴。鼓励有条件的地方按市场化方式设立乡村产业发展基金，重点用于乡村产业技术创新。鼓励地方按规定对吸纳贫困家庭劳动力、农村残疾人就业的农业企业给予相关补贴，落实相关税收优惠政策。（财政部、自然资源部、农业农村部、税务总局、国务院扶贫办等负责）

（二十五）创新乡村金融服务

引导县域金融机构将吸收的存款主要用于当地，重点支持乡村产业。支持小微企业融资优惠政策适用于乡村产业和农村创新创业。发挥全国农业信贷担保体系作用，鼓励地方通过实施担保费用补助、业务奖补等方式支持乡村产业贷款担保，拓宽担保物范围。允许权属清晰的农村承包土地经营权、农业设施、农机具等依法抵押贷款。加大乡村产业项目融资担保力度。支持地方政府发行一般债券用于支持乡村振兴领域的纯公益性项目建设。鼓励地方政府发行项目融资和收益自平衡的专项债券，支持符合条件、有一定收益的乡村公益性项目建设。规范地方政府举债融资行为，不得借乡村振兴之名违法违规变相举债。支持符合条件的农业企业上市融资。（人民银行、财政部、农业农村部、银保监会、证监会等负责）

（二十六）有序引导工商资本下乡

坚持互惠互利，优化营商环境，引导工商资本到乡村投资兴办农民参与度高、受益面广的乡村产业，支持发展适合规模化集约化经营的种养业。支持企业到贫困地区和其他经济欠发达地区吸纳农民就业、开展职业培训和就业服务等。工商资本进入乡村，要依法依规开发利用农业农村资源，不得违规占用耕地从事非农产业，不能侵害农民财产权益。（农业农村部、国家发展改革委等负责）

（二十七）完善用地保障政策

耕地占补平衡以县域自行平衡为主，在安排土地利用年度计划时，加大对乡村产业发展用地的

倾斜支持力度。探索针对乡村产业的省市县联动"点供"用地。推动制修订相关法律法规，完善配套制度，开展农村集体经营性建设用地入市改革，增加乡村产业用地供给。有序开展县域乡村闲置集体建设用地、闲置宅基地、村庄空闲地、厂矿废弃地、道路改线废弃地、农业生产与村庄建设复合用地及"四荒地"（荒山、荒沟、荒丘、荒滩）等土地综合整治，盘活建设用地重点用于乡村新产业新业态和返乡入乡创新创业。完善设施农业用地管理办法。（自然资源部、农业农村部、司法部、国家林草局等负责）

（二十八）健全人才保障机制

各类创业扶持政策向农业农村领域延伸覆盖，引导各类人才到乡村兴办产业。加大农民技能培训力度，支持职业学校扩大农村招生。深化农业系列职称制度改革，开展面向农技推广人员的评审。支持科技人员以科技成果入股农业企业，建立健全科研人员校企、院企共建双聘机制，实行股权分红等激励措施。实施乡村振兴青春建功行动。（科技部、教育部、人力资源社会保障部、农业农村部、退役军人部、共青团中央、全国妇联等负责）

八　强化组织保障，确保乡村产业振兴落地见效

（二十九）加强统筹协调

各地要落实五级书记抓乡村振兴的工作要求，把乡村产业振兴作为重要任务，摆上突出位置。建立农业农村部门牵头抓总、相关部门协同配合、社会力量积极支持、农民群众广泛参与的推进机制。（农业农村部牵头负责）

（三十）强化指导服务

深化"放管服"改革，发挥各类服务机构作用，为从事乡村产业的各类经营主体提供高效便捷服务。完善乡村产业监测体系，研究开展农村一二三产业融合发展情况统计。（农业农村部、国家统计局等负责）

（三十一）营造良好氛围

宣传推介乡村产业发展鲜活经验，推广一批农民合作社、家庭农场和农村创新创业典型案例。弘扬企业家精神和工匠精神，倡导诚信守法，营造崇尚创新、鼓励创业的良好环境。（农业农村部、广电总局等负责）

国务院

2019 年 6 月 17 日

（此件公开发布）

关于切实加强高标准农田建设提升国家粮食安全保障能力的意见

国办发〔2019〕50号

各省、自治区、直辖市人民政府，国务院各部委、各直属机构：

确保重要农产品特别是粮食供给，是实施乡村振兴战略的首要任务。建设高标准农田，是巩固和提高粮食生产能力、保障国家粮食安全的关键举措。近年来，各地各有关部门认真贯彻党中央、国务院决策部署，大力推进高标准农田建设，取得了明显成效。但我国农业基础设施薄弱、防灾抗灾减灾能力不强的状况尚未根本改变，粮食安全基础仍不稳固。为切实加强高标准农田建设，提升国家粮食安全保障能力，经国务院同意，现提出以下意见。

一　总体要求

（一）指导思想

以习近平新时代中国特色社会主义思想为指导，全面贯彻党的十九大和十九届二中、三中、四中全会精神，紧紧围绕实施乡村振兴战略，按照农业高质量发展要求，推动藏粮于地、藏粮于技，以提升粮食产能为首要目标，聚焦重点区域，统筹整合资金，加大投入力度，完善建设内容，加强建设管理，突出抓好耕地保护、地力提升和高效节水灌溉，大力推进高标准农田建设，加快补齐农业基础设施"短板"，提高水土资源利用效率，切实增强农田防灾抗灾减灾能力，为保障国家粮食安全提供坚实基础。

（二）基本原则

夯实基础，确保产能。突出粮食和重要农产品优势区，着力完善农田基础设施，提升耕地质量，持续改善农业生产条件，稳步提高粮食生产能力，确保谷物基本自给、口粮绝对安全。

因地制宜，综合治理。严守生态保护红线，依据自然资源禀赋和国土空间、水资源利用等规划，根据各地农业生产特征，科学确定高标准农田建设布局、标准和内容，推进田水林路电综合配套。

依法严管，良田粮用。稳定农村土地承包关系，强化用途管控，实行最严格的保护措施，完善管护机制，确保长期发挥效益。建立健全激励和约束机制，支持高标准农田主要用于粮食生产。

政府主导，多元参与。切实落实地方政府责任，持续加大资金投入，积极引导社会力量开展农田建设。鼓励农民和农村集体经济组织自主筹资投劳，参与农田建设和运营管理。

（三）目标任务

到2020年，全国建成8亿亩集中连片、旱涝保收、节水高效、稳产高产、生态友好的高标准农田；到2022年，建成10亿亩高标准农田，以此稳定保障1万亿斤以上粮食产能；到2035年，通过持续改造提升，全国高标准农田保有量进一步提高，不断夯实国家粮食安全保障基础。

二　构建集中统一高效的管理新体制

（四）统一规划布局

开展高标准农田建设专项清查，全面摸清各地高标准农田数量、质量、分布和利用状况。结合国土空间、水资源利用等相关规划，修编全国高标准农田建设规划，形成国家、省、市、县四级农田建设规划体系，找准潜力区域，明确目标任务和建设布局，确定重大工程、重点项目和时序安排。把高效节水灌溉作为高标准农田建设重要内容，统筹规划，同步实施。在永久基本农田保护区、粮食生产功能区、重要农产品生产保护区，集中力量建设高标准农田。粮食主产区要立足打造粮食生产核心区，加快区域化整体推进高标准农田建设。粮食主销区和产销平衡区要加快建设一批高标准农田，保持粮食自给率。优先支持革命老区、贫困地区以及工作基础好的地区建设高标准农田。（农业农村部、国家发展改革委、财政部、自然资源部、水利部和地方各级人民政府按职责分工负责。以下均需地方各级人民政府负责，不再列出）

（五）统一建设标准

加快修订高标准农田建设通则，研究制定分区域、分类型的高标准农田建设标准及定额，健全耕地质量监测评价标准，构建农田建设标准体系。各省（区、市）可依据国家标准编制地方标准，因地制宜开展农田建设。完善高标准农田建设内容，统一规范工程建设、科技服务和建后管护等要求。综合考虑农业农村发展要求、市场价格变化等因素，适时调整建设内容和投资标准。在确保完成新增高标准农田建设任务的基础上，鼓励地方结合实际，对已建项目区进行改造提升。（农业农村部、国家发展改革委、财政部、水利部、国家标准委按职责分工负责）

（六）统一组织实施

及时分解落实高标准农田年度建设任务，同步发展高效节水灌溉。统筹整合各渠道农田建设资金，提升资金使用效益。规范开展项目前期准备、申报审批、招标投标、工程施工和监理、竣工验收、监督检查、移交管护等工作，实现农田建设项目集中统一高效管理。严格执行建设标准，确保建设质量。充分发挥农民主体作用，调动农民参与高标准农田建设积极性，尊重农民意愿，维护好农民权益。积极支持新型农业经营主体建设高标准农田，规范有序推进农业适度规模经营。（农业农村部、国家发展改革委、财政部、水利部按职责分工负责）

（七）统一验收考核

建立健全"定期调度、分析研判、通报约谈、奖优罚劣"的任务落实机制，确保年度建设任务如期保质保量完成。按照粮食安全省长责任制考核要求，进一步完善高标准农田建设评价制度。强化评价结果运用，对完成任务好的予以倾斜支持，对未完成任务的进行约谈处罚。严格按程序开展农田建设项目竣工验收和评价，向社会统一公示公告，接受社会和群众监督。（农业农村部、国家发展改革委、财政部、国家粮食和储备局按职责分工负责）

（八）统一上图入库

运用遥感监控等技术，建立农田管理大数据平台，以土地利用现状图为底图，全面承接高标准农田建设历史数据，统一标准规范、统一数据要求，把各级农田建设项目立项、实施、验收、使用等各阶段相关信息上图入库，建成全国农田建设"一张图"和监管系统，实现有据可查、全程监控、精准管理、资源共享。各地要加快完成高标准农田上图入库工作，有关部门要做好相关数据共享和

对接移交等工作。（农业农村部牵头，国家发展改革委、财政部、自然资源部、水利部按职责分工负责）

三 强化资金投入和机制创新

（九）加强财政投入保障

建立健全农田建设投入稳定增长机制。各地要优化财政支出结构，将农田建设作为重点事项，根据高标准农田建设任务、标准和成本变化，合理保障财政资金投入。加大土地出让收入对高标准农田建设的支持力度。各地要按规定及时落实地方支出责任，省级财政应承担地方财政投入的主要支出责任。鼓励有条件的地区在国家确定的投资标准基础上，进一步加大地方财政投入，提高项目投资标准。（财政部、国家发展改革委、农业农村部按职责分工负责）

（十）创新投融资模式

发挥政府投入引导和撬动作用，采取投资补助、以奖代补、财政贴息等多种方式支持高标准农田建设。鼓励地方政府有序引导金融和社会资本投入高标准农田建设。在严格规范政府债务管理的同时，鼓励开发性、政策性金融机构结合职能定位和业务范围支持高标准农田建设，引导商业金融机构加大信贷投放力度。完善政银担合作机制，加强与信贷担保等政策衔接。鼓励地方政府在债务限额内发行债券支持符合条件的高标准农田建设。有条件的地方在债券发行完成前，对预算已安排债券资金的项目可先行调度库款开展建设，债券发行后及时归垫。加强国际合作与交流，探索利用国外贷款开展高标准农田建设。（财政部、中国人民银行、中国银保监会、农业农村部按职责分工负责）

（十一）完善新增耕地指标调剂收益使用机制

优化高标准农田建设新增耕地和新增产能的核定流程、核定办法。高标准农田建设新增耕地指标经核定后，及时纳入补充耕地指标库，在满足本区域耕地占补平衡需求的情况下，可用于跨区域耕地占补平衡调剂。加强新增耕地指标跨区域调剂统筹和收益调节分配，拓展高标准农田建设资金投入渠道。土地指标跨省域调剂收益要按规定用于增加高标准农田建设投入。各地要将省域内高标准农田建设新增耕地指标调剂收益优先用于农田建设再投入和债券偿还、贴息等。（财政部、自然资源部、农业农村部按职责分工负责）

（十二）加强示范引领

开展绿色农田建设示范，推动耕地质量保护提升、生态涵养、农业面源污染防治和田园生态改善有机融合，提升农田生态功能。选取一批土壤盐碱化、酸化、退化和工程性缺水等区域，针对农业生产存在的主要障碍因素，采取专项工程措施开展高标准农田建设，为相同类型区域高标准农田建设进行试验示范。在潜力大、基础条件好、积极性高的地区，推进高标准农田建设整县示范。（农业农村部、生态环境部按职责分工负责）

（十三）健全工程管护机制

结合农村集体产权制度和农业水价综合改革，建立健全高标准农田管护机制，明确管护主体，落实管护责任。各地要建立农田建设项目管护经费合理保障机制，调动受益主体管护积极性，确保建成的工程设施正常运行。将建后管护落实情况纳入年度高标准农田建设评价范围。（农业农村部、国家发展改革委、财政部、自然资源部、水利部按职责分工负责）

四　保障措施

（十四）加强组织领导

农田建设实行中央统筹、省负总责、市县抓落实、群众参与的工作机制。强化省级政府一把手负总责、分管领导直接负责的责任制，抓好规划实施、任务落实、资金保障、监督评价和运营管护等工作。农业农村部门要全面履行好农田建设集中统一管理职责，发展改革、财政、自然资源、水利、人民银行、银保监等相关部门按照职责分工，密切配合，做好规划指导、资金投入、新增耕地核定、水资源利用和管理、金融支持等工作，协同推进高标准农田建设。及时总结和推广好经验好做法，营造农田建设良好氛围。（农业农村部牵头，国家发展改革委、财政部、自然资源部、水利部、中国人民银行、中国银保监会按职责分工负责）

（十五）加大基础支撑

推进农田建设法规制度建设，制定完善项目管理、资金管理、监督评估和监测评价等办法。加强农田建设管理和技术服务体系队伍建设，重点配强县乡两级工作力量，与当地高标准农田建设任务相适应。围绕农田建设关键技术问题，开展科学研究，组织科技攻关。大力引进推广高标准农田建设先进实用技术，加强工程建设与农机农艺技术的集成和应用，推动科技创新与成果转化。加强农田建设行业管理服务，加大相关技术培训力度，提升农田建设管理技术水平。（农业农村部、国家发展改革委、科技部、财政部、水利部按职责分工负责）

（十六）严格保护利用

对建成的高标准农田，要划为永久基本农田，实行特殊保护，防止"非农化"，任何单位和个人不得损毁、擅自占用或改变用途。严格耕地占用审批，经依法批准占用高标准农田的，要及时补充，确保高标准农田数量不减少、质量不降低。对水毁等自然损毁的高标准农田，要纳入年度建设任务，及时进行修复或补充。完善粮食主产区利益补偿机制和种粮激励政策，引导高标准农田集中用于重要农产品特别是粮食生产。探索合理耕作制度，实行用地养地相结合，加强后续培肥，防止地力下降。严禁将不达标污水排入农田，严禁将生活垃圾、工业废弃物等倾倒、排放、堆存到农田。（农业农村部、自然资源部、国家发展改革委、财政部、生态环境部按职责分工负责）

（十七）加强风险防控

树立良好作风，强化廉政建设，严肃工作纪律，切实防范农田建设管理风险。加强对农田建设资金全过程绩效管理，科学设定绩效目标，做好绩效运行监控和评价，强化结果应用。加强工作指导，对发现的问题及时督促整改。严格跟踪问责，对履职不力、监管不严、失职渎职的，依法依规追究有关人员责任。（农业农村部、国家发展改革委、财政部按职责分工负责）

国务院办公厅

2019 年 11 月 13 日

（此件公开发布）

联合发文

关于印发全国政策性粮食库存大清查检查方法的通知

国粮发〔2019〕52号

各省级粮食库存大清查工作协调机制成员单位：

为贯彻落实《国务院办公厅关于开展全国政策性粮食库存数量和质量大清查的通知》（国办发〔2018〕61号）精神，以及国家发展改革委、国家粮食和物资储备局等7部门单位《关于印发全国政策性粮食库存数量和质量大清查实施方案的通知》（发改粮食〔2019〕247号）要求，做好2019年全国政策性粮食库存大清查工作，特制定粮食库存大清查检查方法，经大清查部际协调机制审定，现印发你们，请结合实际认真执行。

附件：1. 粮食库存实物检查方法
2. 粮食库存账务检查方法
3. 粮食库存质量检查方法
4. 粮食库存检查工作底稿和汇总表

国家发展改革委　国家粮食和物资储备局　财政部　农业农村部
统计局　中国农业发展银行　中储粮集团公司
2019年3月1日

（此件公开发布）

粮食库存实物检查方法

一、概述

粮食库存大清查实物检查采取现场检查方式，由检查人员对纳入检查范围全部粮食货位的数量、品种和性质逐货位检查，并与粮食库存分仓保管账、保管总账相互印证。

实物检查常用方法有测量计算法和称重法，检查时根据粮食货位堆装方式具体确定。

粮食在储存期间，受储存条件和储粮作业等多种因素影响，水分、杂质等质量指标以及散装粮食的粮堆密度都会发生不同程度的变化，检查时要综合考虑这些因素对粮食库存实物数量认定带来的影响。同时，正确区分检查方法自身误差与粮食实际数量变化，应记粮食储存损耗、实记粮食损耗与历史未处理粮食损耗等区别，尽可能准确认定每个货位的粮食实际数量。

在现有粮食库存实物检查方法基础上，对 2019 年全国政策性粮食库存大清查实物检查方法有关问题重点说明如下。

（一）粮食库存实物检查方法适用范围

1. 测量计算法。测量计算法是根据粮堆体积和粮堆平均密度计算粮食数量的方法，适用于形状规则的散装粮堆和非定量包装粮货位的数量检查，便于对库存粮食数量进行快速估算，但不是法定的计量方法，检查结果只用于对单个货位粮食数量的账实相符情况进行判断，不能作为修改粮食库存保管账的依据。

2. 称重法。称重法包括抽包检斤法和直接称重法，两者都属于法定计量方法。由于直接称重法工作量大，时间长，动用人力、物力大，费用高，大清查中只在特定情形下使用。抽包检斤法适用于定量包装粮的数量检查。直接称重法适用于货位形状不规则、不具备测量条件的少量散装粮或非定量包装粮的数量检查，以及检查发现有重大问题需要称重复核的情况。

（二）影响粮食库存实物检查结果的主要因素

1. 粮食损耗的影响。粮食在正常储存过程中，因正常生命活动消耗的干物质、计量的合理误差等因素，导致的粮食损耗。

（1）应记粮食储存损耗。根据粮食储存时间、水分变化等，估算的保管自然损耗和水分减量，是对粮食在储存期间损耗数量的估算值，仅用于验证单个货位实测粮食数量与分仓保管账数量之间的差数是否合理，不能作为日常粮食购销、仓储管理工作中的定耗依据。

（2）实记粮食损耗。实记粮食损耗是根据入库、出库检斤结果确认的实际损耗数值，作为粮食购销、仓储管理、核销账务的定耗依据。确认实记粮食损耗数量方法有两种：一是在粮食出库时，根据出库检斤数量与保管账数量的差数核定；二是利用抽包检斤法或直接称重法检查粮食数量时认定的账实差数。

（3）超耗。粮食储存实际损耗数量超过了国家规定的损耗定额，称为"超耗"。原粮自然损耗定额为储存半年以内的，不超过 0.1%；储存半年以上一年以内的，不超过 0.15%；储存一年以上的，不超过 0.2%。超耗成因较为复杂，除粮食储存期间保管不当外，可能存在保管账记录不实、储粮事故损失、违规动用库存等方面的问题，须进一步核实超耗的原因。

2. 粮食损失的影响。粮食损失分为因灾损失和人为损失。因灾损失指粮食在储存期间因不可抗力因素造成的数量损失，如火灾、水灾等自然灾害损失。人为损失指粮食在储存期间因保管不当发生储粮安全事故造成的数量损失，如粮食霉变、严重虫蚀等损失。按照粮食库存管理的有关规定，政策性粮食损失数量由相关主管部门审核认定，政策性粮食已经投保的，因灾损失数量可按照保险公司理赔情况认定。人为损失要查清原因和责任。

3. 粮堆形态的影响。采用测量计算法检查粮食实物数量时，粮堆形状、粮面平整度等是否规则直接影响粮堆体积的测量结果。在检查前应尽可能将粮堆形状不规则、粮面不平整的货位整理成可测量形态，以提高工作效率。

4. 标准仓的影响。采用测量计算法检查粮食实物数量时，利用标准仓确定的修正系数直接影响被查仓粮堆平均密度的测算结果。在自查阶段应根据储粮实际情况合理确定标准仓，并对相关粮食入仓原始凭证和粮堆测量数据进行整理，妥善保管，便于后续检查时核对。

二、检查前准备工作

（一）检查人员准备工作

1. 了解粮食库存情况。通过查阅账务资料、询问有关人员等方式，掌握粮食库存的数量、品种、性质及分布情况，特别是了解是否存在租仓储粮、委托储粮、受托储粮、异地储粮、在途粮食、政策性借粮以及历史未处理损失损耗等情况，了解查库当日是否存在仓房正在熏蒸、正在出入库、空仓、仓房租赁等情况，做到检查前心中有数。

2. 了解粮食储存期间质量变化情况。查阅粮食质量检验检测记录，分析库存粮食水分、杂质、容重等质量指标变化情况，供测算应记粮食损耗时参考。

3. 了解粮食储存期间数量变化情况。了解与粮食库存相关的收购、验收、销售、储备粮轮换、集并、移库等业务的详细情况，准确掌握检查时点到实际查库日实物库存变化的情况。粮食入库验收后是否经过干燥、整理、倒仓、通风等仓储作业，以及相关业务发生的时间、数量，涉及的仓房货位等。结合实际情况，分析核实各类业务对粮食库存实物数量的影响。

4. 确定检查工作顺序，落实人员分工。要根据货位分布情况，合理确定检查顺序，明确检查人员和配合人员的分工。采用称重法检查粮食实物数量的，要提前安排好粮食出、入仓流程。

（二）被检查企业（库点）准备工作

1. 准备与实际查库日当日粮食库存实际情况一致的货位明细表和货位分布平面图。货位明细表中应标明本库区全部粮食货位的编号，仓储设施类别，粮食入库时间、性质、品种、数量、收获年度，粮堆形状、尺寸、体积，粮食入库验收及近期质量检测结果，入仓方式，保管人员等方面的信息。货位分布平面图应注明全部粮食货位的位置和编号，包括空仓、出租仓房情况。货位明细表和分布平面图由被检查企业（库点）负责人签字并加盖公章后，交检查人员。

2. 准备相关账务资料、库存管理资料和自查材料。账务资料包括粮食分仓保管账、保管总账、库存统计报表，反映粮食出入库业务的辅助账、表、原始凭证等。库存管理资料包括测温、测湿、虫害等粮情检测记录以及通风、烘干、熏蒸等作业记录。自查材料包括自查工作底稿、汇总表、修正系数的判定方法以及自查报告等。上述相关账务资料、库存管理资料、自查材料要准备成套，统一保管，交检查人员查阅。

3. 准备检查器具。采用测量计算法检查的，应提前准备好丈量粮堆体积及测量粮食密度所需器具，包括钢卷尺或激光测距仪、计算器、容重器、特制大容器、台秤、深层电动扦样器等，所选计算器具应符合国家计量标准的有关规定并经过法定检定部门的检定。

4. 粮食称重的准备。采用称重法检查的，应做好以下准备：一是合理制定方案，科学安排出仓、过秤、入仓流程，落实各环节负责人员，尽可能减少搬运量、搬运距离和过渡性临时货位。二是提前校准衡器。三是准备运输车辆、输送装卸设备及包装物品。四是提前对移动货位所需空仓或场地进行清理消毒，准备铺垫苫盖等材料。五是确保储粮设施安全、到位，避免移动货位对储粮设施造成损坏，保证新货位形成后粮情检测、通风和防潮等设备工作正常。

5. 落实配合检查人员。指定配合检查人员，应提前到位做好被检查相关准备。

6. 软件系统和网络运行准备。确保出入库系统、"一卡通"系统、"粮情测控系统"等信息系统各项功能正常运行。提供必要网络环境，确保大清查应用软件能正常登录使用。

（三）核对粮食库存保管账务资料。由检查人员和被检查企业（库点）仓储管理人员共同核对粮食库存保管账务资料，一是核对保管总账记载的粮食数量、品种、性质与分仓保管账、货位明细表的合计情况是否一致，有无货位遗漏或重复统计问题；二是核对货位分布图中标注的货位数量是否准确，货位编号与分仓保管账是否一致；三是核实是否有粮食正在出入库、保管账尚未登记的情况；四是核对已实施熏蒸仓房的熏蒸备案、熏蒸记录、粮食检查记录、储粮化学药剂购买使用记录等情况。核对正在实施充氮气调储粮仓房的相关记录。

三、测量计算法检查粮食数量

（一）测量计算粮堆体积。根据粮堆几何形状和测量粮堆的外型尺寸，计算粮堆体积。测量计算中需注意以下问题：

1. 要扣除粮堆中设施占用的空间，如地上笼通风道、仓房入口处工作间等。对埋藏在粮堆内部不便直接丈量的设施，可根据仓房设计图纸中标注的尺寸计算体积。

2. 要注意粮堆形状是否规则，采取有效措施，尽可能使测量计算结果与粮堆实际体积接近。对于地坪沉降、半地下粮仓，可结合质量扦样工作多点测量。

3. 计算席茓囤下部圆柱体粮食体积时需扣除茓壁厚度，上部锥体体积根据锥高和坡度仪测量的坡角进行计算，同时要考虑囤帽与其下方粮堆形状、尺寸差异对测量计算结果的影响。

4. 检查货位内存粮的真实性。对散存粮堆、席茓囤，要分别使用电动扦样器、手持式扦样器探测存粮的真实性。对包装粮，必要时可进行局部拆垛检查。

5. 粮堆外型尺寸的测量，重点是粮堆高度，要多点测量取平均值，特别是粮面不平整的情况。

（二）计算粮堆平均密度。粮堆中不同部位的密实程度有较大差异，利用常规方法很难直接测定粮堆平均密度。检查时通常从粮堆中扦取部分样品，用设备（容重器或特制大容器）测量粮食在自然散落状态下的密度，利用标准仓确定修正系数进行校正，获得与粮堆实际状态接近的平均密度。

1. 测量粮食密度。

（1）容重器法测量粮食容重。对玉米、小麦等以容重定等的粮食，可按照国家标准规定的方法，用容重器测定粮食的容重。

（2）特制大容器法测量单位体积粮食重量。对于稻谷、大豆等不设容重指标的粮食，可利用特制大容器测量密度。特制大容器要提前制作，用材牢固不易变形，内部空间为立方体，上缘水平。原则上稻谷密度测量使用 0.5 m^3、大豆使用 $1m^3$ 的特制大容器。测量应在平整地面进行，先将容器放置在衡器（经过计量鉴定的台秤、电子秤等）上称量皮重，再匀缓倒入粮食样品，尽可能不发生震动。装满后用直尺缓慢刮平容器上缘，清理衡器表面散落的粮食后称重。容器内粮食净重与容器体积的比值即为自然散落状态下的粮食密度，也称单位体积粮食重量。

（3）取样时需要注意的问题。参照质量检查扦样布点方式，在粮堆表面均匀布设多个取样点，各取样点距仓墙间隔不少于 1.5m，并避开杂质聚集区。每个取样点在粮面以下不少于 50cm 位置提取等量样品混合均匀后进行。

2. 确定修正系数。利用标准仓确定修正系数，用修正系数对仪器方法测定的粮食密度进行校正，计算粮堆平均密度。具体步骤如下：

（1）选择标准仓。标准仓是指与被查仓储粮品种相同，储存条件类似，粮食数量和粮堆体积已知的仓房，尽可能满足以下条件：入仓时间在一年以内，没有发生过货位移动，粮堆形状比较规则，入仓后粮食水分含量无明显变化。

（2）计算标准仓粮堆平均密度。标准仓的粮食数量以保管账记载的数量为准，粮堆体积应现场测量。

标准仓粮堆平均密度（kg/m^3）＝标准仓保管账数量（kg）/标准仓粮堆体积（m^3）

（3）计算修正系数。标准仓粮堆平均密度与标准仓粮食容重（或单位体积粮食重量）的比值即为修正系数。

利用容重器测量标准仓粮食容重的：

修正系数＝标准仓粮堆平均密度（kg/m^3）/标准仓粮食容重（g/l）

利用特制大容器测量标准仓单位体积粮食重量的：

修正系数＝标准仓粮堆平均密度（kg/m^3）/标准仓单位体积粮食重量（kg/m^3）

校正修正系数。影响粮堆密度的因素很多，同类条件下，受粮食容重、储存年限、装粮高度及震动源等影响较大。质量等级高的粮食籽粒饱满、内部结构紧密，粮堆密度大于质量等级低的粮食；储存时间长的粮食，粮堆内部逐渐密实，粮堆密度大于储存时间短的粮食；装粮高的货位，粮堆密度大于装粮低的货位；位于公路、铁路、机场以及大型震动源附近的粮仓，粮食受震动的影响逐渐压紧，粮堆密度较高；机械通风仓粮堆密度大于非机械通风仓。通常情况下，粮堆密度大的，修正系数也偏大。

综合考虑以上因素，散装粮的密度修正系数取值范围：稻谷、小麦、大豆正常范围为 1.01~1.03，玉米正常范围为 1.01~1.05。对装粮高度 10m 以上的，位于公路、铁路、机场以及大型震动源附近的，粮食超期储存的，储存期间使用离心机有效通风等情况，可适当放宽修正系数取值范围：稻谷、小麦最高不得超过 1.05，玉米最高不得超过 1.07，国产大豆最高不得超过 1.10，进口大豆最高不得超过 1.16。

3. 计算被查仓粮堆平均密度。

被查仓粮堆平均密度（kg/m^3）＝被查仓粮食容重（或单位体积粮食重量）（g/l 或 kg/m^3）× 校正后修正系数

（三）计算被查仓粮食数量

1. 计算粮堆测量计算数。

测量计算数（kg）= 被查仓粮堆平均密度（kg/m³）× 被查仓粮堆体积（m³）。

2. 计算应记粮食储存损耗。

（1）计算保管自然损耗。按照《粮油仓储管理办法》规定，不同储存年限原粮的自然损耗定额为：储存半年以内的，损耗率不超过 0.1%；半年以上一年以内的，不超过 0.15%；一年以上的，不超过 0.2%。原粮的自然损耗按定额处置，在定额以内的据实核销，超过定额的按超耗处理并分析超耗的原因。

保管自然损耗（kg）= 被查仓保管账数量（kg）× 自然损耗率

（2）计算水分减量

水分减量（kg）= 被查仓保管账数量（kg）×（入库水分 % – 实测水分 %）/（1– 实测水分 %）

上式中入库水分和实测水分指被查仓粮食平均水分。入库水分以粮食入仓时质量检测记录为准（原则上为仓卡或者入库验收检验报告填写的数据），实测水分可以引用距检查日期最近一次的粮食质量检测数据。

（3）计算应记粮食储存损耗

应记粮食储存损耗（kg）= 保管自然损耗（kg）+ 水分减量（kg）

3. 计算被查仓粮食检查计算数。

检查计算数（kg）= 测量计算数（kg）+ 应记粮食储存损耗（kg）

（四）认定粮食实际数量

1. 计算被查仓粮食检查计算数与保管账数量的差数和差率

差数（kg）= 保管账数量（kg）– 检查计算数（kg）

差率（%）= 差数（kg）/ 保管账数量（kg）× 100%

2. 判断账实相符情况。形状规则的散装粮堆，粮食实物检查计算数与保管账数量的差率在 ±2% 以内的，或露天囤、包打围、非定量包装粮食及其他不规则散装粮堆，检查计算数与保管账数量的差率在 ±3% 以内的，判定为账实相符。差率超标的，要认真查明原因，复核分仓保管账数量。确属同批次入库的，也可将同批次各仓检查计算数累加后与分仓保管账合计数比对，计算差率，判定账实是否相符。

3. 认定粮食实际数量。判定为账实相符的，被查仓粮食分仓保管账数量（注意：不是检查计算数）即认定为该仓在检查当日的粮食实际数量。确属账实不符的，要在查明原因的基础上重新判断账实相符情况。必要时，利用直接称重法清查粮食实际数量。

上述检查过程及结果记入《粮食实物检查工作底稿（测量计算法）》（附表 3–1），认定的粮食实际数量填入表中"粮食实际数量"栏目。

四、抽包检斤法检查粮食数量

（一）抽包检斤并确认是否属于定量包装粮

1. 抽包。抽包前要仔细检查包装袋的完好情况，抽取的包装不应有破损现象，抽包位置应尽量选择货位表面两层包以下。抽包比例不小于货位中包装总量的 5%。为提高效率，特大型货位，可按每个货位 10 ~ 20 包抽包检斤。

2. 计算单包粮食称量平均净重。

单包粮食称量平均净重（kg/ 包）=〔抽包粮食毛重（kg）– 包装物总重量（kg）〕/ 抽包包数（包）

包装物总重量可直接选取与实物包装同样数量和材质规格的空包装袋称量，或者抽取少量包装物（一般抽 5 ~ 10 条）称重取平均值确定单个包装物重量，再计算包装物总重量。

3. 认定是否属于定量包装粮。包装定量与单包粮食称量平均净重的差率在 ±0.5% 以内的，认定货位中的粮食全部为定量包装粮。差率超标的，需按照非定量包装粮检查粮食数量。

差率（%）=〔包装定量（kg/ 包）– 单包粮食称量平均净重（kg/ 包）〕/ 包装定量（kg/包）×100%

成品粮取得计量保证能力合格标志（C 标志）的，可直接认定为定量包装粮，不进行抽包检斤和定量包装判定。

（二）点包计算货位中的粮食实际数量。对认定为定量包装粮的货位，包装定量数量（注意：不是单包粮食称量平均净重）与货位中实际包数的乘积即为被查货位在检查当日的粮食实际数量。清点粮食包数时应注意粮垛码放是否规则，内部是否设有人工通风道，是否有空心、缺包、夹包等现象，必要时可进行局部拆垛检查，确保清点数量准确。

粮食实际数量（kg）=包装定量数量（kg/ 包）× 实际包数（包）

上述检查过程及认定的粮食实际数量填入《粮食实物检查工作底稿（抽包检斤法）》（附表 3–2）相应栏目。

同一货位有多种计量规格定量包装粮食堆存的，被检查库点应提前整理，有效隔开，方便检查人员清点。对粮食实际数量与被查仓粮食分仓保管账之间存在差数的，要认真分析原因，复核点包数量和分仓保管账，查明是否存在短包等情况。

五、直接称重法检查粮食数量

对数量较少且体积不便测量的散装粮食或非定量包装粮，必要时可利用直接称重法检查粮食数量。对非定量包装粮，可先脱包后称重，也可采用先过秤检斤然后统一扣除包装物重量的方法计算粮食净重。对散装粮，可利用移动式称重设备检斤，也可用车辆装载通过地中衡检斤。为避免卸粮不净造成误差，应采取每车回皮的方法，即先对重车过秤检斤，卸载后再对空车过秤检斤，二者重量差即为车辆装载的粮食数量。为防止人为因素干扰检查结果，检斤前要周密布置作业环节，原始货位处、过磅处、检斤后形成的新货位处应安排检查人员和被检查单位人员同时在场，每个环节详细记录，过磅码单一式三份，分别留底，便于核对。

（一）过秤检查货位中粮食实际数量。货位中全部粮食过秤检斤后，检斤粮食净重为被查货位检查当日粮食实际数量，记入《粮食实物检查工作底稿（直接称重法）》（附表 3–3）的"检斤粮食净重（粮食实际数量）"栏目。

（二）验证账实差数的合理性。通过直接称重认定的粮食实际数量与分仓保管账数量之间存在差数的，应与应记粮食储存损耗进行比较，验证是否属于超耗。

1. 计算账实差数。

账实差数（kg）=保管账数量（kg）– 粮食实际数量（kg）

按上述方法计算的账实差数即为利用抽包检斤法核定的被查货位粮食实际损耗数量。

2. 计算应记粮食储存损耗。应记粮食损耗包括保管自然损耗和水分减量两项，具体计算方法参见"测量计算法检查粮食数量"相关内容。

3. 核定是否存在超耗。

判定值（kg）＝账实差数（kg）－应记粮食储存损耗（kg）

判定值 ≤ 0 的，说明货位中粮食的实际损耗数量在合理范围内，检查结束后填报《粮食库存数量汇总表》（附表 7–1）时，账实差数记入"损耗"栏目；如判定值 ＞ 0，说明货位中粮食存在超耗问题，判定值数量即为超耗数量。超耗数量过大的，要延伸核查具体原因，按查实的结果填报账实差数原因。

上述情况一并记入《粮食实物检查工作底稿（直接称重法）》（附表 3–3）。

六、检查结果填写

对粮食库存实物数量进行检查时，每个货位的检查情况应单独记录，按照检查方法的不同分别填写《粮食实物检查工作底稿》。被检查库点全部货位清查完毕后，利用《粮食实物检查货位登记表》（附表 3–4、附表 3–5、附表 3–6）进行登记汇总。对实物检查中发现的问题，填入《检查发现问题工作底稿》（附表 5）。

为确保现场实物检查的安全性，提高工作效率，实物检查人员应先纸质记录各货位检查数据信息，再使用大清查应用软件录入检查数据，审核无误后按规定签字确认。

附件 2

粮食库存账务检查方法

一、概述

　　粮食库存大清查账务检查是指通过对涉粮企业有关账簿、凭证、报表、银行信贷资金台账、补贴拨付情况、业务合同和原始购销票据等资料进行检查，核实账簿上记录的粮食库存数量，并与粮食实物数量进行对比，检查粮食购销业务是否真实合规，认定检查时点粮食实际库存数量是否真实准确，核实储备粮轮换计划是否严格执行。账务检查包括统计账检查和会计账检查，重点检查统计账、会计账和保管账之间的账账相符情况，以及与粮食库存实物清查结果的账实相符情况。

　　在现有粮食库存账务检查方法基础上，对 2019 年全国政策性粮食库存大清查账务检查方法有关问题重点说明如下。

二、检查前准备工作

（一）检查人员准备工作

　　1. 获取省级大清查协调机制办公室提供的《实际储存库点合并登统表》（以下简称《合并登统表》），了解被查库点粮食性质、品种和统计报账单位等情况。

　　2. 获取中央和地方储备粮规模、轮换计划等文件，国家临时存储粮收购、销售、划转、移库以及地方政策性粮食购销、划转等文件。

　　3. 获取省级或者市（地）级大清查协调机制办公室提供的政策性粮食库存管理法规规章、制度标准和规范性文件等政策资料汇编及现行有效的省级粮食流通统计调查制度。

　　4. 准备《账务检查工作底稿》和汇总表格，检查所需的电脑、计算器等工具，熟练使用大清查应用软件。

　　5. 掌握被查企业的组织结构情况。通过询问相关人员、查阅营业执照许可证、储备粮承储资格等证书文件，了解企业产权结构、机构设置和具体负责人员等。

　　6. 进驻后及时了解粮食库存情况。通过听取承储企业负责人汇报、查阅自查资料、询问有关人员等方式，掌握粮食库存数量、品种、性质及分布情况，特别应了解是否存在租仓、委托、受托和异地储粮、粮食在途、政策性借粮、历史未处理损失损耗等情况，了解仓房使用情况，特别是查库当日是否存在仓房熏蒸、正在出入库、空仓和仓房租赁等情况。还要了解检查时点到查库当日期间粮食库存是否有变化等情况，做到检查前心中有数。

（二）被查企业准备工作

　　1. 提供企业《自查工作底稿》及汇总表，自查结果备案或者汇报材料。

　　2. 提供粮食经营台账（统计台账）、统计和会计报表、统计和会计账和保管总账，以及反映粮食出入库业务的辅助账、表、证和文书文件等资料。

　　3. 涉及租仓储粮、委托代储、受托储粮、异地储粮、在途粮食业务的企业，准备相关合同和粮食权属证明等资料。

4. 已实际发生相关业务，但依据政策规定尚未做账务处理的情况，应提供相关政策文件。

5. 指定配合检查的统计、财务和购销等业务人员。存在租仓储粮、受托储粮情形的，有关粮权单位派工作人员提前到位配合检查。

三、统计账检查方法

（一）对粮食库存进行账账核对和账实核对

1. 核对粮食库存账账相符情况。

（1）核对"企业统计账面数"和"保管账面数"。

结合《合并登统表》（附表 2-1 或者附表 2-3，下同）所提供的实际储存库点原粮合计数及分性质合计数、分品种粮食数量，将被查库点统计账面数（"企业统计账面数"）与保管总账记载的粮食库存数（即"保管账面数"）进行比对，将核对结果录入《粮食库存账账核对工作底稿》（附表 4-1）。对于保管总账中记载的各成品粮库存数要按实际数量填写，计算原粮库存总数时，按照统一折率计算成原粮（原粮 = 成品粮 /0.7）。如有其他企业在被查库点租仓储粮的，要备注说明。

（2）核对"企业统计账面数"和"会计账面数"。

将被检查企业 3 月份统计报表期末库存数或期末实际库存数（即"企业统计账面数"）与会计账存货科目中"商品粮油"、"储备粮油"等明细账户反映的粮食库存数（即"会计账面数"）进行比对，将核对结果录入《粮食库存账账核对工作底稿》（附表 4-1）。采用国家粮油统计信息系统填报统计月报的，3 月份统计报表期末库存数或者期末实际库存数量，通过查阅系统"粮油流通统计月报"不同性质月报表"期末库存"获得，必要时打印输出后进行账账比对。承储政策性粮食的企业，如果这些粮食不是由本企业（库点）进行会计核算，则不必填写"会计账面数"，由统计报账单位统一进行账账核对。

账账之间如不相符，要查明原因。对储备粮要核查是否存在违规擅自动用、调换品种等情况，并在备注栏中详细说明。

2. 核对粮食库存账实相符情况。

以实物检查人员在实际查库日对被检查库点进行清查认定的实际库存数量为基础，根据检查时点至实际查库日之间实物变动调整事项，以及检查时点实物权属归属调整事项，认定被检查库点检查时点的实际库存数量，与《合并登统表》记录的检查时点统计库存数量进行比对，核对检查时点粮食库存账实差数和差率，分析确定产生差数的具体原因。检查结果录入《粮食库存账实核对工作底稿》（附表 4-2）。

"实际查库日认定的实物库存"，指被检查库点实际查库当日仓房（货位）内储存的全部粮食库存数量，由实物检查人员根据《粮食实物检查货位登记表》（附表 3-4、附表 3-5、附表 3-6）汇总粮食实际数量及分性质分品种粮食实际数量后，提交给账务检查人员。使用大清查应用软件时，"实际查库日认定的实物库存"由软件系统根据实物检查结果自动生成。

（1）检查时点至实际查库日的调整事项。

"粮食入库"，指检查时点至实际查库日期间发生的粮食实物入库数量，经认定后从实际查库日现场检查认定的粮食数量中扣除。

"粮食出库"，指检查时点至实际查库日期间发生的粮食实物出库数量，经认定后与实际查库日现场检查认定的粮食数量相加。

"粮食入库"和"粮食出库"数量根据检查时点至实际查库日发生的粮食出入库原始凭证、保管账记录、粮食购销合同及发票，以及相关资金往来原始票据等进行核实。

（2）检查时点的调整事项。

"销售未出库"，指在检查时点前已与其他企业签订粮食销售合同，并在检查时点的统计账中做了粮食销售处理，但截至检查时点实物仍未发运出库的粮食。在检查时点，这部分粮食虽然实物仍储存在被查企业仓库，但粮权已经发生转让。分两种情况处理：如买方的这批粮食属于大清查范围，且已体现在《合并登统表》中，则不得作为调整事项。否则，应作为调整事项，予以扣除。

"受托代储"，指在检查时点前已与其他企业签订粮食代储合同、检查时点上实物仍储存在被检查库点的粮食。如果受托代储的是不属于此次清查范围的粮食企业商品粮，应予以扣除。这次大清查，"受托代储"专指政策性粮食承储企业代其他企业储存的商品粮。若受托代储粮食，已经体现在《合并登统表》中，则不得作为调整事项。

"粮食在途"，指被检查企业在检查时点前与异地企业签订粮食购买合同，粮权已归属被查企业，在检查时点的统计账中已做粮食购进处理，但粮食实物仍在运输途中尚未真正接收入库的粮食。这部分粮食应做调整增加。中央储备粮、地方储备粮、地方政策性粮食不存在在途情况。最低收购价粮、国家临时存储粮和国家一次性储备粮"在途"仅指按照国家有关部门计划指令进行跨省移库仍在途的粮食。

"销售未出库""受托代储"和"粮食在途"情况要根据企业运输凭证、购销合同、委托代储合同等资料进行核实。

经过上述调整，得到被检查库点"检查时点实际库存数量"。"检查时点统计库存数量"按《合并登统表》反映的粮食库存填写。

3. 粮食库存账实差异的原因分析。

检查时点实际库存和《合并登统表》反映的统计库存对比，如存在差数，检查人员应具体分析是否由以下因素所致：

（1）粮食出库未减账。一是粮食销售因货款未回笼等原因未减账；二是擅自动用储备粮或其他政策性粮食库存未减账；

（2）粮食入库未入账。一是账务处理不及时；二是自营商品粮未入账；三是储备粮承储企业购进的轮换粮源或轮出的旧粮未计入商品库存；

（3）历史未处理的粮食损失、损耗。检查时点前已发生，并可以准确计量的损失和损耗。

（4）政策性借粮未归还，统计上未核减库存。检查时点前因救灾、救济和移民安置等原因，被查企业根据行政安排借出粮食，粮食已出库但会计账和统计账都未作减账处理，导致统计账面数大于库存实际数。

（5）其他原因。如对粮食业务的统计处理不正确、储备粮轮换操作中虚报轮换进度、政策性粮食收购中虚报或瞒报收购数量、统计报表填报不准确、分解登统差错等。若出现这些情况，应在备注栏中详细说明。

如果所检查的库存中有代外省储存的粮食，还应将库存粮食按照所属省份分别填写相应的工作底稿，并注明具体省份。

粮食库存账实不符，要查明原因。其中，检查核实受托代储粮食的实物数量与委托方提供的数据不符的，要在备注栏追溯注明粮权所在企业的名称和数量差数。

（二）检查储备粮轮换计划执行情况

1. 检查储备粮轮换计划的分解与下达情况。

自上而下直至被检查企业，逐级核对储备粮轮换计划的分解情况。重点检查储备粮轮换计划的下达是否及时规范，是否按规定的轮换品种和数量要求逐级分解，是否擅自调整和变更，轮换计划下达是否分解到具体货位等。

检查中央储备粮和各级地方储备粮轮换计划下达是否合法合规。按照中央储备粮管理条例、中央储备粮油轮换管理办法（试行）、中国储备粮管理总公司中央储备粮油轮换管理办法（试行）以及地方各级储备粮管理法规、规章和规范性文件的规定，检查一定时期储备粮年度轮换计划（或者批次计划）下达是否及时，轮换计划文件与有关部门对轮换申请的批复是否一致，不同层级计划文件下达内容是否衔接对应，计划中轮换的品种、数量、时间和地点等内容是否明确，计划执行过程中发生变更是否按规定履行报批手续。

2. 检查储备粮轮换计划的执行情况。

主要检查中央储备粮和地方各级储备粮轮换计划下达和执行情况。中央储备粮轮换计划包括轮出计划和轮入计划。检查内容包括：

（1）检查中央储备粮和地方各级储备粮轮换计划下达是否合法合规。按照中央储备粮管理条例、中央储备粮油轮换管理办法（试行）、中国储备粮管理总公司中央储备粮油轮换管理办法（试行）以及地方各级储备粮管理法规、规章和规范性文件的规定，检查一定时期储备粮年度轮换计划（或者批次计划）下达是否及时，轮换计划文件与有关部门对轮换申请的批复是否一致，不同层级计划文件下达内容是否衔接对应，计划中轮换的品种、数量、时间和地点等内容是否明确，计划执行过程中发生变更是否按规定履行报批手续。

（2）检查是否擅自改变储备粮轮换计划的内容。储备粮轮换计划的内容包括轮换的品种、数量、时间和地点等。按照轮换计划文件下达的内容，核对承储企业（库点）反映储备粮轮换进度的相关报表（如中央储备粮轮换月报表）和账务资料，并根据相关的原始凭证核实轮换粮食的具体批次、库点、仓号、品种和数量，结合会计账检查人员对相关轮换购销业务真实性的核实结论，检查认定是否存在擅自改变储备粮轮换的品种、数量、时间和地点等情形。

（3）检查是否存在虚假轮换的问题。在账账核对、账实核对的基础上，通过查阅与储备粮轮换有关的粮食购销合同及发票、出入库单、收购凭证、运输凭证、资金往来凭证等，核实是否存在应轮未轮、未轮报轮、转圈轮换等虚假轮换情形。

（4）检查储备粮轮入质量是否符合规定。轮入粮源是否为新粮，新粮是否达到规定的质量等级要求（原则中等以上）；轮入的储备粮是否经过专业粮食检验机构检验合格；储备粮属于超期储存的，轮出销售前是否经有资质的专业粮食检验机构检验。

（5）检查储备粮轮空期是否符合规定。储备粮轮换，应从开始轮换操作的当月起，通过逐月核对实际轮入和轮出数量来计算轮空量和轮空时间。采用先销后进方式轮换，在规定期限内不能轮入的，必须向国家或者地方有关部门报告。确需调整轮换计划的，必须按规定程序报批。经批准延期轮换的，应有有关部门相应的批复或通知文件。

（6）检查轮换业务的统计处理是否准确。重点检查储备粮和商品粮在相关统计报表之间的转入、转出情况是否符合统计处理的有关规定。

（7）检查动态储备粮和应急成品粮储备的轮换是否符合有关规定。着重检查年度轮换次数、数量、时间、质量及验收与检查等是否符合地方政府及部门的有关规定。

根据检查情况，将检查结果录入《中央（地方）储备粮轮换计划执行情况检查工作底稿》（附表4-3）。存在问题的，在表格"重要情况说明"栏详细说明。其中，动态储备粮和应急成品粮储备轮换检查情况线下填写在"重要情况说明"栏，并在检查报告中予以说明。

四、会计账检查方法

（一）检查粮食库存及购销业务的真实性

1. 验证粮食库存数量的真实性。

（1）根据农发行粮食收购贷款余额验证粮食库存数量。

对中央储备粮、地方储备粮、最低收购价粮、国家临时存储粮、国家一次性储备粮以及企业利用农发行贷款收购的商品粮，可按照"钱随粮走、库贷挂钩、封闭运行"的原则，验证库存数量的真实性。查阅企业会计账内相关明细账和农业发展银行台账，核对企业粮食的数量和成本，核查承储企业实际库存粮食占用资金与农发行粮食收购贷款余额是否相符。如不相符，应进一步分析企业粮食库存值与贷款余额之间的差数及成因。

粮食库存资金占用和农发行收购贷款余额存在差异的情况有两种。一种是企业库存值大于贷款余额。主要原因有：企业存在非农发行借入的资金参与粮食收购；政策性粮食跨省移库已移入但贷款未划入。另一种是企业库存值小于贷款余额。主要原因有：一是粮食收购和调运过程中发生的人工和物料等直接费用占用资金；二是货币资金占用，即企业已经收到但尚未使用的贷款部分；三是其他结算资金占用，主要是粮食销售货款未回笼及收购粮食产生的预付款等往来款项；四是加工环节占用，粮食进入企业内部加工环节，无法折算为原粮。在资金管理上，农发行在统计中一律按照粮食销售未回款处理；五是粮食损失损耗占用，包括正常损失损耗和非正常损失损耗；六是粮食销售价差亏损占用；七是政策性粮食跨省移库已移出但贷款未划出；八是其他占用。

应注意的是，企业自主经营的商品粮因资金来源渠道较多，一般以实物清查结果认定实际库存数量，只通过会计账检查和查验相关业务凭证来验证粮食购销业务的真实性。检查结果录入《粮食库贷核查情况工作底稿》（附表4-4）。

通过资金余额核实粮食库存数量同时，还应对承储企业检查时点农发行台账库存数量与企业统计账面库存数量进行比对，进一步核实承储企业的粮食库存。这里的"企业统计账面库存数量"，指承储企业3月统计月报表反映的库存数量，而不是《合并登统表》反映的库存数。对于受托代储库点、租仓储粮库点，可不填写《粮食库贷核查情况工作底稿》（附表4-4）。

（2）根据财政补贴的收支情况验证粮食库存。对中央储备粮、地方储备粮、地方政策性粮食、最低收购价粮、国家临时存储粮和国家一次性储备粮等由财政拨付储存利息和费用补贴的政策性粮食，可查阅企业会计账中涉及政策性补贴的明细账，根据企业保管费用等补贴的收支情况、所依据的计提标准和计提数额以及实际收到的金额，验证政策性粮食库存数量的真实性。对于中央事权粮食，检查人员按照实际补贴标准和实际收到的资金，计算核实政策性粮食库存数量；对于地方储备粮和地方政策性粮食，由于各地各级的利息和费用补贴的内容和标准不同，检查人员应依据相关文件、有关利息和费用补贴资金计提以及拨付的账目、凭证和票据，分品种逐笔核对，验证粮食库存数量。

（3）根据粮食购销业务核实粮食库存数量。通过检查与粮食库存数量相关的购销业务，验证粮食库存数量的真实性。检查企业存货、经营收入、经营成本、流通费用等明细账目，了解企业粮食购销和轮换情况以及期末粮食账面库存数量和成本，结合采购合同、运输票据、相关发票等，佐证粮食库存数量的真实性。对库存成本畸高或畸低的，要延伸检查企业是否存在隐匿账外粮、私设小金库或者违规销售、套取补贴等问题。

2. 验证粮食购销业务的真实性与合规性。

（1）以企业粮食库存实物数量为依据，核查粮食库存保管账、统计账和会计账，根据相关政策性粮食购销计划文件、合同协议及发票、出（入）库单、磅码单和运输票据等原始凭证，核实粮食购销业务的发生时间及粮食数量，判断粮食购销业务的真实性与合规性。必要时，调阅有关监控记录，核对购销业务发生情况。

（2）审阅企业往来款项、业务收入、成本等明细账，以及现金日记账和银行存款日记账的摘要栏和金额栏，对照《银行对账单》查清资金流向和实际收付款时间与业务发生情况是否一致，判断验证粮食购销业务是否真实合规，账务处理是否准确规范。

（3）查阅企业费用账，包括经营费用、管理费用和财务费用明细账，特别是与粮食经营量相关的直接费用，如保管费、运杂费、装卸费、水电费、经营人员工资、利息等支出情况，结合企业粮食购销业务实际发生时间，以费用开支的时间和金额为依据，辅证粮食购销业务的真实性与合规性。

3. 核实企业临时货位粮食周转的真实性。

通过查阅企业相关会计账证及保管台账，确定临时货位粮食周转方向。如周转方向为对外销售，须核实业务销售合同、关联现金流、期间费用是否真实、合理、合规；如周转方向为移库或倒仓，须核实是否有期间费用发生、费用发生的时间与移库作业时间是否吻合，以此判断业务的真实性。

（二）检查政策性补贴的核算、拨付和收取等情况

根据存储政策性粮食所约定的补贴标准，及会计账记录，检查政策性补贴资金的核算、拨付和收取情况。重点检查补贴拨付单位是否按规定及时、足额将补贴拨付至承储企业，有无滞留、截留、挤占和挪用等问题，以及承储企业是否按规定计算和申领补贴，有无套取补贴等问题。

1. 检查储备粮的保管和轮换费用补贴。

（1）核实储备粮承储规模和轮换数量。根据储备粮计划文件及各方签定的合同或监管协议、核实企业承储储备粮的规模。根据相关轮换计划文件、企业轮换台账、保管账、统计账和会计账等资料，核实储备粮轮换的具体数量和时间。

（2）认定储备粮轮换的实际操作主体。查阅承储企业的轮换合同、计划和台账以及记账凭证等资料，了解轮换过程，认定轮换的实际操作主体。

（3）核实保管和轮换费用补贴的核算、拨付和收取情况。查阅企业应收补贴款、补贴收入、递延收益、业务收入、银行存款等明细账以及相关的凭证，结合企业实际承储或轮换的储备粮数量和时间，核实企业保管和轮换费用补贴的实际拨付和收到情况。

对于动态储备粮和应急成品粮储备，要根据地方的具体规定，计算核实保管费用、轮换费用拨付情况。

2.检查最低收购价粮和国家临时存储粮收购等费用和保管费补贴。

（1）核实最低收购价粮和国家临时存储粮的经营量。根据粮食收购进度报表、库存统计报表、销售计划、移库计划及拍卖合同，结合收购发票、验收手续等，核实其品种与收购数量和库存数量是否一致。如发现短期收购数量过大，超出企业实际收购能力，以及粮食收购资金的流量和流向与粮食收购业务存在异常等情况，要延伸检查企业是否存在"转圈粮"。

（2）结合不同收购年度的具体规定，核实收购费用、露天做囤（罩棚搭建）费用、烘干费等允许列入库存成本的费用，检查其核算与拨付等情况。

（3）企业在存储最低收购价粮和国家临储粮期间的保管费用补贴，可参照前述储备粮保管费用检查方法。

3.检查地方政策性粮食保管费用和处置费用。对于地方政策性粮食，根据国家要求和地方政府及有关部门的政策文件规定，结合划转、拍卖和定向销售等情况，核实相关保管费用、处置费用的拨付情况。这里需要明确的是，不同地区对政策性粮食的存储、管理、轮换、动用和补贴方式有所差别。检查时应以当地具体政策和规定为据，分析情况，不应简单套用其他规定。

（三）特殊业务真实性的检查

1.在途粮食。根据粮食购销合同、发票、提货单、运输票据、付款凭据和《银行对账单》等资料，核查粮食库存会计账中反映的粮食购进业务发生时间、购进数量和金额等是否准确，验证在途粮食的真实性。必要时，可延伸核对发货方的有关账目和报表等信息，重点检查对方是否将该批粮食已经减账，防止利用粮食在途名义互相抵顶库存。

2.受托代储粮食。一是检查委托代储合同（协议）、实物保管账记载的粮食品种、等级和数量与粮食库存实物清查结果是否一致，相关运输票据、检斤记录反映的粮食入库时间、数量与合同是否相符。二是检查保管费用收款凭证、粮食权属证明等，进一步验证代储业务的真实性。

3.粮食损失损耗。对粮食损失损耗，要按照有关规定进行认定，确认损失损耗数量。对政策性粮食损失损耗数量过大的，要进一步核查原因，检查是否有挤占挪用收购资金、虚报库存等违规行为。对已投保的政策性粮食发生损失，可根据保险公司理赔手续认定。

4.拍卖异常和成交未出库粮食。对政策性粮食竞价拍卖过程中已监测到的交易、资金和运输异常情况要专项核实。检查中如发现粮食拍卖已经成交未出库，要查验粮食拍卖交易合同、出库通知单和验收确认单等原始单据，企业统计账和资金往来账目等资料，最终确认这批粮食的量权归属，防止卖方企业抵顶其他政策性粮食库存。

5.动态储备粮和应急成品粮储备。查阅下动态储备粮和应急成品粮储食计划的相关文件，了解粮食的管理方式、储备规模、轮换方式和储存形态，以及对承储企业最低库存数量、会计核算和补贴的具体规定，根据承储企业库存账、银行账、资金往来账和《银行对账单》等资料，随机抽查自储备建立以来企业自有库存是否低于规定的周转库存数量。考虑到对具体承储库点的适时调整，检查人员还要通过调查询问和查阅资料等方式，认真核实动态储备粮和应急成品粮储备库存的真实性。

五、检查结果填写、汇总和软件录入

账务检查结束，检查人员应按照账务检查方法的要求，在实物检查人员的配合下，分别填写《粮食库存账账核对工作底稿》（附表 4-1）、《粮食库存账实核对工作底稿》（附表 4-2）、《中央（地方）储备粮轮换计划执行情况检查工作底稿》（附表 4-3）和《粮食库贷核查情况工作底稿》（附表 4-4）。账务检查中发现的问题，填入《检查发现问题工作底稿》（附表 5）。并将其录入大清查软件。

大清查普查和抽查阶段，检查组账务检查人员在完成每个库点检查任务后，要对检查时点粮食库存数量、实际库存分年限、中央和地方储备粮轮换计划执行等情况进行汇总，分别形成《粮食库存数量汇总表》（附表 7-1）、《外省委托代储粮食库存数量汇总表》（附表 7-1A）、《库存粮食储存（收获）年限情况汇总表》（附表 7-2）、《外省委托代储库存粮食储存（收获）年限情况汇总表》（附表 7-2A）、《粮食库存实物检查货位台账汇总表》（附表 7-3）、《中央储备粮轮换计划执行情况汇总表》（附表 7-4）、《地方储备粮轮换计划执行情况汇总表》（附表 7-4A）、《检查发现问题及整改汇总表》（附表 7-5），供检查组撰写报送检查结果时使用。

对检查发现的问题，还要分类汇总，明确整改部门及责任人、整改措施和时限。大清查数据的填报和汇总，要严格按照填表说明进行，充分利用大清查软件的各项功能，加强数据审核和汇总。汇总数据使用大清查应用软件自动形成后，也要加强对汇总数据的审核，经提交打印输出后，装订备存。

附件3

粮食库存质量检查方法

为进一步做好全国政策性粮食库存大清查质量检查工作，按照国家发展改革委等7部门和单位《关于印发全国政策性粮食库存数量和质量大清查实施方案的通知》（发改粮食〔2019〕247号）要求，以及《中央储备粮油质量检查扦样检验管理办法》（国粮发〔2010〕190号）等有关规定，结合大清查试点工作经验，制定本方法。

一、前期准备

（一）考评选定承检机构。省级大清查工作协调机制办公室（以下简称"省级大清查协调机制"）要组织有关方面的专家，对本行政区域内拟承担本次大清查质量检验机构的专业人员、检验场所及样品存放场地、检验条件与检验能力、质量控制能力以及是否承担过政策性粮食检验任务等方面情况进行现场考评，考评合格者纳入《政策性粮食质量大清查专业检验机构名录》（以下简称《检验机构名录》）并报大清查部际协调机制办公室（以下简称"部际大清查协调机制"）备案，作为大清查期间承担检验任务的依据。同时要建立随机抽查机制和监督机制，对因检验技术人员变动以及检验能力下降等原因，无力承担本次大清查检验的机构，应及时退出并更新《检验机构名录》。

（二）制定质量清查实施方案。省级大清查协调机制应指定专门处室（或单位）负责具体制定库存粮食扦样检验实施方案，实施方案须报经省级大清查协调机制审定后组织实施。

实施方案应包括但不限于以下内容：一是按照第三方扦样和检验要求，本着统一抽调、混合编组、本地回避的原则，统筹考虑扦样人员编组和检验机构检验任务；二是确定样品人工编号规则，以市（地）为单元，制定分地区的样品编号规则；指定省级具体负责质量扦样检验工作的联系人（至少2名），并公布联系方式；三是明确扦样人员的选用条件与抽调人数、扦样人员的责任与扦样纪律以及应准备（或要求携带）的扦样用品（如激光测距仪、执法记录仪、充电宝、电脑、记号笔、扦样登记表等），制定扦样人员技术培训计划，确保规范扦样；四是根据预计的扦样数量和库点分布，制定扦样、集并和转送的时间表和路线图；五是拟承担样品检验的机构与检验项目，检验结果汇总和分析报送的时间要求，分级审核责任单位的安排计划；六是检验主要食品安全指标的样品分配方案；七是检验人员分级培训安排；八是质量检查用车以及相关人员食宿安排；九是质量检查费用预算与支付方式；十是扦样检验工作中可能出现的突发事件应急预案。

2018年大清查试点10省已经扦样检验的粮食，不再进行扦样检验；新收购入库经有资质的粮食专业检验机构检验验收合格，且在3个月以内的政策性粮食，可不扦样检验，以验收检验的结果为准，承储企业应将验收结果及检验报告报当地市级粮食库存大清查工作协调机制办公室（以下简称"市级大清查协调机制"）备案；清查时点（2019年3月31日24时）之后入库未纳入清查范围粮食形成的新货位，不进行扦样。

（三）做好其他准备工作。省级大清查协调机制要在扦样开始之前，将本行政区域内纳入清查范围的所有政策性粮食承储企业名录发放至各扦样组；要收集和整理本省地方事权粮食质量安全管理的相关文件和粮食安全储存水分的有关规定，报部际大清查协调机制备案，并提供给承检机构作为检验判定依据；要按照防拆换、防破损、防霉变和易记录、易转运的原则，统一印制和发放样品扦样袋、封条，以及《质量检查扦样登记表》（附表 6-1，以下简称《扦样登记表》）等扦样用品。

被检查单位应准备好采样所需的扦样工具以及必要的安全防护工具、辅助人员、接电线、货位明细表及分布图、自查阶段实物底稿、转运袋等。

承检机构要提前做好样品接收、样品保存、检验场地、仪器设备、试剂耗材、检验人员编组、样品处置、检验质量控制、资料整理、数据保密备份等准备工作，对检验人员进行专业培训考核，指定专人负责检验数据的审核与录入、汇总分析以及上报工作。样品信息和检验数据录入人员应熟练掌握本次粮食库存大清查质量检查相关资料录入要求以及所用软件的使用方法。

二、扦样与送样

（一）样品扦取。扦样按照国粮发〔2010〕190 号和《关于〈中央储备粮油质量检查扦样检验管理办法〉有关条款的解释》（质检办便函〔2011〕5 号）、《关于 2018 年全国粮食库存大清查试点质量扦样方法补充说明的函》（国粮办发〔2018〕291 号）的有关规定执行。扦样时采取必要有效措施确保扦取样品的代表性和真实性。根据本次库存粮食大清查工作方案的有关要求，对普查阶段扦样补充规定如下：

1. 散装粮食扦样。原则上以整仓（货位）为一个检验单位，分区、设点、按层，先下后上逐层进行扦样，从同一类型、同一位置扦样点的不同层点扦取的样品量应相等（每个扦样点约 0.5 公斤，两个区的共用点加倍），全部样品混合均匀后分样，形成检验样品。对于粮食数量不超过 8000 吨的货位，每一个货位作为一个检验单位。对于个别简易仓（含罩棚仓）等一个货位粮食数量超过 8000 吨的，原则上以不超过 5000 吨作为一个检验单位，每增加 5000 吨增加一个检验单位，每个检验单位单独扦取一个检验样品（例如某个货位粮食数量为 12000 吨，应以每 4000 吨粮食作为 1 个检验单位扦样，该货位共扦取 3 个检验样品）。小型仓房、货位（含钢筋囤）可在同品种、同等级、同批次、同生产年份、同储存条件情况下，原则上以代表数量不超过 2000 吨，按权重比例从各仓房扦取适量样品合并，充分混合均匀后分样，形成检验样品。不能合并扦样的，应分别扦样。

房式仓分区设点扦样，中心点扦样点质量与四角点的扦样质量总和的比例为 1∶1；圆仓（浅圆仓、砖圆仓、立筒仓）内圆点与其他点（含外圆点和中心点）的单点扦样质量比为 2∶1，全部扦样点样品混匀后分样，形成检验样品。

对圆仓粮食的质量检查以扦样器能够达到的深度为准，每仓扦取一个检验样品。散装粮扦样划分扦样区域时，各区应按照长宽比值最小原则进行划分，避免出现扦样区域过于狭长。

为利于发现问题及兼顾样品代表数量，每个扦样区域的扦样点数量不变，扦样点位置应避开原有规定的扦样点，扦样人员可视具体情况适当调整扦样点，然后按点分层实施扦样。

调整每区扦样点位时，各扦样点位应分布均匀，确保样品代表性。按以下方法进行布点：边沿点位平移坚持"离墙 0.5m"原则，按照相同的方向（顺时针或逆时针）进行平移，点位最小位移不小于 1m，最大位移不超过 5m，并且不超过扦样区短边长度的五分之一；中心点以原中心点为圆心，在 2m 半径范围内任意点随机设置扦样点。

2. 包装粮食扦样。在同品种、同等级、同批次、同生产年份、同储存条件情况下，每一个货位扦取一个样品。扦样点的布置应以确保人身安全和尽量避免破坏既有储粮形态为前提，在粮包质量分布很不均匀的情况下，可以翻包打井，扦取中层样品；如翻包打井确有困难，可在粮垛边缘和上层设点扦样。各点扦取的等量样品合并，充分混合均匀后分样，形成检验样品。

3. 特殊情况。正在实施熏蒸、出入库的仓房无法实施扦样的，暂不安排扦样，其中对正在实施熏蒸的粮食要查验熏蒸记录并做好登记，指定专门机构实时监督，散气后严格按本次大清查要求实施补扦；对轮换入库的，待平仓后按上述要求实施补扦。拟实施气调储粮和薄膜密闭的仓房，应视情况暂缓实施，给粮食库存大清查质量检查留有扦样时间；已经实施的，应视情况扦样。由于其他原因确实无法扦样的，应请示省级大清查协调机制确认。上述情况，凡是未能扦样的粮食货位，以及新收购入库已验收合格的粮食货位，要对情况整理汇总，按要求填写《未扦样货位统计表》一式两份，经扦样人员和被查企业负责人签字并加盖公章后，分别报送市级和省级大清查协调机制，以便安排补扦或核对。已完成交易但还未出库的，不安排扦样。

4. 样品份数、分样与封样要求。为减少扦样作业时间，省级大清查协调机制应根据检验任务分配情况，合理确定样品份数，原则上样品一式两份，送承检机构检验和备检；对于安排检验主要食品安全指标的样品，应增加两份（均送省级监测中心检验和备检），即一式4份。每份样品扦样量：小麦、玉米不少于2千克，稻谷、大豆不少于1千克。

扦取的样品应在扦样仓房（货位）进行现场分样（可用"四分法"），经扦样人和承储企业代表签字认可后加贴封口条封样，按本省的统一要求进行编号，并在样品袋上予以标注。样品在封样前不得离开扦样人员的视线。

样品封样后，扦样人员应将检验样品、备检样品和主要食品安全指标检验样品分别装入转运袋中，并在转运袋上注明"检验样品"或"备检样品"或"食安样品"以及样品编号的起止号和样品个数，以便于样品的核对与检验。转运袋由承储企业准备。

对于库存粮食的检验项目分别由不同检验机构承担的，省级大清查协调机制要统筹安排好样品的转送工作。

5. 样品信息填写。扦样人员须现场填写《扦样登记表》，绘制扦样布点图，准确记录扦样点的位置，样品的品种、代表数量、储粮性质、产地（或调出地）及收获年度（或入库时间）、标称的入库质量等级、上层粮温等原始信息以及当地安全储存水分，表中无填写内容的空格以斜杠填充，所填信息须由扦样人和承储企业代表签字确认。《扦样登记表》一式3份，一份交企业所在地市级大清查协调机制用于样品的清点核对、登统和汇总分析，一份交企业所在地省级大清查协调机制备案，一份随样品送承检机构；对于安排主要食品安全指标检验的样品，应增加一份，随样品送省级监测中心或指定承检机构。

扦样人员在完成所到库区全部扦样工作后，要对扦取的样品进行登统，形成该库区全部样品的《全国政策性粮食质量大清查样品登统表》（以下简称《样品登统表》）。《样品登统表》一式3份，一份交企业所在地市级大清查协调机制，一份交企业所在地省级大清查协调机制备案，一份随样品送承检机构。《样品登统表》中企业库点名称要与省级大清查协调机制发放的企业名录完全一致。

扦样人员应佩戴执法记录仪或手机或其他工具，对仓号（或货位号）、扦样主要节点过程、扦样布点图进行音像记录和拍照，音像资料留存承储企业备查。承储企业应将音像资料妥善保管至2020年6月底。

（二）样品传递与汇总。普查阶段扦取的样品应按要求安排专人专车（或通过符合样品运送要求的快递渠道）将样品及时运送到指定的承检机构。样品运送和传递过程中应采取必要措施，确保样品包装完好，防止雨淋，避免高温和光照，尽量缩短在途时间，确保样品在传送和保管期间不发生质量异常变化。

扦取的样品原则上应以市（地）为单位进行集并和转送（个别相对送样地点较近的地区也可以县级为单位）。市级大清查协调机制要安排专人负责对照《样品登记表》审核与录入原始信息，对集并样品逐一清点核对，对各承储企业的《样品登统表》进行审核、汇总，汇总表报省级大清查协调机制；根据实施方案和送样要求，将样品和汇总后的《样品登统表》及时转送至指定的承检机构。

（三）样品接收与保存。承检机构接收样品时，应认真检查样品包装和封口条有无破损，样品在运送和传递过程中是否受到雨淋、污染和其他可能对检验结果产生影响的情况，确认样品编号与《样品登统表》是否相符，并填写样品签收单。接收样品时如发现存在样品信息有误或不全、样品撒漏或受损、封条破损等情况，应及时与样品所在地市级大清查协调机制联系，实施核对或补扦等补救措施。样品接收后原则上应及时安排检验，对因检验专业技术人员已安排扦样工作，暂不能安排检验的，样品应在低温条件下存放，以免发生品质变化。备检样品应在低温条件下保存至2019年底。承检机构应及时将样品接收情况报告省级大清查协调机制。

三、检验与判定

省级大清查协调机制可根据辖区内专业粮食检验机构布局、检验能力、场地条件等情况，统筹安排样品的检验工作，样品检验可采取跨市异地交叉检验，或分区域集中会检等方式。对于一个货位粮食数量超过8000吨的，原则上以不超过5000吨为一个检验单位，以同一货位各检验单位检验结果的平均值，作为该货位整体评价结果（限于质量指标和储存品质指标）。

（一）粮食质量检验与判定

1.检验的主要质量指标。

稻谷：色泽气味、出糙率、整精米率、杂质、水分、黄粒米。

小麦：色泽气味、容重、不完善粒、生霉粒、生芽粒、杂质总量、水分。

玉米：色泽气味、容重、不完善粒总量、生霉粒、霉变粒（仅限于2019年2月1日之后入库的玉米）、杂质、水分。

大豆：色泽气味、完整粒率、损伤粒率、热损伤粒、杂质、水分。

稻谷、小麦、玉米、大豆相关检验指标按照《稻谷》（GB1350）、《小麦》（GB1351）、《玉米》（GB1353）、《大豆》（GB1352）国家标准规定的方法进行检验。

2.检验结果判定。质量指标根据粮食性质，按相关国家和地方规定的质量要求以及国粮发〔2010〕190号文件的有关规定执行，检验的主要项目有一项不符合国家和地方有关规定的，判为不达标。

做不达标判定时，应按照相应的检验方法扣除检验允许偏差，即杂质的允许偏差不大于0.3个百分点，稻谷黄粒米的允许偏差不大于0.3个百分点，小麦不完善粒的允许偏差不大于0.5个百分点，玉米不完善粒的允许偏差不大于1.0个百分点。

水分按当地安全储存水分判定。常规储存条件下水分超过安全储存水分的，判定为不达标。当地安全储存水分未明确规定的，按照国家粮食质量标准规定的水分判定。待烘干新粮不作水分评价，但应对样品代表数量进行单独统计。

对 2019 年 1 月 31 日之前入库的玉米，按照 GB1353-2009 进行检验判定；2019 年 2 月 1 日之后入库的玉米，按照 GB1353-2018 进行检验判定。国家另有规定的除外。

（二）粮食储存品质检验与判定。稻谷、小麦、玉米、大豆分别按照《稻谷储存品质判定规则》（GB/T 20569）、《小麦储存品质判定规则》（GB/T 20571）、《玉米储存品质判定规则》（GB/T 20570）、《大豆储存品质判定规则》（GB/T 31785）国家标准规定的项目进行检验和判定。判定结果为宜存、轻度不宜存或重度不宜存。

（三）主要食品安全指标的检验与判定。主要食品安全指标的检验任务原则上由省级粮食质量监测中心承担。真菌毒素和重金属检验主要指标详见相关检验结果表。各粮食品种的具体检验指标和检验结果判定按照相应国家食品安全标准执行，检验项目有一项不符合食品安全标准限量要求的，判为不合格。对于一个货位粮食数量超过 8000 吨的，若其中某一个或几个检验单位主要食品安全指标不符合食品安全标准限量要求，要对超标区域的检验结果单独记录，单独评价。

对于以糙米、小麦作为检验试样，其主要食品安全指标检测结果超标的，承检机构应按食用成品粮的使用目的，将其加工成大米、小麦粉（即可食用部分）后再行复核，复核结果（注明大米、小麦粉的加工等级）与原检结果一并上报。以原检结果作为判定依据。

（四）检验要求。承检机构应按要求及时完成检验、复核、检验结果录入、汇总分析、数据反馈等工作。对临界值和超标样品，要认真进行复核，确保检验数据准确、可靠。

（五）复核检验。为加强检验工作的质量控制，在大清查期间，省级大清查协调机制可抽取一定数量样品进行复核检验。复核检验结果与原检验结果差别较大的，以复核检验结果为准。

大清查部际协调机制办公室视情况抽取部分普查阶段的样品进行集中复核检验。

四、结果汇总和反馈报送

承储企业要将自行扦样玉米的检验结果、新收购入库验收合格的政策性粮食检验结果，以及 2018 年 10 省试点市（地）未扦样粮食的自行检验结果，按照《检验结果表》填报，逐货位登统相关信息和检验结果，并按规定要求报送市级大清查协调机制，并对数据的真实性负责。

承检机构要严格按照有关要求，认真填写相关检验结果表和汇总表，按照省级大清查协调机制规定的时限和渠道，将检验结果电子版和纸质文档（加盖公章）报送省级大清查协调机制，并反馈到扦样地的市级大清查协调机制。

市级大清查协调机制安排专人对本行政区域承储企业政策性粮食质量和储存品质检验结果涉及的库点、仓房（货位）、性质、代表数量等信息进行认真审核无误后，将承储企业分库点、分仓房（货位）检验结果（含企业自行报送的新粮验收数据）按要求录入大清查应用软件数据库，同时以书面方式加盖公章后上报省级大清查协调机制，并分别反馈相关县级大清查协调机制办公室和承储企业。

省级监测中心负责将所检样品主要食品安全指标的检验结果按规定渠道报送至省级大清查协调机制，省级大清查协调机制安排专人对涉及的库点、仓房（货位）、性质、代表数量、检验判定结果等信息进行认真审核无误后，按要求录入大清查应用软件数据库。

附件 4

粮食库存检查工作底稿和汇总表

附表 1　政策性粮食库存分解登统表（略）

1-1. 中央储备粮直属企业及其租仓储粮库点承储的中央事权粮食库存分解登统表

1-2. 委托地方粮食收储库点承储的中央事权粮食库存分解登统表

1-3. 中粮集团、中国供销集团等其他中央粮食企业及其租仓储粮库点承储的中央储备粮、最低收购价粮库存分解登统表

1-4. 地方事权粮食和中粮集团、中国供销集团等其他中央粮食企业及其租仓储粮库点承储的国家临时存储粮、商品粮库存分解登统表

附表 2　政策性粮食库存合并登统表（略）

2-1. 政策性粮食实际储存库点粮食库存合并登统表

2-2. 中央储备粮直属企业及其租仓储粮库点实际储存库点粮食库存合并登统表

2-3. 地方粮食企业及中粮集团、中国供销集团及其租仓库点粮食库存合并登统表

附表 3　粮食实物检查工作底稿（略）

3-1. 粮食实物检查工作底稿（测量计算法）

3-2. 粮食实物检查工作底稿（抽包检斤法）

3-3. 粮食实物检查工作底稿（直接称重法）

3-4. 粮食实物检查测量计算法货位登记表

3-5. 粮食实物检查抽包检斤法货位登记表

3-6. 粮食实物检查直接称重法货位登记表

附表 4　粮食库存账务检查工作底稿（略）

4-1. 粮食库存账账核对工作底稿

4-2. 粮食库存账实核对工作底稿

4-3. 中央（地方）储备粮轮换计划执行情况检查工作底稿

4-4. 粮食库贷核查情况工作底稿

附表 5　检查发现问题工作底稿（略）

附表 6　政策性粮食质量检查表（略）

6-1. 质量检查扦样登记表

6-2. 质量检查样品登统表

6-3. 未扦样货位统计表

6-4. 稻谷质量和储存品质检验结果表

6-5. 小麦质量和储存品质检验结果表

6-6. 玉米质量和储存品质检验结果表

6-7. 大豆质量和储存品质检验结果表

6-8. 粮食质量检验结果汇总表（分性质分品种）

关于做好政策性粮食销售出库监管工作的通知

国粮执法〔2019〕218 号

各省、自治区、直辖市及新疆生产建设兵团发展改革委、粮食和物资储备局（粮食局）、农业农村（农牧）厅（局、委）、财政厅（局）、市场监管局（厅、委），农业发展银行分行，中国储备粮管理集团有限公司、中粮集团有限公司、中国供销集团有限公司、中化集团有限公司：

为严格落实国家政策性粮食销售出库政策，依法打击"转圈粮""出库难"等违法违规行为，有效防范风险隐患，确保粮食库存消化工作顺利推进，根据国家 2019 年粮食库存消化处理具体工作安排，现就有关监管事项通知如下：

一　充分认识做好政策性粮食销售出库监管的重要意义

当前，我国政策性粮食库存消化正处于关键时期。粮食库存消化涉及利益主体多、影响面广、各方关注度高。随着库存消化持续推进，一些地方和企业"转圈粮"、违规倒卖、"出库难"等问题可能发生。有关部门单位及企业要进一步提高政治站位，自觉增强"四个意识"，充分认识销售出库监管工作的艰巨性、复杂性和长期性，把思想和行动统一到国家粮食库存消化的决策部署上来，落实监管政策，压实监管责任，强化监管措施，积极协调解决库存管理历史积累问题，消除监管隐患，以高度的责任感，把粮食库存销售监管作为当前的一项重要政治任务抓好抓实抓细，为合理消化粮食库存创造良好的市场环境，确保党中央、国务院决策部署落地生根，取得实效。

二　强化粮食销售出库重点环节管理

地方各级粮食行政管理部门、各省级粮食交易中心、中储粮分支机构等部门单位，要严格执行国家有关部门印发的《关于切实加强国家政策性粮食收储和销售出库监管的意见》（国粮发〔2018〕264 号）等文件要求，切实加强销售出库管理。重点做好以下工作。

（一）切实加强销售出库的组织管理

中储粮集团公司要督促各分支机构按照提报标的要求，结合具体收储企业实际情况，综合考虑库点 60~75 天出库期的总体出库能力，合理确定粮食挂拍的批次、顺序、数量，单个标的规模符合国家政策性粮食竞价销售计划。拍卖计划涉及的具体收储企业如不具备出库条件，要及时向相关中储粮企业报告。不具备出库条件挂拍产生交易违约的，要分清责任，并由责任企业承担相应损失。农发行要监督具体收储企业落实出库通报制度，具体收储企业要在粮食出库前两个工作日，按规定向农发行分支机构通报出库相关信息。

（二）扎实做好政策性粮食销售出库检验

地方各级粮食行政管理部门、中储粮分支机构，要督促指导具体收储企业严格执行粮食销售出库质量安全检验制度，按照粮食质量标准和食品安全国家标准及有关规定进行检验并出具检验报告，销售出库的粮食应当与检验报告相一致，检验报告随货同行，出库检验的样品必须按照规定留存备检，报告有效期3个月，超过有效期的，应当重新检验并出具检验报告。特别是超过正常储存年限的粮食，在出库前应当经过有资质的粮食质量检验机构进行质量安全鉴定。粮食行政管理部门要加强出库质量安全检验制度执行情况监督检查，对陈粮出库未执行质量安全检验制度的，由粮食行政管理部门责令整改，予以警告；情节严重的，处出库粮食价值1倍以上5倍以下的罚款。

（三）加大交易纠纷协调处理力度

各省级粮食交易中心认真履行组织交易、协调出库职责，严格按照《粮食竞价销售交易规则》规定，及时组织买卖双方企业调解纠纷，保证售出粮食顺利按期出库。交易粮食出库前和过程中质量争议协调无效的，可委托有资质的机构复核检验后进行裁定。地方各级粮食行政管理部门应及时组织安排国家粮食监测中心（站）或有资质的质检机构，按照国家标准或相关规定做好纠纷粮食的质量检验工作。买卖双方企业要严格执行提前现场看样规定，对未提前看样仍参与竞买的，均视同认可挂拍标的质量。对政策性粮食销售出库过程中发生恶意违约甚至违法违纪的竞买企业，由国家和省级粮食交易中心取消竞买资格。中储粮系统要积极配合做好政策性粮食销售出库交易纠纷协调处理。

三　实施分类监管落实各方责任

地方各级相关部门单位要按照粮食安全省长责任制的要求，在地方政府的统一领导下，根据职责分工严格履行好属地监管职责，区分超期储存粮食竞价销售、定向销售和正常储存年限粮食竞价销售等不同类型实施分类监管，严防出库陈粮转圈回流国家政策性库存；严防不符合食品安全国家标准的粮食流入口粮市场或用于食品生产；严防不符合《饲料卫生标准》的粮食流入饲料加工环节；严防倒卖定向用途粮食等违法违规行为。

（一）竞价销售的超期储存粮食出库监管

地方各级粮食行政管理部门负责督促指导超期储存粮食质量安全检验和销售出库监管，确保顺利出库。农业农村部门负责饲用加工监管，确保饲用安全。市场监管部门负责食品生产经营环节质量安全监管。国家粮食交易协调中心在发布超期储存粮食交易公告时，要单列条款对可能存在的风险及相关免责事宜进行合规提示；竞买企业需严格根据粮食质量安全情况依法依规自行确定用途，并承担相应责任；食品生产者采购粮食，应当查验供货者的许可证和产品合格证明，对无法提供合格证明的粮食，应当按照食品安全标准进行检验，不得采购或者使用不符合食品安全标准的粮食。各省级粮食交易中心要每周向省级政策性粮食库存消化联席协调机制报送信息，包括超期储存粮食拍卖成交、开具出库单、实际出库、交易纠纷等。各省级粮食行政管理部门要及时将上述信息分解至卖方所在地市级粮食行政管理部门履行销售出库监管职责，治理"出库难"问题。

严格执行超期储存粮食出入库报告制度。对出库检验不符合食品安全标准的，卖方企业须在检验后3个工作日内，向企业所在地粮食行政管理部门报告涉及的粮食批次、数量、质量安全及买方企业信息；买方企业须在第一批粮食到库时，按照加工用途立即向粮食流入地粮食等相关行业监管部门，报告粮食流向或使用进度等信息；跨行政区域购买的，出库和流入地粮食行政管理部门接到企业报告后，应及时向对方通报，并会商有关监管部门，加强属地监管。

（二）定向销售、邀标销售的超期储存粮食出库监管

地方各级粮食行政管理部门负责督促指导相关买方企业按照《关于做好超期储存和蓆芤囤储存粮食定向销售有关工作的通知》（国粮调〔2016〕101 号）等文件规定，严格管理制度、严密监管措施，落实驻点监管人员、制度，加强对定向用途粮食的全程留痕监管。地方各级粮食行政管理部门要会同有关部门单位，督促买卖双方企业规范定向销售粮食管理程序，细化粮食保管明细账，妥善留存出入库检斤票据、影像资料，过路过桥发票，运输合同、发票及运输车辆 GPS 运行轨迹等能够证明粮食运回本企业加工的各类资料备查。

（三）正常储存期限内粮食的销售出库监管

中储粮分支机构对储粮风险高的直属库本库、分库及租赁库点提前做好风险评估和处置预案，建立完善风险管理台账。地方粮食行政管理部门、农发行分行要会同中储粮分支机构提前做好委托收储库点的风险评估和处置预案，建立完善风险管理台账。各单位要对台账实行动态化、精准化管理，主动预警消除风险，严防出库难、恶意纠纷，甚至擅自动用、偷盗情况发生。

四　严肃查处违法违规行为

（一）健全销售出库监管工作机制

各地各有关部门要在地方政府的统一领导下，健全发改、粮食、农业农村、财政、市场监督管理、农发行、中储粮等部门单位共同参与的政策性粮食库存消化联席协调机制，定期会商库存消化中存在的问题，组织开展跨部门跨层级跨区域的联动执法，提高监管效率，形成监管合力。

（二）创新监管方式，加大监管力度

地方各级粮食行政管理部门要充分发挥 12325 全国粮食流通监管热线作用，接受群众举报投诉。紧盯成交价格、交易资金、出库能力、车辆运输"四个异常"。重点查处承储库点（承贷库点和实际储存库点）直接或者间接购买本库承储的最低收购价粮食，不执行看样规定，虚报出库能力、制造"出库难"，人为设置障碍、阻挠出库，额外收取费用，超扣水杂增量等易发问题。

（三）强化粮食销售出库监管考核

各地要将政策性粮食销售出库监管职责落实情况纳入粮食安全省长责任制考核范围。国家粮食和物资储备局对中储粮系统协调政策性粮食销售出库工作情况纳入对中储粮年度考核范围。对出现严重的政策性粮食"出库难"，以及重大食品安全事故，未及时有效处置造成恶劣社会影响的，要在年度考核中予以反映，并依法依规严肃问责。

（四）严肃查处销售出库和加工转化中的重大违法违规行为

对发现挂拍空单抵顶亏库、数量短缺、保管不善造成严重霉粮坏粮事故、以陈顶新套取财政补贴资金、不符合食品安全标准的粮食流入口粮市场或用于食品生产、改变政策规定特殊粮食销售用途等行为的，要按《食品安全法》《粮食流通管理条例》等有关规定严肃进行行政处理，涉嫌违法犯罪的，要及时移送司法机关处理。

各省级粮食行政管理部门要积极会同农业农村、财政、市场监督管理、农发行等部门单位，每月底对本辖区政策性粮食拍卖销售中发现的违法违规问题及处理情况进行汇总，并在全省（区、市）

范围内进行通报，有关情况书面报告国家粮食和物资储备局，抄送相关部门单位，重大问题线索及时报告。

国家发展改革委　国家粮食和物资储备局　农业农村部

财政部　国家市场监督管理总局　中国农业发展银行

2019 年 7 月 26 日

（此件公开发布）

关于坚持以高质量发展为目标加快建设现代化粮食产业体系的指导意见

国粮粮〔2019〕240 号

各省、自治区、直辖市、计划单列市及新疆生产建设兵团发展改革委、粮食和物资储备局（粮食局）：

为认真贯彻落实习近平总书记关于"粮头食尾"和"农头工尾"、李克强总理关于加快建设粮食产业强国的重要指示和批示要求，深入实施《国务院办公厅关于加快推进农业供给侧结构性改革大力发展粮食产业经济的意见》（国办发〔2017〕78 号），全面开创粮食产业高质量发展新局面，特提出以下指导意见。

一   **明确总体要求**

大力发展粮食产业经济，加快建设现代化粮食产业体系，对于增强粮食安全保障能力、促进农业提质增效、更好满足人民美好生活需要具有重要意义。要以习近平新时代中国特色社会主义思想为指导，认真贯彻党的十九大和十九届二中、三中全会精神，全面落实总体国家安全观，大力实施国家粮食安全战略和乡村振兴战略，以农业供给侧结构性改革为主线，坚持"粮头食尾"和"农头工尾"，推动粮食产业链、价值链、供应链"三链协同"，建设优质粮食工程、示范市县、特色园区、骨干企业"四大载体"，促进粮食产购储加销"五优联动"，健全完善适应高质量发展要求的长效体制机制，稳步提升粮食产业综合素质、效益和竞争力，加快建设粮食产业强国，为实现更高层次、更高质量、更有效率、更可持续的国家粮食安全提供重要产业支撑。

要坚持市场主导、政府引导，充分发挥市场配置粮食资源的决定性作用和更好发挥政府作用。要坚持质量第一、效益优先，加快推进粮食产业创新发展、转型升级、提质增效。要坚持资源节约、绿色循环，建立健全与资源环境相匹配、集约高效可持续的长效发展机制。要坚持问题导向、底线思维，妥善解决粮食产业链条不长、质量效益不高、核心竞争力不强等实际问题，不断提高守底线、保安全的能力和水平。

到 2025 年，实体经济、科技创新、现代金融、人才资源协同发展的现代化粮食产业体系基本建立，"大粮食、大产业、大市场、大流通"格局全面形成，防范化解粮食领域风险挑战、保障国家粮食安全的能力显著增强。粮食产业增加值年均增长 7% 左右，总产值达到 5 万亿元；主营业务收入过百亿元的粮食企业超过 60 个；绿色优质高端产品供给大幅增加，充分满足粮油消费需求；科技创新取得新的突破，逐步形成世界先进的创新引领能力和产业竞争优势；国际粮食合作交流持续深化，统筹"两个市场、两种资源"的水平明显提高。

二　加快延伸产业链

（一）推动粮食全产业链发展

推广实行全产业链发展模式，指导各地统筹推进建链、补链、强链各项工作，提高粮食产业发展的整体性和系统性。健全完善粮食产购储加销体系，由各环节分散经营向一体化发展转变。支持有条件的企业向上游延伸建设原料基地，向下游延伸发展精深加工，建设物流、营销和服务网络。

（二）增加绿色优质粮油产品供给

坚持绿色化、优质化、特色化、品牌化发展理念，优化粮食种植结构，开发绿色优质粮油产品，不断增加多元化、个性化、定制化产品供给。积极构建现代种业体系，培育具有自主知识产权的优良品种。加快主食产业化发展，推进米面、玉米、杂粮及薯类主食制品的工业化生产和社会化供应，大力发展方便食品、速冻食品，提高主食产品的产业化经营能力。

（三）适度发展粮食精深加工

统筹推动粮食精深加工与初加工、综合利用加工协调发展，增加专用型品种、功能性食品有效供给，引导粮食加工向医药、保健等领域延伸，不断提高产品附加值和综合效益。结合粮食不合理库存消化，引导玉米精深加工适度有序发展。提倡稻谷、小麦等口粮品种适度加工，减少资源浪费和营养流失。

（四）加快发展粮食循环经济

加强粮油副产物循环、全值和梯次利用，提升秸秆、玉米芯、稻壳米糠、麦麸、油料饼粕等副产物综合利用率。推广应用各类高效节能环保技术装备，推进清洁生产和节能减排，逐步建立低碳低耗、循环高效的绿色粮食产业体系。

（五）建设特色粮食产业集群

依托粮食主产区、特色粮油区和关键物流节点，推动粮食产业集群发展，建设一批粮食产业经济发展示范市县。支持主产区依托县域发展粮食加工，就地就近实现转化增值，让农民更多分享产业增值收益。引导粮食企业向各类园区集聚，优化提升仓储、加工、物流、质检、科研、电子商务等配套服务功能，建设一批粮食产业经济发展示范园区。

三　着力提升价值链

（六）调整优化产业结构

坚持分类指导，改造提升一批"老字号"，深度开发一批"原字号"，培育壮大一批"新字号"，促进粮食产业结构优化、提档升级。扩大优质产能，化解过剩产能，淘汰落后产能，推动新老产业协调发展、新旧动能有序转换。把握好投资结构和力度，避免重复建设。

（七）做强做优粮食企业

深化国有粮食企业改革，加快建立健全现代企业制度。加大对民营和中小粮食企业支持力度，进一步激发"大众创业、万众创新"的热情。依托农业产业化龙头企业和粮油产业化龙头企业，通过资源整合、兼并重组等方式，鼓励发展产业联盟和各类联合体，实现优势互补、强强联合。

（八）培育创建知名粮油品牌

加强顶层设计和政策扶持，支持粮食企业弘扬"工匠精神"，增品种、提品质、创品牌，培育一批全国性、区域性知名粮油品牌。完善产品标准、检验监测、质量追溯体系，强化品牌质量管控。加强粮油品牌信用体系建设，严厉打击制售假冒伪劣产品行为，营造良好市场环境。

（九）培育发展新模式新业态

深入开展"互联网＋粮食"行动，积极利用大数据、物联网、云计算、移动互联网、人工智能等新一代信息技术，加快推动粮食业务线上线下融合发展，探索推广手机售粮、网上粮店等新业态。深入实施"金储"工程，强化质量追溯和在线监管，不断提升科学管理、指挥调度水平。推动粮食产业经济与数字乡村发展战略深入融合，促进农业观光、农耕体验、文化科普等新产业发展。

（十）改造提升机械装备水平

实施粮食加工转化机械装备产业提升行动，加强关键粮油机械制造自主创新，开发具有自主知识产权和核心技术的粮食加工成套设备。大力实施技术改造，加快设备升级换代，推动粮油机械设备向自动化、精准化、智能化、绿色化方向发展。

（十一）健全完善粮食标准体系

深化标准化工作改革，强化以需求为导向的标准立项机制，加快优质粮油产品、绿色加工技术等方面标准的研究制修订和推广实施，形成覆盖粮食全产业链的标准体系。深入开展标准化国际合作交流，进一步提升中国粮食标准国际影响力。

（十二）深入实施"科技兴粮"

突出粮食企业在科技创新中的主体地位，加强粮食营养健康、质量安全、精深加工、绿色仓储等关键环节和重点领域创新，培育一批创新型粮食企业。支持粮食企业与涉粮院校、科研机构深入合作，通过设立研发基金、实验室、科技创新联盟等，促进科研机构、人才、成果与企业有效对接，加快构建产学研用一体化科技创新体系。

（十三）扎实推进"人才兴粮"

深化粮食行业人才发展体制机制改革，重点培养一批粮食科技创新领军人才、优秀青年科技人才和粮食领域卓越工程师等高技能人才。推动涉粮院校粮食产业相关学科建设，加强职业技能培训，提升行业职工技能水平。充分发挥国家粮食安全政策专家咨询委员会智库作用，加强粮食产业高质量发展重大政策问题研究。

四　积极打造供应链

（十四）健全完善粮食市场供应体系

统筹考虑人口分布、生产布局、交通条件等因素，加强粮食市场体系规划建设，扩大覆盖范围，提高供应效率。进一步完善国家粮食电子交易平台体系，探索建立特色品种粮食交易市场，服务新型经营主体与大型加工用粮企业。积极发展粮超对接、粮批对接、粮校对接等直采直供模式，加快"放心粮油"和"主食厨房"建设，畅通粮食供应"最后一公里"。

（十五）大力发展现代粮食物流

加快建设沿海沿江、沿铁路干线的粮食物流重点线路，进一步打通国内粮食物流主要通道和进出口通道。大力发展散粮运输和多式联运，鼓励粮食企业建设中转仓、铁路专用线、内河沿海码头。

（十六）全面深化粮食产销合作

支持各地加强政府层面战略协作，构建长期稳定、高效精准的粮食产销合作关系。鼓励产区企业到销区建立营销网络，销区企业到产区建立粮源基地、加工基地和仓储物流设施等，提高省际粮食流通的组织化程度。扩大中国粮食交易大会品牌效应，鼓励开展区域性产销合作治谈活动。

（十七）充分利用"两个市场、两种资源"

引导粮食企业深度参与"一带一路"建设，支持骨干企业建设境外粮食生产加工基地，加强国际粮食贸易和产业合作，加快培育一批跨国"大粮商"，着力建设"海外粮仓"，更好利用国际资源保障国内粮食安全。

五　深入实施"优质粮食工程"

（十八）严格落实"优质粮食工程"实施方案

加强对各地"优质粮食工程"建设的统筹指导，把实施目标分解落实到示范市县、示范企业和相关项目。加强粮食产后服务体系、粮食质量安全检验监测体系和"中国好粮油"行动计划三个子项的统筹融合，合理安排实施规模、范围和资金配比，实现"1+1+1＞3"效果。

（十九）优化粮食产后服务中心功能布局

科学规划、合理布点，逐步实现产粮大县全覆盖，根据需要向非产粮大县延伸。突出环保要求，推广应用粮食处理新技术和新设备，不断优化粮食产后服务中心清理、干燥、收储、加工、销售等服务功能，引导分等分仓储存和精细化管理，切实提高专业化、社会化产后服务能力。

（二十）提高粮食质量安全检验监测机构运行水平

以现有粮食检验监测机构为依托，以大型粮食骨干企业为补充，进一步明确建设重点，落实好设备、场地、人员、经费等相关条件，加快建设国家、省、市、县四级粮食检验监测机构。积极开展第三方检验监测服务，推动单一检验服务向技术咨询、标准研制、检验培训等综合服务转变。

（二十一）充分发挥"中国好粮油"示范引领作用

完善分级遴选机制，突出品牌培育期、市场占有率、消费认同度等指标，择优遴选"中国好粮油"产品。制定完善"中国好粮油"产品及标识管理办法，增强品牌公信力和美誉度。支持示范企业与农业合作社、种粮农民结成利益共同体，促进农民持续增收。

（二十二）健全完善优粮优价市场运行机制

坚持市场化改革取向和保护农民利益并重，完善小麦、稻谷最低收购价政策，进一步激发市场活力。依托"优质粮食工程"、粮食安全保障调控和应急设施专项等，着力解决粮食产购储加销各环节不平衡不稳定不充分的问题，推动形成"五优联动"良性运行机制。

六　强化保障措施

（二十三）加强组织领导

各地要切实增强大局意识和责任意识，建立健全粮食产业高质量发展工作协调机制，统筹推进各项工作。加强部门协同配合，引导社会各方力量参与，形成粮食产业发展合力。要与打赢打好脱贫攻坚战紧密结合，在粮食产业规划布局、项目安排、资金投入等方面，对革命老区、民族地区、边疆地区和贫困地区等予以支持倾斜。

（二十四）加大财税扶持

鼓励各地统筹利用商品粮大省奖励资金、产粮产油大县奖励资金、粮食风险基金等相关资金，综合运用贴息、奖补等政策，支持粮食产业经济发展。落实新型农业经营主体购置仓储、烘干设备按规定享受农机具购置补贴政策。落实粮食加工企业从事农产品初加工所得按规定免征企业所得税政策和国家简并增值税税率有关政策。

（二十五）强化金融信贷服务

鼓励金融机构以产业化龙头企业、优质粮油产品加工等为重点，加大对粮食产购储加销各环节的信贷支持力度。支持金融机构依托国家粮食电子交易平台研发设计供应链融资产品，有效化解中小粮食企业融资难、融资贵问题。支持粮食企业通过上市、新三板挂牌、发行债券等筹集资金。建立健全粮食收购贷款信用保证基金融资担保机制。鼓励保险机构为粮食企业开展对外贸易和"走出去"提供保险服务。

（二十六）落实用地用电政策

落实在土地利用年度计划中对粮食产业发展重点项目予以支持，改制重组后的粮食企业可依法处置土地资产，城乡建设用地增减挂钩节余指标重点支持农产品加工，有关粮食储备企业减免房产税、城镇土地使用税、印花税等政策要求。支持国有粮食企业依法依规将划拨用地转为出让用地。落实粮食初加工用电执行农业生产用电价格政策。

（二十七）注重典型示范引领

全面总结山东滨州、黑龙江五常、河南漯河等示范市县的经验做法，支持各地培树一批粮食产业高质量发展示范市县、企业、园区，通过组织参观考察、召开现场会、举办成果展示等活动，发挥以点带面的示范引领作用。

（二十八）坚持正确宣传导向

全方位宣传解读粮食产业经济发展政策，深入报道丰富实践和重大成就。办好世界粮食日和全国爱粮节粮宣传周、粮食科技活动周等重要活动，广泛传播粮食文化和科学知识，引导公众树立营养、健康、绿色的消费理念。

（二十九）严格责任考核奖惩

适时调整优化粮食安全省长责任制考核指标体系，提高粮食产业经济发展相关指标权重，强化考核结果运用，切实增强推动粮食产业高质量发展的主动性。加强调度督导，对工作推进有力、发展成效明显的予以表彰，在相关扶持政策上予以倾斜；对工作不力、进展缓慢的通报批评，适当减少或取消扶持安排。

国家发展和改革委员会　国家粮食和物资储备局

2019 年 8 月 23 日

（此件公开发布）

关于切实做好 2019 年秋粮收购工作的通知

国粮粮〔2019〕255 号

各省、自治区、直辖市及新疆生产建设兵团发展改革委、粮食和储备局（粮食局）、财政厅（局）、交通运输厅（局、委）、农业农村厅（局、委），人民银行上海总部和各分行、营业管理部、各省会（首府）城市中心支行、各副省级城市中心支行，各银保监局，各铁路局集团公司，各有关商业银行，中国农业发展银行，中国储备粮管理集团有限公司、中粮集团有限公司、中国供销集团有限公司、中国中化集团有限公司：

为认真贯彻落实今年中央一号文件精神，切实保护种粮农民利益，促进农业农村优先发展，现就做好 2019 年秋粮收购工作的有关事项通知如下：

一　准确把握秋粮收购形势，提早做好各项准备工作

秋粮占全年粮食产量七成以上，涉及品种多、区域分布广，收购时间跨度长、工作任务重。当前秋粮长势总体良好，有望再获丰收，做好秋粮收购工作，对保护种粮农民利益、维护社会和谐稳定具有重要意义。今年秋粮收购形势较为复杂，不确定因素较多，各地要切实加强监测分析和形势研判，增强工作的前瞻性和预见性，未雨绸缪，有针对性地做出安排部署，尽早协调落实粮食收购资金、仓容和运力等保障措施，指导各类收购主体提前做好收粮场地、器材工具、人员培训等准备工作，做到有备无患，确保秋粮收购起好步、开好局。

二　积极落实粮食安全省长责任制，下大力气抓好市场化收购

市场化收购是农业供给侧结构性改革的必然要求。各地要结合本地实际，多措并举，不断优化营商环境，为各类主体入市收购创造良好条件，进一步搞活粮食流通，加快形成主体多元、渠道多样、优粮优价的市场化收购新格局。要坚持"粮头食尾""农头工尾"，大力发展粮食产业经济，结合实施"优质粮食工程"，充分发挥产后服务设施和质量检测体系的作用，大力推广优质粮油品牌，引导企业优粮优购、优粮优储、优粮优加、优粮优销。要不断深化粮食产销合作，督促有关地区和企业认真落实已签订的购销合同，提高履约率，畅通粮食购销。要主动引导农企对接，鼓励各类企业与家庭农场、农民合作社等新型农业经营主体建立稳固的利益联结机制。要积极搭建银企对接平台，建立健全市场化收购贷款资金保障长效机制，按照市场化原则完善粮食收购贷款信用保证基金政策，并防止发生地方政府隐性债务风险。各地人民银行、银保监会各派出机构要指导金融机构提高服务水平，扩大市场化收购融资渠道，鼓励商业性金融机构参与粮食收购，符合条件的可按规定享受涉农贷款优惠政策。要完善粮食铁路运输需求与运力供给对接机制，加强路网、港口运行监测和信息服务，强化运输能力保障，必要时开通公路粮食运输专用通道。

三　严格落实预案规定，认真组织政策性收购

最低收购价政策是确保口粮绝对安全的一项重要举措。中储粮集团公司要切实履行政策执行主体责任，按照《小麦和稻谷最低收购价执行预案》（国粮发〔2018〕99号）各项规定，不折不扣抓好组织实施，发挥托底作用。要提前确定委托收储库点，合理布设收购网点，在重点地区和关键时段充分挖掘社会仓容潜力，适当增设库点，确保及时开秤收粮，满足农民售粮需要。要严格执行预案启动和停止规定，符合条件的及时按程序报批启动，当价格回升到最低收购价水平以上时要立即停止。要严格执行粮食收购入库质量安全检验制度，按照粮食质量标准和食品安全标准及有关规定对相关粮食质量安全项目进行检验。要严格执行质价政策，不得压级压价、抬级抬价，不得拒收符合标准的粮食；要严格把好入库和验收关，确保数量真实、质量合格。同时，各地要切实抓好不达标粮食收购，必要时可采取地方临储等措施，保护种粮农民利益。中央和地方储备粮承储企业要增强大局意识，坚决服从宏观调控，积极收购储备轮换粮源，与政策性收购形成合力，特别是要结合实施大豆振兴计划做好储备大豆轮换收购，巩固农业供给侧结构性改革的成果。

四　紧贴售粮农民需要，着力提高服务质量

各地要以开展"不忘初心、牢记使命"主题教育为动力，进一步增强为农服务意识，强化各项服务措施。要积极开展入户服务，指导农户做好庭院储粮，支持配备科学储粮装具和设施，有条件的地方要组织开展入户预检抽检，做到关口前移。要切实强化产后服务，充分发挥粮食产后服务体系作用，积极为农民提供清理、干燥、收储、加工、销售等社会化服务，统筹作业时间用好烘干设施，尽量避免霉粮坏粮。要着力优化现场服务，各政策性收储库点要尽量采取预约收购方式，减少不必要的排队时间；要做到价格上榜、标准上墙、样品上台，让农民交"明白粮"；要加强与当地有关部门协作配合，维护好现场工作秩序；具备条件的，可开设休息室、提供叫号服务等，并根据需要早开门晚收秤延长收购时间，让农民交"舒心粮"。要创新服务方式，进一步升级完善粮食购销客户端APP、"易粮通"微信小程序等，加大推广力度，扩大使用范围，不断提升自助化、便捷化水平。

五　强化收购监管，维护市场秩序

各地要按照《粮食流通管理条例》和《小麦和稻谷最低收购价执行预案》（国粮发〔2018〕99号）、《关于切实加强国家政策性粮食收储和销售出库监管的意见》（国粮发〔2018〕264号）等有关规定，加强对粮食收购环节的监督检查。要全面推行"双随机一公开"监管方式，加强"四不两直"暗查暗访，发挥12325全国粮食流通监管热线作用，严肃查处"先收后转""压级压价""打白条"等损害群众利益和"转圈粮""以陈顶新"等损害国家利益的违法违规行为，维护粮食流通良好秩序。要加强政策性粮食入库验收监管，按照"谁验收、谁负责"的原则，压实验收责任，追究具体收储企业数量、质量、食品安全主体责任。同时，各地各有关企业要压紧压实安全生产主体责任，坚决防范重特大事故发生，确保人民群众生命和财产安全；要加大储粮安全隐患排查力度，做到早预防、早发现、早排除，确保粮食储存安全。

| 六 | 做好政策宣传，有效引导预期 |

各地要在继续利用传统媒体的基础上，充分发挥新媒体作用，广泛宣传和解读收购政策，帮助广大农民和各类企业准确理解把握。要密切跟踪市场动态，强化监测预警，及时收集、整理和发布秋粮生产、质量、价格、供求、收购进度等信息，引导舆论客观、真实反映市场情况，帮助农民有序售粮、适时售粮、理性售粮。要加强舆情监测分析，及时主动回应社会关切，为收购工作营造良好舆论氛围。新粮集中上市期间，国家有关部门将暂停相应地区政策性粮食公开竞价销售。

| 七 | 严明责任严格落实，务求工作实效 |

各地各有关部门要在当地党委、政府统一领导下，健全完善粮食收购工作协调机制，明确职责分工，层层压实责任。要突出问题导向，提前制订工作方案，细化应对预案，牢牢把握收购工作的主动权。要加强上下联动、部门协同，形成工作合力，切实履职尽责，确保各项政策措施落地见效。新粮收购期间，各级粮食部门和有关中央企业要深入一线开展调查研究，认真听取售粮农民和企业的意见建议，及早发现苗头性、倾向性、潜在性问题并妥善应对，做到为民服务解难题，确保秋粮收购平稳有序进行。

国家发展和改革委员会　国家粮食和物资储备局

财政部　交通运输部　农业农村部　中国人民银行

中国银行保险监督管理委员会　中国国家铁路集团有限公司

2019 年 9 月 18 日

（此件公开发布）

关于改革粮食和物资储备标准化工作推动高质量发展的意见

国粮发〔2019〕273号

各省、自治区、直辖市及新疆生产建设兵团粮食和物资储备局（粮食局）、市场监管局（厅、委），各垂直管理局，中国储备粮管理集团有限公司、中粮集团有限公司、中国供销集团有限公司，河南工业大学、南京财经大学、武汉轻工大学、江南大学：

为认真贯彻落实党中央、国务院关于标准化工作改革决策部署，以高标准推动高质量发展，服务构建高效的现代粮食流通体系和统一的国家物资储备体系，全面提高国家粮食安全和战略应急物资储备安全保障能力，现就粮食和物资储备标准化工作深化改革、转型发展提出意见如下。

一　总体要求

（一）指导思想

以习近平新时代中国特色社会主义思想为指导，认真落实总体国家安全观，深入实施国家粮食安全战略、标准化战略，深化标准化工作改革，建设推动高质量发展的粮食和物资储备标准体系，依据标准开展行业管理、市场准入和质量管理。

（二）基本原则

坚持深化改革，优化顶层设计。认真落实党中央国务院关于深化标准化工作改革要求，充分释放市场活力，改革完善粮食和物资储备标准化工作体制机制。完善政策措施，促进粮食标准体系结构优化和物资储备标准加快发展。

坚持需求导向，强化科学引领。以标准促进供给侧结构性改革，适应粮食产业转型发展和消费升级需要。以强化安全、保障应急为底线，逐步提升物资储备管理标准化和规范化水平。以科技创新为驱动，强化标准基础性和前瞻性技术研究，充分发挥标准引领作用。

坚持协同推进，形成工作合力。发挥政府引导作用，强化粮食和储备部门与标准化行政主管部门工作协同。充分发挥市场机制作用，积极引导社会团体、企事业单位和公众参与，提升标准化工作联动性和整体性。

坚持开放融合，促进国际合作。立足国情，借鉴转化国外先进粮食和物资储备标准，积极参与制定国际标准，不断推进国内外粮食和物资储备标准体系衔接融合。

（三）主要目标

到2025年，着力构建全要素、全链条、多层次的现代粮食全产业链标准体系，基本建成结构合理、衔接配套、适应高质量发展要求的物资储备标准体系。标准化管理体制机制进一步健全，标准制修订管理更加规范、科学、高效。标准得到广泛普及应用，标准对粮食和物资储备高质量发展引领作用充分发挥。标准化国际合作交流更加深入，中国粮食标准国际影响力进一步提升。

二 严守安全底线健全强制性标准

（四）大力推进强制性标准修订和转化

按照强制性标准整合精简结论，加快构建"结构合理、规模适度、内容科学"的粮食和物资储备领域强制性国家标准体系，实现"横向到边、纵向到底"全覆盖。根据强制性标准设定原则要求，大力推进标准制修订和转化。进一步完善粮食强制性标准技术要求，在发布《玉米》标准基础上，2019 年完成《小麦》标准修订征求意见，以及《稻谷》标准修订立项等工作；完成《储粮化学药剂管理和使用规范》等强制性行业标准上升为强制性国家标准立项。突出安全底线要求，2020 年完成综合、能源、应急等储备物资安全生产操作规程及技术规范强制性标准立项工作；到 2025 年，制定一批物资储备强制性标准。

三 拉升质量高线提高重点领域标准水平

（五）加快基础通用标准制修订

以最严谨的标准要求，加快修订粮油名词术语系列标准，制定物资储备编码、标志标识、术语和缩略语等基础性及储备物资包装重点通用技术标准。制定储备物资轮换技术标准，保证储备物资效能。2019 年完成《粮油检验 扦样、分样法》等规范操作标准送审，《粮油名词术语 粮食、油料及其加工产品》等基础标准立项。到 2022 年，发布《粮食标准体系》和《物资储备标准体系》标准。

（六）加强重点粮食产品相关标准制修订工作

加速健康谷物、质量评价方法、适度加工等重点标准制修订，减少一般性粮油产品标准制定。到 2022 年，研究制修订 20 余项绿色优质、营养健康的粮油产品标准。修订完善现行主要粮食质量分等分级和评价方法标准，促进粮食优质优价，引导粮食种植结构调整。制定大米、小麦粉、植物油等产品适度加工技术规程和操作规范标准，引导企业适度加工，促进节粮减损和节能减排。鼓励杂粮、杂豆等传统特色粮油产品标准的制修订，推动特色粮油食品产业化发展。

（七）加强仓储技术标准制修订工作

结合新材料、新技术的开发应用，完善仓储技术标准，制定绿色储粮药剂、先进储粮技术规程等标准，满足粮食绿色保质、分类利用、减损增效的需要。制定国家物资储备仓库专用设施设备相关标准和通用仓库建设标准，修订完善成品油库建设标准。

（八）强化粮油机械、仪器设备制造标准制修订

加强成套机械设备、智能化仪器设备和装备等相关标准制修订，提升专用装备制造业水平。制定快速检测方法标准，鼓励研发现场、在线、可移动、可组网的快速检测技术和仪器设备，满足自动化生产和粮食流通和物资储备质量监管需要。

（九）建立应急物资管理保障服务标准体系

加强改革探索，研究制定应急管理服务标准，推动建立统一规范的应急指挥体系，以标准化手段优化资源配置、规范流程、提升服务、创新治理，确保应急作为公共服务的关键环节兜住底线。

（十）健全信息化标准体系

加强粮食和物资储备信息化标准制修订，推进粮食和物资储备领域数据互联互通、信息共享。

加快粮食仓储信息化标准制定，提升粮库信息化建设的规范化水平。对质量监测、品质测报、安全监测、粮情监测等专项监测信息数据进行标准化，提升"互联网＋"监测水平。加强面向业务应用信息化标准研制，加快实现信息技术同粮食和物资储备业务工作的深度融合。

四　激发市场活力增加标准有效供给

（十一）引导规范团体标准健康发展

加强对团体标准化工作的指导和监督，鼓励粮食和物资储备行业学会、协会、产业技术联盟等社会团体制定高于国家标准、行业标准相关技术要求的具有竞争力的标准，更好地满足市场和创新需要。引导地方特色、多元化、个性化粮油产品，粮食智能装备等制定团体标准。

（十二）释放企业产品和服务标准公开效应

结合粮食行业实际，推动加强粮食企业产品和服务标准自我声明公开和监督制度的实施，鼓励引导更多的粮食企业公开企业标准。在大米和小麦粉等大宗粮油消费品、粮油仓储和加工机械设备领域，助推实施企业标准"领跑者"制度，强化标准引领，提升产品和服务质量。宣传一批在粮食行业"领跑"中做出佳绩的企业。

五　完善标准化管理体制机制

（十三）改革完善标准化工作机制

国家标准化管理委员会要加强粮食和物资储备标准化工作的指导，协调解决重大问题。粮食和物资储备部门要完善粮食和物资储备标准化工作机制，明确国家、地方粮食和储备部门、垂管系统各层级标准化管理职责。国家粮食和物资储备局制定标准化发展规划，建立标准化协调机制，组建行业标准化技术委员会。各垂管局负责基层处、储备库标准化管理指导和协调。地方粮食和储备部门加强指导，协调本地区本行业领域的标准化工作，推动有关地方标准的制修订。地方标准化行政主管部门要积极支持当地粮食和物资储备标准化工作，鼓励成立地方粮食和物资储备专业标准化技术委员会。2020 年，完成物资储备、粮食标准样品、粮食工程建设等行业标准化技术委员会组建。

（十四）完善粮食和物资储备标准管理制度

研究制定《粮食和物资储备行业标准管理办法》和《粮食和物资储备行业标准化技术委员会管理办法》，进一步改革规范标准立项、征求意见和审定等制修订各环节工作流程。严把国家和行业标准立项审查关，强化信息反馈、评估、复审制度化建设，保证标准规范性、时效性。规范粮油等标准化技术委员会管理，加强分技术委员会评估考核，强化标准化技术委员会和专家组在标准制修订工作中的组织管理和技术审查职责，保证标准质量和制修订效率。到 2025 年，完成现有推荐性粮食标准复审修订，实现标龄 5 年以内的目标。

（十五）建立完善标准实施、监督和评估机制

国家粮食和物资储备局建立粮食标准实施信息反馈和评估机制。各级粮食和储备部门、垂管局、相关团体组织要大力推动标准实施，鼓励企业采用先进标准；及时对重点标准开展后评估工作。标准化技术组织定期开展标准复审，提出继续有效、修订或废止结论。起草单位要及时跟踪标准实施情

况和问题，并进行分析处置。到 2020 年，完成粮食标准实施评价工作试点，建立粮食和物资储备标准服务平台。

（十六）开展标准宣传培训

各级粮食和储备部门、垂管局要建立自上而下的标准宣传培训机制。突出宣传效果，创新宣传方式，有效利用各种媒体，积极探索视频教学、可视化标准图谱等宣传新模式。改革创新标准培训方式，联合科研院所、大专院校、检验机构及相关社会团体经常开展多形式、多层次标准培训，聚焦标准重点难点解读。

（十七）开展标准化试点示范工作

推动粮食标准化示范工作，开展物资储备标准化试点建设，促进粮食流通和物资储备业务标准化管理。在粮食收购、储存、加工和物资收储等生产经营单位，开展标准化示范工作，充分发挥典型示范作用，推广标准化经验，发挥标准化在深化改革、转型发展中的作用。2021 年，启动建设物资储备标准化试点工作。到 2025 年，建设有代表性的标准化试点示范项目 50 个。

六 提高粮食和物资储备标准国际化水平

（十八）加快推进国际国内标准互联互通

加强对国际标准化组织、国际食品法典委员会等国际组织粮食标准的跟踪、比对和评估，推进中国标准与国际标准之间的转化运用。大力支持自主创新粮油标准转化为国际标准。发挥粮食和物资储备标准在"一带一路"建设中的作用。以标准"软联通"促进"两个市场、两种资源"服务国家粮食安全。引导和鼓励国内科研单位、质检机构、大型企业积极参与国际标准化活动，创造条件争取我国专家在粮食标准相关国际组织任职，提升国际影响力。

七 提升标准化基础能力水平

（十九）夯实标准研究基础

提升粮食和物资储备标准基础研究支撑能力，重点支持抽样扦样取样规则、样品真实性代表性、质量安全基础数据、储存加工过程损失损耗等研究。建立粮食和物资储备标准样品管理机制，突出标准样品的地位，充分发挥标准研究验证机构支撑标准样品工作的作用。制定粮食和物资专业检测实验室建设标准、技术规范。鼓励和引导科研项目中标准化成果优先作为政府采购和公开招投标的参考依据。

（二十）加强标准化人才队伍建设

着力提升粮食和物资储备标准化人才专业素质，实施"百千万"标准化人才培养工程，遴选"百名"标准化引领人才，建立"千名"标准化专家库，培养"万名"标准化操作型人才。重点培养一批精通物资储备管理业务的标准化专门人才。探索建立同企业联合培养人才的市场化机制，将标准化业务技能纳入企业技术工人培训内容，加强企业标准化人才队伍建设。

八　保障措施

（二十一）加强统筹协调

在国家标准化管理委员会指导下，充分发挥国家粮食和物资储备局对拟订国家标准、行业标准工作的组织领导与统筹协调作用，做好粮食和物资储备标准化工作与计量、认证认可、检验检测工作的协调对接，形成推动高质量发展的整体合力。健全各级标准化行政主管部门与粮食和储备部门协同工作机制，加强重点标准化工作的统筹协调，强化督促检查，形成层层分工负责、上下齐抓共管的标准化发展合力。标准研制单位应精心组织实施标准全生命周期的各项工作。

（二十二）完善投入保障

各级粮食和储备部门要积极争取当地政府以及财政、标准化行政主管部门的支持，将标准研制和标准化管理工作经费纳入同级财政预算，形成持续稳定的经费保障机制。鼓励省级粮食和储备部门将优质粮食标准制修订经费纳入《优质粮食工程》好粮油行动计划项目。鼓励标准研制单位向有关部门报告标准的工作进度，争取指导支持。探索建立市场化、多元化经费投入机制，鼓励和引导社会各界参与支持标准化工作。

（二十三）健全激励机制

各省（区、市）标准化行政管理部门、粮食和储备部门、垂管局应建立完善标准化工作激励机制，制定标准成果奖励办法等支持政策，宣传先进典型，激发参与标准化活动的单位和个人的积极性。鼓励检验检测机构、高校、科研院所与大型企业围绕高质量发展需求开展重大标准研制。鼓励收入分配改革，允许专业技术人员在工作之余发挥特长，指导企业研发新技术、新标准、新产品，取得合理报酬，充分激发标准化队伍干事创业活力。

国家粮食和物资储备局　国家标准化管理委员会

2019 年 9 月 24 日

（此件公开发布）

关于完善小麦最低收购价有关政策的通知

国粮粮〔2019〕284号

各省、自治区、直辖市发展改革委、粮食和物资储备局（粮食局）、财政厅（局）、农业农村厅（局、委）、农业发展银行分行，中国储备粮管理集团有限公司、中粮集团有限公司、中国供销集团有限公司、中国中化集团有限公司：

为保障国家粮食安全，继续实行并进一步完善粮食最低收购价政策，自2020年起对最低收购价小麦限定收购总量。现将具体事项通知如下。

一　限定收购总量

为切实保护种粮农民利益，根据近几年小麦最低收购价收购数量，限定2020年最低收购价小麦收购总量为3700万吨。

二　具体操作方式

（一）分批下达

限定收购总量分两批次下达，第一批数量为3330万吨，不分配到省；第二批数量为370万吨，视收购需要具体分配到省。

当最低收购价全国收购总量达到第一批数量的90%时，中储粮有关分公司应会同省级粮食等部门单位及时提出本省第二批收购的计划数量建议。中储粮集团公司根据当年小麦产量、收购量、农户余粮和市场价格等情况统筹平衡各省数量后，报国家粮食和物资储备局批准。国家粮食和物资储备局通过政府网站公布各省第二批收购数量。在第一批收购完成后，有关省份按照批准的第二批数量继续开展收购。当收购量达到本省批准数量时，立即停止该省最低收购价收购且不再启动。

（二）动态监测

启动最低收购价执行预案后，中储粮集团公司要严格按照预案有关规定，加强统计监测，每五日向国家粮食和物资储备局报送收购进度；启动第二批收购后，中储粮集团公司要按日报送收购进度。国家粮食和物资储备局定期通过政府网站公布最低收购价全国收购总量。省级粮食等有关部门要结合小麦商品量和农户余粮情况，及时开展调研调度，全面掌握收粮进度。

三　有关要求

（一）认真落实限量收购政策

中储粮集团公司作为最低收购价政策执行主体，要严格执行限定收购总量的收购政策，不得超量收购。财政资金支持限于最低收购价政策下的最高收购总量内。

（二）加强市场监管

各地要认真落实粮食收储制度改革精神，规范粮食流通市场秩序，依法依规严厉查处粮食收储过程中的违法违规行为。

（三）促进"优粮优价"

各地要积极鼓励农企对接，充分发挥市场价格对生产的反馈引导作用，促进种植结构调整优化，增加绿色优质安全产品供给。

国家发展和改革委员会　国家粮食和物资储备局

财政部　农业农村部　中国农业发展银行

2019 年 10 月 12 日

（此件公开发布）

关于公布全国粮食安全宣传教育基地名单的通知

国粮发〔2019〕316号

各省、自治区、直辖市及新疆生产建设兵团粮食和物资储备局（粮食局）、农业农村（农牧）厅（局、委）、教育厅（教委）、科技厅（委、局）、妇联：

根据国家粮食和物资储备局、农业农村部、教育部、科技部、全国妇联《关于做好2019年世界粮食日和粮食安全系列宣传活动的通知》（国粮发〔2019〕236号）安排，现确定首都粮食博物馆等12家单位为全国粮食安全宣传教育基地。

全国粮食安全宣传教育基地是组织开展粮食安全宣传教育、大力推动高质量发展的重要平台和抓手。要认真履行基地职责，按照国家及省级有关部门单位的统一安排，积极承接开展粮食安全宣传教育有关社会实践、合作交流、主题宣讲等工作任务。根据本单位地域、行业、职能等特色优势，创新载体、丰富内容，面向家庭、学生、职工等不同群体，自主开展形式多样的粮食安全宣传教育活动。组建相关业务团队，保障必要工作条件和运行经费，不断提高粮食安全宣传教育工作质量和水平。每年开展宣传教育天数不少于15天，接待人数不少于500人次。按照要求提交工作总结及相关材料。

国家粮食和物资储备局等有关部门单位将紧扣"公益性宣传教育"核心职能，切实加大对基地的指导力度，广泛开展粮食安全宣传教育，努力放大基地宣传教育覆盖面和影响力，不断增强粮食安全人人有责意识。

附件：全国粮食安全宣传教育基地名单

国家粮食和物资储备局　农业农村部

教育部　科技部　全国妇联

2019年11月20日

（此件公开发布）

附件

全国粮食安全宣传教育基地名单

序号	基地名称
1	首都粮食博物馆
2	河北柏乡国家粮食储备库
3	玉田国家粮食储备有限公司
4	五常市乔府大院农业股份有限公司
5	余杭四无粮仓陈列馆
6	安徽粮食工程职业学院
7	福建漳州岱山国家粮食储备库
8	中央粮食人民委员部旧址（瑞金）
9	滨州中裕食品有限公司
10	河南省平顶山市郏县长桥镇绿禾农业开发有限公司
11	成都市西蜀巧妹农业发展有限公司
12	陕西大荔丰图义仓粮食储备库

国家粮食和物资储备局文件
局发文部分

关于进一步做好全国政策性粮食库存数量和质量大清查基础工作的通知

国粮执法〔2019〕36号

各省级大清查工作协调机制办公室，各省、自治区、直辖市粮食和物资储备局（粮食局），中国储备粮管理集团有限公司、中粮集团有限公司、中国供销集团有限公司：

全国政策性粮食库存数量和质量大清查开展以来，各地认真贯彻落实国务院的决策部署，扎实准备、周密安排、精心组织，各项工作有序推进，总体进展顺利。目前，10个省的大清查试点工作已基本结束，通过试点达到了验证方案方法、查找突出问题、锻炼清查队伍的预期目的。为放大试点成效，强化问题整改，举一反三，扎实做好2019年大清查基础工作，现就有关事项通知如下：

一　认真做好基础管理工作

从试点情况看，凡是粮食库存统计报表、数据分解登统、质量扦样检查、企业账务处理、器具配备、货位整理等基础性工作做得细抓得实的地方，大清查开展得就顺利、效果就更好。各地要借鉴这一试点经验，把各项基础性工作做到位。

第一，企业统计报表填报要到位。试点表明，一些企业统计数据截止日期不统一，给清查工作带来困难。为此，全国政策性粮食库存数量和质量大清查的清查时点统一为统计结报时点2019年3月31日24时。各地粮食行政管理部门和中储粮集团公司要指导各类涉粮企业严格按照统一的清查时点结报粮食库存统计数据，不得提前或延后。统计数据是清查核实粮食库存的标杆依据，各企业要按照《国家粮食流通统计调查制度》和《中央储备粮统计制度》的要求，如实填报2019年3月粮食统计月报，在填报统计月报前，要组织本企业统计、财务和保管人员对粮食经营台账、实物保管账、企业会计账进行账账核对，确保库存统计数据真实、准确。各地粮食行政管理部门和中储粮集团公司要加强对企业统计报表数据的审核把关，避免漏统或重复统计。按照统计制度规定的统计月报报送渠道，原则上企业统计月报应于2019年4月5日前报出，经过逐级审核确认后，省级粮食行政管理部门和中储粮集团公司应于4月10日前将统计数据报送国家粮食和物资储备局。

第二，统计数据分解登统要到位。统计数据分解登统本身就是对粮食库存数量的一种检查。试点中发现，部分省市分解登统准确率不高、数据错误、遗漏、重复等问题较多，影响了清查工作的效果。对此，纳入清查范围的各类政策性粮食承储企业要以企业填报的 2019 年 3 月统计月报为依据，按照"谁统计、谁分解、谁负责"的原则，将粮食库存统计数据分解至库存实物的实际储存库点和货位，并逐级上报备案。企业在进行库存统计数据分解登统时，要准确填写库存粮食品种、性质和数量，以及实际储存地等信息，实际储存库点名称应完整、规范。承储企业所在地粮食行政管理部门和中储粮分公司，按照职责分工，分别组织统计、仓储等人员，配合做好分解登统表各项内容的审核把关工作。

第三，粮食质量扦样检验要到位。省级粮食行政部门要加强对大清查质量清查的统一领导，切实承担起质量检查工作的牵头组织协调责任，充分发挥各省粮食质检机构队伍的作用，统筹调配质检力量。严格执行质量检查方法，高标准完成粮食扦样、送样、样品接收、检验等各环节工作，防止出现串换样品、人为调整检验结果等违规问题。要切实做好安全防护工作，切实保障扦样检验工作人员人身安全。要进一步压实工作责任，严守工作纪律，对于质检工作中弄虚作假的单位和个人要严肃追责处理。

第四，企业各项准备工作要到位。重点督导企业做好账务处理，各类凭证、账簿、单据和报表要齐全完备，对已完结的业务要及时做好统计账会计账的处理，销售出库的粮食统计账做相应核减，未回笼的销售货款记入相应结算账户，严格做到业务账务相匹配、统计会计保管三账相衔接。同时，还要督促企业做好粮面平整、粮包规则摆放等粮食实物货位整理工作，准备好相关政策性粮食收储轮换动用等文件资料，并配备电动扦样器等必要检查器具。

第五，应用软件培训使用要到位。为了提高这次大清查的信息化水平，国家层面专门开发了应用软件，这是搞好清查工作的一个基本工具，必须熟练掌握和使用。目前，大清查应用软件已升级完毕，并完成网络部署，近期将正式上线试运行。各地要加强对大清查软件使用的培训，认真组织相关单位和企业进行反复演练操作，预先录入相关基础信息，确保大清查软件用得上、用得好、有实效。

二 牢固树立问题导向

试点省份在政策性粮食库存管理方面普遍存在储备粮轮换和财务管理不够规范、安全储粮和安全生产比较薄弱、检化验设备和人员配备不足等问题。各地在 2019 年全面大清查工作中要予以高度关注，围绕这些共性问题精准发力，切实增强大清查的针对性和实效性。

对粮食库存管理需重点关注四方面问题：一是中央储备粮、地方储备粮的轮换管理。二是不同性质的中央事权粮食、政策性粮食与商品粮相互抵顶，掩盖库存不实。三是最低收购价和临时存储粮政策执行不规范、风险隐患大。四是政策性粮食质量管理方面的问题，包括：储备粮质量指标是否达标、储存品质指标是否宜存、质量档案是否规范、出入库质量检验制度是否执行等。此外，财政补贴是否及时足额到位、贷款资金运行和管理是否合规等也需认真检查，验证库存的真实性。

三 层层压实工作责任

这次大清查是国务院对地方各级人民政府布置的一项重要任务。试点发现，一些地方大清查工作的组织存在"上热下凉"现象，大清查协调机制流于形式，成员单位工作合力不强，到了市县基本是地方粮食部门和中储粮系统的事，其他单位虽然挂了名但实际参与配合不够。对此，各地大清查工作协调机制办公室要层层签订责任状，明确职责任务要求，压紧压实市县责任。要积极争取地方各级政府不定期召开大清查情况调度会，组织各成员单位统筹推进各项清查工作。

国家将在粮食安全省长责任制考核中，加大对大清查工作的考核力度，进一步增强地方政府对本行政区域粮食安全工作的责任担当。

四　切实加强监督

政策性粮食大清查工作敏感性强、社会关注度高，要特别注意回应社会关切，接受社会监督。试点中有的地方邀请人大代表、政协委员对普查工作进行监督，有的地方在政府网站公布督导举报电话全程接受社会监督，取得了很好效果。各地要借鉴这些好做法，主动解读政策规定，宣传大清查方案方法，及时通报大清查工作，积极回应社会各方关切，自觉接受社会舆论监督，让大清查各项工作始终在良好舆论氛围中有序开展。

及时掌握基层工作动态，强化层级监督指导。要明确专人负责信息编报，及时向上级机构报告大清查工作进展情况，自觉接受上级机构监督。畅通信息报送渠道，对大清查中发现的问题和遇到的困难要如实上报，确保上报信息的真实、准确、及时。

近期，国家有关部门将联合印发《全国政策性粮食库存数量和质量大清查实施方案》和《全国政策性粮食库存数量和质量大清查检查方法》，各地要结合本通知的要求，认真抓好贯彻落实，全力以赴做好2019年大清查工作。

国家粮食和物资储备局

2019 年 1 月 16 日

（此件公开发布）

关于印发全国政策性粮食库存大清查重点工作指引的通知

国粮发〔2019〕47 号

各省级大清查工作协调机制成员单位：

为贯彻落实《国务院办公厅关于开展全国政策性粮食库存数量和质量大清查的通知》（国办发〔2018〕61 号）精神，以及国家发展改革委、国家粮食和物资储备局等 7 部门和单位《关于印发全国政策性粮食库存数量和质量大清查实施方案的通知》（发改粮食〔2019〕247 号）要求，做好 2019 年全国政策性粮食库存大清查工作，特制定粮食库存大清查重点工作指引。经大清查部际协调机制审定，现印发你们，请结合实际贯彻执行。

附件：1. 大清查准备工作指引；

2. 大清查企业自查工作指引；

3. 大清查自查督导工作指引；

4. 大清查现场检查工作指引；

5. 大清查质量检查工作指引；

6. 大清查举报案件受理和核查工作指引。

全国政策性粮食库存数量和质量

大清查部际协调机制办公室

（国家粮食和物资储备局代章）

2019 年 2 月 24 日

（此件公开发布）

附件 1

大清查准备工作指引

为指导各地做好全国政策性粮食库存数量和质量大清查准备工作，提高清查工作质量和效率，按照国家发展改革委等 7 部门和单位《关于印发全国政策性粮食库存数量和质量大清查实施方案的通知》（发改粮食〔2019〕247 号）要求，制定本工作指引。

一、大清查协调机制准备工作

（一）建立大清查工作协调机制。县级以上地方各级政府要建立由政府负责同志牵头，相关部门共同参与的大清查工作协调机制，设立协调机制办公室，明确成员单位职责任务分工。抽调相关人员集中办公，具体落实大清查组织实施的相关工作。

（二）细化大清查实施方案。县级以上地方各级大清查工作协调机制要结合本地实际，细化大清查实施方案，对各项清查工作作出具体安排，突出工作重点。质量清查实施方案，要由省级大清查工作协调机制统一制定和组织实施。各级大清查工作协调机制办公室要制定内部工作规则，明确保密、廉政等工作要求。

（三）组织实施统计数据分解登统。省级大清查工作协调机制组织开展粮食库存统计数据分解登统工作，省级粮食行政管理部门会同中储粮分公司具体实施。按照全国统一部署，组织各地各企业开展统计数据预分解登统和清查时点统计数据分解登统工作。

（四）制定普查工作方案。市（地）级大清查工作协调机制根据省级大清查工作协调机制有关普查人员统一抽调的要求，制定大清查普查工作方案，对中储粮分公司牵头的普查组和市（地）级粮食等部门牵头的普查组检查任务和具体库点做出统一安排，确保不重不漏。需要由中储粮分公司和市（地）级粮食部门联合普查的库点，应明确牵头责任方。

（五）考核选定承检机构。省级大清查工作协调机制办公室组织有关方面的专家，对本行政区域内拟承担大清查质量检验任务的专业粮食检验机构的检验能力进行现场考核，提出《大清查承检机构名录》，向社会公告，并报大清查部际协调机制办公室备案。

（六）组织动员培训。各级大清查工作协调机制适时组织召开动员会议，安排部署大清查工作。省级大清查工作协调机制办公室要制定人员培训方案，对普查阶段参加粮食库存数量和质量检查的人员集中培训，市（地）级大清查工作协调机制办公室采取多种方式对企业自查人员进行培训，宣传大清查政策和检查纪律。培训内容主要包括实物检查、账务检查、质量检查、库贷检查、费用补贴管理、储备粮管理、大清查应用软件使用等方面。要突出做好大清查应用软件操作和质量扦样检验的培训，通过培训、自学、演练、预填报等多种方式，让检查人员熟练掌握软件使用和扦样检验要求。

（七）准备相关资料。地方各级大清查工作协调机制办公室要做好大清查涉及的法规规章、规范性文件、制度标准等资料整理工作。中储粮分公司负责向省级粮食库存大清查工作协调机制办公室提供辖区内中央事权粮食管理办法、制度和轮换、拍卖计划文件等资料。地方各级粮食行政管理部门负责向同级粮食库存大清查工作协调机制办公室提供地方储备粮规模、轮换计划、管理文件等资料。农业发展银行分支机构向同级大清查工作协调机制办公室提供 2019 年 3 月 31 日政策性粮食贷款明细和台账等资料（分企业、品种、性质）。

（八）做好信息网络保障。地方各级大清查工作协调机制办公室，要提前组织购置、安装、调试信息网络设备，确保必要带宽和网络畅通，保障信息网络畅通，提供大清查期间软件正常使用环境。要组织粮食企业尽早下载、安装大清查应用软件，核对企业在大清查软件中的分解登统信息、货位信息、库点信息等资料，及时更正错误信息，确保每项信息准确无误，实时更新。

（九）购置检查装备。地方各级大清查工作协调机制要按照大清查工作经费预算安排，按照勤俭节约、降低成本的原则，充分用好存量装备，根据清查工作实际需要，购置检查所需的装备；准备质量扦样需要的封条、扦样带、记号笔、包装袋、胶带等用品，确保大清查工作顺利进行。

二、承储企业准备工作

（一）做好账务处理和分解登统。按照国家粮食流通统计制度、会计核算制度和有关粮食政策的规定，重点检查与粮食库存直接相关的各类凭证、账簿、单据和报表是否规范、齐全。结合粮食购销业务实际情况，对已销售出库的粮食要核减当月统计账，未回笼的销售货款计入相应结算账户，不得以任何理由虚增库存，严禁以虚购虚销方式掩盖亏库。账务处理要做到手续完备、数据准确、账目清楚，反映情况真实，统计、会计、保管三账衔接。

按照全国统一部署，按统计报账单位做好统计数据分解登统演练、预分解登统和正式填报工作。地方粮食企业统计报账单位通过互联网的大清查应用软件填报"分解登统表"，并报上级审核；中储粮直属库通过中储粮专网大清查应用软件填报"分解登统表"，并报送中储粮分（子）公司审核；中粮、中国供销等承储政策性粮食企业的国家临时存储粮、商品粮统计库存，由中粮、中国供销所属区域管理公司经上一级主管部门审核确认后，通过大清查应用软件进行分解登统，报送至实际承储库点所在地市级大清查工作协调机制办公室；纳入清查范围的跨省储存粮食统计库存，由委托方负责分解登统。

（二）培训检查人员。安排人员参加各级大清查工作协调机制举办的培训班，组织本企业人员开展大清查培训，开展实物检查、账务检查、质量检查和大清查软件使用演练，确保企业全体人员熟练掌握大清查政策、检查方法、检查表格和软件应用。

（三）准备相关资料。包括准备好本企业的各类相关账簿资料，包括会计账簿、统计报表、库存保管账（分仓保管账和保管总账）、货位平面图、货位明细表、单位人员花名册等，货位编号在大清查期间不可变动调整。承担政策性粮食任务的粮食企业，还要准备好国家有关政策性粮食的收储、轮换、销售、出库等文件资料，特别是储备粮规模下达、入库价格、轮换计划等相关文件、合同。查阅项目建设竣工验收报告等资料，确定仓库尺寸图表及装粮限位核定数据。

（四）整理粮食货位。要按照粮油仓储管理相关规定和要求，对粮食货位进行整理，逐货位编制标明尺寸的形态示意图。散装粮要平整粮面，尽量保持粮堆形状规则，以便进行测量计算。对不规则货位，要整理出相应的几何形态，便于准确测量。包装粮要规则摆放，不同品种、不同性质、不同规格的粮食要分别堆放。粮堆货位的保管卡要与实物分仓保管账信息一致。

（五）配备检查检验器具。企业要配备必要的检查器具，如激光测距仪、钢卷尺（或皮尺）、磅秤、电动扦样器、快速测水仪、容重器、分样器、特制大容器、检化验仪器、药剂，以及安全帽、气体检测仪、空气呼吸器等防护设备。拥有立筒仓的企业，还应准备深层电动扦样器。计量器具必须经过法定部门检定并在有效期内。所需设备由各省份视情况自行确定。此外，还要畅通企业信息网络，确保大清查软件正常登录的通信环境需要。

附件 2

大清查企业自查工作指引

按照国家发展改革委等 7 部门和单位《关于印发全国政策性粮食库存数量和质量大清查实施方案的通知》（发改粮食〔2019〕247 号）要求，制定本工作指引。

一、总体要求

（一）严格清查。纳入清查范围的承储企业，要严格坚持有仓必到、有粮必查、有账必核、查必彻底、全程留痕，做到依规检查、科学检查、彻底检查，不留死角和盲区，保证自查结果真实可靠。

（二）严格程序。按照"谁检查、谁签字、谁负责"的原则，严格履行签字确认手续，企业自查人员和企业负责人要在相应的表格上签字。自查结果要通过本企业账号登录大清查软件，并按要求进行填报上传。

（三）落实责任。承储企业法定代表人是本企业自查的第一责任人，租赁库点储粮的自查结果由承储企业负责。中储粮直属企业对其管理的本库、分库及其租赁库点的自查结果负全责，相关中储粮分公司负连带责任。其他中央企业和地方粮食企业对本企业及其租赁库点自查结果负全责，上一级主管单位负连带责任。

二、组织实施

（一）明确责任。承储企业要成立企业主要负责人为组长的大清查自查工作组，制定详细的自查工作方案，明确自查人员职责分工和工作要求，建立责任追究机制。

（二）实物自查。承储企业要严格执行《大清查实物检查方法》有关规定开展自查，查清查实账实相符情况。一是认真核实仓间（货位）编号（大清查期间不得变动）与分仓保管账货位编号是否一致，核对分仓保管账（卡）与保管总账相符情况。二是清点企业所有仓房货位，对全部粮食仓间（货位）进行逐一自查，核对仓间（货位）库存实物数量、性质和品质与分仓保管账相符情况，如发现账实不符，要认真查明原因，并主动向所在地大清查工作协调机制办公室报告。三是认真填写实物自查工作底稿，并由具体检查人员及保管业务负责人签字确认，留存备查。

（三）账务自查。承储企业要严格按照《大清查账务检查方法》有关规定开展自查，查清查实账账相符情况。

一是分别对保管总账、统计账、会计账进行单独自查。保管总账重点检查与分仓保管账是否一致；统计账重点检查粮食库存统计数据的真实准确性和账务处理的及时完整性，以及上年度储备粮轮换计划的执行情况；会计账重点检查粮食库存资金占用、购销资金流向及政策性补贴的计提、拨付等收支情况，确保粮食购销业务的真实性、合法合规性以及政策性补贴拨补的及时性。

二是核对企业会计账与银行信贷资金台账相符情况。重点对政策性粮食库贷挂钩的合理性进行梳理分析，进一步印证形成库存粮食的资金来源情况。

三是核对统计账、会计账与保管账之间账账相符情况。重点核对三账之间反映的粮食库存数量、品种、性质情况是否一致。账务检查中还要核对合同、费用资金凭证、运输单据等相关资料，佐证委托、受托储粮、异地储粮和在途粮食业务的真实性。

（四）质量自查。

1.政策性玉米由承储企业自行扦样检验。企业可根据截至检查时点3个月内（即2019年1月1日后）的最新粮食质量检验报告，填写质量检查结果。没有检验报告的，企业要自行组织扦样检验；不具备扦样检验能力的，要委托有资质的专业粮食检验机构派员实施扦样检验。

商品粮和地方储备成品粮质量扦样检验，按照省级大清查协调机制的有关规定执行。此外，清查时点之后形成的新粮食库存货位，企业不进行扦样检验。

2.新收购入库的政策性粮食原则上承储企业不再扦样检验。入库的粮食必须经专业检验机构验收合格，承储企业须提供截至检查时点3个月以内（即2019年1月1日后）新粮食入库质量验收检验报告。

3.政策性稻谷、小麦、大豆由省级大清查工作协调机制办公室统一组织扦样检验，企业安排人员协助，承储企业不需自行扦样检验。

（五）自查结果汇总。中储粮直属库负责本库、分库及其租赁库点的自查，自查结果报所在地中储粮分公司备案；其他中央企业和地方粮食企业对本企业及其租赁库点自查结果进行审核，并报上一级主管单位备案。委托企业与代储企业要对实际储存库点粮食自查结果认真核对。既是中储粮直属企业租赁库点，又是其他中央企业或地方粮食企业租赁库点，由承租方进行自查，并使用租赁库点账号登录大清查应用软件填报自查结果。各类承储企业自查结果审核确认后，书面报送实际储存库点所在地县级大清查工作协调机制办公室备查。

（六）自查整改。对企业自查中发现的问题，要认真填写自查工作底稿，建立整改台账，立行立改，发现的安全隐患要及时组织消除。自查工作底稿和问题台账是检验企业自查是否走过场的重要依据。企业自查发现的问题，普查前整改处理到位、未造成重大损失的，可不予追究相关责任。

三、配合上级检查

企业向普查或抽查组提供自查工作底稿和汇总表以及统计、会计报表和相关文字说明资料，要签字盖章并列出清单，原始凭证要准确完整。企业应做好以下工作：

（一）及时更新货位信息。自查结束后，登录大清查软件货位维护模块，认真核查货位编号等信息，及时纠正和更正有错误的、有变动的货位信息。

（二）及时更新至检查当日的货位分布平面图。按照规范图纸要求，准确标注库区内主要建筑物的位置，以及仓房货位的位置和编号，每个货位图上必须注明储存的粮食品种、性质、数量和入库时间。

（三）准备好与平面图相对应的货位明细表。货位分布平面图和货位明细表要与检查当日粮食实物库存情况一致，并由企业负责人签字加盖公章。

（四）粮食质量管理档案资料。包括日常储存期间粮情检测记录、粮食出入库质量检验记录、分仓质量档案和质量档案管理资料等。

（五）各类性质粮食库存账簿。包括保管总账、分仓保管账（保管专卡），分仓统计台账、分类统计报表，会计台账、银行资金台账等。

（六）各类辅助账簿凭证资料。粮食出入库业务及权属关系的各类辅助账表、出入库检斤原始凭证、代储（或租仓储粮）、购销合同（协议）、出入库通知单（令）、计划文件、政策性粮食入库验收资料等。

（七）企业自查资料。包括自查工作总结、自查工作底稿、自查问题台账及整改情况、自查结果汇总表。

（八）人员和器具。选派熟悉情况的仓储、质检、统计、财务等业务人员，配合普查、抽查人员开展现场检查工作。同时，备好实物检查和质量扦样等相关器具。

附件 3

大清查自查督导工作指引

根据国家发展改革委等 7 部门和单位《关于印发全国政策性粮食库存数量和质量大清查实施方案的通知》（发改粮食〔2019〕247 号）要求，制定本工作指引。

一、总体要求

（一）统一方案。省级大清查工作协调机制统一制定自查督导工作方案，明确督导内容和任务，统筹全省各地督导检查力量，防止层层督导、重复督导。

（二）全覆盖督导。市（地）级、县级大清查工作协调机制按照在地原则和全覆盖要求，负责对纳入清查范围的所有承储企业自查工作开展情况进行督导。督导要着重纠正企业不按要求进行自查的行为，着重发现粮食库存管理的薄弱环节和风险隐患。

（三）协同推进。督导工作要与企业自查工作同步进行，不得延迟。要把宣讲解读大清查重要意义和政策规定贯穿始终，及时答复企业自查中遇到的问题。

（四）及时敦促整改。根据督导发现的问题隐患，及时向企业进行反馈，提出明确整改意见和完成时限，并敦促落实到位。

二、督导内容

（一）自查准备工作是否到位。包括人员安排、检查器具配备、账务和报表资料整理、货位平整等方面。

（二）自查过程是否合规。是否按照规定的程序和方法完成，是否存在"走过场"现象。

（三）自查资料是否完整。自查底稿和汇总表是否按照大清查检查要求认真填写、签字盖章，原始记录是否保存完整并妥善保管、留底备查。

（四）自查责任是否落实。企业相关人员检查责任是否明确，自查责任是否落实到人，问题整改台账是否建立，整改措施是否落实。

三、方式方法

（一）督导方式。按合并登统表明确的清查范围，既可采取市（地）级、县级组成联合督导组进行督导，也可采取市、县级划分企业分别督导。联合督导由市（地）级统筹督导力量，分组对辖区内纳入清查范围的企业进行逐一督导；分别督导由市（地）级大清查工作协调机制办公室统一划分督导企业名单，避免重复督导或者督导遗漏。

（二）督导方法。采取听取企业汇报、实地查看自查工作、查阅自查工作资料、与有关人员谈话、询问自查发现问题整改情况等督导方法。

四、结果运用

市（地）级、县级大清查工作协调机制办公室在督导工作结束后，要对督导工作情况进行全面总结评价，认真总结分析企业自查工作开展情况、分析粮食库存管理中的薄弱环节，为普查阶段开展重点检查打好基础。

附件 4

大清查现场检查工作指引

按照国家发展改革委等 7 部门和单位《关于印发全国政策性粮食库存数量和质量大清查实施方案的通知》（发改粮食〔2019〕247 号）要求，对大清查的普查和抽查制定本工作指引。

一、现场检查工作要求

（一）现场检查实行组长负责制。组长对现场检查人员任务分工、工作日程安排、检查组织方式和检查结果的真实性负总责，负责检查工作的外部协调，调整人员分工和工作进度、作出是否进行延伸检查决定、要求承储企业立即纠正整改和暂停作业、向被查企业下发整改通知书等，现场检查结束后在相关表格上签字确认。副组长协助组长工作。

检查人员在组长的领导下负责具体内容的检查，对检查内容和结果的真实性、准确性负责，在相关检查表格上签字确认。检查人员必须服从组长的领导。检查组可设立实物、会计、统计、质量等工作小组。

（二）掌握企业自查工作情况。检查组要通过座谈会或调阅材料等方式全面掌握被查企业自查情况。

（三）严格依规彻底清查。坚持"有仓必到、有粮必查、有账必核、查必彻底、全程留痕"要求，严格按照检查方法检查，查清查实检查时点被查企业（库点）全部粮食库存数量，同时，核实相关账簿，核对账账、账表、账实相符情况，有关政策执行情况。

（四）建立检查人员内部沟通协作机制。检查组原则上统一在适宜的场所集中工作。实物、会计、统计、质量检查人员要相互沟通情况，及时通报交流发现的可疑或异常情况。检查组每天对当日检查情况汇总小结，分析工作进展，明确下一步的检查方向、重点和任务。

（五）建立检查结果内部审核机制。检查组在完成检查结果汇总后，组长要指定人员对检查表格数据、内容进行审核。存在分歧的，要充分讨论，由组长确定，必要时向省级、市级大清查工作协调机制办公室或者大清查部际协调机制办公室请示。

（六）完成全部检查表格填写和数据审核、录入。检查组离开被查企业（库点）前，要完成各项检查表格的填写，经企业负责人和检查组相关人员和组长签字确认、加盖企业公章后，由指定的人员保存。检查结果要尽可能在检查现场通过大清查应用软件完成数据录入。对检查发现问题，企业拒绝签字的，在进一步核准的基础上，记录在案即可。

（七）做好现场检查保密工作。检查组内部讨论问题时，要通知被查企业（库点）相关人员回避。检查人员职务和所在单位等信息，被查企业（库点）不得过问。检查中涉密资料要妥善保管，中央储备粮等保密数据要指定专人妥善保存。离开被查企业（库点）前，要检查所携带资料、应收集整理的资料、证明材料和检查设备是否齐备。

（八）认真做好检查准备和检查工作总结。按照《大清查准备工作指引》和检查方法，做好合并登统数据收集、检查所需设备等准备工作。检查结束后，组织撰写检查工作总结报告，属于市级普查的，提交市级大清查工作协调机制办公室，属于部际协调机制抽查的，提交大清查部际协调机制办公室。

（九）向被查地区和企业通报反馈检查结果。现场检查工作全部结束后，检查组要对检查工作情况进行全面梳理和分类，向被查地区和企业通报反馈检查结果。必要时，可按中央事权和地方事权分别向有关管理部门和单位进行专题反馈。

二、现场检查工作程序

（一）通报检查事项和目的。检查组进驻企业（库点）后，检查组组长要以适当方式向被查企业说明检查目的、检查内容和要求，以及检查期限。同时，在企业显著位置张贴大清查普查（国家联合抽查）公告，公布联系电话等，接受检查企业的监督。

（二）听取企业自查汇报。企业负责人向检查组汇报自查和粮食库存情况，安排企业管理人员和仓储、统计、会计、质量等部门的负责人参加汇报会，提供企业（库点）对接人员名单及联系方式。

（三）严格依规检查。检查组要详细记录检查情况和发现的问题，认真填写检查工作表格，使用大清查应用软件录入检查结果。

1. 实物检查组。要严格按照大清查实施方案和实物检查方法的要求，逐货位对库存粮食进行全面检查，查清查实账实相符情况。认真核对保管总账与分仓保管账（卡）相符情况；清点所有库存粮食仓间（货位）核实仓间（货位）编号是否与分仓保管账（卡）一致；核对货位库存数量与分仓保管账相符情况，对全部粮食仓间（货位）进行逐一清查，查清粮食的性质、品种和数量账实相符，如发现账实不符，要认真查明原因。

2. 账务检查组。按照账务检查工作项目清单的要求和流程开展检查，查清查实账账相符情况。一是分别检查统计账、会计账的正确性。统计账重点检查粮食库存统计数据的真实准确性和账务处理的及时完整性，以及上年度储备粮轮换计划的执行情况；会计账重点是通过粮食库存资金占用、购销资金流向及政策性补贴的计提、拨付等收支情况印证粮食库存数量的真实性、购销业务的合法合规性以及政策性补贴拨补的及时性。二是核对企业会计账反映的粮食库存与财政补贴和银行信贷资金台账反映的粮食库存数量是否相符。重点是对政策性粮食补贴资金计提、粮食库贷挂钩的合理性进行梳理分析，进一步印证形成库存粮食的真实性。三是核对统计账、会计账与保管总账。重点核对三账间所反映的粮食库存数量、性质、品种情况是否一致，账账是否相符。账务检查中还要通过对合同、费用资金凭证、运输单据等相关资料的检查，佐证委托、受托储粮、异地储粮和在途粮食业务的真实性。四是分析填写《粮食库存账实核对工作底稿》，准确判断检查当日库存数量与检查时点库存之间的形成差异，进一步判断检查时间库存的真实性。

3. 检查发现问题的处理。检查组对现场检查发现的问题，定性要准确，证据资料要确凿，适用的法律法规和制度依据要充分，规范填写《检查发现问题工作底稿》。

4. 举报案件处理。检查组接到举报案件，应高度重视，按照《大清查举报案件受理和核查工作指引》的规定依法依规核查处理。

附件：账务检查任务清单

附件

账务检查任务清单

一、入驻企业前必须掌握的情况

1. 从《合并登统表》上了解被查库点粮食性质、品种、统计报账单位等情况。

2. 获取相关政策性粮食收购、存储、轮换、动用、拍卖等业务的政策文件，以及政策性业务账务处理、补贴等规定。

3. 获取当地政策性粮食库存管理法规规章、制度标准、规范性文件和省级粮食流通统计调查制度。

4. 掌握承储企业组织结构情况。

5. 向企业所在地农发行了解信贷资金使用情况。

二、统计账检查任务清单

（一）对粮食库存进行账账核对和账实核对

1. 核对企业经营台账和统计报表

2. 核对粮食库存账账相符情况

（1）"合并统计账面数"与"保管账面数"核对

（2）"企业统计账面数"与"会计账面数"核对

3. 核对粮食库存账实相符

（1）核对库存实物数量。对检查时点"合并统计账面数"与实物检查认定的实际库存数量进行核对。

（2）核实调整事项的真实性。对检查时点至实际查库日发生的粮食出入库业务，按照出入库期间，实际发生的原始凭证、保管账记录、粮食购销合同、发票及资金往来票据等进行核实。确定业务发生的真实性后再对检查时点的库存实物数量进行调整。

4. 如存在粮食库存账实差异，应对原因进行分析，由企业做出说明

（1）是否存在粮食"销售未出库"的情况

（2）是否存在粮食"受托代储"的情况

（3）是否存在"粮食在途"的情况

（4）其他情况

（二）对储备粮轮换计划执行情况进行检查

1. 检查储备粮轮换计划的分解与下达情况

2. 检查储备粮轮换计划执行情况，主要内容包括：

（1）轮换计划下达是否合法合规

（2）是否擅自改变轮换计划的内容

（3）是否存在虚假轮换

（4）轮入质量是否合规

（5）轮空期是否符合规定

（6）轮换业务的账务处理是否准确

（7）应急（动态）成品储备轮换是否符合规定

（三）填写检查工作底稿、数据录入大清查软件

三、会计账检查任务清单

（一）核对粮食库存及购销业务的真实性

1.验证粮食库存数量的真实性

（1）根据收购贷款余额核实库存粮食数量

Ａ：核对企业会计账存货数量与统计账的库存数量。

Ｂ：核对企业会计账存货数量与银行信贷台账库存数量。

Ｃ：分析比较银行信贷资金台账、统计账与会计账资金占用的差异。

（2）根据财政补贴收支情况验证库存粮食数量

Ａ：检查是否按照权责发生制进行政策性粮食补贴会计核算。

Ｂ：根据企业会计账计提政策性补贴的计算依据和补贴标准，计算库存粮食数量或经营量，与实物和统计账检查结果进行比对。

Ｃ：根据企业补贴账簿、银行账等凭证，以企业收到的补贴数额和合同协议约定的补贴标准，倒算企业的平均库存数量。

（3）根据购销业务核实粮食库存数量

检查企业的期初库存、期末库存、经营收入、经营成本、费用等账簿及《库存明细表》、《购销存情况表》等材料，根据所记载的粮食购销调拨存业务，辅之以其他文书文件、合同协议等材料，验证期末粮食库存数量的真实性。

2.验证粮食购销业务的真实性与合规性

（1）以实物核查数量为依据，核查库存相关账簿记录

Ａ：实物核查记录、保管账与会计账反应的粮食库存的明细账进行数量核对。

Ｂ：如不一致，应核实相关业务凭证，进一步检查购销计划文件、出入库单等，找到差异原因。

（2）检查资金流与粮食实物流是否一致

Ａ：检查企业一个期间的银行存款和现金账的资金流向。

Ｂ：检查企业费用明细账中的收购费、运杂费、装卸费等直接费用支出，分析企业费用支出情况。

Ｃ：保持与统计账检查和实物检查人员的沟通，掌握企业同一时期粮食购销业务变化情况。

Ｄ：选取几个关键时点，检查资金流和实物流是否吻合一致，如不一致的必须进一步查明原因。

（3）对业务发生的各相关原始凭证如合同、发票、出入库单据、质量检验等单据，所记载的如业务流程、签名、日期等前后关联内容是否相符，排查伪造虚假凭证，验证业务的真实性

（4）核实企业临时货位粮食周转的真实性

如临时周转货位的粮食属于销售业务，可参照资金流与实物流是否一致的检查方法进行检查。

（5）业务的合规性检查

一是在检查业务真实性过程中将资金流的数量、时间和频率等情况与政策所规定具体要求进行

比对，发现与政策规定不吻合的，进一步检查。二是与业务检查中实物数量变化相结合。

（二）对特殊业务的真实性进行检查

1. 在途粮食

（1）检查业务购销合同协议、发货提货单据、收付款凭证等资料，验证业务的真实性

（2）必要时核查有关原始票据，函证或联系对方

2. 受托代储粮食

（1）检查相关合同、账册业务凭证，证明业务的真实性

（2）检查保管费收付凭证，看是否支付了对方保管费，证明存粮的真实性

3. 粮食损失损耗。按规定进行认定。对于数量较大的，应查清原因。

4. 拍卖异常、成交未出库。核实异常产生原因。特别关注已成交、实物未出库且仍在拍卖方名下记录的粮食，防止抵库。

5. 动态储备粮和应急成品粮储备。检查动态储备粮和应急成品粮储备库存与商品库存的统计是否能够分账核算。重点检查有最低库存规定的企业，自有库存是否低于规定的周转库存数量。

（三）填写检查工作底稿、数据录入大清查软件

附件 5

大清查质量检查工作指引

根据国家发展改革委等 7 部门和单位《关于印发全国政策性粮食库存数量和质量大清查实施方案的通知》（发改粮食〔2019〕247 号）要求，针对大清查质量检查制定本工作指引。

一、组织实施

（一）扦样方式。质量检查自查和普查阶段采取融合扦样方式，由省级大清查工作协调机制办公室统一对辖区内全部政策性粮食组织扦样检验。

（二）组织方式。扦样检验采取统一抽调、混合编组、本地回避、异地扦样、交叉检验的方式。

（三）统一方案。省级大清查工作协调机制办公室统一制定实施方案，确定承检机构，统筹安排扦样检验任务，可提前安排扦样检验。市（地）级、县级大清查工作协调机制协同配合完成。

（四）确定库点。省级大清查工作协调机制办公室要在扦样开始前，将纳入清查范围的所有政策性粮食实际储存库点名单，提供给扦样组。

（五）品种要求。稻谷、小麦、大豆逐货位扦样检验。玉米按照不低于库存量 10% 的比例扦样检验，其余 90% 由企业自检。其他粮食品种是否扦样检验由省级大清查工作协调机制办公室确定。

（六）食品安全检验要求。抽取总份数 10% 比例的样品检验主要食品安全指标（重金属和真菌毒素），具体分配方案由省级大清查工作协调机制办公室确定。玉米不检验主要食品安全指标。

（七）其他要求。对自检的玉米和 2018 年试点市（地）新增货位的粮食，以及新收购入库验收报告在有效期内的粮食，由承储企业将检验结果和检验报告报所在地市级粮食库存大清查工作协调机制办公室。

二、扦样要求

（一）原则上以整仓（货位）为一个检验单位，对于个别简易仓（含罩棚仓）等货位粮食数量超过 8000 吨的，原则上以不超过 5000 吨作为一个检验单位，每增加 5000 吨增加一个检验单位，每个检验单位单独扦取一个检验样品。

（二）符合"五同"条件的小型仓房、货位（含钢筋囤）可合并扦样，代表数量不超过 2000 吨。

（三）扦样人员可视具体情况，按要求适当调整扦样点，然后按点分层实施扦样。

（四）原则上样品一式两份，送承检机构检验和备检。对于安排检验主要食品安全指标的样品，应增加两份（均送省级监测中心检验和备检），即一式 4 份。每份样品扦样量：小麦、玉米不少于 2 千克，稻谷、大豆不少于 1 千克。

（五）扦样人员须现场填写《扦样登记表》，绘制扦样布点图，准确记录相关信息，由扦样人和承储企业代表签字确认。在完成所到库区全部扦样工作后，要填写该库区全部样品的《样品登统表》。《扦样登记表》和《样品登统表》分别一式 3 份，一份交企业所在地市（地）级粮食库存大清查工作协调机制办公室，一份交省级大清查工作协调机制办公室备案，一份随样品送承检机构。对于安排主要食品安全指标检验的样品，应增加一份《扦样登记表》，随样品送省级监测中心或指定承检机构。

《扦样登记表》和《样品登统表》见附表1、附表2。

（六）正在移库、熏蒸作业、正在入库尚未形成固定货位的，暂不安排扦样，可随后补扦送检。对新收购入库验收合格，截至检查时点3个月以内（即2019年1月1日以后）的政策性粮食，原则上可不扦样，以验收检验的结果为准。

（七）仓号（或货位号）、扦样主要节点过程、扦样布点图等关键信息应进行音像记录，音像资料留存承储企业备查。

三、检验要求

（一）对于单个货位粮食数量超过8000吨的，原则上以不超过5000吨为一个检验单位，以同一货位各检验单位检验结果的平均值，作为该货位整体评价结果（限于质量指标和储存品质指标）。

（二）质量指标根据粮食性质，按相关国家和地方规定的质量要求以及国粮发〔2010〕190号的有关规定执行。

（三）对2019年1月31日之前入库的玉米，按照GB1353-2009进行检验判定。2019年2月1日之后入库的玉米，按照GB1353-2018进行检验判定。国家另有规定的除外。

（四）对临界值和超标样品，要认真进行复核，确保检验数据准确、可靠。

四、结果报送和录入

（一）承检机构录入和报送检验结果。承检机构要严格按照有关要求，认真填写相关检验结果表和各类汇总表。要按规定将检验结果电子版和纸质文档（加盖公章）报送省级大清查工作协调机制办公室，并反馈到扦样地的市（地）级粮食库存大清查工作协调机制办公室。

（二）市（地）级核对和报送检验结果。市（地）级粮食库存大清查工作协调机制办公室安排专人对本行政区域承储企业政策性粮食质量和储存品质检验结果涉及的库点、仓房（货位）、性质、代表数量等信息进行认真审核，将检验结果逐货位按要求录入大清查应用软件数据库，同时以书面方式加盖公章后上报省级大清查工作协调机制办公室，并分别反馈相关县级大清查协调机制办公室和承储企业。

（三）省级核对和报送检验结果。省级监测中心负责将所检样品主要食品安全指标的检验结果按规定渠道报送至省级大清查工作协调机制办公室。省级大清查工作协调机制办公室安排专人对涉及的库点、仓房（货位）、性质、代表数量、检验判定结果等信息进行认真审核无误后，按要求录入大清查应用软件数据库，并将质量检查结果汇总报送大清查部际协调机制办公室，同时抄报国家粮食和物资储备局标准质量中心。

附件 6

大清查举报案件受理和核查工作指引

按照国家发展改革委等 7 部门和单位《关于印发全国政策性粮食库存数量和质量大清查实施方案的通知》(发改粮食〔2019〕247 号)要求制定本工作指引。

一、建立举报案件受理工作机制

(一)公布举报方式。地方各级大清查工作协调机制办公室要组织在粮食行政管理部门和相关单位办公场所、辖区内存储政策性粮食企业的公告栏等显著位置,公布 12325 全国粮食流通监管热线电话(以下简称"12325 热线")及监督检查举报电话、网络举报方式和受理举报的微信公众号、电子邮箱等,并通过媒体网络报道、张贴宣传海报等多种方式广泛宣传,方便社会各界监督。

(二)及时受理举报。大清查期间,对 12325 热线受理的举报案件,受理登记后按属地原则转省级大清查工作协调机制办公室处理。地方各级大清查工作协调机制办公室直接收到的实名举报案件,要及时受理登记,研究处理;对直接收到的匿名举报案件,要认真分析举报线索,线索具体明确、反映问题重大的,要及时予以受理。受理举报工作要指定专人负责,建立大清查举报案件受理核查内部工作制度。

二、严格依法开展案件核查

(一)成立案件核查组。受理登记的举报案件,省级或者市(地)级大清查工作协调机制办公室要成立专门的案件核查组,组织开展案件核查。案件核查组在省级或者市(地)级大清查工作协调机制办公室的直接领导下工作,案件核查组组长原则上由粮食行政管理部门业务处(科、股)负责人担任,成员由粮食库存实物、会计、统计、质量检查专业人员组成。

(二)严格按照程序核查。严格按照立案调查、案件审理、做出决定、处理处分等工作程序开展。属于粮食流通违法案件,按照《粮食流通监督检查行政处罚程序》进行调查;属于粮食流通政策执行情况的案件,按照大清查工作协调机制办公室的要求进行调查;属于费用补贴、廉政纪律等方面的问题,及时移交有关部门或者按照《粮食流通涉嫌违纪违法案件移送纪检和司法机关暂行办法》(国粮检〔2016〕182 号)及时移交处理。对立案登记的举报案件,案件核查组要认真进行调查取证,形成规范的案件核查报告和完整的证据链条,立卷立档。原则上,受理的案件要在限定的办理期限内办结。一般案件的办理结果要由案件核查组报案件审理委员会进行复核,重大案件要由案件审理委员会进行审理,做到程序规范、证据确凿,依法做出处理决定。案件审理委员会由省级或者市(地)级大清查工作协调机制组织成立。

(三)依法依规做好处理处置。属于粮食流通违法案件要给予行政处罚的,在案件调查和审理结束后,由案件核查组移交省级或市(地)级粮食行政管理部门作出决定;属于中央事权粮违法案件,经初步调查核实后,由案件核查组通过省级大清查协调机制办公室移交国家粮食和物资储备局立案处理。

三、加强案件核查工作领导

在大清查工作中，省级、市（地）级大清查工作协调机制要对举报案件受理核查工作进行专门部署，定期听取案件核查工作情况汇报，及时指导重要举报案件的调查和处理。

（一）建立案件核查工作统计报告制度。大清查期间，各省级大清查工作协调机制办公室要每月分析统计举报案件受理和核查工作情况（见附表），上报大清查部际协调机制办公室。大清查部际协调机制办公室转办的案件，要专题上报案件办理工作进展情况。

（二）建立举报案件通报制度。省级大清查工作协调机制办公室要及时汇总本辖区范围案件办理情况，对典型案件及时通报市（地），并抄报大清查部际协调机制办公室。

（三）加强案件核查工作保密管理。严格遵守保密纪律，做好保密工作。案件资料和案情信息仅限于案件审理委员会、案件核查组、案件查办人员等相关人员查阅知晓。严禁向被举报人、单位及无关人员泄露举报线索和举报人信息。规范举报受理和案件调查、审理、结案等工作流程和保密措施，妥善保管案件档案。

附件：全国政策性粮食大清查举报案件核查情况统计表（略）

关于印发认真落实全国政策性粮食库存数量和质量大清查责任的指导意见的通知

国粮发〔2019〕126号

各省级大清查协调机制成员单位：

为认真贯彻落实国务院领导同志的重要批示精神，按照《国务院办公厅关于开展全国政策性粮食库存数量和质量大清查的通知》（国办发〔2018〕61号）要求，进一步厘清大清查工作各方责任，激励各地方各部门直面问题，敢于担当，勇于作为，积极发现和解决政策性粮食管理中存在的问题和风险隐患，确保大清查工作取得实效，特制定《关于认真落实全国政策性粮食库存数量和质量大清查责任的指导意见》。经大清查部际协调机制审定，现印发你们，请结合实际认真贯彻执行。

全国政策性粮食库存数量和质量

大清查部际协调机制办公室

（国家粮食和物资储备局代章）

2019年5月7日

（此件公开发布）

关于认真落实全国政策性粮食库存数量和质量大清查责任的指导意见
粮食库存大清查部际协调机制办公室（2019 年 5 月）

为深入贯彻落实党中央、国务院决策部署，按照党中央《关于进一步激励广大干部新时代新担当新作为的意见》（中办发〔2018〕29 号）、《国务院办公厅关于开展全国政策性粮食库存数量和质量大清查的通知》（国办发〔2018〕61 号）要求，强化问题导向、结果导向，进一步压实各方责任，鼓励担当作为，确保全国政策性粮食库存数量和质量大清查工作（以下简称"大清查"）取得实效，根据有关政策规定，制定本意见。

一　总体要求

遵照习近平总书记关于"三个区别开来"的重要指示精神，坚持"失职渎职必追责、履职尽责可免责"的原则，进一步激励各级粮食行政管理部门、大清查检查人员、承储企业及其上级管理单位直面问题、敢于担当、勇于作为，积极发现和解决政策性粮食库存管理问题和风险隐患，从严惩处违法违规行为，确保国家粮食储备安全。

二　落实大清查责任

各地要按照国办发〔2018〕61 号文件精神和大清查实施方案要求，落实逐级分工负责制和检查结果责任追究制，进一步厘清大清查各阶段工作责任主体，切实做到"谁主管、谁负责，谁清查、谁负责，谁签字、谁负责"，压实承储企业主体责任、地方政府属地管理责任和行政管理部门监管责任。

三　激励直面问题担当作为

各地要采取有效举措，进一步督促各级粮食行政管理部门强化守土有责、守土负责、守土尽责意识；进一步激励大清查检查人员直面问题、履职尽责、担当作为，真正做到在其位、谋其政、求其效；进一步调动承储企业主动性和积极性，如实反映问题，积极配合做好问题线索核查工作。结合"抓亮点、树典型"工作，适时组织评选表彰大清查工作先进单位和个人，进一步增强各方参与大清查的使命感、责任感和荣誉感。

四　加大失职渎职问责力度

有下列情形之一的，依据干部管理权限和有关规定从重问责：

（一）负有管理和监管职责的部门单位，在大清查过程中履职尽责不到位，或发现问题隐患不及时处置报告和督促整改，经部门检查、媒体披露、群众举报等渠道发现并查证属实的。

（二）负有检查职责的人员未严格按照大清查政策制度和程序方法开展清查，走过场、搞变通、弄虚作假导致重大问题隐患应发现而未发现，或发现重大问题隐患及其他重大情况没有有效查处，或隐瞒不报的。

（三）负有经营管理职责的承储企业及其上级主管单位，在大清查过程中，对存在的重大问题隐患不主动报告，不认真查处，或整改不及时、不到位，经部门检查、媒体披露、群众举报等渠道发现并查证属实的。

五　健全从轻减轻处理或免责机制

有下列情形之一的，依据干部管理权限和有关规定从轻减轻处理或免于问责：

（一）负有管理和监管职责的部门单位，在日常工作和大清查过程中认真履职尽责，积极发现、查处、整改问题，消除风险隐患，未造成重大经济损失或未引发重大负面舆情的。

（二）负有检查职责的人员认真履职尽责，发现问题隐患并主动报告、积极查处的；或严格按照大清查规定的程序方法开展清查工作，但确因客观原因未发现企业存在问题的。

（三）负有经营管理职责的承储企业及其上级主管单位在日常工作和大清查过程中认真履职尽责，严格自查自纠，主动发现和查处问题，及时上报情况并整改到位，未造成重大经济损失或未引发重大负面舆情的。

各地在落实本意见中的重要情况，请及时报告全国大清查部际协调机制办公室（国家粮食和物资储备局执法督查局）。

今后，按照建立粮食库存监管长效机制要求，政策性粮食库存管理和监管责任的落实，比照本指导意见执行。

关于印发政策性粮食库存检查发现涉嫌犯罪等案件移送工作的指导意见的通知

国粮发〔2019〕127 号

各省级大清查协调机制成员单位：

为认真贯彻落实国务院领导同志的重要批示精神，按照《国务院办公厅关于开展全国政策性粮食库存数量和质量大清查的通知》（国办发〔2018〕61 号）要求，进一步强化问题导向和结果导向，严明纪律规矩，坚决打击涉粮违法犯罪和违规违纪行为，切实做好涉嫌犯罪等案件移送工作，特制定《关于政策性粮食库存检查发现涉嫌犯罪等案件移送工作的指导意见》。经大清查部际协调机制审定，现印发你们，请结合实际认真贯彻执行。

全国政策性粮食库存数量和质量

大清查部际协调机制办公室

（国家粮食和物资储备局代章）

2019 年 5 月 7 日

（此件公开发布）

关于政策性粮食库存检查发现涉嫌犯罪等案件移送工作的指导意见
粮食库存大清查部际协调机制办公室（2019 年 5 月）

为认真落实《国务院办公厅关于开展全国政策性粮食库存数量和质量大清查的通知》（国办发〔2018〕61 号）部署要求，进一步强化问题导向和结果导向，严明纪律规矩，坚决打击涉粮违法犯罪和违规违纪行为，切实做好涉嫌犯罪等案件的移送工作，根据有关政策规定，制定本意见。

一　移送案件类型

（一）擅自动用或盗卖政策性粮食库存、虚报库存数量掩盖亏库；以政策性粮食对外抵押担保或清偿债务。

（二）以虚假购销、虚假轮换、"以陈顶新"、"转圈粮"等非法手段套取国家政策性粮食收购资金和财政补贴。

（三）在政策性粮食收储中掺杂使假，抵顶库存，或以次充好，牟取非法利益。

（四）安全储粮管理不到位，导致政策性粮食发生重大或特别重大储存安全事故。

（五）擅自改变定向销售粮食用途，导致不符合食品安全标准的粮食流入口粮市场。

（六）涉粮企业违反收购资金封闭运行管理规定，严重挤占挪用政策性粮食信贷资金。

（七）涉粮企业恶劣阻挠、干涉粮食行政管理部门依法履行监督检查职责。

（八）其他涉嫌犯罪和违规违纪行为。

二　严格依法移送

自查阶段，承储企业发现政策性粮食库存数量短量或质量霉烂变质造成重大社会影响的涉嫌犯罪案件，要立即向承储企业所在地的粮食行政管理部门报告。经初步调查认定涉嫌犯罪的，由市县粮食行政管理部门（或粮食行政执法机关）移送具有管辖权的公安机关。

普查阶段，普查组和案件核查组发现涉嫌犯罪的，应由派出普查组和案件核查组的粮食行政管理部门（或粮食行政执法机关）及时向有管辖权的公安机关移送。有关情况及时向上一级粮食行政管理部门报告。

抽查阶段，国家联合抽查组检查发现涉嫌犯罪的案件，应向国家粮食和物资储备局报告并提出移送建议。需要移送的，国家粮食和物资储备局责成省级粮食行政管理部门（或粮食行政执法机关）向有管辖权的公安机关移送。

三　规范移送程序

（一）移送要求。移送机关应指定两名或两名以上工作人员办理移送手续。移送案件时，应将收集到的相关证据材料完整、及时移送。对涉案物品和资料，应如实列出清单；对已存在明显质量隐患不宜或者不易保管的粮食，应采取必要措施留取证据后，要及时妥善处理，有效防止损失扩大；对需要检验的粮食，应由具有资质的粮油检验机构及时扦样检验并出具报告。对保管条件、保管场所有特殊要求的涉案物品，公安机关商请代为保管的，粮食行政管理部门应当责成有关企业在公安机关采取必要措施固定留取证据后代为保管。

（二）移送材料

1. 案件移送函。载明接受移送机关名称、违法行为涉嫌犯罪罪名或违规违纪情况、案件主办人及联系电话等。案件移送函应附移送材料清单，并加盖移送机关公章。

2. 案件调查报告。载明案件来源、核查情况、嫌疑人基本情况、涉嫌犯罪或者违规违纪的事实、证据、依据和处理建议等。

3. 涉案物品清单。载明涉案物品的名称、数量、特征、存放地等事项，并附采取行政强制措施、现场笔录等表明涉案物品来源的相关材料。

4. 证据材料。包括现场照片、询问笔录、电子数据、视听资料、认定意见等。对需要复印的有关证据材料，还应加盖骑缝章，确保证据法律效力。

5. 附有鉴定机构和鉴定人资质证明或者其他证明文件的检验报告或者鉴定意见。

6. 送达回执。办理移送手续时，应请接收机关在送达回执上签收或盖章确认。

对粮食行政管理部门移送的案件，公安机关认为材料不全、证据不充分，提出补充调查意见的，移送机关应商请提出移送的调查单位进行补充调查。

四　建立会商机制

（一）加强沟通。粮食行政管理部门应主动加强与公安等司法和纪检监察机关的沟通，协助做好案件侦办工作。移送案件前，要沟通案情和政策法规。

（二）实时跟踪。粮食行政管理部门应与公安等司法机关建立案件定期通报会商机制，及时跟踪了解移送案件的处理情况。案件移送后，接受公安机关自接受之日起三日内未做出是否立案决定的，粮食行政管理部门应主动向接受公安机关询问有关情况。对已经受理的案件，在不违反公安机关办案规定的前提下，及时了解进展情况。

（三）专业支持。鉴于粮食业务的专业性强，政策规定较为复杂，粮食行政管理部门要积极协助做好案件侦办工作，主动向办案机关提供业务技术支持力量，推动高效高质量侦办。

（四）健全备案。粮食行政管理部门要建立案件移送登记制度，完善档案管理，留存移送案件档案的复印件，及时汇总分析移送情况和处理结果。

有关涉嫌犯罪等案件移交未尽事宜，依照《行政执法机关移送涉嫌犯罪案件的规定》（国务院第310号令）执行。对粮食行政管理部门在库存检查过程中发现国家公职人员涉嫌职务犯罪，或存在涉嫌严重违规违纪行为的，比照本意见规定将相关案件移送有管辖权的纪检监察机关。

附件：1. 政策性粮食库存检查案件移送函（样式）

2. 送达回执（样式）

附件 1

政策性粮食库存检查案件移送函（样式）

×× 粮食和物资储备局（粮食局）关于 ×× 案件移送的函

〔　　〕第　　号

（接受移送机关名称）：

　　×× 年 ×× 月 ×× 日，我单位对 ×××××××××× 案件进行了调查。经查，（查明的案件基本情况，案件移送的理由）。

　　根据 _____（列明所依据的有关法律法规名称，涉嫌犯罪案件的移送，应同时写明根据《行政执法机关移送涉嫌犯罪案件的规定》）的相关规定，现将 _____（写明案件名称）移送你单位处理。

　　联 系 人：_____

　　联系电话：_____

　　附件：1.
　　　　　2.

（移送机关印章）

×× 年 ×× 月 ×× 日

附件 2

送达回执（样式）

送达文书及件数	（写明送达文书的名称、文号及件数）
送达机关及发送时间	（写明移送机关名称，加盖移送机关的印章） ××年××月××日
送达方式	
接受机关	（写明接受移送机关名称）
收件人及收件时间	（收件人签名或者盖章） ××年××月××日
备注	

备注：直接送达的，请将本送达回执填写后交还送达人；委托送达的，请将本送达回执填写后交还委托送达人；邮寄送达的，寄交×××（写明送达机关名称），地址：×××，邮编：×××。

关于授予河南省漯河市"全国主食产业化工程示范市"的通知

国粮粮〔2019〕144 号

各省、自治区、直辖市及新疆生产建设兵团粮食和物资储备局（粮食局）：

为深入贯彻落实习近平总书记关于"粮头食尾""农头工尾"重要指示精神和李克强总理关于建设粮食产业强国重要批示要求，认真落实《国务院办公厅关于加快推进农业供给侧结构性改革大力发展粮食产业经济的意见》（国办发〔2017〕78 号）等文件精神，进一步培树典型，强化示范引领作用，经河南省粮食和物资储备局推荐，国家粮食和物资储备局认真研究和现场考察，决定授予漯河市"全国主食产业化工程示范市"称号。

近年来，漯河市在实施主食产业化工程、培育壮大粮食加工转化企业群体方面成效显著。目前，全市年粮食加工量 600 万吨，主食产业化率达到 60%，规模以上粮油加工及转化企业 105 家，主营业务收入达 490 亿元，超 10 亿元主食加工企业 3 家。一是发挥主食产业集聚效应。形成漯河国家级经济技术开发区食品产业园、临颍县休闲食品产业园两大园区，培育省级农业产业化集群 13 个。二是推动主食产业品牌化发展。全市食品行业拥有中国驰名商标 6 个，中国名牌产品 4 个，河南省著名商标 64 个，河南省名牌产品 27 个。三是支持企业产品研发和技术创新。培育出国家级高新技术企业 4 家、省级创新型试点企业 2 家、省级工程技术研究中心 10 家，拥有博士后科研工作站 4 个、博士后研发基地 2 个、院士工作站 2 个。四是推进主食产业标准化建设。全市 80% 的规模以上企业导入了卓越绩效管理模式，制定食品生产加工标准 88 项，参与制定与食品有关的国家和行业标准达 39 项。五是推进"互联网+主食"行动。打造中国（漯河）电子商务产业园，推广"网上粮店"等新型零售业态，完善城乡粮油配送供应网络。希望漯河市再接再厉，持续做好产业聚集、品牌培育、科技支撑、标准引领、营销模式创新等工作，在实施主食产业化工程中进一步发挥示范带动作用。

各级粮食部门要认真学习和借鉴漯河市的经验做法，结合本地实际，积极发展主食产业化，不断增加绿色优质和特色粮油产品供给，共同推动粮食产业高质量发展，为提升国家粮食安全保障能力做出新的更大贡献！

国家粮食和物资储备局

2019 年 5 月 20 日

（此件公开发布）

关于加强 2019 年夏季粮油收购监管工作的通知

国粮执法〔2019〕179 号

各省、自治区、直辖市及新疆生产建设兵团粮食和物资储备局（粮食局），中国储备粮管理集团有限公司、中粮集团有限公司、中国供销集团有限公司：

为认真贯彻落实国家粮食收购政策，根据《国家粮食和物资储备局关于做好 2019 年夏季粮油收购工作的通知》（国粮发〔2019〕127 号）要求，现就做好 2019 年夏季粮油收购监管工作通知如下：

一　提高政治站位，分清压实监管责任

做好粮食收购监管工作对保护种粮农民利益，深入推进农业供给侧结构性改革和保障国家粮食安全具有重大意义。夏季粮油收购工作陆续展开，地方各级粮食和物资储备部门及相关企业务必要进一步提高政治站位，自觉增强"四个意识"，及时分析研判收购监管中的新情况、新问题，以高度的责任感，把粮油收购监管工作作为当前的一项重要任务抓实抓好。

各地要严格按照国家有关部门联合印发的《关于切实加强国家政策性粮食收储和销售出库监管的意见》（国粮发〔2018〕264 号）要求，切实加强收购监管工作的组织领导。积极适应收储制度改革深入推进和市场化收购比重不断提高的新形势，突出抓好政策性收储和市场化收购两个市场的监管，把各类问题隐患消除在基层和收储现场。按照粮食安全省长责任制要求，严格落实具体收储企业的直接责任、中储粮集团公司的政策执行主体责任、地方行政监管和属地管理责任，周密制定工作方案，明确责任分工，将各项监管措施落实到位。

二　坚持问题导向，突出重点环节业务监管

各地要积极适应收购市场监管形势变化，调整监管工作重心，强化监管措施，防止出现区域性、阶段性"卖粮难"及"打白条"等问题。

（一）加强对政策性粮食收购的监管。各地粮食和物资储备部门要按照小麦、稻谷最低收购价执行预案的要求，突出抓好粮食收储企业执行国家粮食收购政策情况的监管，监督指导各政策性粮食收储企业做好收购各环节的工作，确保政策执行好、落实好。

一是定点环节。核查"谁定点、谁监管、谁验收、谁负责"的责权对等一致原则落实情况，排查国家政策性粮食收储库点确定是否合理，是否以开设分库点、分库设点等名义变相将不符合条件的企业作为委托收储或租赁库点；核查在定点过程中，是否存在违反程序、审核不严、弄虚作假以及内外勾结、利益输送等违法违规问题，是否存在违规租仓或委托储粮、启用未经报批和现场审核的仓房、启用存在安全隐患或已涉粮食案件的企业仓房储粮等违规行为。

二是收购环节。核查空仓验收制度执行情况，排查是否按规定对拟定收储企业库存粮食进行登

记封存，是否锁定已验收的空仓仓号，相关影像资料留存是否完整；核查《仓储保管合同》或《仓储设施租赁合同》签订情况，排查是否存在签订补充合同，改变租赁性质，或以合同约定、补签协议等方式变相更改租赁性质、挤占费用补贴、转嫁管理风险等问题；核查入库流程和业务管理情况，排查收购业务流程是否规范，是否严格执行国家增扣量规定，是否存在抬级抬价、不执行国家粮食质量标准、"以次充好""先收后转""转圈粮""以陈顶新"等违法违规行为。

三是验收环节。核查"谁验收、谁扞样、谁负责"等要求的落实情况，排查储粮库点是否故意提前"埋样"应付检查，是否存在填充稻壳、秸秆、筛下物等杂质抵顶库存问题；核查运粮车辆登记、检验、检斤、卸车、车辆出库的全过程影像资料、"一卡通"系统录入及流转单据的填写等情况，排查是否存在一车粮食重复过磅、虚假收购高报库存、掺杂使假冒充库存等违规问题。

在继续严把入库粮食质量安全关前提下，针对今年部分地区可能发生小麦赤霉病等情况，要重点核查有关单位预案制定情况，排查是否采取有效措施防止不符合收购标准的粮食进入国家政策性库存。

四是储存环节。核查政策性粮食粮权公示和确认制度执行情况，排查是否存在违规抵押风险；核查驻库监管制度落实情况，检查内容和频次是否得到落实，是否以巡查代替驻库，是否存在监管流于形式，严重失职渎职等问题；核查承储库点落实"技防"制度情况，是否做到对空仓和异常粮情进行预警，实现实时监管。核查承储企业执行"一规定两守则"情况，排查是否贯彻执行"谁储粮、谁负责，谁坏粮、谁担责"原则，落实相关保粮措施，是否做到早预防、早发现、早排除，做到痕迹化管理、责任可追溯，确保不发生重大粮食储存和生产安全事故。

（二）加强对市场化粮食收购的监管。各地粮食和物资储备部门要依法依规加大对粮食收购市场秩序的监督检查，积极引导多元主体入市收购，监督指导粮食收储企业严格遵守"五要五不准"收购守则。核查收储企业是否在收购场所显著位置公布粮食收购品种、质量要求、量（价）折扣规则、12325监管热线等相关信息，强化为农服务意识，满足售粮农民需要，让农民交"明白粮""放心粮""舒心粮"；重点加强粮食收购活动现场监管，排查是否存在拖欠售粮款、压级压价、坑农害农等行为，切实维护好粮食收购市场秩序。

三　切实履职尽责，确保监管工作落实到位

（一）用好监管热线，加大核查力度。各地粮食和物资储备部门要充分利用广播电台、电视台、报纸杂志等媒体，通过在各类收购企业和经营场所醒目位置张贴宣传海报、发放宣传页等方式，向广大售粮农民、用粮企业、粮食行业职工宣传普及12325全国粮食流通监管热线，及时受理群众举报投诉。对12325热线转办和本级接收的违法违规问题线索，要立即组织精干力量进行核查处理；对核查发现的问题，不分大小一律建立整改台账，明确整改时限和责任人，监督企业限期整改；对查实的问题要严惩不贷，严肃问责；对依法应当追究法律责任的问题要立案调查，并按照有关规定及时移送纪检监察和司法机关处理。要建立健全收购监管追责问责机制，对因工作不力，造成较大影响的，追究有关单位和责任人的责任。

（二）加强政策宣传，营造良好氛围。各地粮食和物资储备部门要通过主流新闻媒体，积极宣传收购政策，将有关政策解读到位，引导企业主动遵规守纪，引导种粮农民提高运用法律手段维护自

身权益的意识和能力。要高度关注社会舆情，妥善解决媒体曝光和群众举报的涉粮案件，及时回应社会关切，为收购工作创造良好舆论环境。

（三）加强督导调度，实行月报制度。各地粮食和物资储备部门要加强督导检查，深入收购一线切实解决实际问题，确保夏季粮油收购有序开展。建立夏季粮油收购监管情况月报告制度，收购期间，从 6 月起，各省级粮食和物资储备部门每月最后一个工作日向国家粮食和物资储备局上报收购监管工作开展情况，包括收购进度、案件情况、采取的监管措施、政策建议等。

各省级粮食和物资储备部门在收购结束后，书面报送监管工作总结，收购监管工作开展情况作为当年粮食安全省长责任制考核的主要依据。

电话：010–89061826/1828（传真）

邮箱：jiancha2@lswz.gov.cn

国家粮食和物资储备局

2019 年 6 月 11 日

（此件公开发布）

关于印发"优质粮食工程"各子项实施指南的通知

国粮规〔2019〕183号

各省、自治区、直辖市粮食和物资储备局（粮食局）：

　　为认真落实财政部、国家粮食和物资储备局《关于深入实施"优质粮食工程"的意见》（财建〔2019〕287号）精神，指导各地更好地推动"优质粮食工程"各子项目落地见效，我们制定了《粮食产后服务体系建设实施指南》、《粮食质量安全检验监测体系建设实施指南》和《"中国好粮油"行动计划实施指南》。现印发给你们，请结合实际抓好落实。

　　　　附件：1. 粮食产后服务体系建设实施指南
　　　　　　　2. 粮食质量安全检验监测体系建设实施指南
　　　　　　　3. "中国好粮油"行动计划实施指南

　　　　　　　　　　　　　　　　　　　　　　　　　　　　国家粮食和物资储备局
　　　　　　　　　　　　　　　　　　　　　　　　　　　　　2019年6月13日

　　（此件公开发布）

附件 1

粮食产后服务体系建设实施指南

根据财政部、国家粮食和物资储备局《关于深入实施"优质粮食工程"的意见》（财建〔2019〕287号），现就加强粮食产后服务体系建设制定本实施指南。

一、目标任务

整合粮食流通领域的现有资源，建设一批专业化的经营性粮食产后服务中心，形成布局合理、需求匹配、设施先进、功能完善、满足粮食产后处理需要的新型社会化粮食产后服务体系，力争实现全国产粮大县全覆盖。

（一）促进提质进档。通过提供专业化的清理、干燥、分类等服务，引导分等定级、分仓储存、分类加工，有效提高质量，为实现优质优价、增加绿色优质粮油产品供给创造条件。

（二）推动节粮减损。通过粮食产后服务中心和农户科学储粮设施建设，使收获后的粮食得到及时处理、妥善保管，减少粮食产后损失。

（三）提高服务水平。通过整合产后服务资源，形成完整的服务链，提升为种粮农民服务的专业化水平，提高服务效率和劳动生产率，促进农村第三产业发展。

（四）增强议价能力。鼓励粮食产后服务中心通过向农民宣传国家粮食收储和优质优价政策、传递市场信息、疏通交易渠道等，为农民适时适市适价卖粮创造条件，帮助农民好粮卖好价，带动持续增收致富。

二、规划布局

（一）科学规划数量和布点。各地应综合考虑区域粮食产量、生产集中度、服务辐射半径、交通运输条件，兼顾现有配套设施、产业集聚发展等情况，统筹规划粮食产后服务中心数量和布点、总体建设规模、功能设计等，按需配置设施设备。

（二）合理确定产后服务能力。原则上每个粮食产后服务中心年服务能力，东北地区在5万吨以上，黄淮海、华北主产区不低于3万吨，南方稻谷主产区及其他地区不低于1万吨。各地可根据实际情况科学合理确定。

（三）从实际需要出发精准施策。优先支持产粮大县建设粮食产后服务中心，重点向粮食产量多和商品率高、产后服务能力缺口大、粮食收储市场化程度高的产粮大县倾斜。对现有设施设备等已满足实际需求的产粮大县，原则上不再安排新的粮食产后服务中心建设项目，既有的服务点可纳入粮食产后服务体系范围。非产粮大县粮食生产较为集中的，可适当予以支持。鼓励各地结合国家扶贫开发工作，开展粮食产后服务体系建设。鼓励有条件的非产粮大县使用地方财政资金和企业自筹资金等，建设粮食产后服务体系。

（四）有序组织推进项目建设。项目实行滚动方式分批建设，可先行试点再整体推进，也可按照整县推进的原则集中连片组织实施。列入年度计划的项目要创造条件加快建设，在12个月内完成建设任务。

三、建设主体

（一）鼓励各类市场主体参与建设。从有利于整合资源、放大效应和鼓励竞争出发，支持农民专业合作社等新型农业经营主体、收储企业、加工企业、基层供销社等各类主体公平参与建设，在制定方案、安排项目、分配资金、出台政策等方面平等对待。

（二）结合实际择优选定建设主体。尊重建设主体意愿，从满足条件的申报建设主体中，择优选定经营能力强、服务优、积极性高的建设主体。注重整合盘活存量资源，充分利用社会闲置的仓房、厂房、场地等，建设粮食产后服务中心。

（三）发挥各自优势开展合作建设。在满足相关要求和自愿的前提下，各类主体可开展双方或多方合作建设，各方对合作方式、投资分担、管理机制、风险承担、利益分配等方面予以明确，扬长补短、合作共赢。具备条件的可采取政府和社会资本合作（PPP）等模式。

四、功能定位

（一）因地制宜确定产后服务功能方式。粮食产后服务中心既可配置清理、干燥、收储、加工、销售五方面服务功能，也可选配其中部分功能，不搞"一刀切"。根据当地种粮农民需要，既可开展"五代"服务，也可提供"一卖到位"等便捷服务；有条件还可提供技术指导、生产资料、市场信息等延伸服务。

（二）粮食产后服务中心建设范围。根据功能定位，重点围绕补齐烘干等短板，开展粮食产后服务中心建设。建设范围主要包括：

1. 产后干燥清理设施设备。改造提升老式粮食烘干设施设备，并酌情增加水分和温度在线检测、自动控制等功能；建设符合环保要求的粮食烘干设施设备（如燃气和生物质燃料干燥、电热及热泵通风干燥、旋转式干燥等），以及就仓干燥系统；配置移动式烘干机，以及粮食清理、色选、脱粒等设施。

2. 必要的物流仓储设施。建设粮食干燥、清理等所需的罩棚、晒场、地坪等配套设施。维修改造必要的仓储设施，为分等分仓储存创造条件，原则上不得新建仓容。配置接收、发放、输送、装卸、通风设备及必要的运输车辆等。

3. 粮食质量常规检测仪器设备，以及与国家粮食电子交易平台连接的网上交易终端等设备。另外，可根据实际情况实施农户科学储粮，为农户配置实用、经济、安全、可靠的科学储粮装具。

五、相关要求

（一）强化制度保障。各地要加强对粮食产后服务体系建设指导，结合实际制定项目申请、建设、验收、运营和绩效评价等相关管理文件和技术、服务指南等。实行项目管理公开制，主体选择、资金补助、项目验收及服务范围、服务项目、服务程序、收费标准、收费依据等情况及时对外公布，自觉接受社会监督。

（二）规范项目建设。各地要围绕粮食产后服务体系建设三年实施方案和年度建设任务，明确路线图和时间表，确保如期完成。项目建设原则上以县（市）为单位组织实施，在县（市）政府统一领导下，财政、粮食和储备部门开展需求摸底调查、编制项目建设方案，具体承担建设管理、项目验收、设施信息管理、绩效评价、总结报告等工作。要开展项目实施前现场核查，对建设主体基本情况、建设意愿、经营情况、用地合法性及承载能力、建设内容的真实性等进行核查，确有问题的应及时整改，问题严重的要取消建设主体资格。项目建成后地方财政、粮食和储备部门要按有关规定及时组织验收，并做好项目档案管理工作。

（三）严守环保要求。坚持绿色环保，全面推广应用节能型、智能化粮食清理、储藏、烘干等新技术新装备。按照《国务院关于印发打赢蓝天保卫战三年行动计划的通知》（国发〔2018〕22 号）和《锅炉大气污染物排放标准（GB13271–2014）》等有关规定及标准规范，建设和改造粮食烘干等设施设备，使热源烟气排放及粮食处理过程中的噪音、粉尘等方面符合相关环保要求。鼓励和支持相关科研院所、企业结合实际，加强对环保烘干新技术和设备的研发推广应用。

（四）加强运营管理。各地既要重视项目建设又要加强运营管理，督导已建成项目切实发挥作用，完善粮食产后服务模式，优化服务流程，规范服务行为，提高粮食产后服务中心运营管理和专业化服务水平。各地要指导粮食产后服务中心认真贯彻"优质、便捷、规范、安全"的服务方针，合理收费、诚信服务；对贫困户、残疾人等特殊群体提供优先或优惠服务。严禁利用各种方式变相扩大收费范围或提高收费标准。清理、烘干等相关生产作业，应满足有关规范和文件要求，确保安全生产。粮食产后服务中心要严格遵守国家相关法律、法规，本着平等、自愿、诚实、守信的原则，拓展服务范围，提高服务质量。

（五）完善合作机制。粮食产后服务中心除烘干粮食外，还可科学合理地烘干其他经济作物，提高设备利用率并增加收入。鼓励粮食产后服务中心与农民专业合作社、村级集体组织等通过多种方式建立长期稳定的合作关系；通过建立动态信息网、开发手机 APP，或成立粮食产后服务中心协会、烘干中心联合会（体）等，科学合理利用当地烘干资源，充分发挥当地粮食产后服务体系协同效应。按照《国务院办公厅关于加快推进农业供给侧结构性改革大力发展粮食产业经济的意见》（国办发〔2017〕78 号）关于"落实粮食初加工用电执行农业生产用电价格政策"等要求，各地财政、粮食和储备部门积极会商协调相关部门对粮食产后服务中心烘干等用电执行农业生产用电价格政策。产后服务中心要结合绩效评价，及时统计产出数量、产出质量等方面数据，认真分析经济和社会效益，不断提高服务水平，完善运行机制。

要注重挖掘典型、强化示范引领，在省级粮食和储备部门推荐的基础上，国家粮食和物资储备局择优确认粮食产后服务中心先进典型，放大示范效应。

附件 2

粮食质量安全检验监测体系建设实施指南

根据财政部、国家粮食和物资储备局《关于深入实施"优质粮食工程"的意见》（财建〔2019〕287号），现就加强粮食质量安全检验监测体系建设制定本实施指南。

一、目标任务

（一）建设目标。2017~2020年，构建以国家区域中心为龙头、省级为骨干、市级为支撑、县级为基础、企业为补充，适合我国国情和粮情的粮食质量安全检验监测体系，做到功能定位清晰、区域布局合理、检验监测能力强、运行机制良好、服务业务范围广、质量安全保障有力。

力争到2020年，建立和完善1000个左右粮食质量安全检验监测机构（以下简称"检验监测机构"），监测覆盖面达到产粮县（5万吨以上）的60%左右；粮食质量安全检验监测体系基本完善，粮食质量安全监管、风险监测预警、应急处置能力显著增强，服务粮食安全战略、食品安全战略、政府决策、粮食产业经济、粮油标准制修订工作水平明显提升。

（二）主要任务。进一步加强国家级、省级检验监测机构建设，重点在粮食年产量5万吨以上或人口在50万以上的县（市）新建或提升检验监测机构，着力解决粮食质量安全监测预警与检验能力不足、基层检验监测机构严重缺失等问题。

（三）建设范围。2017~2018年，重点在粮食年产量10万吨以上或人口在80万以上的县（市）、机构空白县（市）建设检验监测机构；2018~2019年，重点在粮食年产量5万~10万吨或人口50万~80万的县（市）建设检验监测机构；2019~2020年，统筹协调，补齐短板，进一步提升各级检验监测机构能力水平。各地可根据实际情况适当调整。

二、建设主体

（一）优化机构布局。省级粮食和储备部门要认真做好可行性研究，综合平衡本省（区、市）不同粮食品种区域分布和不同层级的机构状况，结合当地粮食产量、流通量、储存量、消费量、检验监测业务量等实际情况，坚持需求导向，统筹确定检验监测机构数量、布局、总体和分年度建设方案。以发挥作用效能为立足点，加大对检验监测机构薄弱地区的指导、协调和扶持力度，补齐短板。

（二）建设主体范围。主要包括四类：一是隶属于粮食和储备部门的事业单位或已经取得当地编办事业单位批件的检验监测机构；二是本地区尚无检验监测机构的市、县，可依托当地骨干粮食企业检验室建设检验监测机构，建成后按照当地粮食和储备部门要求，承担相关检验监测任务；三是纳入国家粮食质量检验监测体系的有关高校、中央企业，由所在地省级粮食和储备部门统筹考虑；四是可承担粮食监测任务，并纳入国家或省级粮食质量安全检验监测体系的相关检验监测机构。

（三）建设主体基本条件。建设主体应具备与开展工作相适应的场地和专业技术人员，与发挥作用相匹配的检验任务以及必要的业务运行经费保障，有明确的配套资金落实方案和职责、任务、资产归属要求，保证建成后能够正常开展业务，实现良性运行，发挥应有作用。

三、功能定位

（一）国家区域中心。应具备省级检验监测中心的全部功能，重点承担粮食质量安全政策、法规、规划、标准及技术规范的研究与制修订，相关技术指导、技术培训、技术咨询与服务等任务。

（二）省级检验监测中心。主要承担粮食质量安全监测预警体系建设和快速反应机制研究；承担国家标准和技术方法、技术规范的试验验证，以及地方粮食质量标准与团体标准制修订、验证和宣传贯彻，开展技术咨询、技术培训等工作；承担本区域内粮食质量安全监测计划实施，开展风险监测、质量调查、品质测报、监督抽检、突发事件应急监测、隐患排查、预警分析、认定检验、评价鉴定检验等工作，为服务粮食产业链、价值链、供应链及农户科学储粮提供技术服务与技术支撑；协调、指导区域内市、县级检验监测机构的业务工作；收集粮食质量安全及生产灾害等动态信息，提出有关工作建议和意见；具备检验各种粮食质量指标、品质指标和主要食品安全指标及批量检验的能力。

（三）市级检验监测站。主要承担粮食质量调查、品质测报和粮食质量安全风险监测；承担粮食例行监测、质量监督抽查、普查、突发事件应急监测、隐患排查及其他委托检验；为企业提供检验服务；负责本区域内粮食质量安全标准的宣传贯彻、技术咨询、技术培训，以及县级粮食检验监测机构的技术指导等工作；协助省级检验监测中心开展相关业务工作；收集本区域内粮食质量安全及生产灾害等信息；依据国家和行业粮油标准以及国家有关规定，具备检验主要粮食质量指标、品质指标、主要食品安全指标和区域内必检指标的能力。

（四）县级检验监测站。主要承担生产种植情况、粮食收获情况调查，掌握本区域内粮食品种、种植面积、产量情况；跟踪粮食种植过程施肥、施药、受灾等情况；进行质量调查的各项质量指标、品质测报感官指标的检测；开展相关的检验把关服务，协助省、市级检验监测机构开展相关业务工作，承担下乡、进企业扦样和原始样品转送，以及其他检验服务。具备检验当地主要粮食质量指标、主要品质指标和主要食品安全指标快检筛查的能力。

四、建设内容

国家级机构侧重质量安全、标准研究能力建设，省级机构侧重质量安全、批量检验能力建设，市、县级机构侧重质量指标、储存品质项目检验能力和主要食品安全指标检验、快速筛查能力建设。

（一）配置检验仪器设备。按照立足当前、着眼长远、优化配置、补充配套、填平补齐的原则，在充分利用已有检验监测资源基础上，根据功能定位、检验任务和今后业务开展需要，配置相应的检验仪器设备。检验仪器设备选型要坚持需求导向、能用适用、够用好用、安全可靠、节能减排原则，满足检验质量与内在品质、储存品质、安全卫生、添加剂及非法添加物、微生物、转基因等指标相应参数的要求，同时要紧密结合粮食检验监测工作和队伍建设需要，避免闲置浪费。

（二）完善配套基础设施。根据工作需要和检验仪器设备配置等具体情况，进行必要的配套基础设施建设。基础设施在使用面积、布局和环境条件等方面应满足机构职责任务以及人员、仪器设备配备的实际需求。实验室内各类功能区应做到分区明确、布局合理；应设有废水、废气的处理设施，并达到排放标准要求；配备必需的安全生产防护和应急处置设施。

五、建设要求

（一）项目申报。省级粮食和储备部门要摸清本省（区、市）检验监测机构现状和实际需求，按照国家总体要求和整省推进的原则，围绕功能定位、目标任务、建设内容，统筹安排域内检验监测机构建设布局、投资标准和分段实施步骤，上报粮食质量安全检验监测体系建设实施方案。在中央财政资金下达前，完成采购仪器设备技术参数编制和项目招投标工作方案制定等前期工作，确保项目实施与财政资金使用进度要求相匹配。要积极协调相关部门，尽早落实机构场地、人员、运行经费、建设资金等，确保项目建设各项配套条件落地。

（二）项目审核。省级粮食和储备部门要根据本省（区、市）检验监测机构功能定位及检验项目、工作量、技术人员条件等情况，对市、县级申报的建设方案进行认真审核，重点做好检验监测机构场地、人员和运行经费等核实工作。对不符合申报条件的、建成后难以正常运行和无检验监测任务的建设项目，要坚决剔除，保证所建项目能够用得上、用得好。

各省（区、市）建设实施方案应由正文、附件、附表三部分组成。正文应包含本省（区、市）现有粮食检验监测体系建设取得的成效、存在的问题、已有基础条件，总体和分年度实施目标、建设范围、建设内容、投资测算和规模、实施进度、项目管理、体系运行保障具体措施、绩效考核指标，以及省级粮食和储备部门粮食质量安全检验监测体系建设工作组成员、职务、联系方式等。附件包括项目提升机构需附现有人员、检验能力、运行经费等情况的佐证材料，新建机构需附批复成立机构、落实场地人员和拟承担的检验任务等情况的佐证材料，以及其他必要的材料。详见附表1-3。

（三）仪器设备采购。科学制定仪器设备采购方案，坚持厉行勤俭节约，不得盲目追求"高大上"而造成资金、资源的浪费。仪器设备采购工作，原则上由省级粮食和储备部门牵头统一组织实施，并负责督导协调所购仪器设备的到货、安装、调试、验收和使用；招标过程中，可邀请纪检监察部门相关人员现场监督，确保采购工作公平、公正。各省（区、市）原则上应做到区域内仪器设备统一功能、统一选型、统一参数；实验室名称标牌统一款式、统一规格、统一制作；技术操作人员统一培训。

列入当年建设范围的机构，应在中央财政资金拨付后12个月内完成项目建设；项目建设完成后，省级财政、粮食和储备部门要及时组织项目验收，并将项目完成、整体验收、绩效评价等情况及时报送财政部、国家粮食和物资储备局。

（四）资金筹措使用。坚持中央财政适当补助，地方积极配套，中央与地方共建共享的原则，由中央补助和地方财政投入（企业自筹）统筹解决。有关高校、中央企业的检验监测机构所需中央财政资金，在中央下达所在省份的资金中统筹安排。严格按照财政资金管理有关规定使用项目资金，财政资金主要用于配置检验仪器设备、实验室配套基础设施建设、移动检验扦样及样品传递工具等。

（五）逐级压实责任。省级粮食和储备部门对项目申报、实施、绩效评价、验收等承担监管责任，应加强对本省（区、市）项目建设进度、质量、资金使用、资金落实、体系运行以及其他有关情况的监督检查。建立定期调度制度，全面掌握、及时跟踪项目实施情况，做好项目协调、服务和推进工作，确保项目实施进度和建设成效。实行建设单位项目法人负责制，项目法人对项目申报、实施、建设质量、资金管理和建成后的运行等承担主体责任。各级检验监测机构要承担起所配仪器设备管好、用好、维护好的责任。

六、创新机制

（一）因地制宜、分类指导。省级粮食和储备部门要针对不同地域、不同层级、不同机构的特点分类施策，加强分类指导。根据机构功能定位，结合粮食质量安全检验监测工作实际，安排工作任务，开展技术培训，制定指导管理措施，充分发挥各级检验监测机构作用。研究建立检验监测机构管理制度，加强事中事后监管，建立诚信体系和"黑名单"制度。

（二）严格管理、加强监督。检验监测机构要建立公正性保证机制。实行检验监测机构与检验人责任制，检验人应依法依规进行检验，保证出具的检验数据和结论客观公正，对检验数据和结论负责；检验监测机构对出具的检验报告负责。省、市级粮食和储备部门要落实"双随机"要求，实施"抽检分离"，优化抽样、检验工作方式，确保检测结果客观公正。提高仪器设备使用效率，对长期闲置或利用率偏低的仪器设备，必要时省级粮食和储备部门可对使用财政资金购置的仪器设备予以调配使用。

（三）发挥优势、增强功能。各级检验监测机构要按照功能定位和检验监测任务要求，发挥专业性、系统性的优势和技术专长，继续加强新收获粮食和库存粮食风险监测，确保监测面有效提升。依托粮食行业专业优势，按照积极服务社会和公正检验原则，开展政策性粮食第三方检验监测服务，在平仓检验、鉴定检验、准入检验和仲裁检验等方面加快实施第三方检验。省级粮食和储备部门要研究建立第三方检验监测机构资质认定管理制度，增强检验监测机构的权威性和公信力。

（四）优化服务、激发动力。各级检验监测机构按照高质量发展要求，结合粮食收储制度和储备制度改革市场化的新形势，拓展服务范围，创新服务方式，增强服务效果，激发内生动力。省、市检验监测机构要延伸检测服务链，鼓励政策性监测任务与社会委托业务并行发展，主动承接其他行政部门、种粮大户、农民专业合作社、食品加工企业等委托业务；鼓励开展产学研、技术咨询、标准研制、培训、验货以及其他技术服务。围绕实施乡村振兴战略、推进农业供给侧结构性改革、加快粮食产业经济发展等，聚焦"五优联动"，构建"监测服务政府、抽查服务监管、检测服务产业、测报服务农户"的服务模式。

发挥典型示范引领作用，选取部分项目实施好、运行好、服务好的机构，在省级粮食和储备部门推荐的基础上，国家粮食和物资储备局择优确认示范检验监测机构。

七、保障措施

（一）加强领导。省级粮食和储备部门要加强领导，成立工作组，明确负责人，组织精干力量，加强调度协调，积极解决实施中出现的问题，保障粮食检验监测体系建设按时保质完成。支持建立联络员制度，由省级检验监测机构选派专业技术人员，分工联系市、县检验监测机构，加强跟踪指导服务。

（二）完善制度。省级粮食和储备部门要制定项目和资金管理办法及项目绩效评价方法，按要求组织项目验收。重点加强对专项资金使用、仪器设备采购、建设进度、履约验收、项目执行、绩效评价等情况进行监督检查，对场地、人员、运行经费未落实到位，仪器设备长期闲置，不能正常运行和未能有效发挥作用的检验监测机构要采取有效措施督促整改。

（三）强化保障。各地要为检验监测机构扩展运行服务、开展检验监测业务提供包括场地、设备、经费等在内的相关条件保障，确保业务正常开展，确保技术支撑作用有效发挥。转换用人机制，搞活用人制度，完善收入分配，实行体现粮食质检工作专业性、技术性特点的收入分配激励机制，激发内生动力。要在现行政策规定范围内，加大对粮食检验监测机构的支持。加强部门间的横向合作交流，根据各地实际，采取多种合作方式，优势互补，形成合力，提高检验监测机构检验能力和服务水平。

（四）搞好培训。要选拔素质好、作风实、专业对口的人员充实粮食质检队伍。加大专业技能培训力度，让新入职人员尽快适应岗位要求，确保所配仪器设备有人会用。省、市级检验监测机构要发挥引领带动作用，组织技术人员到县级检验监测机构和粮食收储企业指导质检队伍建设。

（五）严格考核。将粮食质量安全检验监测体系建设项目纳入粮食安全省长责任制和国务院食品安全工作考核内容，确保项目建设落地，体系良性有效运行。严格实行项目绩效评价，细化绩效考核指标；重点考核新建机构场地、人员、资金配套、经费保障和运行成效等情况；务必使配置的检测仪器设备能够有效利用，机构真正发挥作用，满足当地粮食质量安全检验监测工作需要。

（六）严明纪律。各地要认真贯彻落实中央八项规定精神，严格执行廉政规定，切实改进作风，将检验监测体系建设工程建成廉政工程、优质工程。在建设中要坚持公平公正、科学规范，对弄虚作假、谎报瞒报等行为予以批评并责令改正，并视情节追究有关责任人的责任。

附表：1. 省（区、市）粮食检验监测体系建设总表（略）

2. 省（区、市）粮食检验监测体系建设明细表（略）

3. 省（区、市）粮食检验监测机构拟配置仪器设备清单（略）

附件 3

"中国好粮油"行动计划实施指南

根据财政部、国家粮食和物资储备局《关于深入实施"优质粮食工程"的意见》（财建〔2019〕287 号），现就落实"中国好粮油"行动计划制定本实施指南。

一、主要目标

"中国好粮油"行动计划要紧扣实现粮食产业兴旺、农民增收、企业增效，满足消费者对优质粮油产品的需求，到 2020 年，全国产粮大县粮油优质品率提高 30% 左右。

二、组织实施

（一）实施主体

1. 省级粮食和储备、财政部门负责组织制定本省（区、市）总体实施方案，并进行监督检查和绩效评价；管理省级层面的实施项目和示范企业；负责示范县（市）和示范企业的监督检查、指导实施及考核验收。

2. 示范县（市）政府是示范县（市）的实施主体，负责制定实施方案，加强对实施全过程的管理；负责对区域内示范企业实施情况的协调指导、监督检查和考核评价。

3. 示范企业要坚持市场导向，聚焦"中国好粮油"行动计划目标任务，制定切实可行的实施方案，有序推进、确保落实，真正起到示范引领作用。

（二）示范县（市）条件和数量

1. 示范县（市）应具备以下条件：

（1）处于优质粮油优势生产区，具备良好产地环境和发展潜力；

（2）在培育、优选、推广新品种方面有明显优势，具备较好的连片规模化种植基础和粮食产后服务能力；

（3）具有较好的优质粮油加工、销售和区域公共品牌建设基础；

（4）县（市）政府高度重视，实施方案目标明确，措施可行。

2. 示范县（市）数量由各地根据实际情况选择确定，原则上粮食主产省每年可支持 10 个以内示范县（市），其他省份每年可支持 5 个左右示范县。示范县（市）除国家级贫困县外，应当实行动态调整，已列入支持范围的示范县（市）原则上今后不再纳入；各省（区、市）三年实施方案确定滚动支持的示范县（市），应当一次性确定资金支持额度，按计划分年度实施。

（三）示范企业条件和数量

1. 示范企业应具备以下条件：

（1）企业有注册商标和品牌，市场开拓能力强，有销售渠道；

（2）企业资产优良，信用良好，无相关违法违规行为；

（3）产品销售量大、市场占有率及消费者认同度高，具有较强的新产品开发和产品质量保障能力，符合国家产业政策和环保政策要求；

（4）企业积极性高，实施方案主要目标和考核指标清晰，措施具体可行。

2. 示范企业数量由各省（区、市）根据实际情况确定，示范县（市）政府在符合条件的企业中择优选定。

三、实施内容

各实施主体要聚焦目标任务，把"五优联动"贯穿于"中国好粮油"行动计划全过程；围绕"从田间到餐桌"各环节，统筹谋划、补齐短板、系统推进。突出示范引领、创新模式、挖掘典型、推广经验、放大效应，着力在品牌推广、渠道建设、科技支撑和专题宣传等方面取得重点突破。

（一）优化种植结构，促进"优粮优产"。示范县（市）和示范企业要立足优势，突出特色，加大培育和优选优质粮种力度，积极引导和组织推广优品品种，实现连片种植和规模化经营。

1. 示范县（市）和示范企业建立种植基地，开展优质粮食订单农业，培育和优选优质品种，推广连片种植。

2. 示范县（市）建立优质粮油产前产后科技服务平台，指导农户科学种粮、科学管理、科学储粮等，特别是加大优质粮食种植技术的推广力度。

3. 示范县（市）和示范企业与科研机构开展合作，制定粮食生产过程控制技术规程，建立全程可追溯体系等。

4. 地方各级粮食和储备部门建立有效激励机制，对采取建设种植基地、开展优质粮食订单农业等方式，与农民形成利益共同体成效突出的示范企业给予奖励。

（二）强化质量导向，促进"优粮优购"。示范县（市）和示范企业要根据粮食质量及品质情况，按照"优粮优价"原则进行收购，切实增加农民收益，保护农民种植优质粮食积极性。

1. 省级粮食和储备部门结合本地实际情况、生产特色、区域特点、市场认可程度等，组织制定优质原粮标准。

2. 地方各级粮食和储备部门对本区域内粮油产品进行测评，掌握粮油质量、品质、营养特性等，指导企业加大产品研发力度，推动产业升级。

3. 支持企业按优质优价原则进行收购。

（三）提高储粮水平，促进"优粮优储"。示范县（市）和示范企业要推行优质粮食按品种及等级分仓储存，积极推进绿色储粮和智能化储粮新技术，不断提高仓储技术和精细化管理水平。

1. 示范县（市）和示范企业在粮食收购、清理、干燥、储存等关键环节制定技术规程或技术要求，通过改造仓储设施，实现储粮技术升级，满足按品种及等级分仓储存的要求。

2. 地方各级粮食和储备部门及示范企业开展优质粮食分品种及等级储存保鲜技术研究，制定相关技术规程或技术要求。

3. 在示范县（市）和示范企业推广应用保质保鲜、防虫防霉、低温干燥、低温储藏等新技术。

（四）倡导适度加工，促进"优粮优加"。地方各级粮食和储备部门、示范县（市）和示范企业要建立标准领跑者激励机制，走"标准引领""以质取胜"之路，加快推广粮油产品适度加工，发展粮食循环经济，促进粮食资源综合利用。

1. 省级粮食和储备部门结合本省（区、市）实际情况、区域特点、特色品种、市场认可程度等，组织制定优质成品粮油标准；鼓励粮食企业结合品牌特色、区域特点、市场认可程度等，制定企业产品团体标准，提升区域粮油产品的加工质量。

2. 通过示范企业与科研院所开展合作，采用新工艺和新技术，研发优质粮油新产品。

3. 各级粮食和储备部门组织相关企业、科研院所根据优质粮食生产区域特点，结合地域优势和品牌建设等，研究建立优质粮油适度加工标准和规范。

4. 示范企业应用先进技术，通过技术改造和提高质检水平，实现产品升级，增加优质粮油产品供给。

（五）引领消费升级，促进"优粮优销"。按照分级遴选机制推出省级"好粮油"和"中国好粮油"产品，促进粮油产品"提质进档、消费升级"；进一步拓展销售渠道，推进"互联网＋粮食"行动，发展粮食电子商务和新型零售业态，构建经济高效的优质粮油销售渠道；通过"中国好粮油"专题宣传，普及科学膳食知识，提高好粮油产品认知度。

1. 省级粮食和储备部门及示范县（市）结合实际推进区域公共品牌建设，示范企业加强企业品牌建设，提高"好粮油"品牌的公信力。省级粮食和储备部门负责制定地方"好粮油"产品标准和遴选办法，把品牌影响力、市场占有率、消费认同度和企业经营年限等作为重要指标，遴选过程要注重产品品质、地域文化和传统特色，做到公平、公正；组织地方"好粮油"遴选工作，按程序进行公示后，将遴选结果报送国家粮食和物资储备局备案；加强对地方"好粮油"生产经营者监督，保证"好粮油"产品质量和信用。

2. 国家粮食和物资储备局负责组织"中国好粮油"遴选工作，在省级"好粮油"产品基础上，择优遴选"中国好粮油"产品。制定"中国好粮油"产品标准、产品及标识管理办法，规定"中国好粮油"遴选范围、要求，规范产品质量和标识管理，实行动态管理和淘汰退出机制。

3. 各级粮食和储备部门、示范企业建立完善网络销售平台，或者依托成熟的电商平台开展线上销售，利用"放心粮油店"、大型综合超市等设立"好粮油"专柜和建设直营店，加大"好粮油"线下销售力度。

4. 示范企业利用社会物流资源，完善优质粮油产品配送网络，探索成品粮"公共库"模式，提供专业的优质粮油产品储存和配送服务。

5. 发挥"中国好粮油网"作用，突出公益服务功能，实现"中国好粮油"政策宣传、标准发布、产品推介、科普宣传等功能。

6. 省级粮食和储备部门、示范县（市）和示范企业多渠道广泛宣传"好粮油"产品，运用粮食科技周、世界粮食日、展销会、推介会等宣传平台和电视、广播、网络、微博、微信等新闻媒体加强宣传。

（六）放大示范效应，促进"五优联动"。为发挥"好粮油"示范引领、辐射带动、放大效应的作用，在"优质粮食工程"示范县、示范企业（合作社）和"好粮油"销售店中遴选认定百个全国性典型示范县、千个先进示范企业（合作社）、万个样板店。

1. 全国百个典型示范县。典型示范县应在推广基地建设或订单农业等方面有稳定模式和成熟经验，本县（市）粮油优质品率提高 40% 以上；在促进粮食产业兴旺、农民增收、企业增效等方面有具体举措并取得实效；在粮食品质测评、区域品牌推广方面成效显著；在推动"五优联动"、创新发展模式等方面示范作用明显。以现有示范县（市）为基础，原则上主产省推荐典型 5 个，其他省（区、市）推荐 2 个；在各省（区、市）推荐基础上，由国家粮食和物资储备局确认。

2.全国千个先进示范企业（合作社）。先进示范企业品牌应在当地知名度和影响力大、产品市场认可度高，或区域特色明显，带动能力强；在系统推进"五优联动"，重点是通过基地建设或订单农业构建粮食种植利益共同体、品牌推广、渠道建设、科技支撑等方面实际成效和示范作用明显；典型示范合作社应有加工产业基础和配套条件，优质粮油种植面积达到 50% 以上，且连片种植面积达30% 以上，农户收益提高 20% 以上，在推广优质粮油连片种植、农民增收、脱贫攻坚等方面示范作用明显。先进示范企业（合作社）原则上主产省推荐 50 个左右，其他省（区、市）推荐 20 个左右；由省级粮食和储备部门在"中国好粮油"行动计划示范企业（合作社）中择优认定。

3.全国万个样板店。结合在"放心粮油店"、大型超市等设置专卖柜台或建设专卖店，年销售"好粮油" 300 吨以上，信用良好、消费者认同度高，在宣传优质粮油品牌、提升品牌影响力、扩大"好粮油"产品销售、规范服务等方面示范作用明显。各省（区、市）样板店数量要综合考虑"好粮油"销量和网点数量等因素，原则上按每 14 万消费人口 1 个样板店的标准，在销售"好粮油"的实体店中择优认定。

在"百千万"典型示范中，各省应规范认定程序，经公示无异议后，向国家粮食和物资储备局推荐，核审后统一公布。

四、考核验收

（一）验收条件

1."中国好粮油"行动计划实施方案中各项具体任务均已完成，达到了预期目标；

2.有完整的总结报告和绩效自评报告，包括项目达到的目标及考核指标、计划实施内容、实施内容完成投资情况、总体进度完成情况、取得的主要成果和经验等；

3.有每项实施内容完整的档案资料；

4.有完整的财务决算报告，并有第三方审计报告；

5.有已备案的实施方案及资金下达的有关文件；

6.示范县（市）和示范企业出具的验收材料真实性声明；

7.示范县（市）和示范企业提交的项目验收申请。

（二）验收组织

1.示范县（市）政府领导小组负责组织示范县（市）和示范企业的验收，省级粮食和储备、财政部门可派员督导。示范县（市）政府领导小组在国家或省级推荐的专家库中抽取不少于 5 名专家，成立专家验收组，或委托有资质有经验的咨询机构进行验收。采取专家验收组验收的，应对重要实施内容、示范企业进行现场查看，可根据需要设立资料小组、财务小组等开展相关工作。

2.省级粮食和储备、财政部门负责对省级层面项目、省级管理的示范企业进行验收。

3.项目验收后应形成正式验收报告，主要内容应包括：目标及指标完成情况、主要实施内容及投资完成情况、取得的主要成果、验收结论等。

（三）验收备案

1.项目通过验收后，以示范县（市）为单位报送省级粮食和储备、财政部门备案。备案的具体要求由省级粮食和储备、财政部门确定。

2.省级层面项目实施单位和省级管理的示范企业，直接报送省级粮食和储备、财政部门备案。

3. 省级粮食和储备、财政部门汇总本省（区、市）"中国好粮油"行动计划验收情况，编制总体验收报告，并附绩效自评价报告，报送国家粮食和物资储备局、财政部备案。

五、保障措施

（一）完善方案。省级粮食和储备、财政部门要按照国家整体要求，完善"中国好粮油"行动计划实施方案。根据本区域的实际情况，结合产粮大县、区域特色、品牌建设等，统筹遴选示范县（市）和示范企业，对示范县（市）和示范企业实施方案进行认真审核确认，在此基础上编制本省（区、市）实施方案，做到统筹规划、目标明确，重点突出、内容科学，资金合理、测算准确，措施得力、限期完成。

（二）精心组织。省级粮食和储备、财政部门要密切配合，建立工作机制，组织做好项目申报、实施、考核与验收等工作。省级粮食和储备部门要建立项目推进和定期调度制度，全面掌握、及时跟踪项目进度、质量等情况，加大统筹协调力度，确保项目实施成效。示范县（市）政府要成立由粮食和储备、财政等部门组成的领导小组，制定有关措施和管理办法，聚集动能、形成合力、精准施策，与粮食产后服务体系建设、粮食质量安全检验监测体系建设协调一致，与示范县（市）各项惠农政策深度融合，与示范企业及品牌建设实际紧密结合，加强对实施全过程的统一协调和跟踪管理，推动项目落地见效。

（三）规范管理。省级粮食和储备部门要会同财政部门制定项目及资金管理办法，严格按照财政资金管理有关规定使用项目资金，对项目资金到位、使用等情况加强监督检查。加强对项目实施过程中关键风险点的监控，严格执行廉政规定。坚持公平公正、客观真实，对弄虚作假、谎报瞒报等行为责令改正、追究责任；对违法违纪等行为严肃查处。

（四）强化保障。各级粮食和储备部门要建立"中国好粮油"专家咨询制度，为实施方案策划、标准规范和技术规程制定、产品研发、品牌策划等提供技术支撑。支持示范企业与科研机构联合制定"好粮油"产品发展战略规划，制定收购、储存、加工、物流、销售的全流程技术规范或服务指南。引导示范企业加强人才培养，特别是对实施"中国好粮油"行动计划中的关键管理岗位、关键技术岗位人才的培养。

（五）严格考核。将"中国好粮油"行动计划纳入粮食安全省长责任制考核内容，确保落地落实，发挥示范引领作用，构建长效机制。严格实行绩效评价，细化绩效考核指标，重点考核提高粮油优质品率、促进农民种植优质粮油收益和粮油产品提级进档的实效、品牌建设及配套资金落实等方面取得的成效。

附录：粮油优质品率的计算方法

附录

粮油优质品率的计算方法

1. 粮油优质品的概念

有地域特色、有品牌影响力、消费者认同度高且安全卫生指标达到国家标准要求的产品；或符合"中国好粮油"系列标准的产品；或符合省级"好粮油"系列标准的产品。

2. 粮油优质品率提高率的计算方法

粮油优质品率提高率 $=\left[\left(T_2-T_1\right)/T_1\right]\times100\%$

其中，$T_1=W_1/W_a$，$T_2=W_2/W_b$

T_1："中国好粮油"实施前一年粮油（折原粮）优质品率

T_2："中国好粮油"实施完成后粮油（折原粮）优质品率

W_a："中国好粮油"实施前一年粮油总产量

W_b："中国好粮油"实施完成后粮油总产量

W_1："中国好粮油"实施前一年优质粮油产量

W_2："中国好粮油"实施完成后优质粮油产量

关于公布第五届全国粮食行业职业技能竞赛获奖单位和个人名单的通知

国粮发〔2019〕307 号

各省、自治区、直辖市及新疆生产建设兵团粮食和物资储备局（粮食局），中国储备粮管理集团有限公司、中粮集团有限公司、中国供销集团有限公司：

国家粮食和物资储备局、中国就业培训技术指导中心、中国财贸轻纺烟草工会于 2019 年 10 月 24 日至 26 日在山东省烟台市联合举办了以"弘扬工匠精神，担当粮安使命"为主题的 2019 年中国技能大赛——第五届全国粮食行业职业技能竞赛。来自 30 个省（区、市）及中国储备粮管理集团有限公司、中粮集团有限公司、中国供销集团有限公司和 19 所职业院校的 269 名选手参加此次竞赛，经过理论知识和技能操作比赛，中粮集团有限公司等 6 支代表队获得优秀团体奖，钱立鹏等 62 名选手获得优秀个人奖，辽宁省粮食和物资储备局等 12 支代表队获得优秀组织奖，山东商务职业学院等 4 所院校获得优秀院校奖，曾伶等 31 位同志获优秀教练员奖，童国平等 10 位同志获优秀指导教师奖（具体获奖名单见附件），现予以公布。

希望获奖单位和个人积极发挥引领示范作用，带头落实习近平总书记、李克强总理对中国选手在第 45 届世界技能大赛获得优异成绩作出的重要指示批示精神，谦虚谨慎，戒骄戒躁，再接再厉，立足岗位再创佳绩！

全国粮食和物资储备系统要坚持以习近平新时代中国特色社会主义思想为指导，不断巩固深化"不忘初心、牢记使命"主题教育成果，大力弘扬精益求精的工匠精神，持续开展岗位练兵、技能比武活动，不断提高劳动技能和业务水平。各地各单位要进一步提高工作站位，从落实国家粮食安全战略，推动粮食产业高质量发展、建设粮食产业强国的高度，充分认识加大职业技能人才培养和工作力度的重要意义；要扎实推进"科技兴粮"和"人才兴粮"，更加注重发展粮食职业教育，大规模开展技能培训，不断完善技术工人职业发展机制和政策；要用好本次竞赛的成果，扎实抓好宣传、抓好激励、抓好应用，充分营造尊重劳动、尊重知识、尊重技能的良好氛围，为保障国家粮食安全和战略应急物资储备安全做出新的更大贡献！

附件：第五届全国粮食行业职业技能竞赛获奖名单

国家粮食和物资储备局

2019 年 11 月 7 日

（此件公开发布）

附件

第五届全国粮食行业职业技能竞赛获奖名单

一、优秀团体奖

一等奖：中粮集团有限公司代表队

二等奖：中国储备粮管理集团有限公司代表队
　　　　山东省粮食和物资储备局代表队

三等奖：湖南省粮食和物资储备局代表队
　　　　浙江省粮食和物资储备局代表队
　　　　安徽省粮食和物资储备局代表队

二、优秀个人奖

（一）职工组

1.（粮油）仓储管理员职业

一等奖

钱立鹏　中粮贸易有限公司

谢金平　山东黄岛国家粮食储备库有限公司

王毓川　青岛第二粮库

二等奖

袁　飞　东营市粮食储备库

梁严方　蓬莱市粮食和物资储备中心

张帅帅　中央储备粮南京直属库

孔　静　中央储备粮咸宁直属库

吴宗奎　安徽粮食批发交易市场有限公司

周曰春　南京粮食集团

李胜喜　安徽恒裕粮食购销有限责任公司

任伯恩　北京市房山粮油贸易有限公司

王华东　浙江德清国家粮食储备库

代　毓　中央储备粮武汉直属库

沙宽宽　广州市白云区粮食储备公司

杨　超　福建省储备粮管理有限公司

三等奖

魏　亮　合肥市粮食局第二仓库

刘益云　浙江省粮食局直属粮油储备库

李　芳　安徽粮食批发交易市场有限公司

郭蒙磊　湖南粮食集团有限责任公司

刘进吉　广东省储备粮管理总公司东莞直属库

罗嗣富　江西景德镇国家粮食储备库

楚亚雷　河南郑州中原国家粮食储备库

彭　里　湖南粮食集团有限责任公司

周国强　忻州市新建路国家粮食储备库有限公司

田丰雨　湖南粮食集团有限责任公司

2. 农产品食品检验员职业

（1）机构组

一等奖

李　文　大连华正检验有限公司（中粮北良）

二等奖

洪　玲　湖南省粮油产品质量监测中心

周世龙　中储粮镇江粮油质检中心

徐明雅　杭州市粮油中心检验监测站

彭　毛　武汉市粮油食品中心检验站

三等奖

王亚萍　烟台市粮油质量检测中心

陈　宜　福建省粮油质量监测所

樊　婷　苏州市吴中区粮油质量监测中心

（2）企业组

一等奖

冯海涛　中粮贸易河南有限公司

王金亚　湖北中储粮油脂有限公司

二等奖

李枣枣　湖南粮食集团有限责任公司

陈春丽　湖南粮食集团有限责任公司

伊振国　烟台市粮油储备库

高文宇　中国华粮物流集团北良有限公司

张欢欢　东莞市角美粮食储备库

邸天梅　中央储备粮德州直属库

赵代彬　安徽芜湖惠丰省级粮食储备库

李金平　东营市粮食储备库

三等奖

苏春燕　苏州市吴中区粮油质量监测中心

夏培培　如皋粮食储备库

陈舒萍　浙江省粮食局直属粮油储备库

应玲红　浙江省储备粮管理有限公司

张　鸿　吉林省储备粮管理有限公司

张会宇　河南郑州市中原国家粮食储备库

周艳芳　湖北省储备粮武汉储备库有限公司

（二）学生组

1.（粮油）仓储管理员职业方向高职学生组

一等奖

孙香兰　山东商务职业学院

二等奖

王光峰　山东商务职业学院

三等奖

周永健　安徽粮食工程职业学院

2.农产品食品检验员职业方向高职学生组

一等奖

孙　婷　山东商务职业学院

二等奖

郑　丽　安徽粮食工程职业学院

三等奖

黄世怡　安徽粮食工程职业学院

3.（粮油）仓储管理员职业方向中职学生组

一等奖

蒋思维　湖南省经济贸易高级技工学校

二等奖

刘飞洋　湖南省经济贸易高级技工学校

三等奖

冯　璐　安徽科技贸易学校

4.农产品食品检验员职业方向中职学生组

一等奖

胡雨柔　安徽科技贸易学校

二等奖

汤露露　连云港工贸高等职业技术学校

三等奖

王传威　安徽科技贸易学校

三、优秀组织奖

辽宁省粮食和物资储备局

江苏省粮食和物资储备局

浙江省粮食和物资储备局
安徽省粮食和物资储备局
江西省粮食和物资储备局
山东省粮食和物资储备局
河南省粮食和物资储备局
湖南省粮食和物资储备局
广西壮族自治区粮食和物资储备局
四川省粮食和物资储备局
中国储备粮管理集团有限公司
中粮集团有限公司

四、优秀院校奖

（一）高职组
山东商务职业学院
安徽粮食工程职业学院

（二）中职组
安徽科技贸易学校
河南经济贸易技师学院

五、优秀教练员和优秀指导教师奖

（一）优秀教练员奖
曾伶、曹川、吴达、潘阳、郑定钊、徐建华、魏金霞、白剑侠、李琦、刘利、朱梅梦、应美蓉、高彬彬、赵美凤、李寿辉、龙湖浩、闫冬阁、蔡小平、李洁、曲叶祥、郑伟、焦姬、程树维、张强涛、赵英韬、何岩、郭赫、张美玲、王德学、程小丽、任凌云

（二）优秀指导教师奖
童国平、赵红、王德学、潘阳、刘辉、李娜、李桂霞、马理姣、王懿、刘春平

关于做好在自由贸易试验区开展"证照分离"改革全覆盖试点有关工作的通知

国粮法〔2019〕327号

各省、自治区、直辖市及新疆生产建设兵团粮食和物资储备局（粮食局），各司局、直属单位、联系单位：

为认真贯彻落实《国务院关于在自由贸易试验区开展"证照分离"改革全覆盖试点的通知》（国发〔2019〕25号，以下简称《通知》）精神，结合粮食流通工作实际，现就在自由贸易试验区做好"中央储备粮代储资格认定""军粮供应站资格、军粮供应委托代理资格认定""粮食收购资格认定"等改革事项有关工作通知如下：

一　关于中央储备粮代储资格认定

为认真贯彻落实党中央、国务院关于改革完善体制机制、加强粮食储备安全管理有关精神，加快推进"放管服"改革，2019年9月28日，国家粮食和物资储备局向社会发布公告，暂停中央储备粮代储资格相关申请，后续事宜根据改革情况另行公布。

二　关于军粮供应站资格、军粮供应委托代理资格认定

该项行政许可事项由省级粮食和物资储备部门负责审批。省级粮食和物资储备部门要结合本地区实际，进一步细化改革举措和事中事后监管措施，优化准入服务。

（一）优化审批服务改革举措。一是精简审批材料。不再要求申请人提供设立批准文件复印件、省级粮食和物资储备部门认为需要提交的其他材料。二是压缩审批时限。省级粮食和物资储备部门自受理之日起，应组织对申请单位的经营场所、储运设施设备、安防设施、检验设备等进行实地核查，实地核查时限由15个工作日压减为10个工作日。

（二）加强事中事后监管。一是通过"双随机、一公开"监管、重点监管等方式，开展日常检查和专项检查，对制度落实、计划管理、军粮质量、核算手续、经费往来等加强监管。二是省级粮食和物资储备部门负责组织对军粮供应站、军粮代供点开展日常检查和专项检查，国家粮食和物资储备局负责对全国军粮供应站、军粮代供点资格认定工作进行监督检查。三是在检查中发现问题责令相关单位整改，逾期未整改或整改未达标的撤销军粮供应资格。

三　关于粮食收购资格认定

该项行政许可事项由企业办理登记注册的市场监管部门同级的粮食和储备部门负责审批。省级

粮食和物资储备部门要根据《国家粮食和物资储备局办公室关于做好粮食收购资格认定工作优化准入服务的通知》（国粮办发〔2018〕339号）要求，结合当地实际，从推广网上业务办理、压缩审批时限、精简审批材料、公示审批程序、推进部门间信息共享应用等方面，进一步细化改革举措和事中事后监管措施，优化准入服务。

（一）优化审批服务改革举措。一是网上公布审批程序、受理条件、办理标准，公开办理进度。二是不再要求申请人提供营业执照、法定代表人身份证明等材料，通过部门间信息共享获取相关信息。

（二）加强事中事后监管。一是通过"双随机、一公开"监管、重点监管等方式，依法查处违法违规企业。二是加强信用监管，向社会公布企业信用状况，对失信主体开展联合惩戒。

四　保障措施

开展"证照分离"改革，是落实党中央、国务院决策部署，持续优化营商环境，释放企业创业创新活力的重要举措。各地各单位要切实加强对学习贯彻《通知》的组织领导，切实把思想和行动统一到党中央、国务院决策部署上来，周密安排，狠抓落实，啃好改革"硬骨头"，充分调动改革的积极性和主动性，做好改革政策的工作培训和宣传解读，及时完善政策举措，务求取得实效。

国家粮食和物资储备局

2019 年 11 月 29 日

（此件公开发布）

关于印发突发事件总体应急预案的通知

国粮仓〔2019〕330 号

各省、自治区、直辖市、计划单列市及新疆生产建设兵团粮食和物资储备局（粮食局），各司局、直属单位、联系单位，各垂直管理局：

　　为规范和加强全国粮食和物资储备系统突发事件预防和应对活动，依法、迅速、科学、有序应对突发事件，提高应急处置能力，经 2019 年 10 月 22 日第 30 次局长办公会审议通过，现将《国家粮食和物资储备局突发事件总体应急预案》印发你们，请结合实际认真贯彻执行。

国家粮食和物资储备局

2019 年 12 月 4 日

（此件公开发布）

国家粮食和物资储备局突发事件总体应急预案

1 总则

1.1 编制目的

为确保国家粮食和物资储备在应对突发事件中及时有效发挥应急保障作用，制定本预案。

1.2 编制依据

本预案依据《中华人民共和国国家安全法》《中华人民共和国突发事件应对法》《国家突发公共事件总体应急预案》《国家粮食应急预案》《国家物资储备应急预案》等制定。

1.3 适用范围

1.3.1 适用于国家在自然灾害、事故灾难、公共卫生、社会安全突发事件中，粮食和战略应急物资供应中突发问题的应急处置。

1.3.2 适用于国家粮食和物资储备局（以下简称"粮食和储备局"）垂管储备仓库在自然灾害、事故灾难、公共卫生、社会安全突发事件中发生特别重大、重大安全生产事故的应急救援处置。

1.3.3 适用范围将随着经济社会发展变化及时调整和补充。

1.4 工作原则

粮食和储备局应对突发事件工作，坚持以人民为中心的发展思想，把保障人民群众健康和生命财产安全作为首要任务；坚持分类管理、分级负责、条块结合、属地为主的应急工作原则；坚持底线思维，以问题为导向，加强突发事件防范，有针对性地做好应急准备；坚持快速反应，高效处置，最大程度地减轻突发事件风险，减少突发事件造成的人员伤亡和危害。

1.5 应急预案体系

1.5.1 总体应急预案

粮食和储备局制定应对突发事件总体应急预案，规定突发事件应对的工作原则、组织体系、运行机制、应急处置、应急保障、预案管理等总体安排，明确相关各方的职责任务。

1.5.2 专项应急预案

安全仓储与科技司制定粮食和储备局垂管储备仓库生产安全事故应急救援专项预案，主要明确事故分级、预防报告、应急响应、应急救援和紧急恢复等内容。

1.5.3 应对突发事件工作手册

粮食储备司、物资储备司、能源储备司、安全仓储与科技司、军粮供应服务中心分别按照国家相关专项应急预案要求编制应对突发事件工作手册，明确应急工作内容和流程，确保各项职责任务落实到位。

2 组织指挥体系及职责

2.1 粮食和储备局应急工作领导小组

成立粮食和储备局应急工作领导小组，组长由粮食和储备局局长担任，副组长由分管安全工作副局长、督查专员担任。成员包括粮食和储备局有关司局单位主要负责同志。

领导小组主要职责：

（1）贯彻落实党中央、国务院决策部署以及国家应对特别重大灾害指挥部和专项指挥机构要求，负责粮食和物资储备领域应急管理工作；

（2）分析研判粮食和物资储备领域突发事件风险，组织突发事件应对和防范工作；

（3）报国务院或有关部门批准后，决定粮食和物资储备的应急收储、动用等处置措施；

（4）领导指挥全局开展各项应急工作；

（5）决定其他重大事项。

2.2 粮食和储备局应急领导小组办公室

粮食和储备局应急领导小组下设办公室，负责日常工作。粮食和储备局应急领导小组办公室设在安全仓储与科技司，主任由安全仓储与科技司主要负责同志担任。

粮食和储备局应急领导小组办公室主要职责：

（1）负责组织粮食和储备局应对突发事件总体应急预案编制修订，研究提出应急管理的规划和意见；

（2）落实粮食和储备局应急领导小组要求，组织协调指导突发事件的风险防控、应急准备、应急处置与救援、恢复与重建等工作；

（3）执行粮食和储备局应急领导小组的决定，并对成员单位落实应急处置工作情况进行检查、督导和协调；

（4）掌握全局应急资源，汇总有关突发事件的分析预测、预警信息等，提出应对突发事件的建议；

（5）负责向应急管理部报送、沟通突发事件信息；

（6）组织相关部门对本预案进行演练；

（7）指导系统编制应急预案和组织实施；

（8）完成粮食和储备局应急领导小组交办的其他事项。

2.3 专项工作领导小组

粮食和储备局应急领导小组办公室设立中央储备粮应急工作组、战略物资应急工作组、能源应急工作组、中央救灾及防汛抗旱物资应急工作组、军粮应急工作组、储备仓库生产安全事故应急救援组、后勤保障组、专家咨询组、宣传应对组。各专项小组根据职责分工和应急工作需要，分别负责制定工作方案，做好相关领域应急资源监测预警，在应急状态下，分工负责有关专项应急工作。粮食和储备局应急领导小组办公室定期组织召开专项小组工作会议，研究部署应急工作。

3 运行机制

3.1 协调联系机制

粮食和储备局履行国家粮食和物资储备管理职责，与国家发展改革委、应急管理部、财政部、公安部、交通运输部、中国国家铁路集团有限公司、民航总局等部门单位建立应急联系机制。

地方粮食和物资储备局（粮食局）、垂直管理局与地方相关部门建立应急联系机制。本预案启动后，执行粮食和储备局指令。

粮食和储备局应急领导小组办公室及时收集信息，加强与相关部门、地方粮食和物资储备局（粮食局）、垂直管理局的联系协调，掌握动态状况，及时上报情况，确保应急处置工作有序高效运转。

3.2 监测与预警

3.2.1 监测

建立信息监测和预警机制，粮食储备司、国家粮油信息中心负责做好国际国内粮油供求变化监测预警工作；物资储备司、国家物资储备调节中心负责做好国际国内战略物资供求变化监测预警工作；能源储备司、国家石油储备中心负责做好国际国内原油、成品油、供求变化监测预警工作；安全仓储与科技司、储备安全和应急物资保障中心负责做好安全生产监测预警工作。

各单位要及时监测预警范围内异常现象，对异常原因进行初步分析，提出预防和处置措施建议。如异常情况由突发事件引发，则报告发生的时间地点、主要过程、已产生的影响和损失、有关方面采取的主要措施、当前事态受控制程度和发展态势预测、需要解决的突出问题以及应对措施建议等。各单位按分管领域及时向粮食和储备局应急领导小组办公室报告监测预警情况、突发事件等有关重要信息。

粮食和储备局应急领导小组办公室定期召开专家研讨会，研判一定时期内的安全形势，确认可能导致重大突发事件的信息后，及时向应急领导小组报告，并提出预防处置的措施建议。

3.2.2 预警

粮食和储备局应急领导小组办公室在接到预警信息后，应组织有关职能司局和专家分析研判，评估措施建议并协调落实；继续跟踪动向，重大情况及时向应急领导小组报告，根据事态性质和程度，发布预警信息，采取预防和缓解措施。

3.3 信息报告

（1）发生突发事件或发现重大风险隐患后，事发地单位应立即启动相关应急预案，采取有效处置措施控制事态发展，并在第一时间向主管单位报告，由主管单位向粮食和储备局应急领导小组办公室报告事件简要情况。报告内容一般包括突发事件发生的时间、地点、信息来源、性质、简要经过、影响范围（含环境影响）、需要调运的粮食和战略应急物资品种和数量、人员伤（病）亡和失联情况、仓库设施损毁情况、现场救援情况和已采取的措施情况。

（2）发生特别重大、重大突发事件，粮食和储备局应急领导小组要在接到报告后立即向应急管理部报告有关情况。

3.4 应急处置和救援

3.4.1 应急处置

国家需要调运粮食和战略应急物资，启动本预案，由粮食和储备局组织实施国家粮食和物资储备应急保障工作。发生突发事件，在未启动本预案的情况下，地方粮食和物资储备局（粮食局）、垂直管理局可根据应急实际需要启动本级预案，参与应对地方和局部突发事件。

（1）粮食和储备局启动本预案后，报国务院和有关部门批准，下达国家粮食和物资储备应急收储、动用指令，粮食和储备局组织相关单位完成国家粮食和物资储备应急保障工作。

（2）本预案未启动情况下，地方政府向国务院或有关部门提出国家粮食和战略应急物资支援请求，国务院或有关部门下达国家粮食和物资储备应急收储、动用指令，粮食和储备局组织相关单位完成国家粮食和物资储备应急保障工作。

（3）粮食和储备局完成国家粮食和物资储备应急保障任务后，需按要求完善相关手续，及时将相关情况上报国务院及有关部门。

3.4.2 应急救援

粮食和储备局垂管储备仓库在自然灾害、事故灾难、公共卫生、社会安全突发事件中发生特别重大、重大安全生产事故的应急救援。

3.4.2.1 先期处置

事发地单位要立即组织本单位应急救援队伍和工作人员组织抢救遇险人员，采取以下一项或多项应急措施：

（1）迅速控制危险源，组织抢救遇险人员；

（2）根据事故危害程度，组织现场人员撤离或者采取可能的应急措施后撤离；

（3）及时通知可能受到事故影响的单位和人员；

（4）采取必要措施，防止事故危害扩大和次生、衍生灾害发生；

（5）根据需要请求邻近的应急救援队伍参加救援，并向参加救援的应急救援队伍提供相关技术资料、信息和处置方法；

（6）维护事故现场秩序，保护事故现场和相关证据。

（7）维护事故现场秩序，组织安抚遇险人员和遇险遇难人员亲属；

（8）及时发布有关事故情况和应急救援工作的信息。

3.4.2.2 现场处置

应急预案启动后，根据突发事件情况，粮食和储备局应急领导小组安排相关人员赶赴现场，负责协调所需应急资源、指导应急救援工作。

3.5 信息发布与舆论引导

宣传应对组统筹协调突发事件新闻发布和记者采访管理服务工作。在事件发生后第一时间通过权威媒体向社会发布简要信息，随后再发布初步核实情况、应对措施等信息，并及时举行新闻发布会，根据事态发展和处置情况做好后续发布工作。

相关粮食和物资储备局（粮食局）、垂直管理局应配合政府有关部门及时向受到影响的相关方告知有关情况，以及相应的应急措施和方法。

3.6 应急结束

应急处置工作结束，或相关危害得到控制、消除后，由粮食和储备局应急领导小组宣布应急结束。

3.7 评估与恢复

3.7.1 评估

应对突发事件主要处置工作结束后，粮食和储备局应急领导小组办公室及时组织相关部门及专家组成评估小组，对粮食和储备局应对突发事件总体应急预案的作用、效果和损失进行评估，总结经验，发现问题，研究提出改进措施，完善预案。

3.7.2 补办手续及核报费用

应对突发事件处置工作结束后，粮食和储备局相关职能司局应及时补办应急收储、动用手续，结算资金及费用开支并报财政部审核。

3.7.3 补充物资

粮食和储备局相关职能司局根据粮食和战略应急物资出库情况，及时补充和调整粮食和战略应急物资，尽快恢复应对突发事件的应急保障能力。

在应对突发事件中，因应急救援需要依法调用和征用的财产，在使用完毕或者应急救援结束后，应当及时归还。财产被调用、征用或者调用、征用后毁损、灭失的，按照国家有关规定给予补偿。

4 应急保障

4.1 粮食和战略应急物资保障

国家粮食和战略应急物资储备是保障国家政治安全、经济安全和维护国家长治久安的重要物质基础，主要用于国家对突发事件的应急保障。

粮食和储备局根据国家有关部门、地方政府对各种突发事件的监测预警及应急保障需要，及时补充、调整粮食和战略应急物资数量、品种、结构、规模和储备分布，加强监督管理，确保有效保障。

4.2 应急资金保障

根据应急工作需要，联系财政部，按财政预算管理有关规定，申请应急保障资金，对国家粮食和物资储备应急保障工作所需资金予以保障。

4.3 应急技术保障

组织应急平台建设和维护，加快推广应用标准化智能化技术，实现物资数量清晰可知、物资状态安全可控，为突发事件应急处置和救援、调查评估等工作提供技术支持。

4.4 交通运输保障

根据应急工作对运输的紧急要求，联系交通运输部、民航总局、中国国家铁路集团有限公司为粮食和物资储备应急保障工作提供运输工具和渠道，并协助做好安全生产等相关工作。

4.5 安全保障

升级改造储备仓库安防系统，强化技防、物防和协同联动，构建国家储备仓库安全综合防范体系。同时根据应急工作需要，联系公安部做好粮食和物资储备应急保障相关的治安保卫工作。

4.6 应急设施建设和维护

统筹应急经费投入和管理，坚持分级负责，加强各类应急设施保养维护，确保应急准备充足，应急救援有序开展，灾后修复和赔偿有保障。

4.7 应急队伍保障

指导垂管局按规定组建应急救援队伍，与相关部门、单位和专职应急救援机构签订应急救援协议，建立联防联动机制。

4.8 后勤支持保障

建立包括应急值守、文件传递、电子政务、保卫保密和机要通信等应急机制，确保粮食和储备局应急处置任务高效完成。

5 预案管理

5.1 预案培训

粮食和储备局应急领导小组办公室要加强预案和应急基本知识的宣传教育，及时组织开展预案培训，增强突发事件应急处置能力。

5.2 预案演练

本预案应急演练，由粮食和储备局应急领导小组办公室及相关单位组织。各相关职能司局要加强相应专项应急预案、工作手册演练。

5.3 预案修订

如有以下原因，应急领导小组办公室组织有关职能司局对粮食和储备局突发事件总体应急预案进行修订。

（1）有关法律、法规、规章、标准、上位预案发生变化的；

（2）应急指挥机构及其职责发生调整的；

（3）面临的风险或其他重要环境因素发生变化的；

（4）重要应急资源发生重大变化的；

（5）预案中的其他重要信息发生变化的；

（6）通过应急预案演练或经突发事件检验，发现应急预案存在缺陷或漏洞。

5.4 预案印发

本预案经粮食和储备局有关会议审议，以粮食和储备局名义印发。

5.5 责任和奖惩

突发事件应急处置工作实行责任追究制。对突发事件应急管理工作中作出突出贡献的先进集体和个人要予以表彰和奖励。对迟报、谎报、瞒报和漏报突发事件重要情况或者应急管理工作中有其他失职、渎职行为的，依法对有关责任人员进行处理；构成犯罪的，移交司法机关依法追究刑事责任。

6 附则

6.1《中华人民共和国突发事件应对法》规定，突发事件是指突然发生，造成或者可能造成严重社会危害，需要采取应急处置措施予以应对的自然灾害、事故灾难、公共卫生事件和社会安全事件。按照社会危害程度、影响范围等因素，自然灾害、事故灾难、公共卫生事件分为特别重大、重大、较大、一般四级。

6.2 本预案自发布之日起实施。

7 附件

7.1 粮食和储备局应急领导小组成员单位职责

7.2 粮食和储备局应急专项小组职责

7.3 粮食和储备局垂管储备仓库生产安全事故应急救援预案

7.4 国家战略物资储备应对突发事件工作手册

7.5 国家原油储备应对突发事件工作手册

7.6 国家成品油储备应对突发事件工作手册

7.7 中央储备粮应对突发事件工作手册

7.8 中央救灾物资应对突发事件工作手册

7.9 中央防汛抗旱物资应对突发事件工作手册

7.10 军粮供应应对突发事件手册（略）

附件 1

国家粮食和物资储备局应急领导小组成员单位职责

组　长：粮食和储备局局长

副组长：粮食和储备局分管安全工作副局长、督查专员

成　员：办公室、粮食储备司、物资储备司、能源储备司、规划建设司、财务审计司、安全仓储与科技司、人事司、机关党委、军粮供应服务中心、标准质量中心、国家粮油信息中心、科学研究院、国家石油储备中心、国家物资储备调节中心、储备安全和应急物资保障中心主要负责同志。

各成员单位主要职责：

办公室：负责新闻发布与公开。

粮食储备司：负责制定中央储备粮应对突发事件手册并组织实施。

物资储备司：负责制定战略物资应对突发事件手册并组织实施。

能源储备司：负责制定原油、成品油应对突发事件手册并组织实施。

规划建设司：负责应急工作设施建设及其投入保障，负责组织与应急工作有关的项目资金申请、审核并指导实施。

安全仓储与科技司：负责制定突发事件总体应急预案；负责制定中央救灾、防汛抗旱物资应对突发事件手册并组织实施；负责制定垂管储备仓库生产安全事故应急救援预案并组织实施。

财务审计司：负责在紧急动用储备物资情况下，根据相关司局、单位的通知，按规定做好相关物资出库的预算管理、信贷管理、资金调剂等工作。会同相关单位对紧急情况下申请使用的资金进行监督检查。联系财政部，按财政预算管理有关规定，申请应急保障资金，对国家粮食和物资储备应急保障工作所需资金予以保障。

人事司：负责应急专项工作组人员的调配，确保人员及时到位。配合做好应急培训相关工作。

机关党委：负责应急处置方面的党群工作，提出突发事件应急处置不当人员的处理建议。

军粮供应服务中心：负责制定全国军粮供应应对突发事件工作手册并组织实施，指导地方建立健全军粮应急保障机制，推进军粮供应应急专业保障队伍建设。

标准质量中心：按照职责分工开展粮食质量安全突发事件有关应急处置工作。

国家粮油信息中心：负责建立粮油市场监测预警体系，对国内外粮油市场供给与需求、价格及长期趋势进行动态跟踪监测。

科学研究院：围绕保障国家粮食安全，促进粮食流通产业发展，研究解决粮食行业全局性、前瞻性、关键性和基础性科学技术问题。

国家石油储备中心：依据国家石油储备收储、轮换计划和动用指令，组织做好采购销售和投放工作，监督库存数量、质量管理。承担国际国内石油市场供需状况、发展趋势、监测分析。

国家物资储备调节中心：监测分析重要物资国际国内供求状况和价格走势，提出战略储备物资收储、轮换、销售和处理等建议。

储备安全和应急物资保障中心：负责建立粮食和物资储备安全监测预警体系，对粮食和物资储备安全生产形势监测分析。

附件 2

国家粮食和物资储备局应急专项小组职责

1. 中央储备粮应急工作组

主要负责组织实施中央储备粮的应急处置措施；协调联系相关部门（单位）工作；负责信息收集、报送和报告等。粮食储备司牵头，安全仓储与科技司、标准质量中心、中储粮集团公司配合。

2. 战略物资应急工作组

主要负责组织实施国家储备战略物资的应急处置措施；协调联系相关部门（单位）和地方工作；负责信息收集、报送和报告等。物资储备司牵头，国家物资储备调节中心、物资储备仓库配合。

3. 能源应急工作组

主要负责组织实施国家储备原油、储备成品油动用出库的应急处置措施；协调联系相关部门（单位）和地方工作；负责信息收集、报送和报告等。能源储备司牵头，国家石油储备中心、原油承储企业、国家成品油储备库配合。

4. 中央救灾及防汛抗旱物资应急工作组

主要负责组织实施中央救灾物资、防汛抗旱物资紧急调运的应急处置措施；协调联系相关部门（单位）和地方工作；负责信息收集、报送和报告等。安全仓储与科技司牵头，地方主管部门、中央救灾（防汛抗旱）物资储备库配合。

5. 军粮应急工作组

主要负责组织实施军粮应急供应物资调拨的应急处置措施；协调联系相关部门（单位）和地方工作；负责信息收集、报送和报告等。军粮供应服务中心牵头，标准质量中心配合。

6. 储备仓库生产安全事故应急救援组

主要负责组织、协调或参与国家粮食和物资储备局垂管储备仓库生产安全事故的应急救援；负责协调配置装备、物资等应急资源；协调相关职能司局应急联动；负责组织指导或协调参与现场应急处置。安全仓储与科技司牵头，物资储备司、能源储备司、相关垂管局及储备仓库配合。

7. 专家咨询组

主要负责为应急事件分析和预判提供咨询，指导对事故隐患的监测预警；参与制定应急预案，指导现场应急处置工作。安全仓储与科技司牵头，人事司配合。

8. 后勤保障组

主要负责协调落实应急资金和物资；确保与突发事件发生地区的信息传递畅通；研究解决突发事件基础设施建设资金。安全仓储与科技司牵头，办公室、财务审计司、规划建设司、粮食储备司、物资储备司、能源储备司、军粮供应服务中心、机关服务中心配合。

9. 宣传应对组

主要负责对外宣传发声，及时回应社会和市场关切。根据事件发展态势，组织专家学者、相关职能司局负责同志在不同场合发声，形成正面预期。办公室牵头，相关职能司局配合。

附件 3

国家粮食和物资储备局垂管储备仓库
生产安全事故应急救援预案

1 总则

1.1 编制目的

为规范粮食和储备局垂管储备仓库生产安全事故应急救援和处置工作，控制、减轻和消除生产安全事故引起的危害及造成的损失，提高应对储备仓库重大生产安全事故的处置能力，制定本预案。

1.2 编制依据

《中华人民共和国突发事件应对法》《中华人民共和国安全生产法》《中华人民共和国消防法》《中华人民共和国环境保护法》《中华人民共和国职业病防治法》《国家突发公共事件总体应急预案》《生产安全事故应急条例》。

1.3 适用范围

本预案适用于粮食和储备局垂管储备仓库发生的Ⅰ级生产安全事故的应对工作。

本预案指导垂管局及储备仓库生产安全事故的应对工作。

1.4 分级

生产安全事故存在造成储备仓库人员伤亡、着火爆炸、油料跑（漏）冒、危险物资丢失、设备设施损坏、环境污染等风险。按照性质、严重程度、可控性和影响范围等因素，分为三级：

1. Ⅰ级（粮食和储备局级）：指人员伤亡或财产损失巨大，事态非常严重，造成重大社会影响，粮食和储备局必须统一组织协调、调度各方面的资源和力量进行应急处置的突发事件。包括：

（1）造成 3 人以上死亡、重伤或 10 人以上轻伤，或 100 万元以上直接经济损失的生产安全事故。

（2）火势较大且长时间（≥ 2 小时）未能有效控制，需要启动市级以上消防区域联防增援，造成周边生产设施大面积停产，可能引发大的次生灾害事件的火灾爆炸事故。

（3）可能对社会安全、环境造成重大影响，需要紧急疏散 500 人以上的生产安全事故。

（4）因油品泄漏等造成重要河流、湖泊、水库大面积污染，或县级以上城镇水源地取水中断的环境污染事故。

（5）造成 3 人以上丧失劳动能力的职业病危害。

（6）涉及火药、发射药丢失的突发事件。

2. Ⅱ级（垂管局级）：指人员伤亡和财产损失较大，事态较为严重，造成较大社会影响，垂管局必须调度多个部门和单位力量、资源应急处置的突发事件。包括：

（1）造成 3 人以下死亡、重伤，或 3 人以上、10 人以下轻伤，或 10 万元以上、100 万元以下直接经济损失的生产安全事故。

（2）火势较大且较长时间未能有效控制，需要县级以上消防增援，并可能造成周边生产设施部分停产等次生灾害事件的火灾爆炸事故。

（3）可能对社会安全、环境造成重大影响，需要紧急疏散 100 人以上、500 人以下。

（4）因环境污染造成对外纠纷，使储备仓库和所在地经济、社会活动受到较大影响。

（5）造成 3 人以下丧失劳动能力的职业病危害。

　　3.Ⅲ级（储备仓库级）：指Ⅰ级、Ⅱ级以下，社会影响不大，依靠储备仓库和协议单位力量和资源即可进行处置的突发事件。包括：

　　（1）造成 3 人以下轻伤，或 10 万元以下直接经济损失的事故灾害事件。

　　（2）火势可控，不需要地方消防救援力量支援，不会造成周边生产设施停产等次生灾害的火灾爆炸事件。

　　（3）对社会安全、环境造成影响不严重，紧急疏散 100 人以下的火灾、环境污染事件。

　　（4）未丧失劳动力的职业病危害。

　　（5）其他Ⅱ级以下事故灾害事件。

　　1.5 工作原则

　　（1）以人为本，减少危害。保障人员生命和财产安全，最大限度减少事故造成的人员伤亡和危害。

　　（2）居安思危，预防为主。对生产安全事故隐患进行评估、治理，坚持预防与应急相结合，做好应对突发事件的准备工作。

　　（3）统一领导，分级负责。在粮食和储备局领导下，完善分类管理、分级负责、条块结合、属地为主的应急管理体制，落实领导责任制，履行管理、监督、协调、服务职能，发挥专业应急机构的作用。

　　（4）依法规范，加强管理。依据有关法律法规，使应急工作程序化、制度化、规范化、科学化。

　　（5）协调有序，运转高效。建立粮食和储备局、地方政府与垂管局、储备仓库应急联动机制，实现应急资源共享，有效处置生产安全事故。

　　（6）依靠科技，提高能力。加强应急技术和管理研究，采用先进应急技术及设施，避免次生、衍生事件发生。加强对职工、相关方、周边群众应急知识宣传和职工职业技能的培训教育，提高自救、互救和应对生产安全事故的能力。

2 预防和报告

2.1 预防

安全仓储与科技司定期研判安全生产形势，研究确定应对方案，及时通知有关垂管局、储备仓库采取相应措施。

垂管局及储备仓库对本区域内安全生产隐患、重大危险源、危险区域进行调查、登记、风险评估，组织进行检查、管控和治理，采取防范措施，完善预防措施与预警系统，做到早发现、早防范、早报告、早处置。

2.2 事故报告

发生生产安全事故，储备仓库应立即启动相关应急预案，采取有效处置措施降低事故损失，杜绝次生、衍生灾害，并在 1 小时内向所在地政府和垂管局报告事件简要情况。

垂管局初步评估确定符合Ⅰ级和Ⅱ级突发事件条件时，立即启动相关应急预案，并在 1 小时内将事件情况报告粮食和储备局安全仓储与科技司，同时报告所在地同级应急管理部门。

2.3 记录

安全仓储与科技司记录突发事件报告信息，保留事件报告单以及储备仓库原始报告记录。

3 应急响应

3.1 应急响应启动

符合以下条件之一，经粮食和储备局应急领导小组决定，启动应急响应程序：

（1）发生Ⅰ级生产安全事故；

（2）发生Ⅱ级生产安全事故，垂管局请求给予支援或帮助。

3.2 启动程序

（1）粮食和储备局应急领导小组办公室根据生产安全事故的发展态势，向应急领导小组副组长和组长报告，由组长决定是否启动应急响应。

（2）启动指令下达后，由粮食和储备局应急领导小组组长主持召开首次会议，研究部署应急处置工作。会议由粮食和储备局应急领导小组办公室筹备，应急领导小组副组长、成员参加。

（3）粮食和储备局应急领导小组组长或副组长根据应急工作需要，召开后续应急会议，研究解决应急处置有关问题。

（4）粮食和储备局应急领导小组办公室根据事件进展情况，及时召开相关职能司局参加的联席会议，落实粮食和储备局应急领导小组决定的工作事项。

3.3 现场指导协调

发生Ⅰ级生产安全事故时，粮食和储备局应急领导小组安排人员赶赴现场，负责协调、调配所需应急资源、指导应急救援和处置工作；

发生Ⅱ级生产安全事故时，粮食和储备局应急领导小组根据事态和垂管局请求，根据实际需要安排人员赶赴现场。

3.4 应急专家联系协调

应急预案启动后，粮食和储备局应急领导小组办公室确定专家人选并安排到达指定地点。

3.5 信息发布、告知管理程序

3.5.1 新闻媒体沟通、信息发布

生产安全事故发生后，设立新闻应对工作小组，确定新闻发布人员，统筹协调突发事件新闻发布和记者采访管理服务工作。

新闻发布的基本流程：在事故发生第一时间先发布简要信息，随后再发布初步核实情况、应对措施等信息，并根据事态发展和处置情况进行适时发布。

在新闻发布过程中，应实事求是、客观公正、内容详实、及时准确。

3.5.2 内部职工信息告知

储备仓库要对内部职工告知生产安全事故情况，及时进行正面引导，齐心协力，共同应对。主要采用内部网站、内部宣传材料等渠道或信息沟通会等方式。应配合做好对内部职工的宣传引导工作，注意收集职工对事故的反应、意见及建议。

3.5.3 相关方的告知

储备仓库应配合地方政府及时向受到影响的相关方告知相关情况以及相应的应急措施和方法。

3.6 应急状态解除

现场应急指挥部确认应急处置工作结束，或相关危险因素排除，向粮食和储备局应急领导小组报告，由粮食和储备局应急领导小组决定并发布应急状态解除指令，宣布应急状态解除。

3.7 恢复与重建

应急处置结束后，应及时组织开展恢复与重建工作，包括：

（1）对受伤人员积极安排救治，抚恤死者家属；

（2）按照相关要求，组织或接受调查，分析原因，厘清责任；

（3）组织恢复生产工作；

（4）应急响应结束后，组织对事件后果及损失进行评估；

（5）事发仓库根据评估情况，编制恢复和重建计划，按权限报批。

3.8 总结和改进

在应急状态解除后，应根据需要组织信息发布，通报调查处理结果、采取的措施、善后处理的安排及预防改进措施等。粮食和储备局应急领导小组办公室负责对改进措施落实情况进行检查和督办。

4 应急保障

4.1 应急队伍

各垂管局按规定组建应急救援队伍，与相关部门、单位和专职应急救援机构签订应急救援协议，建立联防联动机制。

4.2 应急物资及装备

储备仓库应配备符合救援要求的防护装备和应急处置设备，按照国家法律法规有关规定，开展应急救援和处置工作。

以垂管局为依托，建立健全以区域应急系统为主体的应急物资储备保障体系和动态管理制度。应急状态下，由粮食和储备局应急领导小组统一调配使用。

4.3 技术保障

组织应急平台建设和维护，协调提供应急管理工作中的技术支持，积极开展应急技术研究和新装备的推广应用，不断提高应急技术水平。

4.4 通信保障

建立健全有线、无线、互联网等多种手段相结合的基础应急通信系统，确保应急领导小组与垂管局、储备仓库间的应急通信联络畅通。

4.5 医疗救护保障

储备仓库通过协议确定社会应急医疗救护资源，保障现场医疗救治、卫生防疫工作。

4.6 工作生活保障

储备仓库配合当地政府做好受灾人员的基本生活保障工作，保障应急办公条件。按照国家法律法规要求建立紧急疏散地或应急避难场所，协助地方政府做好受事故影响的群众安置工作。

5 附件

储备仓库突发事件报告单

储备仓库突发事件报告单

（一）突发事件信息快报单

报告单位				报告时间	
报告人姓名		电　话		报告地点	
简要情况					
发生时间		年　　月　　日　　时　　分			
发生地点		省（自治区、直辖市）　　县（市）　　乡（镇）			
事件类型		□自然灾害　□事故灾难　□公共卫生　□社会安全			
事件经过简要描述					
目前状况简要描述					

（二）突发事件信息报告单

报告单位				
报告时间	年　月　日　时　分		接收时间	时　分
报告人姓名		报告人职务		电　话
联系人姓名		联系电话		移动电话
		传真电话		电子信箱
发生时间	年　　月　　日　　时　　分			
发生地点	省（自治区、直辖市）　　县（市）　　乡（镇）			
发生单位及部位	垂管局　　　处　　　部位			
事件类型： □自然灾害 □事故灾难 □公共卫生 □社会安全	□人身伤亡事故	□油料跑（漏）冒事故		□着火爆炸事故
	□库存物资丢失	□库存物资质量事故		□设备设施损坏
	□环境污染事故	□职业中毒		□传染病疫情
	□重大食物中毒	□群体性不明原因疾病		□恐怖袭击事件
	□群体性事件	□其他（标注）：		
简要经过				
人员伤亡及财产损失状况				
目前状况简要描述				
目前环境污染情况				
目前造成周边影响				

附件 4

国家战略物资储备应对突发事件工作手册

为建立健全国家战略物资储备应对突发事件的运行机制，提高应急处置能力，迅速、有序、高效组织战略物资紧急出库，保障突发事件需要，制定战略物资应对突发事件工作手册。

1 应急准备

根据国务院发布突发事件的预警，物资储备司对突发事件的预警采取以下措施：

1.1 下达预警指令；

1.2 及时向垂管局及储备仓库发布和传递预警信息；

1.3 通知相关垂管局及储备仓库做好相应的应急准备。

2 应急调运

2.1 粮食和储备局收到国务院下达的书面调拨指令后，物资储备司根据调拨指令的具体要求，综合考虑物资使用地点、缓急程度、各承储单位（库点）交通运输等因素，起草动用出库通知，由粮食和储备局局长签发，1天内下达紧急调拨出库通知。紧急调拨出库通知主送承储单位所在的垂管局，抄送国家发展改革委、财政部主管业务司局。

2.2 特殊情况下，接到国务院电话通知，物资储备司主要负责同志报经分管副局长、局长同意后，电话通知垂管局和承储单位紧急发送物资，后续补办书面调拨指令、书面调拨出库通知等手续。

2.3 垂管局、承储单位按照通知要求开展应急保障工作，指挥现场，确保下达紧急调拨出库通知后，迅速、准确、安全出库装车发出，并根据应急保障工作的态势，提出增援请求。

2.4 应急处置过程中，各职能司局履行相应职责，确保应急工作迅速响应、分工协作、有条不紊进行。

2.5 物资储备司加强与相关部门、地方和承储单位的联系协调，掌握动态状况，做好记录并及时上报情况，确保应急处置有序高效运转。

3 应急结束

战略物资调拨出库应急工作结束后，物资储备司会同财务审计司和相关单位及时补办调拨出库、划转和核销等手续，并根据规划、计划要求及时补充战略物资，恢复应急能力。

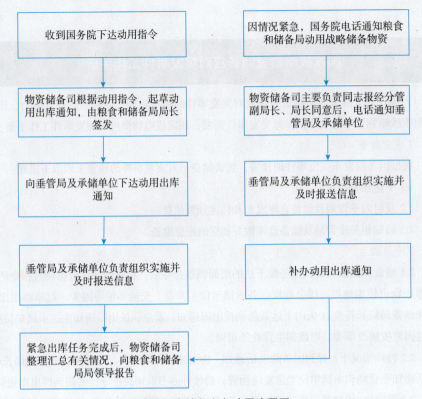

战略物资储备应急动用流程图

附件5

国家原油储备应对突发事件工作手册

为建立健全国家原油储备应对突发事件的运行机制,规范工作行为,提高反应和处置能力,迅速、有序、高效组织原油储备动用出库,保障突发事件应急需要,制定原油储备应对突发事件工作手册。

1 应急准备

1.1 国家能源委员会、国家发展改革委根据突发事件启动国家原油储备应急响应后,能源储备司加强值守,密切跟踪事态发展情况,与相关部门随时沟通,对可能需调用的储备原油品种、数量,突发事件发生地或原油急需地附近国家原油储备库点库存情况、运输条件等进行综合评估,能源储备司与国家发展改革委运行局密切衔接,及时掌握突发事件处理进度和应急储备原油需求。根据风险预警分析结果,提出储备原油动用建议,报国家相关部门。

1.2 能源储备司预先通知国家石油储备中心,协调国家石油储备中心组织做好与受托企业、代储企业、国家石油储备基地等单位主要负责同志联系工作,要求相关部门和单位实行24小时值班,提前与输油管线、接卸码头等输转部门沟通,做好储备原油调运准备,确保指令下达后高效、准确、及时动用出库。

2 应急动用

2.1 正常情况下的动用出库

粮食和储备局收到国务院或国家发展改革委下达的动用指令后,能源储备司根据动用指令的具体要求,综合考虑储备原油使用地点、缓急程度、各承储单位(库点)自身面临的灾害风险、交通运输等因素,遵循先进先出的出库原则,根据动用出库原油数量、地点的意见,起草动用出库通知,由粮食和储备局局长签发,向国家石油储备中心下达动用出库通知。要求相关部门和单位统筹做好组织实施,抓好工作落实,重要事项及时按程序请示报告。

2.2 特殊情况下的动用出库

在特殊情况下,接到国务院电话通知,能源储备司主要负责同志报经分管副局长和局长同意后,电话通知国家石油储备中心,由其组织承储单位紧急动用出库原油,并同时将情况向国家发展改革委报备;后续2个工作日内补办动用出库通知。

2.3 信息报告

能源储备司加强与相关部门、地方和承储单位的联系协调,掌握动态状况,做好记录并及时上报情况,确保应急处置工作有序高效运转。

3 应急结束

3.1 应急终止

储备原油动用出库应急工作结束后,国家石油储备中心及时向能源储备司反馈储备原油出库情况,能源储备司负责将相关情况形成工作报告报局领导。

3.2 恢复与重建

储备原油动用出库应急工作结束后,能源储备司会同财务审计司和相关单位及时补办动用出库、划转和核销等手续,并根据规划、计划要求及时补充原油储备,恢复应急能力。

4 保障措施

能源储备司依据规划和收储计划，组织实施储备原油采购、轮换等，做到品种、数量和质量满足需求、分布合理；依托信息系统建立储备原油数据库，实时动态掌握储备原油情况；督促指导储备原油承储单位加强在库日常管理，确保账实相符、质量合格、储存安全，确保应急情况下调得出、用得上。

国家石油储备中心依据有关法律法规，制定完善原油储备管理制度和标准，强化对储备原油的日常监督管理，进一步提高原油储备应对战争和突发事件的能力。

各承储单位应编制动用出库应急预案，加强人员培训和应急演练，建立一套符合储备原油动用出库要求，反应迅速、快速联动、训练有素、安全高效的应急响应和处置机制，确保下达动用出库通知后，储备原油能够迅速、准确、安全出库。

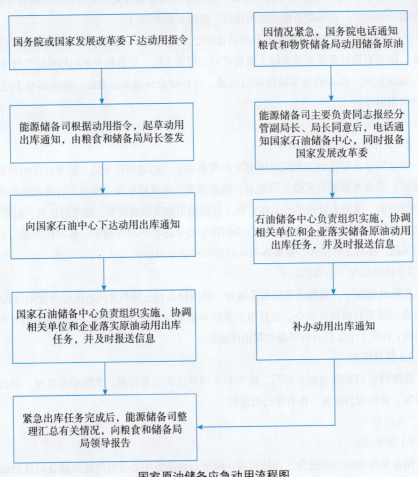

国家原油储备应急动用流程图

附件 6

国家成品油储备应对突发事件工作手册

为建立健全国家成品油储备应对突发事件的运行机制，规范应急工作管理，提高应急处置能力，迅速、有序、高效组织成品油紧急出库工作，保障突发事件应急需要，制定成品油储备应对突发事件工作手册。

1 应急准备

应急突发事件发生后，能源储备司加强应急值守，密切跟踪事件发生情况，与国家发展改革委随时沟通，对可能需调用的成品油品种、数量，事件发生地或附近成品油储备库库存情况、运输条件等进行综合评估，必要时，与可能涉及的成品油储备库预先联系，确保指令下达后高效、准确、及时出库。

2 应急动用

2.1 正常情况下应急出库流程

粮食和储备局接到国务院或国家发展改革委下达的书面紧急出库指令后，能源储备司及时协调相关部门和单位工作，根据指令具体要求，综合考虑储备成品油使用地点、缓急程度、各承储单位（库点）自身面临的灾害风险、交通运输等因素，遵循先进先出的出库原则，根据国务院或国家发展改革委提出的紧急出库成品油具体品种、数量、库点的意见，起草紧急出库通知，粮食和储备局局长签发，与有关石油企业签订出库合同。出库合同主送承储单位、石油企业。

出库合同下达后，能源储备司及时收集信息，在第一时间报送。加强与相关部门、地方和承储单位的联系协调，掌握动态状况，做好记录并及时上报情况，确保应急处置工作有序高效运转。

2.2 特殊情况下应急出库流程

特殊情况下，接到国务院电话通知，能源储备司主要负责同志报经分管副局长、局长同意后，电话通知垂管局和承储单位紧急出库储备成品油，并同时将情况向国家发展改革委报备；后续 2 个工作日内补签动用出库合同。出库合同主送承储单位、石油企业。

3 应急结束

紧急出库任务完成后，能源储备司整理汇总有关情况，向局领导报告。能源储备司会同财务审计司和相关单位及时补办紧急出库等相关手续，并根据规划、计划要求及时补充成品油储备，恢复应急能力。

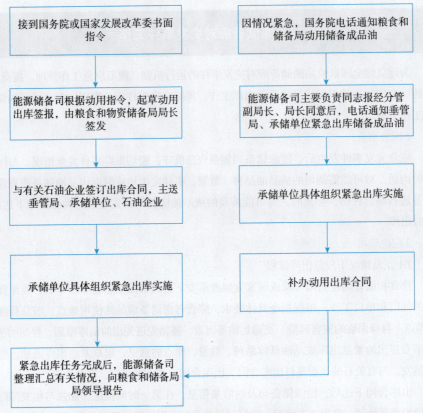

国家成品油储备应急动用流程图

附件 7

中央储备粮应对突发事件工作手册

为建立完善动用中央储备粮应对重大突发事件的运行机制，规范应急工作行为，提高应急处置能力，保障突发事件应急需要，制定中央储备粮应对突发事件工作手册。

1 应急准备

1.1 当国务院、中央军委认为需要动用中央储备粮或国家粮食应急工作指挥部启动国家粮食应急Ⅰ级响应时，进入应对突发事件状态。

1.2 粮食储备司配合国家发展改革委经贸司会同财政部经建司等部门研究中央储备粮动用方案建议，并通知中储粮集团公司做好应急动用准备，要求集团公司通知有关中央储备粮承储库点 24 小时有人值守。

1.3 安全仓储与科技司密切跟踪突发性事件事态发展，与国家粮食应急工作指挥部保持联系，加强沟通。

2 应急动用

2.1 粮食和储备局接到国务院、中央军委或国家粮食应急工作指挥部下达中央储备粮动用指令后，安全仓储与科技司与国家粮食应急工作指挥部对接，明确出库粮食的接收单位、品种、数量等。粮食储备司起草动用计划方案，经粮食和储备局局长批准后会同国家发展改革委、财政部、农发行向中储粮集团公司下达中央储备粮动用计划。

2.2 中储粮集团公司接到应急动用计划后，具体落实应急动用出库库点、品种、数量并组织实施，做好与接收单位沟通衔接，及时了解出库进展并报粮食和储备局、财政部、农发行。

2.3 安全仓储与科技司负责协调地方和铁路、公路、航空等部门，确保粮食按时运抵、及时投放。

2.4 标准质量中心负责出库粮食的质量抽查，确保质量安全。

2.5 执法督查局和垂管局对中央储备粮应急动用计划执行情况进行监督检查。

3 应急结束

中央储备粮应急动用出库工作结束、粮食应急状态消除；或者收到国家粮食应急工作指挥部下达的终止实施应急动用指令后，结束应对突发事件状态。

4 补库

4.1 中央储备粮应急动用工作结束后，中储粮集团公司及时核查库点出库粮食数量；粮食储备司会同有关部门单位及时完善动用出库、划转、核销等手续。

4.2 粮食储备司和国家发展改革委经贸司会同财政部经建司、农发行粮棉油部，根据国内国际粮市场形势，研究起草补库计划建议，会同有关部门向中储粮集团公司适时下达补库计划，恢复中央储备粮库存数量。

4.3 标准质量中心负责补库粮食质量抽查，确保质量良好。

4.4 执法督查局和垂管局对中央储备粮补库计划执行情况进行监督检查。

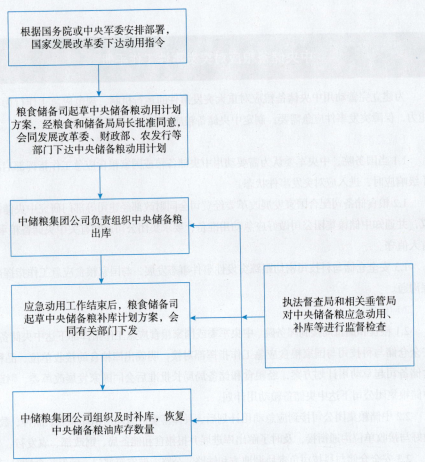

中央储备粮应急动用流程图

附件 8

中央救灾物资应对突发事件工作手册

为建立健全中央救灾物资储备应对突发事件的运行机制，规范应急管理工作，提高应急处置能力，迅速、有序、高效组织物资调运工作，制定中央救灾物资应对突发事件工作手册。

1 应急准备

1.1 国家减灾委、应急管理部根据重、特大灾害发生情况启动国家救灾应急响应后，安全仓储与科技司加强值守，密切跟踪灾害发生情况，与应急管理部随时沟通，对可能需调用的中央级物资品种、数量，灾害发生地或附近中央储备库物资库存、交通条件等进行综合评估，安全仓储与科技司与应急部救灾和物资保障司密切衔接，及时掌握救灾进度和救灾物资需求。

1.2 安全仓储与科技司预先电话通知相关中央救灾物资储备库主管部门及储备库做好救灾物资准备，要求实行 24 小时应急值守，提前与物流公司、交通运输部门沟通，做好中央救灾物资调运准备。

2 应急调运

2.1 正常情况下应急调运流程

2.1.1 粮食和储备局收到应急管理部救灾和物资保障司下达的书面动用指令后，根据局领导指示，安全仓储与科技司立即起草调运通知，并同时电话通知调运仓库主管部门，做好物资调运准备。调运通知经安全仓储与科技司主要负责同志签发后，传真发送至调运仓库主管部门，抄送应急管理部救灾和物资保障司、财政部经济建设司、物资申请使用单位及储备库。

2.1.2 调运仓库主管部门接到调运通知后，马上组织调运仓库按照通知要求组织物资装运，确保数量足额、质量良好，并及时与申请使用单位负责人取得联系，确定物资运送地点及接收方式，36 小时内完成调运。

2.1.3 调运中，安全仓储与科技司与应急管理部救灾和物资保障司、调运仓储主管部门、调运仓库实时沟通衔接，及时协调解决调运中出现的相关问题，确保物资高效及时运抵目的地。

2.1.4 在发生大灾巨灾导致道路无法通行，影响物资运输时，调运仓储主管部门应及时报告安全仓储与科技司，由其及时反馈应急管理部救灾和物资保障司，请其协调铁路、航空等部门，保障物资及时调运。

2.2 特殊情况下应急调运流程

2.2.1 因情况紧急特殊，来不及下达书面指令，应急管理部救灾和物资保障司可先电话通知安全仓储与科技司，由安全仓储与科技司主要负责同志报经分管副局长、局长同意后，电话通知调运仓库主管部门组织开展物资调运工作；应急管理部救灾和物资保障司后续补发动用指令，安全仓储与科技司再据此补发调运通知到调运仓库主管部门。

2.2.2 后续工作流程参照 "2.1 正常情况下应急调运流程" 中 2.1.2、2.1.3、2.1.4 内容执行。

2.2.3 实际工作中，因国际救援需要，执行援外物资调运工作时，参照 "2.1 正常情况下应急调运流程" 执行，起草调运通知，由调运仓库主管部门组织做好相关工作。

3 应急结束

3.1 中央救灾物资运抵申请使用单位指定的接收地点后，由申请使用单位负责组织做好卸货工作，并及时向财政部门申请运输费用，与调运仓库做好费用结算工作。

3.2 调运工作结束后，调运仓储主管部门相关负责人及时向安全仓储与科技司反馈物资调运情况，安全仓储与科技司负责将相关情况形成工作报告逐级上报局领导。

3.3 安全仓储与科技司负责跟进物资使用情况，并做好物资台账记录。

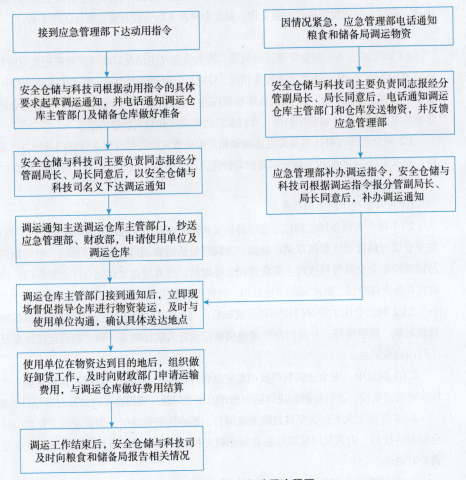

中央救灾物资应急动用流程图

附件9

中央防汛抗旱物资应对突发事件工作手册

为建立健全中央防汛抗旱物资应对突发事件的运行机制,规范应急工作管理,提高应急处置能力,迅速、有序、高效组织物资调运工作,保障突发重大自然灾害救助急需。根据《国家自然灾害救助应急预案》,制定中央防汛抗旱物资应对突发事件工作手册。

1 应急准备

1.1 国家防办根据重、特大灾害发生情况启动国家防汛抗旱应急响应后,安全仓储与科技司加强值守,密切跟踪灾害发生情况,与国家防办随时沟通,对可能需调用的中央级物资品种、数量,灾害发生地或附近中央储备库物资库存、交通条件等进行综合评估,及时掌握救灾进度和救灾物资需求。

1.2 安全仓储与科技司预先电话通知相关垂管局和中央防汛抗旱储备库要求实行24小时应急值守,提前与物流公司、交通运输部门沟通,做好中央防汛抗旱物资调运准备。

2 应急调运

2.1 正常情况下应急调运流程

2.1.1 粮食和储备局收到国家防办下达的书面动用指令后,安全仓储与科技司立即起草调运通知,报至分管副局长、局长同意后,传真发送至相关垂管局和调运仓库,抄送国家防办、财政部经济建设司。

2.1.2 相关垂管局接到调运通知后,马上组织调运仓库按照通知要求组织物资装运,3小时内完成物资起运工作,确保数量足额、质量良好,并及时与申请使用单位负责人取得联系,确定物资运送地点及接收方式。

2.1.3 调运中,安全仓储与科技司与国家防办、垂管局、调运仓库实时沟通衔接,及时协调解决调运中出现的相关问题,确保物资高效及时运抵目的地。

2.1.4 在发生大灾、巨灾导致道路无法通行,影响物资运输时,垂管局应及时报告安全仓储与科技司,由其及时反馈国家防办,请其协调铁路、航空等部门,保障物资及时调运。

2.2 特殊情况下应急调运流程

2.2.1 因情况紧急特殊,来不及下达书面指令,国家防办可先电话通知安全仓储与科技司,安全仓储与科技司主要负责同志报经分管副局长、局长同意后,电话通知垂管局和调运仓库负责同志组织开展物资调运工作;国家防办后续补发动用指令,安全仓储与科技司再据此补发调运通知到调运仓库主管部门。

3 应急结束

3.1 调用中央防汛抗旱物资所发生的费用(主要包括运输、搬运装卸、过路费、押运人员补助和通讯等费用),由调出仓库先行垫付,并在物资起运前书面告知申请单位。抢险救援任务结束后,由申请单位直接与调出仓库结算。

3.2 抢险救援任务结束后,安全仓储与科技司组织指导申请单位和调出仓库做好调用物资返还工作,调出仓库所在地的省级防汛抗旱指挥部办公室或应急管理厅(局)、粮食和储备局垂直管理局协助做好相关工作。申请单位应于次年汛前,将所调物资按照规格、数量、质量要求返还给调出仓库,并出具合格证明材料。国家防总启动防汛抗旱Ⅰ级或Ⅱ级应急响应时，所调用并已消耗或使用后没有修复回收价值的中央防汛抗旱物资，可申请核销。物资核销由申请单位向粮食和储备局申报。

3.3 安全仓储与科技司负责跟进物资使用情况，并做好物资台账记录。

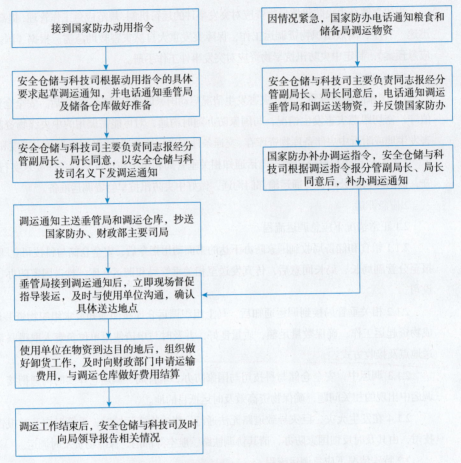

中央防汛抗旱应急动用流程图

局办公室发文部分

关于认真做好政策性粮食库存按实际储存库点进行预分解登统工作的通知

国粮办执法〔2019〕41号

各省（区、市）大清查协调机制办公室：

根据《国务院办公厅关于开展全国政策性粮食库存数量和质量大清查工作的通知》（国办发〔2018〕61号）精神和《全国政策性粮食库存数量和质量大清查实施方案》的规定，2019年全国政策性粮食库存数量和质量大清查工作（以下简称"大清查工作"）由地方各级人民政府按照在地原则，组织对本行政区域内政策性粮食库存情况进行全面检查。鉴于粮食实际储存库点和粮食统计报账企业不尽相同，在开展大清查前必须将粮食实际库存统计数据按库存粮食的实际储存库点进行分解和整合。为提高正式清查时政策性粮食库存统计资料分解整合的准确性，决定分别以2019年1月、2月末统计结报日政策性粮食统计账面库存进行两次预分解登统。现将有关事项通知如下：

一　对1月、2月末政策性粮食统计账面库存按实际储存库点进行分解

各地粮食统计报账企业要按照统计制度的规定，及时做好1月、2月统计报表的填报工作。同时，各地粮食部门和中储粮、中粮、中国供销等央企分支机构要积极督促、认真指导粮食统计报账企业根据粮权归属，将政策性粮食库存通过大清查软件按实际储存库点进行细化分解，填报相关分解登统表（见附件1），确保分解登统表中各实际储存库点的粮食实际库存汇总数与粮食统计报账企业统计结报日统计报表数一致。合并登统表由大清查软件自动生成（见附件2）。

二　分解登统数据上报审核途径

（一）中央储备粮、最低收购价粮、国家临时存储粮、国家一次性储备粮和中储粮系统企业的商品粮统计库存，由作为统计报账单位的中储粮直属企业通过部署在中储粮专网的大清查软件进行预分解登统，报上级中储粮分（子）公司进行审核；中储粮集团公司要统筹组织子公司将有关预分解登统数据报送所在地中储粮分公司。

（二）中粮、中国供销等承储政策性粮食企业的国家临时存储粮、商品粮统计库存，由中粮集

团、中国供销集团所属区域管理公司经上一级主管部门审核确认后，通过部署在互联网上的大清查软件进行预分解登统，报送至实际承储库点所在地的省级大清查协调机制办公室。本次大清查中，中粮集团、中国供销集团等其他中央粮食企业及其租仓储粮库点存储的国家临时存储粮不再由中储粮直属企业填报，防止重复分解登统。为便于核对，请中粮集团、中国供销集团所属区域管理公司于 2019 年 1~3 月，分别将承储政策性粮食企业的国家临时存储粮、商品粮统计库存抄送实际承储库点所在地省级大清查协调机制办公室。

（三）地方储备粮、地方政策性粮和承储政策性粮食的地方企业商品粮统计库存，由省级粮食行政管理部门负责组织统计报账单位通过部署在互联网上的大清查软件进行预分解登统。纳入清查范围的跨省储存粮食统计库存，由委托方负责预分解登统。

（四）省级大清查协调机制办公室负责利用大清查软件通过光盘导出互联网中的预分解登统数据，中储粮分公司负责导出中储粮专网预分解登统数据，所有数据集中导入到中储粮分公司涉密内网中的大清查软件进行汇总、并表。省级大清查协调机制办公室组织有关部门单位共同对本省分解登统和合并登统数据进行审核。审核无误后，上传至中储粮集团公司，由中储粮集团公司负责将全国分解和合并登统数据进行导出，通过光盘或金宏网报送国家粮食和物资储备局进行备份。

具体分解登统数据填报途径图示详见附件 3。

三　有关要求

（一）高度重视预分解登统工作。将政策性粮食库存按实际储存库点进行预分解登统，是这次大清查的一项重要的基础性工作，直接关系到大清查工作的总体进度和质量，各地要严格按照本通知要求，将这项工作做实做细，同时按规定做好相应的保密工作，确保大清查工作的顺利开展。

（二）做好大清查软件相关功能培训。大清查软件是做好预分解登统工作的重要工具。各地要抓紧时间认真组织开展大清查软件培训，确保各级使用人员熟练掌握软件操作功能，按照分解登统工作要求，按时、准确完成登统数据填写、审核等相关工作。

（三）严格审核登统信息。预分解登统库存数据要与统计报表进行认真核对，重点核实政策性粮食承储库点名称、统计报账单位名称以及数据审核关系及审核单位名称等信息，确保做到不重不漏。

（四）按时上报登统数据。1 月末统计库存的预分解登统工作，要求 2 月 20 日前，完成省内预分解登统数据填报、汇总、审核等工作，并上报国家粮食和物资储备局。2 月末统计库存的预分解登统工作要求 3 月 15 日前完成。在利用大清查软件上报数据的同时，各省大清查协调机制办公室要将预分解登统表格进行输出打印，签字盖章后上报国家粮食和物资储备局。分解登统数据一旦上报，不得进行修改。

（五）及时反馈发现问题。利用大清查软件开展预分解登统工作时，如发现政策性粮食承储企业（含统计报账单位和实际存储库点）基础信息出现错误以及大清查软件存在缺陷漏洞等问题，请及时与国家粮食和物资储备局执法督查局、大清查软件开发团队联系，及时反馈。

联系人：刘尧　张永刚

联系电话：（010）89061834/1801/1841（传真）

软件问题咨询电话：（010）89061805/1807/1842/1843/1844

附件：1. 政策性粮食库存分解登统表（略）

　　　2. 政策性粮食库存合并登统表（略）

　　　3. 分解登统数据填报途径图示（略）

国家粮食和物资储备局办公室

2019 年 1 月 31 日

（此件公开发布）

关于印发《全面推行粮食行政执法公示制度执法全过程记录制度重大执法决定法制审核制度实施方案》的通知

国粮办执法〔2019〕118 号

各司局、直属单位、联系单位：

　　《全面推行粮食行政执法公示制度执法全过程记录制度重大执法决定法制审核制度实施方案》已经 2019 年 4 月 3 日第 20 次局长办公会议审议通过。现印发你们，请认真贯彻执行。

国家粮食和物资储备局办公室

2019 年 4 月 11 日

（此件公开发布）

全面推行粮食行政执法公示制度
执法全过程记录制度重大执法决定法制审核制度实施方案

为全面贯彻落实《国务院办公厅关于全面推行行政执法公示制度执法全过程记录制度重大执法决定法制审核制度的指导意见》（国办发〔2018〕118号）精神，结合我局工作实际及职能分工，制定本实施方案。

一、总体要求

以习近平新时代中国特色社会主义思想为指导，全面贯彻党的十九大和十九届二中、三中全会精神，着力推进粮食流通行政执法透明、规范、合法、公正，不断健全执法制度、完善执法程序、创新执法方式、加强执法监督，全面提高执法效能，推动形成权责统一、权威高效的行政执法体系和职责明确、依法行政的政府治理体系，确保国家粮食和物资储备局依法履行法定职责，切实维护人民群众合法权益，为落实全面依法治国基本方略、推进法治政府建设做出应有贡献。

行政执法公示制度、执法全过程记录制度、重大执法决定法制审核制度（以下统称"三项制度"）在国家粮食和物资储备局得到全面推行，行政处罚、行政强制、行政检查、行政许可等行为得到有效规范，行政执法公示制度机制不断健全，做到执法行为过程信息全程记载、执法全过程可回溯管理、重大执法决定法制审核全覆盖，全面实现执法信息公开透明、执法全过程留痕、执法决定合法有效，行政执法能力和水平显著提升，行政执法的社会满意度不断提高。

二、重点任务

（一）全面推行行政执法公示制度。按照"谁执法谁公示"的原则，做到"应公开、尽公开"。不断丰富公开载体，在运用局政府门户网站等基本载体的基础上，进一步运用微信公众号、媒体报刊、宣传册等载体创新公开形式。

1.强化事前公开。统筹推进行政执法事前公开与政府信息公开、权责清单公布、"双随机、一公开"监管等工作，及时根据法律法规及机构职能变化情况进行动态调整。

（1）编制并公示《国家粮食和物资储备局行政执法权责清单》，明确行政执法主体、职责、权限、依据、程序、救济渠道等须事前公开的信息。（法规体改司牵头，相关部门配合，下同。2019年12月底前完成）

（2）编制并公示《国家粮食和物资储备局随机抽查事项清单》，明确抽查主体、依据、对象、内容、比例、方式、频次等须事前公开的内容。（执法督查局牵头，2019年9月底前完成）

（3）编制并公开国家粮食和物资储备局执法流程图，明确执法事项名称、受理机构、审批机构、受理条件、办理时限等内容。（执法督查局牵头，2019年9月底前完成）

2.规范事中公示。行政执法人员在执法过程中主动亮明身份，做好告知说明工作。

（1）编制《国家粮食和物资储备局粮食监督检查证件管理规定》，对机关本级行政执法人员（含垂管机构）进行培训，并核发粮食监督检查证；有关行政执法人员信息在局政府网站上公布。（执法

督查局牵头，2019 年 12 月底前完成）

（2）实行行政执法人员持证上岗和资格管理制度，行政执法人员开展检查、调查等执法活动要主动亮明身份，出示粮食监督检查证。（执法督查局牵头，长期执行）

（3）政务服务窗口要主动明示受理范围、服务事项、工作人员及岗位职责，提供受理事项相关的办事指南、空白表格、示范文本、受理结果和办理进度查询以及业务咨询、投诉举报电话等服务，主动公开我局政府信息并"一口受理"依申请公开。（办公室牵头，长期执行）

3. 加强事后公开。限时向社会公布执法机关、执法对象、执法类别、执法结论等信息，接受社会监督。

（1）按照我局政务公开和政府信息公开有关规定，做好行政执法结果向社会主动公开。（执法督查局牵头，长期执行）

（2）按照《国务院办公厅关于推广随机抽查规范事中事后监管的通知》（国办发〔2015〕58 号）要求，及时向社会公布"双随机"抽查情况及查处结果。（执法督查局牵头，长期执行）

（3）建立行政执法统计年报制度，每年 1 月 31 日前公开我局上年度行政执法总体情况有关数据。收集汇总省级粮食主管部门上年度行政执法总体情况和有关数据。（执法督查局牵头，长期执行）

（二）全面推行执法全过程记录制度。通过文字、音像等记录形式，对行政执法的启动、调查取证、审核决定、送达执行等全部过程进行记录，并全面系统归档保存，做到执法全过程留痕和可回溯管理。

1. 完善文字记录。研究制定执法规范用语和执法文书制作指引，规范行政执法的重要事项和关键环节，做到文字记录合法规范、客观全面、及时准确。

（1）研究制定执法规范用语，规范执行行为。（执法督查局牵头，2019 年 9 月底前完成）

（2）参照司法部制定的行政执法文书基本格式标准，制定并公布国家粮食流通行政执法文书格式文本；指导各地结合本地实际，完善有关文书格式。（执法督查局牵头，2019 年 9 月底前完成）

2. 规范音像记录。通过照相机、录音机、摄像机、执法记录仪、视频监控等记录设备，实时对行政执法过程进行记录。

（1）建立健全执法音像记录管理制度，明确执法音像记录的设备配备、使用规范、记录要素、存储应用、监督管理等要求。（执法督查局牵头，2019 年 9 月底前完成）

（2）配备音像记录设备、建设询问室和听证室等音像记录场所。（执法督查局牵头，2019 年 12 月底前完成）

3. 严格记录归档，发挥记录作用。按照有关法律法规和档案管理规定归档保存执法全过程记录资料，确保所有行政执法行为有据可查。通过统计分析记录资料信息，发现行政执法薄弱环节，改进行政执法工作，依法公正维护执法人员和行政相对人的合法权益。

（1）严格按照档案管理制度的要求，加强对行政执法案卷的建档、保管、使用进行规范，定期将执法案卷移送局档案室。（执法督查局、办公室牵头，长期执行）

（2）建立健全记录信息调阅监督制度，做到可实时调阅，切实加强监督，确保行政执法文字记录、音像记录规范、合法、有效。（执法督查局牵头，2019 年 9 月底前完成）

（三）全面推行重大执法决定法制审核制度。做出重大执法决定前，要严格进行法制审核，未经法制审核或者审核未通过的，不得做出决定，确保每项重大执法决定合法有效。

1.明确审核机构。明确具体负责本单位重大执法决定法制审核的工作机构，确保法制审核工作有机构承担、有专人负责。

（1）制定并公示《国家粮食和物资储备局重大执法决定法制审核制度》。（法规体改司牵头，2019年12月底前完成）

（2）探索建立法律顾问和公职律师制度，充分发挥法律顾问、公职律师在法制审核工作中的作用。（法规体改司牵头，2019年12月底前完成）

2.明确审核范围、内容、责任。结合我局行政执法行为的类别、执法层级、所属领域、涉案金额等因素，制定并公示《国家粮食和物资储备局重大执法决定法制审核目录清单》，明确界定重大执法决定法制审核范围。（法规体改司牵头，2019年12月底前完成）

三、实施步骤

（一）制定方案阶段（2019年3月）。根据国办发〔2018〕118号文件要求，结合实际，研究制定我局实施方案，并报司法部备案。

（二）制定修订制度阶段（2019年4~9月）。2019年9月底前，基本完成本实施方案所涉及的各项制度、清单、服务指南、流程图等制度文件的制定和修订，辑印形成工作手册。

（三）落实实施阶段（2019年9月开始）。

1.规范实施。自2019年9月起按照新制定和修订完善的相关制度、工作流程，全面、严格、规范实施"三项制度"。

2.优化提升。总结分析在"三项制度"实施过程中取得的成绩和存在问题，不断改进和完善。

（四）自查总结阶段（2019年12月）。自查总结我局推行"三项制度"工作情况，向局党组汇报。

四、组织保障

（一）加强组织领导。国家粮食和物资储备局建立办公室、法规体改司、执法督查局、粮食储备司、规划建设司、财务审计司、安全仓储与科技司、人事司、信息化推进办、标准质量中心、交易协调中心等部门单位参与的工作协调机制，指导协调、督促检查工作推进情况。加强对粮食行业全面推行"三项制度"工作的指导，强化行业规范和标准统一，及时研究解决全面推行"三项制度"过程中遇到的问题，充分发挥带动引领作用。办公室、财务审计司负责"三项制度"工作的经费保障。

（二）强化信息化支撑。加快推进执法信息互联互通共享，有效整合执法数据资源，为行政执法更规范、群众办事更便捷、政府治理更高效、营商环境更优化奠定基础。依托国家粮食管理平台，建设"执法督查"业务板块，持续深入归集全行业信息资源，建立全国粮食行业行政执法信息数据库。完善数据汇集和信息共享机制，按照全国统一规范的执法数据标准要求，充分利用全国一体化的在线政务服务平台，推进粮食部门执法信息与其他部门的互联互通，力争实现与国家"互联网＋监管"平台对接。

（三）搞好督导检查。建立"三项制度"落实工作台账，建立督查情况通报制度，充分调动全面推行"三项制度"工作的积极性、主动性，对工作不力的要及时督促整改，对工作中出现问题造成不良后果的单位及个人要通报批评，依纪依法问责。

附件：实施方案任务分工清单

附件

实施方案任务分工清单

序号	工作任务	牵头单位	完成时限
1	政务服务窗口要主动明示受理范围、服务事项、工作人员及岗位职责等	办公室	长期执行
2	加强对行政执法案卷的建档、保管、使用进行规范	执法督查局、办公室	长期执行
3	制定并公开《国家粮食和物资储备局行政执法权责清单》	法规体改司	2019年12月底前
4	制定并公开《国家粮食和物资储备局重大执法决定法制审核制度》		2019年12月底前
5	探索建立法律顾问和公职律师制度		2019年12月底前
6	制定并公开《国家粮食和物资储备局重大执法决定法制审核目录清单》		2019年12月底前
7	制定并公开《国家粮食和物资储备局随机抽查事项清单》	执法督查局	2019年9月底前
8	国家粮食和物资储备局执法流程图		2019年9月底前
9	编制并公布《国家粮食和物资储备局粮食监督检查证件管理规定》		2019年12月底前
10	实行行政执法人员持证上岗和资格管理制度		长期执行
11	行政执法结果向社会主动公开		长期执行
12	公开"双随机"抽查情况及查处结果		长期执行
13	建立行政执法统计年报制度		长期执行
14	制定执法规范用语		2019年9月底前
15	制定并公布国家粮食流通行政执法文书格式文本		2019年9月底前
16	建立健全执法音像记录管理制度		2019年9月底前
17	配备音像记录设备、建设询问室和听证室等音像记录场所		2019年12月底前
18	建立健全记录信息调阅监督制度		2019年9月底前

关于印发粮食收购许可证参考样式的通知

国粮办粮〔2019〕146号

各省、自治区、直辖市及新疆生产建设兵团粮食和物资储备局（粮食局）：

　　根据《国务院关于在全国推开"证照分离"改革的通知》（国发〔2018〕35号）规定，粮食收购资格认定工作已经"下放中央审批事权至企业办理工商登记的同级人民政府粮食行政主管部门"，目前分别由省级、市级和县级粮食行政主管部门负责。为适应机构改革新形势，落实"放管服"改革精神，我们在《粮食收购资格审核管理办法》（国粮政〔2016〕207号）有关要求的基础上，对粮食收购许可证的相关要素进行了调整完善，制定了文本样式，供各地参考。请结合工作实际，进一步优化市场准入服务，切实加强粮食收购许可证管理，继续做好粮食收购资格认定工作。

　　附件：1. 关于粮食收购许可证有关问题的说明

　　　　　2. 新粮食收购许可证样式（略）

国家粮食和物资储备局办公室

2019 年 4 月 28 日

（此件公开发布）

附件 1

关于粮食收购许可证有关问题的说明

一、许可证的尺寸：A4 纸型，长 297 毫米，宽 210 毫米。

二、许可证的编号：以省为单位进行编号。以一省的简称开始，后面跟 7 位阿拉伯数字，前 3 位为审核机关代码，后 4 位数字为粮食收购者代码。

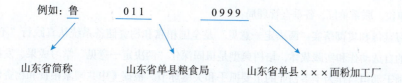

例如：鲁　　　011　　　　0999

山东省简称　　　　山东省单县粮食局　　　山东省单县×××面粉加工厂

关于认真开展贯彻落实"两决定一意见"先进典型推荐工作的通知

国粮办法〔2019〕163 号

各省、自治区、直辖市及新疆生产建设兵团粮食和物资储备局（粮食局），国家粮食和物资储备局各司局、直属单位、联系单位，各垂直管理局：

深入学习宣传和贯彻落实"两决定一意见"是全国粮食和物资储备系统认真践行"不忘初心、牢记使命"的自选动作和实践载体，培树典型是巩固深化"两决定一意见"学习成果、发挥示范引领作用、激励干部担当作为干事创业的重要抓手和关键环节。根据《中共国家粮食和物资储备局党组关于牢记初心使命深入学习宣传和贯彻落实"两决定一意见"的通知》（国粮党字〔2019〕29 号）要求，现就高质量完成先进典型推荐工作通知如下。

一　加强组织领导，树立正确工作导向

各地各单位要提高认识，聚焦牢记初心使命、推动改革发展，认真负责开展先进典型推荐工作。

（一）高度重视。要坚持突出重点、统筹兼顾，坚持上下联动、逐级落实，组织专门力量，积极挖掘推荐，确保责任明确、落地见效。

（二）明确目标导向。要挖掘总结一批可借鉴、可复制、可推广的先进经验做法，培养选树一批做得好、立得住、叫得响的先进典型，真正发挥典型引领示范带动作用，学有标杆、做有榜样。

（三）高标准严要求。要对标基本要求，突出"四比四看"标准，结合工作实际明确选树范围，向国家局推荐的肯实干、有实绩的典型对象和人选建议，要经得住实践、群众和时间的检验。

（四）坚持正向激励、创新创优。要不断巩固放大深入学习贯彻"两决定一意见"成果，营造崇尚先进、争创典型、积极进取的良好氛围，为践行牢记初心使命、推动改革发展助力。

二　创新方式方法，提高挖掘推荐质量

各地各单位要紧紧围绕深化改革转型发展、加强安全稳定廉政、担当作为干事创业等方面，挖掘培树典型，注重突出重点，注重挖选结合，注重发挥合力，挖掘要有慧眼，培树要下功夫。要善于发现挖掘，在日常工作基础上，创新方式方法，用好调研、座谈、走访、驻点等方式，多角度挖掘先进经验做法，全方位培树典型单位和个人。要注重锤炼培养，坚持边优选边培养，有针对性地进行引导和培育，优化放大典型示范效应。

国家局各司局单位要强化责任担当，结合业务工作实际，在前期推荐基础上，进一步开阔视野找先进，伏下身子挖典型，积极主动与各地各单位沟通联系，调研论证、补充完善。要自觉从全局的高度培树典型，为深化改革转型发展立标杆，为加强安全稳定廉政树旗帜，为激励干部担当作为明导向。

三 明确责任要求，严格把关典型选树

各地各单位要切实担负起挖掘推荐工作的首要责任，主要负责同志要亲自抓好本单位推荐工作，严方向、明导向，守好政治关、廉洁关、作风关，确保推荐对象的典型引领性、鲜活生动性和群众公认性。推荐材料应经推荐单位领导班子审议，确保质量，并根据国家粮食和物资储备局要求做好提炼。具体要求：

（一）注重推荐典型单位和先进个人相结合。各省级粮食和物资储备局（粮食局）、国家粮食和物资储备局各司局单位分别推荐典型单位对象和先进个人人选1~2个，各垂直管理局分别推荐1个；无合适推荐对象的可以不推荐。

（二）推荐材料要聚焦贯彻落实国家局党组"两决定一意见"的典型经验和成效。主题鲜明，重点突出，客观生动，文字精练，不搞"穿靴戴帽"，避免写成工作总结，字数控制在2500字以内，并附500字摘要（概括提炼典型性、主要业绩和可推广的先进做法经验）。

（三）实事求是、内容详实。严格按照选树的标准及范围进行推荐（详见附件），避免"闭门造车""人情推荐"，不搞花架子，不搞表面文章。请各地各单位抓紧确定选树典型工作联系人，将先进典型书面推荐材料及电子版（Word格式）于2019年5月底前一并报送国家粮食和物资储备局法规体改司。

联 系 人：王 镭 张亚奇

联系电话：010-63906276 63906277

　　　　　63906248（传真）

电子邮箱：fgs@lswz.gov.cn

附件：深入学习宣传和贯彻落实"两决定一意见"先进典型选树范围及标准

国家粮食和物资储备局办公室

2019年5月10日

（此件公开发布）

附件

深入学习宣传和贯彻落实"两决定一意见"先进典型选树范围及标准

事项	标准	范围
一、深化改革、转型发展	1. 安全保障更加有力。增强储备实力，加强安全监管，强化应急能力，积极防范风险，切实保障安全。	在推进粮食收储制度和储备管理制度改革、战略应急物资储备管理及改革发展、推动粮食产业经济高质量发展、深入实施"优质粮食工程"、强化粮食流通监管和各类储备监管、加强管粮管储法制化制度化建设、科技兴粮兴储等方面取得显著成效，总结提炼出可借鉴可推广的典型经验。
	2. 监督管理更加有效。健全机构、充实队伍、创新方式、压实责任，增强监管针对性和实效性。	
	3. 效率效能更加明显。完善储备管理模式、运营方式和技术规范，提高整体效能。	
	4. 能力建设更加完备。强化基础保障能力，提升宏观调控能力，激发创新引领能力，增强可持续发展能力。	
二、安全稳定廉政	1. 从严从实抓好安全工作。全面夯实主体责任，着力强化监管责任，严密排查和治理隐患，完善风险预警防控体系，增强应急处置能力，强化安全保障。	在全面加强党的建设、强化储备安全管理、盘活放大储备资源效益、全面维护安全稳定廉政、大力营造和谐氛围等方面，总结提炼出可借鉴可推广的典型经验。
	2. 着力维护稳定良好局面。积极稳妥解决历史遗留问题，认真做好信访工作，妥善化解各类矛盾。	
	3. 切实加强党风廉政建设。坚持把政治建设摆在首要位置，严格落实"两个责任"，持之以恒正风肃纪。	
三、担当作为、干事创业	1. 比学习、看政治素养；比担当、看进取精神；比贡献、看工作实绩；比操守、看廉洁自律。	在承担急难险重任务上表现突出，在人才兴粮、人才兴储等方面取得显著成效，总结提炼出可借鉴可推广的典型经验。
	2. 鲜明树立重实干重实绩的用人导向，营造新担当新作为的良好氛围，引导激励干部担当作为干事创业。	
	3. 先进个人应更加突出政治标准，业绩实、威信高、廉政好。	

关于认真贯彻落实《党政领导干部考核工作条例》的通知

国粮办人〔2019〕165号

各司局、直属单位、联系单位，各垂直管理局：

为认真贯彻落实《党政领导干部考核工作条例》（以下简称《干部考核条例》），进一步加强系统党政领导干部考核工作，现就有关事项通知如下：

一 提高政治站位，充分认识重要意义

《干部考核条例》的颁布实施，是党的法规制度建设史上首次以条例的形式对干部考核工作做出的总体规范，是干部队伍建设规范化、制度化、法治化的重要举措，对于进一步发挥干部考核的指挥棒、方向标、助推器作用，激励引导广大干部以更好的状态、更实的作风带头贯彻落实党中央决策部署和习近平总书记重要指示批示，推动全党统一意志、统一行动、步调一致前进，具有重要意义。《干部考核条例》为我们做好新时代干部考核工作提供了基本遵循，有利于妥善解决全系统考核工作中存在的突出问题，区分国家粮食和物资储备局机关、直属联系单位和垂直管理局差异化要求，精准施策，分级分类考准班子、考实干部；有利于多渠道、全方位评价班子、了解干部，通过建立可量化、能定责、可追责的考核体系，提高考核的科学性和精准性，切实维护考核工作的严肃性；有利于通过区分优劣、奖优罚劣、激励担当，推动广大干部在粮食和物资储备系统改革发展中担当新使命、展现新作为。

二 学懂弄通做实，广泛开展学习宣传

各单位要深刻领会党中央精神，切实把《干部考核条例》学习好、宣传好、贯彻好。要将《干部考核条例》纳入各级党委（党组）理论中心组的必学内容，学深悟透。要通过中心组学习、辅导讲座、干部培训、专家讲解等行之有效的方式，组织广大干部系统学习、全面把握《干部考核条例》精神。要把学习《干部考核条例》与学习贯彻国家粮食和物资储备局党组"两决定一意见"紧密结合起来，通过组织研讨、座谈交流等，营造良好的学习氛围，让广大干部深刻认识到《干部考核条例》实施的必要性和重要性，自觉对照考核要求，找准差距，明向加压，充分调动其积极性、主动性、创造性，推动树立讲担当、重担当、改革创新、干事创业的鲜明导向。

三 完善考核机制，激发干事创业活力

国家粮食和物资储备局将紧紧围绕贯彻落实党中央决策部署，结合粮食和物资储备改革发展重点工作，完善考核指标体系，针对国家粮食和物资储备局机关、直属联系单位、垂直管理局的不同

特点，科学设置考核内容和指标权重，增强考核的差异化和精准度，体现考核工作的政治性、时代性和针对性。各单位要丰富考核工作的形式，改进民主测评、民意调查等方法，用好谈心谈话、实地调研考核等做法，落实好全面、历史、辩证地看干部和经常性、近距离、有原则接触干部的要求。要突出实绩导向，把功夫下在平时，结合加快推进深化改革转型发展、全国政策性粮食库存大清查等工作任务，全方位了解、核实、评价干部。要强化考核结果运用，使在贯彻落实"两决定一意见"和急难险重任务中政治坚定、奋发有为，在平凡岗位中勇于实践、锐意进取的干部得到褒奖和鼓励，使慢作为、不作为、乱作为的干部受到警醒和惩戒，激励广大干部带头贯彻落实好国家粮食和物资储备局党组"两决定一意见"和"五句话"总体要求，干事创业，奋发进取，不断开创粮食和物资储备改革发展新局面。

四　压实工作责任，确保考核落地落实

各单位要切实履行考核工作主体责任，把干部考核工作纳入党组（党委）工作总体布局、摆上重要位置，充分发挥党组织的领导把关作用；党组（党委）书记要落实好第一责任人的责任，对干部考核工作要做到重要政策亲自研究、重要工作亲自推动、重要问题亲自过问；组织人事部门承担具体工作责任，要在党组（党委）领导下，勇于担当、敢于负责，严格执行《干部考核条例》，并督促指导下级组织人事部门抓好落实。各单位在贯彻执行《干部考核条例》中的重要情况和建议，要及时报告国家粮食和物资储备局党组。

附件：《党政领导干部考核工作条例》

国家粮食和物资储备局

2019 年 5 月 15 日

（此件公开发布）

附件

党政领导干部考核工作条例

一、总则

第一条 为了坚持和加强党的全面领导，坚持党要管党、全面从严治党，推动各级党政领导班子和领导干部做到忠诚干净担当、带头贯彻落实党中央决策部署，完善干部考核评价机制，建设一支信念坚定、为民服务、勤政务实、敢于担当、清正廉洁的高素质党政领导干部队伍，根据《中国共产党章程》和有关法律，制定本条例。

第二条 本条例所称考核工作，是指党委（党组）及其组织（人事）部门按照干部管理权限，对党政领导班子和领导干部的政治素质、履职能力、工作成效、作风表现等所进行的了解、核实和评价，以此作为加强领导班子和领导干部队伍建设的重要依据。

考核方式主要包括平时考核、年度考核、专项考核、任期考核。

第三条 考核工作以马克思列宁主义、毛泽东思想、邓小平理论、"三个代表"重要思想、科学发展观、习近平新时代中国特色社会主义思想为指导，贯彻落实新时代党的建设总要求和新时代党的组织路线，坚持把政治标准放在首位，着眼于实现"两个一百年"奋斗目标，突出考核贯彻党中央重大决策部署，统筹推进"五位一体"总体布局和协调推进"四个全面"战略布局，贯彻落实新发展理念的实际成效，坚持严管和厚爱结合、激励和约束并重，奖勤罚懒、奖优罚劣，调动各级党政领导班子和领导干部积极性、主动性、创造性，树立讲担当、重担当、改革创新、干事创业的鲜明导向。

第四条 考核工作坚持下列原则：

（一）党管干部；

（二）德才兼备、以德为先；

（三）事业为上、公道正派；

（四）注重实绩、群众公认；

（五）客观全面、简便有效；

（六）考用结合、奖惩分明。

第五条 本条例适用于考核中共中央、全国人大常委会、国务院、全国政协工作部门或者有关工作机构的领导班子和领导干部；中央纪委国家监委领导班子和领导干部（不含正职）；最高人民法院、最高人民检察院领导班子和领导干部（不含正职）；县级以上地方各级党委、人大常委会、政府、政协、纪委监委、法院、检察院的领导班子和领导干部；县级以上地方各级党委、人大常委会、政府、政协工作部门或者有关工作机构的领导班子和领导干部。

参照公务员法管理的县级以上党委和政府直属事业单位、群团组织的领导班子和领导干部的考核，参照本条例执行。

第六条 中央和国家机关领导班子和领导干部应当在思想上政治上行动上发挥表率作用，带头接受高标准严格考核。

二、考核内容

第七条　领导班子考核内容主要包括：

（一）政治思想建设。全面考核领导班子坚决维护习近平总书记党中央的核心、全党的核心地位，坚决维护党中央权威和集中统一领导，坚持和加强党的全面领导，执行党的理论和路线方针政策，增强"四个意识"，做到"四个服从"，遵守政治纪律和政治规矩的情况；用习近平新时代中国特色社会主义思想武装头脑，坚定理想信念，坚定"四个自信"，不忘初心、牢记使命的情况；坚持民主集中制，执行新形势下党内政治生活若干准则，发现和解决自身问题，营造风清气正政治生态的情况；践行新时代党的组织路线，贯彻新时期好干部标准，树立正确选人用人导向的情况。

（二）领导能力。全面考核领导班子适应新时代要求、落实党中央决策部署、完成目标任务的能力，重点了解学习本领、政治领导本领、改革创新本领、科学发展本领、依法执政本领、群众工作本领、狠抓落实本领、驾驭风险本领。

（三）工作实绩。全面考核领导班子政绩观和工作成效。考核政绩观，主要看是否恪守立党为公、执政为民理念，是否具有"功成不必在我"精神，以造福人民为最大政绩，真正做到对历史和人民负责。考核地方党委和政府领导班子的工作实绩，应当看全面工作，看推动本地区经济建设、政治建设、文化建设、社会建设、生态文明建设，解决发展不平衡不充分问题，满足人民日益增长的美好生活需要的情况和实际成效。考核其他领导班子的工作实绩，主要看全面履行职能、服务大局和中心工作的情况和实际成效。注重考核各级党委（党组）领导班子落实新时代党的建设总要求、抓党建工作的实绩。

（四）党风廉政建设。全面考核领导班子履行管党治党政治责任，加强党风廉政建设，持之以恒正风肃纪，推进反腐败斗争等情况。

（五）作风建设。全面考核领导班子坚持以人民为中心，贯彻党的群众路线，密切联系群众，为群众排忧解难，全心全意为人民服务的情况；结合实际落实党中央决策部署，增强人民获得感、幸福感、安全感的情况；深入改进作风，落实中央八项规定及其实施细则精神，反对"四风"特别是形式主义、官僚主义的情况；实事求是，真抓实干，察实情、出实招、办实事、求实效的情况。

第八条　领导干部考核内容主要包括：

（一）德。全面考核领导干部政治品质和道德品行。考核领导干部的政治品质，重点了解坚定理想信念、对党忠诚、尊崇党章、遵守政治纪律和政治规矩，在思想上政治上行动上同以习近平同志为核心的党中央保持高度一致等情况。考核领导干部的道德品行，重点了解坚守忠诚老实、公道正派、实事求是、清正廉洁等价值观，遵守社会公德、职业道德、家庭美德和个人品德等情况。

（二）能。全面考核领导干部履职尽责特别是应对突发事件、群体性事件过程中的政治能力、专业素养和组织领导能力等情况。

（三）勤。全面考核领导干部的精神状态和工作作风，重点了解发扬革命精神、斗争精神，坚持"三严三实"，勤勉敬业、恪尽职守，认真负责、紧抓快办，锐意进取、敢于担当，艰苦奋斗、甘于奉献等情况。

（四）绩。全面考核领导干部坚持正确政绩观，履职尽责、完成日常工作、承担急难险重任务、处理复杂问题、应对重大考验的情况和实际成效。考核党委（党组）书记的工作实绩，首先看抓党建工作的成效，考核领导班子其他党员领导干部的工作实绩应当加大抓党建工作的权重。

（五）廉。全面考核领导干部落实党风廉政建设"一岗双责"政治责任，遵守廉洁自律准则，带头落实中央八项规定及其实施细则精神，秉公用权，树立良好家风，严格要求亲属和身边工作人员，反对"四风"和特权思想、特权现象等情况。

第九条　具体考核内容的确定必须以贯彻党中央精神为前提，根据党中央决策部署及时调整优化。

第十条　落实新发展理念，突出高质量发展导向，构建推动高质量发展指标体系，改进推动高质量发展的政绩考核，因地制宜合理设置经济社会发展实绩考核指标和权重，突出对打好重点任务攻坚战的考核，加强对深化供给侧结构性改革、保障和改善民生、加强和创新社会治理、推动创新发展、加强法治建设、促进社会公平正义等工作的考核，加大安全生产、社会稳定、新增债务等约束性指标的考核权重。

第十一条　坚持从实际出发，实行分级分类考核。考核内容应当体现不同区域、不同部门、不同类型、不同层次领导班子和领导干部特点。

第十二条　根据不同岗位职责要求，明确领导班子和领导干部不担当不作为的具体情形和评价标准，推动工作落实和担当尽责。

第十三条　建立健全可量化、能定责、可追责的领导班子和领导干部工作目标以及岗位职责规范，作为确定考核内容的重要依据。

三、平时考核

第十四条　平时考核是对领导班子日常运行情况和领导干部一贯表现所进行的经常性考核，及时肯定鼓励、提醒纠偏。

第十五条　平时考核应当突出重点。

考核领导班子的日常运行情况，重点了解政治思想建设、执行民主集中制、贯彻党的群众路线、科学决策、完成重点任务和反对"四风"等情况。

考核领导干部的一贯表现，重点了解政治态度、担当精神、工作思路、工作进展，特别是对待是与非、公与私、真与假、实与虚的表现等情况。

第十六条　平时考核主要结合领导班子和领导干部日常管理进行，可以采取下列途径：

（一）列席领导班子民主生活会、理论学习中心组学习、重要工作会议，参加重要工作活动等；

（二）与干部本人或者知情人谈心谈话，到所在单位听取干部群众意见；

（三）开展调研走访、专题调查、现场观摩等；

（四）结合党内集中学习教育、纪委监委日常监督、巡视巡察、工作督查、干部培训等进行深入了解；

（五）其他适当方法。

第十七条　平时考核可以根据实际情况形成考核结果。考核结果可以采用考核报告、评语、等次或者鉴定等形式确定。

第十八条　建立平时考核工作档案，将相关材料整理归档，作为了解评价领导班子日常运行情况和领导干部一贯表现的重要依据。

四、年度考核

第十九条　年度考核是以年度为周期对领导班子和领导干部所进行的综合性考核，一般在每年年末或者次年年初组织开展。

根据工作需要，各级党委（党组）每年可以选定部分领导班子和领导干部进行重点考核。

第二十条　年度考核一般按照下列程序进行：

（一）总结述职。召开会议，领导班子总结报告全年工作，领导干部进行个人述职。

（二）民主测评。根据对领导班子和领导干部考核内容的要求设计测评表，由参加民主测评的人员填写评价意见。参加测评的人员范围，按照知情度、关联度、代表性原则，结合实际确定。

（三）个别谈话。与领导班子成员、相关干部群众以及其他需要参加的人员个别谈话了解情况。

（四）了解核实。根据需要采取查阅资料、采集有关数据和信息、实地调研等方式，核实考核对象有关情况。

（五）形成考核结果。对领导班子和领导干部进行综合分析，形成考核结果并及时反馈。

当年开展党内集中学习教育、换届考察、巡视巡察的，年度考核可以结合实际适当简化程序。

根据工作需要和实际情况，对公共服务部门和窗口单位的领导班子和领导干部，可以在一定范围内听取公众意见。

第二十一条　领导班子年度考核结果一般分为优秀、良好、一般、较差 4 个等次。领导干部年度考核结果分为优秀、称职、基本称职、不称职 4 个等次。

优秀是指综合表现突出，出色履行领导职责或者岗位要求，圆满地完成了年度工作任务，成绩显著。

良好、称职是指综合表现好，认真履行领导职责或者岗位要求，较好地完成了年度工作任务。

一般、基本称职是指综合表现勉强达到领导职责或者岗位要求，或者在某个方面存在明显不足、有较大问题。

较差、不称职是指综合表现达不到领导职责或者岗位要求，或者在某个方面存在严重问题、出现重大错误。

各级党委（党组）应当结合实际，制定考核等次具体评定标准。

第二十二条　担任多项职务的领导干部，一般在承担主要工作职责的单位进行考核，对兼任的其他工作以适当方式进行了解。

新提拔任职的领导干部，按照现任职务进行考核，注意了解在原任职岗位的工作情况。

交流任职的领导干部，在现工作单位进行考核，其交流任职前的有关情况由原单位提供。

援派或者挂职锻炼的领导干部，由当年工作半年以上的地方或者单位进行考核，以适当方式听取派出单位或者接收单位的意见。

本年度内病、事假累计超过半年的领导干部，参加年度考核，不确定等次。

涉嫌违纪违法被立案审查调查尚未结案、受党纪政务处分或者组织处理的领导干部，其年度考核按照有关规定进行。

五、专项考核

第二十三条　专项考核是对领导班子和领导干部在完成重要专项工作、承担急难险重任务、应对和处置重大突发事件中的工作态度、担当精神、作用发挥、实际成效等情况所进行的针对性考核。

根据平时掌握情况，对表现突出或者问题反映较多的领导班子和领导干部，可以进行专项考核。

第二十四条　专项考核一般应当按照下列程序进行：

（一）制定方案。明确考核对象、考核内容指标、程序步骤和工作要求等。

（二）听取考核对象的总结汇报。

（三）了解核实。采取查阅资料、实地调研、舆情分析、个别谈话、民主测评等方式，核实印证有关情况，必要时可以向纪检监察机关或者审计、信访等部门了解情况。

（四）形成考核结果。对领导班子和领导干部做出评价。

第二十五条　专项考核结果可以采用考核报告、评语、等次或者鉴定等形式确定。

六、任期考核

第二十六条　任期考核是对实行任期制的领导班子和领导干部在一届任期内总体表现所进行的全方位考核，一般结合换届考察或者任期届满当年年度考核进行。

任期考核应当突出对完成届期目标或者任期目标情况的考核。

第二十七条　任期考核一般应当按照总结述职、民主测评、个别谈话、了解核实、实绩分析、形成考核结果等程序进行。

第二十八条　任期考核结果可以采用考核报告、评语、等次或者鉴定等形式确定。

七、考核结果确定

第二十九条　考核结果确定应当加强综合分析研判，坚持定性与定量相结合，全面、历史、辩证地分析个人贡献与集体作用、主观努力与客观条件、增长速度与质量效益、显绩与潜绩、发展成果与成本代价等情况，注重了解人民群众对经济社会发展的真实感受和评价，防止简单以地区生产总值以及增长率排名或者以民主测评、民意调查得票得分确定考核结果。

第三十条　平时考核、年度考核、专项考核、任期考核情况应当相互补充印证，坚持考人与考事相结合，注重吸收运用巡视巡察、审计、绩效管理、工作督查、相关部门业务考核、个人有关事项报告查核等成果，把敢不敢扛事、愿不愿做事、能不能干事作为识别干部、评判优劣的重要标准，增强考核结果的真实性、准确性。

第三十一条　考核结果应当全面准确反映考核对象情况，以考核报告、评语、鉴定等形式确定结果的，应当明确具体肯定成绩和优点，指出问题和不足。

第三十二条　年度考核结果以平时考核结果为基础，年度考核优秀等次应当在平时考核结果好的考核对象中产生。

领导班子年度考核优秀等次比例一般不超过参加考核领导班子总数的30%，领导干部年度考核优秀等次比例一般不超过参加考核领导干部总人数的25%。

领导班子为优秀等次的，其领导成员评为优秀等次的比例可以适当上调，最高不超过30%；领导班子为一般等次的，其领导成员评为优秀等次的比例不得超过20%，主要负责人一般不得确定为优秀等次；领导班子为较差等次的，其领导成员评为优秀等次的比例不得超过15%，主要负责人一般不得确定为称职及以上等次。

第三十三条　有下列情形之一，领导班子和领导干部年度考核结果不得确定为优秀等次：

（一）贯彻落实党中央决策部署成效不明显的；

（二）干事创业精气神不够，拈轻怕重、患得患失，不敢直面矛盾、不愿动真碰硬，不担当不作为的；

（三）受到上级党委和政府通报批评，责令检查的；

（四）工作实绩不突出的；

（五）组织领导能力较弱，年度工作目标任务完成不好的；

（六）履行管党治党责任不力，违反廉洁自律规定的；

（七）其他原因不宜确定为优秀等次的。

在上级党组织开展的基层党建述职评议考核工作中，党委（党组）书记抓基层党建工作情况综合评价等次未达到好的，其年度考核结果不得确定为优秀等次。

第三十四条　有下列情形之一，领导班子年度考核结果应当确定为较差等次，领导干部年度考核结果应当确定为不称职等次：

（一）违反政治纪律和政治规矩，政治上出现问题的；

（二）不执行民主集中制，领导班子运行状况不好，不能正常发挥职能作用，领导干部闹无原则纠纷，影响较差的；

（三）责任心差、能力水平低，不能履行或者不胜任岗位职责要求，依法履职出现重大问题的；

（四）表态多调门高，行动少落实差，敷衍塞责、庸懒散拖，作风形象不佳，群众意见大，造成恶劣影响的；

（五）不坚守工作岗位，擅离职守的；

（六）其他原因应当确定为较差或者不称职等次的。

第三十五条　领导班子和领导干部在履职担当、改革创新过程中出现失误错误，经综合分析给予容错的，应当客观评价，合理确定考核结果。

第三十六条　考核对象对考核结果有异议的，可以按照有关规定提出复核或者申诉。

八、考核结果运用

第三十七条　坚持考用结合，将考核结果与选拔任用、培养教育、管理监督、激励约束、问责追责等结合起来，鼓励先进、鞭策落后，推动能上能下，促进担当作为，严厉治庸治懒。

第三十八条　考核结果采取个别谈话、工作通报、会议讲评等方式，实事求是地向领导班子和领导干部反馈，肯定成绩、指出不足，督促整改，传导压力、激发动力。

第三十九条　依据考核结果，有针对性地加强领导班子建设：

（一）领导班子作出重要贡献的，按照有关规定记功、授予称号，给予物质奖励；

（二）领导班子表现突出或者年度考核结果为优秀等次的，按照有关规定给予嘉奖；

（三）领导班子运行状况不好、凝聚力战斗力不强、不担当不作为、干部群众意见较大的，应当进行调整；

（四）领导班子年度考核结果为一般等次的，应当责成其向上级党组织写出书面报告，剖析原因、进行整改；

（五）领导班子年度考核结果为较差或者连续两年为一般等次的，应当对主要负责人和相关责任人进行调整。

第四十条　依据考核结果，激励约束领导干部：

（一）领导干部做出重大贡献的，可以按照有关规定记功、授予称号，给予物质奖励；表现突出或者年度考核结果为优秀等次的，按照有关规定给予嘉奖；连续三年为优秀等次的，记三等功，同等条件下优先使用。

（二）领导干部年度考核结果为称职及以上等次的，按照有关规定享受年度考核奖金、晋升工资级别和级别工资档次。

（三）领导干部年度考核结果为基本称职等次的，应当对其进行诫勉，限期改进。

（四）领导干部年度考核结果为不称职等次的，按照规定程序降低一个职务或者职级层次任职。

（五）不参加年度考核、参加年度考核不确定等次或者年度考核结果为基本称职以下等次的，该年度不计算为晋升职务职级的任职年限，不计算为晋升工资级别和级别工资档次的考核年限。

（六）领导干部不适宜担任现职的，应当根据有关规定对其进行调整。

第四十一条　依据考核结果加强干部教育培养，按照"缺什么补什么"的原则，对领导干部进行调学调训、安排实践锻炼，补齐能力素质"短板"。对有潜力的优秀年轻干部加强针对性培养。

第四十二条　考核中发现领导班子和领导干部存在问题的，区分不同情形，予以谈话提醒直至组织处理；发现违纪违法问题线索，移送纪检监察、司法机关处理。

第四十三条　领导干部考核形成的结论性材料，应当存入干部人事档案。

九、组织实施

第四十四条　党委（党组）及其组织（人事）部门按照干部管理权限，履行考核领导班子和领导干部的职责。

党委（党组）承担考核工作主体责任，党委（党组）书记是第一责任人，组织（人事）部门承担具体工作责任。

第四十五条　考核人员应当具有较高的思想政治素质以及胜任考核工作的政策水平和业务知识，公道正派，组织纪律观念和保密意识强。考核人员按照规定实行公务回避。

根据工作需要，党委（党组）可以组建和派出考核组。考核组组长根据每次考核任务确定并授权，应当具有较强的组织领导能力，坚持原则、敢于担当。

第四十六条　实行考核工作责任制。

考核人员应当认真履行职责，按照规定的程序和要求实施考核，全面客观准确地了解和反映情况，公道公平公正地对待和评价领导班子和领导干部。

考核人员应当在考核材料上签名，对考核材料的客观性、真实性负责。

第四十七条　考核工作的组织实施应当严肃认真、稳妥审慎，注意与日常工作相协调、相促进。根据不同考核对象和考核任务，改进创新考核方法，充分发扬民主，多到基层干部群众中、多在乡语口碑中听取意见、了解情况，坚持在现场看、见具体事，多渠道、多层次、多侧面了解核实领导班子和领导干部的现实表现。

第四十八条　组织（人事）部门应当加强考核工作信息化建设，充分运用互联网技术和信息化手段开展考核，提高工作质量和效率。

第四十九条　各级党委（党组）应当加强对本地区本部门本单位干部考核工作与其他业务考核工作的统一领导、统筹协调和督促指导，整合考核力量，归并考核项目和种类，严格控制"一票否决"事项，防止多头考核、重复考核。

十、纪律与监督

第五十条　考核工作必须严格遵守下列纪律：

（一）不准搞形式、走过场；

（二）不准隐瞒、歪曲事实；

（三）不准弄虚作假；

（四）不准搞非组织活动；

（五）不准泄露谈话内容、测评结果等考核工作秘密；

（六）不准凭个人好恶评价干部、决定或者改变考核结果；

（七）不准借考核之机谋取私利；

（八）不准干扰、妨碍考核工作；

（九）不准打击报复干部和反映问题的人员。

第五十一条　领导班子和领导干部应当正确对待和接受组织考核，如实汇报工作和思想，客观反映情况。

对不按照要求参加或者不认真配合考核工作，经教育后仍不改正的，领导班子年度考核结果直接确定为较差等次，领导干部年度考核结果直接确定为不称职等次。

第五十二条　对不按照规定组织开展考核、考核工作失真失实造成严重后果、本地区本部门本单位考核工作中不正之风严重、干部群众反映强烈以及对违反考核工作纪律等行为查处不力的，应当追究党委（党组）及其组织（人事）部门主要负责人和有关领导成员、直接责任人的责任。

第五十三条　对违反本条例的，根据情节轻重，依规依纪给予批评教育、责令检查、通报批评、诫勉、组织调整或者组织处理，涉嫌违纪或者职务违法、职务犯罪的，按照有关纪律和法律法规处理。

第五十四条　党委（党组）、纪检监察机关、组织（人事）部门应当加强对考核工作的监督检查，自觉接受群众和舆论监督，认真受理有关举报、复核、申诉，严肃查处违反考核工作纪律的行为。

十一、附则

第五十五条　本条例对工作部门的规定，同时适用于党委和政府的办事机构、派出机构、特设机构以及其他直属机构。

第五十六条　本条例由中共中央组织部负责解释。

第五十七条　本条例自 2019 年 4 月 7 日起施行。1998 年 5 月 26 日中共中央组织部印发的《党政领导干部考核工作暂行规定》、2009 年 7 月 16 日中共中央组织部印发的《党政领导班子和领导干部年度考核办法（试行）》同时废止。此前发布的有关领导班子和领导干部考核的规定，凡与本条例不一致的，按照本条例执行。

关于职业技能鉴定指导中心更名及调整职业资格证书验印的通知

国粮办发〔2019〕231号

各省、自治区、直辖市及新疆生产建设兵团粮食和物资储备局（粮食局），中国储备粮管理集团有限公司、中粮集团有限公司、中国供销集团有限公司：

根据《国家粮食和物资储备局关于印发部分直属事业单位主要职责内设机构和人员编制规定的通知》（国粮人〔2019〕75号）和《关于行业部门核发职业资格证书有关问题的通知》（劳社培就司〔2003〕92号），决定变更国家局职业技能鉴定指导中心名称，并调整职业资格证书验印。现将有关事项通知如下：

一　国家局职业技能鉴定指导中心更名

"国家粮食局职业技能鉴定指导中心"正式更名为"国家粮食和物资储备局职业技能鉴定指导中心"，启用"国家粮食和物资储备局职业技能鉴定指导中心"印章。

二　调整职业资格证书验印

对《关于印发〈粮食行业特有工种职业技能鉴定规程〉等12项规章制度的通知》（国粮办人〔2006〕45号）中《粮食行业特有工种职业资格证书核发与管理办法》进行调整：一是将证书"发证机关"处加盖的印章由"国家粮食局人事司"改为"国家粮食和物资储备局人事司职业技能鉴定专用章"；二是将职业技能鉴定（指导）中心处加盖的印章由"国家粮食局职业技能鉴定指导中心"改为"国家粮食和物资储备局职业技能鉴定指导中心"。

本通知自印发之日起执行。

附件：启用和停止使用印章样式（略）

国家粮食和物资储备局办公室
2019年7月26日

（此件公开发布）

关于做好粮食行业"双随机"抽查应用系统上线运行相关工作的通知

国粮办执法〔2019〕361 号

各省、自治区、直辖市粮食和物资储备局（粮食局）：

为贯彻落实国务院关于推广随机抽查规范事中事后监管要求，推进简政放权放管结合优化服务，规范粮食行业执法行为，国家粮食和物资储备局组织开发了"粮食行业'双随机'抽查应用系统"（以下简称"双随机"抽查系统），目前已具备上线运行条件。现就做好"双随机"抽查系统上线运行相关工作通知如下：

一　抓紧完成各项基础工作

（一）梳理本部门"双随机"监管事项清单。地方各级粮食和物资储备部门要严格按照国务院关于"县级以上人民政府部门要根据职责和相关法律法规等规章制度梳理本部门监管事项清单"的要求，依照《粮食流通管理条例》、地方储备粮管理相关法规、本部门"三定"规定及部门规章制度，将涉及本部门责权的所有检查事项纳入随机抽查事项清单，并适时对外公布。

（二）制定本部门"双随机"监管工作细则。地方各级粮食和物资储备部门要严格按照国务院"双随机、一公开"监管要求，结合本地本部门工作实际，从强化监管措施、提高监管信息化水平、提升监管效能的角度，认真制定本部门的"双随机"监管工作细则。工作细则要明确"双随机、一公开"检查原则、检查范围、检查程序以及检查结果信息公开等要求。

（三）做好"两库"基础数据录入和维护。地方各级粮食和物资储备部门要抓实抓好检查对象名录库、检查人员名录库相关数据维护工作，实行"动态管理、实时更新"。一是完成首轮检查对象名录库维护工作。按照"谁发证，谁录入"的原则，于 2019 年 12 月底前将本辖区内所有取得粮食收购许可证的粮食流通经营企业，按照系统规范的格式录入检查对象名录库并做好相关数据维护工作。鼓励有条件的地方将粮食经纪人等未取得粮食收购资格的市场主体纳入检查对象名录库。二是完成首轮检查人员名录库维护工作。按照"人事管理权限"对应原则，于 2019 年 12 月底前将本级所有具备行政执法或监督检查资格的人员、专家库人员，录入检查人员名录库中。"第三方机构""其他"两类检查人员根据检查工作实际自行录入。

二　抓紧启动"双随机"抽查系统上线运行

（一）将检查事项纳入"双随机"抽查系统检查范围。各地粮食和物资储备部门要严格按照国务院"将'双随机、一公开'作为市场监管的基本方式和手段，原则上所有行政检查都应通过随机抽查的方式进行"的要求，除特殊重点领域或者涉密事项外，应将本部门所有的行政检查事项纳入"双随机"抽查系统检查范围，并组织开展行政检查。

（二）规范使用"双随机"抽查系统。粮食行业"双随机"抽查系统是落实党中央、国务院在粮食行业开展依法行政、构建法治政府的重要举措。各地粮食和物资储备部门要严格按照党中央、国务院有关文件精神，严格粮食行业"双随机"抽查系统操作程序，切实做到全程留痕。

三　抓紧做好沟通协调工作

（一）抓好统筹协调工作。各地粮食和物资储备部门要高度重视，把实施"双随机、一公开"监管作为当前一项重点工作抓实抓好，充分认识"双随机、一公开"监管是一项系统性、全局性工作，协调好本单位人员力量，主要领导重点抓，分管领导亲自抓，统筹调度，分工配合，确保"双随机"抽查系统规范有序高效运行。

（二）抓紧研提系统对接方案。各地粮食和物资储备部门要组织专门业务力量和信息化方面专家，结合粮食行业"双随机"抽查系统相关功能，认真研究《粮食行业"双随机"抽查应用系统提供数据信息表》（见附件1），全面了解系统能够提供的各类基础数据信息，深入了解本地"双随机"系统平台的开发和使用情况，研究提出国家局与地方有关"双随机"系统对接方案，在切实落实好粮食行业"双随机"监管要求的同时，便捷对接地方政府"双随机"的考核管理。

（三）建立运行维护机制。各地粮食和物资储备部门要建立"双随机"抽查系统运行管理维护机制，加强对各级部门使用"双随机"抽查系统情况的督促指导。省级粮食和物资储备部门要定期收集辖区内系统操作中发现的问题以及意见建议，归类梳理后认真填写粮食行业"双随机"抽查应用系统问题反馈表（见附件2），并及时反馈。

（四）认真填写"双随机"抽查系统调查问卷。摸清省级人民政府、本部门"双随机"监管系统建设情况，认真填写粮食行业"双随机"抽查应用系统应用情况调研问卷（见附件3），并于2019年12月6日前反馈国家粮食和物资储备局执法督查局。

联系人：杨焕成

传　真：010-89061828

附件：1. 粮食行业"双随机"抽查应用系统提供数据信息表（略）
　　　2. 粮食行业"双随机"抽查应用系统问题反馈表（略）
　　　3. 粮食行业"双随机"抽查应用系统应用情况调研问卷

国家粮食和物资储备局办公室

2019年11月28日

（此件公开发布）

附件 3

粮食行业"双随机"抽查应用系统
应用情况调研问卷

填报单位：＿＿＿＿＿＿＿＿＿＿＿＿

联系人：＿＿＿＿＿＿＿＿＿＿　电话：＿＿＿＿＿＿＿＿＿＿

1. 目前使用的"双随机"系统的情况？

在建（选此选项请回答第 2 题）

已建（选此选项请回答第 3 题）

2. 目前在建的"双随机"系统的建设单位是？

省局建设

省政府建设

3. 目前正在使用的"双随机"系统？

省局建设的"粮食行业双随机"系统

政府指定的通用"双随机"系统

国家粮食和物资储备局平台"粮食行业双随机抽查应用系统"

其他

4. 在用系统是否需要与国家粮食和物资储备局开发的"粮食行业双随机抽查应用系统"进行数据交互？

需要，由国家粮食和物资储备局系统提供数据

需要，向国家粮食和物资储备局系统推送数据

无此需求

5. 需要"粮食行业双随机抽查应用系统"提供什么数据？

企业信息　　　　　　　　　　检查人员信息

抽查发起信息　　　　　　　　检查结果信息

其他信息

6. 需要向"粮食行业双随机抽查应用系统"推送什么数据？

企业信息　　　　　　　　　　检查人员信息

抽查发起信息　　　　　　　　检查结果信息

其他信息

7. 您希望与"粮食行业双随机抽查应用系统"通过什么样的方式进行数据交互？

接口　　　　　　　　　　　　文件（导入导出）

其他

8. 您希望与"粮食行业双随机抽查应用系统"进行数据交互的周期？

实时　　　　　　　　　　　　一周

每月　　　　　　　　　　　　其他

关于公布第三批全国粮食行业技能拔尖人才和工作室项目名单的通知

国粮办人〔2019〕398号

各省、自治区、直辖市粮食和物资储备局（粮食局），中国储备粮管理集团有限公司、中粮集团有限公司、中国供销集团有限公司：

根据《全国粮食行业技能拔尖人才选拔使用管理实施办法》，现将第三批全国粮食行业技能拔尖人才和工作室项目名单予以公布。请各有关单位及时通知入选人员及其所在单位，按有关规定落实好各项支持措施，切实加强人才培养工作。

附件：1. 第三批全国粮食行业技能拔尖人才和工作室项目名单
　　　2. 第五届全国粮食行业职业技能竞赛获奖选手确定为全国粮食行业技能拔尖人才名单

国家粮食和物资储备局办公室
2020年1月10日

（此件公开发布）

附件 1

第三批全国粮食行业技能拔尖人才和工作室项目名单

序号	姓名	工作单位	工作室项目名称
1	宋泽伟	山西粮食质量监测中心	粮油检测技术、装备、标准和信息一体化开发与应用
2	陆东升	山西粮油集团屯留储备库有限责任公司	粮食储存期间降低损耗的技术措施
3	徐振斌	吉林省粮油卫生检验监测站	真菌毒素及重金属检测技术研究与技术服务
4	方　治	张家港市粮食购销总公司	绿色储粮新技术推广和应用
5	夏培培	如皋粮食储备库	小麦呕吐毒素含量与安全储藏的关系研究
6	刘益云	浙江省粮食局直属粮油储备库	优粮优储绿色低温储粮集成技术应用研究
7	蒋传福	安徽粮食批发交易市场有限公司现代粮食物流中心库	移动式二氧化碳气调储粮技术与设备研究
8	吴卫东	安徽永成电子机械技术有限公司	粮油智能包装技术研发
9	杨　超	福建省储备粮管理有限公司	高温高湿地区高大平房仓气密性改造不同工艺效果分析
10	杨文俊	江西工业贸易职业技术学院	粮油运输载具应用研发
11	孙学谦	山东西王糖业有限公司	玉米深加工副产物综合利用技术研究
12	高海军	河南省粮油饲料产品质量监督检验中心	我国主要煎炸用油的耐煎炸性及其煎炸过程中产生的有害物控制研究
13	彭　毛	武汉市粮油食品中心检验站	稻田重金属污染治理追踪调查研究
14	洪　玲	湖南省粮油产品质量监测中心	碳纳米复合材料在治理粮食重金属污染的应用研究
15	李松伟	广东省储备粮管理总公司东莞直属库	华南地区大直径筒仓安全储粮技术应用
16	朱启思	广东省粮食科学研究所	基于单光子检测器的粮油真菌毒素广谱快速检测技术研究
17	熊　文	广西壮族自治区柳州粮食储备库有限公司	储粮生物防治实验室
18	于加乾	宜宾市粮油质量监测站	基于物联网的库存粮食质量监测监管方法研究
19	樊丽华	新疆工业经济学校	新疆粮食专业技术技能人才培养方式优化研究
20	张英华	新疆乌鲁木齐北站国家粮食储备库	新疆智能化粮库建设使用

附件2

第五届全国粮食行业职业技能竞赛获奖选手 确定为全国粮食行业技能拔尖人才名单	
姓　名	工作单位
钱立鹏	中粮贸易有限公司
谢金平	山东黄岛国家粮食储备库有限公司
王毓川	青岛第二粮库
袁　飞	东营市粮食储备库
梁严方	蓬莱市粮食和物资储备中心
张帅帅	中央储备粮南京直属库
孔　静	中央储备粮咸宁直属库
吴宗奎	安徽粮食批发交易市场有限公司
周曰春	南京粮食集团
李胜喜	安徽恒裕粮食购销有限责任公司
任伯恩	北京市房山粮油贸易有限公司
王华东	浙江德清国家粮食储备库
代　毓	中央储备粮武汉直属库
沙宽宽	广州市白云区粮食储备公司
李　文	大连华正检验有限公司（中粮北良）
周世龙	中储粮镇江粮油质检中心
徐明雅	杭州市粮油中心检验监测站
冯海涛	中粮贸易河南有限公司
王金亚	湖北中储粮油脂有限公司
李枣枣	湖南粮食集团有限责任公司
陈春丽	湖南粮食集团有限责任公司
伊振国	烟台市粮油储备库
高文宇	中国华粮物流集团北良有限公司
张欢欢	东莞市角美粮食储备库
邸天梅	中央储备粮德州直属库
赵代彬	安徽芜湖惠丰省级粮食储备库
李金平	东营市粮食储备库

公告部分

2019 年第 1 号公告

为优化中央储备棉结构，确保质量良好，2019 年将对部分中央储备棉进行轮换。现将有关事项公告如下：

一、储备棉轮出有关安排

（一）时间。2019 年 5 月 5 日至 2019 年 9 月 30 日期间的国家法定工作日。

（二）数量。总量安排 100 万吨左右。实行均衡投放，原则上每工作日挂牌销售 1 万吨左右。

（三）价格。挂牌销售底价随行就市动态确定，原则上与国内外棉花现货价格挂钩联动，由国内市场棉花现货价格指数和国际市场棉花现货价格指数各按 50% 的权重计算确定，每周调整一次。（具体计算公式见附件）

（四）方式。通过全国棉花交易市场公开竞价挂牌销售。

（五）公证检验。轮出的储备棉由中国纤维质量监测中心组织对质量和重量进行全面公证检验。

二、储备棉轮入有关安排

根据储备棉实际轮出情况和棉花市场供需情况，国家有关部门择机安排轮入。

三、相关规定

（一）为做好中央储备棉轮换工作，中国储备粮管理集团有限公司、全国棉花交易市场和中国纤维质量监测中心将制定储备棉出入库、竞价交易、公证检验等方面的实施细则，并通过各自官网和全国棉花交易市场网站（www.cnce.com）对外公布。

（二）在中央储备棉轮换过程中，如国内外棉花市场发生重大变化，根据市场调控等需要，国家粮食和物资储备局将会同国家发展改革委、财政部对轮换安排做必要调整，届时另行公布。

特此公告。

附件：中央储备棉轮出销售底价计算公式

国家粮食和物资储备局　财政部

2019 年 4 月 19 日

（此件公开发布）

附件

中央储备棉轮出销售底价计算公式

中央储备棉轮出销售底价每周调整确定一次，具体计算公式如下：

本周储备棉轮出销售底价（折标准级 3128B）＝上一周国内市场棉花现货价格指数算术平均值 × 权重 50%+ 上一周国际市场棉花现货价格指数算术平均值 × 权重 50%

其中：1. 国内市场棉花现货价格指数 =[中国棉花价格指数（3128B 品种）＋国家棉花价格指数（3128B 品种）]÷2 ；

2. 国际市场棉花现货价格指数 = 考特鲁克 A 指数（折美元 / 吨）× 汇率 ×（1+ 关税 1%）×（1+ 增值税 9%）；

3. 汇率参照海关征税方式，采用上一个月第三个星期三（如逢法定节假日，则顺延采用第四个星期三）中国人民银行公布的外币对人民币的基准汇率。

质量等级差价按照中国棉花协会公布的棉花质量差价表执行。

2019 年第 2 号公告

　　为认真贯彻落实党中央、国务院关于改革完善体制机制、加强粮食储备安全管理相关精神，加快推进"放管服"改革，经研究，暂停受理中央储备粮代储资格相关申请；后续事宜，根据改革情况另行公布。

　　特此公告。

国家粮食和物资储备局

2019 年 9 月 28 日

（此件公开发布）

2019 年第 3 号公告

为加强中央储备棉管理，进一步优化储备结构、提高储备质量，决定轮入部分新疆棉。现就有关事项公告如下：

一、轮入时间

2019 年 12 月 2 日至 2020 年 3 月 31 日的国家法定工作日。

二、数量安排

总量 50 万吨左右，每日挂牌竞买 7000 吨左右。

三、轮入方式

轮入工作由中国储备粮管理集团有限公司（以下简称"中储粮集团公司"）具体实施，通过全国棉花交易市场公开竞价交易。

四、轮入价格

轮入竞买最高限价（到库价格）随行就市动态确定，原则上与国内棉花现货价格挂钩联动并上浮一定比例，每周调整一次。轮入期间，当内外棉价差连续 3 个工作日超过 800 元 / 吨时，暂停交易；当内外棉价差回落到 800 元 / 吨以内时，重新启动交易。由中储粮集团公司会同全国棉花交易市场统一公布轮入竞买最高限价和内外棉价差数据。（具体计算公式见附件）

五、质量要求

轮入的棉花为 2019/2020 年度生产加工且已纳入新疆棉花专业监管的锯齿细绒棉，要求每批颜色级白棉 1 级、2 级、3 级，长度级 28mm 及以上，马克隆值级 B 级及以上，断裂比强度中等及以上，具体质量要求由中储粮集团公司另行公布。棉花包装应采用棉布外捆扎，且符合棉花包装国家标准（GB6975—2013）。

六、相关规定

1. 新疆棉送到储备库点后，由中国纤维质量监测中心组织开展公证检验，采取现场扦样、100% 检验（即包包检）方式，出具品质和重量检验证书。公检结果不符合入储要求的不得作为中央储备棉入储。

2. 中储粮集团公司会同全国棉花交易市场、中国纤维质量监测中心制定储备棉轮入、竞价交易、公证检验等方面的实施细则并对外公布。

3. 在新疆棉轮入过程中，如国内外棉花市场发生重大变化，根据市场调控等需要，国家粮食和物资储备局将会同有关部门对轮入安排做必要调整。

特此公告。

附件：中央储备棉轮入价格等计算公式

国家粮食和物资储备局　财政部

2019 年 11 月 14 日

（此件公开发布）

附件

中央储备棉轮入价格等计算公式

1. 本周储备棉轮入竞买最高限价（折标准级 3128B）＝上一周国内市场棉花现货价格指数算术平均值 ×（1+2%）。

其中，国内市场棉花现货价格指数 ＝ [中国棉花价格指数（3128B 品种）＋ 国家棉花价格指数（3128B 品种）] ÷ 2。

质量等级差价按照中国棉花协会公布的棉花质量差价表执行。

2. 内外棉价差 ＝ 国内市场棉花现货价格指数 – 国际市场棉花现货价格指数。

其中，国际市场棉花现货价格指数 ＝ 考特鲁克 A 指数（折美元 / 吨）× 汇率 ×（1+ 关税 1%）×（1+ 增值税 9%）。

汇率参照海关征税方式，采用上一个月第三个星期三（如逢法定节假日，则顺延采用第四个星期三）中国人民银行公布的外币对人民币的基准汇率。

通告部分

国粮通〔2019〕1号

根据《中华人民共和国标准化法》规定，现发布《杜仲籽》等 4 项推荐性行业标准，其编号和名称如下：

LS/T 3117—2019《杜仲籽》

LS/T 3118—2019《元宝枫籽》

LS/T 3316—2019《元宝枫籽饼粕》

LS/T 3317—2019《亚麻籽饼粕》

以上行业标准自 2019 年 9 月 3 日起实施。

特此通告。

国家粮食和物资储备局

2019 年 3 月 3 日

（此件公开发布）

国粮通〔2019〕2 号

国家粮食和物资储备局批准《早籼米加工精度标准样品》等 19 项行业标准样品（见附件），现予以公布。

特此通告。

附件：1. 2019 年粮食标准样品目录
　　　2. 2019 年粮食标准样品行业标准研制单位
　　　3. 2019 年粮食标准样品制作单位联系方式

国家粮食和物资储备局
2019 年 4 月 8 日

（此件公开发布）

附件 1

2019 年粮食标准样品目录

序号	标准样品名称		标准号	特征描述及参考值	研制单位	适用标准	有效期
1	早籼米加工精度标准样品	精碾	LS/T 15121.1—2019	精碾：背沟基本无皮或有皮不成线，米胚和粒面皮层去净的占 80%~90%；或留皮度在 2.0% 以下。 适碾：背沟有皮，粒面皮层残留不超过 1/5 的占 75%~85%，其中粳米、优质粳米中有胚的米粒在 20% 以下；或留皮度为 2.0%~7.0%。	宜兴市粮油集团大米有限公司	GB/T 1354—2018	1 年
2		适碾	LS/T 15121.2—2019				1 年
3	晚籼米加工精度标准样品	精碾	LS/T 15122.1—2019				1 年
4		适碾	LS/T 15122.2—2019				1 年
5	粳米加工精度标准样品	精碾	LS/T 15123.1—2019		苏州市绿世纪粮油有限公司		1 年
6		适碾	LS/T 15123.2—2019				1 年
7	南方小麦粉加工精度标准样品	特制一等	LS/T 15111.1—2019	麸星含量：1.45 ± 0.32， L^*：92.45 ± 0.15， a^*：−1.02 ± 0.03，b^*：7.78 ± 0.35	丹阳市同乐面粉有限公司	GB 1355—1986	1 年
8		特制二等	LS/T 15111.2—2019	麸星含量：1.70 ± 0.25， L^*：92.11 ± 0.14， a^*：−0.97 ± 0.06， b^*：7.83 ± 0.35			1 年
9		标准粉	LS/T 15111.3—2019	麸星含量：2.96 ± 0.27， L^*：91.43 ± 0.14， a^*：−0.89 ± 0.03， b^*：8.22 ± 0.40			1 年
10	北方小麦粉加工精度标准样品	特制一等	LS/T 15112.1—2019	麸星含量：1.33 ± 0.21， L^*：92.14 ± 0.10， a^*：−1.02 ± 0.03， b^*：8.50 ± 0.43	丹阳市同乐面粉有限公司	GB 1355—1986	1 年
11		特制二等	LS/T 15112.2—2019	麸星含量：1.92 ± 0.24， L^*：91.61 ± 0.16， a^*：−0.94 ± 0.03， b^*：8.62 ± 0.27			1 年
12		标准粉	LS/T 15112.3—2019	麸星含量：3.50 ± 0.37， L^*：90.41 ± 0.17， a^*：−0.78 ± 0.04， b^*：9.30 ± 0.23			1 年

续表

2019 年粮食标准样品目录

序号	标准样品名称	标准号	特征描述及参考值	研制单位	适用标准	有效期
13	小麦硬度指数标准样品	LS/T 1531—2019	小麦硬度指数：硬麦 67.5%±1.5%；软麦 36.8%±2.7%	河南工业大学	GB/T 21304—2007	3 年
14	籼稻整精米率标准样品	LS/T 15321—2019	籼稻整精米率：46.3，不确定度：1.50	湖北国家粮食质量监测中心	GB/T 21719—2008	1 年
15	粳稻整精米率标准样品	LS/T 15322—2019	粳稻整精米率：72.5，不确定度：0.27	辽宁国家粮食质量监测中心	GB/T 21719—2008	1 年
16	大米颜色黄度指数标准样品	LS/T 1533—2019	籼米：Ym=51.72±0.83；粳米：Ym=55.93±0.78	湖北国家粮食质量监测中心	GB/T 24302—2009	1 年
17	粳米品尝评分参考样品	LS/T 1534—2019	综合评分 78 分，不确定度：±2 其中：气味 16 分；颜色 6 分；光泽度 6 分；完整性 4 分；粘性 7 分；弹性 7 分；硬度 8 分；滋味 21 分；冷饭质地 3 分。	国家粮食和物资储备局科学研究院	GB/T 15682—2008	1 年
18	籼米品尝评分参考样品	LS/T 1535—2019	综合评分 79 分，不确定度：±1 其中：气味 16 分；颜色 6 分；光泽度 6 分；完整性 4 分；粘性 7 分；弹性 8 分；硬度 8 分；滋味 21 分；冷饭质地 3 分。	国家粮食和物资储备局科学研究院	GB/T 15682—2008	1 年
19	小麦储存品质品尝评分参考样品	LS/T 15211—2019	综合评分 75 分，不确定度 ±2.0 分；比容 15 分，不确定度 ±0.0 分；表面色泽 12 分，不确定度 ±0.0 分；弹性 7 分，不确定度 ±0.9 分；气味 13 分，不确定度 ±0.5 分；食味 14 分，不确定度 ±0.7 分；韧性 7 分，不确定度 ±0.5 分；粘性 7 分，不确定度 ±0.4 分。	河北国家粮食质量监测中心、国家粮食和物资储备局科学研究院、河北永安国家粮食储备库有限公司	GB/T 20571—2006	2 年

注：小麦粉加工精度标准样品特征参考值按照 GB/T 27628—2011 的要求，采用小麦粉加工精度测定仪测定。

附件 2

2019 年粮食标准样品行业标准研制单位

大米加工精度标准样品研制单位：

吉林国家粮食质量监测中心　颜庭辉　吴岩　石家源　李伟航

安徽国家粮食质量监测中心　胡斌　王新文　张黎利　张娅娣

江苏国家粮食质量监测中心　刘珊珊　王怡　郝才庆　莫晓嵩

宜兴市粮油集团大米有限公司　黄道德　周宏亮

苏州市绿世纪粮油有限公司　夏正萍　胡祎

小麦粉加工精度标准样品研制单位：

江苏国家粮食质量监测中心　张祎　周广斌　贾继荣　郝才庆

丹阳市同乐面粉有限公司　张燕萍　洪芸

无锡穗邦科技有限公司　唐道心　赵烽　唐道五　唐晏如　张惠斌

小麦硬度指数标准样品研制单位：

河南工业大学　赵仁勇　刘超　王艳艳　娄海伟

稻谷整精米率标准样品研制单位：

辽宁国家粮食质量监测中心　郁伟　闵国春　季宏波　范艺凡

湖北国家粮食质量监测中心　熊宁　刘坚　倪姗姗　陈轲　王枭鹏　吴莉莉

大米颜色黄度指数标准样品研制单位：

湖北国家粮食质量监测中心　熊宁　刘利　田国军　孙婷琳

粳米品尝评分参考样品研制单位：

国家粮食和物资储备局科学研究院　孙辉　段晓亮　洪宇

籼米品尝评分参考样品研制单位：

国家粮食和物资储备局科学研究院　孙辉　段晓亮　洪宇

小麦储存品质品尝评分参考样品研制单位：

河北国家粮食质量监测中心　肖立荣　檀军锋　王磊　邢现虎

国家粮食和物资储备局科学研究院　孙辉　洪宇

河北永安国家粮食储备库有限公司　赵秀荣　魏树元

附件3

2019 年粮食标准样品制作单位联系方式

标准（参考）样品	销售单位	联系人	电话	地址	邮编
早籼米和晚籼米加工精度标准样品（精碾、适碾）	宜兴市粮油集团大米有限公司	吴俊	0510-87934391，18921378543 0510-87904410（传真）	江苏省宜兴市宜城街道宝鸡路 18 号	214207
粳米加工精度标准样品（精碾、适碾）	苏州市绿世纪粮油有限公司	夏正萍	0512-63369988，13771666588 0512-63369678（传真）	江苏省吴江市八坼粮管所运东仓库	215222
南方小麦粉加工精度标准样品（特制一、特制二和标准粉）	丹阳市同乐面粉有限公司	吴菲菲	0511-86476191，18906708912 0511-86477325（传真）	江苏省丹阳市吕城镇粮食巷 28 号	212351
北方小麦粉加工精度标准样品（特制一、特制二和标准粉）	丹阳市同乐面粉有限公司	吴菲菲	0511-86476191，18906708912 0511-86477325（传真）	江苏省丹阳市吕城镇粮食巷 28 号	212351
小麦硬度指数标准样品	河南翔良仓储设备有限公司	崔运祥	0371-60273901，13703925847	河南省郑州市高新区莲花街	450001
籼稻整精米率标准样品	湖北省粮油食品质量监督检测中心	毛红霞	027-88873413，027-88873413（传真）	湖北省武汉市东湖新技术开发区高新大道 888 号	430014
粳稻整精米率标准样品	本溪国家粮油质量监测站	李明明	024-43103866，19904149539，024-43103862（传真）	辽宁省本溪市明山区卧龙小区东和路 15 号	117000
大米颜色黄度指数标准样品	湖北省粮油食品质量监督检测中心	毛红霞	027-88873413，027-88873413（传真）	湖北省武汉市东湖新技术开发区高新大道 888 号	430014
粳米、籼米品尝评分参考样品	国家粮食和物资储备局科学研究院	商博	13161202249	北京市大兴区永旺路 23 号	102629
小麦储存品质品尝评分参考样品	河北永安国家粮食储备库有限公司	赵秀荣 魏树元	15931068835，13933183753	河北省石家庄市藁城区永安路 18 号	052160
	河北国家粮食质量监测中心	杨翔娣	0311-85809365	河北省石家庄市体育南大街 227 号	050021

国粮通〔2019〕3 号

根据《中华人民共和国标准化法》规定，现发布《油茶籽》等 14 项推荐性行业标准，其编号和名称如下：

LS/T 3119—2019《油茶籽》

LS/T 3120—2019《油用牡丹籽》

LS/T 3121—2019《油用核桃》

LS/T 3122—2019《盐肤木果籽》

LS/T 3123—2019《橡胶籽》

LS/T 3124—2019《盐地碱蓬籽》

LS/T 3260—2019《燕麦米》

LS/T 3261—2019《盐肤木果油》

LS/T 3262—2019《食用橡胶籽油》

LS/T 3263—2019《盐地碱蓬籽油》

LS/T 3264—2019《美藤果油》

LS/T 3265—2019《文冠果油》

LS/T 3318—2019《橡胶籽饼粕》

LS/T 6136—2019《粮油检测　大米中锰、铜、锌、铷、锶、镉、铅的测定　快速提取——电感耦合等离子体质谱法》

以上行业标准自 2019 年 12 月 6 日起实施。

特此通告。

国家粮食和物资储备局

2019 年 6 月 6 日

（此件公开发布）

附　录

2019 年大事记

一月

1 月 17 日至 18 日，全国粮食和物资储备工作会议在北京召开。会议以习近平新时代中国特色社会主义思想为指导，深入贯彻中央经济工作会议、中央农村工作会议精神，认真落实全国发展和改革工作会议部署，总结工作、研判形势，部署 2019 年粮食流通和物资储备工作。会议认真传达贯彻了国务院李克强总理、韩正副总理、国家发展和改革委员会何立峰主任的重要批示。国家发展和改革委员会党组成员、副主任张勇出席会议并讲话，张务锋同志作工作报告，曾丽瑛同志做会议总结，卢景波、黄炜、韩卫江、梁彦、何毅、宋红旭同志出席会议。

1 月 18 日至 19 日，国家粮食和物资储备局垂直管理局 2018 年度集中述职述廉评议会议在北京召开。各垂直管理局主要负责同志代表本局党组，围绕深化改革、转型发展和确保安全稳定廉政工作进行述职述廉。张务锋、曾丽瑛、卢景波、黄炜、韩卫江、梁彦同志出席，驻国家发展和改革委员会纪检监察组有关负责同志出席会议指导。

1 月 20 日，国家粮食安全政策专家咨询委员会 2019 年全体委员会议在北京召开。会议深入贯彻习近平新时代中国特色社会主义思想和党的十九大精神，认真贯彻落实中央经济工作会议、中央农村工作会议精神及全国粮食和物资储备工作会议要求，全面总结专家咨询委员会 2018 年工作成效，研究部署 2019 年工作重点，同时围绕国际国内新形势下保障国家粮食安全开展专题咨询。专家咨询委员会顾问陈锡文出席，委员会主任委员张晓强作工作报告，委员会副主任委员赵中权主持会议。张务锋、卢景波、黄炜、韩卫江、何毅同志和 20 余名专家委员出席。

1 月 25 日至 27 日，张务锋、卢景波、黄炜、韩卫江、何毅同志分别带队赴河北、江西、重庆、北京、河南等地开展安全生产督导调研，并看望慰问粮食和物资储备系统困难职工。

1 月 29 日，国家粮食和物资储备局召开 2018 年度工作总结表彰大会。张务锋同志代表局党组讲话，曾丽瑛同志主持会议，卢景波、黄炜、韩卫江、梁彦、何毅、宋红旭同志出席会议。

1 月 30 日，国家发展和改革委员会、农业农村部、国家粮食和物资储备局等 11 个部门联合印发《关于认真落实 2019 年度粮食安全省长责任制的通知》，要求各地切实推动落实 2019 年度粮食安全省长责任制重点工作任务。

二月

2 月 13 日，国家粮食和物资储备局党组召开新任司处级干部集体谈话会，认真传达学习习近平总书记在中央政治局第十次集体学习时的重要讲话精神，对新任司处级干部提出要求和希望。张务锋同志出席会议并讲话，曾丽瑛同志主持会议。

2 月 13 日，国家粮食和物资储备局举行新组建后首次司处级工作人员宪法宣誓仪式。张务锋同志监督，曾丽瑛同志主持，黄炜、韩卫江、梁彦、何毅同志出席，160 余名司处级干部参加宣誓。

2 月 21 日至 3 月 1 日，韩卫江同志率团出访智利、阿根廷。代表团先后与智利农业部、阿根廷农业产业部进行会谈，与我国驻阿根廷大使和中粮国际南锥体（巴西、阿根廷、乌拉圭）公司进行座谈，调研智利、阿根廷当地粮油市场。在智利首都圣地亚哥参加亚太经合组织（APEC）粮食安全政策伙伴关系（PPFS）2019 年第一次全体会议以及 PPFS 与 OFWG（海洋和渔业工作组）联合会议。

2 月 25 日，国家发展和改革委员会会同国家粮食和物资储备局等五部门共同发布《关于公布 2019 年稻谷最低收购价格的通知》，明确 2019 年生产的早籼稻（三等）、中晚籼稻和粳稻最低收购价格分别为 50 公斤 120 元、126 元和 130 元，保持 2018 年水平不变。

2 月 25 日，张务锋同志会见新疆维吾尔自治区党委常委、自治区副主席艾尔肯·吐尼亚孜一行，就深入贯彻落实党中央治疆方略，统筹推进新疆粮食和物资储备工作进行座谈会商。曾丽瑛、黄炜、梁彦、何毅同志参加。

2 月 26 日，国家粮食和物资储备局召开局党组理论学习中心组集体学习，认真传达学习习近平总书记在省部级主要领导干部专题研讨班开班式上的重要讲话、在中央政法工作会议上的重要讲话精神和《中共中央关于加强党的政治建设的意见》《中国共产党重大事项请示报告条例》，并围绕"聚焦国家储备安全核心职能，切实增强防范化解重大风险能力"主题，深入开展学习研讨。张务锋同志主持并作总结发言，局党组理论学习中心组成员参加，驻国家发展和改革委员会纪检监察组有关负责同志出席会议指导。

2 月 27 日，中共中央政治局常委、国务院副总理韩正同志出席全国政策性粮食库存数量和质量大清查动员电视电话会议并作重要讲话，对做好大清查工作做出全面安排部署，提出具体要求。国家发展和改革委员会党组书记、主任何立峰同志通报全国大清查试点情况并部署大清查具体工作，黑龙江、湖北、广东、陕西省有关负责人在分会场作了发言。全国政策性粮食库存数量和质量大清查部际协调机制成员单位、有关部门单位和企业负责人在主会场参加会议，地方各级政府及有关部门单位负责人在分会场参加会议。

2 月 27 日，张务锋同志到 12325 全国粮食流通监管热线话务中心和大清查办公室看望慰问工作人员，围绕落实全国政策性粮食库存数量和质量大清查动员电视电话会议精神，强化统筹协调，畅通监督渠道，推动任务落实，进行调研督导。卢景波同志、中国联通集团副总经理范云军参加相关活动。

三月

3 月 7 日，国家粮食和物资储备局"巾帼建功"先进集体和个人表彰会在北京召开，张务锋、曾丽瑛、梁彦同志出席。

3 月 17 日至 19 日，国家粮食和物资储备局在陕西西安举办 2019 年储备仓库作业安全培训班。梁彦同志出席开班式并讲话。16 个垂管局分管安全的负责同志和物资管理处、安全保卫处负责同志，以及有关储备仓库负责同志参加培训。

3 月 27 日，卢景波同志会见法国粮食出口协会新任主席菲利普·贺赛尔先生一行。双方表示，在现有良好合作的基础上，继续深化在粮食流通、粮食信息交换、粮食科学研究等方面的务实交流与合作。

四月

4月1日，国家粮食和物资储备局召开直属机关工会第一次会员代表大会暨第一次妇女代表大会。会议选举产生了局直属机关工会第一届委员会、经费审查委员会和妇女委员会，选举产生了工会主席、副主席，经费审查委员会主任、妇女委员会主任。张务锋同志出席开幕式，曾丽瑛同志讲话，国家发展和改革委员会直属机关党委负责同志出席开幕式并致辞。局机关100余名工会会员代表和50余名妇女代表参加大会。

4月14日至21日，曾丽瑛同志率团出访瑞士、葡萄牙。代表团先后访问瑞士布勒集团和葡萄牙国家农牧研究院，实地调研瑞士布勒集团总部、创新中心、应用中心、食品加工厂。在瑞士期间，赴中粮国际控股有限公司调研考察，听取工作情况汇报。

4月16日，全国政策性粮食库存数量和质量大清查部际协调机制第二次会议在国家发展和改革委员会召开。会议通报了各地区各有关部门认真贯彻落实韩正副总理重要讲话和批示精神采取的措施、取得的成效，分析研判当前大清查工作的突出问题，研究部署了下一步重点任务。部际协调机制召集人，国家发展和改革委员会副主任张勇出席会议并讲话，张务锋同志主持会议。

4月17日至20日，张务锋同志带队，代表全国政策性粮食库存数量和质量大清查部际协调机制，实地督导巡查黑龙江、辽宁两省大清查工作，卢景波同志参加督导巡查。张务锋一行察看了部分储备库点，详细询问政策性粮食库存制度规范、安全管理和清查进展、发现问题及整改情况；听取两省大清查工作进展情况汇报，并提出希望要求。

4月28日，应急管理部、国家粮食和物资储备局共同召开中央防汛抗旱物资储备管理座谈会。会议通报了有关中央防汛抗旱物资储备管理职责交接情况，部署安排了下一步中央防汛抗旱物资储备管理工作。应急管理部党组成员、副部长郑国光出席，张务锋同志主持会议并讲话，梁彦同志出席。

五月

5月7日，全国政策性粮食库存数量和质量大清查调度督导电视会议在北京召开。会议认真传达贯彻了国务院领导同志重要批示精神以及部际协调机制第二次会议精神。张务锋同志出席会议并讲话，曾丽瑛同志主持会议，卢景波同志通报大清查工作进展情况和普查工作应重点关注的问题，韩卫江、梁彦、何毅、宋红旭同志参加会议。

5月9日，"牢记初心使命 推动改革发展"国家粮食和物资储备局机关青年干部演讲比赛在北京举行，张务锋、曾丽瑛、卢景波、黄炜、韩卫江同志出席。

5月13日至15日，全国夏季粮油收购工作会议在湖北武汉召开，分析研判今年夏季粮油生产、收购形势和价格走势，安排部署收购工作。卢景波同志出席会议，之后出席夏粮收购新闻发布会。

5月16日，国家粮食和物资储备局召开全系统党风廉政建设工作会议，深入贯彻落实中纪委三次全会和国务院第二次廉政会议精神，交流工作经验，分析研判当前全系统党风廉政建设工作形势，部署反腐倡廉各项任务。张务锋同志与各司局单位党组织书记签订党风廉政责任书并讲话。曾丽瑛同志主持会议，梁彦、何毅同志出席，驻国家发展和改革委员会委纪检监察组有关负责同志到会指导。

5月21日，国家粮食和物资储备局与江苏省人民政府在南京签署战略合作协议，张务锋同志与江苏省委常务、常务副省长樊金龙代表双方签约并讲话，黄炜同志出席。

5月21日，2019年全国粮食科技活动周在江苏南京举行，此次粮食科技活动周主题为"科技人才共支撑、兴粮兴储保安全"。张务锋同志与江苏省委常务、常务副省长樊金龙出席启动仪式并致辞，黄炜同志主持启动仪式。

5月21日，全国粮食和物资储备系统科技和人才工作座谈会在江苏南京召开。会议认真落实习近平新时代中国特色社会主义思想，深入贯彻科教兴国和人才强国战略，交流经验，创新举措，推动科技人才兴粮兴储。张务锋同志出席会议并讲话，黄炜同志主持会议并通报情况。

5月23日，张务锋同志带队，农业农村部、水利部、国家粮食和物资储备局等部门相关人员组成联合工作组，赴江西省对2018年度落实粮食安全省长责任制情况进行考核抽查，并对政策性粮食库存数量和质量大清查工作开展督导巡查。江西省委副书记、省长易炼红会见工作组成员，副省长吴晓军出席见面会。

5月25日，张务锋同志带队到江西省于都县，就认真学习贯彻习近平总书记视察于都重要指示精神，做好对口支援工作进行调研。

5月30日，国家粮食和物资储备局召开直属机关第一次党员代表大会，深入学习贯彻习近平新时代中国特色社会主义思想，认真落实新时代党的建设总要求和新时代党的组织路线，全面总结党的十八大以来机关党的建设和党风廉政建设工作，研究确定下一步党建工作任务目标。张务锋同志出席大会开幕式并作讲话，卢景波、黄炜、韩卫江同志，国家发展和改革委员会直属机关党委、驻委纪检监察组有关负责同志出席开幕式，曾丽瑛同志作党的十八大以来机关党的建设情况报告并致闭幕词。

六月

6月2日至3日，国家粮食和物资储备局2019年离退休干部工作会议在山东青岛召开，曾丽瑛同志出席会议并调研。

6月4日，国家粮食和物资储备局召开"不忘初心、牢记使命"主题教育动员部署电视电话会，深入学习贯彻习近平总书记重要讲话和主题教育工作会议精神，认真落实党中央决策部署和要求，对全局全系统主题教育进行动员安排。中央第二十指导组组长姜大明出席并讲话。张务锋同志出席并作动员讲话，曾丽瑛同志主持会议，卢景波、黄炜、梁彦、宋红旭同志出席，驻委纪检监察组有关负责同志应邀出席会议。

6月5日，张务锋同志主持召开国家储备安全警示教育暨推进安全综合整治提升三年行动计划视频会议，梁彦同志出席。

6月14日，国家粮食和物资储备局与中储粮集团公司召开中央事权粮食政策执行和中央储备粮棉管理情况2018年度考核动员部署视频会议，正式启动年度考核工作。张务锋、卢景波同志出席，中储粮集团公司董事长邓亦武同志出席。

6月17日至18日，张务锋同志出席第十五届粮食产销协作福建洽谈会并讲话，出席第六届世界闽商大会、第十七届中国·海峡项目成果交易会开幕式，并调研福建省粮食和物资储备改革发展情况，曾丽瑛同志一同参加。

6月19日至20日，全国加快推进粮食产业经济发展第三次现场经验交流会在河南召开。会议认真传达学习了习近平总书记在参加河南代表团审议时的重要讲话和李克强总理的重要批示精神，总结交流经验，对加快推进粮食产业高质量发展建设粮食产业强国做出部署。河南省副省长武国定出席会议并致辞，张务锋同志出席会议并讲话，卢景波、韩卫江同志出席会议。

6月20日，国家粮食和物资储备局与联合国世界粮食计划署（WFP）在河南省郑州市签署关于南南合作的谅解备忘录。张务锋、卢景波同志出席。

6月21日，国家粮食和物资储备局与河南省人民政府在郑州签署加快推动粮食产业高质量发展确保国家粮食安全战略合作协议。河南省委副书记、省长陈润儿，张务锋同志出席签约仪式并见证签约；卢景波同志与河南省人民政府副省长武国定代表双方签约；黄炜、韩卫江同志出席签约仪式。

6月21日，第二届中国粮食交易大会在郑州开幕。河南省委书记、省人大常委会主任王国生，河南省委副书记、省长陈润儿，张务锋同志出席开幕式，共同为交易大会启动开幕。

6月22日，国家粮食和物资储备局与河南省人民政府在郑州组织召开"河南粮食产业高质量发展专家论证会"，张务锋、卢景波、黄炜同志，河南省委副书记喻红秋、省政府副省长武国定出席论证会。

6月26日，国家粮食和物资储备局与内蒙古自治区人民政府在内蒙古呼和浩特共同举办"2019年全国食品安全宣传周·粮食质量安全宣传日"主会场活动，黄炜同志出席。

6月26日，国家粮食和物资储备局举办"不忘初心、牢记使命"主题教育专题报告会，邀请全国政协委员、中央党校（国家行政学院）马克思主义学院院长张占斌作"不忘初心、牢记使命——中国道路成功的内在逻辑"专题辅导报告。曾丽瑛同志主持报告会并作总结讲话，卢景波、韩卫江、梁彦同志参加报告会。

七月

7月3日至10日，卢景波同志率团出访乌克兰、土耳其。代表团访问乌克兰农业部和国家储备局，就两国粮食生产和流通、储备管理等情况进行沟通交流，与乌克兰农业部达成签署谅解备忘录初步意向。与土耳其农业和林业部、国家粮食委员会进行会谈，就两国粮食生产和流通情况进行交流，共同探讨两国粮食领域交流合作可行性和相关项目情况。

7月11日，国家粮食和物资储备局举行"不忘初心、牢记使命"主题教育专题党课报告会。张务锋同志以"认真贯彻落实习近平总书记重要论述，坚决扛稳国家粮食安全重任，加快建设粮食产业强国"为题，为全局全系统党员干部讲专题党课。中央主题教育第二十指导组副组长杨志今、驻委纪检监察组负责同志应邀出席指导。曾丽瑛同志主持报告会，卢景波、黄炜、韩卫江、梁彦同志参加。

7月12日上午，张务锋同志会见了湖北省委常委、常务副省长黄楚平一行，就深入贯彻习近平总书记视察湖北重要讲话精神，共同推进粮食产业高质量发展等工作进行了座谈会商。曾丽瑛、黄炜、韩卫江、梁彦同志参加座谈会。

7月17日至20日，张务锋同志带队赴陕西省开展调研，期间与陕西省委副书记、省长刘国中就加快粮食安全保障立法、推动粮食产业高质量发展、加强"一带一路"粮食国际合作等进行认真会商交流。黄炜同志参加调研。

7月24日，国家粮食和物资储备局召开"牢记初心使命，增强政治定力"青年理论学习小组主题研讨交流会，深入推进"不忘初心、牢记使命"主题教育，激励青年干部学深悟透、担当作为。张务锋同志出席，曾丽瑛同志主持并代表局党组讲话，黄炜、韩卫江、梁彦、宋红旭同志出席，局机关青年干部80余人参加。

7月30日，国家粮食和物资储备局召开"不忘初心、牢记使命"主题教育重点调研成果交流会。中央主题教育第二十指导组副组长杨志今带队出席会议并指导。张务锋同志主持会议，曾丽瑛、卢景波、黄炜、韩卫江、梁彦、宋红旭同志出席会议。驻国家发展和改革委员会纪检监察组有关负责同志出席，各司局单位主要负责同志列席。

八月

8月2日，全国粮食和物资储备系统半年工作视频会暨垂管局长座谈会在北京召开。主要任务是以习近平新时代中国特色社会主义思想为指导，研判形势，部署任务，聚焦国家储备核心职能，突出"深化改革、转型发展"年度主题，坚守安全稳定廉政"三条底线"，不断提高国家粮食安全和战略应急物资储备安全保障能力。张务锋同志出席会议并讲话，曾丽瑛、卢景波、黄炜、韩卫江、梁彦、宋红旭同志出席会议。

8月23日，张务锋同志主持召开局党组"不忘初心、牢记使命"专题民主生活会，曾丽瑛、卢景波、黄炜、韩卫江、梁彦同志出席会议。

8月28日，全国人大常委会委员、全国人大财经委委员、全国人大常委会预算工委副主任朱明春带队到国家粮食和物资储备局调研储备类国有资产管理情况。张务锋同志主持调研汇报会，卢景波、梁彦同志，财政部资产管理司有关负责同志出席。

8月29日，国家粮食和物资储备局召开"不忘初心、牢记使命"主题教育总结大会，深入学习贯彻习近平总书记重要指示讲话，认真总结国家粮食和物资储备局机关和全系统主题教育开展情况，安排部署深化整改落实、巩固拓展主题教育成果各项工作。中央第二十指导组副组长杨志今同志出席会议并讲话，张务锋同志作总结讲话，曾丽瑛同志主持会议，卢景波同志通报了国家粮食和物资储备局党组专题民主生活会情况，黄炜同志通报了专项整治进展成效，韩卫江、梁彦、宋红旭同志，驻国家发展和改革委员会纪检监察组有关负责同志出席。

九月

9月1日至11日，张务锋同志率代表团访问非盟、埃及、埃塞俄比亚、南非。代表团先后访问埃及供应和内贸部、非盟总部、埃塞俄比亚农业部、WFP南部非洲局；拜访了中国驻非盟使团，驻埃及、埃塞俄比亚、南非大使馆，并与使团团长、驻外大使广泛深入地交换意见；与非盟总部签署粮食领域合作的谅解备忘录。实地考察调研了WFP卢克索小农户发展示范项目、丰尚集团埃及基地等。

9月5日，国家粮食和物资储备局第一届离退休干部运动会开幕，曾丽瑛同志出席开幕式并致辞。

9月9日至10日，国家粮食和物资储备局召开第一轮巡视工作动员部署会，举办巡视干部专题培训班，深入学习贯彻习近平新时代中国特色社会主义思想，认真贯彻党中央关于巡视工作的决策部署，落实全国巡视工作会议和十九届中央第四轮巡视动员部署会精神。受张务锋同志委托，曾丽瑛同志出席开班式并作动员讲话。驻国家发展和改革委员会纪检监察组有关负责同志出席，100余名专业干部参加会议和培训。

9月17日至25日，梁彦同志率团出访法国、墨西哥。代表团与法国粮食出口协会，墨西哥外交部、农业和农村发展部，以及国际能源署，就粮食流通、仓储管理、信息共享、能源储备等方面进行座谈交流。

9月20日至21日，全国秋粮收购工作会议在湖南长沙召开，传达贯彻秋粮收购有关政策和文件精神，分析研判当年秋粮生产、收购形势和价格走势，安排部署收购工作。卢景波同志出席会议并讲话。

9月23日至24日，全国粮食和物资储备系统"牢记初心使命 推动改革发展"主题教育演讲比赛决赛暨知识竞赛颁奖仪式在北京举行。张务锋、曾丽瑛、韩卫江同志出席。

9月27日，张务锋同志带队，到北京市调研国庆节粮油市场供应保障工作。张务锋到北京市通州万达永辉超市，详细了解各种品牌米面油的采购、销售和价格等情况，听取了北京市粮油市场供应情况汇报，并提出要求。卢景波同志和北京市政府有关负责同志一同调研。

9月中旬至下旬，国家粮食和物资储备局各垂直管理局陆续完成挂牌工作。

9月29日，国家粮食和物资储备局举行"迎国庆、升国旗、唱国歌"仪式，隆重庆祝中华人民共和国成立70周年。国家粮食和物资储备局领导班子成员和局机关全体党员干部、直属联系单位司级干部出席升旗仪式。

十月

10月10日，"我和我的祖国"——首届全国粮食和物资储备系统干部职工书画展在北京举办，张务锋、曾丽瑛、黄炜、梁彦同志参观书画展。

10月10日，阅兵联合指挥部后勤保障组向国家粮食和物资储备局赠送"聚力阅兵、共筑辉煌"锦旗。张务锋、梁彦同志出席。

10月12日，国家发展和改革委员会会同国家粮食和物资储备局等五部门共同发布了《关于公布2020年小麦最低收购价格的通知》（发改价格〔2019〕1617号），明确2020年生产的小麦（三等）最低收购价格为50公斤112元，保持2019年水平不变。

10月14日，国务院新闻办发表《中国的粮食安全》白皮书，并举行新闻发布会。继1996年《中国的粮食问题》后，中国政府发布第二部关于粮食安全问题的白皮书。白皮书突出强调了国家粮食安全是头等大事的战略定位，体现了以人民为中心的发展思想；集中展现了保障国家粮食安全的伟大成就，彰显了在中国共产党领导下依靠自身力量端好自身饭碗的战略自信；系统阐述了中国特色粮食安全之路，向国际社会贡献了保障粮食安全的中国方案；介绍了国际粮食合作的丰硕成果，展现积极维护世界粮食安全的大国担当；展望了未来粮食安全政策举措，为各方提供持续稳定的粮食安全发展预期。张务锋、黄炜同志出席新闻发布会。

10 月 16 日，国家粮食和物资储备局与安徽省人民政府在合肥签署共同保障粮食和物资储备安全加快推动粮食产业高质量发展战略合作协议。安徽省委副书记、省长李国英，张务锋同志出席签约仪式并见证签约，黄炜同志与安徽省副省长张曙光代表双方签约，韩卫江、梁彦同志出席签约仪式；安徽省人民政府秘书长白金明主持签约仪式。

10 月 16 日，国家粮食和物资储备局、农业农村部、教育部、科技部、全国妇联和联合国粮农组织在中国科学技术大学联合主办 2019 年世界粮食日和全国粮食安全宣传周主会场活动。张务锋同志讲话，安徽省人民政府副省长张曙光、农业农村部农业贸易促进中心主任张陆彪、联合国粮农组织驻华代表马文森分别致辞；中国科学技术大学党委常委、副校长王晓平，黄炜、韩卫江、梁彦同志，全国妇联、教育部、科技部有关负责同志，联合国世界粮食计划署中国办公室副国别主任玛哈·艾哈迈德出席活动。

10 月 16 日，国家粮食和物资储备局在安徽合肥召开全国粮食和物资储备局长座谈会，传达关于改革完善体制机制加强粮食储备安全管理的若干意见精神，通报粮食安全保障立法、"十四五"规划编制有关工作进展情况，部署下一步具体任务。张务锋同志出席会议并讲话，黄炜、梁彦同志分别作了通报，韩卫江同志主持会议。

10 月 17 日，全国粮食和物资储备信息化现场经验交流会在安徽合肥召开。会议深入学习贯彻习近平总书记关于信息化工作的重要指示精神，交流典型经验，对加快推进粮食和物资储备信息化建设做出安排部署。张务锋同志出席会议并讲话，黄炜、韩卫江同志参加会议，梁彦同志主持会议。

10 月 18 日，国家粮食和物资储备局在安徽合肥召开《粮食安全保障法》起草座谈会，研究讨论《粮食安全保障法》起草有关问题。张务锋同志出席会议并讲话，黄炜同志主持会议。

10 月 22 日，张务锋同志会见青海省委常委、常务副省长李杰翔同志一行，就加快推进粮食流通体系和交易中心建设、科学核定粮食风险基金等工作进行会商座谈，黄炜、韩卫江、梁彦同志参加会见。

10 月 22 日，全国粮食和物资储备系统"2017~2018 年度全国青年文明号"授牌仪式在上海举行，曾丽瑛同志出席仪式并致辞。

10 月 24 日至 26 日，由国家粮食和物资储备局、中国就业培训技术指导中心、中国财贸轻纺烟草工会联合举办的 2019 年中国技能大赛·第五届全国粮食行业职业技能竞赛总决赛在山东烟台举办。张务锋、黄炜同志，山东省人民政府副省长于国安出席开幕式。

十一月

11 月 1 日，国家粮食和物资储备局召开党组会议，认真传达学习习近平总书记在党的十九届四中全会上的重要讲话、《中国共产党第十九届四中全会第四次全体会议公报》和《中共中央关于坚持和完善中国特色社会主义制度　推进国家治理体系和治理能力现代化若干重大问题的决定》。张务锋同志主持会议，介绍全会情况，传达主要精神，并就对标对表全会精神，迅速在全系统兴起学习宣传和贯彻落实全会精神的热潮提出明确要求。曾丽瑛、卢景波、黄炜、梁彦同志出席会议。

11 月 1 日，全国粮食和物资储备期刊宣传工作座谈会在广东深圳召开。会议深入学习习近平总书记关于做好宣传思想、新闻舆论工作的重要论述精神，交流了机构改革以来粮食和物资储备期刊办刊经验，并就如何做好下一步期刊宣传工作进行了部署。韩卫江同志出席会议并讲话。

11月19日至22日，张务锋同志先后赴贵州省、湖南省调研粮食和物资储备改革发展。湖南省委副书记、省长许达哲与张务锋一行举行会谈，湖南省副省长隋忠诚、贵州省副省长魏国楠分别参加相关活动。

11月19日至27日，黄炜同志率团访问非盟和埃塞俄比亚、科特迪瓦，参加WFP举办的粮食产后减损及管理专题研讨会等活动。访问期间与非盟委员会就实施《谅解备忘录》进行了磋商，在项目建设、项目布局、项目运作等方面达成共识。

11月21日，张务锋同志在湖南长沙主持召开粮食和物资储备改革发展调研座谈会，围绕认真学习贯彻党的十九届四中全会精神，深入落实习近平总书记关于国家粮食安全和战略应急物资储备安全的重要论述，就谋划2020年创新思路举措、巩固放大全国政策性粮食库存大清查和"两项考核"成果、科学编制粮食和物资储备领域"十四五"规划，听取意见建议，认真研究讨论，凝聚思想共识。

11月27日，张务锋同志会见了青海省委副书记、省长刘宁一行，就贯彻落实习近平总书记视察青海时的重要批示精神，推进青海发挥特色资源优势，实现特色农副产品线上交易等工作进行了会商。青海省委常委、常务副省长李杰翔，曾丽瑛、卢景波、梁彦同志参加。

十二月

12月3日，国家粮食和物资储备局与中国中化集团有限公司在北京签订共同落实国家粮食和能源安全战略推动粮食和物资储备事业高质量发展战略合作协议。张务锋同志，中化集团党组书记、董事长宁高宁代表双方签约并讲话。卢景波、黄炜、梁彦同志，中化集团党组成员、副总经理江正洪，总经理助理覃衡德，董事会秘书张宝红出席。

12月3日，国家粮食和物资储备局在中储粮集团公司召开《粮食安全保障法》征求意见座谈会，听取有关企业对粮食安全保障立法工作的意见建议。黄炜同志主持会议并讲话。中储粮集团公司、中国国家铁路集团有限公司、中粮集团有限公司、中国中化集团有限公司、中国供销粮油有限公司、北京粮食集团有限责任公司、河北省粮食产业集团有限公司有关负责同志参加会议。

12月4日，国家粮食和物资储备局召开对口支援江西省于都县工作座谈会。于都县县委主要负责同志介绍了于都县社会经济发展和对口支援工作进展情况。张务锋、梁彦同志出席。

12月8日，国家粮食和物资储备局月坛北街25号院办公区综合改造项目启动暨合同签字仪式在北京举行，国家发展和改革委员会党组成员、副主任林念修，国家机关事务管理局党组成员、副局长赵峰涛，张务锋、曾丽瑛、卢景波、黄炜、韩卫江、梁彦同志出席。

12月18日，国家粮食和物资储备局召开局党组会议，认真传达学习中央经济工作会议精神，研究部署贯彻落实的具体措施。

12月20日，国家粮食和物资储备局召开垂管系统安全生产视频会议，认真贯彻落实习近平总书记关于安全生产的重要指示和李克强总理的重要批示精神，全面落实全国安全生产电视电话会议部署，分析形势，压实责任，部署岁末年初安全生产各项工作。张务锋同志出席会议并讲话，梁彦、宋红旭同志出席会议。

12月25日，国家粮食和物资储备局召开局长办公会议，认真传达贯彻中央农村工作会议精神，研究部署贯彻落实的具体措施。

12月31日，全国政策性粮食库存数量和质量大清查部际协调机制第三次会议在国家发展和改革委员会召开。会议通报了全国政策性粮食库存数量和质量大清查工作总体情况，研究审议了大清查总结报告等文件，对下一步重点工作做出部署。部际协调机制召集人、国家发展和改革委员会副主任张勇出席会议并讲话，张务锋同志主持会议。

（撰稿单位：国家粮食和物资储备局办公室；撰稿人：智振华、谢莉佳；审稿人：方进）

粮食和物资储备系统统计资料

表 1		全国主要粮食及油料播种面积（1978～2019 年）				

单位：千公顷

年 份	粮食	稻谷	小麦	玉米	大豆	油料
1978	120587	34421	29183	19961	7144	6222
1979	119263	33873	29357	20133	7247	7051
1980	117234	33878	28844	20087	7226	7928
1981	114958	33295	28307	19425	8024	9134
1982	113462	33071	27955	18543	8419	9343
1983	114047	33136	29050	18824	7567	8390
1984	112884	33178	29576	18537	7286	8678
1985	108845	32070	29218	17694	7718	11800
1986	110933	32266	29616	19124	8295	11415
1987	111268	32193	28798	20212	8445	11181
1988	110123	31987	28785	19692	8120	10619
1989	112205	32700	29841	20353	8057	10504
1990	113466	33064	30753	21401	7560	10900
1991	112314	32590	30948	21574	7041	11530
1992	110560	32090	30496	21044	7221	11489
1993	110509	30355	30235	20694	9454	11142
1994	109544	30171	28981	21152	9222	12081
1995	110060	30744	28860	22776	8127	13102
1996	112548	31407	29611	24498	7471	12555
1997	112912	31765	30057	23775	8346	12381
1998	113787	31214	29774	25239	8500	12919
1999	113161	31283	28855	25904	7962	13906
2000	108463	29962	26653	23056	9307	15400
2001	106080	28812	24664	24282	9482	14631
2002	103891	28202	23908	24634	8720	14766
2003	99410	26508	21997	24068	9313	14990
2004	101606	28379	21626	25446	9589	14431
2005	104278	28847	22793	26358	9591	14318
2006	104958	28938	23613	28463	9304	11738
2007	105999	28973	23762	30024	8801	12344
2008	107545	29350	23704	30981	9225	13232
2009	110255	29793	24425	32948	9339	13445
2010	111695	30097	24442	34977	8700	13695
2011	112980	30338	24507	36767	8103	13471
2012	114368	30476	24551	39109	7405	13435
2013	115908	30710	24440	41299	7050	13438
2014	117455	30765	24443	42997	7098	13395
2015	118963	30784	24567	44968	6827	13314
2016	119230	30746	24666	44178	7599	13191
2017	117989	30747	24478	42399	8245	13223
2018	117038	30189	24266	42130	8413	12872
2019	116064	29694	23728	41284	9332	12925

注：2007～2017 年粮食及油料数据根据 2016 年第三次农业普查情况做了相应衔接修订。

数据来源：国家统计局统计资料。

表 2　　全国主要粮食及油料产量（1978～2019 年）

单位：万吨

年 份	粮食	稻谷	小麦	玉米	大豆	油料
1978	30477	13693	5384	5595	757	522
1979	33212	14375	6273	6004	746	644
1980	32056	13991	5521	6260	794	769
1981	32502	14396	5964	5921	933	1021
1982	35450	16160	6847	6056	903	1182
1983	38728	16887	8139	6821	976	1055
1984	40731	17826	8782	7341	970	1191
1985	37911	16857	8581	6383	1050	1578
1986	39151	17222	9004	7086	1161	1474
1987	40473	17442	8777	7982	1218	1528
1988	39408	16911	8543	7735	1165	1320
1989	40755	18013	9081	7893	1023	1295
1990	44624	18933	9823	9682	1100	1613
1991	43529	18381	9595	9877	971	1638
1992	44266	18622	10159	9538	1030	1641
1993	45649	17751	10639	10270	1531	1804
1994	44510	17593	9930	9928	1600	1990
1995	46662	18523	10221	11199	1350	2250
1996	50454	19510	11057	12747	1322	2211
1997	49417	20073	12329	10431	1473	2157
1998	51230	19871	10973	13295	1515	2314
1999	50839	19849	11388	12809	1425	2601
2000	46218	18791	9964	10600	1541	2955
2001	45264	17758	9387	11409	1541	2865
2002	45706	17454	9029	12131	1651	2897
2003	43070	16066	8649	11583	1539	2811
2004	46947	17909	9195	13029	1740	3066
2005	48402	18059	9745	13937	1635	3077
2006	49804	18172	10847	15160	1508	2640
2007	50414	18638	10949	15512	1279	2787
2008	53434	19261	11290	17212	1571	3037
2009	53941	19620	11580	17326	1522	3139
2010	55911	19723	11609	19075	1541	3157
2011	58849	20288	11857	21132	1488	3213
2012	61223	20653	12247	22956	1344	3286
2013	63048	20629	12364	24845	1241	3348
2014	63965	20961	12824	24976	1269	3372
2015	66060	21214	13256	26499	1237	3390
2016	66044	21109	13319	26361	1360	3400
2017	66161	21268	13424	25907	1528	3475
2018	65789	21213	13144	25717	1597	3433
2019	66384	20961	13360	26078	1809	3493

注：2007～2017 年粮食及油料数据根据 2016 年第三次农业普查情况做了相应衔接修订。

数据来源：国家统计局统计资料。

表3 全国主要粮食及油料单位面积产量（1978～2019年）

单位：公斤/公顷

年 份	粮食	稻谷	小麦	玉米	大豆	油料
1978	2527	3978	1845	2803	1059	839
1979	2785	4244	2137	2982	1029	913
1980	2734	4130	1914	3116	1099	970
1981	2827	4324	2107	3048	1162	1117
1982	3124	4886	2449	3266	1073	1265
1983	3396	5096	2802	3623	1290	1257
1984	3608	5373	2969	3960	1331	1372
1985	3483	5256	2937	3607	1361	1338
1986	3529	5338	3040	3705	1400	1291
1987	3637	5418	3048	3949	1443	1366
1988	3579	5287	2968	3928	1434	1243
1989	3632	5508	3043	3878	1269	1233
1990	3933	5726	3194	4524	1455	1480
1991	3876	5640	3100	4578	1379	1421
1992	4004	5803	3331	4533	1427	1428
1993	4131	5848	3519	4963	1619	1619
1994	4063	5831	3426	4693	1735	1647
1995	4240	6025	3541	4917	1661	1718
1996	4483	6212	3734	5203	1770	1761
1997	4377	6319	4102	4387	1765	1742
1998	4502	6366	3685	5268	1783	1791
1999	4493	6345	3947	4945	1789	1871
2000	4261	6272	3738	4597	1656	1919
2001	4267	6163	3806	4698	1625	1958
2002	4399	6189	3777	4924	1893	1962
2003	4332	6061	3932	4813	1653	1875
2004	4620	6311	4252	5120	1815	2125
2005	4642	6260	4275	5287	1705	2149
2006	4745	6280	4593	5326	1621	2249
2007	4756	6433	4608	5167	1454	2258
2008	4969	6563	4763	5556	1703	2295
2009	4892	6585	4741	5258	1630	2335
2010	5006	6553	4750	5454	1771	2305
2011	5209	6687	4838	5748	1836	2385
2012	5353	6777	4989	5870	1814	2446
2013	5440	6717	5059	6016	1760	2491
2014	5446	6813	5246	5809	1787	2517
2015	5553	6891	5396	5893	1811	2546
2016	5539	6866	5400	5967	1789	2578
2017	5607	6917	5484	6110	1854	2628
2018	5621	7027	5417	6104	1898	2667
2019	5720	7059	5630	6317	1939	2702

注：2007～2017年粮食及油料数据根据2016年第三次农业普查情况做了相应衔接修订。

数据来源：国家统计局统计资料。

| 表 4 | 全国粮食和油料作物播种面积（2018～2019 年） |

单位：千公顷

| | 2018 年 | 2019 年 | 2019 年比 2018 年增加 | |
			绝对数	%
一、粮食	117038.2	116063.6	-974.6	-0.8
其中：夏收粮食	26702.9	26354.1	-348.8	-1.3
（一）谷物	99671.4	97847.0	-1824.4	-1.8
1. 稻谷	30189.5	29693.5	-495.9	-1.6
（1）早稻	4791.3	4450.0	-341.3	-7.1
（2）中稻和一季晚稻	20125.3	20269.4	144.1	0.7
（3）双季晚稻	5272.8	4974.1	-298.7	-5.7
2. 小麦	24266.2	23727.7	-538.5	-2.2
（1）冬小麦	22740.3	22374.3	-366.0	-1.6
（2）春小麦	1525.9	1353.4	-172.5	-11.3
3. 玉米	42130.1	41284.1	-846.0	-2.0
4. 其他谷物	3085.8	3141.8	56.0	1.8
其中：谷子	778.2	830.6	52.4	6.7
高粱	618.7	640.4	21.7	3.5
大麦	262.5	248.3	-14.2	-5.4
（二）豆类	10186.3	11074.7	888.3	8.7
其中：大豆	8412.8	9331.7	919.0	10.9
绿豆	485.1	435.2	-49.9	-10.3
红小豆	182.4	159.2	-23.3	-12.8
（三）薯类	7180.4	7141.9	-38.5	-0.5
其中：马铃薯	4758.1	4673.0	-85.1	-1.8
二、油料作物	12872.4	12925.4	53.0	0.4
其中：花生	4619.7	4633.5	13.8	0.3
油菜籽	6550.6	6583.1	32.5	0.5
芝麻	262.3	282.9	20.6	7.9
胡麻籽	231.9	224.8	-7.0	-3.0
葵花籽	921.3	915.3	-6.1	-0.7

数据来源：国家统计局统计资料。

表 5	全国粮食和油料作物产量（2018～2019 年）			

单位：万吨

	2018 年	2019 年	2019 年比 2018 年增加	
			绝对数	%
一、粮食	65789.2	66384.3	595.1	0.9
其中：夏收粮食	13881.0	14160.2	279.2	2.0
（一）谷物	61003.6	61369.7	366.1	0.6
1. 稻谷	21212.9	20961.4	−251.5	−1.2
（1）早稻	2859.0	2626.5	−232.5	−8.1
（2）中稻和一季晚稻	15212.4	15326.1	113.8	0.7
（3）双季晚稻	3141.5	3008.7	−132.8	−4.2
2. 小麦	13144.0	13359.6	215.6	1.6
（1）冬小麦	12500.5	12773.2	272.6	2.2
（2）春小麦	643.5	586.5	−57.1	−8.9
3. 玉米	25717.4	26077.9	360.5	1.4
4. 其他谷物	929.2	970.8	41.6	4.5
其中：谷子	234.2	254.0	19.8	8.5
高粱	290.9	313.7	22.8	7.8
大麦	95.6	90.8	−4.8	−5.1
（二）豆类	1920.3	2131.9	211.6	11.0
其中：大豆	1596.7	1809.2	212.5	13.3
绿豆	68.1	57.3	−10.8	−15.8
红小豆	27.8	24.0	−3.8	−13.6
（三）薯类	2865.4	2882.7	17.3	0.6
其中：马铃薯	1798.4	1777.9	−20.4	−1.1
二、油料作物	3433.4	3493.0	59.6	1.7
其中：花生	1733.2	1752.0	18.8	1.1
油菜籽	1328.1	1348.5	20.4	1.5
芝麻	43.1	46.7	3.6	8.2
胡麻籽	33.5	33.2	−0.3	−1.0
葵花籽	249.4	266.4	16.9	6.8

数据来源：国家统计局统计资料。

| 表 6 | 全国粮食和油料作物单位面积产量（2018～2019 年） |

单位：公斤/公顷

	2018 年	2019 年	2019 年比 2018 年增加	
			绝对数	%
一、粮食	5621.2	5719.7	98.5	1.8
其中：夏收粮食	5198.3	5373.1	174.7	3.4
（一）谷物	6120.5	6272.0	151.5	2.5
1. 稻谷	7026.6	7059.2	32.7	0.5
（1）早稻	5967.0	5902.3	−64.7	−1.1
（2）中稻和一季晚稻	7558.8	7561.2	2.4	0.0
（3）双季晚稻	5958.0	6048.7	90.8	1.5
2. 小麦	5416.6	5630.4	213.8	3.9
（1）冬小麦	5497.1	5708.9	211.8	3.9
（2）春小麦	4217.4	4333.3	115.9	2.7
3. 玉米	6104.3	6316.7	212.4	3.5
4. 其他谷物	3011.4	3090.0	78.7	2.6
其中：谷子	3009.2	3058.0	48.7	1.6
高粱	4702.1	4898.5	196.3	4.2
大麦	3643.9	3657.7	13.7	0.4
（二）豆类	1885.1	1925.0	39.9	2.1
其中：大豆	1898.0	1938.7	40.8	2.1
绿豆	1404.1	1317.8	−86.3	−6.1
红小豆	1523.4	1508.6	−14.8	−1.0
（三）薯类	3990.5	4036.3	45.8	1.1
其中：马铃薯	3779.6	3804.7	25.1	0.7
二、油料作物	2667.2	2702.4	35.2	1.3
其中：花生	3751.8	3781.1	29.3	0.8
油菜籽	2027.5	2048.4	20.9	1.0
芝麻	1645.3	1651.1	5.9	0.4
胡麻籽	1445.6	1475.8	30.1	2.1
葵花籽	2707.2	2910.0	202.9	7.5

数据来源：国家统计局统计资料。

表 7		各地区粮食播种面积（2018～2019 年）		

单位：千公顷

地 区	2018 年	2019 年	2019 年比 2018 年增加	
			绝对数	%
全国总计	117038.2	116063.6	−974.6	−0.8
东部地区	25201.6	24899.8	−301.8	−1.2
中部地区	34675.7	34037.8	−637.9	−1.8
西部地区	33862.7	33654.2	−208.4	−0.6
东北地区	23298.3	23471.8	173.5	0.7
北 京	55.6	46.5	−9.1	−16.4
天 津	350.2	339.3	−10.9	−3.1
河 北	6538.7	6469.2	−69.5	−1.1
山 西	3137.1	3126.2	−10.9	−0.3
内蒙古	6789.9	6827.5	37.6	0.6
辽 宁	3484.0	3488.7	4.7	0.1
吉 林	5599.7	5644.9	45.2	0.8
黑龙江	14214.5	14338.1	123.6	0.9
上 海	129.9	117.4	−12.5	−9.6
江 苏	5475.9	5381.5	−94.5	−1.7
浙 江	975.7	977.4	1.7	0.2
安 徽	7316.3	7287.0	−29.3	−0.4
福 建	833.5	822.4	−11.1	−1.3
江 西	3721.3	3665.1	−56.2	−1.5
山 东	8404.8	8312.8	−92.0	−1.1
河 南	10906.1	10734.5	−171.5	−1.6
湖 北	4847.0	4608.6	−238.4	−4.9
湖 南	4747.9	4616.4	−131.5	−2.8
广 东	2151.0	2160.6	9.6	0.4
广 西	2802.1	2747.0	−55.1	−2.0
海 南	286.1	272.6	−13.5	−4.7
重 庆	2017.8	1999.3	−18.6	−0.9
四 川	6265.6	6279.3	13.8	0.2
贵 州	2740.2	2709.4	−30.8	−1.1
云 南	4174.6	4165.8	−8.8	−0.2
西 藏	184.7	184.8	0.1	0.0
陕 西	3006.0	2998.9	−7.1	−0.2
甘 肃	2645.3	2581.1	−64.1	−2.4
青 海	281.3	280.2	−1.1	−0.4
宁 夏	735.7	677.4	−58.3	−7.9
新 疆	2219.6	2203.6	−16.0	−0.7

注：东部地区包括北京、天津、河北、上海、江苏、浙江、福建、山东、广东、海南 10 省市；中部地区包括山西、安徽、江西、河南、湖北、湖南 6 省；西部地区包括重庆、四川、贵州、云南、西藏、陕西、甘肃、青海、宁夏、新疆、内蒙古、广西 12 省区市；东北地区包括辽宁、吉林、黑龙江 3 省。

数据来源：国家统计局统计资料。

表8		各地区粮食总产量（2018～2019 年）		

单位：万吨

地　区	2018 年	2019 年	2019 年比 2018 年增加	
			绝对数	%
全国总计	65789.2	66384.3	595.1	0.9
东部地区	15466.6	15622.2	155.6	1.0
中部地区	20089.6	19968.4	−121.2	−0.6
西部地区	16901.0	16982.9	81.8	0.5
东北地区	13332.0	13810.9	478.9	3.6
北　京	34.1	28.8	−5.4	−15.8
天　津	209.7	223.3	13.6	6.5
河　北	3700.9	3739.2	38.4	1.0
山　西	1380.4	1361.8	−18.6	−1.3
内蒙古	3553.3	3652.5	99.3	2.8
辽　宁	2192.4	2430.0	237.5	10.8
吉　林	3632.7	3877.9	245.2	6.7
黑龙江	7506.8	7503.0	−3.8	−0.1
上　海	103.7	95.9	−7.8	−7.6
江　苏	3660.3	3706.2	45.9	1.3
浙　江	599.1	592.1	−7.0	−1.2
安　徽	4007.3	4054.0	46.8	1.2
福　建	498.6	493.9	−4.7	−0.9
江　西	2190.7	2157.5	−33.2	−1.5
山　东	5319.5	5357.0	37.5	0.7
河　南	6648.9	6695.4	46.5	0.7
湖　北	2839.5	2725.0	−114.5	−4.0
湖　南	3022.9	2974.8	−48.1	−1.6
广　东	1193.5	1240.8	47.3	4.0
广　西	1372.8	1332.0	−40.8	−3.0
海　南	147.1	145.0	−2.2	−1.5
重　庆	1079.3	1075.2	−4.2	−0.4
四　川	3493.7	3498.5	4.8	0.1
贵　州	1059.7	1051.2	−8.5	−0.8
云　南	1860.5	1870.0	9.5	0.5
西　藏	104.4	103.9	−0.5	−0.5
陕　西	1226.0	1231.1	5.1	0.4
甘　肃	1151.4	1162.6	11.2	1.0
青　海	103.1	105.5	2.5	2.4
宁　夏	392.6	373.2	−19.4	−4.9
新　疆	1504.2	1527.1	22.8	1.5

注：东部地区包括北京、天津、河北、上海、江苏、浙江、福建、山东、广东、海南 10 省市；中部地区包括山西、安徽、江西、河南、湖北、湖南 6 省；西部地区包括重庆、四川、贵州、云南、西藏、陕西、甘肃、青海、宁夏、新疆、内蒙古、广西 12 省区市；东北地区包括辽宁、吉林、黑龙江 3 省。

数据来源：国家统计局统计资料。

| 表 9 | | 各地区粮食单位面积产量（2018～2019 年） | | |

单位：公斤/公顷

地 区	2018 年	2019 年	2019 年比 2018 年增加	
			绝对数	%
全国总计	5621.2	5719.7	98.5	1.8
东部地区	6137.1	6274.0	136.9	2.2
中部地区	5793.6	5866.5	73.0	1.3
西部地区	4991.1	5046.3	55.2	1.1
东北地区	5722.3	5884.0	161.7	2.8
北 京	6136.7	6183.1	46.4	0.8
天 津	5987.6	6580.4	592.8	9.9
河 北	5660.0	5780.1	120.1	2.1
山 西	4400.3	4356.1	−44.1	−1.0
内蒙古	5233.2	5349.8	116.5	2.2
辽 宁	6292.8	6965.2	672.3	10.7
吉 林	6487.4	6869.8	382.4	5.9
黑龙江	5281.1	5232.9	−48.2	−0.9
上 海	7988.0	8170.4	182.4	2.3
江 苏	6684.3	6887.0	202.6	3.0
浙 江	6140.4	6058.2	−82.2	−1.3
安 徽	5477.1	5563.3	86.2	1.6
福 建	5981.7	6005.4	23.7	0.4
江 西	5886.9	5886.4	−0.5	0.0
山 东	6329.1	6444.3	115.2	1.8
河 南	6096.5	6237.2	140.7	2.3
湖 北	5858.2	5912.8	54.6	0.9
湖 南	6366.8	6444.1	77.3	1.2
广 东	5548.4	5742.7	194.3	3.5
广 西	4899.1	4848.9	−50.2	−1.0
海 南	5142.1	5316.9	174.8	3.4
重 庆	5349.0	5377.7	28.7	0.5
四 川	5576.0	5571.5	−4.6	−0.1
贵 州	3867.2	3880.0	12.7	0.3
云 南	4456.8	4489.1	32.2	0.7
西 藏	5652.8	5624.2	−28.6	−0.5
陕 西	4078.5	4105.2	26.7	0.7
甘 肃	4352.8	4504.2	151.4	3.5
青 海	3664.2	3766.6	102.4	2.8
宁 夏	5336.3	5508.9	172.6	3.2
新 疆	6776.9	6929.9	152.9	2.3

注：东部地区包括北京、天津、河北、上海、江苏、浙江、福建、山东、广东、海南10省市；中部地区包括山西、安徽、江西、河南、湖北、湖南6省；西部地区包括重庆、四川、贵州、云南、西藏、陕西、甘肃、青海、宁夏、新疆、内蒙古、广西12省区市；东北地区包括辽宁、吉林、黑龙江3省。

数据来源：国家统计局统计资料。

| 表 10 | | | 2019 年各地区粮食及油料播种面积和产量（一） | | | |

单位：千公顷；万吨；公斤 / 公顷

地 区	粮 食			稻 谷		
	播种面积	总产量	每公顷产量	播种面积	总产量	每公顷产量
全国总计	116063.6	66384.3	5719.7	29693.5	20961.4	7059.2
东部地区	24899.8	15622.2	6274.0	5777.5	4292.4	7429.5
中部地区	34037.8	19968.4	5866.5	12616.3	8681.1	6880.9
西部地区	33654.2	16982.9	5046.3	6139.6	4232.4	6893.6
东北地区	23471.8	13810.9	5884.0	5160.1	3755.5	7277.9
北 京	46.5	28.8	6183.1	0.1	0.1	6651.6
天 津	339.3	223.3	6580.4	45.5	42.9	9424.9
河 北	6469.2	3739.2	5780.1	78.2	48.7	6223.8
山 西	3126.2	1361.8	4356.1	2.5	1.8	6930.0
内蒙古	6827.5	3652.5	5349.8	160.7	136.2	8472.4
辽 宁	3488.7	2430.0	6965.2	507.1	434.8	8574.5
吉 林	5644.9	3877.9	6869.8	840.4	657.2	7819.8
黑龙江	14338.1	7503.0	5232.9	3812.6	2663.5	6986.0
上 海	117.4	95.9	8170.4	103.7	88.0	8494.0
江 苏	5381.5	3706.2	6887.0	2184.3	1959.6	8971.5
浙 江	977.4	592.1	6058.2	627.5	462.1	7363.3
安 徽	7287.0	4054.0	5563.3	2509.0	1630.0	6496.5
福 建	822.4	493.9	6005.4	599.2	388.8	6488.1
江 西	3665.1	2157.5	5886.4	3346.2	2048.3	6121.3
山 东	8312.8	5357.0	6444.3	115.6	100.7	8709.0
河 南	10734.5	6695.4	6237.2	616.6	512.5	8311.7
湖 北	4608.6	2725.0	5912.8	2286.8	1877.1	8208.4
湖 南	4616.4	2974.8	6444.1	3855.2	2611.5	6774.0
广 东	2160.6	1240.8	5742.7	1793.7	1075.1	5993.6
广 西	2747.0	1332.0	4848.9	1712.9	992.0	5791.0
海 南	272.6	145.0	5316.9	229.7	126.5	5507.2
重 庆	1999.3	1075.2	5377.7	655.1	487.00	7433.6
四 川	6279.3	3498.5	5571.5	1870.0	1469.8	7860.0
贵 州	2709.4	1051.2	3880.0	664.7	423.8	6376.1
云 南	4165.8	1870.0	4489.1	841.5	534.0	6345.8
西 藏	184.8	103.9	5624.2	0.8	0.4	5594.9
陕 西	2998.9	1231.1	4105.2	105.3	80.4	7631.3
甘 肃	2581.1	1162.6	4504.2	3.6	2.1	5942.6
青 海	280.2	105.5	3766.6			
宁 夏	677.4	373.2	5508.9	68.1	55.1	8095.0
新 疆	2203.6	1527.1	6929.9	56.9	51.6	9068.9

注：东部地区包括北京、天津、河北、上海、江苏、浙江、福建、山东、广东、海南 10 省市；中部地区包括山西、安徽、江西、河南、湖北、湖南 6 省；西部地区包括重庆、四川、贵州、云南、西藏、陕西、甘肃、青海、宁夏、新疆、内蒙古、广西 12 省区市；东北地区包括辽宁、吉林、黑龙江 3 省。

数据来源：国家统计局统计资料。

表 10　2019 年各地区粮食及油料播种面积和产量（二）

单位：千公顷；万吨；公斤 / 公顷

地 区	小麦			玉米		
	播种面积	总产量	每公顷产量	播种面积	总产量	每公顷产量
全国总计	23727.7	13359.6	5630.4	41284.1	26077.9	6316.7
东部地区	8873.5	5436.2	6126.4	8202.0	5074.7	6187.1
中部地区	10143.6	6026.1	5940.8	7873.5	4376.8	5559.0
西部地区	4649.3	1874.4	4031.5	12439.4	7756.8	6235.7
东北地区	61.3	22.9	3732.5	12769.2	8869.5	6946.0
北 京	8.0	4.4	5485.3	33.7	22.8	6781.7
天 津	101.1	60.5	5980.0	180.8	115.2	6371.7
河 北	2322.5	1462.6	6297.4	3408.2	1986.6	5829.0
山 西	546.8	226.2	4137.0	1715.0	939.4	5477.3
内蒙古	538.0	182.7	3395.3	3776.3	2722.3	7209.0
辽 宁	2.4	1.4	5775.0	2675.0	1884.4	7044.6
吉 林	2.9	1.1	3775.5	4219.6	3045.3	7217.0
黑龙江	56.0	20.4	3643.1	5874.6	3939.8	6706.5
上 海	10.0	5.8	5801.2	1.6	1.1	6794.9
江 苏	2346.9	1317.5	5613.8	504.2	311.1	6169.2
浙 江	82.7	32.4	3917.0	76.4	32.3	4229.1
安 徽	2835.6	1656.9	5843.2	1196.5	642.8	5372.5
福 建	0.1	0.0	2661.7	30.5	13.4	4407.4
江 西	14.4	3.0	2111.1	46.5	19.8	4258.1
山 东	4001.8	2552.9	6379.5	3846.5	2536.5	6594.5
河 南	5706.7	3741.8	6556.9	3801.3	2247.4	5912.1
湖 北	1017.7	390.7	3838.7	727.5	307.2	4222.7
湖 南	22.4	7.5	3370.6	386.6	220.3	5698.4
广 东	0.4	0.2	3571.4	120.2	55.6	4626.7
广 西	3.0	0.5	1584.2	580.1	261.2	4502.5
海 南						
重 庆	21.0	6.9	3287.7	438.3	249.5	5692.9
四 川	611.1	246.2	4028.2	1844.0	1062.1	5760.0
贵 州	137.2	33.0	2403.4	530.6	232.3	4378.1
云 南	328.9	71.9	2186.1	1782.4	920.0	5161.6
西 藏	32.3	19.2	5932.6	4.7	2.6	5457.7
陕 西	965.9	382.0	3955.2	1177.1	609.6	5178.9
甘 肃	739.9	281.1	3799.0	987.9	594.1	6014.0
青 海	102.4	40.3	3934.2	21.0	14.2	6762.0
宁 夏	107.8	34.6	3211.5	299.8	230.5	7688.1
新 疆	1061.6	576.0	5426.1	997.2	858.4	8607.8

注：东部地区包括北京、天津、河北、上海、江苏、浙江、福建、山东、广东、海南 10 省市；中部地区包括山西、安徽、江西、河南、湖北、湖南 6 省；西部地区包括重庆、四川、贵州、云南、西藏、陕西、甘肃、青海、宁夏、新疆、内蒙古、广西 12 省区市；东北地区包括辽宁、吉林、黑龙江 3 省。

数据来源：国家统计局统计资料。

| 表 10 | | | 2019 年各地区粮食及油料播种面积和产量（三） | | | |

单位：千公顷；万吨；公斤/公顷

地　区	大豆			油料		
	播种面积	总 产 量	每公顷产量	播种面积	总 产 量	每公顷产量
全国总计	9331.7	1809.2	1938.7	12925.4	3493.0	2702.4
东部地区	633.5	170.3	2688.1	1932.7	677.2	3503.9
中部地区	1593.9	305.2	1915.1	5483.0	1494.5	2725.6
西部地区	2396.0	461.5	1926.1	4907.1	1130.3	2303.4
东北地区	4708.4	872.2	1852.4	602.5	191.0	3169.9
北　京	1.4	0.3	2019.1	1.2	0.3	2483.8
天　津	5.1	1.0	2027.2	1.1	0.4	3665.2
河　北	93.5	23.0	2463.2	364.5	119.5	3279.8
山　西	129.1	21.5	1662.5	99.8	13.7	1373.3
内蒙古	1189.8	226.0	1899.3	930.9	228.7	2456.5
辽　宁	83.9	21.3	2535.0	293.5	97.7	3327.8
吉　林	345.0	70.1	2032.5	257.4	81.8	3177.6
黑龙江	4279.5	780.8	1824.5	51.6	11.5	2234.3
上　海	0.7	0.2	2739.7	2.8	0.8	2850.0
江　苏	191.8	51.3	2674.5	283.2	94.3	3331.1
浙　江	90.2	23.4	2590.5	140.4	31.9	2274.8
安　徽	636.2	95.7	1504.5	528.2	161.4	3055.5
福　建	32.7	9.1	2770.2	77.5	22.0	2842.9
江　西	108.8	26.4	2428.3	677.1	120.8	1783.9
山　东	183.5	52.4	2852.4	682.2	289.0	4235.8
河　南	394.7	98.2	2488.4	1533.9	645.5	4207.8
湖　北	211.7	34.6	1634.1	1278.6	313.9	2455.4
湖　南	113.3	28.8	2543.7	1365.5	239.2	1751.7
广　东	32.6	9.0	2775.6	348.3	110.2	3164.8
广　西	93.9	14.9	1583.8	253.6	71.6	2824.0
海　南	1.9	0.6	3232.9	31.6	8.7	2750.8
重　庆	96.9	20.0	2060.6	329.9	65.2	1975.8
四　川	402.0	94.7	2355.0	1495.1	367.4	2457.0
贵　州	191.8	18.5	962.4	598.1	103.0	1722.2
云　南	185.2	46.0	2483.8	314.1	62.5	1990.4
西　藏	0.0	0.0	1952.3	21.5	5.7	2654.6
陕　西	151.1	23.4	1548.2	273.9	60.1	2193.9
甘　肃	41.4	6.8	1650.2	290.0	63.2	2178.5
青　海				142.3	28.9	2030.2
宁　夏	4.9	0.6	1267.9	39.0	7.7	1964.6
新　疆	39.0	10.7	2743.8	218.6	66.4	3037.7

注：东部地区包括北京、天津、河北、上海、江苏、浙江、福建、山东、广东、海南 10 省市；中部地区包括山西、安徽、江西、河南、湖北、湖南 6 省；西部地区包括重庆、四川、贵州、云南、西藏、陕西、甘肃、青海、宁夏、新疆、内蒙古、广西 12 省区市；东北地区包括辽宁、吉林、黑龙江 3 省。

数据来源：国家统计局统计资料。

| 表 11 | | | 2019 年各地区分季粮食播种面积和产量（一） | | | |

单位：千公顷；万吨；公斤/公顷

地 区	全年粮食总计			1.夏收粮食		
	播种面积	总产量	每公顷产量	播种面积	总产量	每公顷产量
全国总计	116063.6	66384.3	5719.7	26354.1	14160.2	5373.1
东部地区	24899.8	15622.2	6274.0	9259.9	5601.7	6049.5
中部地区	34037.8	19968.4	5866.5	10536.2	6154.7	5841.5
西部地区	33654.2	16982.9	5046.3	6558.0	2403.8	3665.4
东北地区	23471.8	13810.9	5884.0			
北 京	46.5	28.8	6183.1	8.2	4.5	5427.6
天 津	339.3	223.3	6580.4	101.1	60.5	5980.0
河 北	6469.2	3739.2	5780.1	2346.7	1476.6	6292.1
山 西	3126.2	1361.8	4356.1	554.8	227.7	4103.6
内蒙古	6827.5	3652.5	5349.8			
辽 宁	3488.7	2430.0	6965.2			
吉 林	5644.9	3877.9	6869.8			
黑龙江	14338.1	7503.0	5232.9			
上 海	117.4	95.9	8170.4	10.9	6.2	5747.1
江 苏	5381.5	3706.2	6887.0	2451.1	1356.6	5534.9
浙 江	977.4	592.1	6058.2	127.4	47.5	3729.0
安 徽	7287.0	4054.0	5563.3	2836.4	1657.0	5842.1
福 建	822.4	493.9	6005.4	53.2	23.1	4329.4
江 西	3665.1	2157.5	5886.4	70.2	26.3	3747.9
山 东	8312.8	5357.0	6444.3	4002.7	2553.3	6378.8
河 南	10734.5	6695.4	6237.2	5718.7	3745.4	6549.4
湖 北	4608.6	2725.0	5912.8	1253.7	457.0	3645.1
湖 南	4616.4	2974.8	6444.1	102.5	41.3	4034.7
广 东	2160.6	1240.8	5742.7	135.9	63.6	4684.2
广 西	2747.0	1332.0	4848.9	104.6	20.0	1915.9
海 南	272.6	145.0	5316.9	22.7	9.9	4359.8
重 庆	1999.3	1075.2	5377.7	375.7	120.1	3197.7
四 川	6279.3	3498.5	5571.5	1103.4	422.9	3832.3
贵 州	2709.4	1051.2	3880.0	826.2	233.9	2830.7
云 南	4165.8	1870.0	4489.1	974.1	243.6	2500.8
西 藏	184.8	103.9	5624.2			
陕 西	2998.9	1231.1	4105.2	1104.3	420.3	3806.0
甘 肃	2581.1	1162.6	4504.2	881.3	327.5	3715.8
青 海	280.2	105.5	3766.6			
宁 夏	677.4	373.2	5508.9	119.3	36.2	3029.9
新 疆	2203.6	1527.1	6929.9	1068.9	579.3	5419.6

注：东部地区包括北京、天津、河北、上海、江苏、浙江、福建、山东、广东、海南 10 省市；中部地区包括山西、安徽、江西、河南、湖北、湖南 6 省；西部地区包括重庆、四川、贵州、云南、西藏、陕西、甘肃、青海、宁夏、新疆、内蒙古、广西 12 省区市；东北地区包括辽宁、吉林、黑龙江 3 省。

数据来源：国家统计局统计资料。

表 11　2019 年各地区分季粮食播种面积和产量（二）

单位：千公顷；万吨；公斤 / 公顷

地 区	2.早稻			3.秋粮		
	播种面积	总产量	每公顷产量	播种面积	总产量	每公顷产量
全国总计	4450.0	2626.5	5902.3	85259.5	49597.6	5817.2
东部地区	1145.2	679.4	5932.3	14494.7	9341.0	6444.5
中部地区	2497.6	1472.9	5897.1	21004.0	12340.9	5875.5
西部地区	807.2	474.3	5875.9	26289.1	14104.8	5365.3
东北地区	0.0	0.0		23471.8	13810.9	5884.0
北　京				38.3	24.3	6345.1
天　津				238.1	162.8	6835.4
河　北				4122.5	2262.7	5488.6
山　西				2571.4	1134.1	4410.6
内蒙古				6827.5	3652.5	5349.8
辽　宁				3488.7	2430.0	6965.2
吉　林				5644.9	3877.9	6869.8
黑龙江				14338.1	7503.0	5232.9
上　海				106.5	89.6	8417.7
江　苏				2930.4	2349.6	8017.8
浙　江	98.8	60.3	6104.3	751.2	484.3	6447.0
安　徽	164.6	101.0	6136.8	4286.0	2296.0	5356.8
福　建	97.4	61.6	6326.4	671.8	409.3	6091.7
江　西	1095.9	626.2	5714.2	2499.1	1504.9	6022.0
山　东				4310.1	2803.7	6505.0
河　南				5015.9	2950.0	5881.3
湖　北	142.5	84.3	5911.0	3212.3	2183.7	6798.0
湖　南	1094.6	661.4	6042.4	3419.3	2272.1	6644.9
广　东	834.7	488.3	5850.0	1190.1	688.9	5788.3
广　西	767.9	452.6	5894.0	1874.5	859.4	4584.5
海　南	114.4	69.2	6049.0	135.5	65.9	4859.4
重　庆				1623.5	955.0	5882.2
四　川				5175.9	3075.6	5942.2
贵　州				1883.2	817.4	4340.3
云　南	39.3	21.7	5521.6	3152.4	1604.7	5090.6
西　藏				184.8	103.9	5624.2
陕　西				1894.6	810.8	4279.7
甘　肃				1699.8	835.1	4913.0
青　海				280.2	105.5	3766.6
宁　夏				558.0	337.0	6039.0
新　疆				1134.7	947.8	8352.5

注：东部地区包括北京、天津、河北、上海、江苏、浙江、福建、山东、广东、海南 10 省市；中部地区包括山西、安徽、江西、河南、
　　湖北、湖南 6 省；西部地区包括重庆、四川、贵州、云南、西藏、陕西、甘肃、青海、宁夏、新疆、内蒙古、广西 12 省区市；东
　　北地区包括辽宁、吉林、黑龙江 3 省。

数据来源：国家统计局统计资料。

| 表 12 | | | | | 2019 年各地区粮油产量及人均占有量排序 | | | | | | |

单位：万吨、公斤

地区	粮食产量		粮食人均占有量		油料产量		油料人均占有量	
	绝对数	位次	绝对数	位次	绝对数	位次	绝对数	位次
全国总计	66384.3		474.9		3493.0		25.0	
北 京	28.8	31	13.4	31	0.3	31	0.1	31
天 津	223.3	26	143.0	26	0.4	30	0.3	30
河 北	3739.2	6	493.7	10	119.5	9	15.8	17
山 西	1361.8	16	365.7	18	13.7	24	3.7	27
内蒙古	3652.5	8	1439.8	2	228.7	6	90.1	1
辽 宁	2430.0	12	557.9	7	97.7	12	22.4	14
吉 林	3877.9	5	1437.7	3	81.8	14	30.3	7
黑龙江	7503.0	1	1994.3	1	11.5	25	3.1	28
上 海	95.9	30	39.5	30	0.8	29	0.3	29
江 苏	3706.2	7	459.8	13	94.3	13	11.7	21
浙 江	592.1	23	102.2	29	31.9	21	5.5	26
安 徽	4054.0	4	639.0	5	161.4	7	25.4	12
福 建	493.9	24	124.8	27	22.0	23	5.6	25
江 西	2157.5	13	463.3	11	120.8	8	25.9	11
山 东	5357.0	3	532.6	9	289.0	4	28.7	8
河 南	6695.4	2	695.8	4	645.5	1	67.1	2
湖 北	2725.0	11	460.1	12	313.9	3	53.0	3
湖 南	2974.8	10	430.6	15	239.2	5	34.6	6
广 东	1240.8	18	108.5	28	110.2	10	9.6	23
广 西	1332.0	17	269.5	23	71.6	15	14.5	19
海 南	145.0	27	154.3	25	8.7	26	9.3	24
重 庆	1075.2	21	345.4	19	65.2	17	20.9	15
四 川	3498.5	9	418.6	16	367.4	2	44.0	5
贵 州	1051.2	22	291.1	22	103.0	11	28.5	8
云 南	1870.0	14	386.1	17	62.5	19	12.9	20
西 藏	103.9	29	299.3	21	5.7	28	16.4	16
陕 西	1231.1	19	318.1	20	60.1	20	15.5	18
甘 肃	1162.6	20	440.0	14	63.2	18	23.9	13
青 海	105.5	28	174.3	24	28.9	22	47.7	4
宁 夏	373.2	25	539.7	8	7.7	27	11.1	22
新 疆	1527.1	15	609.6	6	66.4	16	26.5	10

数据来源：国家统计局统计资料。

表 13　2019 年各地区人均粮食占有量

单位：公斤/人

地区	粮食	其中：谷物	稻谷	小麦	玉米	大豆
全国总计	474.9	439.1	150.0	95.6	186.6	12.9
北　京	13.4	12.9	0.0	2.0	10.6	0.1
天　津	143.0	141.7	27.5	38.7	73.8	0.7
河　北	493.7	470.9	6.4	193.1	262.3	3.0
山　西	365.7	340.2	0.5	60.8	252.3	5.8
内蒙古	1439.8	1285.8	53.7	72.0	1073.1	89.1
辽　宁	557.9	545.4	99.8	0.3	432.7	4.9
吉　林	1437.7	1397.4	243.6	0.4	1129.0	26.0
黑龙江	1994.3	1768.4	708.0	5.4	1047.2	207.5
上　海	39.5	39.3	36.3	2.4	0.4	0.1
江　苏	459.8	448.1	243.1	163.5	38.6	6.4
浙　江	102.2	91.2	79.8	5.6	5.6	4.0
安　徽	639.0	620.2	256.9	261.1	101.3	15.1
福　建	124.8	102.0	98.3	0.0	3.4	2.3
江　西	463.3	445.0	439.8	0.7	4.3	5.7
山　东	532.6	517.3	10.0	253.8	252.2	5.2
河　南	695.8	678.5	53.3	388.9	233.6	10.2
湖　北	460.1	435.6	317.0	66.0	51.9	5.8
湖　南	430.6	412.1	378.0	1.1	31.9	4.2
广　东	108.5	99.0	94.0	0.0	4.9	0.8
广　西	269.5	254.7	200.7	0.1	52.8	3.0
海　南	154.3	134.7	134.6	0.0	0.0	0.7
重　庆	345.4	241.1	156.4	2.2	80.2	6.4
四　川	418.6	338.0	175.9	29.5	127.1	11.3
贵　州	291.1	199.1	117.4	9.1	64.3	5.1
云　南	386.1	326.1	110.2	14.8	189.9	9.5
西　藏	299.3	293.6	1.2	55.3	7.4	0.0
陕　西	318.1	286.3	20.8	98.7	157.5	6.0
甘　肃	440.0	349.3	0.8	106.4	224.9	2.6
青　海	174.3	114.3	0.0	66.5	23.4	0.0
宁　夏	539.7	479.4	79.7	50.1	333.3	0.9
新　疆	609.6	597.3	20.6	230.0	342.7	4.3

数据来源：国家统计局统计资料。

表 14			2019 年各地区人均农产品占有量			

单位：公斤 / 人

地 区	粮食	棉花	油料	糖料	水果	水产品
全国总计	474.9	4.2	25.0	87.1	196.0	46.4
北 京	13.4	0.0	0.1	0.0	27.8	1.4
天 津	143.0	1.2	0.3	0.0	36.8	16.8
河 北	493.7	3.0	15.8	8.5	183.7	13.1
山 西	365.7	0.1	3.7	0.0	231.7	1.2
内蒙古	1439.8	0.0	90.1	248.2	110.5	5.0
辽 宁	557.9	0.0	22.4	3.3	188.4	104.5
吉 林	1437.7	0.0	30.3	1.1	57.1	8.8
黑龙江	1994.3	0.0	3.1	11.1	43.8	17.2
上 海	39.5	0.0	0.3	0.2	19.8	11.6
江 苏	459.8	0.2	11.7	0.9	122.0	60.1
浙 江	102.2	0.1	5.5	7.7	128.4	99.5
安 徽	639.0	0.9	25.4	1.7	111.3	36.5
福 建	124.8	0.0	5.6	6.6	183.8	205.9
江 西	463.3	1.4	25.9	13.4	148.9	55.6
山 东	532.6	1.9	28.7	0.0	282.4	81.8
河 南	695.8	0.3	67.1	1.2	269.1	10.3
湖 北	460.1	2.4	53.0	4.7	170.6	79.3
湖 南	430.6	1.2	34.6	4.9	153.7	36.8
广 东	108.5	0.0	9.6	125.5	154.7	75.8
广 西	269.5	0.0	14.5	1515.4	500.1	69.2
海 南	154.3	0.0	9.3	121.9	485.5	183.3
重 庆	345.4	0.0	20.9	2.6	153.0	17.4
四 川	418.6	0.0	44.0	4.5	136.0	17.8
贵 州	291.1	0.0	28.5	17.4	122.4	6.7
云 南	386.1	0.0	12.9	324.1	177.6	13.1
西 藏	299.3	0.0	16.4	0.0	6.9	0.1
陕 西	318.1	0.2	15.5	0.0	520.1	4.4
甘 肃	440.0	1.2	23.9	10.0	268.7	0.5
青 海	174.3	0.0	47.7	0.1	6.1	3.1
宁 夏	539.7	0.0	11.1	0.2	374.1	22.8
新 疆	609.6	199.7	26.5	177.8	640.6	6.7

数据来源：国家统计局统计资料。

表 15		农产品生产者价格指数（2010～2019 年）								
										（上年＝100）
指　标	2010 年	2011 年	2012 年	2013 年	2014 年	2015 年	2016 年	2017 年	2018 年	2019 年
农产品生产者价格指数	110.9	116.5	102.7	103.2	99.8	101.7	103.4	96.5	99.1	114.5
农业产品	116.6	107.8	104.8	104.3	101.8	99.2	97.0	99.5	101.2	100.8
谷物	112.8	109.7	104.8	103.1	102.7	98.7	92.2	100.5	102.3	100.3
小麦	107.9	105.2	102.9	106.7	105.1	99.2	94.1	104.4	100.1	100.1
稻谷	112.8	113.3	104.1	102.2	102.2	101.6	98.8	100.7	99.7	96.5
玉米	116.1	109.9	106.6	100.2	101.7	96.5	86.8	97.1	105.1	102.0
大豆	107.9	106.3	105.7	105.7	101.8	99.0	97.6	97.7	97.9	100.1
油料	112.1	112.1	105.2	102.4	99.9	100.8	101.1	100.5	99.1	105.2
棉花	157.7	79.5	98.1	103.9	87.1	87.5	118.4	100.8	97.9	97.8
糖料	106.0	125.5	105.0	98.9	99.7	98.8	106.5	106.3	98.8	97.7
蔬菜	116.8	103.4	109.9	106.9	98.5	104.6	107.0	95.6	103.6	101.2
水果	118.9	106.2	103.9	106.2	106.4	99.7	92.5	104.8	101.1	103.6
林业产品	122.8	114.9	101.2	99.1	99.4	97.9	96.1	104.9	98.9	100.1
畜牧产品	103.0	126.2	99.7	102.4	97.1	104.2	110.4	90.8	95.6	133.5
猪（毛重）	98.3	137.0	95.9	99.3	92.2	108.9	119.4	86.0	85.6	150.5
牛（毛重）	104.7	108.1	116.8	113.1	104.4	99.1	98.7	98.8	104.9	112.5
羊（毛重）	108.7	115.7	107.8	109.1	100.8	89.4	93.6	107.1	114.7	114.3
家禽（毛重）	107.0	112.0	103.8	103.2	104.4	101.3	99.6	96.7	107.7	107.8
蛋类	107.5	112.6	100.5	105.8	105.7	96.9	94.3	92.8	117.6	102.1
奶类	115.3	108.1	103.9	111.0	107.9	92.2	96.2	100.0	101.3	105.6
渔业产品	107.6	110.0	106.2	104.3	103.1	102.5	103.4	104.9	102.6	99.4
海水养殖产品		111.5	101.0	100.7	101.9	101.0	104.1	107.9	101.4	97.2
海水捕捞产品		111.2	110.9	107.7	103.1	106.0	106.2	103.1	104.7	100.6
淡水养殖产品		109.5	106.8	104.7	103.8	102.1	102.0	102.4	102.2	99.8
淡水捕捞产品		103.7	107.2	103.5	101.5					

数据来源：国家统计局统计资料。

表 16	分地区农产品生产者价格指数（2010～2019 年）									

（上年＝100）

地 区	2010 年	2011 年	2012 年	2013 年	2014 年	2015 年	2016 年	2017 年	2018 年	2019 年
全　国	110.9	116.5	102.7	103.2	99.8	101.7	103.4	96.5	99.1	114.5
北　京	106.5	110.7	104.7	104.7	99.7	99.8	99.7	96.2	103.6	109.9
天　津	110.2	105.0	105.3	105.4	102.9	100.7	103.0	95.5	104.2	108.8
河　北	115.1	110.9	100.7	105.1	100.2	97.5	96.8	96.2	104.7	107.1
山　西	110.2	111.0	101.3	106.1	101.5	95.8	95.2	95.9	104.7	115.2
内蒙古	111.4	112.8	104.7	103.3	102.7	98.0	95.1	95.6	102.0	105.6
辽　宁	110.6	114.2	106.6	101.1	101.7	99.5	100.7	93.6	103.7	107.6
吉　林	111.8	116.8	105.1	100.4	102.9	100.6	93.1	89.5	106.1	108.7
黑龙江	109.2	116.5	105.9	101.0	101.0	98.7	93.6	95.1	100.8	106.2
上　海	107.1	110.9	101.4	104.1	99.5	102.4	106.6	98.4	100.5	105.6
江　苏	108.8	112.1	103.7	103.4	101.3	102.3	104.0	97.9	100.9	109.3
浙　江	114.8	113.6	104.3	103.0	99.5	102.0	104.5	99.1	100.8	109.9
安　徽	110.8	112.8	102.9	103.7	100.2	99.8	101.0	98.4	99.0	109.3
福　建	111.5	113.3	102.7	103.0	100.3	101.2	108.3	98.9	102.6	106.9
江　西	107.5	114.3	103.5	102.3	100.3	103.7	104.1	97.3	97.4	113.2
山　东	118.8	109.7	102.5	105.9	100.5	100.1	102.8	98.6	100.5	112.2
河　南	112.5	111.5	102.9	102.6	97.5	100.7	103.2	94.9	97.9	119.9
湖　北	112.3	111.7	103.3	101.8	100.0	99.5	106.2	99.3	96.6	110.1
湖　南	109.9	121.9	100.2	102.1	98.6	104.1	104.7	98.0	95.4	118.0
广　东	107.6	112.4	103.4	103.5	102.2	102.3	106.5	99.4	101.3	107.3
广　西	107.6	124.5	99.4	102.5	98.1	102.0	106.1	98.2	97.3	115.5
海　南	107.9	115.3	103.3	100.0	105.6	99.1	106.7	101.9	97.3	109.2
重　庆	103.2	120.2	104.6	103.0	100.2	102.4	109.8	96.8	99.7	112.1
四　川	105.9	117.8	104.0	102.6	99.9	103.3	105.6	97.8	100.2	115.6
贵　州	106.7	120.3	104.3	102.4	99.5	104.6	108.7	96.7	92.6	116.2
云　南	112.5	117.9	110.7	104.9	100.6	101.3	103.9	98.7	96.9	109.6
西　藏										
陕　西	121.7	113.8	102.6	107.4	102.1	96.3	98.0	98.4	100.9	107.7
甘　肃	113.8	111.3	105.9	105.9	102.1	99.8	99.2	99.1	101.7	109.9
青　海	124.3	117.3	108.2	110.4	100.0	96.1	104.5	101.0	100.3	109.6
宁　夏	117.0	111.3	103.6	106.7	98.3	98.4	98.7	99.3	105.0	106.4
新　疆	131.5	103.7	103.2	108.5	97.8	90.4	107.6	100.7	106.3	99.6

数据来源：国家统计局统计资料。

表 17   粮食成本收益变化情况表（1991～2019 年）

单位：元

年份	每50公斤平均出售价格				每亩总成本				每亩净利润			
	粮食平均	稻谷	小麦	玉米	粮食平均	稻谷	小麦	玉米	粮食平均	稻谷	小麦	玉米
1991	26.1	28.5	30.0	21.1	153.9	188.4	138.4	135.3	34.3	62.4	6.3	34.0
1992	28.4	29.3	33.1	24.3	163.8	192.3	149.3	150.6	44.0	67.7	21.2	42.3
1993	35.8	40.4	36.5	30.2	178.6	211.2	169.8	155.2	92.3	145.1	35.6	95.8
1994	59.4	71.2	56.5	48.2	239.4	298.1	213.2	206.7	190.7	316.7	82.3	173.3
1995	75.1	82.1	75.4	67.0	321.8	391.4	281.7	292.2	223.9	311.1	130.5	230.1
1996	72.3	80.6	81.0	57.2	388.7	458.3	359.5	351.2	155.7	247.5	92.9	123.8
1997	65.1	69.4	70.1	55.8	386.1	450.2	349.5	358.4	105.4	171.8	74.8	69.8
1998	62.1	66.9	66.6	53.8	383.9	437.4	357.5	356.6	79.3	155.9	−6.2	88.2
1999	53.0	56.6	60.4	43.7	370.7	425.2	351.5	337.2	25.6	75.8	−12.1	11.2
2000	48.4	51.7	52.9	42.8	356.2	401.7	352.5	330.6	−3.2	50.1	−28.8	−6.9
2001	51.5	53.7	52.5	48.3	350.6	400.5	323.6	327.9	39.4	81.4	−27.5	64.3
2002	49.2	51.4	51.3	45.6	370.4	415.8	342.7	351.6	4.9	37.6	−52.7	30.8
2003	56.5	60.1	56.4	52.7	368.3	419.1	339.6	347.6	42.9	94.9	−30.3	62.8
2004	70.7	79.8	74.5	58.1	395.5	454.6	355.9	375.7	196.5	285.1	169.6	134.9
2005	67.4	77.7	69.0	55.5	425.0	493.3	389.6	392.3	122.6	192.7	79.4	95.5
2006	72.0	80.6	71.6	63.4	444.9	518.2	404.8	411.8	155.0	202.4	117.7	144.8
2007	78.8	85.2	75.6	74.8	481.1	555.2	438.6	449.7	185.2	229.1	125.3	200.8
2008	83.5	95.1	82.8	72.5	562.4	665.1	498.6	523.5	186.4	235.6	164.5	159.2
2009	91.3	99.1	92.4	82.0	630.3	716.7	592.0	582.3	162.4	217.6	125.5	144.2
2010	103.8	118.0	99.0	93.6	672.7	766.6	618.6	632.6	227.2	309.8	132.2	239.7
2011	115.4	134.5	104.0	106.1	791.2	897.0	712.3	764.2	250.8	371.3	117.9	263.1
2012	119.9	138.1	108.3	111.1	936.4	1055.1	830.4	924.2	168.4	285.7	21.3	197.7
2013	121.1	136.5	117.8	108.8	1026.2	1151.1	914.7	1012.0	72.9	154.8	−12.8	77.5
2014	124.4	140.6	120.6	111.9	1068.6	1176.6	965.1	1063.9	124.8	204.8	87.8	81.8
2015	116.3	138.0	116.4	94.2	1090.0	1202.1	984.3	1083.7	19.6	175.4	17.4	−134.2
2016	108.4	136.8	111.6	77.0	1093.6	1201.8	1012.5	1065.6	−80.3	142.0	−82.2	−299.7
2017	111.6	137.9	116.6	82.2	1081.6	1210.2	1007.6	1026.5	−12.5	132.6	6.1	−175.8
2018	109.7	129.4	112.2	87.8	1093.8	1223.6	1012.9	1044.8	−85.6	65.9	−159.4	−163.3
2019	109.4	127.2	112.3	89.6	1108.9	1241.8	1028.9	1055.7	−30.5	20.4	15.1	−126.8

数据来源：国家发展和改革委员会统计资料。

| 表 18 | | 2019 年粮食收购价格分月情况表 | | | | | | |

单位：元 /50 公斤

月份	三种粮食平均	稻谷平均	早籼稻	晚籼稻	粳稻	小麦	玉米	大豆
1 月	110.65	129.05	120.94	128.21	137.99	117.23	85.66	171.11
2 月	110.47	128.91	120.57	128.00	138.16	117.30	85.19	170.64
3 月	109.93	128.29	120.29	127.88	136.70	117.42	84.10	169.36
4 月	109.21	127.63	120.07	127.64	135.18	116.50	83.49	168.27
5 月	109.30	127.27	119.12	127.33	135.37	115.96	84.68	167.38
6 月	109.66	126.80	118.01	126.90	135.50	114.17	88.01	169.92
7 月	109.75	126.76	117.95	126.73	135.60	113.45	89.03	170.35
8 月	109.88	126.83	118.76	126.43	135.29	113.13	89.69	170.40
9 月	109.56	126.64	119.14	125.70	135.09	112.87	89.16	171.54
10 月	108.83	126.09	119.07	125.78	133.43	113.67	86.73	169.99
11 月	109.33	125.60	119.27	126.02	131.52	116.03	86.36	170.10
12 月	109.13	125.35	119.12	125.70	131.24	116.60	85.44	172.90
全年平均	109.64	127.10	119.36	126.86	135.09	115.36	86.46	170.16

数据来源：国家发展和改革委员会统计资料。

表 19	2019 年成品粮零售价格分月情况表

单位：元 /500 克

月份	标一晚籼米	标一粳米	标准粉	富强粉
1 月	2.65	2.83	2.41	2.75
2 月	2.67	2.84	2.42	2.76
3 月	2.68	2.83	2.44	2.78
4 月	2.68	2.84	2.44	2.78
5 月	2.68	2.85	2.45	2.76
6 月	2.68	2.84	2.45	2.74
7 月	2.68	2.83	2.42	2.77
8 月	2.70	2.82	2.41	2.77
9 月	2.69	2.83	2.42	2.77
10 月	2.70	2.84	2.44	2.79
11 月	2.69	2.84	2.45	2.78
12 月	2.69	2.85	2.45	2.78
全年平均	2.68	2.84	2.43	2.77

数据来源：国家发展和改革委员会统计资料。

表 20		2019 年粮食主要品种批发市场价格表				

单位：元 / 吨

月份	三等白小麦	二等黄玉米	标一早籼米	标一晚籼米	标一粳米	三等大豆
1 月	2456	1867	3763	4061	4162	3717
2 月	2450	1834	3721	4043	4198	3800
3 月	2439	1830	3745	4115	4224	3679
4 月	2418	1845	3749	4049	4254	3644
5 月	2403	1881	3740	4109	4066	3613
6 月	2302	1932	3655	4022	4169	3709
7 月	2256	1941	3700	4002	4238	3751
8 月	2265	1926	3750	3929	4258	3792
9 月	2268	1932	3822	4108	4276	3826
10 月	2263	1856	3818	4033	4383	3476
11 月	2289	1887	3853	4036	4305	3453
12 月	2317	1879	3786	3910	4236	3444
全年平均	2344	1884	3759	4035	4231	3659

数据来源：国家发展和改革委员会统计资料。

表 21	2019 年国内期货市场小麦、玉米、早籼稻、大豆分月价格表

单位：元 / 吨

月份	强筋小麦	普通小麦	玉米	早籼稻	国产大豆	进口大豆
1 月	2412	2278	1863	2411	3426	2956
2 月	2426	—	1821	2344	3391	2848
3 月	2479	—	1844	2201	3323	2785
4 月	2448	2202	1916	2201	3378	2726
5 月	2392	2365	1971	2325	3598	3120
6 月	2347	—	1948	2335	3448	3115
7 月	2328	2131	1930	2408	3383	3064
8 月	2368	2100	1871	2616	3529	3307
9 月	2360	2230	1823	2723	3350	3197
10 月	2365	—	1873	2687	3393	3364
11 月	2376	—	1830	2577	3366	3178
12 月	2350	—	1910	2666	3857	3312

注：1. 玉米为大连商品交易所玉米。

2. 早籼稻为郑州商品交易所早籼稻。

3. 国产大豆为大连交易所黄大豆 1 号，进口大豆为大连商品交易所黄大豆 2 号。

4. 均为最近主力合约月末收盘价格，按四舍五入计算。

数据来源：国家粮油信息中心统计资料。

表 22	2019 年美国芝加哥商品交易所谷物和大豆分月价格表

单位：美元 / 吨

月份	小麦	玉米	稻米	大豆
1 月	188	146	204	329
2 月	185	147	197	333
3 月	169	147	211	334
4 月	169	146	208	330
5 月	165	145	215	307
6 月	198	178	229	330
7 月	187	176	234	338
8 月	175	146	223	320
9 月	179	147	241	330
10 月	186	155	235	343
11 月	185	146	234	337
12 月	202	153	248	338

注：1. 各品种均为美国芝加哥商品交易所标准品。

2. 按美元整数四舍五入计算。

3. 均为最近主力合约每月中旬收盘价格。

数据来源：国家粮油信息中心统计资料。

表 23	国有粮食企业主要粮食品种收购量（2005～2019 年）

单位：原粮，万吨

年份	合计	小麦	稻谷	玉米	大豆	其他
2005	12617.45	3745.20	3695.95	4529.90	506.00	140.40
2006	13199.30	6039.95	3096.25	3424.70	492.20	146.20
2007	11039.30	4733.15	2856.95	3008.30	321.45	119.45
2008	17008.00	6712.70	5142.10	4754.20	313.40	85.60
2009	16386.50	6833.95	3800.95	4988.45	653.00	110.15
2010	13352.15	6177.70	3082.10	3333.65	648.80	109.90
2011	12672.05	4650.40	4028.70	3428.10	465.65	99.20
2012	13498.40	4871.40	3709.30	4260.90	563.90	92.90
2013	18630.90	4023.80	5722.90	8472.70	317.20	94.30
2014	20656.75	5779.05	5497.55	8995.50	317.05	67.60
2015	26122.90	5095.30	5787.10	15046.60	140.10	53.80
2016	22514.25	5939.75	6114.80	10331.50	66.55	61.65
2017	16397.40	5250.15	5144.25	5801.65	145.65	55.70
2018	12594.50	3119.25	5011.30	4218.10	175.35	70.50
2019	14872.47	5234.86	4286.22	5126.93	151.68	72.78

数据来源：国家粮食和物资储备局统计资料。

表 24		国有粮食企业主要粮食品种销售量（2005～2019 年）				

单位：原粮，万吨

年份	合计	小麦	稻谷	玉米	大豆	其他
2005	13275.10	4276.90	3693.55	4348.75	841.70	114.20
2006	13209.30	4246.10	3846.50	4133.20	847.60	135.90
2007	14230.60	5104.00	4168.35	3890.35	892.75	175.15
2008	16635.80	7352.90	4430.90	3985.40	755.90	110.70
2009	17974.45	7094.20	4335.35	5261.40	1145.75	137.75
2010	20280.35	7569.00	4416.85	6454.75	1662.95	176.80
2011	20513.80	7342.20	5200.80	5839.05	1992.20	139.55
2012	18154.70	6929.95	4296.05	4548.00	2188.10	192.60
2013	20814.20	7623.60	4435.80	6179.65	2418.00	157.15
2014	22860.05	6124.95	5586.30	8226.25	2618.10	304.45
2015	20400.50	5616.00	5717.30	5639.40	2704.60	723.20
2016	26906.30	5957.70	6867.90	10523.15	2950.60	606.95
2017	33269.60	6769.25	7374.95	14270.95	4210.55	643.90
2018	40183.00	6687.50	7863.05	20953.95	4144.95	1883.55
2019	35121.09	6695.43	8554.58	14673.83	4782.98	414.26

数据来源：国家粮食和物资储备局统计资料。

表 25   2019 年国有粮食企业分品种收购情况表

单位：万吨

项目	国有粮食企业收购				
	原粮合计	小麦	稻谷	玉米	大豆
全 国	14872.5	5234.9	4286.2	5126.9	151.7
北 京	813.4	143.7	25.7	640.1	3.7
天 津	33.4	21.7	10.1	1.5	/
河 北	737.5	464.5	3.9	266.0	0.1
山 西	217.4	67.4	/	138.8	0.8
内蒙古	398.5	26.5	17.3	331.7	18.5
辽 宁	573.4	5.1	114.1	450.9	0.3
吉 林	1260.0	0.1	83.4	1158.7	13.4
黑龙江	2473.4	10.9	1141.3	1203.7	105.7
上 海	91.9	3.8	86.5	1.5	/
江 苏	1644.7	998.4	586.3	49.9	4.7
浙 江	175.3	12.5	161.5	1.3	/
安 徽	1266.7	663.2	539.7	63.1	0.2
福 建	72.1	/	61.1	11.0	0.0
江 西	373.4	0.9	371.3	1.2	/
山 东	915.2	685.3	6.6	223.2	/
河 南	1697.5	1435.2	124.0	135.0	3.2
湖 北	344.9	57.3	287.1	0.5	/
湖 南	242.6	/	242.1	0.6	/
广 东	108.5	21.6	59.0	26.8	1.0
广 西	89.9	/	89.9	/	/
海 南	3.9	/	3.9	/	/
重 庆	63.6	6.6	55.1	1.4	/
四 川	214.9	53.4	140.3	20.2	/
贵 州	31.6	1.1	15.5	0.5	/
云 南	52.3	3.2	23.3	25.1	0.0
西 藏	2.1	0.4	/	/	/
陕 西	435.0	251.9	5.9	174.6	0.0
甘 肃	116.7	53.3	5.7	51.3	/
青 海	4.1	3.4	/	/	/
宁 夏	69.4	8.8	16.8	43.8	/
新 疆	349.4	234.6	8.6	104.8	0.1

数据来源：国家粮食和物资储备局统计资料。

表 26　2019 年国有粮食企业分品种销售情况表

单位：万吨

项目	原粮合计	国有粮食企业销售			
		小麦	稻谷	玉米	大豆
全　国	35121.1	6695.4	8554.6	14673.8	4783.0
北　京	2834.5	587.3	181.8	1509.1	530.3
天　津	700.5	205.7	68.2	70.9	291.0
河　北	1061.5	383.3	31.6	535.3	110.2
山　西	295.4	133.1	12.1	143.8	0.8
内蒙古	1142.2	50.7	28.5	994.0	60.6
辽　宁	2192.8	21.4	206.2	1702.4	252.1
吉　林	2274.3	0.6	144.2	1946.4	175.5
黑龙江	4445.1	53.4	1377.1	2775.6	233.2
上　海	1118.6	127.5	350.9	410.9	216.3
江　苏	4116.2	1161.2	922.8	371.9	1643.6
浙　江	1632.9	346.4	824.2	306.4	145.6
安　徽	1175.6	281.2	761.0	125.4	0.6
福　建	1293.1	121.0	200.9	807.6	50.5
江　西	553.6	4.3	540.5	8.4	0.4
山　东	1689.6	696.6	16.2	708.7	266.8
河　南	1189.7	766.5	140.5	212.1	70.2
湖　北	597.1	75.2	477.8	16.6	22.8
湖　南	630.9	11.0	567.2	52.6	0.1
广　东	2137.7	528.7	553.0	823.0	185.5
广　西	723.5	21.5	219.6	126.6	355.8
海　南	140.4	16.8	15.0	102.6	5.8
重　庆	186.6	39.7	102.5	35.4	0.9
四　川	959.5	178.7	304.5	366.1	82.4
贵　州	320.3	56.5	199.4	33.9	13.6
云　南	348.6	19.5	175.7	87.4	64.5
西　藏	13.4	4.2	6.8	/	/
陕　西	621.1	316.0	89.8	209.1	3.7
甘　肃	185.3	126.1	5.0	47.7	0.0
青　海	38.4	32.8	2.8	0.0	/
宁　夏	88.2	16.6	19.0	52.7	/
新　疆	414.4	311.7	9.9	91.1	0.1

数据来源：国家粮食和物资储备局统计资料。

表 27　2019 年分地区粮食产业企业数量表

单位：个

项目类别	成品粮油加工企业			饲料企业	养殖企业	食品及副食酿造企业	粮食深加工企业			粮油机械制造企业
	小麦粉加工企业	大米加工企业	食用植物油加工企业				制酒企业	酒精企业	淀粉企业	
全国总计	2573	9760	1604	3658	420	2269	677	95	236	173
北　京	7	14	4	30	1	39	6	/	/	/
天　津	11	16	10	32	/	9	1	1	/	/
河　北	181	61	22	196	25	22	12	6	31	4
山　西	156	1	18	83	29	54	18	4	5	1
内蒙古	63	27	38	88	14	31	22	3	11	/
辽　宁	8	557	20	311	38	53	29	1	3	/
吉　林	3	557	18	130	14	10	4	10	12	/
黑龙江	43	1544	95	161	18	82	34	21	20	/
上　海	4	26	13	25	1	52	4	/	/	1
江　苏	188	757	110	183	9	121	24	8	13	29
浙　江	8	184	41	110	17	170	65	/	4	23
安　徽	221	867	141	161	16	232	47	6	9	35
福　建	24	178	33	81	7	45	8	/	/	/
江　西	4	1023	64	137	12	32	9	1	8	3
山　东	506	36	106	558	20	142	41	2	44	1
河　南	586	138	100	184	51	302	41	15	30	20
湖　北	99	1200	172	168	26	225	52	2	10	46
湖　南	8	991	139	209	8	154	22	/	5	5
广　东	24	385	44	248	14	81	17	2	1	/
广　西	6	289	16	108	12	20	8	4	/	/
海　南	1	21	2	15	2	/	/	/	/	/
重　庆	5	116	15	43	6	23	8	/	/	/
四　川	47	348	118	173	14	141	89	3	5	3
贵　州	14	126	44	28	1	32	14	/	/	/
云　南	35	162	27	77	30	91	55	3	2	/
西　藏	4	/	4	3	1	8	6	/	/	/
陕　西	89	56	46	48	19	42	15	1	8	1
甘　肃	75	3	20	26	11	29	22	1	4	/
青　海	10	/	21	5	/	3	3	/	/	/
宁　夏	34	59	32	14	3	9	/	/	10	1
新　疆	109	18	71	23	1	15	1	1	1	/

数据来源：国家粮食和物资储备局统计资料。

表 28	2019 年分地区粮食产业主要经济指标情况表		

单位：亿元

项目	工业总产值	销售收入	利税总额	利润总额
全国总计	31490.1	31786.3	2950.4	2423.7
北 京	262.2	416.6	55.8	43.9
天 津	425.7	479.7	19.8	15.0
河 北	1146.2	1041.3	43.8	39.9
山 西	311.3	284.1	53.7	41.6
内蒙古	451.1	453.2	34.6	31.3
辽 宁	880.0	819.3	37.1	31.3
吉 林	577.1	589.0	-4.4	-6.4
黑龙江	1161.8	1173.5	18.5	19.0
上 海	263.1	345.8	19.2	15.2
江 苏	2797.4	2894.0	242.5	187.7
浙 江	703.9	679.3	47.7	36.0
安 徽	2605.6	2461.0	164.5	135.9
福 建	800.8	779.0	84.6	79.1
江 西	981.4	908.3	36.1	31.4
山 东	4211.9	4462.9	159.2	123.6
河 南	2236.0	2089.8	108.9	94.7
湖 北	2060.5	1871.4	129.2	103.6
湖 南	1558.3	1370.5	72.6	58.0
广 东	2263.8	2468.3	170.2	140.1
广 西	867.6	866.6	25.5	19.0
海 南	95.7	107.0	1.7	1.6
重 庆	275.4	294.8	12.7	11.1
四 川	2015.2	2345.5	499.4	393.0
贵 州	1267.6	1292.5	849.5	715.5
云 南	225.4	305.5	18.7	14.2
西 藏	9.2	10.2	2.1	1.8
陕 西	461.8	407.7	22.6	21.7
甘 肃	146.9	103.4	9.8	7.7
青 海	20.4	23.5	1.0	0.9
宁 夏	116.6	128.7	6.3	5.8
新 疆	290.5	313.8	7.6	10.6

数据来源：国家粮食和物资储备局统计资料。

表 29		**2019 年分地区粮食产业生产能力汇总表**				

单位：万吨

项目	年处理小麦	年处理稻谷	年处理玉米	年处理油料	年精炼油脂	年生产饲料
全国总计	19982.8	37401.3	1465.7	16862.8	6514.9	34459.4
北　京	137.8	84.5	0.6	8.4	6.0	278.8
天　津	121.1	64.0	/	537.8	319.6	257.2
河　北	1847.6	183.1	77.4	572.6	175.5	1100.4
山　西	327.8	0.8	30.0	7.7	2.6	628.7
内蒙古	228.1	133.0	41.3	177.0	45.6	692.8
辽　宁	99.5	1877.5	129.8	770.4	131.3	2276.9
吉　林	17.0	1777.5	112.6	174.0	37.2	854.8
黑龙江	208.6	7047.1	252.7	881.6	188.3	1122.7
上　海	45.0	145.8	/	62.7	108.1	151.7
江　苏	1610.9	3297.0	10.5	2527.3	1009.8	1830.2
浙　江	193.9	669.9	22.4	423.8	154.5	750.0
安　徽	1988.2	4442.0	146.8	474.5	259.2	1590.5
福　建	230.5	660.3	4.8	516.5	181.5	1344.1
江　西	0.3	3457.7	12.6	114.5	171.6	1815.8
山　东	4387.1	230.0	208.1	2541.7	739.3	4863.4
河　南	5419.5	975.4	209.8	931.4	361.0	1827.6
湖　北	705.7	5494.6	75.4	1304.9	528.7	1615.4
湖　南	30.3	3051.1	22.2	434.7	279.7	2111.1
广　东	486.1	743.9	24.6	1466.5	651.6	3721.1
广　西	24.8	581.6	/	1233.1	350.7	1750.1
海　南	/	24.7	/	0.0	0.9	292.6
重　庆	11.5	371.2	/	73.1	79.3	424.4
四　川	217.0	1108.4	5.5	660.9	311.3	1660.0
贵　州	5.3	282.1	2.0	107.3	35.1	174.0
云　南	68.9	280.2	2.9	43.2	39.1	444.6
西　藏	3.5	/	/	0.7	0.2	1.8
陕　西	524.4	132.6	31.8	202.5	106.1	324.5
甘　肃	320.6	4.0	1.5	30.4	10.4	175.9
青　海	26.4	/	0.3	119.6	45.7	22.6
宁　夏	149.1	228.2	0.1	45.4	25.9	162.1
新　疆	546.8	53.4	40.1	418.7	159.2	193.6

数据来源：国家粮食和物资储备局统计资料。

表 30			2019 年分地区粮食产业主要产品产量汇总表				

单位：万吨；万台（套）

项目	小麦粉	大米	食用植物油	商品淀粉	酒精	饲料	粮机设备
全国总计	7249.0	8664.4	3269.4	2900.8	838.6	19364.8	68.1
北　京	68.2	22.3	0.1	/	/	133.8	/
天　津	31.3	7.8	200.5	/	/	128.5	/
河　北	1071.1	49.9	88.1	297.1	12.2	695.1	0.2
山　西	51.5	0.0	1.7	29.9	3.4	202.9	/
内蒙古	38.4	11.4	9.0	219.6	25.5	305.2	/
辽　宁	44.7	416.2	77.8	88.6	28.4	1185.2	/
吉　林	1.0	269.2	45.9	265.6	279.9	265.7	/
黑龙江	41.8	1378.1	37.2	454.3	185.7	352.5	/
上　海	16.6	27.1	90.9	/	/	85.9	/
江　苏	606.9	965.2	591.8	20.1	20.7	963.5	8.2
浙　江	87.6	164.2	50.8	1.7	/	444.3	27.1
安　徽	804.6	1381.5	81.0	58.5	83.4	925.6	6.4
福　建	120.3	200.3	129.0	/	/	587.3	/
江　西	0.0	801.1	41.5	15.7	3.1	988.0	0.2
山　东	1591.4	53.1	494.2	1172.4	26.2	3101.3	/
河　南	1645.9	159.5	60.7	61.7	99.8	815.2	2.1
湖　北	139.2	1021.9	85.8	26.7	3.8	864.6	19.6
湖　南	4.9	882.5	177.1	1.2	/	1127.2	4.0
广　东	260.0	317.8	442.5	11.5	11.2	2542.2	/
广　西	10.3	110.7	213.3	/	14.4	1305.6	/
海　南	/	1.7	0.0	/	/	235.9	/
重　庆	3.0	64.1	113.2	/	/	283.4	/
四　川	70.9	194.2	78.5	3.3	34.0	927.5	0.1
贵　州	0.2	50.8	9.4	/	/	126.4	/
云　南	18.1	39.5	16.5	0.1	1.3	286.7	/
西　藏	/	/	0.0	/	/	4.9	/
陕　西	230.4	18.7	74.1	137.2	0.2	139.7	0.2
甘　肃	72.0	/	0.9	5.7	1.0	93.0	/
青　海	8.0	/	2.9	/	/	2.8	/
宁　夏	25.8	44.9	5.8	15.0	/	51.7	0.0
新　疆	185.0	10.6	49.0	15.2	4.4	193.3	0.0

注：大米产量含二次加工产量，食用植物油产量为精炼产量。

数据来源：国家粮食和物资储备局统计资料。

表 31

全国粮油进口情况表（2001～2019 年）

单位：万吨

年份	粮食	谷物	小麦	大米	玉米	大麦	大豆	食用植物油	豆油	菜籽油	棕榈油	花生油
2001	1950.4	344.3	73.9	26.9	3.9	236.8	1393.9	149.2	7.0	4.9	136.0	0.9
2002	1605.1	284.9	63.2	23.6	0.8	190.7	1131.4	266.3	87.0	7.8	169.5	0.4
2003	2525.8	208.0	44.7	25.7	0.1	136.3	2074.1	441.2	188.4	15.2	232.8	0.7
2004	3351.5	974.5	725.8	75.6	0.2	170.7	2023.0	529.1	251.6	35.3	239.0	0.0
2005	3647.0	627.1	353.9	51.4	0.4	217.9	2659.0	471.9	169.4	17.8	283.8	0.0
2006	3713.8	358.2	61.3	71.9	6.5	213.1	2823.7	581.3	154.3	4.4	418.7	0.0
2007	3731.0	155.5	10.1	48.8	3.5	91.3	3081.7	767.5	282.3	37.5	438.7	1.1
2008	4130.6	154.0	4.3	33.0	5.0	107.6	3743.6	752.8	258.6	27.0	464.7	0.6
2009	5223.1	315.0	90.4	35.7	8.4	173.8	4255.1	816.2	239.1	46.8	511.4	2.1
2010	6695.4	570.7	123.1	38.8	157.3	236.7	5479.8	687.2	134.1	98.5	431.4	6.8
2011	6390.0	544.6	125.8	59.8	175.4	177.6	5263.7	656.8	114.3	55.1	470.1	6.1
2012	8024.6	1398.2	370.1	236.9	520.8	252.8	5838.4	845.1	182.6	117.6	523.0	6.3
2013	8645.2	1458.1	553.5	227.1	326.6	233.5	6337.5	809.8	115.8	152.7	487.4	6.1
2014	10042.4	1951.0	300.4	257.9	259.9	541.3	7139.9	650.2	113.5	81.0	396.9	9.4
2015	12477.5	3270.4	300.6	337.7	473.0	1073.2	8169.2	676.5	81.8	81.5	431.2	12.8
2016	11467.6	2198.9	341.2	356.2	316.8	500.5	8391.3	552.8	56.0	70.0	315.7	10.7
2017	13061.5	2559.2	442.2	402.6	282.7	886.3	9552.6	577.3	65.3	75.7	346.5	10.8
2018	11554.8	1649.6	309.9	305.8	352.4	681.5	8803.1	629.0	54.9	129.5	357.2	12.8
2019	11144.4	1785.1	348.8	254.6	479.3	592.9	8851.1	953.3	82.6	161.5	561.2	19.4

数据来源：国家发展和改革委员会根据《海关统计》整理。

表 32	全国粮油出口情况表（2001～2019 年）							

单位：万吨

年份	粮食	谷物	小麦	大米	玉米	大豆	食用植物油	豆油	菜籽油
2001	991.2	875.6	71.3	185.9	600.0	24.8	13.5	6.0	5.4
2002	1619.6	1482.2	97.7	198.2	1167.5	27.6	9.7	4.7	1.8
2003	2354.6	2194.7	251.4	260.5	1640.1	26.7	6.0	1.1	0.5
2004	620.4	473.4	108.9	89.8	232.4	33.5	6.5	1.9	0.5
2005	1182.3	1013.7	60.5	67.4	864.2	39.6	22.5	6.3	3.1
2006	774.4	605.2	151.0	124.0	309.9	37.9	39.9	11.8	14.5
2007	1169.5	986.7	307.3	134.3	492.1	45.6	16.6	6.6	2.2
2008	378.9	181.2	31.0	97.2	27.3	46.5	24.8	13.4	0.7
2009	328.3	131.7	24.5	78.0	13.0	34.6	11.4	6.9	0.9
2010	275.1	119.9	27.7	62.2	12.7	16.4	9.2	5.9	0.4
2011	287.5	116.4	32.8	51.6	13.6	20.8	12.2	5.1	0.3
2012	276.6	96.0	28.5	27.9	25.7	32.0	10.0	6.5	0.7
2013	243.1	94.7	27.8	47.8	7.8	20.9	11.5	9.0	0.6
2014	211.4	70.9	19.0	41.9	2.0	20.7	13.4	10.0	0.7
2015	163.5	47.8	12.2	28.7	1.1	13.4	13.5	10.4	0.5
2016	190.1	58.1	11.3	39.5	0.4	12.7	11.3	8.0	0.5
2017	280.2	155.7	18.3	119.7	8.6	11.2	20.0	13.3	2.1
2018	365.9	238.7	28.6	208.9	1.2	13.4	29.5	21.8	1.5
2019	434.5	318.0	31.3	274.8	2.6	11.4	26.7	19.7	1.1

数据来源：国家发展和改革委员会根据《海关统计》整理。

表33

2019 年 6 省区早籼稻收获质量情况调查表

单位：个；%

地区	年份	样品数	覆盖市、县数	出糙率	等级比例							整精率								不完善粒率
					三等以上	一等	二等	三等	四等	五等	等外	平均值	其中							
													≥44	≥50	50~47	47~44	44~41	41~38	<38	
合计	2019	600	57市186县	78.3	94.4	42.5	36.2	15.7	3.3	1.7	0.6	53.6	88.3	70.8	7.8	9.7	3.2	2.2	6.3	4.3
安徽	2019	25	4市7县	78.4	100.0	32.0	56.0	12.0	0.0	0.0	0.0	59.4	96.0	96.0	0.0	0.0	4.0	0.0	0.0	3.3
江西	2019	160	8市36县	78.8	96.3	54.4	32.5	9.4	2.5	0.6	0.6	50.0	80.6	50.6	14.4	15.6	6.9	3.1	9.4	4.3
湖北	2019	40	10市17县	78.0	97.5	32.5	42.5	22.5	0.0	2.5	0.0	60.0	100.0	87.5	5.0	7.5	0.0	0.0	0.0	3.3
湖南	2019	160	11市49县	77.7	91.9	31.9	35.6	24.4	5.0	1.9	1.2	54.4	87.5	74.4	6.9	6.3	1.9	3.8	6.7	4.7
广东	2019	105	10市35县	78.3	92.4	36.2	41.9	14.3	4.8	1.9	0.9	55.0	92.4	81.0	3.8	7.6	1.0	1.9	4.7	4.0
广西	2019	110	14市42县	78.6	94.5	52.7	30.0	11.8	2.7	2.8	0.0	52.7	90.9	73.6	6.4	10.9	2.7	0.0	6.4	4.4

数据来源：国家粮食和物资储备局标准质量中心统计资料。

表34 2019年9省夏收小麦质量情况调查表

单位：个；%

| 地区 | 年份 | 样品数 | 覆盖市、县数 | 千粒重 | 容重 | 等级比例 | | | | | | | 不完善粒率 |
						中等以上	一等	二等	三等	四等	五等	等外	
合计	2019	1998	93市434县	43.1	793	96.0	64.1	23.2	8.7	2.6	1.0	0.4	3.9
河北	2019	245	8市68县	41.6	795	98.8	72.2	20.4	6.2	0.8	0.4	0.0	3.3
山西	2019	42	4市19县	39.9	784	88.1	52.4	28.6	7.1	4.8	7.1	0.0	2.0
江苏	2019	215	13市52县	42.4	792	96.7	57.7	30.7	8.4	2.3	0.9	0.0	3.1
安徽	2019	235	8市27县	42.9	795	96.9	62.2	24.0	10.7	2.7	0.0	0.0	3.2
山东	2019	410	16市78县	41.1	795	98.3	66.3	25.1	6.9	1.5	0.2	0.0	3.2
河南	2019	610	18市105县	45.3	800	98.7	76.9	18.2	3.6	1.3	0.0	0.0	3.6
湖北	2019	79	12市21县	42.8	774	84.4	29.9	29.9	24.7	9.1	5.2	1.2	4.8
四川	2019	85	9市36县	43.1	752	65.8	8.2	17.6	40.0	16.5	10.6	7.1	13.9
陕西	2019	77	5市28县	45.3	788	97.4	50.6	33.8	13.0	2.6	0.0	0.0	4.5

数据来源：国家粮食和物资储备局标准质量中心统计资料。

表35

2019 年全国中晚稻、粳稻收获质量情况调查表

单位：个；%

种类	地区	年份	样品数	覆盖市、县数	出糙率	等级比例							中等以上	其中						黄粒米	合外糙米率
						中等以上	一等	二等	三等	四等	五等	等外		一等	二等	三等	四等	五等	等外		
中晚籼稻	合计	2019	1824	102市424县	77.8	95.0	23.9	49.6	21.6	3.7	0.9	0.3	90.8	81.6	5.4	3.8	1.8	2.5	3.7	98.7	96.7
	安徽	2019	340	14市45县	77.2	90.6	10.0	53.8	26.8	7.4	1.2	0.8	92.6	84.7	5.0	2.9	2.1	2.4	2.9	99.1	97.4
	江西	2019	220	10市33县	78.0	96.8	29.1	49.1	18.6	3.2	0.0	0.0	84.1	87.7	4.5	1.8	2.3	1.8	1.8	100.0	96.8
	河南	2019	90	1市9个县	77.0	95.6	12.2	42.2	34.4	8.9	2.3	0.0	95.6	91.1	3.3	1.1	0.0	3.3	1.1	100.0	100.0
	湖北	2019	299	16市50县	77.3	96.3	7.4	58.5	30.4	2.0	1.4	0.3	93.6	96.3	4.0	3.3	1.3	2.7	2.3	99.7	98.7
	湖南	2019	350	14市101县	77.9	96.0	26.6	51.1	18.9	2.6	0.6	0.2	94.3	93.4	7.4	3.7	1.4	2.0	2.0	100.0	96.9
	广西	2019	120	14市48县	78.4	99.2	33.3	51.7	14.2	0.8	0.0	0.0	83.3	81.7	1.7	0.0	0.0	0.0	0.0	83.3	83.3
	广东	2019	105	15市52县	79.1	100.0	58.1	37.1	4.8	0.0	0.0	0.0	99.0	99.0	0.0	0.0	0.0	0.0	1.0	100.0	97.1
	四川	2019	300	18市86县	78.0	94.3	37.0	40.0	17.3	3.7	1.3	0.7	78.0	57.7	9.7	10.7	4.0	5.3	12.7	100.0	98.0
粳稻	合计	2019	1010	49市147县	80.7	93.6	50.5	29.9	13.2	4.3	1.3	0.8	78.2	88.7	5.8	3.7	1.7	0.1	0.1	100.0	86.7
	辽宁	2019	100	11市17县	80.4	97.0	37.0	53.0	7.0	3.0	0.0	0.0	100.0	97.0	0.0	3.0	0.0	0.0	0.0	100.0	93.0
	吉林	2019	130	8市25县	80.3	90.8	52.3	23.8	14.6	4.6	1.6	3.1	96.9	85.4	6.9	4.6	3.1	0.0	0.0	100.0	85.4
	黑龙江	2019	315	11市54县	78.8	85.1	14.9	41.6	28.6	9.8	3.5	1.6	96.8	81.0	10.2	5.7	2.9	0.3	0.3	100.0	83.8
	江苏	2019	400	13市43县	82.3	99.8	82.3	14.3	3.2	0.2	0.0	0.0	99.5	98.5	1.0	0.0	0.5	0.0	0.0	100.0	86.0
	安徽	2019	65	6市8县	80.3	96.9	44.6	46.2	6.2	3.0	0.0	0.0	96.9	96.9	21.5	15.4	3.1	0.0	0.0	100.0	98.5

数据来源：国家粮食和物资储备局标准质量中心统计资料。

表 36

2019 年 9 省区新收获玉米质量情况调查表

单位：个；%

地区	年份	样品数	覆盖市、县数	容重 (g/L)	容重 (g/L)							不完善粒率		淀粉 %	粗蛋白 %	粗脂肪 %
					三等以上	一等	二等	三等	四等	五等	等外	≤8.0	其中生霉粒≤2.0			
9省区合计	2019	2541	110市494县	737	99.1	79.2	15.8	4.1	0.9	0.0	0.0	94.1	99.4	71.5	9.2	4.1
河南	2019	325	18市80县	735	100.0	83.4	15.1	1.5	0.0	0.0	0.0	76.3	96.9	71.5	9.8	4.0
山东	2019	385	16市78县	739	99.7	86.0	12.2	1.6	0.2	0.0	0.0	90.9	99.0	71.1	9.8	4.2
吉林	2019	360	9市34县	738	100.0	83.1	16.6	0.3	0.0	0.0	0.0	94.7	100.0	71.8	8.8	4.2
辽宁	2019	190	13市38县	756	100.0	97.4	2.1	0.5	0.0	0.0	0.0	98.9	100.0	71.4	9.2	4.2
黑龙江	2019	385	12市54县	717	94.8	49.9	33.0	11.9	5.2	0.0	0.0	99.7	100.0	71.7	8.4	4.4
内蒙古	2019	270	8市21县	745	100.0	88.9	3.0	8.1	0.0	0.0	0.0	98.1	100.0	71.5	8.8	4.1
陕西	2019	206	10市57县	727	99.6	64.5	29.0	6.0	0.5	0.0	0.0	96.4	100.0	71.1	9.4	3.7
山西	2019	130	11市44县	753	100.0	90.0	8.5	1.5	0.0	0.0	0.0	99.2	99.2	71.3	9.3	3.7
河北	2019	290	13市88县	748	99.7	86.6	10.7	2.4	0.3	0.0	0.0	98.6	100.0	71.5	9.1	3.9

数据来源：国家粮食和物资储备局标准质量中心统计资料。

表37

2019 年 3 省区大豆质量情况调查表

单位：个；%

地区	年份	样品数	涉及市、县数	完整粒率							粗蛋白（干基）		粗脂肪（干基）	
				平均值	一等 （≥95）	一等 （≥90）	三等 （≥85）	四等 （≥80）	五等 （≥75）	等外 （<75）	三等以上	平均值	达标高 蛋白大 豆比例	平均值	达标高 油大豆 比例
合计	2019	270	17市62县	91.2	24.4	46.7	17.0	7.8	1.9	2.2	88.1	40.1	52.2	20.1	54.4
内蒙古	2019	40	2市6县	91.5	32.5	40.0	7.5	15.0	5.0	0.0	80.0	39.7	27.5	20.1	70.0
黑龙江	2019	200	11市48县	90.6	18.0	49.5	21.5	6.5	1.5	3.0	89.0	40.2	59.5	20.0	47.5
吉林	2019	30	4市8县	94.7	56.7	36.7	0.0	6.6	0.0	0.0	93.3	39.7	36.7	20.4	80.0

数据来源：国家粮食和物资储备局标准质量中心统计资料。

表 38　2019 年发布粮油国家标准和行业标准统计表

序号	项目名称	执行标准代号
1	粮油检验　小麦粉面团流变学特性测试　粉质仪法	GB/T 14614—2019
2	粮油检验　小麦粉面团流变学特性测试　拉伸仪法	GB/T 14615—2019
3	棉籽油	GB/T 1537—2019
4	核桃油	GB/T 22327—2019
5	低氧防治储粮害虫一般规则	GB/T 37491—2019
6	粮油检验　谷物及其制品水溶性膳食纤维的测定　酶重量法	GB/T 37492—2019
7	粮油检验　谷物、豆类中可溶性糖的测定　铜还原—碘量法	GB/T 37493—2019
8	粮油机械　轧坯机	GB/T 37494—2019
9	粮油机械　碟式汽提塔	GB/T 37495—2019
10	粮油机械　平转浸出器	GB/T 37496—2019
11	粮油机械　软化锅	GB/T 37497—2019
12	食用油运载容器技术条件	GB/T 37509—2019
13	粮油检验　小麦粉膨胀势的测定	GB/T 37510—2019
14	粮油检验　小麦粉面团流变学特性测试　混合试验仪法	GB/T 37511—2019
15	粮油检验　实际与理论 ECN42 甘三酯含量差值的测定	GB/T 37512—2019
16	粮油机械　低破碎斗式提升机	GB/T 37513—2019
17	动植物油脂　矿物油的检测	GB/T 37514—2019
18	动植物油脂　脉冲核磁共振法测定固体脂肪含量　间接法	GB/T 37517—2019
19	粮油机械　斗式提升机	GB/T 37519—2019
20	粮食物流名词术语	GB/T 37710—2019
21	粮油储藏　储粮害虫检验辅助图谱　第 1 部分：拟步甲科	GB/T 37719.1—2019
22	元宝枫籽油	GB/T 37748—2019
23	起酥油	GB/T 38069—2019
24	粮油检验　粮食、油料的杂质、不完善粒检验	GB/T 5494—2019
25	粮油检验　粮食中还原糖和非还原糖测定	GB/T 5513—2019
26	亚麻籽油	GB/T 8235—2019
27	粮食集装化包装仓储作业技术要求	GB/Z 37925—2019
28	杜仲籽	LS/T 3117—2019
29	元宝枫籽	LS/T 3118—2019
30	元宝枫籽饼粕	LS/T 3316—2019
31	亚麻籽饼粕	LS/T 3117—2019
32	油茶籽	LS/T 3119—2019

续表

序号	项目名称	执行标准代号
33	油用牡丹籽	LS/T 3120—2019
34	油用核桃	LS/T 3121—2019
35	盐肤木果籽	LS/T 3122—2019
36	橡胶籽	LS/T 3123—2019
37	盐地碱蓬籽	LS/T 3124—2019
38	燕麦米	LS/T 3260—2019
39	盐肤木果油	LS/T 3261—2019
40	食用橡胶籽油	LS/T 3262—2019
41	盐地碱蓬籽油	LS/T 3263—2019
42	美藤果油	LS/T 3264—2019
43	文冠果油	LS/T 3265—2019
44	橡胶籽饼粕	LS/T 3318—2019
45	粮油检测　大米中锰、铜、锌、铷、锶、镉、铅的测定　快速提取—电感耦合等离子体质谱法	LS/T 6136—2019
46	南方小麦粉加工精度标准样品特制一等	LS/T 15111.1—2019
47	南方小麦粉加工精度标准样品特制二等	LS/T 15111.2—2019
48	南方小麦粉加工精度标准样品标准粉	LS/T 15111.3—2019
49	北方小麦粉加工精度标准样品特制一等	LS/T 15112.1—2019
50	北方小麦粉加工精度标准样品特制二等	LS/T 15112.2—2019
51	北方小麦粉加工精度标准样品标准粉	LS/T 15112.3—2019
52	早籼米加工精度标准样品精碾	LS/T 15121.1—2019
53	早籼米加工精度标准样品适碾	LS/T 15121.2—2019
54	晚籼米加工精度标准样品精碾	LS/T 15122.1—2019
55	晚籼米加工精度标准样品适碾	LS/T 15122.2—2019
56	粳米加工精度标准样品精碾	LS/T 15123.1—2019
57	粳米加工精度标准样品适碾	LS/T 15123.2—2019
58	籼稻整精米率标准样品	LS/T 15321—2019
59	粳稻整精米率标准样品	LS/T 15322—2019
60	小麦硬度指数标准样品	LS/T1531—2019
61	大米颜色黄度指数标准样品	LS/T 1533—2019
62	粳米品尝评分参数样品	LS/T 1534—2019
63	籼米品尝评分参考样品	LS/T 1535—2019
64	小麦储存品质品尝评分参考样品	LS/T 15211—2019

数据来源：国家粮食和物资储备局标准质量中心统计资料。

表 39

2019 年粮食行业单位与从业人员情况总表

单位：个；人

项目	单位总数	从业人员总数				在岗职工			其他从业人员	长期职工按学历划分					长期职工按年龄划分			
		小计	女	少数民族	中共党员	小计	长期职工	临时职工		研究生	大学本科	大学专科	中专	高中及以下	35岁及以下	36~45岁	46~54岁	55岁及以上
全国总计	52710	1941469	623420	67275	274592	1912294	1724817	187477	29176	26672	235407	346755	272360	843623	582873	589292	429628	123024
一、行政机关	2517	76402	22738	7533	54122	75594	72984	2610	808	5995	37558	20468	4459	4504	15076	20582	23778	13548
二、事业单位	1953	34592	12973	2141	19413	34067	32943	1124	525	5143	12543	8981	2546	3730	7664	9739	10549	4991
其中：参公管理事业单位	480	11695	3852	520	6921	11645	11322	323	50	1639	4216	3685	829	953	2252	3439	3824	1807
三、企业	48240	1830475	587709	57601	201057	1802632	1618889	183743	27843	15534	185306	317306	265355	835388	560132	558971	395301	104485
其中：国有及国有控股企业	13416	491668	141129	18715	125760	477688	452718	24970	13980	5803	68724	107217	74202	196777	118167	145264	142428	46859

数据来源：国家粮食和物资储备局统计资料。

表 40　2019 年粮食行业取得国家职业资格证书人员统计表

单位：人

地区及单位	合计	（粮油）仓储管理员					农产品食品检验员					制米工					制粉工					制油工				
		初级	中级	高级	技师	高级技师	初级	中级	高级	技师	高级技师	初级	中级	高级	技师	高级技师	初级	中级	高级	技师	高级技师	初级	中级	高级	技师	高级技师
合 计	6432	1951	1411	246	95	0	1246	1235	156	18	2	0	0	0	0	0	0	0	8	0	0	47	17	0	0	0
北 京	19	17					2																			
天 津	93	42	21				21	9																		
河 北	189		73	17	3			89	5	2																
山 西	90	35	29				26																			
内蒙古	116	49					67																			
辽 宁	94	62					32																			
吉 林	337	155					119	63																		
黑龙江	0																									
上 海	102	64	16				12	10																		
江 苏	438	114	65	41			141	77																		
浙 江	437	148	108	22			62	93	4																	
安 徽	856	343	120	17			229	122	2	6													17			
福 建	134		79		28			27																		
江 西	169	22	4	5			29	109																		
山 东	437	48	109	33			30	197	20																	
河 南	612	305	60	14			138	63	24										8							
湖 北	124	23	41				48	12																		
湖 南	126	17	54	13			25	10	7																	

续表

地区及单位	仓储管理员（粮油）						农产品食品检验员					制米工					制粉工					制油工				
	合计	初级	中级	高级	技师	高级技师	初级	中级	高级	技师	高级技师	初级	中级	高级	技师	高级技师	初级	中级	高级	技师	高级技师	初级	中级	高级	技师	高级技师
广 东	226	116	38					72																		
广 西	102	28	24		7		18	25																		
海 南	29	29																								
四 川	185	95	35				40	15																		
重 庆	0																									
贵 州	124	73	45	2			3	1																		
云 南	247	80	30				106	31																		
西 藏	44	16	4	2			7	6	9																	
陕 西	65		22					43																		
甘 肃	92		38					54																		
宁 夏	0																									
青 海	18	10	1				1	5	1																	
新 疆（含兵团）	38	11	4				23																			
中储粮集团	660		358	66	51			62	76													47				
中粮集团	207	49	33	12			67	40	6																	
国家局鉴定中心	22			2	6			2	2	10	2															

数据来源：中国粮食研究培训中心（国家粮食和物资储备局职业技能鉴定指导中心）统计资料。

表41　2019 年度国家粮食和物资储备局软科学课题评价结果统计表

排名	完成单位	题目	评定等级
1	国家粮食和物资储备局物资储备司	《国家战略物资储备条例》立法问题研究	较高学术水平和实用价值
2	国家粮食和物资储备局规划建设司	战略资源目录调整优化及储备政策研究	较高学术水平和实用价值
3	国家粮食和物资储备局安全仓储与科技司、国家粮食和物资储备局储备安全和应急物资保障中心	新时代国家粮食和物资储备应急体系研究	较高学术水平和实用价值
4	国家粮食和物资储备局执法督查局	中央储备粮管理和中央事权粮食政策执行情况年度考核机制研究	较高学术水平和实用价值
5	国家粮食和物资储备局执法督查局	物资储备垂直监管体制机制研究	较高学术水平和实用价值
6	中国粮食研究培训中心	全球玉米布局及中国企业"走出去"战略研究	较高学术水平和实用价值
7	中国粮食研究培训中心	新形势下粮食收购制度研究	较高学术水平和实用价值
8	国家粮食安全政策专家咨询委员会秘书处	我国粮食产业高质量发展研究	较高学术水平和实用价值
9	国家粮油信息中心	新形势下玉米供需形势及趋势研究	较高学术水平和实用价值
10	国家粮油信息中心	新形势下增加大豆进口来源保障油料供给研究	较高学术水平和实用价值
11	国家粮食和物资储备局粮食交易协调中心	国家粮食电子交易平台供应链融资模式研究	较高学术水平和实用价值
12	中国粮食经济杂志社	以产业链、价值链、供应链"三链协同"推动稻米产业高质量发展研究	较高学术水平和实用价值
13	北京市粮食和物资储备局	北京市粮食行业发展空间布局专项规划研究	较高学术水平和实用价值
14	浙江省粮食和物资储备局	科学构建浙江省"双维度"救灾物资储备应急保障体系研究	较高学术水平和实用价值
15	江西省粮食和物资储备局	江西稻米产业高质量发展研究	较高学术水平和实用价值
16	山东省粮食和物资储备局	关于打造"齐鲁粮油"公共品牌引领山东粮油产业高质量发展的路径研究	较高学术水平和实用价值
17	湖南省粮食和物资储备局	推动打造我国南方地区粮食主产区稻米优势产业链研究	较高学术水平和实用价值
18	广东省粮食和物资储备局	粮食贸易新格局下广东粮食安全风险及防范措施研究	较高学术水平和实用价值
19	云南省粮食和物资储备局	完善云南省省级储备粮管理模式研究	较高学术水平和实用价值
20	国家粮食和物资储备局河北局	综合物资智能化管理研究	较高学术水平和实用价值
21	国家粮食和物资储备局江西局	国家储备成品油收储轮换机制改革研究	较高学术水平和实用价值

续表

排名	完成单位	题目	评定等级
22	国家粮食和物资储备局广东局	综合性能源储备基地建设研究	较高学术水平和实用价值
23	国家粮食和物资储备局云南局	国家储备天然橡胶企业代储模式研究	较高学术水平和实用价值
24	国家粮食和物资储备局宁夏局	健全完善国家粮食和物资储备局垂管局监管体系建设研究	较高学术水平和实用价值
25	吉林省粮食和物资储备局、黑龙江省粮食局（特约调研员）	东北地区玉米外运现状及问题研究	较高学术水平和实用价值
26	江西省粮食和物资储备局（特约调研员）	江西省粮食流通领域安全监管问题及对策研究	较高学术水平和实用价值
27	湖南省粮食和物资储备局（特约调研员）	我国粮食贸易格局变化趋势与稻米安全风险及防范措施研究	较高学术水平和实用价值
28	四川省粮食和物资储备局（特约调研员）	构建四川高效统一融合发展的粮食和应急物资储备体系研究	较高学术水平和实用价值
29	宁夏回族自治区粮食和物资储备局（特约调研员）	"一带一路"背景下宁夏粮食产业经济发展的机遇挑战和路径选择研究	较高学术水平和实用价值
30	江苏省南通市通州区发展和改革委员会（特约调研员）	促进种粮大户高质量发展路径研究	较高学术水平和实用价值
31	滨州市粮食和物资储备局（特约调研员）	粮食产业经济高质量发展研究——以山东省滨州市为例	较高学术水平和实用价值
32	河南工业大学	关于粮食生产保障立法的若干问题研究	较高学术水平和实用价值
33	武汉轻工大学	新时代我国战略物资储备应急保障能力提升研究	较高学术水平和实用价值
34	国家粮食和物资储备局人事司	国家物资储备人才保障能力建设研究	一定学术水平和实用价值
35	国家粮食和物资储备局标准质量中心	加强粮食标准化建设，不断增加粮油产品高质量供给研究	一定学术水平和实用价值
36	国家粮食和物资储备局职业技能鉴定指导中心	加快粮食加工智能化进程，促进产业经济高质量发展研究	一定学术水平和实用价值
37	国家粮食和物资储备局科学研究院	全球经济政策不确定性对中国粮食价格波动影响的实证分析	一定学术水平和实用价值
38	天津市粮食和物资储备局	完善粮食和物资储备基础设施建设，优化储备布局结构——以天津市为例	一定学术水平和实用价值
39	山西省粮食和物资储备局	山西省现代特色粮食产业体系发展模式研究	一定学术水平和实用价值
40	辽宁省粮食和物资储备局、沈阳师范大学	以提质增效为目标，推进我国粮食供给侧结构性改革发展的对策研究	一定学术水平和实用价值
41	吉林省粮食和物资储备局	吉林优质粳稻品质管控标准研究	一定学术水平和实用价值

续表

排名	完成单位	题目	评定等级
42	上海市粮食和物资储备局、南京财经大学	长三角一体化背景下的粮食和物资仓储物流设施优化利用研究	一定学术水平和实用价值
43	安徽省粮食和物资储备局	粮食和物资储备高质量发展重点问题研究	一定学术水平和实用价值
44	福建省粮食和物资储备局	主销区加强粮食质量过程管控，提高优质粮食供给研究	一定学术水平和实用价值
45	河南省粮食和物资储备局	以实施"优质粮食工程"为抓手构建现代化粮食产业体系研究	一定学术水平和实用价值
46	湖北省粮食局	完善放心粮油市场体系与提升粮食应急保供能力研究	一定学术水平和实用价值
47	海南省粮食和物资储备局	构建自贸区（港）条件下的现代粮食安全保障体系研究	一定学术水平和实用价值
48	四川省粮食和物资储备局	推动粮食质检事业转型发展的运行保障机制研究	一定学术水平和实用价值
49	陕西省粮食和物资储备局	陕西省天然气储备建设及运行机制研究	一定学术水平和实用价值
50	甘肃省粮食和物资储备局、甘肃省粮油质量监督检验所	西北高原地区藜麦产业化发展研究	一定学术水平和实用价值
51	青海省粮食局	构建更高层次、更加高效、更加安全、更可持续的青海粮食安全保障体系研究	一定学术水平和实用价值
52	国家粮食和物资管理局吉林局	全面强化粮食流通、安全生产和物资储备监管，健全完善监管机制体制研究	一定学术水平和实用价值
53	国家粮食和物资储备局河南局七三四处	国家物资储备油库应急救援基地建设研究	一定学术水平和实用价值
54	国家粮食和物资储备局贵州局	国家物资储备仓库安全生产标准化建设体系研究——以贵州局为例	一定学术水平和实用价值
55	河南省粮食和物资储备局（特约调研员）	加强粮食质量监管，不断增加绿色优质粮油产品供给研究	一定学术水平和实用价值
56	江苏省淮安市发展和改革委员会（特约调研员）	淮河生态经济带"五优联动"推进粮食产业经济高质量发展研究	一定学术水平和实用价值
57	中粮营养健康研究院（特约调研员）	我国粮食加工产业落实"优粮优加"路径与措施研究	一定学术水平和实用价值
58	辽宁省粮食科学研究所（特约调研员）	粮食产业高质量发展助力辽宁乡村振兴战略路径研究	一定学术水平和实用价值
59	南京财经大学	我国粮食产后损失的现状、原因及对策研究	一定学术水平和实用价值

注：部分 2019 年度国家粮食和物资储备局软科学课题未予列出。

数据来源：中国粮食研究培训中心统计资料。

表 42　　　　　　　　　　2019 年度中国粮油学会科学技术奖获奖项目表

序号	登记号	项目名称	主要完成单位	主要完成人	推荐单位
			特等奖		
1	31	食品专用油脂品质调控关键技术开发及产业化	丰益（上海）生物技术研发中心有限公司；江南大学；河南工业大学；福州大学；上海交通大学；嘉里特种油脂（上海）有限公司	徐学兵；金青哲；毕艳兰；张亚飞；张虹；傅红；徐振波；胡鹏；高厚斌；潘坤；俞良莉；黄健花	中国粮油学会油脂分会
2	29	柠檬酸绿色制造新技术及产业化应用	中粮生物科技股份有限公司；中国科学院天津工业生物技术研究所	佟毅；孙际宾；李义；郑小梅；岳洪浩；张德国；周勇；卢宗梅；陈博；彭超	中粮生物科技股份有限公司
			一等奖		
3	7	稻谷新型干燥与保鲜储藏一体化技术研发及应用	南京财经大学；扬中灵平风机制造有限公司；镇江美博红外科技有限公司；南京丰源建筑设计有限公司	丁超；杨国峰；刘强；宋伟；万忠民；高乃国；于永华	南京财经大学
4	22	营养家食用植物调和油技术体系研究及应用	中粮营养健康研究院有限公司；中粮油脂专业化平台中粮油脂研发中心；中粮福临门食品营销有限公司	王满意；周胜利；孟祥永；惠菊；王翔宇；王风艳；初柏君；赵慧敏；李晓龙；钟原；曹斌辉；李秋玫	中国粮油学会油脂分会
5	18	水浸悬浮法粮食容重测定技术与应用	辽宁省粮油检验监测所；国家粮食和物资储备局标准质量中心；黑龙江省粮油卫生检验监测中心；公主岭志和粮食测水仪开发有限公司；沈阳市现代农业研发服务中心；抚顺市粮油质量监督监测中心；昌图辽宁省粮食质量监测站	闫国春；杨卫民；宋秀娟；崔国华；魏立立；田志和；张霞；刘冰；张继双；张志	辽宁省粮食和物资储备局
6	21	双关键猪营养饲喂套餐的研制与应用	中粮营养健康研究院有限公司；中粮饲料（唐山）有限公司；中粮饲料（东台）有限公司	王勇生；张天荣；许光胜；李洁；孙铁虎；程宗佳；李海涛；王博；张宏宇；侯丹熹	中粮营养健康研究院有限公司
7	9	燕麦荞麦及其高添加面条加工技术与产品创新	江苏大学；克明面业股份有限公司；陕西师范大学；山西省农业科学院农产品加工研究所；内蒙古恒丰食品工业（集团）股份有限公司；山西雁门清高食业有限公司	徐斌；胡新中；孙俊；陈克明；陈方；姜松；魏建功；张瑶；周小玲；陈中伟；睢建伟；李云龙	中国粮油学会食品分会

续表

序号	登记号	项目名称	主要完成单位	主要完成人	推荐单位
			二等奖		
8	11	粮食供应需求预测建模技术及储备决策系统研究	河南工业大学	樊超；杨铁军；余红柳；傅洪亮；朱春华；肖乐；史卫亚；郭亚菲；王少航	中国粮油学会信息与自动化分会
9	2	动物油脂绿色提质关键技术及功能性产品开发	山东农业大学；泰安市海之润食品有限公司；江南大学	李向阳；武益正；吴港城；金俊；金青哲；武金峰；侯杰；徐庆菊；丁秀臻	山东农业大学
10	28	大型环保粮食仓储清理及输送装备研发与产业化	河南茂盛机械制造有限公司；河南工业大学；郑州中粮科研设计院有限公司；国家粮食加工装备工程技术研究中心	原富林；王凤成；王中营；赵治永；赵江伟；阮竞兰；武文斌；叶坚；金六三	河南茂盛机械制造有限公司
11	20	大豆蛋白柔性化加工关键技术	东北农业大学；黑龙江省北大荒绿色健康食品有限责任公司；山东禹王实业有限公司；山东万得福实业集团有限公司	江连洲；李杨；王中江；齐宝坤；隋晓楠；王欢；范志军；刘军；刘季善	东北农业大学
12	1	稻米健康食品加工机制及关键技术	华中农业大学；国粮武汉科学研究设计院有限公司；珠海格力电器股份有限公司；中南林业科技大学；广州健力食品机械有限公司	赵思明；程科；张宾佳；孔进喜；林亲录；王起；龚火根；林利忠；谢育国	中国粮油学会米制品分会
13	35	传统粮食加工制品产业化关键技术装备研究与示范	河南工业大学；江南大学；中国农业科学院农产品加工研究所；广东省农业科学院蚕业与农产品加工研究所；北京旗舰食品集团有限公司	卞科；郑学玲；赵仁勇；陈洁；刘翀；关二旗；徐学明；佟立涛；张影全	河南工业大学
14	5	粮油包装危害因子高通量检测与安全评价关键技术研究与应用	江南大学；常熟理工学院；得利斯集团有限公司	刘海英；赵媛；郝昌龙；朱颖越；孙茂忠；刘丽强；宋珊珊；郑乾坤	江南大学
15	19	高效智能化水产饲料关键技术装备的研发及产业化	江苏丰尚智能科技有限公司；江苏牧羊控股有限公司；江苏牧羊集团有限公司	周春景；张鹏飞；范文海；马亮；高一桐；韩动梁	江苏牧羊集团有限公司
16	38	大型安全通用出仓机系统的研发及产业化	迈安德集团有限公司	徐静；吕岩峰；钱雨；崔淼；余沁；方世文；张涛；孙明奎	中国粮油学会油脂分会

续表

序号	登记号	项目名称	主要完成单位	主要完成人	推荐单位
17	10	大米外观检测仪的研究与成果转化	北京东孚久恒仪器技术有限公司	于素平；杨冬平；马显庆；高岩；王荣清；刘芳芳；巴瑞新；杨柯伟；石翠霞	国家粮食和物资储备局科学研究院
			三等奖		
18	3	稻米加工副产物挤压减损关键技术创新及应用	沈阳师范大学；济南真诺机械有限公司；沈阳市万谷园米业有限公司	肖志刚；杨庆余；段玉敏；朱旻鹏；边文洁；刘书艳	沈阳师范大学
19	8	FBGY 小麦剥皮机的研制与应用	汉中三益科技有限责任公司；河南工业大学；邢台金沙河面业有限责任公司	袁鼎山；王凤成；袁鹏；郭宝恩；王志山；马庆华	中国粮油学会食品分会
20	25	JFYZ 型实验室粮食样品自动分样器	中储粮成都储藏研究院有限公司	董德良；贺波；李兵；赵国庆；李晓亮；石恒	中国粮油学会储藏分会
21	6	谷物加工转化关键技术与应用	武汉轻工大学；湖北省农业科学院农产品加工与核农技术研究所；国粮武汉科学研究设计院有限公司	王展；沈汪洋；高虹；秦正平；赵建伟；孙扬久	武汉轻工大学
22	36	小麦淀粉粒机械损伤特性及机理研究	河南工业大学；河南工大设计研究院；青岛福加德面粉有限公司	郑学玲；李利民；刘翀；洪静；马森；李力	河南工业大学
23	26	JLG 型检验用砻谷机	中储粮成都储藏研究院有限公司	毛根武；郭凤民；王杏娟；董德良；曾福维；李月	中国粮油学会储藏分会
24	33	稻壳资源综合高效利用关键技术研发与应用	安徽鑫泉米业股份有限公司；海泉风雷新能源发电股份有限公司；南京林业大学	李菲菲；李振华；陈虎；张书；周建斌；王在葆	安徽省粮食行业协会

注：以上特、一、二、三等奖各获奖项目的"主要完成单位"和"主要完成人"按照申报材料提供的信息，依据贡献大小按照从左到右、从上到下的顺序依次排序，其中特等奖和一等奖单项授奖人数不超过12人，单位不超过7个；二等奖单项授奖人数不超过9人，单位不超过5个；三等奖单项授奖人数不超过6人、单位不超过3个。

数据来源：中国粮油学会统计资料。

表 43	2019 年国民经济与社会发展速度指标表（一）						
指标	2019 年为下列各年（%）				平均每年增长（%）		
	1978 年	1990 年	2000 年	2018 年	1979～2019 年	1991～2019 年	2001～2019 年
人口							
年末总人口	145.4	122.5	110.5	100.3	0.9	0.7	0.5
城镇人口	492.0	281.0	184.8	102.1	4.0	3.6	3.3
乡村人口	69.8	65.6	68.2	97.8	-0.9	-1.4	-2.0
就业和失业							
就业人员	192.9	119.6	107.5	99.9	1.6	0.6	0.4
＃城镇就业人员	465.1	259.7	191.1	101.9	3.8	3.3	3.5
城镇登记失业人员	178.3	246.6	158.8	97.0	1.4	3.2	2.5
国民经济核算							
国内生产总值	3929.2	1393.6	516.9	106.1	9.4	9.5	9.0
第一产业	573.0	300.5	208.0	103.1	4.3	3.9	3.9
第二产业	5901.7	1949.3	550.2	105.7	10.5	10.8	9.4
第三产业	5677.0	1570.1	592.2	106.9	10.4	10.0	9.8
财政收支							
一般公共预算收入	16814.4	6482.0	1421.3	103.8	13.3	15.5	15.0
一般公共预算支出	21288.3	7746.6	1503.6	108.1	14.0	16.2	15.3
能源							
能源生产总量	632.5	382.0	286.5	105.1	4.6	4.7	5.7
能源消费总量	850.5	492.4	330.7	103.3	5.4	5.7	6.5
固定资产投资							
全社会固定资产投资总额		12417.0	1703.9	105.1		20.6	19.6
＃房地产开发		52188.8	2652.3	110.0		26.6	21.3
对外贸易和实际利用外资							
货物进出口总额	88874.6	5674.4	803.4	103.4	18.0	14.9	11.6
出口额	102829.6	5772.0	835.2	105.0	18.4	15.0	11.8
进口额	76394.0	5561.3	768.1	101.6	17.6	14.9	11.3
外商直接投资		3961.4	339.3	102.3		13.5	6.6
主要农业、工业产品产量							
粮食	217.8	148.8	143.6	100.9	1.9	1.4	1.9
棉花	271.8	130.6	133.3	96.5	2.5	0.9	1.5
油料	669.4	216.5	118.2	101.7	4.7	2.7	0.9
肉类	822.8	271.6	129.0	90.0	5.3	3.5	1.3
原煤	622.4	356.1	277.9	104.0	4.6	4.5	5.5
原油	183.6	138.1	117.2	100.9	1.5	1.1	0.8
水泥	3602.3	1120.7	393.7	105.1	9.1	8.7	7.5
粗钢	3135.1	1501.6	775.4	107.2	8.8	9.8	11.4
发电量	2924.7	1207.9	553.5	104.7	8.6	9.0	9.4

数据来源：国家统计局统计资料。

表 43	2019 年国民经济与社会发展速度指标表（二）						
指标	2019 年为下列各年（%）				平均每年增长（%）		
	1978 年	1990 年	2000 年	2018 年	1979～2019 年	1991～2019 年	2001～2019 年
建筑业							
建筑业总产值		18472	1987.9	110.0		19.7	17.0
消费品零售和旅游							
社会消费品零售总额	26411.5	4959.6	1052.7	108.0	14.6	14.4	13.2
入境游客	8031.5	529.1	174.1	102.9	11.3	5.9	3.0
运输和邮电							
客运量	693.1	227.8	119.1	98.1	4.8	2.9	0.9
货运量	1473.4	484.9	346.4	91.3	6.8	5.6	6.8
移动电话用户		8896360	1894.3	102.3		48.1	16.7
固定电话用户	9921.5	2788.7	131.9	99.5	11.9	12.2	1.5
科技、教育、卫生、文化							
研究与试验发展经费支出			2426.9	110.5			18.3
技术市场成交额			3441.9	126.6			20.5
在校学生数							
#普通本、专科	3541.5	1469.5	545.1	107.1	9.1	9.7	9.3
普通高中	155.5	336.6	201.0	101.6	1.1	4.3	3.7
初中	96.6	123.2	77.2	103.8	−0.1	0.7	−1.4
普通小学	72.2	86.3	81.2	102.1	−0.8	−0.5	−1.1
医院数	369.7	239.0	210.5	104.1	3.2	3.0	4.0
医院床位数	624.3	367.4	316.9	105.3	4.6	4.6	6.3
执业（助理）医师	395.4	219.3	186.3	107.2	3.4	2.7	3.3

注：1. 国内生产总值按可比价格计算，固定资产投资总额平均每年增长速度按累计法计算，其他价值量指标按当年价格计算。
　　2. 一般公共预算收支、固定资产投资、社会消费品零售总额 2018 年比上年速度按可比口径计算。
数据来源：国家统计局统计资料。

表 44	国民经济与社会发展总量指标表（1978~2019 年）（一）					
指标	单位	1978 年	1990 年	2000 年	2018 年	2019 年
人口						
年末总人口	万人	96259	114333	126743	139538	140005
城镇人口	万人	17245	30195	45906	83137	84843
乡村人口	万人	79014	84138	80837	56401	55162
就业和失业						
就业人员	万人	40152	64749	72085	77586	77471
#城镇就业人员	万人	9514	17041	23151	43419	44247
城镇登记失业人员	万人	530	383	595	974	945
国民经济核算						
国内生产总值	亿元	3678.7	18872.9	100280.1	919281.1	990865.1
第一产业	亿元	1018.5	5017.2	14717.4	64745.2	70466.7
第二产业	亿元	1755.1	7744.1	45663.7	364835.2	386165.3
第三产业	亿元	905.1	6111.6	39899.1	489700.8	534233.1
人均国内生产总值	元	385	1663	7942	66006	70892
居民收入						
全国居民人均可支配收入	元	171	904	3721	28228	30733
城镇居民人均可支配收入	元	343	1510	6256	39251	42359
农村居民人均可支配收入	元	134	686	2282	14617	16021
财政						
一般公共预算收入	亿元	1132.3	2937.1	13395.2	183359.8	190382.2
一般公共预算支出	亿元	1122.1	3083.6	15886.5	220904.1	238874.0
能源						
能源生产总量	万吨标准煤	62770	103922	138570	377000	397000
能源消费总量	万吨标准煤	57144	98703	146964	464000	486000
固定资产投资						
全社会固定资产投资总额	亿元		4517.0	32917.7	645675.0	560874.3
#房地产开发	亿元		253.3	4984.1	120164.7	132194.3
对外贸易和实际利用外资						
货物进出口总额	亿元	355.0	5560.1	39273.3	305010.1	315504.8
出口额	亿元	167.6	2985.8	20634.4	164128.8	172342.3
进口额	亿元	187.4	2574.3	18638.8	140881.3	143162.4
外商直接投资	亿美元		34.9	407.2	1349.7	1381.4
主要农业、工业产品产量						
粮食	万吨	30477	44624	46218	65789	66384
棉花	万吨	217	451	442	610	589
油料	万吨	522	1613	2955	3433	3493
肉类	万吨	943	2857	6014	8625	7759
原煤	亿吨	6.18	10.80	13.84	36.98	38.46
原油	万吨	10405	13831	16300	18932	19101
水泥	万吨	6524	20971	59700	223610	235012
粗钢	万吨	3178	6635	12850	92904	99634
发电量	亿千瓦小时	2566	6212	13556	71661	75034

数据来源：国家统计局统计资料。

表 44	国民经济与社会发展总量指标表（1978~2019 年）（二）					
指标	单位	1978 年	1990 年	2000 年	2018 年	2019 年
建筑业						
建筑业总产值	亿元		1345	12498	225817	248446
消费品零售和旅游						
社会消费品零售总额	亿元	1559	8300	39106	380987	411649
入境游客	万人次	181	2746	8344	14120	14531
国际旅游收入	亿美元	2.6	22.2	162.2	1271.0	1312.5
运输和邮电						
客运量	万人	253993	772682	1478573	1793820	1760436
货运量	万吨	319431	970602	1358682	5152732	4706493
邮政业务总量	亿元	14.9	46.0	232.8	12345.2	16229.6
电信业务总量	亿元	19.2	109.6	4559.9	65633.9	106789.2
移动电话用户	万户		1.8	8453	156610	160134
固定电话用户	万户	193	685	14483	19209	19103
金融						
金融机构人民币各项						
存款余额	亿元	1155	13943	123804	1775226	1928785
金融机构人民币各项						
贷款余额	亿元	1890	17511	99371	1362967	1531123
科技、教育、卫生、文化						
研究与试验发展经费支出	亿元			896	19678	21737
技术市场成交额	亿元			651	17697	22398
在校学生数						
#普通本、专科	万人	86	206	556	2831	3032
普通高中	万人	1553	717	1201	2375	2414
初中	万人	4995	3917	6256	4653	4827
普通小学	万人	14624	12241	13013	10339	10561
医院数	个	9293	14377	16318	33009	34354
医院床位数	万张	110	187	217	652	687
执业（助理）医师	万人	98	176	208	361	387
社会保障						
参加基本养老保险人数	万人		6166	13617	94293	96748
参加基本医疗保险人数	万人			3787	134459	135436
参加失业保险人数	万人			10408	19643	20543
参加工伤保险人数	万人			4350	23874	25474
参加生育保险人数	万人			3002	20434	21432
社会保险基金收入	亿元		187	2645	79255	82368

注：1. 本表价值量指标中，邮电业务总量 2000 年及以前按 1990 年不变价格计算，2018~2019 年邮政业务总量按 2010 年不变价格计算、电信业务总量按 2015 年不变价格计算；其余指标按当年价格计算。

2. 2019 年社会保障数据为快报数。2017 年及以后大部分省份参加新型农村合作医疗的人员并入城乡居民基本医疗保险参保人数中；2016 年及以前主要为城镇基本医疗保险参保人数。

3. 2018 年和 2019 年社会消费品零售总额为快报数。

数据来源：国家统计局统计资料。